Strukturelle Diskriminierung und substantielle Chancengleichheit

Europäische Hochschulschriften

Publications Universitaires Européennes
European University Studies

Reihe II
Rechtswissenschaft

Série II Series II
Droit
Law

Bd./Vol. 4096

PETER LANG
Frankfurt am Main · Berlin · Bern · Bruxelles · New York · Oxford · Wien

Nina Engler

Strukturelle Diskriminierung und substantielle Chancengleichheit

Eine Untersuchung zu Recht und Wirklichkeit der Vereinbarkeit von Familie und Beruf im Gemeinschafts- und Verfassungsrecht

Dargestellt am Beispiel der mittelbaren Diskriminierung von Frauen in Teilzeitbeschäftigung

PETER LANG
Europäischer Verlag der Wissenschaften

Bibliografische Information Der Deutschen Bibliothek
Die Deutsche Bibliothek verzeichnet diese Publikation in der Deutschen Nationalbibliografie; detaillierte bibliografische Daten sind im Internet über <http://dnb.ddb.de> abrufbar.

Zugl.: Jena, Univ., Diss., 2004

27
ISSN 0531-7312
ISBN 3-631-53362-4

www.peterlang.de

"(W)hether something is inside or outside the marketplace (...) has always been a way of valuing it. Where a valued object is located outside the market, it is generally understood to be too 'priceless' to be accommodated by ordinary exchange relationships; if the price is located within the marketplace, then all objects placed outside become 'valueless'. Traditionally, the *Mona Lisa* and human life have been the sort of objects removed from the fungibility of commodification, as priceless."

Patricia Williams (1991) *"On being the object of property"*, in: *The alchemy of race and rights*, S. 227

"Traditional assumptions about the separation of work life and personal life are no longer viable, but we have not yet created a coherent set of new values and beliefs to take their place."

Rosabeth Moss Kanter (1989), *When Giants Learn to Dance: Mastering the Challenge of Strategy, Management and Careers in the 1990s*, Routledge, New York, in: S. Lewis, *"Rethinking Employment: An Organisational Culture Change Framework"*, S. 1

Vorwort

Vorliegende Arbeit wurde von mir als externe Doktorandin an der rechtswissenschaftlichen Fakultät der Friedrich-Schiller-Universität Jena verfaßt und von der Fakultät am 09. Juli 2003 zur Promotion zugelassen. Die Disputation fand am 16. Juli 2004 statt. Literatur und Rechtssprechung, auf die in der Arbeit Bezug genommen wird, befinden sich auf dem Stand von Juni 2003.

Die Dissertation ist meinen Eltern gewidmet. Ihre große Unterstützung hat wesentlich zum Entstehen der Arbeit beigetragen. Ihnen gilt mein besonderer Dank.

Berlin, im Herbst 2004 Nina Engler

Inhaltsverzeichnis

4. KAPITEL: Umsetzung und Anwendung des Verbots der mittelbaren Diskriminierung – dargestellt am Beispiel der Benachteiligung von Frauen in Teilzeitbeschäftigung

5. KAPITEL: Durchsetzung und Rechtsfolgen des Verbots der mittelbaren Diskriminierung

Abkürzungsverzeichnis

a.A.	andere(r) Ansicht
a.a.O.	am angegebenen Ort
a.E.	am Ende
a.F.	alte Fassung
ABl. (EG)	Amtsblatt (der Europäischen Gemeinschaften) Ausgabe C: Mitteilungen und Bekanntmachungen Ausgabe L: Rechtsvorschriften
Abs.	Absatz
AcP	Archiv für die civilistische Praxis
AG	Amtsgericht, Aktiengesellschaft
AiB	Arbeitsrecht im Betrieb
AK-GG	*Azzola, Axel* (Bearb.), Kommentar zum Grundgesetz für die Bundesrepublik Deutschland, Reihe Alternativ-Kommentare, 3. Aufl., Neuwied 2002
Am. J. Soc.	American Journal of Sociology
Am. U.L. Rev	American University Law Review
Anm.	Anmerkung
AöR	Archiv des öffentlichen Rechts
ArbG	Arbeitsgericht
ArbuR	Arbeit und Recht
Art.	Artikel
AuA	Arbeit und Arbeitsrecht
Aufl.	Auflage
Ausg.	Ausgabe
Az.	Aktenzeichen
AZG	Arbeitszeitgesetz (BGBl. 1994 I S. 1170, geändert BGBl. 1998 I S. 1242)
BAG	Bundesarbeitsgericht
BAGE	Entscheidungen des Bundesarbeitsgerichts
BArBl.	Bundesarbeitsblatt
BAT	Bundesangestelltentarifvertrag
BayVBl.	Bayrische Verwaltungsblätter
BB	Betriebs-Berater
Bd.	Band
Bearb.	Bearbeiter
bearb.	bearbeitet
BeitrAB	Beiträge aus der Arbeitsmarkt- und Berufsforschung der Bundesanstalt für Arbeit
BErzGG	Gesetz über die Gewährung von Erziehungsgeld und Erziehungsurlaub (Bundeserziehungsgeldgesetz) (BGBl. 1994, I S. 180)
BeschFG	Gesetz über arbeitsrechtliche Vorschriften zur Beschäftigungsförderung (BGBl. 1985, I S. 710, geändert BGBl. 1996, I S. 1476)
BetrAV	Betriebliche Altersversorgung
BetrVG	Betriebsverfassungsgesetz (BGBl. 1989 I S. 1, 902)
BGB	Bürgerliches Gesetzbuch (RGBl. 1896 S. 195)
BGBl.	Bundesgesetzblatt

Bl.	Blatt, Blätter
BMFSFJ	Bundesministerium für Familie, Senioren, Frauen und Jugend
BR-Drucks.	Bundesratsdrucksache
BT-Drucks.	Bundestagsdrucksache
BUrlG	Mindesturlaubsgesetz für Arbeitnehmer (Bundesurlaubsgesetz) (BGBl. 1963 I S. 2)
BVerfG	Bundesverfassungsgericht
BVerfGE	Entscheidungen des Bundesverfassungsgerichts
BVerwG	Bundesverwaltungsgericht
BVerwGE	Entscheidungen des Bundesverwaltungsgerichts
bzw.	beziehungsweise
ca.	circa
CMLRev.	Common Market Law Review
d.h.	das heißt
DB	Der Betrieb
ders.	derselbe
DGB	Deutscher Gewerkschaftsbund
dies.	dieselbe
DIW	Deutsches Institut für Wirtschaftsforschung
DÖV	Die Öffentliche Verwaltung
DRV	Deutsche Rentenversicherung
DVBl.	Deutsche Verwaltungsblätter
E. Soc. Rev.	European Sociology Review
EG	Europäische Gemeinschaft(en)
EG(V)	Vertrag zur Gründung der Europäischen Gemeinschaften [EGV = in der Fassung des Maastrichter Vertrags (BGBl. 1992 II S. 1253/1256, BGBl. 1994 II S. 2022; EG = in der Fassung des Amsterdamer Vertrags (BGBl. 1998 II S. 387, BGBl. 1999 II S. 416)]
ELRev.	European Law Review
ErfK	*Dieterich, Thomas; Hanau, Peter; Schaub, Günther* (Hrsg.), Erfurter Kommentar zum Arbeitsrecht, 3. Aufl., München 2003
etc.	et cetera
EU	Europäische Union
EuGH	Europäischer Gerichtshof
EuGRZ	Europäische Grundrechte-Zeitschrift
EuR	Europarecht
EUV	Vertrag über die Europäische Union
EuZW	Europäische Zeitschrift für Wirtschaftsrecht
EWG	Europäische Wirtschaftsgemeinschaft
EWGV	Vertrag zur Gründung der Europäischen Wirtschaftsgemeinschaft
EWiR	Entscheidungen zum Wirtschaftsrecht
EWS	Europäisches Wirtschafts- und Steuerrecht
f.	folgende (Seite)
FamRZ	Zeitschrift für das gesamte Familienrecht
ff.	folgende (Seiten)
Fn.	Fußnote
GG	Grundgesetz (BGBl. 1949 I S. 1)
GK-TzA	*Becker, Friedrich; Danne, Harald u.a.*, Gemeinschaftskommentar zum Teilzeitarbeitsrecht, 1987

GTE	*Groeben, Hans von der; Thiesing, Jochen; Ehlermann, Claus-Dieter*, Kommentar zum EU-/EG-Vertrag, 3. Bd., 5. Auflage, Baden-Baden 1999
GVBl.	Gesetz- und Verordnungsblatt
h.M.	herrschende Meinung
Harv. J. L.	Harvard Journal on Legislation
HFR	Humboldt Forum Recht (http://www.humboldt-forum-recht.de)
Hrsg.	Herausgeber
hrsg.	herausgegeben
HStR	Handbuch des Staatsrechts
i.d.R.	in der Regel
i.E.	im Ergebnis
i.e.S.	im engeren Sinne
i.R.d.	im Rahmen des/der
i.S.v.	im Sinne von
i.V.m.	in Verbindung mit
IAB	Institut für Arbeitsmarkt- und Berufsforschung der Bundesanstalt für Arbeit
ibv	Zeitschrift für berufskundliche Information und Dokumentation
ILJ	Industrial Law Journal
JA	Juristische Arbeitsblätter
Jg.	Jahrgang
Jura	Juristische Ausbildung
JuS	Juristische Schulung
JZ	Juristenzeitung
Kap.	Kapitel
KJ	Kritische Justiz
KOM	Dokumente der Kommission der Europäischen Gemeinschaften
KritV	Kritische Vierteljahresschrift für Gesetzgebung und Rechtswissenschaft
KSchG	Kündigungsschutzgesetz (BGBl. 1969 I S. 1317)
LAG	Landesarbeitsgericht
LG	Landgericht
LohnFG	Gesetz über die Fortzahlung des Arbeitsentgelts im Krankheitsfalle (BGBl. 1969 I S. 946)
LQR	Law Quaterly Review
m.	mit
m.E.	meines Erachtens
m.w.N.	mit weiteren Nachweisen
MittAB	Mitteilungen aus der Arbeitsmarkt- und Berufsforschung
MuSchG	Gesetz zum Schutze der erwerbstätigen Mutter (Mutterschutzgesetz) (BGBl. 1997 I S. 22, 293)
New Mexico L. Rev.	New Mexico Law Review
NJW	Neue Juristische Wochenschrift
no.	number(s)
Nr.	Nummer(n)
NVwZ	Neue Zeitschrift für Verwaltungsrecht
NZA	Neue Zeitschrift für Arbeits- und Sozialrecht
NZS	Neue Zeitschrift für Sozialrecht

OJLS	Oxford Journal of Legal Studies
OLG	Oberlandesgericht
PersR	Personalrecht
PL	Public Law
RabelsZ	Rabels Zeitschrift für ausländisches und internationales Privatrecht
RdA	Recht der Arbeit
Rdn.	Randnummer(n)
RGBl.	Reichsgesetzblatt
RIW	Recht der Internationalen Wirtschaft
Rs.	Rechtssache
Rspr.	Rechtsprechung
S.	Seite
SAE	Sammlung arbeitsrechtlicher Entscheidungen
SAMF	Sozialwissenschaftliche Arbeitsmarktforschung
SGb	Sozialgerichtsbarkeit
SGB IV	Sozialgesetzbuch Viertes Buch. Gemeinsame Vorschriften für die Sozialversicherung (BGBl. 1976 I S. 3845)
SGB VIII	Sozialgesetzbuch Achtes Buch. Kinder- und Jugendhilfe (BGBl. 1990 I S. 1163)
SGB IX	Sozialgesetzbuch Neuntes Buch. Rehabilitation und Teilhabe behinderter Menschen (BGBl. 2001 S. 1046f.)
Slg.	Sammlung
sog.	sogenannte(r/s)
st. Rspr.	ständige Rechtsprechung
StanLR	Stanford Law Review
StBerG	Steuerberatungsgesetz (BGBl. 1975, I S. 2735)
StVG	Straßenverkehrsgesetz (BGBl. 1952 I S. 837)
Sup.Ct.Rev.	Supreme Court Review
TVG	Tarifvertragsgesetz (BGBl. 1969 I S. 1323)
TzA	*Buschmann, Rudolf; Dieball, Heike; Stevens-Bartol, Eckart*, Das Recht der Teilzeitarbeit, Kommentar für die Praxis, 2. Auflage, Köln 2001
u.a.	und andere(s), unter anderem
u.ä.	und ähnliche(r/s)
UCLA L.Rev.	University of California Los Angeles Law Review
usw.	und so weiter
v(s).	versus/against (gegen)
v.	von/vom
Va. L. Rev.	Virginia Law Review
verb. Rs.	verbundene Rechtssache
Verf.	Verfasser(in)
vgl.	vergleiche
vol.	volume (Band)
Vorbem.	Vorbemerkung(en)
Web JCLI	Web Journal of Current Legal Issues (http://webjcli.ncl.ac.uk)
WSI-Mitt.	Monatszeitschrift des Wirtschafts- und Sozialwissenschaftlichen Instituts des DGB
WZB	Wissenschaftszentrum Berlin für Sozialforschung
Yale LJ	Yale Law Journal
z.B.	zum Beispiel

ZEuP	Zeitschrift für Europäisches Privatrecht
ZfA	Zeitschrift für Arbeitsrecht
ZHR	Zeitschrift für das gesamte Handelsrecht und Wirtschaftsrecht
ZIAS	Zeitschrift für internationales und ausländisches Arbeits- und Sozialrecht
ZIP	Zeitschrift für Wirtschaftsrecht
zit.	zitiert
ZPO	Zivilprozeßordnung (RGBl. 1877 S. 83)
ZRP	Zeitschrift für Rechtspolitik
ZTR	Zeitschrift für Tarifrecht

Einleitung

Die gegenwärtige Entwicklung des Arbeitsrechts zur Gleichberechtigung von Frauen und Männern konzentriert sich nicht mehr nur auf Fälle der unmittelbaren Diskriminierung wegen des Geschlechts, sondern verstärkt auf subtilere Formen der Benachteiligung vor dem Hintergrund sozio-ökonomischer Fragen, die durch sogenannte mittelbare Diskriminierungen wegen des Geschlechts aufgeworfen werden. Mittelbare Diskriminierung bedeutet, daß zwar das Geschlecht nicht als Unterscheidungsmerkmal zwischen zwei Gruppen von Arbeitnehmern, die ungleich behandelt werden, genannt wird, eine Geschlechtsgruppe jedoch faktisch durch eine geschlechtsneutrale Regelung benachteiligt wird, weil in dieser wesentlich mehr Frauen als Männer beschäftigt sind oder umgekehrt, ohne daß dies objektiv gerechtfertigt ist und damit nichts mit einer Diskriminierung wegen des Geschlechts zu tun hat.[1] Deutlichstes Beispiel ist die Benachteiligung Teilzeitbeschäftigter gegenüber Vollzeitbeschäftigten, weil der Anteil von Frauen in dieser Beschäftigungsform rund 85% beträgt und damit jede Schlechterstellung Teilzeitbeschäftigter zugleich Frauen mittelbar benachteiligt. In diesem Zusammenhang befanden sich immer wieder zunächst unverdächtige Normen wie §§ 23a Nr. 6 BAT a.F.,[2] § 13 Abs. 2 S. 2 LbV a.F.,[3] § 38 Abs. 1 Nr. 4a, Abs. 2 i.V.m. § 36 Abs. 3 StBerG a.F,[4] § 37 Abs. 6 i.V.m. Abs. 2 BetrVG a.F.,[5] § 1 Abs. 3 KSchG[6] oder zuletzt § 13b Abs. 2 S. 1 des Hamburgischen Ärztegesetzes[7] auf dem Prüfstand des Verbots der mittelbaren Diskriminierung.

Die dennoch weiter bestehende Diskrepanz zwischen dem in Art. 3 Abs. 2 GG formulierten Ideal der tatsächlichen Durchsetzung der Gleichberechtigung der Geschlechter und gesellschaftlicher Wirklichkeit ist nicht zu übersehen. So betonte der Abschlußbericht der gemeinsamen Verfassungskommission zur Änderung des Art. 3 Abs. 2 GG im Jahr 1994, daß angesichts der noch weitverbreiteten Benachteiligung der Frau die verfassungsrechtlich verankerte Garantie allein keine tatsächliche Gleichberechtigung bewirken könne. Sie dürfe nicht nur als ein rechtliches Problem gesehen werden, wie es die Formulierung des Art. 3 Abs. 2 S. 1 GG „Männer und Frauen sind gleichberechtigt" nahelegt, sondern vielmehr als ein gesellschaftliches.[8] Bestehende geschlechtsspezifische Einkommensdiskrepanzen und Benachteiligungen im Erwerbsleben sind struktureller, das heißt gesellschaftlicher Natur. Trotzdem rufen Bestrebungen in Richtung des im Grundgesetz normierten Auftrags oftmals Unmut hervor, der sich bisweilen in Äußerungen wie „verfas-

---

[1] Grundlegend EuGH, Urteil v. 14.12.1981, Rs. 96/80 (Jenkins), Slg. 1981, 911, 925; bestätigt für das Verhältnis von Teilzeit- zu Vollzeitbeschäftigten in EuGH, Urteil v. 13.5.1986, Rs. 170/84 (Bilka), Slg. 1986, 1607, 1625f.

[2] EuGH, Urteil v. 7.2.1991, Rs. C-184/89 (Nimz), Slg. 1991, I-297; BAG, Urteil v. 2.12.1992, NZA 1993, S. 367.

[3] EuGH, Urteil v. 2.10.1997, Rs. C-1/95 (Gerster), Slg. 1997, I-5253, auf Vorlage des VG Ansbach, Beschluß v. 23.11.1994, ZBR 1995, S. 117.

[4] EuGH, Urteil v. 2.10.1997, Rs. C-100/95 (Kording), Slg. 1997, I-5289, auf Vorlage des FG Bremen, EuroAS 1995, S. 84.

[5] EuGH, Urteil v. 4.6.1992, Rs. C-360/90 (Bötel), Slg. 1990, I-3589, auf Vorlage des LAG Berlin, ArbuR 1991, S. 252; EuGH Urteil v. 6.2.1996, Rs. C-475/93 (Lewark), Slg. 1996, I-243; BAG, Urteile v. 5.3.1997, ArbuR 1998, S. 171; v. 3.11.1997, 7 AZR 563/93 (unveröffentlicht); v. 3.12.1997, ArbuR 1998, S. 173.

[6] EuGH, Urteil v. 26.9.2000, Rs. C-322/98 (Kachelmann), Slg. 2000, I-7505.

[7] Hierzu liegen bislang erst die Schlußanträge des Generalanwalts *Geeroeld* vom 6.2.2003 vor, Rs. C-25/2 (Rinke).

[8] BT-Drs. 12/6000, S. 49f.

sungswidriger Stumpfsinn"[9] oder „ein zu fleißiger Gesetzgeber mit zu vielen und zu schlechten Gesetzen"[10] ausdrückt.

Das Thema und seine weitreichenden Folgen sind nicht nur auf nationaler Ebene aktuell und kontrovers.[11] Aufgrund der Entscheidungen des Europäischen Gerichtshofs (EuGH) vom 10. Februar 2000[12] befürchten die Nachfolgeunternehmen des ehemaligen Staatsbetriebs Deutsche Bundespost (Deutsche Telekom AG und Deutsche Post AG) einschneidende finanzielle Konsequenzen. Die Deutsche Bundespost hatte in der Vergangenheit Teilzeitbeschäftigte tarifvertraglich von der betrieblichen Altersversorgung ausgeschlossen und sich damit aufgrund des traditionell großen Arbeitnehmerteils Teilzeitbeschäftigter finanziell erheblich entlastet. Nunmehr sind die Nachfolgeunternehmen aufgrund der Urteile des EuGH verpflichtet, diese nachzuversichern und ihnen rückwirkend Betriebsrenten zu zahlen.[13] Die Deutsche Telekom AG rechnete hierbei mit Folgekosten von bis zu 50 Millionen DM, die Deutsche Post AG sogar von bis zu einer Milliarde DM.[14]

Vorliegende Arbeit wird die Diskriminierung Teilzeitbeschäftigter als ein spezifisches Frauenthema betrachten. 85% aller Teilzeitbeschäftigten sind Frauen, und von den insgesamt erwerbstätigen Frauen sind 38% in dieser Beschäftigungsform tätig, wohingegen der Anteil männlicher Arbeitnehmer nur 5% beträgt. Dieses Phänomen ist weniger Ausdruck individueller Wünsche. Vielmehr ist es durch weiterhin vorherrschendes Rollenverständnis der Geschlechter strukturell bedingt, welches persönliche Wahloptionen bei der Berufsergreifung und –ausübung beeinflußt und beschränkt. Nicht nur dies stellt sich für viele Frauen als ein Problem dar, die nunmehr selbst verstärkt einer Beschäftigung entsprechend ihren inzwischen annähernd gleichen Qualifikationen nachgehen wollen, sondern auch die sich ändernde Gesellschaftsstruktur, in der nur noch etwa ein Drittel aller Erwerbstätigen in „klassischen" Familien lebt und auf die die den Rollenschemata zugrunde liegende „Einernährerfamilie" nicht mehr zutrifft.

Die Arbeit wird herausstellen, daß das Verbot der mittelbaren Diskriminierung ein noch nahezu ungeahntes Potential aufweist, den strukturellen Ursachen der Benachteiligung von Frauen im Erwerbsleben zu begegnen. Gleichzeitig stößt es an maßgebliche Grenzen äußerst beharrlicher Wertvorstellungen hinsichtlich der Rollenbilder der Geschlechter sowie ökonomischer Argumente oder der Tarifautonomie, mit denen eine staatliche Intervention zugunsten der Durchsetzung der Chancengleichheit notwendigerweise kollidiert.

---

[9] *M. Sachs*, NJW 1989, S. 553 (558).
[10] *W. Schmitt Glaeser*, DÖV 1982, S. 381 (389).
[11] Vgl. z.B. EuGH, Urteil v. 15.5.2000, Rs. C-78/98 (Preston/Fletcher u.a.), Slg. 2000, I-3201. Hierbei ging es um den Ausschluß Teilzeitbeschäftigter von der betrieblichen Altersversorgung des öffentlichrechtlichen National Health Service (NHS) sowie der privaten Midland Bank. Hiergegen strengten 60.000 Teilzeitbeschäftigte Verfahren vor den britischen Industrial Tribunals an, von denen 22 als Musterprozesse gemeinsam dem EuGH zur Entscheidung vorgelegt wurden. Dieser bestätigte einen grundsätzlichen Anspruch auf rückwirkenden Anschluß an die Betriebsrentensysteme.
[12] EuGH, Urteile v. 10.2.2000, Rs. C-50/97 (Schröder), Slg. 2000, I-743; verb. Rs. C-234, 235/96 (Vick/Conze), Slg. 2000, I-799; verb. Rs. C-270, 271/97 (Sievers/Schrage), Slg. 2000, I-929.
[13] Siehe hierzu bereits BAG, Urteile v. 7.3.1995, BB 1995, S. 626, bestätigt durch BAG, Urteil v. 16.1.1996, Arbeitsrecht im Betrieb 1997, S. 125 mit Anm. *Thannheiser*. Die Rechtsprechung zum rückwirkenden Anschluß an Betriebsrentensysteme wurde vom BVerfG, Beschluß v. 19.5.1999, BB 1999, S. 1765, bestätigt.
[14] Süddeutsche Zeitung, 11. Februar 2000, Wirtschaft, Deutschland, S. 23.

Gang der Untersuchung

Vorliegende Arbeit untersucht das Potential der tatsächlichen Durchsetzung der Gleichberechtigung der Geschlechter mittels des gemeinschafts- und verfassungsrechtlich gewährleisteten Verbots der mittelbaren Diskriminierung. Sie orientiert sich dabei primär an der Rechtsprechung des EuGH, der in seiner Rechtsprechung die Anforderungen an die Voraussetzungen des Verbots entwickelt und konkretisiert hat. Da das Bundesverfassungsgericht (BVerfG) die gemeinschaftsrechtlichen Vorgaben weitgehend in seine Rechtsprechung zu Art. 3 GG übernommen hat, wird auf diese nur insoweit Bezug genommen, als sich das BVerfG zum Verbot der mittelbaren Diskriminierung und der Ungleichbehandlung Teilzeitbeschäftigter im Rahmen des Art. 3 GG hinsichtlich der nationalen rechtlichen Besonderheiten geäußert hat. Im Hinblick auf die Konzentration vorliegender Arbeit auf die gemeinschafts- und verfassungsrechtliche Gewährleistung des Verbots der mittelbaren Diskriminierung verzichtet die Darstellung weitgehend auf die Umsetzung der Vorgaben von EuGH und BVerfG durch das Bundesarbeitsgericht (BAG). Insoweit wird nur kursorisch im Sinne einer „Draufsicht" auf die Rechtsprechung des BAG eingegangen, wenn sich aus dieser Besonderheiten für das nationale Recht ergeben oder wenn sich EuGH bzw. BVerfG bisher mit einer teilzeitspezifischen und diskussionswürdigen Thematik nicht beschäftigt haben und die diesbezügliche arbeitsrechtliche Rechtsprechung Fragen aufwirft, die auch gemeinschafts- oder verfassungsrechtlicher Auseinandersetzung bedürfen.

Das erste Kapitel behandelt die strukturelle Diskriminierung von Frauen im Erwerbsleben. Das Verbot der mittelbaren Diskriminierung wegen des Geschlechts wird kurz umrissen und das der Arbeit als Grundlagen dienende statistische Material dargestellt. Das Thema der Vereinbarkeit von Familie und Beruf vor dem Hintergrund der traditionellen Arbeitsteilung und geschlechtsspezifischen Rollenzuweisungen sowie die geschlechtsspezifische Segregation des Arbeitsmarkts zeigen sich dabei als die Ursachen der strukturellen Diskriminierung. Hieran schließt sich die positiv zu beantwortende Frage an, ob diese Benachteiligung als rechtlich relevant anzusehen, das heißt, nicht auf individuelle Wünsche oder Arbeitsmarktstrukturen zurückzuführen ist, sowie die Frage, ob die Benachteiligung durch die Anwendung des rechtlichen Verbots der mittelbaren Diskriminierung beseitigt werden kann.

Das zweite Kapitel befaßt sich mit Gleichheits- und Gerechtigkeitsmodellen sowie der Einordnung des Verbots der mittelbaren Diskriminierung in diese Modelle. In diesem Zusammenhang werden das Prinzip der substantiellen Chancengleichheit als Ausprägung der austeilenden Gerechtigkeit (iustitia distributiva) und seine Bedeutung für das Verbot der mittelbaren Diskriminierung erörtert. Die Gerechtigkeit wird als ein dem Recht übergeordneter Kontroll- und Interpretationsmaßstab betrachtet. Es zeigt sich, daß das gesamte deutsche und gemeinschaftsrechtliche Gleichberechtigungsrecht Ausdruck der iustitia distributiva ist.

Im dritten Kapitel werden die Rechtsgrundlagen des Verbots des mittelbaren Diskriminierung im Gemeinschaftsrecht und seine Vorgaben für die Anwendung und Auslegung des nationalen Rechts beschrieben sowie die Bedeutung der verfassungsrechtlichen Verankerung des Verbots in Art. 3 GG aufgezeigt.

Das vierte Kapitel stellt die Voraussetzungen für die Feststellung des Verbots der mittelbaren Diskriminierung am Beispiel der Benachteiligung von Frauen in Teilzeitbeschäftigung unter Auseinandersetzung mit der zum Thema ergangenen, richtungsweisenden Rechtsprechung dar. Schwerpunkt ist die Befassung mit der Frage der objektiven Rechtfertigung einer mittelbar diskriminierenden Regelung, denn hieran wird der Konflikt zwischen dem Anspruch des materiellen Verbots als Ausprägung der iustitia distributiva und seiner tatsächlichen Realisierung besonders deutlich.

Im fünften Kapitel geht es um die Durchsetzung und Rechtsfolgen des Verbots der mittelbaren Diskriminierung wegen des Geschlechts. Thematisiert wird neben der Frage der Beweislast im Prozeß um mittelbare Diskriminierungen schwerpunktmäßig die Rechtsprechung des EuGH zum Ausschluß Teilzeitbeschäftigter von den betrieblichen Systemen der sozialen Sicherheit im Rahmen des Grundsatzes der Entgeltgleichheit gemäß Art. 141 Abs. 1 und 2 EG und deren Implikationen für das nationale Recht, weil nur in diesem Bereich Gerichtshof und BVerfG zu teilzeitspezifischen Rechtsfolgen Stellung genommen haben. Vorliegende Arbeit beschränkt sich dabei auf die Darstellung der sich aus dem Gleichberechtigungsgebot als lex specialis des allgemeinen Gleichbehandlungsgrundsatzes unmittelbar ergebenden Rechtsfolgen und legt ihren Schwerpunkt dabei insbesondere auf die in der gemeinschafts- und verfassungsrechtlichen Betriebsrentenrechtsprechung zu Art. 141 Abs. 1 und 2 EG und Art. 3 GG konkretisierte, mit weitreichenden wirtschaftlichen Implikationen verbundene Frage nach einer so genannten „Anpassung nach oben" bzw. „unten", das heißt nach der Einbeziehung der benachteiligten Teilzeitbeschäftigten in die Vollzeitbeschäftigte begünstigende Regelung oder umgekehrt, für die der Gleichheitssatz und das Verbot der mittelbaren Diskriminierung wegen des Geschlechts als dessen Präzisierung mangels Vorgaben grundsätzlich offen sind. Dabei muß die Arbeit angesichts ihres Augenmerks auf teilzeitspezifische Benachteiligungen notwendigerweise Antworten auf weitere, sich außerhalb des Grundsatzes der Entgeltgleichheit ergebende Rechtsfolgen bei Verstößen gegen das Verbot der mittelbaren Diskriminierung bei den sonstigen, nicht das Entgelt betreffenden Arbeitsbedingungen im Anwendungsbereich der Gleichbehandlungsrichtlinie 76/207/EWG und § 611a BGB (wie zum Beispiel Schadensersatzansprüche für mittelbar diskriminierende Kündigungen) schuldig bleiben.[15] Denn die hierzu ergangene, differenzierte Rechtsprechung des EuGH und der nationalen Gerichte weist keinen Bezug zu den in vorliegender Arbeit aufgeworfenen teilzeitspezifischen Fragen auf und hat folglich in dieser Hinsicht auch keine aussagekräftige Bedeutung.

[15] Vgl. dazu EuGH, Urteil v. 10.4.1984, Rs. 14/83 (von Colson/Kamann), Slg. 1984, 1891; EuGH, Urteil v. 10.4.1984, Rs. 79/83 (Harz), Slg. 1984, 1921; EuGH, Urteil v. 8.11.1990, Rs. C-177/88 (Dekker), Slg, 1990, I-3941; EuGH, Urteil v. 22.4.1997, Rs. C-180/95 (Draehmpaehl), ZIP 1997, S. 798 mit Anm. *Oetker*; *I. Steinmeister*, ZRP 1993, S. 127ff; *dies.*, PersR 1995, S. 9ff.; *A. Reiche*, ZTR 1994, S. 6ff.; *H. Dieball*, STREIT 1994, S. 124ff.; *D. Schiek*, AiB 1994, S. 450ff.; *dies.*, 1995; *dies.*, STREIT 1995, S. 3ff.; *dies.*, BB 1998, S. 586f.; *H. Pfarr*, RdA 1995, S. 204ff.; *M. Gutsche*, 1996; *H. Ehmann/A. Emmert*, SAE 1997, S. 253ff.; R. *Abele*, NZA 1997, S. 641ff.; *E. Kocher*, ArbuR 1998, S. 221ff.; *P. Müller*, JA 2000, S. 119ff.

1. Kapitel
Einführung in die Problematik der mittelbaren Diskriminierung

I. Grundlagen der Untersuchung

1. Das Verbot der mittelbaren Diskriminierung wegen des Geschlechts

a) Legaldefinition

Die Bestimmung des Umfangs und der Grenzen der gesellschaftlichen Erscheinung der mittelbaren Diskriminierung von Frauen im Erwerbsleben ist trotz ihrer allgemeinen Anerkennung im deutschen Arbeitsrecht bislang umstritten.[1] Eine Legaldefinition der mittelbaren Diskriminierung findet sich im europäischen sekundären Gemeinschaftsrecht in Art. 2 der Richtlinie 2000/73/EG vom 23. September 2002 zur Änderung der Gleichbehandlungsrichtlinie 76/207/EWG:[2]

> (1) Der Grundsatz der Gleichbehandlung (...) beinhaltet, daß keine unmittelbare oder mittelbare Diskriminierung aufgrund des Geschlechts – insbesondere unter Bezugnahme auf den Ehe- und Familienstand – erfolgen darf.
>
> (2) Im Sinne dieser Richtlinie bezeichnet der Ausdruck (...) ‚mittelbare Diskriminierung': wenn dem Anschein nach neutrale Vorschriften, Kriterien oder Verfahren Personen, die einem Geschlecht angehören, in besonderer Weise gegenüber Personen des anderen Geschlechts benachteiligen können, es sei denn, die betreffenden Vorschriften, Kriterien oder Verfahren sind durch ein rechtmäßiges Ziel sachlich gerechtfertigt und die Mittel sind zur Erreichung dieses Ziels angemessen und erforderlich.

Um eine gesellschaftliche Erscheinung handelt es sich bei dieser Form der Diskriminierung wegen des Geschlechts, weil nicht ein rechtlich mißbilligtes, individuelles Verhalten des Diskriminierers im Vordergrund steht. Vielmehr werden anhand des Verbots der mittelbaren Diskriminierung die tatsächlichen, aufgrund gesellschaftlich bedingten unterschiedlichen Erwerbsverhaltens der Geschlechter negativen Auswirkungen einer geschlechtsneutralen Maßnahme auf ein Geschlecht einer rechtlichen Kontrolle unterzogen, ohne daß dem hierfür in Verantwortung genommenen Staat, den Tarifparteien oder dem Arbeitgeber eine Diskriminierungsabsicht nachzuweisen ist.[3]

---

[1] *M. Schlachter*, 1993, S. 77f.

[2] Abl. EG Nr. L 269/15. Ebenfalls neu ist die Begriffsbestimmung der unmittelbaren Diskriminierung. Die erste Definition enthielt die Beweislastrichtlinie 97/80/EG (ABl. EG Nr. L 14/6 v. 20.1.1998). Aufgrund der Antidiskriminierungsrichtlinien 2000/43/EG zur Gleichbehandlung ohne Unterschied der Rasse oder der ethnischen Herkunft (ABL. EG Nr. L 180, S. 22) und 2000/78/EG zur Verwirklichung der Gleichbehandlung in Beschäftigung und Beruf (ABl. EG Nr. L 303, S. 16), welche die unmittelbare und mittelbare Diskriminierung ebenfalls definieren, sah man es angezeigt, die Definition auch in die Gleichbehandlungsrichtlinie aufzunehmen [vgl. Erwägungsgrund (6)].

[3] *G. Rutherglen*, (1987) 73 Va. L. Rev. 1297 (1301f.); R. *J. Townshend-Smith*, 1998, S. 261.

b) Abgrenzung zur unmittelbaren Diskriminierung

Die Konstellation der mittelbaren Diskriminierung wegen des Geschlechts läßt sich am besten in Abgrenzung zur unmittelbaren Diskriminierung erfassen.[4] Das Verbot der unmittelbaren Diskriminierung wegen des Geschlechts verbietet Ungleichbehandlungen, die das Merkmal Geschlecht unmittelbar als Unterscheidungskriterium verwenden. Daher erfolgen sie notwendig intentional oder werden als Folge eines Handelns in Kauf genommen. Die diskriminierte Person befindet sich in einer homogenen Gruppe der „Frauen“ oder „Männer“. Dieses formale Verbot behandelt Diskriminierungen als ahistorische und vom sozialen wie wirtschaftlichen Kontext unabhängige Erscheinungen.[5] Staatliche Interventionen auf Grundlage des Verbots erfolgen nur zwecks Ausgleichung individueller Benachteiligungen im konkreten Einzelfall. Das Verbot unmittelbarer Diskriminierungen wirkt indes nicht gegen die Nachteile, die Angehörige der Gruppe eines Geschlechts aufgrund gesellschaftlicher und wirtschaftlicher Ursachen erleiden. Gerade diese haben jedoch die Benachteiligung von Frauen im Erwerbsleben zur Folge, so daß das Verbot der unmittelbaren Diskriminierung hiergegen nur begrenzt wirksam zu sein vermag.

c) Abgrenzung zur verdeckten Diskriminierung

Unter verdeckter Diskriminierung[6] wird eine Ungleichbehandlung verstanden, die an sich nicht wegen des Geschlechts differenziert, sondern ein anderes Unterscheidungsmerkmal vorschiebt, hinter dem sich das des Geschlechts verbirgt.[7] Anders als bei der mittelbaren Diskriminierung, bei der die Behandlung als solche geschlechtsneutral ist, handelt es sich bei der verdeckten um eine unmittelbare Diskriminierung.[8] Sie betrifft gerade bewußt unmittelbar das Geschlecht, die Ungleichbehandlung schiebt nur ein anderes Differenzierungsmerkmal vor, differenziert also wegen des Geschlechts. Beispiele erscheinen aufgrund der schweren Abgrenzbarkeit zur mittelbaren Diskriminierung eher theoretisch.[9] Einigkeit besteht jedoch, daß eine verdeckte und keine mittelbare Diskriminierung vorliegt, wenn nicht geschlechtsspezifische, aber im Grunde nur ein Geschlecht betreffende Kriterien verwendet oder Anforderungen gestellt werden, die zwar formal von Männern und Frauen erfüllt werden können, aber nicht unmittelbar an die Arbeit anknüpfen und zudem weit überwiegend nur von Angehörige eines Geschlechts erfüllt werden können.[10] Mangels Bezugs der Anforderung zur auszuführenden Tätigkeit legt diese Diskriminierung durch den Arbeitgeber eine entsprechende Motivation nahe.[11] Es handelt sich hierbei folglich um ein Umgehungsverbot.[12]

---

[4] *C. Blomeyer*, 1994, S. 16.
[5] *S. Fredman*, (1997) 113 LQR 575 (577).
[6] *H. Pfarr/K. Bertelsmann*, 1985, Rdn. 47: „unmittelbare Diskriminierung mit vorgeschobenen Gründen“.
[7] *W. Blomeyer*, SAE 1994, 117 (118); *M. Schlachter*, NZA 1995, 393 (395) mit Fn. 21.; *J. Sievers*, 1996, S. 19.
[8] *H. Pfarr/K. Bertelsmann*, 1985, Rn. 46f.; *P. Hanau/U. Preis*, ZfA 1988, S. 177 (181).
[9] *H. Pfarr/K. Bertelsmann*, 1985, Rdn. 47, führen das theoretische Beispiel an, nach dem für die Besetzung einer leitenden Position in einem Lebensmittelunternehmen für die Stelle „intensive Kenntnisse von Fußballtheorie und –praxis“ verlangt werden.
[10] *H. Pfarr/K. Bertelsmann*, 1985, Rdn. 47; *C. Langenfeld*, 1990, S. 212.
[11] *G. Kyriazis*, 1990, S. 80f.
[12] *C. Blomeyer*, 1994, S. 17.

d) Die mittelbare Diskriminierung

Das Verbot der mittelbaren Diskriminierung zielt auf Regelungen ab, die als solche geschlechtsneutral formuliert sind, in ihren Auswirkungen Angehörige eines Geschlechts jedoch unverhältnismäßig benachteiligen. In der Nachkriegszeit sind mit Hilfe des Verbots der unmittelbaren Diskriminierung so gut wie alle unmittelbar benachteiligenden Regelungen beseitigt worden. Nach dem Geschlecht differenzierende Gesetze gibt es in der Regel nur noch zum Schutz von Frauen.[13] Dennoch finden sich weiterhin Normen, die zum Beispiel Arbeitnehmer von bestimmten Leistungen ausschließen, wenn sie eine bestimmte Anzahl von Wochenarbeitsstunden nicht überschreiten. Hierdurch werden Frauen aufgrund der gesellschaftlichen Besonderheit, daß sie häufig aufgrund der Kindererziehung oder anderer familiärer Verpflichtungen nur halbtags beschäftigt sind, faktisch im Verhältnis zu Männern benachteiligt. Die bedeutendste Fallgruppe der mittelbaren Diskriminierung erscheint daher in Form der Benachteiligung Teilzeitbeschäftigter im Verhältnis zu Vollzeitbeschäftigten. Die diskriminierten Personen gehören im Gegensatz zur Konstellation der unmittelbaren Diskriminierung heterogenen Gruppen an. In der Gruppe der Teilzeitbeschäftigten befinden sich sowohl Frauen als auch Männer. Teilzeitbeschäftigung ist wegen der tradierten Rollenzuteilungen jedoch weiterhin eine Frauendomäne. Der Anteil der Frauen in Teilzeitarbeit beträgt knapp 90%.[14] Eine Ungleichbehandlung Teilzeitbeschäftigter ist daher in der Regel auch eine mittelbare Diskriminierung von Frauen, wenn sie nicht durch objektive, geschlechtsneutrale Faktoren gerechtfertigt ist. Von zentraler Bedeutung sind das Zusammentreffen und die Wechselwirkung eines Zustandes der Benachteiligung und benachteiligender Behandlung. Hieran schließt sich die Erkenntnis an, daß es auf eine diskriminierende Intention des Diskriminierers nicht ankommen darf.[15] Zwar mögen zu einem großen Teil stereotype Vorurteile dazu führen, daß individuelle Fähigkeiten bei der Behandlung negativ bewertet oder außer Acht gelassen werden.[16] Andererseits sind aber viele - unter Umständen hiervon schwer abgrenzbare - Konstellationen denkbar, in denen nicht Vorurteile das Verhalten steuern, sondern durch unmotivierte Gleichbehandlung allein aufgrund verschiedener sozialer Ausgangschancen ungleiche Resultate erzielt werden. Gerade diese subtilere und unbewußte Form struktureller Benachteiligung soll mittels des Verbots der mittelbaren Diskriminierung unterbunden werden. Eine Diskriminierungsintention oder auch nur geringe –motivation darf damit nicht verlangt werden.

Das Verbot der mittelbaren Diskriminierung hat in den letzten 20 Jahren zu bedeutenden teilzeitspezifischen Veränderungen geführt, wie zum Beispiel durch die Änderung des § 1 Abs. 3 Nr. 2 LohnFG,[17] nach dem Teilzeitbeschäftigte von der Lohnfortzahlung im Krankheitsfall ausgeschlossen wurden, oder die Einführung des TzBfG zum 1. Januar 2001[18], das in § 4 Abs. 2 das Verbot der Ungleichbehandlung teilzeitbeschäftigter Arbeitnehmer normiert. Wie in Kapitel 4 noch weiter zu untersuchen ist, erwecken viele weitere, bislang in dieser Hinsicht als unbedenklich angesehene Regelungen nunmehr den Eindruck geschlechtsspezifischer Ungleichbehandlung. Die an tradierten gesellschaftlichen Wertvorstellungen zum großen Teil festhaltende Ansicht in Rechtsprechung und Literatur vermag indes angesichts der Tatsache nicht zu überraschen, daß das Verbot der mittelba-

---

[13] *M. Schlachter*, 1993, S. 76f.
[14] Dazu unten Kapitel 1, I. 2 b) bb).
[15] Ausführlich *A. Dix*, 1984, S. 11f.
[16] *M. Rehbinder*, 1971, S. 155 (171); dazu unten Kapitel 2, II. 1. b).
[17] Dazu unten Kapitel 4, II. 2. a) bb) (b).
[18] BGBl I 2000, 1966.

ren Diskriminierung gerade bezweckt, überkommene Vorstellungen zu beseitigen, aufgrund deren Frauen benachteiligt werden, ohne daß dies - gerade weil gewisse Regelungen als „normal“ angesehen werden - bewußt ist.

e) Entwicklung des Verbots der mittelbaren Diskriminierung

Die Entwicklung des Verbots der mittelbaren Diskriminierung wird allgemein auf die Bemühungen in den Vereinigten Staaten zurückgeführt, systematische Ungleichbehandlungen von Schwarzen und Weißen zu beseitigen. Die Amerikanische Verfassung verbietet in dem dem allgemeinen Gleichheitssatz des Art. 3 Abs. 1 GG ähnelnden 14. Zusatzartikel allgemeine Ungleichbehandlungen. 1964 wurde mit Artikel VII in das Bürgerrechtsgesetz das Verbot der Ungleichbehandlung aufgrund des Geschlechts und der Rasse eingeführt.[19] Hierauf stützte sich der US Supreme Court im Jahr 1970 in der Sache *Griggs v Duke Power Co.*[20] Mit der Entscheidung wurde eine Regelung untersagt, die als solche „rassenneutral" war. Duke Power Co. war ein Unternehmen, das ein hoch segregiertes Arbeitsumfeld aufwies. Schwarze wurden vor Einführung des Verbots der Ungleichbehandlung offen diskriminiert. Nach Inkrafttreten des Artikel VII des Bürgerrechtsgesetzes wurde eine Beschäftigungspolitik eingeführt, nach der das Unternehmen für Einstellung und Beförderung einen High-School-Abschluß sowie allgemeine standardisierte Intelligenztests zur Voraussetzung machte. Eine an sich alle Bewerber gleichermaßen betreffende Regelung traf auf eine soziale Wirklichkeit, in der aufgrund der bereits starken Segregation der Ausbildung an den Schulen und damit geringerer Bildungschancen schwarze Mitbewerber kaum Möglichkeiten hatten, die Voraussetzungen zu erfüllen. Der US Supreme Court stellte einen Verstoß gegen Titel VII des Bürgerrechtsgesetzes fest, ohne daß es darauf ankäme, dem Arbeitgeber eine Diskriminierungsabsicht nachzuweisen. "The objective of Congress (...) was to achieve equality of employment opportunities and remove barriers that have operated in the past to favour an identifiable group of white employees over other employees. Under the Act, practices, procedures or tests, neutral on their face, and even neutral in terms of intent, cannot be maintained if they operate to 'freeze' the status quo of prior discriminatory employment practices".[21]

Der vom US Supreme Court angelegte strenge Maßstab der „strict scrutiny“ ermöglichte es, nach den sozialen Ursachen der ungleichen Auswirkungen der Regelung zu fragen. Absicht des Gesetzgebers sei es gewesen, gleiche Chancen auf dem Arbeitsmarkt herzustellen und Barrieren abzubauen, die in der Vergangenheit eine identifizierbare Gruppe von weißen Arbeitnehmern bevorzugt haben.

In Europa geht die Entwicklung des Verbots der mittelbaren Diskriminierung auf die Rechtsprechung des EuGH zurück, die insbesondere im Bereich der Geschlechtergleichbehandlung zu einer weitgehenden Europäisierung und Prägung des deutschen Arbeits-

---

[19] Ausführlich *G. Wisskirchen*, 1994, S. 29ff.

[20] *Griggs v Duke Power Co*, 401 US 424 (1971). Die weitere Entwicklung des Verbots der mittelbaren Diskriminierung bestand vornehmlich aus Case Law. 1975 wurde es im Vereinigten Königreich explizit in den Sex Discrimination Act 1975 aufgenommen. S 1(1)(b) des SDA 1975 lautet: „A person discriminates against a woman in any circumstances relevant to the purposes of any provision of this Act if he applies to her a requirement or condition which he applies or would apply equally to a man – but (1) which is such that the proportion of women who can comply with it is considerably smaller than the proportion of men who can comply with it, and (2) which he cannot show to be justifiable irrespective of the sex of the person to whom it is applied, and (3) which is to her detriment because she cannot comply with it."

[21] *Griggs v Duke Power Co*, 401 US 424, 429 (1971).

rechts geführt hat.[22] Zehn Jahre später als der US Supreme Court stellte der EuGH in der Rechtssache *Jenkins* vom 31. März 1981[23] im Vorabentscheidungsverfahren gemäß Art. 234 EG aufgrund einer Vorlage des englischen Employment Appeal Tribunal erstmals eine mittelbare Diskriminierung in Form eines Verstoßes gegen den gemeinschaftsrechtlichen Lohngleichheitsgrundsatz des Art. 141 EG in der Fassung des damals geltenden Art. 119 EGV fest. Nicht die unterschiedliche Bezahlung Voll- und Teilzeitbeschäftigter, sondern deren unterschiedliche Auswirkungen auf die die Mehrheit aller Teilzeitbeschäftigten darstellenden Frauen verstoße als eine geschlechtsspezifische Benachteiligung im Vergleich zu den mehrheitlich männlichen Vollzeitbeschäftigten gegen das Verbot. In den darauffolgenden Rechtssachen *Bilka* vom 13. Mai 1986[24] und *Rinner-Kühn* vom 13. Juli 1989[25] festigte der EuGH seine Rechtsprechung. Die Entscheidung in *Bilka* beruhte auf einer Vorlage des BAG, nach dessen Ansicht der Ausschluß Teilzeitbeschäftigter aus der betrieblichen Altersversorgung des beklagten Unternehmens eine gegen Art. 141 EG verstoßende mittelbare Entgeltdiskriminierung darstellten könne.[26] Eine weitere mittelbare Diskriminierung wurde für möglich gehalten, weil eine Betriebsvereinbarung des Unternehmens für den Erwerb der Altersversorgung eine ununterbrochene Betriebszugehörigkeit von 20 Jahren und mindestens 15 Jahren Vollzeitbeschäftigung als Voraussetzung vorsah. Nach Vorlage des ArbG Oldenburg stellte der EuGH in der Rechtssache *Rinner-Kühn* einen Verstoß des § 1 Abs. 3 Nr. 2 LohnFG a.F. gegen Art. 141 EG fest, weil die Norm Teilzeitbeschäftigte von der gesetzlichen Lohnfortzahlung ausschloß.[27]

2. Frauen auf dem Arbeitsmarkt

a) Erwerbsbeteiligung von Frauen

Die Erwerbsbeteiligung von Frauen ist in den alten Bundesländern von 50,2% im Jahr 1980[28] auf 63,2% im Jahr 2001[29] gestiegen. In den neuen Bundesländern betrug der Anteil erwerbstätiger Frauen im Jahr 2001 72,5%.[30] Der Anteil der Frauen an allen Erwerbstätigen erhöht sich beständig und betrug im April 2001 43,7%,[31] in den neuen Ländern 45,7%.[32] Neben dem insgesamt konstanten Anstieg weiblicher Erwerbstätigkeit in den letzten 20 Jahren hat sich die deutlichste Veränderung bei Frauen zwischen 30 und 45 Jahren gezeigt. So führen Familienverpflichtungen heute zu geringeren Unterbrechungen der Erwerbstätigkeit.[33] Die Erwerbsbeteiligung von Frauen hängt jedoch weiterhin wesentlich vom Alter des Kindes und der Anzahl der Kinder ab,[34] anders als bei Männern, deren Erwerbsverhalten von Kindern so gut wie nicht beeinflußt wird.[35] Nach den Er-

---

[22] *H. Wißmann*, DB 1991, S. 650.
[23] EuGH, Urteil v. 31.3.1981, Rs. 96/80 (Jenkins), Slg. 1981, 911.
[24] EuGH, Urteil v. 13.5.1986, Rs. 170/84 (Bilka), Slg. 1986, 1607.
[25] EuGH, Urteil v. 13.7.1989, Rs. 171/88 (Rinner-Kühn), Slg. 1989, 2743.
[26] BAG, Beschluß v. 5.6.1986, AP Nr. 3 zu Art. 119 EWG-Vertrag.
[27] ArbG Oldenburg, EWiR 1990, S. 181.
[28] ibv Nr. 40 v. 6. Oktober 1999, Arbeitsmarkt 1998, Bundesanstalt für Arbeit, S. 3472.
[29] Mikrozensus des Statistischen Bundesamtes, Bundesanstalt für Arbeit, Zahlenfibel, Stand 7.10.2002, Übersicht 5.1.
[30] Ebenda. Hier ging er dagegen von 77,2% im Jahr 1991 strukturbedingt zurück.
[31] Mikrozensus des Statistischen Bundesamtes, Statistisches Jahrbuch 2002, S. 105.
[32] Ebenda. Hier war er ausgehend von 46,5% im Jahr 1991 ebenfalls rückläufig.
[33] ibv Nr. 40 v. 6. Oktober 1999, Arbeitsmarkt 1998, Bundesanstalt für Arbeit, S. 3473.
[34] Ausführlich dazu *D. Dathe 1998*, S. 12f.
[35] Ergebnisse des Mikrozensus 2001, Leben und Arbeiten in Deutschland, Bundesanstalt für Arbeit, S. 35ff.; *P. Beckmann*, BArBl. 11/2002, S. 13.

gebnissen des Mikrozensus für April 2001 waren 31% der Ehefrauen mit mindestens einem Kind unter 3 Jahren berufstätig, hingegen 75% mit mindestens einem Kind im Alter zwischen 15 und 18 Jahren. Unter den alleinerziehenden Müttern ist im Vergleich zur Erwerbstätigkeit von 64% aller Ehefrauen mit Kindern eine um 8% höhere berufliche Aktivität von 72% zu verzeichnen.[36] Ehefrauen können sich in der Regel auf das (zusätzliche) Einkommen des Ehepartners verlassen. Die Kindererziehung ist dabei weiterhin der ausschlaggebende Faktor für das Erwerbsverhalten der Frauen. Dies zeigt eine Untersuchung von *Dathe* aus dem Jahr 1998 für West- und Ostdeutschland auf Grundlage des Mikrozensus 1995,[37] nach der in 77% (West) bzw. 79% (Ost) der Ehen ohne Kinder zu Beginn beide Partner vollzeitbeschäftigt sind. Auch wenn im Laufe des Zusammenlebens die Erwerbsbeteiligung der Ehefrauen abnimmt,[38] so dominiert hier zu keiner Zeit das Modell des allein voll erwerbstätigen Ehemannes. In Ehen mit Kindern hingegen arbeiten zu Beginn der Ehe mit einem Kind unter 3 Jahren nur zu 42% (West) bzw. 49% (Ost) beide Partner Vollzeit. In dieser Phase geht in 48% (West) bzw. 40% (Ost) aller Ehen nur der Ehemann einer Vollzeitbeschäftigung nach. Ist das älteste Kind jünger als 10 Jahre arbeiten nur noch etwa zu 39% (West) bzw. 67% (Ost) beide Partner Vollzeit. Der Anteil aller dem Einernährermodell zuzuordnenden Ehen beträgt in diesem Zeitraum im Westen sogar 54%, im Osten 26%. Arbeiten in Gesamtdeutschland in Ehen ohne Kinder mit zunehmenden Ehejahren 15% der Frauen bzw. 20% Teilzeit (Tendenz steigend mit zunehmenden Ehejahren), so liegt der Anteil teilzeitbeschäftigter Ehefrauen mit Kindern in dieser Zeit bei 25% mit dem ältesten Kind unter 10 Jahren bzw. 38% mit dem ältesten Kind zwischen 3 und 18 Jahren in den alten und bei 15% bzw. knapp 22% in den neuen Bundesländern.[39]

b) Teilzeitbeschäftigung

aa) Legaldefinition

Auf gemeinschaftsrechtlicher Ebene wird ein „Teilzeitbeschäftigter“ in § 3 Abs. 1 der Richtlinie 97/81/EG vom 15. Dezember 1997 zu der von UNICE, CEEP und EGB geschlossenen Rahmenvereinbarung über Teilzeitarbeit[40] definiert als ein Arbeitnehmer, dessen normale, auf Wochenbasis oder als Durchschnitt eines bis zu einem Jahr reichenden Beschäftigungszeitraumes berechnete Arbeitszeit unter der eines vergleichbaren Vollzeitbeschäftigten liegt.

In der Bundesrepublik Deutschland enthält § 2 Abs. 1 des Gesetzes über Teilzeitarbeit und befristete Arbeitsverträge (TzBfG) vom 21. Dezember 2000[41], welches die zuvor genannte Richtlinie 97/81/EG und die Richtlinie 99/79/EG vom 28. Juni 1999 zu der

---

[36] Ergebnisse des Mikrozensus 2001, Leben und Arbeiten in Deutschland, Bundesanstalt für Arbeit, S. 37f.

[37] Vgl. Fn. 34.

[38] Nach der Untersuchung (Fn. 34) ist die Zahl mit zunehmender Zahl an Ehejahren rückläufig, knapp 61% nach 18-28 Ehejahren, mit einer Verschiebung zur alleinigen Erwerbstätigkeit des Mannes von 14% zu Beginn der Ehe bis knapp 25% nach 18-28 Ehejahren.

[39] Vgl. Fn. 34.

[40] ABl. EG 1998, Nr. L 14, S. 9, siehe auch KOM (97) 392 endg., S. 16ff. = BR-Drucks. 689/97.

[41] BGBl. I S. 1966.

Rahmenvereinbarung über befristete Arbeitsverträge[42] umsetzt, eine entsprechende Definition.
Teilzeitarbeit ist ein Sammelbegriff für viele unterschiedliche Beschäftigungsformen.[43] Als Teilzeitbeschäftigte gelten Arbeitnehmer mit einem Arbeitszeitumfang von nur 1 oder 2 Stunden pro Woche bis minimal unterhalb der Vollarbeitszeit. Zu den Teilzeitbeschäftigten zählen gemäß § 2 Abs. 2 TzBfG auch Arbeitnehmer, die eine geringfügige, sozialversicherungsfreie Beschäftigung nach § 8 Abs. 1 Nr. 1 SGB IV ausüben. Nach dem durch Gesetz vom 23. Dezember 2002 geänderten § 8 Abs. 1 Nr. 1 SGB IV[44] beträgt die Geringfügigkeitsgrenze mit Wirkung vom 1. April 2003 nunmehr 400,- €.

bb) Ausmaß und geschlechtsspezifische Ausgestaltung

Der Zuwachs weiblicher Erwerbsbeteiligung ist zu einem großen Teil auf den Anstieg an Teilzeitbeschäftigung zurückzuführen. In den alten Bundesländern betrug der Teilzeitzuwachs allein im Zeitraum von April 1991 bis April 2001 44%.[45] Die Teilzeitquote, das heißt der Anteil der abhängig Teilzeitbeschäftigten an allen abhängig Beschäftigten, stieg in diesem Zeitraum in den alten Bundesländern um 7% auf 22%, in den neuen Bundesländern um 5 Prozentpunkte auf 14%.[46]
Teilzeitarbeit ist weiterhin „Frauensache". Ende März 2002 waren 85,15% aller sozialversichungspflichtigen Teilzeitbeschäftigten Frauen.[47] In dieser Zeit gingen 38% aller weiblichen Erwerbstätigen einer Teilzeitbeschäftigung nach, im Gegensatz zu 5% der männlichen Erwerbstätigen.[48] Entgegen der Bedeutung der Teilzeitarbeit für 42% aller Frauen in den alten Bundesländern spielt sie in den neuen Bundesländern mit 23% im Jahr 2002[49] aufgrund weiterhin stärkerer Erwerbsorientierung eine eher untergeordnete Rolle, auch wenn die Realisierung der Erwerbswünsche dort noch stärker von der Arbeitsmarktsituation abhängt. Etwa die Hälfte aller Frauen wünscht dort eine Vollzeitbeschäftigung. Gehen sie einer Teilzeitbeschäftigung nach, so handelt es sich nicht primär um Frauen mit Kindern, sondern um ältere Arbeitnehmerinnen. Die wöchentliche Arbeitszeit beträgt hier in der Regel 20 bis 35 Stunden.[50] Hinzu kommt, daß im alten Bundesgebiet noch immer weniger Möglichkeiten einer ganztägigen Kinderbetreuung existieren.[51]
Hinsichtlich des Ausmaßes der geringfügigen Beschäftigungsverhältnisse sind Angaben vor dem Hintergrund der hohen Dunkelziffer und der Probleme bei der methodischen Erhebung zu betrachten. Nach Angaben des DIW für das Jahr 1996 waren 4 Millionen in dieser Arbeitsform beschäftigt, davon übten 1,3 Millionen sie als Nebentätigkeit aus.[52] Zwei Befunde lassen sich hingegen eindeutig ausmachen: Die Zahlen sind in der gesam-

---

[42] ABl. EG 1999, Nr. L 175 S. 43.
[43] Dazu *G. Peter*, 1988, S. 4ff.
[44] BGBl. I S. 4621.
[45] Ergebnisse des Mikrozensus 2001, Leben und Arbeiten in Deutschland, Bundesanstalt für Arbeit, S. 39.
[46] Ergebnisse des Mikrozensus 2001, Leben und Arbeiten in Deutschland, Bundesanstalt für Arbeit, S. 40.
[47] BArBl. 3/2002, Tabelle 110, S. 88; der Anteil ist leicht rückläufig. Im Jahr 1991 betrug er noch 92%. Vgl. Ergebnisse des Mikrozensus 2001, Leben und Arbeiten in Deutschland, Bundesanstalt für Arbeit, S. 28.
[48] Ergebnisse des Mikrozensus 2000, Leben und Arbeiten in Deutschland, Bundesanstalt für Arbeit, S. 28. Die Zahlen sind hier hinsichtlich beider Geschlechter angestiegen. Im Jahr 1991 arbeiteten 30% der weiblichen und nur 2% der männlichen Erwerbstätigen Teilzeit.
[49] Ebenda.
[50] *K. Feldhoff*, 1998, S. 38.
[51] Ergebnisse des Mikrozensus 2000, Leben und Arbeiten in Deutschland, Bundesanstalt für Arbeit, S. 28.
[52] *K. Feldhoff*, 1998, S. 36f.

ten Bundesrepublik steigend. Das größte Wachstum ist hierbei in den weiblich dominierten Wirtschaftszweigen zu verzeichnen. Geringfügige Beschäftigung ist ebenfalls stark geschlechtsspezifisch ausgestaltet. Der Frauenanteil in dieser Beschäftigungsform belief sich nach Angaben der Bundesanstalt für Arbeit im Jahr 1997 auf 75%.[53]

cc) Verteilung nach Branchen und Betrieben

Hinsichtlich der Verbreitung von Teilzeitarbeit nach Branchen sind mit einer Quote von 30% (West) bzw. 20% (Ost) der Handel sowie mit über 40% das Gaststätten- und Beherbungsgewerbe im Gegensatz zum Verarbeitenden Gewerbe mit einem Teilzeitanteil von nur 10% besonders aktiv.[54] 1998 arbeiteten nur 2,5% (West) bzw. 3,0% (Ost) aller Frauen in Land-, Tier-, Forstwirtschaft und Gartenbau sowie in technischen Berufen lediglich 2,4% (West) bzw. 3,4% (Ost), im Dienstleistungsbereich dagegen 82,8% (West) bzw. 81,8% (Ost).[55] Nach den Ergebnissen des Mikrozensus 1997 betrug der Frauenanteil im Handel 51% (West) bzw. 53% (Ost), im Gaststätten- und Beherbungsgewerbe 63% (West) bzw. 73% (Ost).[56] Teilzeitarbeit ist damit in den weiblichen Berufszweigen besonders ausgeprägt.
Im Hinblick auf die Betriebsgröße läßt sich feststellen, daß in den alten Bundesländern insbesondere Kleinbetriebe Teilzeitarbeit nutzen. Im Jahr 1998 wurden hier insgesamt mehr als doppelt soviel Teilzeitkräfte beschäftigt wie in Großbetrieben (30% zu knapp 13%).[57] Nachgewiesen wurde, daß in Kleinbetrieben mit weniger als 10 Arbeitnehmern weit häufiger Frauen beschäftigt sind als in Großbetrieben mit mehr als 1000 Arbeitnehmer, in denen der Anteil männlicher Arbeitnehmer überwiegt.[58] Auch im betrieblichen Kontext wird Teilzeitarbeit vor allem in „Frauenbetrieben" genutzt, also in Betrieben, in denen ein hoher Frauenanteil zu verzeichnen ist und die Belegschaft ein niedrigeres Qualifikationsniveau aufweist. Zudem werden in privaten Betrieben noch so gut wie keine Teilzeitstellen in höheren Positionen angeboten.[59]

c) Einkommensunterschiede zwischen Frauen und Männern

Die Diskrepanz der Lohnunterschiede zwischen Männern und Frauen hat sich in den letzen Jahren vermindert, ist aber weiterhin gravierend. Frauen erbringen zwei Drittel der gesamtwirtschaftlichen Arbeit, erhalten jedoch nur ein Viertel des gesamtwirtschaftlichen Arbeitseinkommens.[60] Inzwischen erhalten sie durchschnittlich 77% der männlichen Einkommen (leicht höher als im EU-Durchschnitt von 72%).[61] Die Auswertung des Materials hinsichtlich geschlechtsspezifischer Diskriminierung ist problematisch, weil die Statistiken wenig geschlechtsspezifisch detailliert sind und lediglich Durchschnittsangaben ma-

---

[53] ibv Nr. 13 v. 13. März 1999, S. 954; vgl. dazu auch *C. Ochs*, WSI-Mitt. 1997, S. 640ff.
[54] IAB Materialien, Bundesanstalt für Arbeit, Nr. 4/1999, S. 3.
[55] Statistisches Bundesamt, Bildung und Kultur, Fachserie 11, Reihe 3, Berufliche Bildung 1998, Wiesbaden 1999.
[56] ibv Nr. 13 v. 31. März 1999, S. 945.
[57] IAB Materialien, Bundesanstalt für Arbeit, Nr. 4/1999, S. 3. Anders dagegen in den neuen Bundesländern, in denen in dieser Hinsicht kaum ein Unterschied zu verzeichnen ist. Vgl. auch Ergebnisse des Mikrozensus 2000, Leben und Arbeiten in Deutschland, Bundesanstalt für Arbeit, S. 28.
[58] *G. Engelbrech*, MittAB 1991, S. 531 (547f.).
[59] IAB Materialien, Bundesanstalt für Arbeit, Nr. 4/1999, S. 4.
[60] *G. Peter*, 1995, S. 19.
[61] Frauen in der Bundesrepublik Deutschland, BMFSFJ, März 1998, S. 67.

chen. Insbesondere durch die Einbeziehung Teilzeitbeschäftigter wurde für Januar 2002 der durchschnittliche Bruttomonatsverdienst der Arbeiterinnen bzw. der Arbeitnehmerinnen im Produzierenden Gewerbe mit 75% bzw. 70% der Einkommen der männlichen Arbeiter und Arbeitnehmer angegeben, im Verarbeitenden Gewerbe mit 73% bzw. 71% und im Hoch- und Tiefbau mit 99%[62] bzw. 61%.[63] Arbeitnehmerinnen erhielten in dieser Zeit des weiteren im Einzelhandel und im Kredit- und Versicherungsgewerbe jeweils 76% der Einkommen der Arbeitnehmer.[64] Allein bei den Beamten verdienen Frauen mehr als ihre männlichen Kollegen.[65]

Vergleicht man die unterschiedlichen Lohngruppen, wird der Einkommensunterschied besonders deutlich: So lagen im Januar 2002 im produzierenden Gewerbe die Bruttostunden- bzw. monatslöhne der Arbeiterinnen in der höchsten Lohngruppe I mit durchschnittlich 12,83 € bzw. 2.076 € nur knapp über denjenigen der männlichen Arbeiter der niedrigsten Lohngruppe III und weiterhin unter denjenigen der mittleren Lohngruppe II der Arbeiter mit 13,53 € bzw. 2.208 €.[66] Zwar ist der Unterschied innerhalb der Lohngruppen bei den Arbeitnehmern nicht so gravierend. Arbeitnehmerinnen verdienen dort aber weiterhin wesentlich weniger als Arbeitnehmer.[67]

Teilzeitbeschäftigte erhalten zwar, sofern sie nach Tarifvertrag bezahlt werden, in der Regel ein an den Arbeitsstunden orientiertes, anteiliges Einkommen.[68] Zu berücksichtigen ist jedoch, daß Teilzeitarbeitsplätze überproportional in Wirtschaftszweigen mit niedrigen Durchschnittslöhnen und unterdurchschnittlichem Qualifikationsniveau angeboten werden.[69] Ein wesentlicher Einkommensunterschied ergibt sich des weiteren als Konsequenz des Ausschlusses eines großen Teils Teilzeitbeschäftigter von diversen Zusatzleistungen des Arbeitgebers, für deren Erhalt Vollzeitbeschäftigung Voraussetzung ist.[70]

II. Strukturelle Diskriminierung

Die folgende Darstellung der strukturellen Diskriminierung von Frauen im Erwerbsleben dient der Veranschaulichung der Zusammenhänge zwischen gesellschaftlichen Rahmenbedingungen und erwerbsbezogener Benachteiligung der Frauen und letztendlich der Kritik an der bisher meist vernachlässigten Einbeziehung weiblicher Erwerbsbiographien in die rechtlichen Beurteilung geschlechtsspezifischer Diskriminierungen. Im folgenden soll daher zunächst die Bedeutung der Determinante der strukturellen Benachteiligung für das Erwerbsleben von Frauen, das „Geschlecht“, beleuchtet werden. Anschließend werden Theorien des Arbeitsmarktes sowie sozio-ökonomische und frauenwissenschaftliche Ansätze dahingehend analysiert, wo die Ursachenzusammenhänge zwischen dieser Determi-

---

[62] Hier betrug das Bruttomonatseinkommen der Arbeiterinnen im April 2000 noch lediglich 71% der Arbeiter, vgl. BArbl. 11/2001, Tabelle 329, S. 146.

[63] BArBl. 12/2002, Tabellen 395 und 396, S. 131f.

[64] BArBl. 12/2002, Tabelle 396, S. 132.

[65] Statistisches Bundesamt und Berechnungen des DIW, OiW Wochenbericht 38/94. Dies ist insbesondere darauf zurückzuführen ist, daß sich Frauen häufiger als Männer in höheren Stellungen, v.a. in besser dotierten Lehrerstellen befinden.

[66] BArbBl. 12/2002, Tabelle 391, S. 127. Der Durchschnittslohn der Gruppe III der Arbeiter betrug in dieser Zeit 12,34/2.020 €.

[67] BArbBl. 12/2002, Tabelle 392, S. 128.

[68] *H. Pfarr/K. Bertelsmann*, 1989, S. 231.

[69] *G. Peter*, 1995, S. 26.

[70] Ergebnisse des Mikrozensus 2001, Leben und Arbeiten in Deutschland, Bundesanstalt für Arbeit, S. 28; dazu auch unten Kapitel 1, II. 1. d) cc).

nante und der Benachteiligung gesehen werden und ob es sich um eine Benachteiligung „wegen des Geschlechts“ im Rechtssinne handelt oder andere Ursachen, wie zum Beispiel der freie Wille der Frau, entscheidend sind und mithin eine Benachteiligung wegen des Geschlechts auszuschließen ist. Als Determinanten im vorliegenden Sinne bezeichnet man „soziale Positionen von Menschen in Beziehungsgeflechten, wie etwa das Geschlecht (...), die an sich keine Schlechterstellung darstellen, aber diese mit hoher Wahrscheinlichkeit nach sich ziehen. (...) Determinanten sozialer Ungleichheit schaffen Gruppierungen von Menschen mit einem gemeinsamen sozialen Merkmal [z.B. das des Geschlechts (...)], das bestimmte soziale Chancen eröffnet oder verschließt.“[71] Dabei können die Gruppenzugehörigen, obwohl sie sich des Merkmals bewußt sind, hierauf individuell keinen Einfluß nehmen, weshalb es auch als „zugeschrieben“ bezeichnet wird. Fraglich ist demnach, wie das „Geschlecht“ als derartiges Merkmal struktureller Benachteiligung von Frauen im Erwerbsleben diese Diskriminierung kennzeichnet und beeinflußt. Im folgenden wird daher zunächst der Einfluß des „Geschlechts“ auf das Problem der Vereinbarkeit von Familie und Beruf (dazu im Anschluß 1.) sowie auf die geschlechtsspezifische Arbeitsmarktsegregation (dazu im Anschluß 2.) dargestellt.

1. Vereinbarkeit von Familie und Beruf

Die Diskriminierung von Frauen im Erwerbsleben kann nicht isoliert betrachtet werden. Ursache ist in erster Linie die traditionelle Rollenverteilung in Form ungleicher häuslicher Arbeitsteilung,[72] so daß das Problem der Vereinbarkeit von Familie und Beruf vor dem Hintergrund der Forderung des Art. 3 Abs. 2 S. 1 GG nach einer Anpassung der Lebensverhältnisse beider Geschlechter - und nicht etwa einer Anpassung der Frau an die Stellung des Mannes[73] - als ein gesellschaftliches Problem deutlich wird.[74]

a) Traditionelle Arbeitsteilung und Rollenzuweisung

Geschlechterrollen weisen Frauen weiterhin traditionelle Arbeiten der Hausarbeit, der Kindererziehung sowie der Pflege und Betreuung anderer abhängiger Familienangehöriger zu. Die dominierende Familienform in der Bundesrepublik ist weiterhin die Versorgerehe mit einem männlichen Familienernährer und der (hinzuverdienenden) Hausfrau,[75] die sich zu einem großen Teil mit auf dem traditionellen Leitbild beruhenden Wertvorstellungen erklären läßt. Nach einer Umfrage für die alten Bundesländer, die auf den hohen Stellenwert der herrschenden Rollenzuweisung hindeutet, gaben 51% aller Befragten an, daß der Mann einer Vollzeitbeschäftigung nachgehen und die Frau sich zu Hause um das Kind kümmern solle. 44,4% waren der Auffassung, daß es wohl für das Kleinkind schädlich sei, wenn die Mutter arbeitet, weitere 32% stimmten dem eher zu,

---

[71] *S. Hradil*, 1999, S. 30f.

[72] *H. Appel u.a.*, 1998, S. 12.

[73] BVerfGE 85, 171, 207 – Nachtarbeitsverbot.

[74] *M. Körner-Damann*, NJW 1994, S. 2056.

[75] Sog. moderne Versorgerehe; vgl. *B. Pfau-Effinger*/*B. Geissler*, MittAB, Nr. 3 1992, S. 358ff.; *B. Geissler*, 1998, S. 145 (160); *B. Pfau-Effinger*, 1998, S. 177ff. Die ursprünglich dominante Form der traditionellen Versorgerehe mit Vollzeit arbeitendem Mann und nicht erwerbstätiger Hausfrau wird zunehmend durch das Vollzeit-/Teilzeitmodell, der modernen Versorgerehe, abgelöst. Vgl. dazu *P. Beckmann*, BArBl. 3/2002, S. 13 (14f.).

nur 24% lehnten diese Vorstellung ab.[76] Auffällig ist dabei der die fortbestehende Gültigkeit traditioneller Rollenverteilungen aufzeigende eklatante Unterschied zwischen abstrakter Einstellung und derjenigen, sobald die Befragten selbst konkret betroffen waren.[77] Im Jahr 1996 waren 70% (West, 1993 66%) bzw. 73% (Ost, 1993 63%) der Auffassung, daß Männer den Erziehungsurlaub[78] in Anspruch nehmen sollten. War hingegen die Erziehung der Kinder der eigenen Familie betroffen, so befanden dies nur noch 51% (West) bzw. 52% (Ost) für gut. In der Wirklichkeit hingegen nutzten nahezu alle anspruchsberechtigten Frauen in den letzten Jahren den Erziehungsurlaub, von den anspruchsberechtigten Männern waren es dagegen nur 1%.[79] Die Diskussion um die in erster Linie zu berücksichtigenden Interessen des Kindes erfolgt dabei aufgrund der Konzentration auf die Rolle der Mutter nur einseitig. Sie scheint weiterhin auf der Annahme der in den ersten Jahren für die Kindesentwicklung wichtigen Mutter-Kind-Beziehung zu beruhen.[80] Interessant ist hieran, daß es bislang jedoch kaum hinreichende Untersuchungen zur Wichtigkeit der Einbeziehung der Väter in die Erziehung des Kindes und deren Auswirkungen gibt. Im Gegenteil weisen neuere Untersuchungen auf die Notwendigkeit und Gleichwertigkeit beider Elternteile als Bezugspersonen und für die Identitätsbildung des Kindes hin. Ebenso heftig umstritten ist die Betreuung von Kindern im Alter bis zu 3 Jahren. Entsprechend der herrschenden Vorstellung von Eltern sollte die Kindererziehung von Müttern und nicht von öffentlichen Einrichtungen wahrgenommen werden. Lediglich 1% der Männer und Frauen befürworten hier eine Kinderkrippenbetreuung.[81] Die überwiegende Ablehnung führt zu dem schlichten Umkehrschluß, daß die nur private Erziehung in allen Fällen besser für das Kind sei, wofür es wiederum keine Nachweise oder Untersuchungen gibt.[82]

Hinsichtlich der Erwerbsbeteiligung von Frauen mit Kindern ergibt sich folgendes Bild: Nach einer untersuchten Erwerbsunterbrechung zur Kinderbetreuung im Zeitraum von 1990 bis 1992 war 1995 die Hälfte der Frauen (noch) nicht wieder erwerbstätig.[83] Frauen, die nach einer kinderbedingten Unterbrechung in das Erwerbsleben zurückkehrten, gaben als Gründe für ihre Erwerbstätigkeit, die sich in der zunehmenden Erwerbsquote widerspiegeln, zu 56% intrinsische Motive (Freude am Beruf, sozialer Kontakt, den erlernten Beruf ausüben zu wollen etc.), zu etwa 20% Eigenständigkeit und Selbstverständnis (eigenes Einkommen, Selbstverständlichkeit der Arbeit, eigene Altersversorgung) und zu etwa 25% finanzielle Gründe an.[84] 33% (West) bzw. 24% (Ost) der Berufsrückkehrerinnen gingen zu dieser Zeit einer Teilzeitbeschäftigung nach. Nach einer Untersuchung in Baden-Württemberg waren im Jahr 1995 44% aller Frauen mit einem Kind unter 3 Jahren, 44% mit einem Kind zwischen 3 und 6 Jahren sowie 53% aller Frauen mit einem Kind zwischen 6 und 10 Jahren erwerbstätig, davon 41%, 70% bzw. 69% in Teilzeitarbeit. Die Quote nahm in Vollzeitarbeit mit zunehmender Kinderzahl ab, in Teilzeitarbeit hingegen

---

[76] *C. Wendt/M. Maucher*, 2000, S. 7.

[77] Gleichberechtigung von Frauen und Männern – Wirklichkeit und Einstellung in der Bevölkerung 1996, BMFSFJ, 1996, S. 48ff.

[78] Jetzt so genannte Elternzeit gemäß § 15 BErzGG in der Fassung vom 7. Dezember 2001, BGBl. I, 3358.

[79] *H. Pfarr*, ZRP 1994, S. 309 (310); *G. Engelbrech*, IAB Kurzbericht Nr. 8/1997, S. 4; *H. Appel u.a.*, 1998, S. 13.

[80] Dazu ausführlich *M. Körner-Damann*, NJW 1994, S. 2056 (2062) m.w.N.

[81] *B. Pfau-Effinger*, SAMF, Arbeitspapier 1-1994, S. 41 (52).

[82] Dazu ausführlich *M. Körner-Damann*, NJW 1994, S. 2056 (2062) m.w.N. zu den negativen Effekten in Fn. 82.

[83] *G. Engelbrech*, IAB Kurzbericht Nr. 8/1997, S. 2.

[84] *G. Engelbrech*, IAB Kurzbericht Nr. 8/1997, S. 3.

zu.[85] Die Möglichkeit der Teilzeitarbeit während des Erziehungsurlaubs nach § 15 Abs. 4 S. 1 BErzGG a.F. nutzen im Westen 20%, im Osten 10%.[86] Der vollzeitbeschäftigte Mann mit der zugunsten der Familie teilzeitbeschäftigten Frau zeigt sich damit heute nur als eine modernisierte Form der alten Rollenschemata.[87] Es bleibt abzuwarten, ob die 2001 eingeführte Elternzeitregelung nach dem Gesetz zum Erziehungsgeld und zur Elternzeit (BErzGG) in der Fassung vom 7. Dezember 2001,[88] wonach Väter und Mütter in der Elternzeit jeweils bis zu 30 Stunden erwerbstätig sein können, auch in Anspruch genommen wird und diesbezüglich eine Änderung eintritt.[89]

Warum aber erweist sich die herrschende Rollenverteilung als so beharrlich? Grundsätzlich gewährleistet § 1356 BGB formal die für eine tatsächliche Chancengleichheit erforderliche Wahlmöglichkeit bei der familiären Aufgabenverteilung. In tatsächlicher Hinsicht wird diese jedoch von Frauen und Männern nicht in gleichem Maße in Anspruch genommen. Weiterhin fühlen sich Männer nicht oder nur wenig für familiäre Aufgaben zuständig. Trotz der Angabe, daß, wäre es ohne finanzielle Nachteile möglich, je 37% der ost- und westdeutschen Frauen den Erziehungsurlaub mit ihren Partnern teilen würden,[90] was das BErzGG n.F.[91] ermöglicht, können rein materielle Gründe dafür keine ausreichende Erklärung liefern, wie das Beispiel Schwedens verdeutlicht. Hier werden im Erziehungsurlaub 90% des Gehalts gezahlt, und trotz des Verfalls des Urlaubs im Falle der Nichtinanspruchnahme durch Männer, nehmen diese ihn weitaus weniger in Anspruch als Frauen.[92]

In Deutschland besteht nunmehr gemäß § 5 Abs. 1 BErzGG entsprechend der in § 5 Abs. 2 BErzGG normierten Einkommensgrenzen ein detailliert geregelter Anspruch auf Erziehungsgeld in Höhe von 460 € (Budget) bzw. 307 €. Zeitgleich wird gemäß § 1 Abs. 1 Nr. 4 i.V.m. § 2 Abs. 1 BErzGG eine Erwerbstätigkeit von bis zu 30 Stunden pro Woche ermöglicht. Aussagekräftige Erkenntnisse über eine eventuelle Veränderung der Rollenverteilung von Frauen und Männern durch diese Regelung sind jedoch noch nicht bekannt.[93]

b) Das „Normalarbeitsverhältnis“

Das sogenannte, dem Arbeitsrecht zugrunde liegende „Normalarbeitsverhältnis“[94] wird definiert als auf der Annahme kontinuierlicher Erwerbsarbeit basierend,[95] eine „stabile, sozial abgesicherte Vollzeitbeschäftigung“,[96] eine unbefristete Vollzeitbeschäftigung, die

---

[85] *C. Wendt/M. Maucher*, 2000, S. 111.

[86] *G. Engelbrech*, IAB Kurzbericht Nr. 8/1997, S. 4. Der Unterschied ist im Zusammenhang mit dem Angebot an Teilzeitstellen zu sehen. So bestand im Westen in 50% und im Osten nur in 10% der Fälle für diejenigen, die nicht erwerbstätig waren, ein Angebot an Teilzeitstellen.

[87] *M. Körner-Damann*, NJW 1994, S. 2056.

[88] Vgl. Fn. 78.

[89] Entsprechendes gilt auch für den durch das TzBfG eingeführten Teilzeitanspruch. Aussagekräftige Erkenntnisse liegen derzeit noch nicht vor. Vgl. *P. Beckmann*, BArBl. 11/2002, S. 13.

[90] *G. Engelbrech*, IAB Kurzbericht Nr. 8/1997, S. 4.

[91] Vgl. oben zu Fn. 89.

[92] *H. Appel u.a.*, 1998, S. 14.

[93] *P. Beckmann*, BArbl. 11/2002, S. 13.

[94] Vorliegend geht es allein um das Arbeitsrecht. Die Beeinflussung der sonstigen rechtlichen und politischen Rahmenbedingungen wie das Steuerrecht und die Sozialpolitik, die untrennbar mit den arbeitsrechtlichen Regelungen verwoben sind, kann im Rahmen vorliegender Arbeit nicht weiter vertieft werden.

[95] *B. Geissler*, 1998, S. 145 (149).

[96] *G. Bosch*, WSI-Mitt. 1986, S. 163 (165).

es erlaubt, eine Familie zu ernähren,[97] oder - in kritischer Hinsicht - als auf Dauer und Karriere angelegt, das Vollzeitarbeitsverhältnis und die Geschlechterrollentrennung mit traditioneller Zuweisung von Haus- und Erwerbsarbeit voraussetzend.[98] Seine Entstehung ist auf die zunehmende Bedeutung der Deregulierungs- und Flexibilisierungsdiskussion in den 80er Jahren zurückzuführen. Mit ihm als Maßstab sollte gleicher Lohn für gleiche Arbeit gewährleistet werden. Ein „Ausbooten" durch Mehrarbeit wurde unmöglich gemacht, Lohn- und Arbeitsbedingungen standardisiert und eine Garantiefunktion geschaffen: Mit dem Anspruch auf Lohn bei geleisteter Arbeit korrespondiert ein Freizeitanspruch bei Nichtinanspruchnahme der Arbeitskraft außerhalb der Arbeitszeit (Freizeitschutzfunktion).[99] Das Normalarbeitsverhältnis ist im Sinne der männlichen Erwerbsbiographie normativer Bezugspunkt für alle von ihm abweichenden Beschäftigungsverhältnisse,[100] der nur schwer auf sich ändernde weibliche Erwerbsverläufe reagieren kann. Das sich hieraus ergebende Problem ist kaum mehr zu übersehen. 1995 waren nur noch in 39% aller Haushalte allein der Mann (vollzeit-) beschäftigt (1990 43%). Etwa ein Drittel des gesamten Nettoeinkommens der Haushalte wird inzwischen von Frauen beigesteuert.[101] Zudem leben „nur" noch etwas über ein Drittel aller Erwerbs- und Nichterwerbstätigen zusammen als Paare mit Kindern.[102] In der durch Scheidungen geprägten sogenannten „Risikogesellschaft"[103] ist die Nichterwerbstätigkeit für viele schlicht nicht denkbar, insbesondere für Mütter. Die nunmehr nur etwa ein Drittel aller Formen des Zusammenlebens erfassende Maßstabsnorm des Normalarbeitsverhältnisses grenzt damit einen Großteil anderer Lebensformen aus. Abweichungen von der Norm, die Arbeit nur als Erwerbsarbeit definiert, werden als Störungen und Brüche wahrgenommen und bedeuten vom Arbeitsrecht nur schwer zu bewältigende Probleme.[104] Aufgrund der Messung am Normalarbeitsverhältnis, der Koppelung der Teilzeitarbeit an die Reproduktionsarbeit sowie der daraus folgenden Stigmatisierung als minderwertige bzw. unqualifizierte Frauenarbeit, wird die Möglichkeit der Verallgemeinerung dieser Arbeitszeitform als eine geschlechtsunspezifischen Regelung für Lohnarbeitszeit genommen.[105] Die sich wandelnde Erwerbsstruktur und Familienformen sowie die Ablösung des geschlechtsspezifischen Rollenmodells verlangen hingegen nach einer Anerkennung der materiellen Bedeutung von Teilzeitarbeit und einer eigenständigen Existenzsicherung hierdurch,[106] insbesondere

---

[97] *G. Wagner*, DIW Wochenbericht 44/1998, S. 1.

[98] *B. Teriet*, 1976; dazu *M. Klein*, 1995, S. 32; *M. Körner-Damann*, NJW 1994, S. 2056 (2058).

[99] *M. Klein*, 1995, S. 25, 34.

[100] *S. Fredman* (1992) 21 (2) ILJ 119 (120); *M. Körner-Damann*, NJW 1994, S. 2056 (2058).

[101] *E. Holst/J. Schupp*, DIW Wochenbericht 28/1996, S. 5.

[102] DIW Wochenbericht, 28/1996, S. 13. Davon leben 37% der Männer und 38% der Frauen zusammen mit einem Partner und Kindern unter 16 Jahren, 19% bzw. 16% mit Kindern über 16 Jahren. Die zweitgrößte Gruppe machen Paare ohne Kinder aus (19% bzw. 22%), gefolgt von Ein-Personenhaushalten (16% bzw. 12%). Unter den Männern gibt es 4%, unter den Frauen 9% Alleinerziehende.

[103] *Ulrich Beck* im Streitgespräch, „Wie wär's mit Selbstbestimmung", DIE ZEIT, Nr. 15, 2. April 1998, S. 37f.

[104] *H. Appel u.a.*, 1998, S. 13.

[105] Bislang ist Teilzeitarbeit nur bruchstückhaft erschlossen. Entgegen einer Untersuchung aus dem Jahr 1994 wurde trotz der tatsächlichen organisatorisch-technischen Durchführbarkeit bei 60% aller Stellen sowie deren positiver wirtschaftlicher Effekte Teilzeitarbeit nicht als Arbeitszeitform angeboten. Vgl. hierzu die Studie von McKinsey & Company Inc., Teilen und Gewinnen – Das Potential der flexiblen Arbeitszeitverkürzung, April 1994; dazu *M. Körner-Damann*, NJW 1994, S. 2056 (2061). Die Förderung der Teilzeitarbeit nach dem Vorbild der Niederlande, wo die Teilzeitquote fast doppelt so hoch ist wie in der Bundesrepublik (BT-Dr. 14/4374, S. 11), bezweckt das TzBfG vom 21. Dezember 2000; vgl. oben Fn. 41.

[106] *E. Holst/J. Schupp*, DIW Wochenbericht 28/1996, S. 7.

als „Rückkehrbrücke“[107] für Mütter und Väter. Kritische, auf eine tatsächliche Chancengleichheit der Geschlechter gerichtete Anforderungen an das Arbeitsrecht müssen daher stets gleichzeitig die Forderung nach der Einbeziehung der von der Norm abweichenden, insbesondere weiblichen Erwerbsbiographie beinhalten.[108]

c) Doppelte Ausrichtung der Lebensplanung

Aufgrund der tradierten geschlechtsspezifischen Rollenmuster ist das Zeitbudget von Familien negativ zu Lasten der Frau verteilt, selbst wenn beide Partner voll erwerbstätig sind.[109] Trotz ihrer stark erhöhten Präsenz auf dem Arbeitsmarkt hat sich das traditionelle Familienverhalten und die häusliche Geschlechterrolle kaum gewandelt, so daß sich Frauen gezwungen sehen, ihre Lebensplanung in doppelter Hinsicht auszurichten.[110] Das die Norm des Normalarbeitsverhältnisses definierende bürgerliche Familienideal, welches sich in den beschriebenen Vorstellungen widerspiegelt, entspricht indes nicht der hiermit konfrontierten Realität.[111] Der sich kontinuierlich verstärkende Wunsch, selbst erwerbstätig zu sein, führt meist dazu, daß Frauen „ihre Lebensentwürfe zunehmend als Entscheidungsdilemma zwischen Familie und Erwerbstätigkeit“ begreifen[112] (sogenannter auf die Vereinbarkeit des Erwerbs- und Familienlebens abzielender doppelter Lebensentwurf heutiger weiblicher Orientierung).[113] Folge des doppelten Lebensentwurfs ist, daß sich Frauen gezwungen sehen, einer Teilzeitbeschäftigung nachzugehen oder Kinder- und Partnerschaftswünsche gar nicht oder erst später zu realisieren.[114]

d) Institutionelle Rahmenbedingungen

Die Rollenverteilung der Geschlechter als Grundlage der arbeitsrechtlichen Definition der Normalarbeit sowie der daraus folgende doppelte Lebensentwurf von Frauen werden durch institutionelle Rahmenbedingungen, wie Sozial- und Familienpolitik[115] oder das

---

[107] *G. Wagner*, DIW Wochenbericht 44/1998, S. 3.

[108] *H. Appel u.a.*, 1998, S. 13.

[109] Frauen in der Bundesrepublik Deutschland, BMFSFJ, März 1998, S. 96; The World's Women 1970-1990, Trends and Statistics, United Nations, New York, 1991, S. 82; vgl. *S. Hatt*, 1998, S. 38.

[110] Frauen in der Bundesrepublik Deutschland, BMFSFJ, März 1998, S. 96. Neben der vollständigen Alleinzuständigkeit für die Kindererziehung sind in 77% der Haushalte in den alten und in 75% der Haushalte in den neuen Bundesländern Frauen für das Kochen verantwortlich. Im Westen übernehmen dies 7% der Männer, im Osten 9%. Dies ändert sich auch dann nicht wesentlich, wenn die Frau ebenfalls voll berufstätig ist. Für das gemeinsame Putzen der gemeinsamen Wohnung entscheiden sich im Westen lediglich 17%, im Osten 18% der Paare.

[111] *M. Jeffery*, (1998) 27(3) ILJ 193 (205). „The 'typical' worker derived from regulations is very likely to be male because the favoured pattern of work excludes those who need time off to look after a family (...) The 'typical' worker, just like the cartoon stereotype, is then an idealised model and not an empirically observable reality."

[112] *C. Wendt/M. Maucher*, 2000, S. 7.

[113] *B. Geissler/M. Oechsle*, Arbeitspapier Nr. 10, Bremen 1990, S. 13ff.; *B. Geissler*, 1998, S. 145 (161ff.). Des weiteren werden hier die Orientierungsmuster des erwerbsarbeitszentrierten und familienbezogenen Lebensentwurfs von Frauen genannt.

[114] *B. Pfau-Effinger*, SAMF, Arbeitspapier 1-1994, S. 41 (52).

[115] Vgl. hierzu *F. Ruland*, NJW 1994, S. 2049ff.

Arbeitsrecht,[116] gesteuert und gegen Veränderungen abgesichert, wie folgende Beispiele verdeutlichen.

aa) Betreuungsmöglichkeiten und Erwerbsverhalten

Die Versorgungsquote mit öffentlich subventionierten Betreuungsmöglichkeiten für Kinder unter 3 Jahren betrug im Jahr 1995 weniger als 5%, für Kinder von 3 Jahren bis zum Einschulungsalter nur 60%.[117] Ebenso wie der Schultag ab dem 6. Lebensjahr in der Regel zwischen 4 und 6 Stunden umfaßt, erfolgt die Kinderbetreuung nur halbtags. Der Anteil der öffentlichen Einrichtungen für Schulkinder beträgt ebenfalls nur 5%.
§ 24 SGB VIII garantiert zwar in seiner Fassung vom 8. Dezember 1998[118] einen Rechtsanspruch auf Besuch eines Kindergartens für Kinder vom vollendeten dritten Lebensjahr bis zum Schuleintritt. Für Kinder unter 3 Jahren und schulpflichtige Kinder sind des weiteren nach Bedarf Plätze in Tageseinrichtungen vorzuhalten, und es ist darauf hinzuwirken, daß ein bedarfsgerechtes Angebot an Ganztagsplätzen zur Verfügung steht. Jedoch hat sich die Kinderbetreuungsquote bis zum Jahr 2000 nicht geändert.[119] So wurden aufgrund weiterhin fehlender sozialer Infrastruktur etwa 90% aller Kleinkinder unter 3 Jahren in den alten Bundesländern von ihren Eltern selbst betreut, lediglich 2% wurden in öffentlichen Kinderkrippen und die übrigen privat versorgt. Anders sieht dies noch in Ostdeutschland aus, wo trotz höherer Vollzeitbeschäftigung von Müttern aufgrund der besseren Versorgung mit Tageseinrichtungen 16% aller Kleinkinder öffentlich versorgt wurden. Bis 2000 hat sich auch die Quote der in Kindergärten versorgten Kinder zwischen drei und sechs Jahren sowie für Schulkinder bis zum neunten Lebensjahr in Westdeutschland nicht verändert. In den neuen Bundesländern wurden im selben Jahr aus beschriebenen Gründen hingegen 87% aller Kinder zwischen 3 und 6 Jahren und 26% aller Kinder zwischen sechs und neun Jahren in öffentlichen Einrichtungen betreut.[120]
Für die meisten Frauen mit jungen Kindern ist es daher bereits institutionell unmöglich, einer Vollzeitbeschäftigung nachzugehen bzw. gesondert vergütete Überstunden abzuleisten.[121]

bb) Betriebswechsel und Dauer der Betriebszugehörigkeit

Ebenso wirkt die in Kapitel 4 noch näher zu beleuchtende, für die Entgelt- und Arbeitsbedingungen im Arbeitsrecht wichtige und für Frauen in der Regel bereits als solche um durchschnittlich 4,1 Jahre[122] kürzer als für Männer ausfallende Dauer der Betriebszugehörigkeit.[123] Trotz Weiterbeschäftigungsgarantie des BErzGG gaben 40% der Frauen an, ihren Betrieb gewechselt zu haben, weil sie ihr Kind weiter betreuen mußten oder wollten und dies mit der neuen Stelle besser vereinbar war (33%) bzw. die Arbeitszeiten in ihrem

---

[116] Vgl. zur Bedeutung des Steuerrechts und der Abhängigkeit der Rahmenbedingungen voneinander *M. Körner-Damann*, NJW 1994, S. 2056ff.
[117] *K. Schulze-Buschoff*, 1999, S. 15. Zur Bedeutung dieses unmittelbaren Zusammenhangs für die Erwerbstätigkeit von Frauen vgl. die umfassende Untersuchung von *C. Wendt/M. Maucher*, 2000.
[118] BGBl. I, 3546.
[119] *G. Engelbrech/M. Jungkunst*, IAB Kurzbericht Nr. 7/2001, S. 2 m.w.N.
[120] Ebenda.
[121] Frauen in der Bundesrepublik Deutschland, BMFSFJ, März 1998, S. 66.
[122] *H. Pfarr/K. Bertelsmann*, 1989, S. 402ff.
[123] Dazu unten Kapitel 4, II. 2. a) aa) (a) (bb).

alten Betrieb nicht den Möglichkeiten und Zeiten der Kinderbetreuung entsprachen (20%).[124] Daß Ursache für die geringere Dauer der Betriebszugehörigkeit primär die private Rollenteilung ist, wird an der Tatsache deutlich, daß Frauen nicht in Branchen mit kurzer Beschäftigungsdauer beschäftigt sind und dies auch nicht auf der Berufsstruktur beruht, die durch häufigen Arbeitgeberwechsel gekennzeichnet ist. Ebensowenig liegt der Schwerpunkt weiblicher Erwerbstätigkeit bei jüngeren Arbeitspersonen. Eine kurze Beschäftigungsdauer weisen insbesondere Frauen auf, die verheiratet sind, abnehmend mit der Zahl der Kinder und abhängig von deren Alter.[125] Konsequenz dessen ist, daß (teilzeitbeschäftigte) Frauen das im Arbeitsrecht am Maßstab der Vollerwerbstätigkeit orientierte Kriterium der Dauer der Betriebszugehörigkeit meist nicht erfüllen können. So fanden sich zum Beispiel in § 23a Nr. 6 BAT a.F., § 13 As. 2 LbV a.F. oder §§ 36, 38 SteuerberatungsG a.F.[126] noch Berechnungen der Dauer der Betriebszugehörigkeit entsprechend der Dauer der Arbeitszeit, nach der Teilzeitbeschäftigte doppelt solange eine Tätigkeit ausgeübt haben mußten, um die der Vollzeitbeschäftigten zu erreichen, mit der Folge der Verkürzung sich hieran anknüpfender Aufstiegschancen.

cc) Schwellengrenze der Vollzeitarbeitszeit

Die in Kapitel 4 noch eingehend zu beleuchtenden Beispiele der Benachteiligung Teilzeitbeschäftigter, wie zum Beispiel ihr Ausschluß von tariflicher Überstundenvergütung, die im Rahmen des Geltungsbereichs eines Tarifvertrags erst ab Überschreiten der regelmäßigen Arbeitszeit (Vollzeitbeschäftigter) gezahlt wird,[127] werden in der Literatur vor dem Hintergrund der institutionellen Rahmenbedingungen auch als Ausdruck der Benachteiligung von Frauen durch die Ausrichtung arbeitsrechtlicher Normen am Normalarbeitsverhältnis betrachtet, welches erst durch die von Frauen unentgeltlich gewährleistete private Infrastruktur ermöglicht wird. Sein handlungsleitender Maßstab zeige sich auch daran, daß eine Erweiterung der Stundenzahl bei Teilzeitbeschäftigung durch Überstunden möglich ist, wofür es durch die Schwellengrenze der Vollzeitarbeitszeit für die Zuschlagszahlungen einen hohen Anreiz für Arbeitgeber gibt.[128] Dem Normalarbeitsverhältnis komme somit die Doppelfunktion des Schutzes und der Ausgrenzung zu. Erst wenn die auf der Norm basierenden Kriterien wie „Vollzeitarbeitszeit“ quantitativ erfüllt werden, wirken sie qualitativ in Form der hieraus abzuleitenden Ansprüche.[129]

dd) Organisationsdefizit von Frauen

Als eine weitere, insbesondere für das Arbeitsrecht bedeutsame Institution werden die die Arbeits- und damit auch die Lebensbedingungen im wesentlichen mitgestaltenden Gewerkschaften angesehen.[130] Nach dem Kommissionsbericht zur Chancengleichheit von Männern und Frauen in der EU aus dem Jahr 2000 stellt die Unterrepräsentanz von Frau-

---

[124] *G. Engelbrech*, IAB Kurzbericht Nr. 8/1997, S. 2.
[125] Ausführlich *Hofbauer u.a.*, MittAB 1974, S. 288ff.; *H. Pfarr/K. Bertelsmann*, 1989, S. 402ff.
[126] Vgl. oben Fn. 123.
[127] Vgl. Kapitel 4, II. 2. a) aa) (a) (dd) (2).
[128] *S. Bothfeld*, WZB Berlin Juli 1997, S. 10.
[129] *M. Klein*, 1995, S. 33ff.
[130] *G. Wagner*, DIW Wochenbericht 44/1998, S. 3; *M. Klein*, 1995, S. 71. Dazu unten Kapitel 2, IV. b) aa).

en in Gewerkschaften eine Schlüsselfunktion ihrer Benachteiligung dar.[131] Geschlechtsspezifisch ungleicher Interessenvertretung und entsprechend geprägtem gewerkschaftlichen Mehrheitswillen haben Frauen in der Regel als Minderheit wenig entgegenzusetzen.[132] So sind in Westdeutschland nur 10% der teilzeitbeschäftigten sowie 6% der sozialversicherungsfrei teilzeitbeschäftigten Frauen mitgliedschaftlich organisiert.[133] Die Gewerkschaften des DGB zählten im Jahr 1994 insgesamt 6,8 Millionen (69,1%) männliche und nur 3 Millionen (30,9%) weibliche Mitglieder. Der Deutsche Beamtenbund hatte im Jahr 1995 794.000 (79,1%) männliche und 319.000 (20,9%) weibliche Mitglieder. Allein in der Deutsche Angestelltengewerkschaft fiel der Unterschied relativ gering aus. Hier beliefen sich im selben Jahr die Zahl der männlichen Mitglieder auf 294.000 (53,6%) und die der weiblichen Mitglieder auf 273.000 (46,4%). Auch in den Gewerkschaften sind Frauen gemessen an ihrem Anteil in Führungspositionen unterrepräsentiert. Nur 16,6% des Bundesvorstands sowie 17,4% der Landesbezirksvorstände des DGB sind Frauen.[134]
Auf der Betriebsebene beträgt der Anteil der weiblichen Betriebsratsmitglieder mit 23,4% weniger als ein Viertel.[135]

e) Zusammenfassung

Zusammenfassend kann festgestellt werden, daß als eine Ursache der strukturellen Benachteiligung von Frauen bereits im privaten Bereich das Problem der Vereinbarkeit von Familie und Beruf entscheidend durch das Merkmal „Geschlecht" bestimmt wird. Die Rollenverteilung ist weiterhin geschlechtsspezifisch geprägt. Das Vollzeitarbeitsmodell als sogenanntes Normalarbeitsverhältnis fungiert dabei als eine diese aufrechterhaltende und stabilisierende soziale Norm und führt aufgrund sich wandelnder Familienstrukturen und Erwerbsorientierungen von Frauen zu einer sogenannten doppelten Ausrichtung der Lebensplanung. Diese vermag Frauen jedoch nicht in die Lage zu versetzen, ihren Wünschen sowie den Anforderungen im Erwerbsleben zu entsprechen. Rahmenbedingungen wie das Arbeitsrecht stellen, sofern sie sich am Maßstab der Vollarbeitszeit orientierten, Hürden gegen eine gleichberechtigte Teilhabe und Teilnahme am Erwerbsleben auf und sichern damit bestehende Rollenvorstellungen institutionell ab. Schließlich stellt das Organisationsdefizit von Frauen als eine Schlüsselfunktion der fortbestehenden strukturellen Benachteiligung ein Hindernis für durchgreifende Veränderungen dar.

2. Geschlechtsspezifische Arbeitsmarktsegregation

Die Segregation des Arbeitsmarktes als ein weiteres strukturelles Merkmal weiblicher Erwerbstätigkeit ist trotz Fehlens einer einheitlichen Erklärung von zentraler Bedeutung für die Lohnungleichheit und sonstige geschlechtsspezifische Benachteiligung von Frauen im Erwerbsleben.[136] Sie wirkt mit dem beschriebenen Problem der Vereinbarkeit von Familie und Beruf zusammen und perpetuiert dieses gleichzeitig. In diesem Zusammenhang spricht man von der *geschlechtsspezifischen* Segregation des Arbeitsmarkts. Das Geschlecht

---

131 Chancengleichheit für Frauen und Männer in der Europäischen Union, 8.3.2000, KOM (2000) 123 endg., S. 4 und 21ff.
132 *S. Bothfeld*, WZB Berlin Juli 1997, S. 11 m.w.N.
133 *G. Wagner*, DIW Wochenbericht 44/1998, S. 3.
134 Frauen in der Bundesrepublik Deutschland, BMFSFJ, März 1998, S. 142.
135 Ebenda.
136 *C. MacKinnon*, 1979, S. 9ff.; *S. Baer*, 1996, S. 44ff; *E. Cyba*, 1998, S. 37.

tritt zu der bereits bestehenden Aufteilung der Branchen und Berufe hinzu und wirkt damit als weiterer struktureller Nachteil.
Zu benennen sind zwei Aspekte der geschlechtsspezifischen Segregation: a) die Typisierung der Berufe und Berufsbereiche, insbesondere die Aufteilung in „Frauen-" und „Männerberufe", und b) die geschlechtsspezifische Verteilung der Erwerbstätigen in verschiedenen Branchen sowie die Diskrepanzen des Karriereniveaus innerhalb der Branchen und Berufe trotz gleicher Ausbildung und Erwerbsbiographie (horizontale und vertikale Segregation).

a) Die Typisierung der Berufe – „Frauen-" und „Männerberufe"

Die Geschlechtshomogenität bzw. –heterogenität der Beschäftigten eines Berufs oder einer Branche ist ausschlaggebend dafür, ob wir von „Frauen-" oder „Männerberufen" sprechen.[137] Als Frauen- bzw. Männerberufe gelten Berufe mit einem geringeren Anteil als 20% des anderen Geschlechts.[138] Historisch entsprechen häusliche Arbeiten, fürsorgerische, pflegerische und erziehende Beschäftigungen der weiblichen Art, körperlich belastende, kompetitive und leitende Tätigkeiten dagegen der männlichen. Dies zeigt sich besonders deutlich an dem hieraus folgenden „Bild der Frau", das diese als weniger rational, leistungsfähig, technisch begabt und führungsfähig darstellt.[139] Auch die heutige Typisierung der Berufe erfolgt noch weitgehend nach diesem klassischen Bild.
Eine starke geschlechtsspezifische Typisierung eines Berufs kann in zwei Richtungen wirken. Einerseits kann es eine Zugangsschranke für das jeweils andere Geschlecht darstellen. In reinen „Männerberufen" wie dem Baugewerbe mit einem Frauenanteil von 13% befanden sich im April 2001 lediglich 2,4% aller erwerbstätigen Frauen.[140] Andererseits kann eine derartige Homogenität für die jeweilige Mehrheit in der Gruppe sowohl positiv als auch negativ wirken: in Form der Sicherung der Position der Mehrheit in ihrem Segment durch Schutz vor Konkurrenz durch die Berufsangehörigen selbst oder durch die Nutzer der Arbeitskraft, die durch die Berufstypisierung die Geschlechtertrennung unsichtbar machen und somit Ungleichheit aufgrund der nun verschiedenen Berufsfelder legitimieren können.[141]
Vor allem ist die Aufrechterhaltung der Homogenität der Berufe deswegen problematisch, weil sie starre und nahezu unveränderbare Hürden zwischen den Berufsfeldern errichtet, so daß eine Veränderung der Zusammensetzung der Geschlechterverhältnisse äußerst unwahrscheinlich ist. Zwar gibt es Beispiele für eine Veränderung der Zusammensetzung der Berufe. Dennoch erfolgen auch sie nach dem benannten Muster. Klassisch ist das Beispiel der Bürotätigkeit, die anfangs grundsätzlich von Männern als Buchhalter ausgeübt wurde. Durch erhöhten Personalbedarf ist diese Art der Tätigkeit weitgehend von Frauen in Form der in der Regel statusmäßig niedriger angesiedelten Büroangestellten übernommen worden. Im Zuge dieser sogenannten Feminisierung der Büroarbeit wurden Männer nicht aus dem Berufsfeld an sich verdrängt, sondern prägten eine eigenständige neue Gruppe. Geschlechtsspezifische Folgen der Homogenität der Berufe sind

---

[137] *A. Willms-Herget,* 1985, S. 38.
[138] *A. Rauch/K. Schober,* BeitrAB 198, Bundesanstalt für Arbeit 1996, S. 17 (21).
[139] *M. Lorenz,* Festschrift für Wlotzke 1996, S. 45 (58).
[140] Statistisches Bundesamt, Statistisches Jahrbuch 2002, S. 102.
[141] *A. Willms-Herget,* 1985, S. 39f.

insbesondere die Stabilisierung der Lohnungleichheit und die Perpetuierung des tradierten Rollenverständnisses.[142]

b) Die Konzentration von Frauen und Männern auf bestimmte Berufe

aa) Horizontale Segregation

Horizontale berufliche Segregation bedeutet eine Konzentration von Frauen und Männern in verschiedenen Sektoren des Berufsausbildungs- und Arbeitsmarktes. Dabei beginnt die Trennung der Geschlechter bereits bei der Ausbildung [dazu im Anschluß (a)], die sich als Weichenstellung für den späteren Berufseinstieg erweist [dazu im Anschluß (b)] und sich letztlich in den Berufsbedingungen, insbesondere in der Höhe der Einkommen, niederschlägt [dazu im Anschluß (c)].

(a) Schul-, Berufs- und Hochschulbildung

Formal besteht Bildungsgleichheit mit einer Öffnung des Bildungssystems für beide Geschlechter.
Der Anteil der Mädchen und Jungen an allgemeinbildenden Schulen ist etwa gleich groß, an den Gymnasien liegt der der Mädchen inzwischen sogar bei 54%,[143] die durchschnittlich bessere Ergebnisse als Jungen erzielen.[144] Sie wählen dabei jedoch häufig die weiblich geprägten sprachlichen, selten dagegen mathematisch-naturwissenschaftliche Fächer und weisen damit bereits zu diesem Zeitpunkt eine geschlechtsspezifische Orientierung auf.[145]
Hinsichtlich der beruflichen Bildung betrug der Anteil der weiblichen Auszubildenden im Jahr 2000 41%.[146] Die horizontale Segregation ist hier bereits stark ausgeprägt. Bei den 10 von Frauen und Männern am häufigsten ergriffenen betrieblichen Berufsausbildungen gibt es keine Überschneidungen.[147] Im Hinblick auf die schulische Berufsausbildung wählten beispielsweise 94% der Schülerinnen Sozial- und Erziehungswissenschaften, davon 80% Gesundheitsdienstberufe. Nur 15% von ihnen nahmen an einer Ausbildung für Fertigungsberufe teil.[148]
Im Rahmen der Universitätsausbildung sind junge Frauen inzwischen mit rund 50% vertreten.[149] Sie verteilen sich auch hier fast unverändert auf verschiedene Ausbildungsfächer.[150] Im Wintersemester 2001/2002 betrug der Anteil der Frauen in der Veterinärmedizin 82%, in den Sprach- und Kulturwissenschaften 77% und in Kunst und Kunstwissenschaften 63%. Klassische männlich dominierte Fächer, wie Mathematik und Naturwissenschaften, wurden hingegen nur von 33,4% gewählt, Ingenieurwissenschaften von le-

---

[142] *A. Willms-Herget,* 1985, S. 40f.
[143] Statistischen Bundesamt, Statistisches Jahrbuch 2002, S. 363. An Realschulen beträgt der Anteil der Schülerinnen 51%, an Hauptschulen 45%.
[144] Frauen in der Bundesrepublik Deutschland, BMFSFJ 1998, S. 24.
[145] Ebenda.
[146] Statistisches Bundesamt, Statistisches Jahrbuch 2002, S. 368.
[147] Statistisches Bundesamt, Statistisches Jahrbuch 2002, S. 369; vgl. dazu auch *G. Engelbrech,* WSI-Mitt. 1992, S. 187.
[148] *G. Engelbrech,* WSI-Mitt. 1992, S. 187.
[149] Statistisches Bundesamt, Statistisches Jahrbuch 2002, S. 374.
[150] Weiterführend *S. Quack/F. Maier,* SAMF, Arbeitspapier 1-1994, Paderborn, S. 127 (137).

diglich 21%.[151] Hierdurch erwerben junge Frauen entsprechend andere Fähigkeiten, wodurch die spätere Berufswahl kanalisiert wird.
Insgesamt kann daher festgestellt werden, daß die Definition der Frauen- und Männerberufe bereits bei der Ausbildung beginnt.

(b) Berufseinstieg

Beim Berufseinstieg setzt sich oben Festgestelltes fort. Hinsichtlich der Verteilung nach Berufen waren im Jahr 1998 mit 82,8% (West) bzw. 81,8% (Ost) der größte Teil der erwerbstätigen Frauen im Tertiären Sektor der Dienstleistungsberufe beschäftigt, nur 2,5% (West) bzw. 3,0% (Ost) in Land-, Tier-, Forstwirtschaft und Gartenbau, 2,4% (West) bzw. 3,4% (Ost) in Technischen Berufen sowie 10,7% (West) bzw. 19,6% (Ost) in Fertigungsberufen.[152]
Die Typisierung der Frauenberufe wird anhand der Erwerbsstruktur der einzelnen Bereiche deutlich. Zu den privaten Wirtschaftsbereichen mit einem überdurchschnittlich hohen Frauenanteil zählten 1997 nach den Ergebnissen des Mikrozensus in den neuen und alten Bundesländern gleichermaßen beginnend mit einem Frauenanteil von etwas mehr als der Hälfte der Handel (51% West bzw. 53% Ost), der Gesundheitsbereich (78% West bzw. 92% Ost) sowie besonders stark ausgeprägt die Heimberufe (90% West bzw. 93% Ost).[153]
Die steigende Integration von Frauen in den Arbeitsmarkt ist vor allem auf den großen Zuwachs an Arbeitsplätzen, insbesondere an Teilzeitstellen, im Dienstleistungsbereich zurückzuführen.[154] Der Frauenanteil an allen Beschäftigten betrug dort 1997 nach Angaben der Bundesanstalt für Arbeit 57% (West) bzw. 61.6% (Ost), Tendenz steigend, mit einem Anteil an Teilzeitarbeit von 32% (West) 23,3 (Ost). Im Vergleich dazu belief sich der geringste Anteil im Baugewerbe 1997 auf 10,8% (West und Ost) mit Teilzeitanteil von 25,1% (West) bzw. 12,6% (Ost).[155]

(c) Einkommen

Verallgemeinernd läßt sich sagen, je „weiblicher" Berufe sind, desto geringer ist das Einkommen. Die horizontale Segregation wird damit zum „Hauptversursacher" der geschlechtsspezifischen Einkommensunterschiede.[156] Ursache ist die durchschnittlich niedrigere Entlohnung in den Wirtschaftszweigen, in denen Frauenberufe angesiedelt sind und hier wiederum der besonders hohe Anteil an Teilzeitbeschäftigten.[157] Festzustellen ist, daß in der Bundesrepublik eine sehr stabile Branchenlohnhierachie besteht, in deren Rahmen die Branchen mit dem höchsten Frauenanteil am Ende der Entgeltskala zu fin-

---

[151] Statistisches Bundesamt, Statistisches Jahrbuch 2002, S. 377.
[152] Mikrozensus des Statistischen Bundesamtes, R.4.1.2, 1998, Wiesbaden 1999. Männliche Berufstätige sind hingegen ausgeglichener auf die Berufszweige verteilt, vgl. Arbeitsmarktreport für Frauen, Bundesanstalt für Arbeit 1994, S. 45.
[153] ibv Nr. 13 v. 31. März 1999, S. 945.
[154] ibv Nr. 42 v. 21. Oktober 1998, S. 3714. Am stärksten ist der Anteil in Büroberufen, den Gesundheitsdienstberufen und den Warenkaufleuten gewachsen.
[155] Ebenda.
[156] *G. Engelbrech*, WSI-Mitt. 1992, S. 187 (188).
[157] *G. Engelbrech*, WSI-Mitt. 1992, S. 187ff.; Frauen in der Bundesrepublik Deutschland, BMFSFJ 1998, S. 66; *S. Bothfeld*, WZB Berlin Juli 1997, S. 12.

den sind.[158] Auf der anderen Seite ist ein Umkehrschluß jedoch unzulässig. Frauen in Branchen mit höheren Verdienstchancen verdienen auch dort weniger als ihre männlichen Kollegen.[159] Die horizontale Teilung des Arbeitsmarktes wird beim Vergleich zwischen männlichen und weiblichen Angestellten im männlich dominierten Produzierenden Gewerbe und in den Frauenberufen des Handels, Kredit- und Versicherungsgewerbes anschaulich: Im Januar 2002 verdienten männliche Angestellte in ersterem 3.868 € in letzterem 3.521 € DM, weibliche Angestellte dagegen nur 2.723 € bzw. 2.464 € brutto monatlich.[160] Selbst im besser bezahlten Produzierenden Gewerbe verdienen Frauen damit weniger als Männer im niedriger entlohnten Wirtschaftszweig des Handels, Kredit- und Versicherungsgewerbes.
Hinzukommt, daß Frauen zu einem großen Teil in Kleinbetrieben in typischen Frauenberufen, wie in Friseur- und Gärtnereibetrieben sowie Arzt- und Rechtsanwaltspraxen, arbeiten, die von keinem Tarifvertrag erfaßt werden und ihnen hierdurch in der Regel noch erheblich niedrigere Einkommen gezahlt werden.[161] Kleinbetriebe zahlen im Durchschnitt geringere Löhne als größere Betriebe, so daß sich auch die Betriebsgröße auf das Einkommen niederschlägt.[162] Neben den Einkommensunterschieden beeinflußt die horizontale Segregation das Sozialprestige deutlich negativ.[163]

bb) Vertikale Segregation

Vertikale Segregation hingegen bedeutet, daß Frauen in demselben Beruf trotz gleicher Qualifikation und vergleichbarer Erwerbsbiographie in der Hierarchie überwiegend unter der Position der Männer anzutreffen sind und ihre Einkommen damit niedriger als die ihrer männlichen Kollegen ausfallen.[164] Auch hoch qualifizierte Frauen (mit Studienabschluß) befinden sich in der betrieblichen Hierarchie weiterhin unterhalb der Männer. Nur 3% (West) bzw. 4% (Ost) der Führungspositionen in Handel, Verwaltung und Wirtschaft werden von Frauen besetzt. Frauenberufe befinden sich nach der Klassifizierung des Mikrozensus 1995 mit 37% (West) bzw. 26% (Ost) weit häufiger als Männer mit 25% (West) bzw. 20% (Ost) in der niedrigsten Einstufung als Bürokräfte oder angelernte Arbeiterinnen.[165] Die vertikale Segregation läßt sich sogar unter der Bedingung der doppelten Gleichheit, das heißt der Vertretung beider Geschlechter in demselben Beruf mit gleicher Ausbildung und Qualifikation, messen. Die Typisierung als „Männer-“ und „Frauenberufe“ tritt hierbei auch bei Zugehörigen derselben Branche oder desselben Berufs auf. Dieser Befund ändert sich im Hinblick auf neu entstehende Berufe nicht.[166]
Die Institutionalisierung der vertikalen Segregation wird insbesondere daran deutlich, daß bereits unmittelbar nach der Ausbildung geschlechtsspezifische Einkommensdiskrepanzen feststellbar sind. Analysen des Instituts für Arbeitsmarkt- und Berufsforschung der Bundesanstalt für Arbeit haben ergeben, daß sich die vertikale Segregation bereits in den ersten Berufsjahren bei gleicher Ausbildung im unterschiedlichen Statusniveau und einem

---

158 *G. Peter*, 1995, S. 38; *K. Feldhoff*, 1998, S. 44.
159 EG Kommission, Soziales Europa, Beiheft 4/1994, S. 201f.
160 BArBl. 12/2002, Tabelle 392, S. 128.
161 Dazu *S. Frieß u.a.*, 1990, S. 11.
162 *A. Weiler*, 1992, S. 173.
163 Ausführlich dazu *S. Bothfeld*, WZB Berlin Juli 1997, S. 13f.
164 Vgl. Tarifvertragliche Arbeitsbedingungen im Jahr 1994, Bundesministerium für Arbeit und Sozialordnung, Bonn 1995, S. 65.
165 Vgl. dazu Frauen in der Bundesrepublik Deutschland, BMFSFJ, März 1998, S. 60f.
166 *G. Engelbrech*, WSI-Mitt. 1992, S. 187. Dazu bereits oben Kapitel 1, II. 2. b) zu Fn. 142.

um 25% höheren Einkommen junger Männer gegenüber jungen Frauen zeigt.[167] Je höher die Qualifikationsanforderungen in einem Beruf sind, desto niedriger fällt dieser Unterschied aus. Am größten ist er indes in gewerblich/technischen Berufen, in denen in 30% der Betriebe im Verarbeitenden Gewerbe jungen Frauen trotz gleicher Qualifikation (zum Teil) andere Tätigkeiten zugewiesen werden. In den Mischberufen, wie zum Beispiel dem des Konditors/der Konditorin, des Gärtners/der Gärtnerin, der Groß-/Einzelhandelskaufleute oder der Bürofachkräfte, ist die Diskrepanz ebenfalls überdurchschnittlich hoch. Neben der ohnehin bereits bestehenden horizontalen Segregation wird die vertikale Segregation hier Diskriminierungsmerkmal.
Auch im weiteren Berufsverlauf besteht sie unabhängig von den verschiedenen Berufsgruppen fort und verstärkt sich mit zunehmendem Berufsalter bei entsprechendem Ausbildungsniveau und kontinuierlichem Berufsverlauf.[168] Mit 10% waren doppelt so viele Hochschulabsolventinnen wie Männer nur als Angestellte in mittlerer Stellung tätig. Männer sind dagegen in gehobenen und höheren Angestelltenpositionen beschäftigt. Deutlicher ist der Unterschied bei Männern und Frauen mit Berufsausbildung. Der Anteil der Frauen mit betrieblicher Ausbildung oder mehrjähriger Berufsfachschule als Angestellte ist in einfacher Stellung mit 31% fast viermal so hoch wie der Anteil der Männer mit 8%. Frauen sind häufiger als Männer ungelernte und angelernte Arbeiterinnen, unter den Facharbeitern dagegen aber kaum vertreten. Männer finden sich dagegen überwiegend unter den besser verdienenden Facharbeitern. Der Frauenanteil beträgt hier 30 Prozentpunkte weniger als der der Männer.[169] Die Zunahme der vertikalen Segregation mit steigendem Berufsalter zeigt sich daran, daß mit 24% aller Männer über 40 Jahren mit einer betrieblichen Berufsausbildung für den Angestelltenberuf im Vergleich zu vergleichbaren Frauen mit 13% erstere den Sprung in gehobene oder leitende Angestelltenpositionen wesentlich häufiger schafften, im Alter von unter 40 Jahren 16% gegenüber 6%. Arbeitnehmerinnen verblieben dagegen zu 45% gegenüber 29% der Männer in mittleren Positionen. Bestätigt wird dies durch die entsprechend unterschiedlich ausfallenden Einkommen.[170]

c) Segregation und Teilzeitbeschäftigung

Teilzeitbeschäftigte Frauen sind doppelt benachteiligt: durch geschlechtsspezifische Arbeitsmarktsegregation, in deren Rahmen Teilzeitarbeit überwiegend in wiederum vertikal segregierten Frauenbranchen und –berufen zu finden ist, und der Teilzeitarbeit als solche, die gemessen am Maßstab der Vollzeitbeschäftigung als „Normalarbeitsverhältnis" wiederum Benachteiligungen zur Folge hat. Teilzeitbeschäftigung kann darüber hinaus selbst als ein Phänomen der vertikalen Segregation begriffen werden, weil Teilzeitstellen bislang kaum in höheren Positionen angeboten werden. Frauen versuchen durch Teilzeitarbeit ihren doppelten Lebensentwurf im Rahmen des Problems der Vereinbarkeit von Familie und Beruf zu bewältigen. Sie stoßen dabei auf diese Arbeitszeitform als ein Instrument, mittels dessen Einkommen und Prestige, die sich an der eng mit der Tätigkeit verbunde-

---

[167] *G. Engelbrech*, WSI-Mitt. 1992, S. 187 (188).
[168] *G. Engelbrech*, WSI-Mitt. 1992, S. 187 (190f.).
[169] Ebenda.
[170] Ebenda. Unter 40jährige Männer sind bei kontinuierlichem Berufsverlauf überrepräsentiert bei 1. schulischer Berufsausbildung bzw. Hoch- oder Fachhochschulausbildung und einem Bruttomonatseinkommen über 3.000 DM, 2. betrieblicher Ausbildung für einen Angestelltenberuf und einem Monatseinkommen von 2.500 DM, 3. betrieblicher Ausbildung für einen Arbeiterberuf und einem Monatseinkommen über 2.000 DM sowie 4. ohne Berufsausbildung und einem Monatseinkommen über 2.000 DM.

nen Zahl der Arbeitsstunden bemessen, zugeschrieben oder entzogen werden. Das bestehende Ungleichgewicht aufgrund der häufig statusmäßig niedriger angesiedelten und entlohnten Tätigkeit von Frauen im Gegensatz zu Männern in gehobenen Positionen wird durch Teilzeitarbeit verstärkt. Damit entsteht über die Kombination von Arbeitsmarktsegregation und Teilzeitarbeit eine endlose Berufs- und Lebensspirale, die auch dann nicht unterbrochen wird, wenn Frauen keine Kinder und/oder Männer/Lebenspartner mehr zu betreuen haben. Zu diesem Zeitpunkt sind sie aus Arbeitgebersicht in der Regel bereits zu alt für einen normalen Karriereverlauf.[171] Teilzeitarbeit wird aus diesem Grund in der Literatur nicht allein als ein reines Arbeitszeitmodell, sondern auch als ein diskriminierender und segregierender Faktor zugleich angesehen, wodurch sie der Arbeitsmarktsegregation eine qualitativ neue Ebene öffnet.[172]
Zwar haben namhafte Wirtschaftsinstitute in aktuellen Studien erkannt, daß die Verwirklichung von Teilzeitarbeitswünschen zur Beschäftigungssicherung und zum Beschäftigungsaufbau führt.[173] So betonte das DIW insbesondere die Vorteile dieser Beschäftigungsform für die Arbeitgeber, weil mit Teilzeitarbeit kein genereller Kostennachteil verbunden ist und die anfallenden Mehrkosten regelmäßig durch Produktionsgewinne kompensiert werden.[174] Daß Teilzeitarbeit auch politisch als positives Instrument der Beschäftigungspolitik propagiert und zu Recht als Mittel der Eröffnung neuer Arbeitsmarktchancen angesehen wird, wie es auch das TzBfG vom 21. Dezember 2000 zum Ziel hat, welches mit Wirkung zum 1. Januar 2001 insbesondere einen Anspruch auf Teilzeitarbeit – auch für leitende Positionen - normiert,[175] ändert jedoch grundsätzlich wenig an der oben getroffenen Feststellung der negativen Implikationen für weibliche Teilzeitbeschäftigte, solange sich die institutionellen Rahmenbedingungen, aus denen sich das dargestellte Problem der Vereinbarkeit von Familie und Beruf ergibt, nicht ändern.

d) Zusammenfassung

Eine weitere Ursache der strukturellen Diskriminierung ist die geschlechtsspezifische Arbeitsmarktsegregation. Diese steht in Wechselwirkung mit dem bereits erläuterten Problem der Vereinbarkeit von Familie und Beruf. Zu unterscheiden sind horizontale und vertikale Segregation. Die horizontale Segregation bewirkt durch die Typisierung von Frauen- und Männerberufen starre Barrieren, die einer Veränderbarkeit der geschlechtsspezifischen Verteilung auf verschiedene Berufe und Branchen entgegenstehen. Dies zeigt sich daran, daß trotz sich verändernder sowie neu entstehender Berufe Frauen weiterhin auf Frauenberufe konzentriert sind. Es handelt sich dabei um eine Fortsetzung der bereits im Rahmen der Schul- und Berufsbildung bestehenden geschlechtsspezifischen Verteilung auf bestimmte Fächer.
Die vertikale Segregation zeigt, daß sogar unter der Voraussetzung gleicher Qualifikation und gleicher Berufe Unterschiede zwischen den Geschlechtern bei Arbeitsbedingungen und Einkommen auftreten. Festgestellt werden kann, daß, je „weiblicher" der Beruf, desto geringer das Einkommen ist. Es handelt sich nicht um ein Phänomen, welches erst

---

[171] *M. Klein*, 1995, S. 70f.
[172] *M. Klein*, 1995, S. 53.
[173] Vgl. *P.V. Viethen/A. Scheddler*, BArbl. 11/2002, S. 5 (6).
[174] Ebenda.
[175] Vgl. dazu z.B. *W. Hromadka*, NJW 2001, S. 400ff.; *M. Kliemt*, NZA 2001, S. 63ff.; *P.V. Viethen/A. Scheddler*, BArbl. 11/2002, S. 5ff.; *E. Magvas/E. Spitznagel*, BArBl. 11/2002, S. 10ff.; *P. Beckmann*, BArbl. 11/2002, S. 13ff.

durch die geschlechtsspezifische Rollenverteilung entsteht. Denn Berufsfelder weisen bereits eine Segregation auf, was sich an den Einsatzfeldern und unterschiedlichen Einkommen bereits zu Berufsbeginn zeigt. Hinsichtlich der Stellung im Beruf ist hierbei auffällig, daß mit der Abnahme der Qualifikation eine Verstärkung der Statusunterschiede zwischen den Geschlechtern einhergeht. Mit zunehmendem Berufsalter bewirkt die vertikale Segregation eine Verstärkung der Hierarchieunterschiede zu Lasten von Frauen.
Die allgemein starke Zunahme der Erwerbstätigkeit von Frauen hat sich nicht gleichmäßig auf die vorhandenen Berufsgruppen verteilt. Der höchste Zuwachs ist im Bereich der Teilzeitarbeit auszumachen, und dies insbesondere in den Frauenberufen. Teilzeitarbeit weist somit einen erhöhten Segregationsindex auf.[176] Teilzeitstellen finden sich in horizontaler Hinsicht vor allem in weiblichen Berufen, in vertikaler Hinsicht werden sie bevorzugt in niedrigeren Positionen angeboten. Teilzeitarbeit führt als eine für sich zu betrachtende Form der weiblichen Arbeitsstruktur durch das Zusammentreffen mit der geschlechtsspezifischen Arbeitsmarktsegregation zu einer Verstärkung der Benachteiligung von Frauen. Eine starke Zunahme von Teilzeitarbeit, gekoppelt mit einer sich verstärkenden geschlechtsspezifischen Segregation, bedeutet eine Verschlechterung des erwerbsmäßigen und sozialen Status von Frauen.[177] Indikator hierfür ist die beschriebene Einkommensdiskrepanz. Teilzeitbeschäftigung ist selbst keinesfalls eine geschlechtsneutrale Erscheinung.[178] Als segregiertes und segregierendes Phänomen verstärkt und erhält es Arbeitsmarktsegregation aufrecht und perpetuiert damit strukturelle Diskriminierung.[179]

III. Strukturelle Diskriminierung als rechtlich relevante Diskriminierung

Fraglich ist, ob die geschlechtsspezifisch weitgehend getrennte Ausbildung und Berufsergreifung und –ausübung eine freiwillige Entscheidung der Lebensplanung der Frauen darstellt und sich somit außerhalb der zu regelnden gesellschaftlichen Strukturen befindet oder ob sie als rechtlich relevante Diskriminierung anzusehen und revidierbar ist. Hervorzuheben ist, daß sich trotz veränderter Erwerbs- und Sozialstrukturen die traditionelle Arbeitsteilung hinsichtlich Beruf und Familie als äußerst resistent erweist: Handelt es sich dann aber nicht um eine Benachteiligung wegen des Geschlechts, wenn trotz weitgehender Gleichheit der Voraussetzungen für den Berufsbeginn, der Abnahme diskontinuierlicher Berufsverläufe, ständig steigender Integration von Frauen in den Arbeitsmarkt und folglich einer längeren Nutzungsmöglichkeit ihrer Arbeitskraft Arbeitsmarktsegregation und Benachteiligung fortbestehen? In diesem Zusammenhang werden niedrige Löhne und Benachteiligungen von Frauen überwiegend auf eine geringere wirtschaftliche Leistungsfähigkeit zurückgeführt, anstatt dies – so die hier vertretene Auffassung – vor dem Hintergrund der Funktion niedriger Löhne und des Status von Frauen jeweils der strukturellen Benachteiligung „wegen des Geschlechts“ zuzuschreiben.[180]
Die Auseinandersetzung mit den im Anschluß dargestellten Erklärungsvorschlägen für die berufliche Benachteiligung von Frauen ist wesentlich für die Beurteilung, ob arbeitsrecht-

---

[176] *S. Quack/F. Maier*, SAMF, Arbeitspapier 1-1994, Paderborn, S. 127 (136).
[177] Vgl. die detaillierte Untersuchung von *J. Rubery u.a.*, 1994, S. 223ff.
[178] *S. Hatt*, 1998, S. 26.
[179] *J. Rubery u.a.*, 1994, S. 206. Vgl. die Statistiken und die Darstellungen der Erwerbsverteilung, Arbeitsinhalt und -fähigkeiten hinsichtlich Teilzeitarbeit, S. 213f. Siehe auch *Jowell/Brook/Prior/Taylor*, British Social Attitudes, 1992/93.
[180] In diesem Sinne auch *A. Weiler*, 1992, S. 15.

liche Regelungen heranzuziehen und diese in der Lage sind, Veränderungen der gesellschaftlichen Rahmenbedingungen zu bewirken.[181] Erst wenn auszuschließen ist, daß die folgenden Ansätze erklären können, daß das Arbeitsmarktverhalten vom Geschlecht im sozialen Sinn unabhängig ist,[182] ist eine Benachteiligung „wegen des Geschlechts“ vorhanden und eine rechtliche Regelung indiziert.[183]

1. Arbeitsmarkt- und handlungstheoretische Ansätze

Für eine Erklärung des Phänomens der Arbeitsmarktsegregation werden aus wirtschaftlicher Sicht verschiedene Modelle angeboten, welche die diskontinuierliche Berufsplanung und die damit verbundenen Nachteile als Wahl der Marktbeteiligten darstellen. Sie haben gemein, daß sie im Grunde an die sozialen Ursachen, insbesondere die häusliche Arbeitsteilung, anknüpfen und, ohne sie in Frage zu stellen, diese als gegeben voraussetzen.

a) Neoklassische Theorie

Die neoklassische Theorie stellt bereits in Frage, ob es sich bei der Arbeitsmarktsegregation um ein von außen und damit rechtlich zu behebendes Problem handelt. Sie geht im Grundsatz davon aus, daß der Arbeitsmarkt unpersönlich und als eine abstrakte und objektive Einheit funktioniert, die von ihren Teilnehmern, den Arbeitgebern und Arbeitnehmern, unabhängig ist.[184] Nur ein ungestörter Marktmechanismus ist optimal für eine effektive Allokation von Gütern und Ressourcen, so daß allein die Regeln von Angebot und Nachfrage ausschlaggebend für die Feststellung des Werts der Aktivität und Beteiligung eines Arbeitnehmers sind. Auf einem derart freien Markt ist Lohnungleichheit das Ergebnis wirtschaftlicher Kräfte aufgrund des Verhaltens und der Entscheidungen des einzelnen. Das menschliche Verhalten des Marktbeteiligten wird als eine auf rein individualistische Effektivität und Produktivität ausgerichtete Kalkulation des einzelnen erklärt: Der Arbeitnehmer handelt, um sein Einkommen, der Arbeitgeber, um Produktivität und Profit zu maximieren. Auf der Angebotsseite sieht und kennt der Arbeitnehmer seine Fähigkeiten und Qualifikationen, auf der Nachfrageseite zählt allein die Produktivität und Effizienz, anhand deren Arbeitnehmer rekrutiert werden.[185] Folglich wird impliziert, daß Diskriminierung aufgrund der sich automatisch ergebenden Lohnunterschiede gar nicht existieren kann. Auch würde ein Arbeitnehmer, der weiß, daß er unter Wert entlohnt wird, sogleich von anderen Arbeitsangeboten angezogen, die seinen Arbeitsmarktwert richtig beurteilen, und seine unterbezahlte Anstellung verlassen. Schließlich würde dies bedeuten, daß Frauen sich für eine geringer entlohnte Arbeit entscheiden und sie als billigere Arbeitskräfte Männer vom Arbeitsmarkt verdrängen würden, was als Konsequenz

---

181 Im Gegensatz hierzu benennt *M. Lorenz*, Festschrift für Wlotzke 1996, S. 45 (59f.), lediglich die Ursachen der Lohnungleichheit und kommt zu dem Ergebnis, daß mit arbeitsrechtlicher Gesetzgebung nichts an der bestehenden Ungleichheit zu ändern sei. Das Arbeitsrecht sei hierzu nicht geeignet, da es in seinen wesentlichen Wirkungen an das bestehende Arbeitsverhältnis anknüpfe und somit nicht gegen die im Vorfeld gesetzten Gründe wirken könne. Vgl. zur Kritik an diesem Ansatz auch *M. Kort*, RdA 1997, S. 277 (280).

182 Gemeint ist hier das Geschlecht, wie es durch die Sozialisation des Geschlechts im biologischen Sinne sozial definiert wird. Denn gerade dies ist im Begriff der „Diskriminierung wegen des Geschlechts“ enthalten.

183 Hierzu schon *M. Schlachter*, 1993, S. 24ff; *K. Feldhoff*, 1998, S. 52ff.

184 *N. Browne*, (1984) 2 Law and Equality 473 (476).

185 Weiterführend *N. Browne*, (1984) 2 Law and Equality 473 (481ff.).

die Beendigung der Arbeitsmarktsegregation nach sich zöge. Die neoklassische Theorie sieht ein rechtliches Einschreiten demnach als eine mehr als problematische Einmischung in die Angelegenheiten des unpersönlichen und objektiven Arbeitsmarktprozesses und als unnötige Maßnahme, die gegen den sich selbst regulierenden Markt nichts auszurichten vermag.
Abgesehen von der berechtigten Kritik an diesen empirisch unbelegten Argumenten,[186] kann die Theorie nicht erklären, warum Diskriminierung, insbesondere im Entgeltbereich, weiter existiert. Ein wesentlicher Grund für das Erklärungsdefizit ist, daß das Modell die strukturellen Ursachen der Benachteiligung nicht in Erwägung zieht. Gerade die sozialen und wirtschaftlichen Gründe der Lohnungleichheit sind die Faktoren, die das Verhalten der am Arbeitsmarkt Beteiligten auf der Angebots- und Nachfrageseite beeinflussen. Daß ein Erklärungsmodell, das gerade diese strukturellen Ursachen als neutrale, vom Arbeitsmarktgeschehen abgekoppelte Faktoren für die Lohnungleichheit anführt, nicht zu überzeugen vermag, ist offensichtlich.

b) Humankapitaltheorie

Die Humankapitaltheorie[187] liefert eine Erklärung für Segregation und Lohndiskrepanz, eine Erklärung der Ursachen der Geschlechtsspezifik bleibt sie indes schuldig. Sie bezieht sich auf die Erkenntnis, daß nicht nur Sachinvestitionen, sondern zunehmend auch persönliche Qualifikationen das Wirtschaftswachstum beeinflussen[188] und geht davon aus, daß die Lohnungleichheit auf der persönlichen Investition der Marktbeteiligten in ihr humanes Kapital in Form der Bildung, Ausbildung, Erfahrungen und Fähigkeiten beruht.[189] Humankapitalausstattung und Löhne stehen in unmittelbarem Zusammenhang: Höheres Humankapital bedeutet mehr Produktivität und dies höhere Löhne.[190] Sie räumt demgemäß dem Verhalten der einzelnen Bedeutung ein. Die Entlohnung entspricht dem Leistungsprinzip.[191] Die häusliche Arbeitsteilung wird hierbei insoweit relevant, als sie Frauen durch diskontinuierliche Berufsverläufe oder geringere Bildungsinvestition weniger die Möglichkeit bietet, in ein entsprechendes wirtschaftlich relevantes Kapital zu investieren.[192] Denn auch bei gleicher Humankapitalinvestition in der Ausbildung und anfangs daher gleichem Lohn verliert das Humankapital der Frauen an Rentabilität, sobald sie ihre Erwerbstätigkeit unterbrechen. In der Zwischenzeit wächst das der Männer weiter. Kehren Frauen in den Beruf zurück, ist ihr Humankapital daher doppelt entwertet, eine Tatsache, die sich aufgrund rationalen Nutzenkalküls der weiblichen Arbeitnehmer wiederum auf ihr Ausbildungs- und Investitionsverhalten auswirkt.[193] Entscheidend bei der Humankapitaltheorie ist, daß sie die persönliche Berufswahl und –entscheidung in den Vorder-

---

186 Ausführlich *N. Browne,* (1984) 2 Law and Equality 473 (476).

187 Die US-amerikanische Human Capital Theorie gilt als eine der ersten theoretischen Ansätze seit Ende der 1960er Jahre zur Erklärung geschlechtsspezifischer Lohndiskrepanz und Arbeitsmarktsegregation. Dogmatisch geht sie zurück auf *W. Petty,* 1667 und *A. Smith,* 1776. Aus neuerer Zeit vgl. *Gary S. Becker,* 1964; *ders.,* (1965) 75 Economic Journal 493ff.; *ders.,* 1965; *ders.,* 1971; *B. Krais,* 1983, S. 199ff.

188 *A. Willms-Herget,* 1985, S. 48;*S. Hradil,* 1999, S. 122.

189 *M. Kleber,* 1991, S. 85 (88); *U. Regenhardt/A. Fiedler,* 1995, S. 41 (43); *R. J. Townshend-Smith,* 1998, S. 37.

190 *A. Willms-Herget,* 1985, S. 48; *F. Maier,* 1998, S. 17 (23); *S. Hradil,* , 1999, S. 122.

191 *S. Hradil,* 1999, S. 122.

192 *A. Willms-Herget,* 1985, S. 49.

193 *A. Willms-Herget,* 1985, S. 49; *M. Kleber,* 1991, S. 85 (88f.); *F. Maier,* 1998, S. 17 (23), nennt dies eine „Aufeinanderfolge ‚rationalen' Verhaltens der Individuen im Haushaltskontext".

grund stellt.[194] Auf der Angebotsseite der Arbeitnehmer bieten sich Frauen dementsprechend als unproduktivere Arbeitskräfte an, denen von den Arbeitgebern nur entsprechende Arbeitsplätze zur Verfügung gestellt werden.[195] Da auf dem Arbeitsmarkt jedoch nicht genügend Stellen zur Verfügung stehen, welche diesem geringeren Humankapital entsprechen, drängen Frauen in die wenigen vorhandenen Berufszweige und drücken den „Preis".[196] Mit der daraus resultierenden Lohnungleichheit zwischen den von der Humankapitaltheorie aus betrachteten höher und niedriger qualifizierten Berufen geht aufgrund fehlender Aufstiegschancen eine niedrigere berufliche wie soziale Position von Frauen einher.[197] Dies kann unter anderem erklären, warum die Lohndiskrepanz in Vollzeitbeschäftigung geringer als in Teilzeitbeschäftigung ausfällt. Hier können Frauen in der Regel ein größeres Humankapital vorweisen. Hinsichtlich der inferioren Stellung von Frauen auf dem Arbeitsmarkt kommt die Theorie daher zu dem Ergebnis, daß geschlechtsspezifische Segregation und Benachteiligung auf der Angebotsseite der Arbeitnehmer zu suchen sind.[198] Äußere, institutionelle Rahmenbedingungen finden in diesem Ansatz keine Beachtung; allein individuelle Prioritäten und Entscheidungen der Frauen sind ursächlich für die ungleichen Chancen auf dem Arbeitsmarkt.[199]

Aber auch dieser Ansatz stößt an Grenzen. So blieb die Hoffnung der Vertreter des Ansatzes bislang unerfüllt, Diskriminierung würde durch den automatischen Prozeß beendet werden, würde nur ein Arbeitgeber vornehmlich billigere weibliche Arbeitskräfte einstellen und somit günstiger produzieren, was schließlich aufgrund der erhöhten Nachfrage zur Lohnsteigerung führen würde („Gleichgewichtslohn/nicht diskriminierender Zustand").[200] Auch kann der Ansatz keine Erklärung für die *geschlechtsspezifische* Segregation bieten: Inzwischen ist die Humankapitaldiskrepanz der Geschlechter hinsichtlich ihrer Ausbildung nahezu bereinigt. Dennoch besteht die Benachteiligung trotz gleicher Ausbildung, Berufserfahrung und Beruf fort.[201] Folglich muß, weil in diesem Fall bei Berufseintritt keines der Geschlechter Arbeitserfahrung vorweisen kann, der Arbeitsmarkt bereits segregiert sein.[202] Zudem ist es empirisch erwiesen, daß die Investition in eine Ausbildung höchstens 50% der Lohndiskrepanz erklären kann.[203] Das heißt, daß weitere Faktoren eine Rolle spielen müssen. So bestätigte *Weiler* in einer Untersuchung, daß der Faktor „Qualifikation" weniger relevant für Berufsstatus und Einkommen ist als angenommen, vielmehr der des „Geschlechts" eine wesentliche Rolle spielt, bislang aber mit der Qualifikation als deckungsgleich begriffen wurde. „Gerade im Zuge der verbesserten Schul- und Berufsausbildung von Frauen entpuppt sich der Indikator ‚Qualifikation' als relativ bedeutungslos für die konkrete Arbeitsmarkt- und Lohnposition. (...) Qualifikationen unterliegen sich ***ständig verändernden Bewertungen***, und eine berufliche Qualifikation wirkt zwar generell statuserhöhend, doch sie ist nicht quer durch alle Berufe und Branchen und vor allem Geschlechter mit dem gleichen sozialen Status verbunden. Bei gleicher Qualifikation von

---

[194] In diesem Sinne *M. Schlachter*, 1993, S. 24ff.; *M. Lorenz*, Festschrift für Wlotzke 1996, S. 45 (57); *R. J. Townshend-Smith*, 1998, S. 37.

[195] Sog. „taste for discrimination", vgl. *F. Maier*, 1998, S. 17 (23).

[196] *M. Lorenz*, Festschrift für Wlotzke 1996, S. 45 (57).

[197] *R. Anker*, 3 (1997) 136 International Labour Review 1 (2).

[198] *A. Willms-Herget*, 1985, S. 49.

[199] So *C. Hakim*, (1991) 7 (2) E. Soc. Rev. 101 (108).

[200] *W. Sengenberger*, 1978, S. 15 (19) m.w.N.; zur Kritik *F. Maier*, 1998, S. 17 (24), nach *H. Akbach*: „Warum ‚prügelt der Wettbewerb die Einsicht nicht in die Unternehmen hinein?'"

[201] *P. England*, (1982) 17 Journal of Human Resources 356; *A. Willms-Herget*, 1985, S. 49; *G. Engelbrech*, WSI Mitt. 1992, S. 187 (188ff); *S. Hradil*, 1999, S. 123; sowie oben Kapitel 1, II. 2. b).

[202] *E. Cyba*, 1998, S. 37 (41).

[203] *M. Kleber*, 1991, S. 85 (89) m.w.N.

Frauen und Männern können im gleichen Beruf *Bewertungsunterschiede* auftreten, die sich in Lohndiskriminierung manifestieren."[204]

Da somit zumindest widerlegt wird, daß das Entgelt allein vom Humankapital abhängig ist, wird angenommen, daß die Entgeltdiskriminierung strukturell und sozial bedingt und weitestgehend auf hierdurch geleitete Entscheidungen der Tarifparteien zurückzuführen ist, als sie die freie und rationale Wahl der Frauen betrifft.[205] Festzuhalten bleibt, daß die Humankapitaltheorie Stereotypen hinsichtlich der Geschlechterrolle und die diese begründenden strukturellen Ursachen als gegeben annimmt und Wahrheit und Rationalität impliziert, ohne zu erklären, worauf sich dies gründet. Das von diesem Ansatz vorausgesetzte Nutzenkalkül der Frauen würde sich wohl nicht auf eine freiwillige Entwertung ihres Humankapitals konzentrieren, weshalb es naheliegt, daß auch nicht-ökonomische Faktoren eine Rolle bei der Berufswahl spielen.

c) Handlungstheoretische Ansätze

Die im folgenden kurz skizzierten Theorien individuellen Handelns konzentrieren sich auf Erwerbsentscheidungen aus der Sicht des Individuums. Hier stellt sich die Frage, inwieweit die handlungstheoretischen Ansätze diese „Präferenzen" als allein auf autonomen Entscheidungen der Arbeitsmarktakteure beruhend oder im Kontext sozialer Beziehungen und Einflüsse darstellen und somit helfen, den Einfluß des „Geschlechts" auf die Ungleichheit auf dem Arbeitsmarkt näher zu beleuchten.

aa) Theorie kollektiven Handelns (Rational-Choice Theorie)

Die Theorie kollektiven Handelns (Rational-Choice Theorie) basiert auf der Annahme, daß kollektive Handlungsmuster ohne Einbeziehung institutioneller Rahmenbedingungen zu erklären sind. Sie geht davon aus, daß Individuen stets rational handeln, im Selbstinteresse auf Nutzenmaximierung gerichtet sind und demnach die Handlungsmöglichkeiten bevorzugen, mit denen ein persönlicher Vorteil einhergeht und die ihren Vorstellungen und Zielen entsprechen.[206] Grundlagen bilden das Vorhandensein eines individuellen Ziels/einer persönlichen Präferenz, die Einschätzung der Handlungsmöglichkeiten sowie deren Folgen unter Berücksichtigung äußerer Beschränkungen („constraints") und letztlich die Wahl, um den eigenen Nutzen zu maximieren.[207]

In ihrer strikten, neoklassischen Ausprägung der Wahlhandlungstheorien in Form des von *Becker* vertretenen „ökonomischen Ansatzes zur Erklärung menschlichen Verhaltens"[208] spielen institutionelle Rahmenbedingungen lediglich als „constraints" der Wahloptionen eine Rolle, denen keine normative Bedeutung beigemessen wird. Präferenzen sind dauerhaft und stabil, das heißt, sie sind als gegeben und unveränderbar anzusehen.[209] Wenn widersprüchliche Ziele verfolgt werden, ist dies kein Zeichnen von Irrationalität. Auch sie

---

[204] *A. Weiler*, 1992, S. 25, m.w.N.; kursiv hinzugefügt.

[205] So bereits *P. England*, (1982) 17 Journal of Human Resources 356; *A. Weiler*, 1992, S. 16; unkritisch hierzu *M. Lorenz*, Festschrift für Wlotzke 1996, S. 45 (56f.).

[206] *J. Friedrichs u.a.*, Zeitschrift für Soziologie 1993, Jg. 22, Nr. 1, S. 2 (3); *G. Mikl-Horke*, 1994; *R. Stichweh*, Zeitschrift für Soziologie 1995, Jg. 24, Nr. 6, S. (395) 396f.; *S. Bothfeld*, WZB Berlin Juli 1997, S. 17; *S. Hradil*, 1999, S. 129.

[207] *S. Bothfeld*, WZB Berlin Juli 1997, S. 18.

[208] *G. S. Becker*, 1982.

[209] So *S. Bothfeld*, WZB Berlin Juli 1997, S. 19.

werden vor dem Hintergrund individueller Nutzenoptimierung verfolgt.[210] Was als rational bezeichnet werden kann, ergibt sich aus der Effizienz der Verarbeitung der „constraints" bei der Wahlhandlung.

Vorgeworfen wird diesem Ansatz, daß er egoistisches oder altruistisches Verhalten nicht zu erklären vermag[211] und sich einseitig auf Rationalität als Entscheidungsmoment beschränkt.[212] Hinsichtlich der Erwerbssituation von Frauen wird die Kritik besonders deutlich. Beckers Ansatz geht insoweit fließend in die sogenannten „New Home Economics" und die Humankapitaltheorie über. Im Zusammenhang mit der Geschlechtszugehörigkeit als „constraints" wird hier im Zuge der Verfolgung der Nutzenmaximierung des Haushalts eine entsprechende Arbeitsteilung geschaffen, die dazu führt, daß die Verantwortlichkeit der Frau für die häusliche Arbeit zu Arbeitsmarktsegregation und ungleichen Löhnen führt.[213] Die Defizite dieses Erklärungsansatzes wurden bereits im Rahmen der Humankapitaltheorie erläutert. Insbesondere wird hier wieder deutlich, wie durch die Annahme der Nutzenorientierung die Arbeitsteilung zwischen den Geschlechtern gerechtfertigt wird und vor dem Hintergrund des status quo argumentiert wird, ohne Institutionen und Rahmenbedingungen Bedeutung beizumessen. Denn die Arbeitsteilung kann Ergebnis von Aushandlungsprozessen zwischen Menschen mit verschiedener Verhandlungsmacht sein.[214] Mithin unterstützt der von Becker vertretene Ansatz nicht ausreichend die Annahme der Ursächlichkeit für die Benachteiligung in Form individueller Präferenzen und somit einen Ausschluß einer Benachteiligung „wegen des Geschlechts".

Eine andere Perspektive verfolgt der von *Esser* vertretene Ansatz der subjektiven Nutzenerwartung von „habits" und „frames", der nicht auf die „constraints", sondern auf die Institutionalisierung von Verhalten („habits") und der Wahrnehmung und Bewertung von Entscheidungssituationen („frames") abstellt. Durch die „unaufwendige Nutzung von Rezepten" handelt der einzelne solange nach diesen institutionalisierten Verhaltensmustern, wie sich ihm keine andere gleich nutzeneffektive Möglichkeit bietet. Denn sie sind das Ergebnis von Arbeitsteilung und erweisen sich somit als effizient.[215] Aufgrund höheren Nutzens, größerer Effektivität und geringerer Kosten bleibt das Individuum diesen verhaftet.[216]

Die Kritik an diesem Erklärungsansatz setzt zutreffend an der Entstehung der „habits" und „frames" an, auf die kein Bezug genommen wird. Der Ansatz ist aufgrund des Ausblendens der Ursachen der Institutionalisierung zu eindimensional. Auch hier gilt die Kritik, daß Institutionen wie die Arbeitsteilung Ausfluß bestehender Machtverhältnisse sein können, auf denen die „frames" beruhen und sich somit nicht für beide Geschlechter als gleich effizient erweisen.[217] Gerade die Erklärung dieser Ursachenzusammenhänge ist notwendig für die Feststellung oder einen Ausschluß der Benachteiligung „wegen des Geschlechts". Oft bestehen gerade Konflikte und Widersprüche zwischen individuellen Präferenzen und Institutionen, wie es die Notwendigkeit der doppelten Lebensplanung von Frauen gezeigt hat.[218]

---

[210] *G. S. Becker*, 1982, S. 15.
[211] *F. Maier*, Zeitschrift für kritische Sozialwissenschaften, 23 Jg., Nr. 4, S. 551 (560).
[212] *S. Bothfeld*, WZB Berlin Juli 1997, S. 20.
[213] *G. S. Becker*, (1985) 1 Journal of Labour Economics 33 (35).
[214] So auch die Kritik von *S. Bothfeld*, WZB Berlin Juli 1997, S. 28.
[215] *H. Esser*, Zeitschrift für Soziologie, Jg. 19, Nr. 4, S. 231 (235).
[216] *H. Esser*, Zeitschrift für Soziologie, Jg. 19, Nr. 4, S. 231 (244).
[217] *S. Bothfeld*, WZB Berlin Juli 1997, S. 21.
[218] Dazu oben Kapitel 1, II. 1. c).

Beide Ansätze der Rational-Choice Theorie bleiben dem Begriff der rationalen Wahl verhaften, die somit die Ursachen zwangsläufig auf die Seite der Frauen verlagert. Dies kann solange nicht als ausreichende Erklärung angesehen werden, wie nicht andere Faktoren mit einbezogen werden, die Einfluß auf die „rationale Wahl" haben.

bb) Theorie der rationalen Bewertung (Theory of Rational Belief)

Um die Schwächen der Rational-Choice Theorie überwinden, besagt die diese ergänzende Theorie der rationalen Bewertung (Theory of Rational Belief) von *Elster*,[219] daß Menschen zwar unveränderbare Wünsche haben, die ausschlaggebend für ihr Handeln sind, der oben kritisierte Aspekt der Rationalität tritt hier aber in den Hintergrund. Zentral für den Ansatz ist die rationale Bewertung der strukturellen Situation und der sich aus den Handlungsoptionen ergebenden individuellen Präferenzen. Die Theorie geht einen Schritt weiter, indem sie Ausgangsbedingungen und Situationsbindung von Institutionen und constraints unabhängig macht. Somit gibt dieser Ansatz Einblick in die Gründe für individuelle Präferenzen: Da diese direkt im Menschen vorhanden sind, ist Voraussetzung für eine freie Wahl, daß der Mensch autonom entschieden haben muß.
Beeinflussen andere Faktoren und Mechanismen die Wahl, kann es sich nicht um eine individuelle Präferenz im Sinne der Rational-Choice Theorie handeln. Folglich schließt diese Ergänzung der Rational-Choice Theorie nicht das Vorhandensein einer Benachteiligung „wegen des Geschlechts" aus, weil dieses gerade nicht in der Person liegt, sondern ein von außen kommendes, fremd determinierendes Moment darstellt und eine nicht autonome Entscheidung wahrscheinlich sein läßt.

d) Crowdingtheorie

Eine andere Perspektive weist die Crowdingtheorie, auch Überfüllungstheorie bzw. Theorie der Nichtwettbewerbsgruppen genannt, auf.[220] Anders als die Humankapitaltheorie, die auf Arbeitskräftepräferenzen abstellt, versucht sie, die Arbeitsmarktsegregation auf der Nachfrageseite, also anhand der Entscheidungen der Unternehmen zu erklären. Ausschlaggebend ist das Mißverhältnis von Angebot und Nachfrage nach Arbeitskräften für bestimmte Berufe, welches zu einer Arbeitsplatzknappheit führt und somit unterschiedliche Lohnniveaus in den Teilarbeitsmärkten schafft. Die Ursache wird teilweise in der Unternehmenspraxis gesehen, die aus Produktivitätsgesichtspunkten den Zugang von Frauen zu Berufen künstlich begrenzt.[221] Andere stellen auf „gesellschaftliche Sitten" oder die Macht der Gewerkschaften als „Mobilitätsbarrieren" ab.[222] Die größere Konkurrenz von Frauen um die vorhandenen Arbeitsplätze drückt folglich das Lohnniveau in den Frauenberufen. Die Präferenzen der Arbeitgeber werden hiernach auch für Frauen als ökonomisch rational verstanden, weil „overcrowding" einen Schutz vor Arbeitslosigkeit bietet: Arbeiteten Frauen in Männerberufen, wären sie bei Rationalisierungsmaßnahmen als erste betroffen.
Zu Recht ist dieser Ansatz als empirisch nicht belegt zurückgewiesen worden. Vielmehr haben Untersuchungen erwiesen, daß das Arbeitslosigkeitsrisiko in Männer- bzw. Frauenberufen für Frauen nicht größer ist. Insbesondere geht die Theorie zwar von marktex-

---

[219] *J. Elster*, in: *ders.* (Hrsg.), 1986, insbes. S. 1-33.
[220] *M. Kleber*, 1991, S. 85 (86).
[221] *A. Willms-Herget*, 1985, S. 52.
[222] *M. Kleber*, 1991, S. 85 (87).

tern geprägten Präferenzen der Arbeitgeber aus, sie bietet aber ebenso wenig wie die Humankapitaltheorie eine Erklärung für die Ursachen der Formung und Entstehung dieser Vorlieben.[223] Folglich erklärt sie das Zustandekommen von Lohnunterschieden, nicht aber die geschlechtsspezifische Segregation des Arbeitsmarktes.

2. Institutionelle Segmentationsansätze[224]

Ein weiterer Erklärungsversuch wird von den institutionellen Segmentationsansätzen[225] angeboten, welche die Nachfrageseite näher beleuchten (*Theorie des dualen Arbeitsmarktes*[226] und die *Theorie der Statistischen Diskriminierung*[227]).
Die *Theorie des dualen Arbeitsmarktes* hinterfragt den Zusammenhang zwischen Humankapital und Löhnen. Anders als die Humankapitaltheorie konzentriert sie sich jedoch auf die Struktur des Arbeitsmarktes und dessen Segmente als solche sowie deren interne Abschottung voneinander. Sie basiert auf der Annahme, daß der Arbeitsmarkt in einen primären und einen sekundären Sektor aufgeteilt ist. Der primäre Sektor beschreibt die Berufsgruppen, die hohe Löhne, gute Aufstiegschancen und andere gute Arbeitsbedingungen anbieten. Der sekundäre Sektor umfaßt Berufe von niedrigem Status mit entsprechend geringeren Gehältern, sozialer Sicherheit und unzureichender gewerkschaftlicher Vertretung, in denen sich Minderheiten und ein Teil der Frauen befinden.[228] Firmen des primären Marktes bevorzugen gut qualifizierte Arbeitnehmer mit besserer Ausbildung und längerer Berufserfahrung, das heißt solche, die dem traditionellen Arbeitsbild entsprechen und in der Regel daher Männer sind.[229] Die Theorie hat eine weitere Differenzierung für die Bundesrepublik Deutschland dahingehend erfahren, daß hier der Arbeitsmarkt in drei Segmente unterteilt wird: den *berufsfachlichen* Markt, der betriebsübergreifende Qualifikationen abverlangt, den *beruflichen*, der noch relativ gute Arbeitsbedingungen für innerbetrieblich ausgebildete Fachkräfte vorweist, solange diese ihrem Betrieb treu bleiben, und den *Jedermannsarbeitsmarkt*, der wenig qualifizierte und jederzeit austauschbare Arbeitskräfte, insbesondere auch Frauen, umfaßt und allein dem Lohnwettbewerb ausgesetzt ist.[230] Die Unterscheidung der Teilarbeitsmärkte drückt sich anhand der Stabilität des Arbeitsverhältnisses, der Qualifikationen, Aufstiegschancen und Einkommen aus.[231] Die Spaltung ist nicht von zufälliger Natur, sondern ökonomisch rational und effizient. Verschiedene normative Regeln, Verfahren und Faktoren, wie gewerkschaftliche Interessenvertretung, Tarifvereinbarungen, Berufs- und Bildungspolitik oder natürliche Merkmale

---

[223] *A. Willms-Herget*, 1985, S. 53 m.w.N.
[224] Es handelt sich hierbei eigentlich um einen Forschungsansatz der Sozialwissenschaften. Dennoch soll er an dieser Stelle besprochen werden, da er sich konzeptionell mit den Institutionen des Arbeitsmarktes selbst beschäftigt.
[225] Arbeitsmarktsegmentation bedeutet Arbeitsmarktspaltung als gedankliche Abstraktion des Funktionierens des Arbeitsmarkts, vgl. *W. Sengenberger*, 1978, S. 15 (16); *J. Vincens*, 1978, S. 225 (227): „Der Arbeitsmarkt ist segmentiert, wenn bestimmte Arbeitsplätze (Tätigkeiten, Beschäftigungen, Arbeitsverhältnisse ...) bestimmten Gruppen von Erwerbspersonen nicht zugänglich sind, weil letztere unabhängig von ihrem individuellen Verhalten nicht in der Lage sind, die Voraussetzungen dafür zu erfüllen, daß ein Arbeitgeber ihre Bewerbungen in Betracht zieht".
[226] Entwickelt wurden diese Ansätze aus der Kritik an den neoklassischen Lösungsansätzen. Sie gehen zurück auf *M. Piore*, 1969; *P. Doeringer/M. Piore*, 1971; *D. M. Gordon*, 1972; hierzu *E. Cyba*, 1998, S. 37 (43).
[227] *K. J. Arrow*, 1973; hierzu *A. Willms-Herget*, 1985, S. 56, *E. Cyba*, 1998, S. 37 (42).
[228] *W. Sengenberger*, 1978, S. 20f.; *M. Piore*, 1978, S. 67 (69); *F. Maier*, 1998, S. 17 (20).
[229] *V. Beechey*, 1987, S. 33.
[230] *W. Sengenberger*, 1978, S. 32; *ders.*, 1978a, S. 21; *A. Willms-Herget*, 1985, S. 56; *M. Kleber*, 1991, S. 85 (91).
[231] *A. Willms-Herget*, 1985, S. 56.

wie das des „Geschlechts", führen zu einer ständigen Reproduktion der Abschottung und Institutionalisierung der Arbeitsmärkte und zu einer Hürde für den Wechsel von einem zum anderen Segment.[232] Hieran besteht seitens der Unternehmen aufgrund der ökonomisch effizienten Nutzung heterogener Arbeitskraft ein großes Interesse, insbesondere an der Nutzung der von ihnen getätigten Ausbildungsinvestitionen.[233] Die Stabilität der Arbeitsmärkte beruht auf dem Kalkül der Betriebe, daß Ausbildung lediglich in die Arbeitskräfte investiert wird, die auch eine lange Verbleibdauer im Unternehmen versprechen und folglich eine langfristigere Nutzung ihrer Arbeitskraft ermöglichen, eine Vorstellung, der Frauen nicht entsprechen. Um einen Wechsel dieser Arbeitskräfte zu anderen Arbeitsmärkten zu verhindern und sie an den Betrieb zu binden, werden ihnen Gratifikationen für die Dauer ihrer Tätigkeit oder Betriebsrenten gezahlt.

Die Verallgemeinerung durch die Schaffung stabiler und instabiler Teilarbeitsmärkte erlaubt entsprechende Arbeitnehmerentscheidungen bei der Einstellung. So geht die *Theorie der Statistischen Diskriminierung* davon aus, daß der Arbeitgeber dann rational handelt, wenn er aufgrund unterstellt höherer Kosten, niedrigerer Produktivität, Erfahrungen und Fähigkeiten keine Arbeitnehmer einstellt, die zu einer diskriminierten Gruppe gehören, und bestimmte Arbeitsplätze für Männer und Frauen reserviert.[234] Dies führt zur Verfestigung der geschlechtsspezifischen Trennung der Berufe und weist Frauen entsprechende Positionen, Organisationen, berufliche Rollen und Löhne zu.[235] Da der Nachweis im Einzelfall oft nicht möglich ist, entscheiden Unternehmen entsprechend der Gruppenzugehörigkeit, um kein Risiko einzugehen.[236] Eine Diskriminierung wegen des Geschlechts ist dann ausgeschlossen, wenn die Wahrnehmung des Arbeitgebers richtig ist.[237] Hierbei beansprucht die Theorie, auch die geschlechtsspezifische Segregation bei gleicher Qualifikation von Frauen und Männern erklären zu können.[238]

Beide Theorien geben Einblicke in die Existenz der geschlechtsspezifischen Arbeitsmarktsegmentation. Sie erklären, wie die Segmente des Arbeitsmarktes helfen, die Löhne in bestimmten Sektoren zu drücken, und Frauen- und Männerberufe als beharrliches Phänomen wandlungsresistent bestehen bleiben. Denn Frauen sind vornehmlich im sekundären Sektor oder dem Jedermannsarbeitsmarkt zu finden (Frauenberufe), in dem es aufgrund der durch die Fähigkeiten und anderen Eigenschaften der Arbeitnehmer hierarchischen Organisation der Sektoren weniger Aufstiegschancen gibt. Dies macht es so gut wie unmöglich, vom sekundären zum primären Sektor aufzusteigen. Da sich die Theorien aber lediglich auf die hierarchische Aufteilung des Marktes konzentrieren, zeigen sie nicht mehr, als daß eine Teilung des Arbeitsmarkts aufgrund bestimmter Strukturen existiert. Auch hier fehlt eine umfassende, über die Beschreibung hinausgehende Erkenntnis, warum Frauen in segregierten Berufsgruppen konzentriert sind und warum der Arbeitsmarkt geschlechtsspezifisch geteilt ist.[239] Sie bieten keine Erklärung dafür, daß geschlechtsspezifische Segregation sowohl im primären als auch sekundären Sektor existiert, also nicht

---

232 *W. Sengenberger*, 1978a, S. 21; *J. Vincens*, 1978, S. 225 (227f.).

233 *A. Willms-Herget*, 1985, S. 56; *M. Kleber*, 1991, S. 85 (90); *F. Maier*, 1998, S. 17 (21).

234 *A. Willms-Herget*, 1985, S. 56; R. *Anker*, 3 (1997) 136 International Labour Review 1 (7).

235 E. *Cyba*, 1998, S. 37 (42).

236 *M. Kleber*, 1991, S. 85 (94).

237 F. *Maier*, SAMF-Arbeitspapier 1, Paderborn 1990, S. 50 (54ff.); *E. Cyba*, 1998, S. 37 (42).

238 R. *Anker*, 3 (1997) 136 International Labour Review 1 (7); *E. Cyba*, 1998, S. 37 (42).

239 Die Erklärungen der Ursachen sind nicht einheitlich. Sie stellen teils auf die Wirtschaftsstruktur ab, die krisenfeste und gewinnträchtige Großbetriebe einerseits und krisenbedrohte Kleinbetriebe andererseits hervorbringt. Andere wiederum sehen die Ursachen in den Einstellungspräferenzen der Unternehmen oder in anderweitiger Existenzsicherung außerhalb des Marktes, z.B. in Form der Hausarbeit durch Frauen, die daher entsprechende Berufe anstreben. Vgl. hierzu *S. Hradil*, 1999, S. 124.

entlang der Trennungslinie zwischen den Teilarbeitsmärkten verläuft. Folglich können die Segmentationsansätzen die geschlechtsspezifische Segregation nur zum Teil erklären.[240] Auch die geringere Arbeitsplatzsicherheit in Frauenberufen des Jedermannsarbeitsmarktes ist empirisch nicht belegt. Konjunkturschwankungen haben Frauen nicht stärker als Männer aus ihren Berufen verdrängt.[241] Des weiteren fehlen angebotsseitige Argumente: Außer acht gelassen wird die Wirksamkeit des Geschlechts vor anderen Merkmalen des Marktes und insbesondere die persönliche Erfahrung und Sozialisation der Frauen. Die Ansätze beschränken sich auf die Betrachtung der momentanen Situation des Arbeitsmarktes als ahistorisch und abgekoppelt von jeder gesellschaftlichen Struktur.[242] Aber auch auf der Nachfrageseite weist vor allem die Theorie der Statistischen Diskriminierung weitere Defizite auf. So wurden in einer weit angelegten Studie von *Bielby* und *Baron*[243] im Jahr 1986 die Faktoren auf der Angebotsseite weitgehend nihiliert, indem sie Frauen und Männer in integrierten Berufen bei gleicher Qualifikation und gleichen Berufen untersuchten.[244] Auch hier stellten sie eine fast totale Segregation der Berufe fest, die sich durch andere Berufsbezeichnungen und Tätigkeiten in verschiedenen organisatorischen Bereichen auszeichnete.

Insgesamt schließen damit auch diese Ansätze eine Benachteiligung „wegen des Geschlechts" nicht aus.

3. Soziologische und frauenwissenschaftliche/Gender-Ansätze

Die im folgenden dargestellten soziologischen und frauenwissenschaftlichen bzw. Gender-Ansätze haben gemein, daß sie die Arbeitsteilung zwischen Produktions- und Reproduktionsbereich zum Ausgangspunkt ihrer Analyse der Benachteiligung der Frau im Gesellschafts- und Erwerbsleben machen und somit weitere Argumente für eine rechtlich relevante Benachteiligung liefern. Diese nicht-arbeitsmarkttheoretischen Ansätze erweitern die Perspektive auf das Funktionieren des Marktes und der Benachteiligung der Frauen und betonen, daß Angebots- und Nachfrageseite als Ergebnis verschiedener objektiver und subjektiver Faktoren begriffen werden müssen, weil das Abstellen auf eine einseitige Sicht lediglich einen Teil der Erklärung bieten kann.[245]

a) Differenztheoretische Ansätze

Die differenztheoretischen Ansätze geben einen Einblick darin, wie das "Geschlecht" gesellschaftlich konstruiert wird und Männern und Frauen jeweils einen entsprechenden Platz in der Gesellschaft sowie dem Arbeitsmarkt einräumt.[246] Ohne Anspruch auf Vollständigkeit sind hier vor allem die *Theorie der Geschlechtersozialisation* und die *Theorie des weiblichen Arbeitsvermögens* zu nennen.

---

240 Vgl. zu einer eingehenden Analyse der hieraus weiter entwickelten Theorien über die Arbeitsmarktsegmentation und deren Einfluß auf die Position von Frauen *P. Craig/E. Garnsey/J. Rubery*, 1984, S. 6.
241 *M. Kleber*, 1991, S. 85 (95) m.w.N.
242 *E. Cyba*, 1998, S. 37 (43).
243 *W. T. Bielby/J. N. Baron*, (1986) 91 (4) Am. J. Soc. 759ff.
244 Dazu *E. Cyba*, 1998, S. 37 (42).
245 Vgl. *E. Cyba*, 1998, S. 37 (45).
246 Vgl. hierzu *K. Schäfgen*, 1998, (3.3.1.), m.w.N.

aa) Theorie der Geschlechtersozialisation

Die Theorie der Geschlechtersozialisation geht davon aus, daß Sozialisation und Erziehung das Verhalten und Handeln des einzelnen prägen, und konzentriert sich dabei auf die Ursachen der verschiedenen Eigenschaften von Frauen und Männern im Rahmen der Reproduktion der Geschlechterungleichheit. Anders als die arbeitsmarkttheoretischen Ansätze macht sie nicht sozial unabhängige Präferenzen oder die Struktur des Marktes zum Thema ihrer Untersuchung, sondern die Geschlechteridentitäten und deren entsprechenden Handlungsmöglichkeiten, die in „Prozessen der Aneignung von (geschlechterungleicher) Wirklichkeit" zum Merkmal von Frauen und Männern werden. „Ausgangspunkt der (Geschlechter-) Sozialisationstheorie ist der konkret-historische gesellschaftliche Reproduktionszusammenhang in seinen spezifischen ökonomischen, politischen, kulturellen und sozialen Verhältnissen, der sich über Handlungsanforderungen und subjektive Aneignungsweisen modifiziert reproduziert. Dies impliziert, daß (Geschlechter-) Sozialisation kein rein individueller Prozeß der Aneignung bzw. Erziehung ist, sondern daß sie gruppentypisch verläuft."[247]

Trotz der starken Kritik an dieser „geschlechterpolarisierenden Darstellung"[248] hinsichtlich der Reproduktion der Geschlechterdifferenz, kann dieser Theorie zugute gehalten werden, daß sie aufzeigen kann, daß die ungleichen Ausgangsbedingungen und Berufschancen von Frauen durch das Geschlecht und dieses selbst durch geschlechterdifferenzierte Sozialisation bestimmt wird. „Präferenzen" erscheinen hier weniger als Wahl und somit Ausschluß der Unfreiwilligkeit, als durch geschlechterdifferenzierte Sozialisation und verschiedene Geschlechteridentität vorbestimmtes, gesteuertes und mithin revidierbares Verhalten.

bb) Theorie des weiblichen Arbeitsvermögens

Die Theorie des weiblichen Arbeitsvermögens[249] stellt die Weiterentwicklung der Theorie der Geschlechtersozialisation dar, insbesondere bezüglich der Konsequenzen des individuellen Verhaltens für Berufschancen auf dem Arbeitsmarkt.[250] Sie erklärt die geschlechtsspezifische Nutzung des weiblichen Arbeitsvermögens als die Ursache für die Produktion und Reproduktion der geschlechtsspezifischen Segregation des Arbeitsmarktes.[251] Ausgangspunkt ist auch hier die Trennung von Familien- und Berufsarbeit, durch die den Geschlechtern ein geschlechtsspezifisches Arbeitsvermögen zugewiesen wird.[252] Aufgrund der Zuteilung der Berufsarbeit zum Mann, fortschreitender Arbeitsteilung und technischer Weiterentwicklung erlernt dieser im außerprivaten Bereich zusätzliche, sich über die Konkurrenz und den Wettbewerb definierende, hierarchisierte und funktional spezifische Fähigkeiten, die sich entsprechend auf sein Arbeitsvermögen und seine Bedürfnisse auswirken. Als notwendiger Gegensatz entspricht die weibliche Hausarbeit der reproduktiven Tätigkeit, die nun erstmals als „Arbeit" klassifiziert wird und somit auch als Arbeitsvermögen, das sich aus dem Gegensatz zum männlichen Arbeitsvermögen definiert. Hausarbeit wird umfassend als Arbeit zu Hause mit vielfältigen Aufgaben verstan-

---

247 Ebenda.

248 Ebenda.

249 Erstmals vertreten wurde sie von *E. Beck-Gernsheim/I. Ostner*, Soziale Welt 1978, S. 257f.; vgl. auch *I. Ostner*, 1991, S. 107ff.

250 *E. Beck-Gernsheim*, 1981; *M. Kleber*, 1993, S. 85f.

251 *S. Quack/F. Maier*, SAMF 1/1994, S. 131.

252 *E. Beck-Gernsheim*, 1981.

den: Sie ist „die alltägliche Sorge für die unmittelbaren leiblichen und seelischen Bedürfnisse der eigenen Person, der Kinder oder des nahen Erwachsenen."[253] Nach *Beck-Gernsheim* ist „*(R)eproduktionsbezogene Hausarbeit (...) Voraussetzung und Bedingung der beruflich organisierten Arbeit*; sie ist Arbeit, von der die Lebenssicherung der Individuen, die Existenz der Gesellschaft unmittelbar abhängig ist – sie ist *gesellschaftlich notwendige Arbeit*."[254] Als naturgebunden und naturnotwendig bezeichnet,[255] ist es allerdings unmöglich, marktorientierte Wertbegriffe der Effizienz und Ökonomie zu verwenden. Aufgrund der Arbeitsteilung entwickeln Frauen ein völlig anderes, nicht marktkompatibles Arbeitsvermögen, welches eine Spezialisierung sowie tauschbezogene Arbeit ausschließt. Ebenso wie die weibliche Arbeit auf Erziehung und Sorge um die Familie gerichtet, also gebrauchswertorientiert ist, ist die männliche Arbeit auf den Tausch gegen Lohn gerichtet. Bezogen auf die „Präferenzen" von Frauen bedeutet dies, daß Familienarbeit und Berufsarbeit zu einem Ausgleich gebracht werden müssen. Frauen finden sich in dem Konflikt, in dem sie - so die Theorie - lediglich ihr weibliches Arbeitsvermögen vorweisen können, auf dem Arbeitsmarkt aber dem männlichen entsprechen müssen. Hieraus erklärt sich, daß Frauen Berufe wählen, die ihrer häuslichen, reproduktiven Tätigkeit und Arbeitsvermögen entsprechen.

Auf Kritik ist dieser Ansatz deswegen gestoßen, weil er auf eine angebliche Kompatibilität der Produktivität der Frau und dem geschlechtsspezifischen Arbeitsmarkt hindeutet, demzufolge ihm die Legitimation des status quo der Geschlechterunterschiede vorzuwerfen ist. Damit kann er selbst als Teil der Herstellung und Konstruktion des Geschlechts sowie der Segregation des Arbeitsmarktes und somit der Benachteiligung der Frau im Erwerbsleben betrachtet werden.[256] Er erlaubt keine Alternative zur Zuordnung der „gesellschaftlich notwendigen Arbeit" zur Frau. Ihm wird daher vorgeworfen, daß er die Unterschiede der Arbeitskraft aus der privaten, häuslichen Verantwortlichkeit für Familie und sonstige Reproduktion herleitet und folglich die Zustimmung der Frau für die Hausarbeit als Ursache für ihre Stellung im Erwerbsleben erscheinen läßt.[257] Er reproduziert die Trennung der zwei Gesellschaftsbereiche Familie und Arbeit, weist Frauen stereotyp dem ersten zu und verfestigt somit die Differenz zwischen den Geschlechtern.[258] Auch legt er die Folge nahe, daß Frauen sich „hausarbeitsnahe" Berufe suchen, die ihren Fähigkeiten entsprechen, wovon heute nicht mehr generell gesprochen werden kann. Die stärkste Kritik greift diesbezüglich aber wohl die empirische Unbegründetheit der Theorie an.[259] Zu nennen ist hier der historische Wandel, im Laufe dessen Männerberufe immer wieder durch gesellschaftliche Zuordnung zu Frauenberufen wurden, wie zum Beispiel Frauen in Kriegszeiten die Fabrikarbeit der im Krieg dienenden Männer übernommen haben. Ein weiteres Argument liefert die Veränderung des Arbeitsmarktes in Form zunehmender Technisierung, Tertialisierung und anderer neu entstehender Berufe. Hieran kann gezeigt werden, daß neue Berufsfelder die gleiche geschlechtsspezifische Teilung aufweisen wie alte. Von vornherein weisen diese Märkte hierarchisch höhere Positionen für Männer und statusmäßig niedrigere Stellen für Frauen entlang der Trennungslinie der Geschlechter auf.[260]

---

[253] *I. Ostner*, 1991, S. 107 (109f.).
[254] *E. Beck-Gernsheim*, 1982, S. 35.
[255] *I. Ostner*, 1978.
[256] *A. Wetterer*, 1992, S. 13 (16); *K. Gottschall*, 1998, S. 81.
[257] *S. Quack/F. Maier*, SAMF 1/1994, S. 132 m.w.N.
[258] *A. Wetterer*, 1992, S. 13 (16ff.); *K. Feldhoff*, 1998, S. 61 m.w.N.
[259] Vgl. die Kritik von *A. Willms-Herget*, 1985, S. 62ff.; *A. Weiler*, 1992, S. 27.
[260] *A. Weiler*, 1992, S. 28; dazu oben Kapitel 1, II. 2. b).

Dennoch vermag diese Theorie den ursächlichen Zusammenhang zwischen geschlechtsspezifischer struktureller Diskriminierung und Benachteiligung im Erwerbsleben zu verdeutlichen, indem sie letztere vor dem Hintergrund historisch gewachsener und tradierter Rollenteilung und –zuweisung analysiert, die Verbindung zwischen der marktorientierten Trennung von Produktion und Reproduktion herstellt und auf der Angebotsseite markttheoretische Argumente gegen eine Benachteiligung von Frauen in Frage stellt.

b) Theorie der doppelten Vergesellschaftung

Um die Schwächen der Theorie des weiblichen Arbeitsvermögens, insbesondere ihre empirisch widerlegbaren Generalisierungen, zu überwinden, werden nun differenziertere Ansätze verfolgt. Insbesondere die Theorie der doppelten Vergesellschaftung[261] nimmt Bezug auf die kontinuierlich zunehmende Integration von Frauen in den Arbeitsmarkt. Dabei meint die doppelte Sozialisation nicht lediglich die geschlechtsspezifische Sozialisation, die sich auf den privaten Bereich bezieht. Sie erstreckt sich vielmehr auf die gleichzeitig verbrachte Zeit auf dem Arbeitsmarkt. Es wird versucht, die Frau subjektiv und ihre Reproduktionsfähigkeit nicht als „natürlich" darzustellen, sondern die Prozesse ihrer Vergesellschaftung und Unterordnung in der Gesellschaft.[262] So weist die Theorie darauf hin, daß Frauen zwar über die häusliche Arbeit und entsprechende gesellschaftliche und historisch gewachsene Zuweisungen über ihre Reproduktionstätigkeit vergesellschaftet sind. Dennoch ist die Familie nicht ihr alleiniger Aufenthaltsort. Schon in der Vergangenheit haben sie sich des öfteren auf dem Arbeitsmarkt bewegt, und ein Großteil von ihnen ist heute primär erwerbsorientiert und beruflich aktiv. Der doppelte Einsatz weiblichen Arbeitsvermögens ist hier dem Konflikt ausgesetzt, daß häusliche Reproduktionstätigkeit diametral zum weiblichen Engagement in der Berufswelt verläuft, wodurch Frauen durch die doppelte Belastung benachteiligt sind. Sie sind gesellschaftlichen Vorstellungen der „Weiblichkeit" ausgesetzt und sollen gleichzeitig den Anforderungen an den rationalen homo oeconomicus, also dem Bild des Mannes, entsprechen.[263] „Dieser Form der Doppelsozialisation bzw. Doppelorientierung sind Männer nicht in vergleichbarer Weise ausgesetzt, was ihre Dominanz in der außerhäuslichen Sphäre einerseits und die Reproduktion patriarchaler Herrschaft im familialen Bereich andererseits bewirkt."[264]
Der Erklärungsansatz verbindet Sozialisation und Unterdrückung zu einem unüberwindbaren Teufelskreis von doppelter Sozialisation und Abhängigkeit von zwei Herrschaftsformen. Zutreffend verdeutlicht er das „Geschlecht" als ein Strukturmerkmal, das sich durch alle Bereiche zieht und die Individuation und Sozialisation von Frauen sowohl in Familie als auch im Beruf prägt, ihnen eine Verhaltensorientierung auferlegt und ihr Handeln bestimmt.[265] Frauen sind in beiden Bereichen einem ständigen Konflikt ausgesetzt. Gesellschaftliche Erwartungen und männliche Dominanz begrenzen hierbei ihre Handlungsmöglichkeiten. Hiernach kann die Benachteiligung der Frau im Erwerbsleben nicht auf „Präferenzen" auf der Angebotsseite des Arbeitsvermögens gesucht werden, weil sie zeigt, daß trotz gleicher Qualifikationen und eventuell sogar gleichen Arbeitserfahrungen

---

261 Auch Konzept der doppelten und widersprüchlichen Vergesellschaftung genannt, vgl. *B. Geissler*, 1998, S. 145 (146). Sie geht zurück auf R. *Becker-Schmidt*, 1987, S. 10ff.; siehe auch *G.-A. Knapp*, 1990, S. 17ff.
262 K. *Schäfgen*, 1998, 3.3.3.
263 So bereits R. *Becker-Schmidt*, 1987, S. 10ff.; *B. Geissler*, 1998, S. 145 (146).
264 K. *Schäfgen*, 1998, 3.3.3.
265 So auch *F. Maier*, SAMF-Arbeitspapier 1, Paderborn 1990, S. 50ff.; *dies.*, 1998, S. 17 (28): „Die geschlechtsbedingte Diskriminierung ist fundamentaler Bestandteil des Marktsystems und insofern ein dem Marktsystem immanenter Bestandteil.".

aufgrund der doppelten Vergesellschaftung und inferioren Stellung ein gleiches berufliches Engagement nicht möglich ist. Der Ansatz widerlegt darüber hinaus, daß geringere Gehälter stets mit geringerer Produktivität, Arbeitsvermögen oder Humankapital einher gehen, sondern vielmehr als gesellschaftliche Institutionen und der Status eines Berufs als gesellschaftlich an Produktion und Reproduktion orientiert und definiert begriffen werden müssen.[266]
Auf dem Arbeitsmarkt operiert das Strukturmoment „Geschlecht" hiernach als Bewertungs- und Verteilungskriterium hinsichtlich der Stellen und Löhne, nicht berufliche Qualifikation und Fähigkeiten. Mithin liefert der Ansatz mit der Einbeziehung der doppelten Unterdrückung neben der Veranschaulichung der Entstehung von Frauen- und Männerberufen die bislang fehlende Erklärung für die Benachteiligung im Rahmen geschlechtsspezifischer vertikaler Segregation. Zu nennen ist hier das Beispiel der Kellner- und Servierinnentätigkeit. Die Klassifikation der zwei Formen des Bedienens ist empirisch nicht auf berufliche Qualifikation zurückzuführen, sondern kann nur anhand geschlechtsspezifischer Berufszuteilung und -definition im Zuge der Sozialisation und Geschlechterzuweisung verstanden werden.[267]
Eine Benachteiligung wegen des Geschlechts kann hiernach folglich keineswegs ausgeschlossen werden.

c) Hierarchietheoretische Ansätze

Ausgangspunkt für die hierarchietheoretischen Ansätze ist die Erkenntnis, daß das alleinige Abstellen auf die Geschlechterdifferenz noch nicht die Frage beantwortet, aufgrund welcher Faktoren wir von der Differenz der Geschlechter überhaupt sprechen. Denn auch diese muß vor dem Hintergrund der sozialen Konstruktion gesehen werden, um nicht das ungefragt zur Grundlage der Untersuchung zu machen, was eigentlich Gegenstand der Analyse und Kritik sein sollte. Als Beispiele werden der „Geschlechtswechsel" von Berufen, (Sekretär/Sekretärin, Putzfrau/Lehrberuf des Gebäudereinigers) und die Neuentstehung von Berufen, die ebenfalls eine Aufspaltung entlang der Geschlechterlinie aufweisen, genannt. Somit seien die Inhalte der Frauen- und Männerberufe veränderbar und historisch austauschbar, was den Mangel an Erklärungskraft der differenztheoretischen Ansätze darlegt.[268] Im Rahmen der Analyse des Zusammenhangs von „Geschlecht und Qualifikation" wird auch die Schlüsselfunktion der „Qualifikation" für die Bestimmung der Position im Beruf und der Verteilung beruflicher Chancen in Frage gestellt.[269] Steuert „nicht im Grunde ausschließlich das Interesse an der Aufrechterhaltung der Hierarchie zwischen den Geschlechtern Prozesse der Zuweisung von Arbeit und Arbeitsplätzen an Frauen (...), während inhaltlich bestimmte Verweise auf die Nähe einzelner Berufssegmente zu typisch weiblichen Eigenschaften, Fähigkeiten und Bedürfnissen nichts anderes sind, als ‚nachgeschobene' Legitimationen"?[270] Das Geschlecht und seine Hierarchie

---

266 *K. Feldhoff*, 1998, S. 65.
267 *K. Gottschall*, 1998, S. 72ff.
268 *A. Wetterer*, 1992, S. 13 (23).
269 Unter der Rahmenbedingung doppelter Gleichheit (beide Geschlechter sind mit gleicher Qualifikation in demselben Beruf zahlenmäßig gleich vertreten) wurde gezeigt, daß Frauen dennoch geschlechtsspezifisch anders eingesetzt werden und andere Tätigkeiten zugewiesen bekommen. *U. Teubner*, 1992, S. 44 (46f.); dazu oben Kapitel 1, II. 2. b).
270 *A. Wetterer*, 1992, S. 13 (22).

hat hiernach eine Organisations- und Ordnungsfunktion inne und wirkt vor der Qualifikation als soziale Kategorie.[271]
Als weiterer Ansatz ist der „*Dual systems*"-Ansatz *Hartmanns* zu nennen, der erklärt, daß die Dominanz patriarchaler Verhältnisse im Erwerbs- und Familienleben die Produktion und Reproduktion von Segregation bestimmt. Interessenallianzen zwischen Arbeitgebern und männlichen Arbeitnehmer bezwecken hierbei den Ausschluß von Frauen. Segregation spielt als Instrument zur Aufrechterhaltung der Geschlechterdifferenz eine wesentliche Rolle.[272]
Maier betont in Ergänzung die Bedeutung institutioneller Rahmenbedingungen, die der ökonomischen Nutzenkalkulation gegenüberstehen und von den markttheoretischen Ansätzen außer acht gelassen werden. "Diese Rahmenbedingungen sind irgendwann einmal von kollektiv handelnden Individuen, die sich aufgrund ihrer sozialen Lage miteinander auf gemeinsames politisches Handeln verständigt haben, geschaffen worden. Was das Geschlechterverhältnis angeht, so beeinflussen diese institutionellen Bedingungen – je nach Ausgestaltung – die den Haushalten übermittelten Preissignale und auch die Einstellungen ('Präferenzen') der Individuen ganz erheblich. Familienleitbilder, Frauenleitbilder, Vorstellungen darüber, ob und wie Kinder zu erziehen und wie ältere Menschen zu betreuen sind, sind Ergebnisse gesellschaftlicher Aushandlungsprozesse, in denen sich die (aus Interessen begründbaren) Ideale der Mächtigeren als herrschend durchsetzen und schließlich, geronnen in Traditionen und politischen Institutionen, individuelle Präferenzen und Preisstukturen formen."[273] Hiernach ist nicht die Sozialisation der Frau Ursache für Diskriminierung, sondern Diskriminierung funktioniert selbst als ein fundamentaler Bestandteil des Marktsystems.[274] Die Hierarchie der Märkte verläuft entlang der Geschlechtertrennung, wonach der Markt dem männlichen Geschlecht zugeordnet ist. Die herkömmlichen Theorien werden daher dahingehend kritisiert, daß sie die Arbeitsteilung sowie eine entsprechende Wertigkeit der Berufe bestimmen und den status quo legitimieren. Der Begriff der allokativen Effizienz, wonach Frauen und Männer entsprechend ihrer Produktivität entsprechende Arbeitsplätze bzw. gesellschaftliche Positionen zugewiesen werden, wird von dieser Theorie unter Hinweis auf den ineffizienten Einsatzes weiblicher Arbeitskraft widerlegt.[275] Maier vertritt somit für eine Klarstellung des Zusammenhangs von Geschlechterverhältnis und Arbeitsmarkt sowie die Aufrechterhaltung der Geschlechterhierarchie den Begriff der *patriarchalen Effizienz*.[276]

d) Doing-Gender-Ansatz

Ein jüngerer Erklärungsversuch von *Gottschall*, der Doing-Gender-Ansatz („doing gender while doing work"),[277] liefert ein weitergehendes Argument für eine geschlechtsspezifische Diskriminierung auf dem Arbeitsmarkt. Sie betont die interaktive Produktion von „Geschlecht" durch die Arbeitsmarktakteure und erklärt somit den Zusammenhang zwischen Geschlechterdifferenz und –hierarchie. „Männlichkeit wird in Interaktion demnach in der Regel als Dominanz, Weiblichkeit als Unterordnung vollzogen; Geschlechterdiffe-

---

[271] *U. Teubner*, 1992, S. 44 (47).
[272] *S. Quack/F. Maier*, SAMF 1/1994, S. 132.
[273] *F. Maier*, 1998, S. 17 (27).
[274] In diesem Sinne bereits *H. Hartmann*, 1976, S. 139: „Ordinary men, men as men, men as workers (...) maintaining women's infertiority in the labour market".
[275] Vgl. zu weitergehender Kritik *F. Maier*, 1998, S. 17 (29).
[276] *F. Maier*, 1998, S. 17 (30).
[277] *K. Gottschall*, 1998, S. 63.

renzierung existiert insofern nur als hierarchische Relationierung."[278] Hiernach handelt es sich um eine der Herstellung der Zweigeschlechtlichkeit immanente Hierarchie der Geschlechter, die wir ständig vollziehen und wiederherstellen. Anders als die *hierarchietheoretischen Ansätze*, die den Herrschaftsaspekt in den Vordergrund rücken, wodurch die Gefahr der Legitimation des gesellschaftlichen Systems hervorgerufen wird, betont die Doing-Gender-Perspektive den Prozeß der Vergeschlechtlichung,[279] „die Ebene sozialen Handelns, das heißt den ‚bewußtlosen Prozeß' der Alltagsordnung".[280] Sie inkorporiert in ihre Erklärung des weiteren den *differenztheoretischen Ansatz*, nach dem die Geschlechterdifferenz als eine fest im sozialen Handeln verankerte Konstruktion dargestellt wird. Der Ansatz überwindet das Erklärungsdefizit der Differenztheorie, indem sie ihr durch Einbeziehung der menschlichen Interaktion ihren Legitimationscharakter hinsichtlich der Natürlichkeit und Normalität der sozialen Konstruktion „Geschlecht" nimmt. Er zeigt zutreffend die Parallelität der differenztheorethischen symbolischen Ebene, „der Ebene der Legitimationssysteme der kulturellen Repräsentation von Weiblichkeit und Männlichkeit und deren Zuordnung zu bestimmten Tätigkeiten", und deren Einbettung in fundierte soziale Strukturen, das heißt auf der hierarchietheoretischen Ebene die „Verteilung von Macht und Einfluß, von sozialem Status und Prestige".[281] Erst durch derart „subtile Mechanismen der Herstellung und Aufrechterhaltung von Geschlechterhierarchisierung", wie die Interaktion der Akteure im Beruf und deren Interpretation der Arbeit, wird die Variable „Geschlecht" zum Leben erweckt und das Ausmaß der Benachteiligung hinreichend deutlich.[282] Es ist der unbewußte Prozeß der Reformierung der Geschlechterhierarchie durch Um- und Neudefinition von Professionen, der die Benachteiligung trotz des starken Wandels der Erwerbsstruktur von Frauen sowie der unveränderten Benachteiligung in neu entstehenden Berufen als ein so beharrlichen Phänomen erscheinen läßt. Der Doing-Gender-Ansatz bietet daher eine umfassendere Erklärung für eine geschlechtsspezifische Benachteiligung als die bisher angeführten Ansätze.

4. Zusammenfassung

Die Erklärungsansätze haben nicht widerlegen können, daß die beschriebene strukturelle Benachteiligung, die sich in dem Problem der Vereinbarkeit von Familie und Beruf sowie der geschlechtsspezifischen Arbeitsmarktsegregation ausdrückt, eine Diskriminierung wegen des Geschlechts darstellt.

Die Arbeitsmarkttheorien setzen die häusliche Arbeits- und Rollenteilung als gegeben voraus und argumentieren vor diesem status quo. Hiernach ist die Benachteiligung auf individuelle Präferenzen zurückzuführen. Eine Diskriminierung von Frauen im Wortsinne wird damit bestritten. Frauen tragen selbst die Verantwortung für ihre Benachteiligung.[283] Nicht erklärt werden hingegen soziale oder gelernte Faktoren, die ihrerseits die Präferenzen und Möglichkeiten der Marktteilnehmer beschränken, wenn nicht sogar ausschließen.

---

[278] *K. Gottschall*, 1998, S. 63 (66), m.w.N.

[279] Vgl. hierzu *A. Wetterer*, 1992, S. 13 (26) m.w.N.

[280] *K. Gottschall*, 1998, S. 63 (68).

[281] *A. Wetterer*, 1992, S. 13 (26).

[282] *K. Gottschall*, 1998, S. 63 (71, 74) verweist hier auf die Funktion geschlechtsspezifischer Arbeitsanforderungen und Berufsbekleidung und –bezeichnungen, die in unverdächtigen Momenten und Zusammenhängen in Erscheinung treten, wie z.B. gemischten Berufen bei identischen Aufgaben durch das Festlegen von Regeln auf der einen Seite und dem Befolgen derselben auf der anderen.

[283] *R. J. Townshend-Smith*, 1998, S. 39: „Blame the victim"; *F. Maier*, 1998, S. 17 (24): „Teufelskreis ökonomischer Rationalität".

Nach der neoklassischen Theorie ist das Arbeitsmarktverhalten auf Angebots- und Nachfrageseite entscheidend für die Arbeitsbedingungen. Eine rechtliche Korrektur ungleicher Ergebnisse ist aufgrund des allein verantwortlichen objektiven Marktmechanismus ausgeschlossen. Als Argument für den Ausschluß einer revidierbaren Diskriminierung ist sie indes abzulehnen, weil sie die entgegen ihrer Grundannahme fortbestehende Benachteiligung nicht zu erklären vermag, vor allem jedoch das Marktgeschehen als unabhängig vom sozialen Kontext betrachtet. Die am Leistungsprinzip orientierte Humankapitaltheorie beschränkt sich auf angebotsseitige Argumente der individuellen Verantwortung für Investitionen in persönliches Humankapital. Zwar berücksichtigt sie den Einfluß der geschlechtsspezifischen Rollenverteilung, setzt sie aber ebenfalls als status quo voraus, ohne sie zu erklären oder ihre Ursächlichkeit für die Begrenzung der Wahloptionen zu beleuchten. Die die Nachfrageseite beleuchtende Crowdingtheorie ist ebenfalls aus diesem Grund, vor allem jedoch als empirisch unbegründet abzulehnen. Ebensowenig bezieht die Rational-Choice-Theorie als handlungstheoretischer Ansatz institutionelle Rahmenbedingungen als Voraussetzungen für eine freie Entscheidung in ihre Erklärung ein. Die rationale Wahl und Nutzenorientierung dient als Erklärung für ein bestimmtes Arbeitsmarktverhalten. Das Defizit der Theorie besteht dabei vor allem darin, daß sie offen läßt, welche Faktoren diese determinieren. Allein der ebenso der Handlungstheorie zuzuordnende Ansatz des Rational-Belief vermag aufgrund der Annahme der Sozialbindung der Präferenzen die Isolation des Arbeitsmarktverhaltens von der Gesellschaftsstruktur zu überwinden. Hiernach liegt eine Präferenz nur vor, wenn die zugrunde liegende Entscheidung autonom getroffen wurde. Dieser Ansatz muß hinsichtlich der strukturellen Diskriminierung von Frauen eine autonome Entscheidung aufgrund der Sozialgebundenheit des Merkmals Geschlecht verneinen. Die institutionellen Segmentationsansätze erklären nur die Arbeitsmarktsegregation. Durch Nichtberücksichtigung der ebenfalls ursächlichen Problematik der Vereinbarkeit von Familie und Beruf bieten sie keine umfassende Erklärung, deuten jedoch stark auf eine revidierbare strukturelle Benachteiligung hin. Sie geben Einblick in die Existenz geschlechtsspezifischer Segregation und ein Erklärung für ihre Beharrlichkeit trotz sich ändernder Ausbildungs- und Erwerbsstrukturen. Über eine Beschreibung hinsichtlich der geschlechtsspezifischen Struktur des Arbeitsmarkts gehen sie jedoch nicht hinaus.
Anders dagegen bemühen sich die soziologischen und frauenwissenschaftlichen Theorien um die Darstellung der Zusammenhänge gesellschaftlicher Sozialisation und individuellen Verhaltens sowie Herrschaftsstrukturen, in denen das Merkmal „Geschlecht" als Determinante der Handlungsoptionen wirkt. Die differenztheoretischen Theorien der Geschlechtersozialisation und des weiblichen Arbeitsvermögens erscheinen zwar als einseitig und bergen die Gefahr der Legitimation bestehender Unterschiede der Geschlechter. Dennoch stellen sie zutreffend die Bildung individueller Präferenzen aufgrund der diese beeinflussende Sozialisation und Erziehung in Frage und verdeutlichen erstmals die Zusammenhänge zwischen häuslicher Arbeitsteilung und Benachteiligung im Berufsleben. Überzeugender erscheint indes die Theorie der doppelten Vergesellschaftung, welche die Doppelbelastung von Frauen im Konflikt zwischen Familie und Beruf als Benachteiligung erklärt. Dieser sind Männer nicht in gleicher Weise ausgesetzt, wodurch ihre Dominanz im privaten wie öffentlichen Bereich des Erwerbslebens manifestiert wird. Ein entsprechendes berufliches Engagement ist aus diesen Gründen ausgeschlossen. Mit dieser Theorie läßt sich erstmals die vertikale Segregation erklären. Aufgrund der Machtverteilung wirkt das Geschlecht als Bewertungs- und Verteilungskriterium, so daß eine Bewertung gleicher Qualifikationen als minderwertig möglich ist. Einen anderen Ansatz haben die hierarchietheoretischen Ansätze, die hinterfragen, was die Geschlechterdifferenz in erster

Linie prägt. Sie kommen zu dem Ergebnis, daß allein das Interesse an Machterhaltung die Benachteiligung zur Folge hat. Rahmenbedingungen sind das Ergebnis von Aushandlungsprozessen, in deren Rahmen die Interessen des Mächtigeren ausschlaggebend sind. Nicht Sozialisation bewirkt Diskriminierung, sondern diese ist fundamentaler Bestandteil des bestehenden Systems. Letztlich am überzeugendsten erscheint der die differenz- und hierarchietheoretischen Ansätze zusammenfassende Doing-Gender-Ansatz. Er bietet durch die Darstellung des Zusammenhangs von Geschlechterdifferenz und –hierarchie eine umfassende Erklärung für eine Benachteiligung wegen des Geschlechts. Weniger theoretisch stellt er auf die ständige Wiederherstellung des Geschlechts durch die Interaktion der Arbeitsmarktteilnehmer ab.[284]

Zusammenfassend kann festgestellt werden, daß die strukturelle Diskriminierung von Frauen nicht auf autonomen Präferenzen oder auf einem von der sozialen Wirklichkeit unabhängigen Mechanismus des Arbeitsmarktes beruht und damit revidierbar ist. Größtenteils können die Erklärungsansätze keine abschließende Erklärung anbieten, geben jedoch in einer Gesamtschau einen Einblick in die Entstehung und Wirkung der Benachteiligung „wegen des Geschlechts“.

IV. Konsequenzen für die rechtliche Herangehensweise

Auch wenn der Zusammenhang wirtschaftlicher und rechtlicher Vorstellungen nicht weiter erläutert werden kann, so ist doch auf die Gefahr unkritischer Übernahme der dargestellten Argumente gegen eine Diskriminierung wegen des Geschlechts hinzuweisen.[285] Nicht selten finden benannte Erklärungsmuster ihren Weg in die juristische Argumentation. Das materiell ausgestaltete Verbot der mittelbaren Diskriminierung nimmt Bezug auf den historischen und sozialen Zusammenhang, in dem strukturelle Diskriminierung entsteht, und begegnet Maßnahmen, welche diese aufrechterhalten und perpetuieren. Indem es auf die tatsächlichen Auswirkungen einer Regelung auf Frauen als Gruppe Bezug nimmt, ermöglicht es, Gruppennachteile aufzudecken, die außerhalb des Regelungsbereichs des von den sozialen und wirtschaftlichen Ursachen unabhängigen formalen Verbots der unmittelbaren Diskriminierung liegen.[286] Es artikuliert somit starke Argumente gegen das freie Spiel der Marktkräfte, die unter anderem die Grundlage der wirtschaftlichen Theorien bilden.[287]

In Anbetracht der Stärke der formalen Argumente verwundert es hingegen nicht, daß nicht selten die Benachteiligung von Frauen im Beruf vom Arbeitgeber, häufig erfolgreich, durch Marktinteressen gerechtfertigt wird. Dies findet sich in juristischen Entscheidungen wieder, wie im Fall *Webb v EMO Air Cargo (UK) Ltd.* im Jahr 1992 die Argumentation von Lord Justice Glidewell verdeutlicht: „(I)f a pregnant woman applies for a job, and but for her pregnancy (...) she would be the best qualified applicant for the job, the potential employer is required (...) to engage her. This is so even though she may be so

---

[284] Daß die Rollenverteilung das Bild von bestimmten Berufsgruppen beeinflußt sowie umgekehrt beschreibt *C. Cockburn*, 1991, S. 38, 41. „It is not that women are set against the idea of non-traditional fields of work. (...) They are simply aware, however, of the high social costs we all pay if we disobey gender rules. The gendering of jobs (...) advertises loudly where women are not to enter. (...) There is a relentless background noise of harassment. We become unlovable”. Siehe auch *L. Adkins*, 1995, S. 147.

[285] Ausführlich zu diesem Zusammenhang auf europäischer Ebene *C. Barnard*, 1996; *L. Flynn*, 1996; *R. J. Townshend-Smith*, 1996; *S. Duncan*, (1996) 3 European Journal of Women's Studies 399ff.

[286] Zur Abgrenzung von formaler und materieller Gleichheit siehe unten Kapitel 2, I. b).

[287] *S. Fredman*, (1997) 113 LQR 575 (577).

advanced in her pregnancy that she will have to leave a month later (...) In my view, such a result would be so lacking in fairness in what I regard as the proper balance between employer and employee (...)".[288]

Wie im Anschluß in Kapitel 2 dargestellt, verdienen die Begriffe der Fairneß und Gerechtigkeit, in deren Namen die Rechtfertigung in dem Zitat begründet wird, genauere Beachtung. Ein rein am Wirtschaftsverständnis orientierter Gerechtigkeitsgedanke geht insoweit fehl, als er bestehende Arbeitsbedingungen erst ermöglichende Rollenverteilung und Wert unbezahlter Hausarbeit nicht erwägt und damit einseitig ist. Dennoch ist der Konflikt zwischen diesem und dem marktregulierenden Gleichberechtigungsrecht zugegebenermaßen schwierig zu lösen.

Um der Stärke ökonomischer Argumente gegen eine Durchsetzung der Gleichberechtigung der Geschlechter durch arbeitsrechtliche Regulierung zu begegnen, müssen zunächst die theoretischen Vorstellungen, auf denen die Bedenken gegen staatliche Intervention zum Zwecke sozialer Veränderung beruhen, beseitigt und rechtliche Herangehensweisen hinsichtlich ihrer Akzeptanz gerechtfertigt werden. Im folgenden Kapitel werden die Modelle der formellen und substantiellen (Chancen-) Gleichheit sowie der zwei Formen der Gerechtigkeit, der iustitia directiva und distributiva, dargestellt. Jeweils erstere, das heißt formelle Gleichheit bzw. iustitia directiva, weisen hinsichtlich ihrer Grundannahmen eine Nähe zu den hier abgelehnten Arbeitsmarkttheorien auf, wobei letztere, also materielle Gleichheit bzw. iustitia distributiva, durch die soziologischen und frauenwissenschatflichen Theorien unterstützt werden. Ökonomischen Erwägungen gegen die Kosten einer Politik der Chancengleichheit kann mit Argumenten distributiver, sich an der gesamten Gesellschaft orientierender Gerechtigkeit begegnet werden.

---

[288] *Webb v EMO Air Cargo (UK) Ltd* (1992) 2 All ER 34 (CA), S. 52, per Glidewell, LJ; vgl. hierzu *H. Fenwick/ T. K. Hervey*, (1995) 32 CMLRev. 443 (448).

2. Kapitel

Gleichheits- und Gerechtigkeitsmodelle und die Einordnung des Verbots der mittelbaren Diskriminierung

I. Grenzen formeller Gleichheit und ihre Bedeutung für die Gleichberechtigung der Geschlechter

1. Gleichheits- und Gerechtigkeitsmodelle

> „Das altmodische Modell der Gleichheit scheint (...) so untauglich nicht, weil es vor dem Ghetto der Besonderung bewahrt und sein aktueller Angriffspunkt die ungleiche Form der Arbeitsverteilung zwischen Männern und Frauen ist (...) Der Gleichheitssatz war immer eine politische Formel, niemals nur abstraktes oder gar objektives Rechtsprinzip. Er greift Bestehendes an, Herrschaftsverhältnisse und Eigentumsordnungen und schmeckt nach Umsturz und Revolution."[1]

Zunächst sollen an dieser Stelle die verwendeten Begriffe und die Ausprägungen des Gleichheitsbegriffs geklärt werden. Ausgegangen wird hierbei von der Gerechtigkeit, die als die dem Recht zugrunde liegende Ziel- bzw. Idealvorstellung zu verstehen ist[2] und über die verfassungsrechtliche Normierung der Gleichheit in Art. 3 GG hinausgeht.[3] Nach der Rechtsprechung des BVerfG ergeben sich so auch die Grenzen der (Un-) Gleichbehandlung aus einer „am Gerechtigkeitsgedanken orientierten Betrachtungsweise".[4] Er gilt als wichtigstes Ordnungsprinzip „der Gesellschaft, als Maxime der Politik und Norm der Bewertung sozialer Prozesse".[5] Die Gerechtigkeit beschränkt sich nicht auf die in der Normenhierarchie unter der Verfassung liegenden Regelungen. Sie kann und muß daher die Verfassungsnormen selbst sowie bestehende verfestigte Institutionen und „herrschende" Wertvorstellungen in Frage stellen. Denn gerade diese sind es, die oftmals aufgrund des durch sie vermittelten Anscheins der Normalität Ungleichbehandlungen als sachlich gerechtfertigt erscheinen lassen und daher das „Übel" der Ungerechtigkeit sind.[6] Diese kritische Funktion der Gerechtigkeit ist unentbehrlich und elementar für eine ständige inhaltliche Kontrolle etablierter Prinzipien, die sich in diesem Falle

---

[1] *U. Gerhard*, zitiert in: *B. Degen*, STREIT 1993, S. 43 (50).

[2] *K. Hesse*, AöR 77 (1951/52), S. 167 (198): „Die Gerechtigkeit bleibt der ständige Richtpunkt, die letzte und höchste Instanz"; *U. Karpen*, JA 1985, S. 562 (564): „deren Verwirklichung – nicht erreichtes und nicht erreichbares – Ziel jeder guten Politik ist"; *A. Kaufmann*, 1993, S. 27, bezeichnet die Gerechtigkeit als Ausdruck der Rechtsidee, die den Höchstwert des Rechts beschreibt; *F. Bydlinski*, 1996, S. 107 (111, 127): „ ‚positives' rechtsethisches Prinzip von besonderer universaler, jedenfalls staatsübergreifender Wirksamkeit" sowie „fundamentales Grundelement des Rechts".

[3] An dieser Stelle sei angesichts des begrenzten Rahmens vorliegender Arbeit auf die umfassende Darstellung von *F. Bydlinski*, 1996, S. 107ff. verwiesen.

[4] BVerfGE 9, 334, 337; 53, 164, 178f.; 67, 329, 345f.; 71, 39, 58.

[5] *U. Karpen*, JA 1985, S. 562 (564) m.w.N.

[6] *T. Mayer-Maly*, 1991, S. 103: „Geht es aber um Rechtskritik, so wird eine Gerechtigkeitslehre unentbehrlich."

nunmehr selbst als für eine Rechtskontrolle untauglich erweisen.[7] Im Gegensatz zum geltenden Recht kann das Gerechtigkeitsprinzip daher Impulse und Anleitungen für einen Maßstab de lege ferenda geben.[8] Anders als die Normierung des Gleichheitssatzes richtet es sich weiterhin nicht allein an Rechtsinstitutionen, sondern an jedermann, der im Rahmen seiner faktischen Möglichkeiten verpflichtet wird, dieses Prinzip zu realisieren.[9]

a) Iustitia directiva und distributiva

Zentrales Prinzip der Gerechtigkeit ist das Gleichheitsprinzip.[10] In Anknüpfung an die von Aristoteles in seinem 5. Buch der Nikomachischen Ethik getroffenen Differenzierung wird heute noch die *iustitia directiva* von der *iustitia distributiva* unterschieden.[11]
Die iustitia directiva (ausgleichende Gerechtigkeit in Form der iustitia correctiva oder commutativa)[12] erfordert die Erfüllung von Schuldigkeitspflichten in einem Nebenordnungsverhältnis von mindestens zwei Individuen und macht „eine Verbindlichkeit, die da war, ungeschehen".[13] Sie begegnet dem Unrecht in Form einer Gleichgewichtsstörung, indem sie formal und symmetrisch die Gleichheit aller Menschen vor dem Gesetz verlangt, gemeint als die Gleichheit von Leistung und Gegenleistung (Ware/Preis, Schaden/Ersatz).[14] Entscheidend für die iustitia directiva ist, daß sie nicht in die Ordnung des Rechts eingreifen will, sondern sich in dem von ihm vorgegebenen Rahmen bewegt. Das heißt, daß die formale Gleichheit nie mehr als das Recht selbst von den Bürgern verlangt.[15] Es handelt sich bildlich gesprochen um die „Gleichheit des Wegsehens", für welche die Formel –a+a=a verwendet werden kann.[16] Iustitia entscheidet nicht in Ansehen der gesellschaftlichen oder persönlichen Umstände, sondern mit verbundenen Augen allein im Rahmen der Rechtsordnung.[17] Es geht um den Ausgleich eines aufgrund zurechenbaren, also nicht zufälligen Verhaltens verschobenen Besitzstandes. Hierbei ist die iustitia directiva begriffsnotwendig auf die Vergangenheit bezogen. Die Formel, daß Gleiches gleich, Ungleiches ungleich zu behandeln ist, besagt noch nichts darüber, was

---

7 Oftmals ist es noch nicht einmal möglich, gefestigte Traditionen aufgrund „massiver Bewußtseinsbildung" bzw. –beeinflussung als ungerecht zu klassifizieren, wenn das zugrunde liegende Gleichheitsbild von den meisten, einschließlich der Benachteiligten, getragen wird. Hier kann nur eine höherrangige Idee weiterhelfen, vgl. *F. Bydlinski*, 1996, S. 107 (139), mit dem Beispiel des wohletablierten Instituts der Sklaverei.

8 Ein gutes Beispiel stellt das im Schuldrecht vorhandene Verschuldensprinzip z.B. i.R.d. §§ 626 Abs. 1, 628 Abs. 2 BGB dar, welches systemkonform ist und daher nach bestehenden Regeln keinen Anlaß zur Kritik gegeben hat [vgl. dazu *D. Schiek/I. Horstkötter*, NZA 1998, S. 863 (867)]. Die im Anschluß dargestellte Verteilungsgerechtigkeit erfordert jedoch – durch das Verbot der mittelbaren Diskriminierung als eine seiner Ausprägungen – einen Verzicht auf das Verschuldenserfordernis im Falle der fristlosen Kündigung aufgrund mittelbarer Diskriminierung wegen des Geschlechts. Aus dem geltenden Recht lassen sich - anderes als aus dem Gerechtigkeitsprinzip - keine Argumente hierfür anführen.

9 *F. Bydlinski*, 1996, S. 107 (127).

10 *A. Kaufmann*, 1993, S. 27.

11 *Aristoteles*, Nikomachische Ethik, 5. Buch, Kap. 5-7.

12 Iustitia correctiva oder obligationes ex delictu; iustitia commutativa oder obligationes ex contractu.

13 *W. Kersting*, 1999, S. 46.

14 *P. Aubenque*, 1995, S. 17f.; *A. Demandt*, 1999, S. 57 (65).

15 *W. Kersting*, 1999, S. 46.

16 *J. Gardner*, (1996) OJLS 352 (358): „What was added, must be substracted. (...) What was substracted, must be added."

17 *W. Kersting*, 1999, S. 46f.: „Vor dem Gesetz sind alle gleich, die Wirksamkeit der iustitia directiva ist von allen rechtstranszendenten Beurteilungsperspektiven unabhängig."

„gleich" ist. Für den Akt der Gleichsetzung ist ein tertium comparationis als Maßstab erforderlich.
Die dogmatische Entwicklung der iustitia distributiva (austeilende Gerechtigkeit oder Verteilungsgerechtigkeit) gilt als Hauptverdienst des 5. Buchs der Nikomachischen Ethik des Aristoteles.[18] Sie besteht in einem Über- bzw. Unterordnungsverhältnis, in dem der Repräsentant der Übergeordneten einer Mehrzahl der Untergeordneten (mindestens zwei Personen) gegenübersteht. Anders als bei der iustitia directiva, bei der sich zwei Menschen gegenüberstehen, kann bildlich von einem Dreiecksverhältnis gesprochen werden, an dessen Spitze sich die verteilende Instanz, unter ihr sich die Bürger befinden.[19] Aristoteles hat die Gleichheit als stets ein Mittleres, die Gerechtigkeit als etwas Proportionales erkannt. Das Prinzip „suum cuique tribuere", das heißt, daß jedem das Seine zuteil sein soll, beschreibt die verhältnismäßige Gleichheit einer Mehrzahl von Personen in diesem Über- bzw. Unterordnungsverhältnis, deren Rechte und Pflichten am Maßstab ihrer Würdigkeit, Bedürftigkeit oder Fähigkeit bestimmt werden.[20] Es beschreibt ein zukunftsorientiertes Modell des gerechten Verteilens bzw. der Wiederherstellung einer gestörten Verteilung,[21] nach dem die vorhandenen Güter unter den Menschen nicht gleichmäßig, sondern entsprechend ihren Qualitäten bzw. Bedürftigkeiten verhältnismäßig verteilt werden sollen.[22] Der Anwendungsbereich ist, anders als bei der symmetrischen iustitia directiva, geometrisch. Das heißt, es ist nicht die vorhandene Rechtsordnung, sondern der gesellschaftliche Raum der Produktion und Distribution sozialer Güter, dessen Grundmodell das Verhältnis des Staats gegenüber den Bürgern oder das des Betriebs gegenüber seinen Arbeitnehmern ist.[23] Es handelt sich um eine „Gleichheit des Hinsehens". Iustitia entscheidet ohne verbundene Augen in Ansehen des Besitzes zuteilungsrelevanter Eigenschaften.[24] Anders als bei der schematisch gleichen Behandlung der iustitia directiva ist stets unterschiedlich zu behandeln.[25] Aber auch hier gibt es keine festgelegten Maßstäbe, welche Eigenschaften einer Person zuteilungsrelevant sind oder wonach proportional verteilt werden soll. Ebenso wie die formelle Gerechtigkeit in Form der iustitia directiva ist auch die iustitia distributiva dem gesellschaftlichen Wertewandel unterworfen, so daß sich die Antwort auf die Frage nach der gerechten Verteilung sozialer Güter stets ändert. Mithin gilt es zu bestimmen, welche Tatsachen im Rahmen der Gleichberechtigung von Frauen und Männern entscheidungsrelevant sind. Hierfür bietet das Modell der substantiellen Chancengleichheit einen geeigneten Bewertungsmaßstab.[26]
Bereits von Aristoteles wurden die beiden Konzeptionen nicht als ausschließliche Begriffe der Gerechtigkeit verstanden. Vielmehr bestehen sie gleichwertig nebeneinander und fließen zusammen, je nachdem, ob direktiv Schäden behoben oder Güter verteilt werden sollen.[27] In der zu beurteilenden Situation geht es mithin um die Feststellung, was die Gerechtigkeit inhaltlich hinsichtlich der Gleichheitskonzeptionen verlangt. Ist beispielsweise

---

[18] *P. Aubenque,* 1995, S. 17.
[19] *C.-W. Canaris,* 1997, S. 9.
[20] *A. Kaufmann,* 1993, S. 30. Man kann hierbei auch von verhältnismäßiger Gleichheit sprechen, wie sie sich beim BVerfG hinsichtlich der „modernen Formel" i.R.d. Verhältnismäßigkeit findet. Vgl. BVerfGE 57, 107, 115; 225, 271; zur Entwicklung durch den Grundsatz der Verhältnismäßigkeit BVerfGE 82, 146; 90, 46, 56.
[21] *J. Gardner,* (1996) OJLS 352 (358): „What there is, must be divided up in such-and-such a way."
[22] *P. Aubenque,* 1995, S. 17; *A. Demandt,* 1999, S. 57 (65).
[23] *W. Kersting,* 1999, S. 46 (47); *A. Demandt,* 1999, S. 57 (65).
[24] *W. Kersting,* 1999, S. 46 (47).
[25] *C.-W. Canaris,* 1997, S. 9.
[26] Vgl. hierzu unten Kapitel 2, II.
[27] *A. Demandt,* 1999, S. 57 (67).

im Falle des Diebstahls inhaltlich entschieden, daß es um den Ausgleich eines zugefügten Schadens geht, so greift die iustitia directiva ein, für die iustitia distributiva ist also per se kein Raum. In Einzelfällen kann es jedoch Probleme bei der oft unklaren und schwierigen Abgrenzung geben.[28]

b) Formelle und materielle/substantielle Gleichheit

Einzugehen ist an dieser Stelle auf die Unterscheidung zwischen formeller und materieller Gleichheit. Die Unterscheidung „formal vs material spielt auf die Intensität an, mit der ein Gesetz sich zur sozialen Gleichheit verhält: leistet es ihr bloß Lippendienste oder setzt es sich nachdrücklich für sie ein?"[29] Insoweit gibt es ebenfalls eine formelle und materielle/substantielle Chancengleichheit.[30]
Formelle Gleichheit (oder auch symmetrische oder rechtliche Gleichheit) beschreibt die Idee der Gleichbehandlung unter Zugrundelegung der aristotelischen Idee, Gleiches gleich, Ungleiches ungleich zu behandeln. Es handelt sich um die verfassungsrechtliche Gleichheit des liberalen Verfassungsrechtsstaats der westlichen Welt. Jeder ist vor dem Gesetz gleich. Das Recht gewährleistet die Gleichbehandlung durch die Gesetze als Rechtsgleichheit und Willkürverbot. Die Ausgangschancen, gleich oder ungleich zu sein, werden hiervon nicht erfaßt. Das Recht selbst und seine Unterscheidungskriterien sind tertium comparationis, dem die Menschenwürde Schranken zieht.[31] Das Gesetz ist neutral formuliert (es heißt nicht mehr ‚Männer dürfen wählen', sondern ‚alle Menschen dürfen wählen') und geht ungeachtet der gesellschaftlichen Rahmenbedingungen von gleichem Können und gleichen Möglichkeiten der Individuen aus. Somit verzichtet es, auf Ausgangsbedingungen oder Resultate einzuwirken. Vielmehr bewegt es sich zwischen den Zuständen beim Beginn oder Ziel und muß somit notwendigerweise „wesentliche Teildimensionen der Gleichheitsvorstellung von vornherein (...) verfehlen."[32]
Materielle Gleichheit (substantielle Gleichheit) im Gegensatz bedeutet gesellschaftliche Gleichheit. Die Neutralität der formellen Rechtsgleichheit kann strukturelle Benachteiligung verdecken und fortschreiben. Denn sie läßt faktische Unterschiede der Leistung und Fähigkeiten unberührt, nimmt sie vielmehr zu ihrem Ausgangspunkt.33 Auswirkungen eines (formal) neutralen Rechts sind auf Frauen aufgrund der Strukturgebundenheit des Geschlechterverhältnisses in der Regel nicht dieselben wie auf Männer. Um materielle Gleichheit zu erreichen, muß das Recht hinsichtlich der Startbedingungen oder der Resultate intervenieren. Es bezieht hierbei die tatsächlichen Unterschiede durch Berücksichtigung der institutionellen und sozialen Rahmenbedingungen mit in Erwägung und bezweckt somit eine substantielle Beseitigung der Nachteile für die betroffene Gruppe zur Schaffung gleicher Chancen. Jeder soll vom Staat in die Lage versetzt werden, die notwendigen Handlungs- und Lebenschancen zu erhalten, um seine Leistung und Fähigkeiten in gleicher Weise unter Beweis zu stellen.

---

[28] *C.-W. Canaris*, 1997, S. 13ff. Vgl. *J. Gardner*, (1989) OJLS 1ff.; *ders.*, (1996) OJLS 353ff. hinsichtlich der Zuordnung des Verbots der mittelbaren Diskriminierung für austeilende Gerechtigkeit und *A.J. Morris*, (1995) OJLS 199ff., für ausgleichende Gerechtigkeit. Dazu unten Kapitel 2, III. 1.
[29] R. *Lautmann*, 1990, S. 109.
[30] Chancengleichheit wird dennoch häufig unzutreffend gleichgesetzt mit formeller, symmetrischer oder rechtlicher, Ergebnisgleichheit mit materieller, substantieller oder faktischer Gleichheit. Ausführlich unten Kapitel 2, II. 1.
[31] *U. Karpen*, JA 1985, S. 562 (565).
[32] R. *Lautmann*, 1990, S. 32.
[33] *U. Karpen*, JA 1985, S. 562 (566).

2. Die historische Darstellung der Un-/Gleichheit der Geschlechter

Die bereits angedeutete Wertungsoffenheit und Kontextabhängigkeit des Gleichheitsbegriffs wird anhand der im folgenden in Beispielen dargestellten Verwendung desselben deutlich, der stets dem Wandel der Zeit und herrschenden Wertvorstellungen unterworfen war. Das bis in die 70er Jahre des 20. Jahrhunderts vorherrschende Verständnis formaler Rechtsgleichheit zeigt sich dabei bei genauerem Hinsehen als einseitig an männlichen Interessen orientiert.

Zurückzuführen ist dies wohl auf die sich nur allmählich vollziehende Abwendung von der „wirklichkeitsblinden" Rechtsgleichheit hin zur Befassung mit gesellschaftlicher Gleichheit.[34] Aufgrund der inzwischen weitgehend hergestellten Rechtsgleichheit seit der Entstehung als Grundsatz der Gleichheit vor dem Gesetz in der „Déclaration des droits de l'homme et du citoyen" vom 26. August 1787 und der zweiten französischen Verfassung von 1793 schaut man nunmehr weniger auf Rechtsnormen als auf Fakten.[35] Im Jahr 1835 beschrieb *Alexis de Trocqueville* diese noch als Vorsehung: „Konservative werden sich damit abfinden müssen, daß das Prinzip der Gleichheit immer weitere Bereiche des gesellschaftlichen Lebens umfaßt". Seine Entwicklung „zur Gleichheit der Bedingungen ist also ein Werk der Vorsehung. (...) Sie ist allgemein, sie ist von Dauer, sie entzieht sich täglich der Macht des Menschen; die Geschehnisse wie die Menschen dienen alle ihrer Entwicklung".[36]

Verständlich wird der Wandel des Gleichheitsverständnisses vor der Erkenntnis, daß dem Begriff „gleich" historisch stets eine unterschiedliche Bedeutung beigemessen wurde. Gleichheit setzt im Gegensatz zu Identität ein Verhältnis voraus, in welchem mehrere Objekte zueinander stehen. Diese sind mit einander zu vergleichen. Dies setzt jedoch ein zunächst zu bestimmendes Vergleichskriterium voraus, in dessen Hinsicht etwas gleich oder ungleich ist. Im Hinblick auf die Gleichheit der Geschlechter wurde hierfür von Aristoteles die Natur oder in der Naturrechtslehre die Vernunft herangezogen und Männer und Frauen damit als ungleich im Hinblick auf ihre natürlichen Eigenschaften oder Fähigkeiten definiert.

a) Antike

In der griechischen Antike wurde zwischen qualitativer (homoios) und quantitativer (isos) Gleichheit unterschieden.[37] Homoios legte die Voraussetzungen für menschliches Zusammenleben in Freundschaft und Gesellschaft, isos war das rein formale Verständnis zahlenmäßiger Übereinstimmung an Größe, Besitz und Macht.[38] Zusammen ergaben sie die gleichen politischen Rechte in der Gesellschaft, das heißt der politischen Demokratie. Die Interpretation des *Aristoteles*, auf den der heute noch wortgetreu verwendete formale Gleichheitsbegriff zurückgeht, der sich in der Formulierung „wesentlich Gleiches ist gleich, wesentlich Ungleiches ungleich zu behandeln" ausdrückt, verdeutlicht seine Wertungsoffenheit und Kontextabhängigkeit. Nach Aristoteles zeichnet sich der Staat, dessen Bürger „der Art nach verschieden sind", nicht durch Gleichheit, sondern durch Vielfalt

---

[34] *K. Hesse*, AöR 77 (1951/52), S. 167 (171): „Es wohnt dem Gleichheitssatz offenbar eine Tendenz zur *Ausdehnung* der Gleichheitsforderungen (...) inne".

[35] *W. Zöllner*, Festschrift Strasser, 1983, S. 223 (224).

[36] *Alexis de Trocqueville*, 1959, Einleitung S. 8.

[37] Vgl. hierzu *Meier*, 1980, S. 51ff., 283ff.

[38] Dreier/*Heun*, GG, Art. 3, Rn. 2ff.; R. *Hirzel*, 1907, 228ff., 421ff.; *C. W. Müller*, 1965, 155ff.

aus. „Der Staat besteht (...) nicht bloß aus einer Mehrheit von Menschen, dieselben sind auch der Art nach verschieden; aus ganz gleichen Menschen kann nie ein Staat entstehen. (...) Nein, die Bestandteile, woraus eine Einheit werden soll, müssen der Art nach verschieden sein."[39] Zur Erläuterung geht Aristoteles auf den Ursprung des Staates, den einer jeden Einheit, zurück: die Familie. Der Zusammenschluß der Geschlechter erfolgt zwecks Fortpflanzung, die Herrschaft des Mannes über die Frau zwecks Erhaltung. Die Natur dient als Rechtfertigungselement dieser Geschlechterrollen. Denn sie macht nichts umsonst und unvollständig.[40] „Es ist also notwendig, daß sich zuerst diejenigen Individuen verbinden, die ohne einander nicht sein können, also einmal Weibliches und Männliches der Fortpflanzung wegen (...), dann zweitens von Natur aus Herrschendes und Beherrschtes der Erhaltung wegen. Denn was von Natur dank seinem Verstande vorzusehen vermag, ist ein von Natur Herrschendes, was dagegen mit den Kräften seines Leibes das Vorgesehene auszuführen imstande ist, ist ein Beherrschtes und von Natur Sklavisches".[41] Die Natur entscheidet, wer zum Freien oder Sklaven geboren ist. „Das Herrschen und Dienen gehört nicht nur zu den notwendigen, sondern auch zu den nützlichen Dingen, und vieles ist gleich von seiner Entstehung an derart verschieden, daß das eine zum Herrschen, das andere zum Dienen bestimmt erscheint."[42] Zwar sind „Weib und Sklave (...) von Natur geschieden",[43] das Verhältnis der beiden zum freien Mann bleibt aber nicht verborgen.[44] „(D)er Gegensatz von Herrschendem und Dienendem tritt überall auf, wo etwas aus mehreren Teilen besteht und eine Einheit bildet (...) und dieses Verhältnis von Über- und Unterordnung findet sich bei beseelten Wesen auf Grund ihrer Natur."[45] Das Geschlechterverhältnis und die Gleichheit in der Familie und Ehe ist von Natur geregelt. Hierbei wird die „Geschiedenheit von Weib und Sklaven" weiter relativiert. „Ebenso ist es wieder mit den Beziehungen zwischen den Menschen und anderen Sinnenwesen. Die Zahmen sind von Natur besser als die Wilden, und für alle ist es am besten, wenn sie vom Menschen beherrscht werden, weil sie so bewahrt und erhalten bleiben. Endlich verhält sich Männliches und Weibliches von Natur zueinander, daß das eine das Bessere, das andere das Schlechtere und das eine das Herrschende und das andere das Dienende ist."[46] Indem Aristoteles Frau und Mann verschiedene Positionen zuteilt, ergeben sich konsequenterweise unterschiedliche Behandlungen und Handlungsoptionen der Geschlechter.[47] Das natürliche Verhältnis des Männlichen zum Weiblichen weist ihnen gesellschaftliche Rollen zu, die den Maßstab des Gleichheitsbegriffs bestimmen. Die Freien und Gleichen

---

[39] *Aristoteles*, 1981, Politik, Buch 1, 2. Kapitel, 1261a22ff.

[40] *Aristoteles*, 1981, Politik, Buch 1, 2. Kapitel, 1252b26. „ (S)o steht es dem Vater und Gatten zu, über das Weib wie über die Kinder zu herrschen, und zwar über beide als freie, jedoch nicht nach derselben Weise der Herrschaft, sondern über das Weib nach Art des Hauptes eines Freistaats und über die Kinder nach Art eines Königs. *Denn das Männliche ist von Natur mehr zur Leitung und Führung geeignet als das Weibliche, wenn es nicht etwa widernatürlich veranlagt ist*". Erstes Buch 12. Kapitel, 1259a35f. Kursiv hinzugefügt.

[41] *Aristoteles*, 1981, Politik, Buch 1, 2. Kapitel, 1252b1.

[42] *Aristoteles*, 1981, Politik, Buch 1, 5. Kapitel, 1254a15ff.

[43] *Aristoteles*, 1981, Politik, Buch 1, 2. Kapitel, 1252b1.

[44] In *Aristoteles*, 1981, Politik, Buch 1, 2. Kapitel, 1252b10, heißt es zum Beispiel: „Allererst nun ein Haus und das Weib und den pflügenden Ochsen."

[45] *Aristoteles*, 1981, Politik, Buch 1, 5. Kapitel, 1254a25ff.

[46] *Aristoteles*, 1981, Politik, Buch 1, 5. Kapitel, 1254b10ff. In *Aristoteles*, Politik, 1965, S. 15, heißt es: „Desgleichen ist das Verhältnis des Männlichen zum Weiblichen von Natur so, daß das eine besser, das andere geringer ist, und das eine regiert und das andere regiert wird."

[47] *Aristoteles*, 1981, Politik, Buch 1, 5. Kapitel, 1254b20ff.: „Ein Mann würde als feig erscheinen, wenn er in der Art mutig wäre, wie ein mutiges Weib, und ein Weib als geschwätzig und vorlaut, wenn sie nur so zurückhaltend wäre wie ein trefflicher Mann. Ist doch auch die ökonomische Tugend bei Mann und Frau verschieden: er soll erwerben, sie erhalten."

sind „von Natur aus gleich“, Gleichen steht das Recht zum Regieren zu. Denn denjenigen, die von Natur gleich sind, muß auch gemäß der Natur dasselbe Recht und dieselbe Würde zustehen.[48] Der freie und gleiche Mann herrscht von Natur, die Frau ist ihm von Natur untergeordnet.[49] Die Geschlechterdifferenz, so die Kritik an Aristoteles, „fungiert (daher) auch als Legitimation der hierarchischen Geschlechtersegregation.“[50]

b) Naturrechtslehre und Gesellschaftsvertrag

Im Rahmen der Naturrechtslehre[51] setzte sich *Locke* in seinen *Two Treatises of Government*[52] zwar nicht explizit mit der Stellung der Frau und deren Position in Staat und Gesellschaft auseinander. Im *Second Treatise* erörtert er jedoch das Verhältnis der Partner in der Ehe und gelangt zu der Schlußfolgerung, daß zwar grundsätzlich Gleichheit hinsichtlich der innerfamiliären Pflichten der Kindeserziehung besteht.[53] Für Konfliktsituationen weist er dem Mann jedoch die Letztentscheidungskompetenz (‚last Determination‘) zu. „The Husband and the Wife, though they have but one common Concern, yet having different understandings will unavoidably sometimes have different wills, too; it therefore being necessary, that the last Determination, ie the Rule, should be placed somewhere, it naturally falls to the Man's share, as the abler and the stronger.“[54] Natürliche ‚Fähigkeit‘ und ‚Stärke‘ zeichnen den Mann als den Herrschenden in der Partnerschaft aus. Für den Gesellschaftsvertrag bedeutet dies folgendes: Alle haben gleiches Recht, den natürlichen Zustand zu verlassen und durch Zustimmung („consent“), ebenso wie eine Ehe eine Gemeinschaft („civil society“) zu gründen. Zwar erwähnte Locke nicht die Teilnahme der Frauen an der Gründung der Gemeinschaft - er bestritt vielmehr die Existenz des Patriarchats in seinen Überlegungen -, und die männliche Herrschaft über die Frau begrenzte er auf den familiären, nicht-politischen Bereich. Dennoch liegt der Schluß nahe, daß die Letztentscheidungskompetenz des Mannes in der Familie bei Verlassen derselben durch Gründung der Gemeinschaft in entsprechende patriarchale Strukturen umschlägt. Erstere lag im allgemeinen Interesse, so daß in der ebenfalls im allgemeinen Interesse liegenden Gemeinschaft eine ähnliche Handhabung gegenläufiger Vorstellungen wahrscheinlich ist.[55] Der Mann als Repräsentant der Familie, rational und autonom gedacht, wird zur

---

[48] *G. Bien*, in: *Aristoteles*, 1981, Politik, Einleitung XLIV.

[49] Zwar muß auch ein Herrschender beide Seiten verstehen. „(M)an (kann) nicht gut befehlen, wenn man nicht gehorcht hat“ (Erstes Buch, 5. Kapitel, 1277b11). „So ist denn die Tugend in beidem zwar verschieden, aber ein guter Bürger muß beides verstehen können, Herrscher und Untertan sein. (...) Denn auch bei einem unter der Obrigkeit stehenden, aber freien guten Manne ist die Tugend, zum Beispiel die Gerechtigkeit, offenbar nicht bloß eine, sondern sie umfaßt verschiedene Arten, auf Grund deren er befehlen und gehorchen wird, wie die Mäßigkeit und der Starkmut bei Mann und Frau verschieden sind.“ (Ebenda 15ff.) Die Gerechtigkeit ist bei Aristoteles demnach männlicher Art, wenn er gerecht befiehlt, weiblicher Art, wenn er gerecht gehorcht. Beides ist in jedem vorhanden. Dennoch tritt sie bei beiden verschieden auf, so daß im Ergebnis der eine tatsächlich befiehlt, der andere tatsächlich gehorcht. Dazu *Eugen Rolfs*, in: Aristoteles, Politik, Anmerkung 18, Erstes Buch, 5. Kapitel.

[50] *E. Kreisky*, 1999, S. 168 (183ff.). Nach *Aristoteles*, Politik, 1989, 1283b, ist des weiteren „Gerechtigkeit eine Gemeinschaftstugend“. Menschen können daher nur gemeinsam in Freundschaft tugendhaft sein. Eine Freundschaft zwischen den Geschlechtern hat Aristoteles dabei allerdings nicht vorgesehen.

[51] Vgl. *T. Hobbes*, 1651; *J. Locke*, 1690, *J.J. Rousseau*, 1762.

[52] *J. Locke*, 1690.

[53] *J. Locke*, 1690, Buch II, 52: „For whatever obligation Nature and the Right of the Generation lays on Childen, it must certainly find them equal to both the concurrent Causes of it“.

[54] *J. Locke*, 1690, Buch II, 82.

[55] So *M. Butler*, 1991; *S. Lang*, 1995, S. 83 (89).

Grundeinheit des Staats. Die Frau erhält keine eigenständige Subjektposition im Gesellschaftsvertrag. Sie wird allenfalls über ihren Mann definiert und gehört der (öffentlichen) Gesellschaft nicht an.[56]

In dem vernunftrechtlich-prinzipienorientierten Gerechtigkeitskonzept[57] von *Hobbes* treten Ethik und Vernunft als scheinbar objektive Kriterien und Wertmaßstäbe für den Gleichheitsbegriff auf, die auf den ersten Blick neutral sind, sich bei näherem Hinsehen jedoch als von männlichen Interessen und kulturellen Wertvorstellungen dominiert herausstellen. „Indem wir also sehen, daß ohne menschliches Gesetz alle Dinge Gemeingut wären und daß diese Gemeinsamkeit ein Anlaß für Übergriffe wäre, Neid und Totschlag untereinander sein würde, befiehlt dasselbe Recht der Vernunft der Menschheit (...) Land und Güter zu verteilen."[58] Gerechtigkeit bezeichnet in diesem Zusammenhang das Einhalten von Verträgen, die von den im Naturzustand noch gemeinschaftsunfähigen Menschen vereinbart werden.[59] Die Idee des Gesellschaftsvertrags ermöglicht dabei ebenso wie bei Locke Männern Rechte gegenüber dem Staat, weil sie als vernünftige und gleiche Individuen bereits die Population des Naturzustandes bilden.[60]

Das, was im Rahmen der Vertragstheorien verschwiegen wird, ist Ziel der viel beachteten Kritik von *Pateman*.[61] Der von vernünftigen und gleichen Individuen geschlossene Vertrag als Notwendigkeit für die Sicherung des Eigentums und dessen Genuß sei ein verschwiegener Geschlechtsunterwerfungsvertrag.[62] Im Grunde handele es sich um einen Sexualvertrag (sexual contract), der Frauen auf ihre Rolle und die Position der Geschlechter festlegt und den Gesellschaftsvertrag (social contract) bestimmt. „Women are not party to the original contract through which men transform their natural freedom into the security of civil freedom. Women are the subjects of the contract. The (sexual) contract is the vehicle through which men transform their natural right over women into the security of civil patriarchal rights."[63]

Die Vernunft der Frau und somit ihre Befähigung zur Teilnahme an der öffentlichen Gesellschaft wurde explizit von den Philosophen der Aufklärung *Kant* und *Hegel* bestritten. Die vorherrschende Unterscheidung zwischen Geist und Körper oder Kultur und Natur diente hierfür als Grundlage. Frauen sind letzterer zugeordnet, weshalb Kant für sie nur eine gewisse Rechtsposition in der Familie vorsieht. Männer versieht er dagegen mit Bürgerrechten, soweit sie Herr ihrer selbst sind, was nur mittels der Vernunft möglich ist.[64] Hegel beschreibt die Unterscheidung zwischen Mann und Frau wie folgt: „Die Personen, welche in eine Ehe treten sind nicht verschieden überhaupt, sondern ihr Unterschied ist ein realer und bestimmter: Mann und Frau. Weil es hier substantieller Geist ist, der sich in sich unterscheidet, so ist sein Unterschied auch ein wesentlicher, wahrhafter. Es ist die sittliche, geistige Bedeutung des Unterschieds des Geschlechts aufzufassen. Der Unterschied kann kein anderer sein als der des Begriffs, so daß das eine Geschlecht der Unterschied in sich selbst ist, während das andere die neutrale Einheit darstellt."[65] Der Mann „kann sich im Abstrakten, Verständigen befriedigen, herumschlagen; auf der anderen Sei-

---

[56] *E. Kocher*, KJ 1999, S. 182 (187).
[57] *W. Kersting*, 1999, S. 46 (48).
[58] *T. Hobbes*, 1992, S. 47f.
[59] *T. Hobbes*, 1984, S. 110.
[60] *E. Kreisky*, 1999, S. 168 (190).
[61] *C. Pateman*, 1988, 1994. Vgl. weiter zur Kritik an *J. J. Rousseau*, Contrat social 1762 und der Problematik hinsichtlich des Geschlechterverhältnisses *S. Lang*, 1995, S. 83 (89ff.); *E. Kreisky*, 1999, S. 168 (192f.).
[62] *C. Pateman*, 1994, S. 73.
[63] *C. Pateman*, 1988, S. 6.
[64] Vgl. *E. Kreisky*, 1999, S. 168 (193f.) m.w.N.
[65] *G. F. W. Hegel*, 1983, S. 136, Rdn. 201.

te kommt dem Mann die Allgemeinheit zu, die Objektivität überhaupt (...). So kommt dem Mann ferner der Erwerb wesentlich zu; und dann die Objektivität in ihrer eigentlichen Gestalt, die Arbeiten im Staat und in der Wissenschaft und die Zwecke der Kunst."[66] In diesem Dualismus verbleibt für die Frau ihre Charakterisierung durch die Sittlichkeit.[67] „Die Frau ist so konkreter als der Mann, an ihr ist die substantielle Sittlichkeit dargestellt. Die Frau hat diese Geduld und diese Ergebung, die durch Reflexion verlorengeht. (...) Der eigentümliche Kreis der Frau ist überhaupt die Familie und das Privatleben, die Frau thront in der Familie."[68] Wendet sich die Frau gegen diese natürliche Unterscheidung des Geschlechts, so leidet nicht nur die eigentümliche Verschiedenheit der Geschlechter, sondern „(i)n Rücksicht auf Staatssachen nimmt die Tätigkeit der Frau leicht den Charakter der Intrige an. Wenn in einem Staate die Frauen zur Regierung kommen oder die Jugend, so ist der Staat krank und geht leicht zugrunde." Das „Wahre und Substantielle" der Frau kommt laut Hegel allein in ihrer Tugend ihrer Erscheinung zur Geltung, während Aufgabe des Mannes die Konfliktbewältigung ist.[69]

c) John Rawls' Chancengleichheit

Eine „*entscheidungstheoretische* Wendung"[70] nahm in den 1970er Jahren der bisher stark naturrechtlich dominierte Diskurs mit *Rawls'* moderner Vertragstheorie „Theory of Justice",[71] eine Theorie der iustitia distributiva in Form der Chancengleichheit.[72] Sie befaßt sich nicht mit dem Handeln des Einzelnen in der Gesellschaft, sondern mit der Grundordnung der Gesellschaft selbst sowie der Determinierung der individuellen Lebenschancen durch die Verteilung von Rechten und Pflichten sowie von Erträgen sozialer Kooperation mittels gesellschaftlicher, wirtschaftlicher und politischer Institutionen.[73] Dieses Prinzip der Chancengleichheit geht erstens davon aus, daß die egalitäre Zuteilung von immateriellen Grundfreiheiten Voraussetzung für die Erreichung maximaler individueller Freiheit ist. Zweitens sind wirtschaftliche und soziale materielle Güter so zu verteilen, „daß (a) vernünftigerweise zu erwarten ist, daß sie zu jedermanns Vorteil dienen, und (b) sie mit Positionen und Ämtern verbunden sind, die jedem offen stehen."[74] Hierzu gehören das Einkommen sowie Ansehen und Macht. Letzteres bedeutet demnach, daß Gerechtigkeit nicht notwendig eine gleiche Verteilung erfordert, sondern auch eine Ungleichverteilung notwendig sein kann, sofern sie allgemeine Zustimmung findet und sich durch Vorteilhaftigkeit für jeden legitimiert.[75] Sein Prinzip zur Verteilung sozialer Grundgüter begründet er, indem er die Menschen (‚representative persons') mit einem ‚Schleier der Unwissenheit' (‚veil of ignorance') versieht und somit in einen fiktiven Urzustand (‚o-

---

[66] *G. F. W. Hegel*, 1983, S. 137, Rdn. 202.

[67] „Die andere Seite ist die der Frau, deren Charakter überhaupt ist, die innere Harmonie des Geistigen und Sittlichen überhaupt zu bewahren." Ebenda.

[68] *G. F. W. Hegel*, 1983, S. 139, Rdn. 207f. Demgegenüber fallen die „Arbeiten nach außen und nach innen (...) dem Mann anheim. Bloße Kenntnisse als solche in ihrer Vereinzelung sind vornehmlich Eigentum des Mannes" (S. 137, Rdn. 204).

[69] *G. F. W. Hegel*, 1983, S. 139f., Rdn. 209f.

[70] *E. Kreisky*, 1999, S. 168 (195).

[71] *J. Rawls*, 1971 (dt. 1975), bietet für seine Theorie der sozialen Gerechtigkeit erstmals das Rechtfertigungsmodell der allgemeinen Zustimmungsfähigkeit zur Entwicklung eines Grundsatzes der gerechten Verteilung kooperativ erarbeiteter Güter. Vgl. hierzu *W. Kersting*, 1993.

[72] Zur Chancengleichheit unten Kapitel 2, II.

[73] *W. Kersting*, 1993, S. 30.

[74] *J. Rawls*, 1975, S. 81.

[75] *W. Kersting*, 1993, S. 50.

riginal position') zurückversetzt, in dem sie frei von äußeren Einflüssen und Emotionen zentrale Regelungen der Gesellschaft vereinbaren.[76] Hinter diesem ‚Schleier der Unwissenheit' entscheiden Menschen vorsichtig und ohne Selbstinteresse. Denn sie müssen im Unwissen über sich und ihre soziale Position davon ausgehen, sich in einer benachteiligten gesellschaftlichen Position wiederzufinden, wenn der Schleier gehoben wird.
Problematisch ist, daß Rawls mit der ‚repräsentativen Person' impliziert, daß diese ein Mann ist.[77] Insbesondere spart er die Privatsphäre von seinen Gerechtigkeitsüberlegungen aus und geht davon aus, daß die Familie als solche gerecht ist. Rechtliche Regelungen erfassen allein die Öffentlichkeit.[78] Familiäre Beziehungen zeichnen sich hingegen durch Zuneigung, Liebe und Verständnis aus, die gerecht sind. Somit untergräbt Rawls in dieser Hinsicht seine eigentlich revolutionäre Theorie der Chancengleichheit.[79] Dennoch stellt sie ein grundsätzlich geeignetes und – wenngleich auch mangels vorhandener Alternative[80] - daher im weiteren Verlauf der Arbeit zugrunde gelegtes Instrumentarium zur Bestimmung der Chancengleichheit der Geschlechter bereit. So bemerkte bereits *Susan Moller Okin*, daß sie sich für die Herstellung der Gleichheit tatsächlich nutzen lasse, würde nur das Private in Form häuslicher Aufgabenteilung einbezogen.[81]

3. Probleme des formellen Gleichheitsverständnisses

Die beschriebene Ausfüllung des wertungsoffenen Gleichheitsbegriffs ist keine nur historische. Im folgenden sollen die Probleme dargestellt werden, die sich für Frauen aus einer so verstandenen Gleichheitsidee ergeben. Ein formelles Gleichheitsverständnis beschränkt die Intensität, mit der sich das Gleichberechtigungsrecht zur strukturellen Benachteiligung von Frauen verhält. Ungeachtet gesellschaftlicher Rahmenbedingungen basiert es auf der Grundannahme, daß Individuen autonom agieren und freie Entscheidungen treffen. Hierdurch schreibt es die Trennung der Sphären des Öffentlichen und Privaten fest [dazu im Anschluß (a)] und verdeckt zugleich die sich dahinter verbergende männliche Definitionsmacht [dazu im Anschluß (b)].

a) Raum der Öffentlichkeit und Privatsphäre

Die Trennung der Räume der Öffentlichkeit und des Privaten stammt aus der griechischen Antike, die zwischen *polis* und *oikos* unterschied.[82] Der Bereich der Öffentlichkeit beschreibt staatliche Maßnahmen, Werte des Arbeitsmarktes, die männliche Domäne oder den Bereich, der rechtlich reguliert ist. Die Privatsphäre umfaßt hingegen die Familie und deren Werte, Intimität, die weibliche Domäne oder den Bereich, der staatlichen Re-

---

[76] Hierzu E. *Kreisky*, 1999, S. 168 (195); *W. Kersting*, 1999, S. 46 (69).
[77] *H. Barnett*, 1998, S. 113; *E. Kreisky*, 1999, S. 168 (195). Des weiteren wird kritisiert, daß die Abstraktheit des fiktiven Urzustands und der repräsentativen Person wenig hilfreich ist, die tatsächlichen Bedürfnisse hinsichtlich der zu verteilenden sozialen Güter zu bestimmen, dazu *M. Matsuda*, (1986) 16 New Mexico L Rev 613; *C. Pateman*, 1988, S. 43, stellt sogar fest, daß die Abstraktheit der Theorie soweit geht, daß gar nichts mehr geschieht.
[78] Vgl. zur Trennung der Öffentlichkeit von der Privatsphäre ausführlich im Anschluß I. 3. a).
[79] *S. Moller Okin*, 1990, S. 15 (24); *E. Kreisky*, 1999, S. 168 (197).
[80] *F. Bydlinski*, 1996, S. 107 (154): „einstweilen plausibelster Ansatz".
[81] *S. Moller Okin*, 1989; *dies.*, 1991, S. 181ff.; kritisch *N. Lacey*, (1992) 1 Social and Legal Studies 323.
[82] Vgl. hierzu die philosophische Kritik *Hannah Arendts*, 1967; *dies.*, 1958; zum Einfluß ihrer Analyse *S. Lang*, 1995, S. 83 (95ff.).

gulierungen entzogen ist.[83] *John Stewart Mill* schrieb hierzu: „(T)he only part of the conduct of any one, for which he is amenable to society, is that which concerns others. In the part which merely concerns himself, his independence is, of right, absolute. Over himself, over his own body and mind, the individual is sovereign."[84]

Freiheit von staatlicher Intervention sollte als Kern des liberalen Rechtsverständnisses im Bereich des Privaten garantiert werden, in welchem keine Kollision mit anderen Freiheitsrechten gesehen wurde. Durch die Trennung der beiden Gesellschaftsbereiche entpuppte sich dieser liberale Anspruch jedoch als Leerformel für diejenigen, die aufgrund des Ausschlusses von der Öffentlichkeit durch die Versagung des Wahlrechts nicht in der Lage waren, Einfluß auf politische Vorgänge zu nehmen und den Inhalt des Rechts mitzubestimmen. Nach der Untersuchung von *Phillips* zum Verhältnis von Geschlecht und Demokratie errichtet diese Trennung „eine Fassade politischer Gleichheit vor einer Gesellschaft, in der die gröbste Ungleichheit herrscht", mit der Folge der „Demokratie im einen und Unterordnung im anderen Bereich".[85] Der Raum der Öffentlichkeit ist indes insoweit wichtig, als er aufgrund des Zusammenspiels von Staat und Gesellschaft nicht isoliert betrachtet werden kann. Er ermöglicht eine Verbindung der Bürger mit staatlichen Entscheidungen, die über diese selbst in die Privatsphäre übermittelt werden.[86] „Sein Bedeutungsspektrum grenzt (damit) (...) Macht von Ohnmacht, politischen Einfluß von Unterordnung, Stimme von Schweigen, Aktivität von Passivität ab. (...) Das Öffentliche suggeriert das Licht der Wahrheit (...), Rede- und Kommunikationsfreiheit".[87]

Seine Legitimation erhielt die Öffentlichkeit bereits durch die oben dargestellten Argumente der Theoretiker wie Locke, Hobbes und Hegel[88] und wurde im Deutschen Staats-Wörterbuch aus dem Jahr 1858 wie folgt erläutert: „Das Weib ist auf die eheliche Gemeinschaft und die Familie als den natürlichen Mittelpunkt des Daseins angewiesen. Von hier aus nimmt es als Ehefrau, Hausfrau und Mutter, ohne in die Öffentlichkeit vorzutreten, gleichwohl (...) den eingreifendsten Antheil am wirthschaftlichen, sittlichen und politischen Volksleben."[89] Noch in den 1930er Jahren hieß es in dem in der Deutschen Juristen-Zeitung veröffentlichten Kommentar „Der Beruf der Frau zur Rechtsprechung": „Die Hereinnahme der Frauen in die Gerichtsbarkeit bedeutet ein schweres Unrecht gegen den Mann wie gegen die Frau selbst: Das Unrecht wider den Mann gipfelt in dem Einbruch in den altheiligen Grundsatz der Männlichkeit des Staates".[90]

Entlang der Trennung von Öffentlichkeit und Privatsphäre verläuft die Trennungslinie der Geschlechter, die durch die bereits in der Naturrechtslehre verwendeten sprachlichen Gegensätze gekennzeichnet ist.[91] Der Mann wird als rational, autonom und objektiv dargestellt und ist als solcher folglich der geeignete Bürger, der die Öffentlichkeit prägt und

---

[83] *K. O'Donovan*, 1984, S. 2ff.; *B. Degen*, STREIT 1993, S. 43 (44); *E. Kocher*, KJ 1999, 182 (187) m.w.N.; ausführlich *J. Swanson*, 1992. Es ist bereits vielfach darauf hingewiesen worden, daß diese Unterscheidung zu vereinfachend ist und der Realität nicht gerecht wird. Vielmehr soll es sich um eine ideelle Trennung handeln. So stellt auch *S. Lang*, 1995, S. 83 (insbes. S. 109ff.), fest, daß deren „Konstruktionslogik (...) sowohl die private als auch die öffentliche Sphäre als nur scheinbar deutlich abgrenzbare, geschlechtsspezifisch segregierte Pole der Gesellschaft behandelt". M.E. ist stellt sie dennoch einen hilfreichen Erklärungsansatz dar, weil sie im Kern nicht hat widerlegt werden können.

[84] *John Stuart Mill*, 1910, S. 9.

[85] *A. Phillips*, 1995, S. 50.

[86] *E. Kocher*, KJ 1999, 182 (187).

[87] *S. Lang*, 1995, S. 83 (84).

[88] Dazu oben Kapitel 2, I. 2. b).

[89] *J. C. Buntschli/K. Brater* (Hrsg.) Deutsches Staats-Wörterbuch 1858, S. 722.

[90] *Deutscher Juristinnenbund* (Hrsg.), 1984, S. 17.

[91] Dazu oben Kapitel 2, I. 2. b).

wählt. Als Gegensatz zu ihm ist die Frau emotional und beziehungsorientiert, was sie für die Privatsphäre auszeichnet.[92] In seiner postmodernen Analyse hat *Derrida*[93] die Funktion der sprachlichen Gegensätze im westlichen Denken erläutert, das stets auf Dichotomien und Polaritäten aufbaut. Begriffspaare wie Sein/Nichtsein, Anwesenheit/Abwesenheit, Mann/Frau, Geist/Körper, Natur/Kultur haben nicht lediglich entgegengesetzte Bedeutung, sondern sind insoweit hierarchisch arrangiert, als dem jeweils ersten Teil der Begriffspaare Priorität eingeräumt wird. Der jeweils zweite Begriff gilt als negativer und unerwünschter Gegensatz zu ersterem. Die Frau wird dadurch zur „Anderen", die sich durch den Mann definiert. Sie ist nicht selbständig und als Frau kein eigenständiges Subjekt.[94]

Zwar werden inzwischen alle Rechte für beide Geschlechter durch Art. 3 Abs. 2 und 3 GG garantiert. Frauen haben rechtlich die Möglichkeit, am politischen wie wirtschaftlichen Leben teilzunehmen. Sie sind jedoch in so gut wie allen öffentlichen Bereichen unterrepräsentiert.[95] Die Ursachen sind vielschichtig und können wohl nur zum Teil erklärt werden. Zunächst ist jedoch unbestritten, daß das Fortwirken der Konstruktion des Privaten, in dem die häusliche Arbeitsteilung die Möglichkeiten bestimmt, im Raum der Öffentlichkeit zu agieren, eine Auflösung der Trennung behindert.[96] Zudem „stehen (gegen) die Verwirklichung der Gleichberechtigung der Geschlechter (...) Gewohnheiten und die Macht des Faktischen".[97] Auch *Kreiskys*[98] Theorie von den „Männerbünden" hat dazu beigetragen zu zeigen, wie der Ausschluß von Frauen aufrechterhalten und die Polarisierung der zwei Bereiche verfestigt wird. Die „männerbündische Kernstruktur" stelle sich einer notwendigen „Feminisierbarkeit staatlicher Strukturen" entgegen. Männer wollen unter sich bleiben, und weil sie über entsprechende bürokratische Macht verfügen, gelingt ihnen dies auch. Des weiteren ist bereits auf das komplexe Zusammenwirken verschiedener Faktoren, wie das Recht als institutionelle Rahmenbedingung, hingewiesen worden.[99] Rechtliche Klassifikationen folgen der Trennung des Öffentlichen und Privaten: Öffentliches Recht, Arbeitsrecht, Handelsrecht und Familien- und Eherecht sind voneinander getrennte Rechtsgebiete. Der Staat tendiert hierbei weiterhin zur Deregulierung des Privaten.[100] Die Minimierung seines Einflusses in der Privatsphäre birgt die Gefahr der Akzeptanz häuslicher Macht- und Gewaltstrukturen und ist damit nicht wertneutral: „Not legislating contains a value judgment just as legislating does. Law cannot be neutral; non-intervention is as potent an ideology as regulation".[101] Das Recht geht weiterhin davon aus, daß die Norm die Interessenlage des Mannes ist, daß Frauen ihm zuzuordnen sind und sich diesen von seiner Interessenlage geprägten Normen unterzuordnen haben.[102]

---

[92] *A. Maihofer*, 1995, S. 109ff.; *E. Kocher*, KJ 1999, 182 (188).

[93] *J. Derrida*, 1976; *ders.*, 1973; *ders.*, 1978.

[94] *A. Maihofer*, 1995, S. 115ff.

[95] Zum Erwerbsleben siehe oben Kapitel 1, I. 2. und II. 2.

[96] *H. Barnett*, 1998, S. 65.

[97] *U. Gerhard*, 1990a, S. 108.

[98] *E. Kreisky*, 1995, S. 203 (215ff.); vgl. auch *S. Lang*, 1995, S. 83 (111); *E. Kocher*, KJ 1999, 182 (185).

[99] Dazu oben Kapitel 1, II. 1. d).

[100] Als Beispiel ist das deutsche Strafrecht zu nennen, welches bis zum 15. Mai 1997 zwischen außerehelichen und ehelichen Sexualdelikten differenzierte. Die Vergewaltigung in der Ehe ist nun zwar strafbar, allerdings gab es starke Bemühungen um die Einführung der sog. „Widerspruchslösung", nach welcher der Täter straffrei ausgeht, wenn das Opfer der Tatverfolgung widerspricht und kein öffentliches Interesse an der Strafverfolgung besteht. Für den von der damaligen Bundesregierung vorgebrachten Gesetzentwurf stimmte der Bundestag im Mai 1996. Lediglich durch Einspruch des Bundesrats, mit dem sich der Vermittlungsausschuß befaßte, wurde die „Widerspruchsklausel" gestrichen.

[101] *K. O'Donovan*, 1985, S. 184.

[102] *B. Degen*, STREIT 1993, S. 43 (44).

Zwar kann die Gleichberechtigung in der Ehe als inzwischen rechtlich weitestgehend hergestellt betrachtet werden. Diese trifft jedoch auf den in Form des Arbeitsrechts normierten und regulierten Raum der Öffentlichkeit. Dieses verwendet das in Kapitel 1 beschriebene, am männlichen Lebensmuster orientierte Normalarbeitsverhältnis als ungeschriebenes Leitbild[103] und hält damit ein völlig anderes Ehe- und Familienmodell aufrecht.[104]

b) Der männliche Standard neutralen Rechts

Neben der Trennung der Bereiche der Öffentlichkeit und des Privaten ist der in der neutralen Sprache des Rechts enthaltene männliche Standard des Rechts Angriffspunkt für frauenwissenschaftliche Kritik. Der formelle Gleichheitsbegriff kann nur Vergleichbares vergleichen: In seiner Ausprägung der Gleichberechtigung der Geschlechter im Arbeitsrecht setzt er damit voraus, daß Frauen und Männer bereits im Erwerbsleben stehen. Er wirkt nicht hinsichtlich der Ursachen der anderen Ausgangsbedingungen von Frauen, die aufgrund familienbedingter Unterbrechungen entweder gar nicht oder erst später ins Berufsleben zurückkehren. Hier zeigt sich das „systemsprengende“[105] Potential des Verbots der mittelbaren Diskriminierung, welches verlangt, die soziale Realität von Frauen und Männern zu berücksichtigen.
Ausgangspunkt des formellen Rechtsverständnisses ist erstens eine stets gleiche Anwendung des Rechts auf alle Sachverhalte, die es regelt. Es wird neutral, also unabhängig von Wertungen und Vorurteilen, in entsprechend gleichen Situationen gleich angewandt.[106] Derart angewandt auf das Recht der Gleichberechtigung der Geschlechter verbirgt sich hierin die Forderung nach der Anpassung an den „männlichen“ Standard („be like us and we will treat you like we treat each other“).[107] Das Verbot der mittelbaren Diskriminierung verlangt dies gerade nicht, sondern läßt in dieser Hinsicht mit dem Ziel der Beseitigung tradierter Rollenzuweisungen die Möglichkeiten der Lebensgestaltung offen.[108] Voraussetzung ist dabei, daß nach materiellen Grundsätzen und nicht nach denen des formellen Verbots der unmittelbaren Diskriminierung verfahren wird.[109]
Der zweite Aspekt der Neutralität des Rechts betrifft die Frage des Verhältnisses von Staat und Geschlecht vor dem Hintergrund seines neutralen Verhaltens gegenüber individuellen Interessen. Staatliche Maßnahmen sollen vermittelnd und ausgleichend erfolgen, keinesfalls aber subjektiv bevorzugend. Ist das Recht aber tatsächlich nicht objektiv und neutral, so schreiben staatliche Regelungen, welche dies ermöglichen, den status quo fest und privilegieren Männer, das heißt, sie sind parteilich.[110]
Um das Problem zu verdeutlichen, seien hier nur einige Beispiele zu nennen. Sachliche Gründe der Benachteiligung im Erwerbsleben, wie die Dauer der Betriebszugehörigkeit, Qualifikation und Vollarbeitszeit, erscheinen zunächst als neutrale Begriffe. Frauen weisen indes aufgrund ihres diskontinuierlichen Berufsverlaufs grundsätzlich eine kürzere Dauer der Betriebszugehörigkeit auf als Männer.[111] Auch sind Qualifikationen selbst stets

---

[103] Dazu oben Kapitel 1, II. 1. b).
[104] *B. Degen*, STREIT 1993, S. 43 (50).
[105] *E. Kocher* KJ 1999, S. 182 (184).
[106] *N. Lacey*, HFR Nr. 11 1996, S. 1 (2).
[107] *C. MacKinnon*, (1991) 100 Yale LJ 1281 (1288).
[108] *K.-J. Bieback*, 1997, S. 95ff.
[109] *W. Däubler*, 1988, S. 625.
[110] *S. Baer*, KritV 1994, S. 154 (159).
[111] Dazu oben Kapitel 1, I d) bb).

auf ihren geschlechtsspezifischen Gehalt hin zu hinterfragen.[112] Durch den Ausschluß teilzeitbeschäftigter vom Ausgleich für Überstunden als Entschädigung für den Verlust an Regenerationszeit wird der Freizeitbegriff einseitig definiert. Denn für Frauen gibt es Arbeits-, Kinderbetreuungs-, Hausarbeits- und Freizeit, für Männer dagegen nur Arbeits- und Freizeit.[113] Ein an materieller Gleichheit ausgerichtetes Recht muß daher scheinbar neutrale Rechtsbegriffe stets hinsichtlich ihres geschlechtsspezifischen Gehalts hinterfragen. Hierbei stellt sich im Anschluß die Frage, wie ein die soziale Realität der Lebensentwürfe der Geschlechter und die strukturelle Benachteiligung erfassendes Recht der Gleichberechtigung auszugestalten ist.

c) Konsequenzen für ein rechtsbezogenes Handeln

Vor dem Hintergrund dieser - nicht abschließenden - Kritikpunkte stellt sich die Frage, wie sich Fraueninteressen so in das Recht einbeziehen lassen, daß tatsächliche Veränderungen des Geschlechterverhältnisses bewirkt werden. Auszumachen ist hier ein Wechsel der Überlegungen von Juristinnen und Juristen ausgehend von der Befassung mit bestehenden Normen hin zu einer Skepsis bezüglich der Verwendung des - aufgrund nur einseitig Interessen reflektierenden und damit für Frauen ungeeigneten - Rechts.[114] Im folgenden soll versucht werden, einen Überblick über die Entwicklung und die verschiedenen Argumente in der durch die feministischen Theorien stark beeinflußten frauenwissenschaftlichen Rechtstheorie und -praxis zum Gleichberechtigungsrecht zu geben, die sich mit seiner Bedeutung und notwendigen Ausgestaltung als Ausprägung des allgemeinen Gleichbehandlungsgrundsatzes befassen.
Unterschieden wird dabei zwischen den beiden Komponenten des Rechts der Gleichbehandlung: die „Behandlung" sowie die „Gleichheit". Erste meint das ‚Wie', das heißt formelle oder materielle Gleichbehandlung, die zweite ihre inhaltliche Ausgestaltung.

aa) Die „Behandlungs"-Komponente

Dworkin differenziert zwischen „Gleichbehandlung" (equal treatment) und „Behandlung als Gleiche" (treatment as an equal).[115] Hiernach erfaßt erste das *gleiche* Recht sich in der gleichen Position befindenden Personen, wie zum Beispiel das Wahlrecht Volljähriger. Es erfolgt eine Gleichbehandlung im Sinne der iustitia directiva als Form rechtsstaatlicher Gleichheit. Nicht erfaßt wird indes das von *Campbell* angeführte Beispiel struktureller Benachteiligung: „To be born a dwarf is not to be discriminated against, but to be disqualified from voting on grounds of size, or to be allowed to vote only where ballot boxes are five feet above the ground".[116] Es handelt sich hierbei um eine formell gleiche Behandlung mit faktisch ungleichem Resultat aufgrund des nicht berücksichtigten Größenunterschieds der Wahlberechtigten. Um diese Ungleichheit erfassen zu können, müssen Güter entsprechend der Differenz zwischen ungleichem Ausgang und angestrebtem gleichen Ergebnis im Rahmen der iustitia distributiva verteilt werden. Für das Beispiel folgt daraus, daß die Wahlurnen zur Inanspruchnahme der tatsächlichen Möglichkeit der Wahlbeteiligung aller Wahlberechtigten so beschaffen sein müssen, daß sie auch von den kleinsten

---

[112] *U. Teubner*, 1992, S. 44 (47); *K. Gottschall*, 1998, S. 72ff.; dazu oben Kapitel 1. III. b) und c).
[113] R. *Holtmaat*, (1995) 24 (4) ILJ 387 (390ff.); dazu unten Kapitel 4, II. 2. a) aa) (a) (dd) (2).
[114] *M. Bode*, STREIT 1996, S. 9ff.
[115] R. *Dworkin*, 1978, S. 227.
[116] *T. Campbell*, 1988, S. 16.

Wählern zu erreichen sind. Nach Dworkin bedeutet „treatment as an equal" demnach „the right to be treated with the same respect and concern as everybody else". Dies darf sich damit aufgrund der Berücksichtigung der unterschiedlichen Ausgangsbedingungen derer, denen gleicher Respekt zuteil sein soll, nicht auf die Anwendung gleicher Rechte beschränken: „If I have two children, and one is dying from a disease that is making the other uncomfortable, I do not show equal concern if I flip a coin to decide which should have the remaining dose of a drug".[117] „Treatment as an equal" ist im Kontext der Gleichberechtigung der Geschlechter vor dem Hintergrund der in Kapitel 1 beschriebenen strukturellen Diskriminierung als Ursache für die Benachteiligung von Frauen im Erwerbsleben ein angemesseneres Konzept als das des „equal treatment". Denn es setzt keine gleichen Ausgangsbedingungen der Geschlechter voraus und begegnet damit auch formellen Gleichbehandlungen mit materiell diskriminierender Wirkung.

bb) Die „Gleichheits"-Komponente

Die zweite Komponente des Rechts der Gleichbehandlung ist die „Gleichheit", in deren Rahmen verschiedene Modelle der formellen Gleichheit von Frauen und Männern [dazu im Anschluß (a)] sowie der materiellen Gleichheitsansätze der Differenz der Geschlechter [dazu im Anschluß (b)], der Dominanz [dazu im Anschluß (c)] und der Gleichwertigkeit [dazu im Anschluß (d)] vertreten werden.

(a) Gleichheit: Frauen als Männer

Die Forderung nach der Gleichheit aller Menschen der Französischen Revolution wurde zum Auslöser der feministischen Bewegung, die sich anfangs auf die Forderung nach formeller Gleichheit der Geschlechter beschränkte. Aufgrund der Erkenntnis der politischen Trennung von Staat und Gesellschaft und des Ausschlusses von Frauen von Staat und Erwerbsleben forderten insbesondere *Olympe de Gouge* und *Mary Wollestonecraft* in „Vindication of the Rights of Women" aus dem Jahr 1792 die Gleichbehandlung von Frauen und Männern.[118] Erste schrieb im Jahr 1771: „Ich biete ein untrügliches Mittel an, die Würde der Frauen zu heben, nämlich sie mit Männern zusammen an allen Erwerbszweigen teilhaben zu lassen."[119] Neben ihnen haben sich *John Stewart Mill* und *Theodor G. von Hippel*[120] für die Interessen von Frauen eingesetzt. Aufgrund ihrer Befürwortung der persönlichen Freiheit, die im Bereich des Privaten gewährleistet werden müsse, setzten sie der Trennung des Privaten von der Öffentlichkeit indes ebensowenig entgegen.[121] So schrieb *Hedwig Dohm* im Jahr 1876, „(e)ntweder ist das Weib ein ganzer Mensch und damit vollberechtigt, in den Genuß aller Menschenrechte zu treten, oder sie ist weniger als ein Mensch nur ein Werkzeug zur Erhaltung des eigentlichen Menschen, des Mannes. Sie entschieden sich für letzteres."[122]

---

[117] R. *Dworkin*, 1978, S. 227.
[118] *M. Wollestonecraft*, 1792.
[119] *Olympe de Gouge*, 1978 und 1981, S. 45; vgl. hierzu *U. Gerhard*, 1990, S. 188 (196f.); *F. Hassauer*, 1990, S. 320ff.; *A. Maihofer*, 1990, S. 351 (355f.).
[120] *J. S. Mill*, 1869; *T. G. von Hippel*, 1792.
[121] Insbesondere *J.S. Mill*, 1910, S. 9; kritisch hierzu *K. O'Donovan*, 1984, S. 2ff.
[122] *H. Dohm*, 1876, S. 105; dazu *B. Degen*, STREIT 1993, S. 43 (44f.).

Die sogenannte erste Phase des späteren Feminismus bezog sich unter dem Motto „Das Persönliche ist politisch“[123] auf die Anwendung des Rechts auf Frauen als Forderung gegen die Unsichtbarkeit und Ignoranz männlicher Dominanz in der Privatsphäre. In der Annahme der Neutralität des Rechts ging man davon aus, daß das Gleichheitsprinzip lediglich auf Frauen ebenso wie auf Männer angewendet werden müsse, um Gleichheit zu erreichen.[124] Trotz seiner formellen Ausrichtung verfolgt dieser Ansatz aber erstmals das Ziel, der Trennung der Bereiche der Öffentlichkeit und des Privaten zu begegnen, in denen das Geschlecht kein Differenzierungsgrund darstellen sollte. Allerdings tendiert dieser Ansatz zu einer vorschnellen Preisgabe seiner selbst an die von ihm selbst in Frage gestellten Vorstellungen über das Geschlechterverhältnis und impliziert daher, daß Frauen genauso an der Öffentlichkeit teilhaben können wie Männer. Die Überlegung, daß Gleichheit der Geschlechter zu erreichen ist, wenn Frauen in die männliche Konstruktion des Rechts mit einbezogen werden, erkennt nicht, daß die den Anschein der Neutralität und Objektivität erweckende Rechtssprache als Bezugsperson „Mann“ und nicht „Frau“ definiert und damit stets verschiedene Auswirkungen auf die Geschlechter hat.[125] Hierzu stellte *MacKinnon* pointiert fest: „Why should anyone have to live like white men to get what they have, given that white men do not have to be like anyone except each other to have it? Since men have defined women as different to the extent they are female, can women be entitled to equal treatment only to the extent they are not women?“[126]
Hinsichtlich des Gleichbehandlungsgrundsatzes folgt daraus laut *Maihofer*, daß es für Frauen wichtig ist, „darauf zu insistieren, daß die Bestimmung des Maßstabes ein politischer und gesellschaftlicher Akt ist, an den die Menschen, die an ihm gemessen werden sollen, auch beteiligt werden müssen, so auch Frauen“.[127] Diese Bestimmung des Maßstabes der Gleichheit setzt jedoch zunächst voraus, seinen Inhalt zu problematisieren.

(b) Differenz: Frauen als Frauen

Die bislang fehlende Berücksichtigung weiblicher Realität als Inhalt des Maßstabs der Gleichheit wird im Rahmen der Differenzansätze, der sogenannten zweiten Phase des Feminismus,[128] betont, die in Abgrenzung zu den oben geschilderten Gleichheitsbestrebungen hervorgebracht werden. Der männliche Standard des Rechts ist nicht nur nicht neutral, sondern beinhaltet eine Wertung. Er weist sich selbst ohne Berücksichtigung weiblicher Lebensweisen eine höhere Position zu, die erreicht werden muß, bevor eine Teilnahme an der Öffentlichkeit überhaupt gerechtfertigt werden kann,[129] und erlaubt damit kein Nebeneinander verschiedener Daseinsformen.[130] Die Differenzansätze, die insbesondere von *Gilligan* und *Irigaray*[131] vertreten werden, versuchen durch die Analyse der Charakteristiken, die Frauen von Männern unterscheiden, gerade diese Parallelität weiblicher und männlicher Lebensweisen hervorzuheben.

---

[123] Im Englischen „the personal ist political“; dazu *K. O'Donovan*, 1984, S. 2ff.; *A. Phillips*, 1995, S. 36f. (insb. Kap. 4).
[124] Hierzu ausführlich *C. Pateman*, 1989, Kap. 6.
[125] *H. Barnett*, 1998, S. 127.
[126] *C. MacKinnon*, (1991) 100 Yale LJ 1281 (1287).
[127] *A. Maihofer*, 1990, S. 351 (359).
[128] Im Englischen auch Difference oder Cultural Feminism.
[129] *K. O'Donovan*, 1984, S. 171; *H. Barnett*, 1998, S. 131.
[130] *A. Maihofer*, 1990, S. 351 (359).
[131] *C. Gilligan*, 1982; zu *L. Irigaray* vgl. *M. Whitford*, 1991.

Gilligan entwickelte eine sogenannte „weibliche Ethik" („ethic of care"), die sie bei Mädchen in ihren psychologischen Untersuchungen entdeckt hat und der „Ethik der Gerechtigkeit" („ethic of justice") entgegensetzt.[132] „The moral imperative (...) (for) women is an injunction to care, a responsibility to discern and alleviate the ‚real and recognizable trouble' of this world. For men, the moral imperative appears rather as an injunction to respect the rights of others and thus to protect from interference the rights to life and selffulfillment."[133] Ungeachtet der Kritik an diesem Ansatz[134] wurden Frauen erstmals als *anders, aber nicht weniger* dargestellt. Die weibliche Ethik soll nach Gilligan nicht auf die Privatsphäre beschränkt bleiben, sondern ihren verdienten Platz in der Öffentlichkeit erhalten.[135]

Die französische Psychoanalytikerin und Philosophin *Irigaray* verlangte eine eigene Identität der Frauen, anders als noch ihre Vorgängerin *Simone de Beauvoir*, die in „Le Deuxième Sexe" 1949 zwar auch die „Andersheit" von Frauen hervorhob, dennoch aber die Gleichheit im öffentlichen Leben verfolgte. „Parler femme" ist das Ziel Irigarays Analyse. „*Als* Frau sprechen", nicht „über/wie Frau sprechen", soll den dominanten männlichen Diskurs durchbrechen.[136] „Demanding to be equal pressuposes a term of comparison (...) Equal to what? What do women want to be equal to? Men? A wage? A public position? Equal to what? Why not to themselves?"[137] Die Differenz der Frau ist in ihrer Sexualität zu finden, der femininen „jouissance".[138] Irigaray ermöglicht durch ihren Ansatz, Frauen nicht als „anders" zu sehen, sondern als „anders gleich" und weist ihnen eine eigenständige Subjektposition im Recht zu.[139] Sie formuliert somit ein Ideal und Potential für die Subjektivität von Frauen durch eine Dekonstruktion von Frauen als dem „Subjekt" untergeordnete "Objekte".[140]

Wie die Differenzansätze sich die rechtliche Umsetzung ihrer Erkenntnisse vorstellen, ist indes nicht vollständig geklärt. Zwar wird das Recht als solches befürwortet. Unklar bleibt jedoch seine Ausgestaltung. In Abgrenzung zu den Gleichheitsansätzen, die Frauen zwingen, ihre Differenz zu verleugnen, plädiert Irigaray für „geschlechtsdifferenzierte bürgerliche Rechte", die den Unterschieden der Frauen gerecht werden.[141] Umgesetzt in Sonderrechte für Frauen erscheint dies jedoch problematisch. Zunächst bleibt die männliche Norm als Standard auch hier unangetastet. Denn Sonderrechte hinsichtlich der Unterschiede von Frauen werden über die Gleichheit bzw. Ungleichheit des Gleichheitsrecht

---

132 Sie untersuchte einen Jungen (Jack) und ein Mädchen (Amie), welche dieselben sozialen wie intellektuellen Eigenschaften aufwiesen. Ihnen wurde die Frage gestellt, was sie anstelle von Heinz tun würden, dessen Frau krank ist, der sich aber die Medikamente aus der Apotheke nicht leisten kann. Jack sagte, Heinz solle stehlen, da ein Gesetz, das dies bestrafe, unrecht sei. Amie zog ein Darlehen und potentielle Einwirkungen auf die Ehe und der persönlichen Beziehung im Falle eines Diebstahls in Erwägung. Gilligan kommt zu dem Schluß, daß beide Kinder tiefgründig, aber durchaus verschieden, argumentieren. Jack folgt den Gesetzen der Logik, Amie der „weiblichen Ethik". Die männliche Ethik des Rechts verfolgt individuelle Ansprüche zu Lasten von natürlichen Bindungen. Die weibliche Ethik dagegen versucht, zugunsten der Beziehungen und Bindungen Lösungen zu finden, in denen Einzelansprüche aufgehen.

133 *C. Gilligan*, 1982, S. 100.

134 *O. Flanagan/K. Jackson*, 1990, S. 37ff.

135 Siehe hierzu *C. R. Sunstein*, 1990, S. 1 (2).

136 Ausführlich *M. Whitford*, 1991, S. 38ff.

137 *L. Irigaray*, Equal or different?, S. 31.

138 Siehe *L. Irigaray*, 1985; vgl. zur Kritik an Irigarays „Essentialismus" *T. Moi*, 1985; *J. Butler*, 1990; *M. Whitford*, 1991, S. 170ff.

139 *M. Whitford*, 1991, S. 49ff.

140 *H. Barnett*, 1998, S. 175

141 *L. Irigaray*, 1990, S. 338ff.; *dies.*, 1974 (franz.) S. 149; (engl.) 1985, S. 119; hierzu *M. Whitford*, 1991, S. 184.

definiert, welches festlegt, wann Differenz, die nicht vom Gleichheitsrecht erfaßt ist, vorliegt: „(M)an has become the measure of all things".[142] Somit sind Gleichheits- und Differenzansätze demselben Dilemma ausgesetzt: "(B)oth of the approaches presume that men are the norm against which women-as-different or women-as-equal are measured. In this respect neither the difference nor the equality approach begins to tackle the problem of the power of law to proclaim its neutrality."[143] Erlaubt man zudem eine bevorzugte Behandlung, so liegt im Umkehrschluß die Benachteiligung nicht fern.[144] In diesem Zusammenhang hat sich der Ausdruck „(It may) often turn out to be (...) a double-edged sword" etabliert.[145] Werden Arbeitgeber verpflichtet werden, Frauen spezielle Rechte einzuräumen, so könnten sie dazu tendieren, von vorne herein überhaupt keine Frauen mehr einzustellen. Darüber hinaus bestärkt eine „Sonderbehandlung" von Frauen die Vorstellung, Frauen seinen tatsächlich verschieden und erhält tradierte Vorstellungen des Geschlechterverhältnisses aufrecht. Demzufolge verdeckt ein Ansatz, der Frauen spezielle Rechte einräumen will, eher die strukturellen Ursachen der Benachteiligung anstatt ihnen zu begegnen.[146]
Jedoch sind im Hinblick auf den biologischen Unterschied zwischen den Geschlechtern spezielle Rechte in begrenztem Umfang in der Tat unumgänglich.[147] Das Problem, welches sich aus dem Spannungsverhältnis zwischen Gleichheit und Differenz ergibt, könnte nach Ansicht *Youngs* aber gelöst werden, die argumentiert, daß spezielle Rechte aus einer Perspektive ‚speziell' sind, aus einer anderen aber genauso gut als notwendig für die Gewährleistung der Gleichheit erachtet werden könnten.[148]

(c) Dominanz: Differenz als Unterdrückung

Nach dem sich auf die Analyse der Neutralität und des männlichen Standards des Rechts stützenden Dominanzansatz *MacKinnons* darf die Gleichberechtigung nicht im Rahmen der Gleichheits- und Differenzansätze stattfinden. Vielmehr bedeutet es für diejenigen, die den Anforderungen an die Vergleichbarkeit[149] nicht gewachsen sind, daß sie nicht nur anders sind, sondern auch inferior, weil der Gleichheitssatz ihre Andersartigkeit nicht wertschätzt. Differenz wird hier zur Unterordnung. „It is this hierarchy that defines whatever difference matters, not the other way around (....) What happens seems less exactly

---

[142] *C. MacKinnon*, 1987.
[143] *C. Smart*, 1989, S. 297. Des weiteren sei auch eine Kombination von beiden Ansätzen nicht durchführbar, da beide Modelle sich gegenseitig ausschließen. „Hence it appears impossible to apply one principle in one set of circumstances and the other in another. To promote one within the legal system as it stands means that we inevitably undermine the other." Siehe auch *W. Williams*, 1991, S. 15 (26): „We can't have it both ways, we need to think carefully about which way we want to have it."
[144] *H. Fenwick/T. K. Hervey*, (1995) 32 CMLRev. 443 (455).
[145] *W. Williams*, 1991, S. 15 (26).
[146] *H. Fenwick/T. K. Hervey*, (1995) 32 CMLRev. 443 (457): „(I)t masks a desire on the part of the state and employers to remove pregnant employees from the public and dangerous workplace wherever possible (...) The special protection model perpetuates liberal notions of equality in the public sphere, and implies that women's place lies in the private sphere (...)" Das Zitat bezieht sich auf eine Entscheidung des EuGH hinsichtlich des MuSchG, das spezielle Schutzrechte vorsieht.
[147] R. *A. Wasserstrom*, (1977) 24 UCLA L. Rev. 581 (611) „(T)he only fact that seems required to be taken into account is the fact that reproduction of the human species requires that the foetus develop *in utero* for a period of months".
[148] *I. M. Young*, 1990, S. 117 (118).
[149] MacKinnon verwendet die Begriffe sameness/difference, wobei sameness nicht mit Gleichheit, sondern entsprechend ihren Ausführungen eher mit Vergleichbarkeit zu übersetzen ist.

‚based on sex' than because they are women."[150] Anstelle dessen verlangt sie eine Befassung des Rechts mit der Ungleichheit von Frau und Mann.[151] Denn Frauen unterscheiden sich von Männern in genau dem Maße wie Männer von Frauen:„(W)hat sex equality law fails to notice is that men's differences from women are equal to women's differences from men. Yet the sexes are not equally situated in society with respect to their relative differences. Hierarchy of power produces real as well as fantasised differences, differences that are also inequalities. *The differences are equal. The inequalities, rather obviously, are not.*"[152]
Der Schlüssel zu der die Ungleichheit aufrechterhaltenden Gewalt liegt hiernach in der weiblichen Sexualität. Jedoch führt dieser Ansatz seine rechtliche Umsetzung nicht weiter aus. Ebenso wie der als dem Universalismus verhaftet beurteilte Gleichheitsansatz und der als essentialistisch kritisierte Differenzansatz[153] beschreibt die Theorie von der Ungleichheit lediglich, was Frauen sind, nicht aber wie sie sein könnten. Des weiteren bleibt unausgesprochen, wie zwischen ihr und dem die Sonderrechte für Frauen implizierenden Differenzansatz zu unterscheiden ist. Denn ob das Recht sich auf die Ungleichheit oder die Verschiedenheit zwischen Frau und Mann bezieht, macht konzeptionell und tatsächlich keinen Unterschied: Beide Ansätze bergen die Gefahr, zum Nachteil von Frauen eingesetzt zu werden. Sobald Unterschiede vorhanden sind, kann der Ansatz der Sonderrechte als Rechtfertigung für eine ungleiche Behandlung dienen. Wenn diese Erklärung aber als Rechtfertigung für ungleiche Behandlung dient, so kann sie ebenso die Ungleichheit rechtfertigen.[154] Zwar ist der Dominanzansatz in der Lage, durch Erklärung der Ursachen der Benachteiligung von Frauen anhand von Machtbeziehungen die scheinbare Neutralität und Objektivität des Rechts zu erklären und so einen Weg aus dem „feministischen Dilemma"[155] der Gleichheits- und Differenzansätze weisen.[156] Ihm ist aber der von ihm selbst in Frage gestellte Universalismus und Essentialismus benannter Modelle entgegenzuhalten: der Universalismus insoweit, als MacKinnons Theorie selbst undifferenziert von der Homogenität der Charakteristiken aller Frauen ausgeht, der Essentialismus dahingehend, daß sie die Sexualität von Frauen überbetont, indem sie als sexuelle Objekte in die Opferrolle männlicher Gewalt gedrängt werden.[157] Anders als Irigaray, die Frauen mit ‚parler femme' eine eigene Identität verleiht, verharrt MacKinnon im Ansatz ihrer Kritik insoweit, als sie nicht die Konsequenzen ihrer Theorie für die mit Macht zu versehenden Frauen erläutert. Der Dominanzansatz vermag dem „feministische Dilemma" folglich nur begrenzt zu entgehen.

(d) Gleichwertigkeit

Cornell bemüht sich im Rahmen des von ihr vertretenen Konzepts der „gleichwertigen Rechte" („equivalent rights"), eine gerechtere Gesellschaft zu ermöglichen, welche die weiblichen Werte anerkennt.[158] In Anlehnung an die Analyse Irigarays von der „Identität des Femininen" und die Erkenntnis MacKinnons hinsichtlich der Ursachen der Benachteiligung als Dominanz und Unterordnung geht das Konzept gleichwertiger Rechte einer-

---

150 *C. MacKinnon*, (1991) 100 Yale LJ 1281 (1294, 1296f.).
151 *C. MacKinnon*, (1982) 34 StanLR 703ff.; *dies.*, (1991) 100 YLJ 1281 (1297).
152 *C. MacKinnon*, 1989, S. 224f. Kursiv hinzugefügt.
153 Dazu *E. Kocher*, KJ 1999, S. 182 (192) m.w.N.
154 *K. O'Donovan/E. Szyszczak*, 1988, S 9; *T. K. Hervey*, 1993, S. 32.
155 *S. Baer*, KrimJour 1996, S. 242ff.
156 *K. O'Donovan/E. Szyszczak*, 1988, S. 8.
157 *D. Cornell*, (1990) 100 Yale LJ 2247ff.; *dies.*, 1991, S. 151.
158 *D. Cornell*, 1991, 1991a. So auch *A. Maihofer*, 1990, S. 351ff.

seits zwar grundsätzlich vom Bestehen der Geschlechterdifferenz aus, andererseits bleibt es auch auf das Gleichheitsprinzip angewiesen.[159] „Equivalent rights, although meant to challenge gender hierarchy, do not do so by erasing sexual difference. Further, equivalent rights should not be understood as only a means to the end of sexual difference. Instead, a programme of equivalent rights seeks to value the specifity of feminine sexual difference.“[160]

Dem Konzept der Gleichwertigkeit werden praktische Umsetzungsprobleme entgegengehalten. Der Begriff (Gleich*wertig*keit) sei offen und ausfüllungsbedürftig, so daß er Raum für Manipulationen bzw. herrschende Wertvorstellungen beließe.[161] Daher wird dem von *Maihofer* kritisierten Bezugsrahmen für die Bewertung der Gleichwertigkeit ein pluraler Maßstab entgegengehalten. Sie fordert „eine positive nicht-hierarchische Anerkennung ‚weiblicher' Differenz", um „der Logik des *einen* Maßstabes eine *plurale* Logik entgegenzusetzen; das heißt, ein Denken zu entwickeln, das es ermöglicht, verschiedene Maßstäbe und damit verschiedene menschliche Lebensweisen als ‚gleichwertig' anzuerkennen."[162] Hierbei bedeutet die Anerkennung der Differenz nicht eine Ablehnung des Gleichheitsprinzips, sondern eine Weiterentwicklung desselben. Denn das Fortbestehen der Benachteiligung von Frauen beruht nicht auf der Unzulänglichkeit des Gleichheitssatzes, sondern auf seiner unzureichenden Verwirklichung.[163] In Anlehnung an Irigarays Vorstellung von „anders, aber dennoch gleich" ist es möglich, die kulturelle Diversität, die sich aus der Geschlechterdifferenz ergibt, nicht durch Egalisierung, die lediglich zu „Nivellierung, Gleichmacherei und Monotonie à la Unisex"[164] führte, zu vereinheitlichen. Dies ähnelt der Idee der Androgynie, die – um Mißverständnissen zu begegnen - nicht das „Einheitsgeschlecht" beschreibt.[165] Sie verfolgt das Ziel, Männern und Frauen gleichermaßen zu erlauben, gesellschaftlich unterdrückte Aspekte ihrer Natur zu entwickeln.[166] Auf diese Weise können sowohl Frauen als auch Männer das Verdrängte in ihnen, also weibliche Merkmale der Männer und männliche der Frauen, zum Vorschein bringen und somit zum "ganzen" Menschen werden.[167] Konkret bedeutet dies, die angeführte „Polarität des Entweder-Oder"[168] aufzuheben oder auch die „Egalität der Differenz" anzustreben.[169] Hieran anknüpfend sollte ein Konzept gleichwertiger Rechte durch die Erkenntnisse MacKinnons über die Ursachen der Benachteiligung informiert auf der ‚Gleichheitsebene' als Hierarchisierungsverbot und das Geschlechterverhältnis als Dominanz verstanden werden. Auf der ‚Differenzebene', von der das Modell ausgeht, müssen die positiven Aspekte der Differenzansätze einfließen, um Alternativen zum Gegebenen zur Verfügung zustellen, die den dominanten Diskurs nicht ersetzen, sondern ergänzen und insgesamt einen pluralen Diskurs ermöglichen.

---

[159] *E. Kocher*, KJ 1999, S. 182 (193f.).
[160] *D. Cornell*, (1990) 100 Yale LJ 2247ff.
[161] *R. Lautmann*, 1990, S. 47.
[162] *A. Maihofer*, 1995, S. 351 (352, 359f.); ebenso *E. Kocher*, KJ 1999, S. 182 (193).
[163] *A. Maihofer*, 1995, S. 157f.
[164] *R. Lautmann*, 1990, S. 46.
[165] Ebenda.
[166] *L. Code*, 64 (1986) Australian Journal of Philosophy 48 (53).
[167] *C. A. Littleton*, 1991, S. 36.
[168] *R. Lautmann*, 1990, S. 46.
[169] *F. Hassauer*, 1990, S. 320 (334); ähnlich *B. Degen*, STREIT 1993, S. 43 (49), die eine Ausgestaltung des Gleichheitsrechts verlangt als „gleiche materielle Existenzsicherung, gleiche Zugangsrechte und gleiche Berufschancen" verbunden mit dem Recht auf ‚Differenz' als „die Möglichkeit, die Lebensmuster der Männer *nicht* leben zu müssen und trotzdem vor Diskriminierungen geschützt zu werden".

cc) Zusammenfassung

Das Recht, nicht wegen des Geschlechts diskriminiert zu werden, besteht als Ausprägung des Gleichbehandlungsgrundsatzes aus zwei Komponenten. Die erste, die „Behandlung", erfaßt nicht nur die formal gleiche Anwendung gleicher Rechte, sondern muß, insbesondere um den Ursachen der Benachteiligung von Frauen im Erwerbsleben begegnen zu können, hinsichtlich der ungleichen Ausgangsbedingungen der Geschlechter auch formelle Gleichbehandlung als materielle Diskriminierung berücksichtigen. Die Ausgestaltung der zweiten Komponente, die „Gleichheit", ist umstritten. Festzustellen ist, daß im Hinblick auf die Gleichberechtigung der Geschlechter ein nur formeller Gleichheitsansatz aufgrund des Phänomens der Trennung der Öffentlichkeit und der Privatsphäre sowie der nur scheinbaren Neutralität und Objektivität des Rechts nicht mehr ernsthaft vertreten wird bzw. werden kann. Der hiergegen hervorgebrachte Differenzansatz sieht sich gleicher Kritik ausgesetzt. Denn auch er kann den einseitigen Maßstab des Gleichheitsrechts nicht überwinden. Das diesen sowie den Dominanzansatz umfassende Modell der Gleichwertigkeit ist zwar wertungsoffen und ausfüllungsbedürftig, ermöglicht jedoch, verschiedene Maßstäbe und damit verschiedene Lebensweisen als gleichwertig anzuerkennen. Er bedeutet keine Aufgabe, sondern eine Weiterentwicklung des bislang nur unzureichend verwirklichten Gleichheitsprinzips und stellt damit ein durchaus geeignetes Modell zur Bestimmung des Inhalts der „Gleichheits"-Komponente des Gleichberechtigungsrechts dar.

d) Recht als Mittel sozialer Veränderung

Angesichts der aufgezeigten Grenzen des Gleichheitsprinzips gehen die Ansichten insoweit auseinander, als einige das Recht als Mittel für einen sozialen Wandel nutzen,[170] andere dagegen auf eine rechtliche Regelung verzichten wollen. Das Recht ist nicht objektiv und neutral, sondern vergeschlechtlicht. So stellt sich die Frage, ob es überhaupt zu einer tatsächlichen Veränderung beitragen kann oder ob seine Verwendung die Gefahr birgt, die kritisierte Funktion des Rechts zur Aufrechterhaltung des bestehenden Geschlechterverhältnisses zu bestärken.[171]

aa) *Carol Smart* und „the power of law"

Zu nennen ist hier insbesondere *Smart*, nach der die Neutralität des Rechts seine Macht und somit diejenige seiner (männlichen) Verfasser sei. Dieser Ansatz ist insoweit von Bedeutung, als er auf die Probleme hinweist, die sich aus der Verwendung des Rechts als Mittel sozialer Veränderung ergeben. Auch wenn er m.E. im Ergebnis abzulehnen ist, hat er doch weiterhin wesentlichen Einfluß auf die Debatte um die Gleichberechtigung von Frauen und Männern.

Zentraler Kritikpunkt ist die Macht des Rechts (power of law), die es aus seinem Anspruch auf Wahrheit erfährt.[172]

Erstens müsse man die Sprache des Rechts, seine Methoden und Verfahren anwenden und akzeptieren, will man mit ihm in soziale Verhältnisse eingreifen. Diese, maskulin ge-

---

170 So z.B. *U. Gerhard*, 1990, S. 188ff.; *C. MacKinnon*, KritV 1994, S. 363ff.

171 *N. Lacey*, HFR Beitrag 11, 1996 S. 1ff.

172 *C. Smart*, 1989, S. 9ff.; N. *Lacey*, HFR Beitrag 11, 1996, S. 1ff.: „The argument is that law (...) constitutes itself as self-contained, as a self-producing system."

prägt, verschließen sich indes gegenüber frauenspezifischen Bedürfnissen (,androcentric' standard). Jedoch „verführt" das Recht Vertreter der feministischen Bewegung aufgrund seiner stets zentralen Bedeutung im Rahmen des täglichen Lebens wie auch der Politik dazu, sich seiner als Mittel gesellschaftlicher Veränderung anzunehmen, was die Idee manifestiert, das Recht könne tatsächlich etwas bewegen. Trotz (frauenwissenschaftlicher) Kritik an geschlechtsspezifischer Konstruktion und Wirkung des Rechts und seiner nur scheinbaren Neutralität, wird es dadurch zugleich weiter legitimiert.
Zweitens führe die sogenannte ,juridogenic nature of law' dazu, daß das Recht gerade wegen seiner Schwächen zu ungewollten Ergebnissen führt, was wiederum den Schluß nahelegt, es werde noch mehr Recht benötigt, um seine Defizite zu überwinden. Als Beispiel führt Smart das Problem des Kindesmißbrauchs an, dem sich das Recht zunehmend angenommen hat, dabei jedoch auf die Belange der Opfer wenig Rücksicht nimmt und damit den Schaden häufig noch intensiviert.[173] Dies führt zu weiterem Bedarf an Regelungen zum Schutz der Opfer, was jedoch die Gefahr birgt, den eigentlichen Ursachen des Kindesmißbrauchs nicht hinreichend zu begegnen.
Drittens sei die Macht des Rechts (law's power) immun gegenüber alternativen Diskursen, so daß es - auch wenn das Recht infolge seiner durch den ,androcentric standard' und die 'juridogenic nature' wachsenden Macht stetig attraktiver für feministische Überlegungen wird - nicht in der Lage ist, soziale Veränderungen zu bewirken. Es produziert seine anscheinend objektive Kenntnis und Wahrheit und läßt anderen Wahrheiten keinen Raum.[174] Die oben beschriebene Gleichheit/Differenz-Dichotomie ist ein Beispiel hierfür, weil sie die Neutralität des Rechts nicht zu überwinden vermag.[175]
Die „Dezentralisierung" des Rechts ist Smarts Ansatz, den sie dem Problem der Macht des Rechts entgegensetzt (de-centralise law). Die Gleichheits- und Differenzansätze vermittelten ebenso wie die Theorie der Ungleichheit von MacKinnon den Anspruch, allgemeingültig zu sein, seien aber offen für Interpretation und Manipulation.[176] Das Recht ist hingegen keine Einheit, so Smart, sondern ein vielfältig und differenziert funktionierendes System. Genau diese Differenziertheit müsse dezentralisiert werden.[177] Jede große Theorie trägt einen Anspruch auf Wahrheit in sich, so auch frauenwissenschaftliche Theorien, welche die „Wahrheit über die Frau" als Gegenstück zur „Wahrheit über den Mann" konstruieren und somit abstrakt und essentialistisch suggerieren, das Recht sei eine Einheit und Frauen eine homogene Gruppe. Gerade diese „Wahrheit über die Frau" impliziert ebenso wie die „Wahrheit über den Mann" Normalität. Smart geht davon aus, daß Frauen einen Platz außerhalb dieser Wahrheiten einnehmen, in denen Kenntnis und Normalität produziert werden und jegliche Anerkennung der Außenseiterposition zunichte gemacht wird. Smart schlußfolgert, daß das Recht, gerade weil es so einflußreich ist und die Macht der Definition besitzt, nicht als Mittel für soziale Veränderung verstanden werden darf, sondern genau diese Macht in Frage zu stellen ist. „(It) is important to resist the temptation law offers, namely the promise of a solution. It is equally important to challenge the

[173] *C. Smart*, 1989, S. 64f., 161.
[174] Ebenso R. *Sandman*, (1995) Feminist Legal Studies 6: „(Other knowledges are) not merely denied the status of truth but are 'subjugated', 'othered', rendered inaudible and un-real".
[175] *C. Smart*, 1989, S. 62ff.
[176] *C. Smart*, 1989, S. 68ff.
[177] *C. Smart*, 1989, S. 88f., 163ff. Dazu R. *Sandman*, (1995) Feminist Legal Studies S. 8f. Smarts Überlegungen sind hier stark von den Vertretern der Postmoderne und des Poststrukturalismus beeinflußt. Von Foucault übernimmt sie das Diskursprinzip als Hilfe für die Erkenntnis über die Zusammenhänge von Macht und Wissen. Derridas Methode „sous rature", mit Hilfe derer er versucht, die Metaphern und Symbolik, die Sprache produziert, zu dekonstruieren und so ihren wahren Inhalt zu verstehen, tritt bei Smart in ihrem Argument der Dezentralisierung zu Tage.

power of law and to insist on the legitimacy of feminist knowledge and feminism's ability to redefine the wrongs of women which law too often confines to insignificance."[178]
Smarts Skepsis hinsichtlich der Eignung des Rechts für tatsächliche gesellschaftliche Veränderungen wird von nicht wenigen geteilt.[179] Anders jedoch gilt es nach *Hardwig*, die persönliche Beziehung zwischen Männern und Frauen zu ändern, wofür Rechte hinderlich sind. „To think in terms of rights is thus to invite me to see my interests as separable from and conflicting with your interests. It is to suggest that I should think in terms of ‚I' or ‚I versus you' instead of in terms of ‚we'."[180] Kritik und Argumente sollen hier exemplarisch für andere stehen. Auch wenn die Schwächen auf der Hand liegen, daß Smart nämlich eine Theorie anbietet, die sich in der Praxis kaum umsetzen läßt, sind einige ihrer Argumente tatsächlich nicht von der Hand zu weisen.

bb) Funktion des Rechts

Es gibt keinen Zweifel, daß das Recht als Mittel für soziale Veränderung beschränkt ist. Recht beruht auf demokratischem Konsens hinsichtlich gesellschaftlicher Grundvorstellungen, ist diesen notwendigerweise zeitlich nachgelagert und wird von ihnen inhaltlich bestimmt. Kritiker des rechtlichen Ansatzes sehen das Problem weitestgehend als ein durch die Konstruktion des Rechts vorgezeichnetes. Hiergegen ist einzuwenden, daß sie das Recht lediglich dafür kritisieren, wie es nun einmal notwendigerweise ist.[181] Das Recht erfüllt wesentliche Funktionen, die bei einer solchen Kritik verloren zu gehen drohen. Insbesondere ist es ein politisches Instrument, das einen gewissen Standard für angemessene Einstellungen setzen und helfen kann, bestehende Privilegien und Machtverhältnisse abzubauen.[182] Es bestätigt die Interessen der Menschen in der Gesellschaft, anerkennt Individuen als ihre Mitglieder und das weitere soziale Interesse an Solidarität. „It makes a legal statement prohibiting discrimination as wrong. That the statement may be limited, that the means may be ineffective, should not cause us to overlook the importance of such a statement in official discourse."[183] Neben dieser Funktion des Rechts hat es weiterhin auch eine wesentliche subjektive Bedeutung. In diesem Zusammenhang wird insbesondere im Hinblick auf ihre eigene Herkunft und persönlichen Erfahrungen als Farbige in den USA von *Williams* darauf hingewiesen, daß es Frauen mit durchaus unterschiedlichen Erfahrungen gibt, die eine derartige Zurückweisung und Trivialisierung des Rechts nicht teilen.[184] Für Williams als Vertreterin derjenigen, die lange Zeit quasi rechtlos gestellt waren, bedeutet das Recht in seiner formalen, normativen Ausgestaltung eine Sicherheit gegenüber anderen.
Das Recht, insbesondere das Recht gegen Diskriminierung, ist eine wertvolle Errungenschaft, das jedoch in der Vergangenheit bestimmte Gruppen in seinem eigenen Namen ausgeschlossen hat, wie es bereits die Darstellung der historischen Entwicklung in Beispielen gezeigt hat. Daß dies nicht der Fall sein muß, ist eine Frage des ihr zugrunde gelegten Maßstabs, so zum Beispiel formelle oder substantielle Gleichheit, Gleichheit als

---

[178] *C. Smart*, 1989, S. 165: „Law cannot be ignored precisely because of is power to define, but feminism's strategy should be focused on this power rather than on constructing legal policies which only legitimate the legal forum and the form of law."
[179] Vgl. auch die Skepsis von *N. Lacey*, (1986) 14 JLS 411 (418ff.).
[180] *J. Hardwig*, 1990, S. 53 (65).
[181] *J. Gardner*, 1992, S. 169.
[182] *U. Gerhard*, 1990, S. 188 (202); *H. Barnett*, 1997, S. 83.
[183] K. *O'Donovan/E. Szyszczak*, , 1988, S. 12.
[184] *P. Williams*, 1991, S. 146 (148f.).

Recht für die Bevorteilten oder als Recht gegen Benachteiligung. Auch wenn Fraueninteressen erst kürzlich in die Gerechtigkeits- und Gleichheitsdogmatik Eingang gefunden haben, so doch nur, weil das Prinzip der Gleichberechtigung überhaupt rechtlich verankert war.[185] Smart wird daher auch nicht zu unrecht vorgeworfen, selbst aus einer privilegierten Perspektive zu argumentieren. Zwar mag der Einfluß des Rechts auf die gesellschaftliche Realität in Frage gestellt werden. Ganz auf das Recht zu verzichten, würde jedoch bedeuten, seine bisherige Bedeutung für Frauen zu verneinen. (Verfassungs-) rechtliche Normierungen der Gleichbehandlung stellen eine Ausgangsbasis für jede Diskussion um substantielle Gleichheit und Gerechtigkeit dar.[186] Zudem verleiht Smart dem Recht selbst durch ihre Abstandnahme von demselben und ihre daraus folgende Konstruktion einer „vergeschlechtlichten" Theorie die von ihr so vehement kritisierte Macht. Ein vollständiger Verzicht auf das Recht macht diese zu einer Strategie des „fehlenden Widerstandes", vermittelt selbst den Anspruch auf eine ausschließliche „Wahrheit" und ähnelt folglich Theorien wie der von MacKinnon mehr als sie sich von diesen unterscheidet.[187]

e) Fazit: Gesellschaftliche Realität als Bedeutungsinhalt des Rechts

Wie gezeigt, divergieren die Ansichten hinsichtlich der Nützlichkeit des Rechts und der zu ergreifenden Schritte zur Durchsetzung der Gleichberechtigung der Geschlechter. Dennoch ist an dieser Stelle auf die Gefahr hinzuweisen, die sich aus den Theoriegebäuden ergibt, die über bestehende Theorien errichtet werden, und sich darin ausdrückt, daß sich Theorie und empirische Untersuchungen, die ja gerade notwendigerweise in die theoretischen Überlegungen mit einbezogen werden müssen, immer weiter voneinander entfernen.[188] Die benannte Rechtskritik setzt am bislang vernachlässigten Erfahrungshorizont der Betroffenen (Frauen) an. Die rechtliche Herangehensweise sollte folglich zwischen Theorie und Praxis verlaufen,[189] deren Maßstab die Lebensrealität von Frauen und Männern, nicht aber die Theorie des Rechts selbst ist. Die Auseinandersetzung mit dem Recht darf gerade nicht dort ansetzen, wo das Recht die Wirklichkeit sieht oder konstruiert. Nur so können scheinbar neutrale und objektive Leitbilder, wie zum Beispiel das Vollzeitarbeitsmodell, als diskriminierende Definitionen erfaßt werden.[190] Durch die Einbeziehung der Erfahrungsperspektive von Frauen wird dem Recht sodann tatsächlich eine Vollständigkeit und Ganzheit verliehen[191] und der Fehlschluß von der Autonomie des Rechts auf

---

185 *U. Gerhard*, 1990, S. 188ff.

186 *H. Barnett*, 1998, S. 203.

187 R. *Sandman*, (1995) Feminist Legal Studies 16ff.: „(It) becomes a Truth in itself (...) (and) begins to look suspiciously like a Grand Theory".

188 So auch *M. Maynard*, (1995) 3 Women's History Review: „Theorising should be seen as a creative and innovatory activity which is essential to any attempt at understanding the social world. Further, it is likely to involve drawing upon a range of approaches and ideas, rather than a set of views dictated by a particular perspective."

189 *A. Bottomly*, 1993, S. 86.

190 *S. Baer*, KritV 1994, S. 154 (161).

191 *A. Bottomly*, 1993, S. 88f, 90f.: „The figure of women is constantly within both the practice and discourse of law (...) Recognising this figure is to recognise that the power of law rests on a very fragile base (...) (T)he figure of the feminine, a constant movement of absence/presence, is a recognition of this; even when seemingly projected as external to law (...) (T)he unified male subject is only very tenuously held together and is a central aspect of law's fragility".

seine Unabhängigkeit von sozialem und gesellschaftlichem Geschehen offengelegt.[192] Ansätze, welche die Erfahrungen von Frauen mit einbeziehen, können dann auch zeigen, wie die Realität durch das Recht bestimmt wird, auch wenn es diese nicht regelt.[193] So ist auch die Privatsphäre als steter Aufenthaltsraum von Frauen – wie von Hegel so prägnant beschrieben[194] – durch die bewußte Abwesenheit des Rechts geprägt. Dies hinterläßt indes keinen rechtsfreien Raum, sondern zeigt sich als „selektiv geregelt"[195] mit der Folge der Aufrechterhaltung tradierter Rollenteilung und Diskriminierung. Die „grundlegende Frage nach der Erfahrung von Frauen ist damit auch immer eine Frage nach Recht und Wirkungen von Recht."[196] Damit der Rechtsanwender nicht Gefahr läuft, die „geschlechtsblinde" Neutralität und Objektivität des Rechts ungefragt hinzunehmen und die strukturelle Benachteiligung von Frauen fortzuschreiben, darf er das Gleichheitsprinzip nicht symmetrisch und formal verstehen, sondern muß seine Bedeutung folglich aus der Lebensrealität gewinnen.

4. Zusammenfassung

Im Rahmen der Gerechtigkeitsdogmatik ist die ausgleichende von der austeilenden Gerechtigkeit (iustitia directiva und distributiva) zu unterscheiden. Zentrales Prinzip der Gerechtigkeit ist das Gleichheitsprinzip, welches sich in formelle sowie materielle Gleichheit unterteilen läßt. Diese Unterscheidung zielt auf die Intensität ab, mit der das Recht auf die soziale Wirklichkeit Einfluß nimmt. Iustitia directiva und formelle Gleichheit bewegen sich in dem durch das Recht vorgegeben Raum, ohne Ansehen bestimmter Eigenschaften der in den Regelungsbereich der Normen fallenden Personen. Ihr Ziel ist es demnach nicht, auf soziale Ausgangsbedingungen der Personen einzuwirken. Iustitia distributiva sowie materielle Gleichheit hingegen wirken in Ansehen der Eigenschaften der Personen und können damit auch formell gleiche Behandlung mit materieller Wirkung aufgrund struktureller Diskriminierung korrigieren.

Es handelt sich bei dieser Unterscheidung nicht um eine theoretische Begrifflichkeit. Der Einblick in die historische Anwendung des Grundsatzes der Gleichbehandlung hat gezeigt, daß formelle Gleichheit häufig als Rechtfertigung der Ausgrenzung von Frauen diente. Die Verfestigung der Trennung von Öffentlichkeit und Privatsphäre zum Nachteil von Frauen durch den durch die Neutralität der Rechtssprache verdeckten männlichen Standard des Rechts ist das Hauptaugenmerk benannter Rechtskritik. Um zu gewährleisten, daß die Ausgangschancen der Geschlechter im Erwerbsleben tatsächlich gleich sind, ohne Frauen auf männliche Lebensmuster festzulegen, das heißt, eine materielle Gleichheit zu ermöglichen, kann das Konzept gleichwertiger Rechte als plausibelste Idee helfen, der notwendigen Funktion des Rechts, welches durch einen ihm zugrunde gelegten pluralen Diskurs seinen Bedeutungsinhalt subjektiv aus den Erfahrungen beider Geschlechter gewinnen muß, gerecht zu werden.

---

[192] *M. Thornton*, (1986) 3 Australian Journal of Law and Society 5: "Liberal jurisprudence ignores the way that ideology of law operates to isolate law from the social context in which it exists." Vgl. auch *N. Lacey*, HFR Beitrag 11, 1996, S. 1ff.

[193] *S. Baer*, KritV 1994, S. 154 (162); *N. Lacey*, HFR Beitrag 11, 1996, S. 1ff.: „(L)aw reflects, reproduces, expresses, constructs and reinforces power relations along sexually patterned lines".

[194] Dazu oben Kapitel 2, I. 2. b) zu Fn. 68.

[195] *S. Baer*, KritV 1994, S. 154 (162).

[196] Ebenda.

II. Das Prinzip der substantiellen Chancengleichheit

1. Abgrenzung zur formellen Chancengleichheit

Das Prinzip der Chancengleichheit gilt als weitreichender als formale Gleichheit und wird gegen sie als Kritik hervorgebracht. Es gewährleistet jedem die Möglichkeit, entsprechend seinen Wünschen und Fähigkeiten zu handeln, und orientiert sich an den Ausgangschancen des einzelnen und den Möglichkeiten des Zugangs zu lukrativen Positionen. Dieses Kriterium der Gleichheit – die Chance oder der Zugang – weist der Chancengleichheit ihre Position zwischen dem Verfahren der formellen Gleichbehandlung und den Resultaten zu: „Chance bzw. Zugang meinen das eine, werden aber am anderen gemessen."[197] Dennoch ist auch ihr bescheinigt worden, dem Prinzip formaler Gleichheit verhaftet zu sein. Hier hat *Lautmann* zutreffend erwidert, daß „(d)ie Kritik, das Konzept der Chancengleichheit bleibe im Formalen, (...) (nur) solange zu(trifft), wie es im Abstrakten verharrt und schon deswegen kein Egalisierungshandeln anzuleiten vermag."[198]
Konzeptionell weist sie zwei voneinander zu trennende Aspekte auf. Sie beinhaltet die Idee, daß alle Menschen als Individuen gleich sind, und verlangt zudem die Wertschätzung personaler Verantwortlichkeit. Es handelt sich quasi um eine Verbindung politisch entgegengesetzter Forderungen hinsichtlich des Verhältnisses zwischen formaler und materieller Gleichheit: Chancengleichheit beinhaltet einerseits die Gewährleistung gleicher Voraussetzungen für jedermann (materielle Gleichheit), zugleich respektiert sie aber auch individuelle Fähigkeiten (formelle Gleichheit).[199] In Abgrenzung zur vollständigen Egalität oder Ergebnisgleichheit wird hierbei deutlich, daß durch die Anerkennung persönlicher Leistung nur die Schaffung gleicher Ausgangsbedingungen (Chancengleichheit) das Ziel sein kann.[200] Denn Ergebnisse werden im Rahmen dieses Prinzips lediglich an den Erfolg persönlicher Anstrengung geknüpft. Wichtig ist, daß gerade keine gleiche Behandlung gefordert wird, sondern die Schaffung gleicher Chancen, was dadurch durchaus Raum für differenzierende Behandlung läßt.[201]
Im Hinblick auf die Wirkungsintensität der Chancengleichheit kann weiter zwischen formeller und substantieller bzw. materieller Chancengleichheit unterschieden werden.
Formelle Chancengleichheit („bedingte Chancengleichheit")[202] bezweckt den gleichen Zugang zu Chancen durch formal gleiche Güterverteilung bei gleichen Leistungen und Fähigkeiten.[203] Sie begnügt sich daher mit der rechtlichen Normierung gleicher Aussichten auf individuelle Entfaltung und Möglichkeiten persönlicher Anstrengungen. Es wird vorausgesetzt, daß Menschen autonom und in der Lage sind, ihre selbst gewählten Lebensentwürfe zu verfolgen.[204] Für ihre Handlungen, Urteile und Entscheidungen sind sie selbst verantwortlich. Formelle Chancengleichheit bezieht sich damit allein auf die „Startbedingungen beim marktvermittelten Rennen auf die begehrten Plätze" und bevorzugt mithin diejenigen, die auch den entsprechenden „Machtinstinkt" bzw. Unternehmergeist besit-

---

197 So R. *Lautmann*, 1990, S. 37 m.w.N.
198 R. *Lautmann*, 1990, S. 38.
199 *B. Ladwig*, 1999, S. 365 m.w.N.: „Wenn Chancen gleich sind, genießen alle Personen in bestimmten Hinsichten gleiche Spielräume oder Aussichten, ohne jedoch zwangsläufig gleiche Ergebnisse zu erzielen. (...) In dieser Vorstellung ist das von ‚der Rechten' betonte Leistungsprinzip mit dem vor allem von ‚der Linken' verfochtenen Gebot materieller Gleichheit vermittelt".
200 R. *Lautmann*, 1990, S. 37, spricht von „Möglichkeiten zu investieren".
201 Ebenda.
202 Ebenda.
203 *B. Ladwig*, 1999, S. 365 (367), bezeichnet dies als „Zugänglichkeit sozial anerkannter und mit Einfluß- und Machtchancen verknüpfter Positionen und Güter."
204 *N. Lacey*, (1986) 14 JLS 411 (418ff.).

zen.[205] Wem dies fehlt, dem wird eine solche Chancengleichheit nicht viel bringen. Nutzen hieraus zieht nur der Stärkste.[206] Hinsichtlich der Geschlechterdifferenz ist die formelle Chancengleichheit ungeeignet, die soziale Wirklichkeit, in der die Güterdistribution entlang der Linie der Geschlechtertrennung verläuft, zu verändern. *Lacey* stellt hierzu fest: „It may go some way towards reducing the overt significance of sex in the allocation of certain goods, but it has no cutting edge against the significance of gender in setting them up as goods in the first place. (...) The opportunity ideal's presupposition of a world of autonomous individuals starting a race or making free choices has no cutting edge against the argument that men and women are simply running different races."[207] Formelle Chancengleichheit suggeriert, daß nach Beseitigung der Hindernisse die Startbedingungen für alle die gleichen sind und ignoriert daher vorgelagerte Ungleichheiten und deren Auswirkungen auf diese Bedingungen.

In der Erkenntnis, daß auch soziale Rahmenbedingungen die Verantwortlichkeit der Menschen in positiver wir negativer Hinsicht determinieren, begegnet die ***substantielle Chancengleichheit*** („repräsentative Chancengleichheit")[208] allen zugeschriebenen Faktoren, auf die das Individuum keinen Einfluß hat und die seine Möglichkeiten beschränken oder erweitern (zum Beispiel das Geschlecht). Ihr Ziel ist die Schaffung weitestgehend gleicher Ausgangsbedingungen, ohne den einen oder anderen Teil auf die Lebensweise des jeweils anderen festzulegen. Nach *Williams* hat substantielle Chancengleichheit der Geschlechter wie folgt auszusehen: „(It) requires not merely that there should be no exclusion from access on grounds other than appropriate or rational for the good in question, but that the grounds considered appropriate for the good should themselves be such that people from all sections of society have an equal chance of satisfying them."[209] Hinsichtlich des „marktvermittelten Rennens auf die begehrten Plätze" bedeutet dies, daß nicht allein die Bedingungen am Start, sondern auch die zeitlich vorgelagerten in die Bewertung einzubeziehen sind.[210] So verstanden verliert das Prinzip der Chancengleichheit seinen Charakter des Formalen. Die Schwierigkeiten der Umsetzung einer substantiellen Chancengleichheit liegen in der Inkompatibilität mit dem herkömmlichen formellen Gleichheitsverständnis. Formelle Gleichheit basiert auf dem Verdienst- und Leistungsprinzip. Daher finden sich Argumente, sie perfektioniere den Markt, weil sie das freie Spiel der Kräfte des Arbeitsmarktes widerspiegele.[211] Substantielle Gleichheit hingegen nimmt Abstand von der Beurteilung der Menschen entsprechend ihrer Leistung und verlangt eine Intervention zu Gunsten derjenigen, die gerade aufgrund ihrer strukturell schwächeren Position nicht zu leisten vermögen, ***damit sie in Zukunft leisten können.*** In diesem Sinne ist substantielle Chancengleichheit störend aus der Perspektive eines ungestört funktionierenden Marktsystems.[212]

a) Substantielle Chancengleichheit vs Ergebnisgleichheit

Angesichts der Schwierigkeiten der Bestimmung des Grads der substantiellen Chancengleichheit wird häufig die Ergebnisgleichheit als Indikator für eine tatsächliche Chancen-

---

205 Vgl. hierzu *K. O'Donovan/E. Szyszczak*, 1988, S. 4f.
206 *B. Ladwig*, 1999, S. 365 (366f.).
207 *N. Lacey*, (1986) 14 JLS 411 (417ff.).
208 R. *Lautmann*, 1990, S. 38.
209 *P. Williams*, in: *K. O'Donovan/E. Szyszczak*, 1988, S. 4f.
210 R. *Lautmann*, 1990, S. 38f.; *S. Raasch*, 1991, S. 156.
211 *H. Fenwick/T. K. Hervey*, (1995) 32 CMLRev. 443 (445f.).
212 Ebenda.

gleichheit verwendet.[213] Chancengleichheit meint vorliegend die Gleichheit der Ausgangsbedingungen zur Herstellung gleicher Chancen für Zugang zum und Teilnahme am Erwerbsleben, nicht aber Gleichheit im Ergebnis. Mehr als ein Indiz können faktische Ungleichheiten im Arbeitsleben damit nicht sein.[214] Ungeachtet der bisweilen mehr als kontrovers geführten Debatte um die verfassungsrechtliche Zulässigkeit einer gruppenorientierten Ergebnisgleichheit,[215] stellt diese bereits an sich keinen Wert dar. Ein solcher kann allein aus der Gerechtigkeit zwischen Individuen gewonnen werden, wie aus der auf diese ausgerichtete – wenn auch substantielle – individuelle Chancengleichheit.[216] Egalität, so ein zutreffender Einwand von *Hochschild*, würde individuelle Eigenheiten und Fähigkeiten nicht belohnen oder anerkennen. Gerade diese machen aber Menschen zu etwas Einzigem und somit für die Gesellschaft wertvoll, so daß eine Außerachtlassung persönlicher Besonderheiten allenfalls zu „Konformismus und Mediokrität"[217] führte. Eine gleiche Verteilung von Chancen kann als solche auch nie zu gleichen Ergebnissen führen, weil Menschen mit gleichen Mitteln aufgrund individuell unterschiedlichen Anstrengungen und Fähigkeiten stets etwas anderes tun werden.[218] Chancengleichheit ist mithin das Prinzip der gleichen Berücksichtigung aller Menschen. Formale Chancengleichheit schreibt dem Menschen eine autonome Verantwortlichkeit zu, aufgrund deren er in der Lage ist, seinen selbst bestimmten Lebensplan zu verfolgen. Substantielle Chancengleichheit sieht dies als einen Mangel an Berücksichtigung institutioneller Rahmenbedingungen und stellt diese Unbeeinflußtheit des Menschen in Frage.

b) Stereotypen und Diskriminierung

Strukturelle Benachteiligung in der Gesellschaft und im Erwerbsleben wird durch Stereotypen verselbständigt und normalisiert. Stereotypen sind meist nicht von Diskriminierung zu trennen, wie dies am Beispiel des an der männlichen Normalbiographie orientierten Erwerbsmusters deutlich wird, an dem Frauen gemessen und, wenn sie dem nicht entsprechen, als „anders" bezeichnet werden.[219]

Das erste Problem der Behandlung von Stereotypen im Recht betrifft die Wechselwirkung von Ursache und Wirkung. Gerade die diskriminierende Normalität wird anhand des Tatsächlichen gerechtfertigt. Daß das Tatsächliche allerdings bereits die Stereotype der strukturellen Benachteiligung ist, wird durch geschaffene Fakten zu Vorurteilen, welche dies nicht mehr als rechtlich relevante Diskriminierung erscheinen lassen. Vorurteile tendieren damit zu Diskriminierung, und Diskriminierung schafft Fakten, die das Vorurteil vordergründig rechtfertigen. *Rehbinder* stellte hierzu fest, daß jedes „Vorurteil die Tendenz hat, seine eigene Rechtfertigung zu bewirken, die es nicht mehr als Verstoß gegen den Gleichbehandlungsgrundsatz und damit nicht mehr als Vorurteil im engeren, negativen Sinn erscheinen läßt. Ist also ein Vorurteil erst einmal in der Welt, dann kann es leicht geschehen, daß es durch einen circulus vitiosus von Ursache und Wirkung diskriminie-

---

213 *S. Huster*, AöR 1993, S. 109 (125); *W. Rüfner*, Festschrift Stern 1997, S. 1011 (1015ff.).

214 A.A. *W. Zöllner*, Festschrift Strasser, 1983, S. 223 (231f.), der die Schlechterstellung der Frauen im Arbeitsleben in erster Linie auf ihr Ausbildungsdefizit zurückführt. Dies ist nunmehr gerade nicht mehr allein der Fall. Dazu oben Kapitel 1.

215 So z.B. *S. Huster*, AöR 1993, S. 109 (125) m.w.N.: „Jedes Abstellen auf die Gruppenzugehörigkeit (...) wirkt wie eine anachronistische ‚Sippenhaftung'".

216 *S. Huster*, AöR 1993, S. 109 (125).

217 *J. L. Hochschild*, 1981, in: *R. Lautmann*, 1990, S. 30.

218 *B. Ladwig*, 1999, S. 365 (368).

219 *K. Schweizer*, 1999, S. 142f.

render Praktiken aufrechterhalten oder sogar verstärkt wird."[220] Eine substantielle Chancengleichheit bemüht sich um die Erfassung der Ursachen und Wirkungen und geht somit über eine reine Formalisierung der Chancen hinaus. Sie verfolgt nicht eine lediglich gleiche Güterverteilung ohne Rücksicht auf das biologische Geschlecht, sondern ein Hinterfragen des primären Einflusses von Stereotypisierungen durch das soziale Geschlecht auf die Bemessung der Güterverteilung.
Des weiteren orientieren sich Stereotypisierungen stets an der Gruppenzugehörigkeit, nie an einer einzelnen Frau. Die individuelle Konzeption des formalen Gleichbehandlungsrechts bewirkt hingegen, daß die durch die Stereotypisierung erzeugten sozialen Probleme bestenfalls unsichtbar gemacht werden, im schlimmsten Falle aber zu Fehlschlüssen auf persönliche Charaktereigenschaften verleiten. So kann dies auch im Falle einer mittelbaren Diskriminierung dazu führen, daß die unverhältnismäßig stärkere Betroffenheit von Frauen durch eine neutrale Regelung auf die individuelle Präferenz der Frau zurückgeführt wird, welche die ungleichen Resultate rechtfertigt.[221] *Lautmann* fordert daher zu Recht, daß „(d)ie Defizite weiblicher Lebenslagen nicht zum Fehlschluß auf die Mängel des weiblichen Charakters verleiten (dürfen); vielmehr deuten sie auf problematische Seiten der Sozialstruktur hin. Je mehr solche Erkenntnisse ins Detail einer Chancengleichheit eingehen, desto mehr verliert diese ihren Charakter des bloß Formalen."[222] Folglich müssen die Seiten der Sozialstruktur, welche die Zugänge/Chancen für die Geschlechter unterschiedlich gestalten oder behindern und entsprechende Situationen und Verhaltensmuster nach sich ziehen, zuerst geklärt werden, um über eine Veränderung befinden zu können.

c) Anpassung nach oben oder doppelte Veränderung

Im Anschluß stellt sich die Frage nach dem Ziel einer substantiellen Chancengleichheit der Geschlechter. Die Forderung nach einer Angleichung an männliche Lebensformen, das heißt, Frauen zu ermöglichen, dem männlichen Lebensmuster zu entsprechen,[223] entspringt der Besorgnis um den Abbau bisher genossener Privilegien zu Lasten der anderen Hälfte der Bevölkerung und wird auch nicht mehr ernsthaft vertreten.[224] Wenn beiden Geschlechtern ermöglicht werden soll, einen eigenen Lebensplan zu verfolgen - sei er nun „männlich", „weiblich" oder anders gestaltet - so fordert dies ebenso einen „männlichen" Tribut. Was im Rahmen der Diskussion zur Gleichstellung der Frau als „Abbau von Privilegien" genannt wird, gilt hier ebenso in Form des Abstandnehmens von einer bestimmten, rollentypisch festgelegten Lebensform.[225] So stellt *Lautmann* fest, daß Chancengleichheit nicht hergestellt werden könne, „wenn bloß der diskriminierte Teil, nicht aber alles Übrige, wie ein Patient behandelt wird".[226] Es gibt nur zwei Geschlechter, von denen eines bisher hinsichtlich der Erwerbschancen privilegiert ist. Eine Angleichung des strukturell diskriminierten Teils an die Privilegien funktioniert per definitionem nicht. Die begehrten Plätze und hohen Gehälter sind nur begrenzt vorhanden. Verändert man die Stel-

---

[220] *M. Rebbinder*, 1971, S. 155 (171).
[221] Allgemein hierzu *N. Lacey*, (1986) 14 JLS S. 411 (413ff.).
[222] R. *Lautmann*, 1990, S. 39.
[223] Vgl. *W. Zöllner*, Festschrift Strasser, 1983, S. 223 (227ff.), zu den gravierenden Folgen einer so mißverstandenen Angleichung der Geschlechterrollen.
[224] *A. Maihofer*, 1995, S. 156. In diesem Sinne aber noch *G. Dürig*, FamRZ 1954, S. 2 (3); Maunz/*Dürig*, GG, Art. 3 Abs. 2, Rdn. 11; hierzu *S. Raasch*, 1991, S. 151f.
[225] Vgl. hierzu ausführlich *K. Schweizer*, 1999, S. 146f. m.w.N.
[226] R. *Lautmann*, 1990, S. 39.

lung des einen Teils, so muß sich damit notwendigerweise auch die des anderen ändern. Denn Privilegien und Benachteiligung stehen in Wechselwirkung.[227] Des weiteren bedeutete die Forderung nach einer Anpassung an männliche Lebensformen eine Fortschreibung struktureller Diskriminierung, in deren Rahmen das andere Geschlecht keine Berücksichtigung findet und implizit abgewertet wird. Auch ist weiterhin ungeklärt, wie mit der privaten Arbeitsteilung zu verfahren ist, so daß in diesem Fall ein Festhalten an bestehenden geschlechtlichen Lebensmustern naheliegt.

2. Substantielle Chancengleichheit als Aufgabe distributiver Gerechtigkeit

a) Ziel der iustitia distributiva zwischen den Geschlechtern

Ziel der iustitia distributiva in Form des Gleichberechtigungsgebots der Geschlechter als Individuen ist die Ermöglichung der Verfolgung bislang vorenthaltener institutionell unbeeinflußter Handlungsoptionen des einzelnen, ohne deswegen diskriminiert zu werden. Frauen und Männern sind die Freiheiten zu gewährleisten, um ihre persönlichen Lebensentwürfe verwirklichen zu können, ohne auf gesellschaftlich orientierte Erwerbs- oder Familienmuster festgelegt zu sein. Ideal erscheint der von *Raasch*[228] weiterentwickelte Gedanke *Slupiks* vom „potentiellen Rollentausch"[229] oder laut *Bieback*, „sowohl die Rollen der ‚anderen' als auch die ‚eigenen' übernehmen zu können, ohne hieraus Nachteile befürchten zu müssen."[230] Dieser Rollentausch soll dabei weichenstellend im familiären Bereich des Haushalts, der Fürsorge für abhängige Familienangehörige sowie der Übernahme familiärer Pflichten stattfinden, die sich außerhalb des biologisch Unabänderlichen befinden.[231] *Slupiks* Ideal ist selbst zu einseitig. Es gewährt nur zwei Optionen. Frauen haben hiernach die Möglichkeit, sich für die Lebensform des Mannes oder die der Frau zu entscheiden, was letztendlich wieder nur einen Vergleichsmaßstab zuläßt und sich somit einer Gleichwertigkeit der Lebensformen verschließt.[232] Auch eine Gewährleistung der Inanspruchnahme der Zwischenformen der Lebensweisen ist notwendig, um dieser bipolaren Festlegung zu entgehen.[233] Um dies zu ermöglichen, dürfen Regelungen also nicht individuelle Entscheidung für bestimmte Verhaltensweisen, Rollenteilungen oder Lebensentwürfe behindern. Konkret bedeutet dies, daß im Rahmen der Chancengleichheit Maßnahmen tradierte Rollenbilder nicht fortschreiben oder an ihnen anknüpfen dürfen.

b) Individualistische oder institutionalistische Verteilungsgerechtigkeit

Die Chancengleichheit ist Aufgabe der iustitia distributiva, im Sinne deren Formel des „suum cuique tribuere" nicht jedem das Gleiche, sondern das Seine, also die Chance ge-

---

227 *S. Raasch*, 1991, S. 152f.

228 *S. Raasch*, 1991, S. 154.

229 *V. Slupik*, 1988, 85ff., 135f.

230 *K.-J. Bieback*, 1997, S. 94.

231 Die Kritik an dieser Vorstellung reflektiert die oben beschriebene Angst vor einer gesellschaftlich überfälligen zweiseitigen Veränderung. So handelt es sich nach *W. Zöllner*, Festschrift Strasser, 1983, S. 223 (229), hierbei um ein „gesellschaftspolitisches Problem ersten Ranges" mit den gravierenden Folgen wie Schlüsselkinder, Verlust differenzierter Leitbilder, Verlust des Leitbilds Mutter, Geburtenrückgang. Letzteren sieht er nur im Hinblick auf die Problematik der Überbevölkerung in China als positiv.

232 A. *Maihofer*, 1999, S. 351 (364).

233 Dies meint wohl *W. Zöllner*, Festschrift Strasser, 1983, S. 223 (228), mit einem „Aufeinanderzubewegen der Geschlechterrollen".

geben werden soll, das zu werden, was an positiven Möglichkeiten in ihm ist.[234] Es stellt sich die Frage, wie das beschriebene Ziel des „potentiellen Rollentauschs" hierdurch zu erreichen ist.

Wichtig ist dabei, die für Legitimation und Durchführbarkeit der Chancengleichheit und iustitia distributiva entscheidende Idee herauszuarbeiten. Aus dem Prinzip der Chancengleichheit von Rawls[235] haben sich zwei Formen der iustitia distributiva entwickelt: die individualistische und die institutionalistische Verteilungsgerechtigkeit. Nach der *individualistischen Theorie* soll die freie Gestaltung der Lebensbedingungen, „ein Gelingen des je eigenen Lebens im Modus der Selbstbestimmung überhaupt", das Ziel sein.[236] Jedem einzelnen muß ein gleich großes Ressourcenbündel zugeteilt werden, das ihm ein Leben mit gleichem Glücksertrag sichert.[237] Hierfür müssen die individuellen ausgleichsrelevanten Unterschiede herauskristallisiert werden. Entscheidend ist, ob Ungleichheiten verschuldet, das heißt, auf Eigenverantwortung zurückzuführen, oder unverschuldet sind, also auf sozialen und anderen äußeren Umständen beruhen.[238] *Kersting* hingegen vertritt einen *institutionalistischen Ansatz*, der auf die Verteilungseigenschaften der institutionellen Verfassung der Gesellschaft abzielt. Erfaßt wird die Ungleichheit, „die sich als institutionelle Auswirkungen definieren läßt, die im Bereich des Einflusses institutioneller Umstände auf individuelle Lebensführungen liegen."[239] Die Verteilungsgerechtigkeit orientiert sich somit nicht an Einzelpersonen, sondern an den von ihnen vorgefundenen und ihre Lebensformen prägenden Ausgangspositionen.

Die Grenzen der Chancengleichheit, wie sie von den „Individualisten" vertreten wird, werden schnell deutlich, und selbst einige von ihnen geben die praktische Undurchsetzbarkeit des Modells zu.[240] In seiner idealen Ausprägung führte dieser Ansatz zu einer Eliminierung aller unverschuldeten Umstände im Laufe des Produktions- und Distributionsprozesses. „(D)ie Verteilungsverhältnisse dürfen daher nur nach Maßgabe der selbstverantworteten Entscheidungen freier und gleicher Personen von unserem fiktiven Ausgangszustand strikter Gleichverteilung abweichen."[241] Ein vollständiger Ausschluß der Sozialisation und Erziehung, den die Theorie impliziert, ist indes nicht möglich. Er erforderte, Kinder dem Einfluß ihrer Eltern frühzeitig zu entziehen. Dies kann nicht Aufgabe und Ziel der Chancengleichheit sein. Des weiteren gibt es keinen reinen Subjektivitätskern eines Menschen, der darüber entscheidet, wann Ungleichheiten verdient und unverdient sind. „In der Theorie läßt sich der energetisch-produktive Kern der Subjektivität mühelos von den Einflüssen der natürlichen Umstände trennen, in der Wirklichkeit jedoch kommt man mit diesem simplen subjektivitätsmetaphysischen Dualismus nicht weit. (...) Bei der Ermittlung der für den individuellen Lebenslauf verantwortlichen Faktoren stoßen wir auf eine zwar typologisch zu ordnende, empirisch jedoch unentwirrbare Gemengelage von Ursachen."[242]

Auch baut der Gedanke auf „einer übertriebenen Interpretation der vertrauten moralischen Intuition (auf), daß Gerechtigkeit etwas mit Verdienst zu tun haben muß. Das, was

---

[234] *A. Kaufmann*, 1993, S. 30. Dazu oben Kapitel 2, I. 1 a).

[235] Dazu oben Kapitel 2, I. 2. c).

[236] *B. Ladwig*, 1999, S. 365 (367).

[237] Vgl. zum Prinzip der Ressourcengleichheit von Ronald Dworkin *B. Ladwig*, 1999, S. 365 und *W. Kersting*, 1996/97.

[238] Hierzu insbesondere *R. Dworkin*, 1985, S. 208.

[239] *W. Kersting*, 1999, S. 46 (71,76).

[240] Vgl. z.B. *B. Ladwig*, 1999, S. 365 (388ff.).

[241] Ebenda.

[242] *W. Kersting*, Festschrift Röhrich, 1997, S. 91 (105).

man sich durch eigene Arbeit erarbeitet hat, gehört einem, und niemand darf es einem nehmen. Das jedoch, was einem zufällt, muß umverteilt werden."[243] Aus der Geschlechterperspektive stellt *Wasserstrom* die Frage: „(W)hy do the most qualified deserve anything? (...) Most of what are regarded as the decisive qualifications for higher education have a great deal to do with things over which the individual has neither control nor responsibility. (...) Since individuals do not deserve having had any of these things vis à vis other individuals, they do not, for the most part, deserve their qualifications. And since they do not deserve their abilities they do not in any strong sense deserve to be admitted because of their abilities."[244] Die Anerkennung des unterschiedlichen Zugangs zu den Voraussetzungen für Qualifikationen als Grundlage des Leistungsprinzips verdeutlicht die mangelnde Neutralität des Begriffs des ‚Verdiensts' sowie seine Abhängigkeit von gesellschaftlichen Bedingungen: ‚Verdienen' Frauen tatsächlich weniger Erwerbschancen, weil sie weniger leisten?[245] Zu beachten sind zudem Zufälligkeit und Glück, die den Leistungsbegriff weiter relativieren. In seiner „Apologie des Zufälligen" schreibt *Marquard*: „Wir Menschen sind stets mehr unsere Zufälle als unsere Leistungen".[246] Eine Orientierung an letzteren erscheint daher eher als eine zusätzliche Belohnung als ein Verdienst. Glück kann der Mensch zudem haben, wenn er, ohne etwas dafür getan zu haben, Inhaber eines knappheitsbedingt begehrten Gutes ist, welches durch das Leistungsprinzip bewertet wird,[247] oder anders herum Pech, wenn eine solches Gut bzw. eine zugeschriebene Eigenschaft,[248] wie das Geschlecht, nicht bewertet oder nicht in die Bewertung einer Leistung eingestellt wird.

Schließlich ist die ständig nachträgliche Fiktion gleicher sozialer Ausgangschancen nicht operabel. Denn sie bemüht sich vergeblich, das, was den Charakter eines Menschen auszeichnet, *„aus der Hülle seiner natürlichen und sozialen Vorgegebenheiten herauszuschälen."*[249] Auch erfordert die, wie Kersting es nennt, „ätiologische Undurchsichtbarkeit der autonomen und heteronomen Faktoren des individuellen Lebenserfolgs" einen allwissenden Staat, der das Individuum zum gläsernen Menschen macht.[250]

Zentrales Argument des überzeugenden Ansatzes Kerstings ist, daß sich Gerechtigkeit immer nur um gerechte Umstände kümmern kann. Iustitia directiva erschöpft sich darin, Besitzverteilungen innerhalb ihres Systems zu regeln. Sie räumt den Bürgern also nicht darüber hinaus gehende Ansprüche außerhalb des „Tauschhandels" ein. Iustitia distributiva verlangt hingegen, die Gesellschaft nicht nur als Zusammenschluß von Einzelpersonen zu begreifen, sondern als Kooperationssystem, in dem die Einzelpersonen in einen arbeitsteilig organisierten Produktionsprozeß integriert sind, und als Solidaritätsgemeinschaft, welche die Ungleichheiten der Kooperationsgemeinschaft kompensiert.[251] Bei der Lösung der Schwierigkeiten hinsichtlich einer gerechten Verteilung der Erträge des Produktionsprozesses darf man sich jedoch nicht auf den Ausgleich von Lasten und Vorteilen der Kooperationserträge beschränken. Denn eine so ausgestaltete iustitia distributiva

---

243 *W. Kersting*, 1999, S. 46 (74).
244 R. *A. Wasserstrom*, (1977) 24 UCLA L. Rev. 581 (620).
245 R. *J. Townshend-Smith*, 1989, S. 25f.
246 *O. Marquard*, 1987, S. 6.
247 *C.-W. Canaris*, 1997, S. 71.
248 Zum Begriff *S. Hradil*, 1999, S. 31, oben Kapitel 1, I.
249 *W. Kersting*, 1999, S. 46 (74).
250 *W. Kersting*, 1999, S. 46 (74f.): „Dieses Verteilungswerk kann nur Gott gelingen, denn nur Gott verfügt über die kognitiven Fähigkeiten, die erforderlich sind, um die je individuelle Glückswürdigkeit ermitteln zu können. (...) Es impliziert einen Informationsbeschaffungstotalitarismus". *Ders.*, Festschrift Röhrich, 1997, S. 91 (108, 111).
251 *W. Kersting*, Festschrift Röhrich, 1997, S. 91f.

geht gerade an denjenigen vorbei, die keinen Beitrag zu diesem Markt leisten können. Die solidarische Seite der Gesellschaft erfordert eine Umverteilung des Kooperationsmehrwerts an die, die keinen Beitrag beisteuern können, und verläßt somit den Raum des marktförmig organisierten Kernbereichs der kooperativen Güterproduktion.[252]

c) Kritik *von Hayeks* und *Nozicks*

Das Prinzip der iustitia distributiva hat heftigen libertären Widerspruch erfahren. Die diesem zugrunde liegenden Argumente gegen die Mißachtung des Leistungsprinzips durch die Verteilungsgerechtigkeit können diese jedoch nicht in Frage stellen.
Zentrales Argument *von Hayeks* ist, daß die sozialen Umstände und Gegebenheiten, auf die sich die iustitia distributiva bezieht, einer gerechtigkeitsorientierten Beurteilung entzogen sind.[253] Kriterien der Gerechtigkeit sind nicht anwendbar, weil Umstände und Gegebenheiten von niemandem bewußt herbeigeführt worden sind, sondern vielmehr durch den durch Geschicklichkeit und Glücksspiel aller Teilnehmer bestimmten Markt verursacht werden. Das Gerechtigkeitsprinzip ist allein auf menschliches, verantwortliches Verhalten anwendbar, der Markt dagegen bewirkt durch seine spontane Ordnung allein unintendierte Verteilungsergebnisse.[254] Hayeks Augenmerk beschränkt sich auf menschliches Verhalten, über die Zustände des Verteilungsmechanismus des Marktes äußert er sich nicht. Das heißt dort, wo letztlich die gesellschaftlichen Rahmenbedingungen strukturelle Bedingung für einen (ungerechten) Zustand sind und sich individuelles Handeln in die Unkenntlichkeit verliert, fehlen ihm die Worte.[255] Zudem handelt es sich bei der Aussage, die Verteilungsergebnisse des Marktes seien vom autonomen Handeln einzelner unabhängig, um eine unbelegte Aussage, die erst die Vermutung widerlegen müßte, daß eben ein solches Verhalten nicht doch oftmals ein bewußtes und geplantes Eingreifen hierzu fähiger Personen darstellt.[256] Dies wird dadurch bestätigt, daß von Hayek einerseits das Leistungsprinzip betont, andererseits aber aufgrund seiner „Machtgläubigkeit" bzw. seines Festhaltens an der „Marktmacht", welche strukturell benachteiligte Personen von bestimmten Positionen fernhält, eine optimale Ressourcennutzung verhindert und seine Theorie daher schon in sich inkonsistent ist. In diesem Fall ist das Verteilungsergebnis kein Zufallsergebnis, sondern eines menschlichen Verteilungsverhaltens. Die Gesellschaft selbst ist ein Verteilungsapparat. Sie verteilt Ansehen und Macht, Rechte und Pflichten, Einkommen und Berufschancen, ist daher selbst auf menschliches Verhalten rückführbar und folglich begründungsbedürftig.[257] Die gesellschaftlichen Regeln hierfür bestimmen das Leben nachhaltig, indem sie von Beginn an über Freiheit und Chancen entscheiden.

---

[252] *W. Kersting*, Festschrift Röhrich, 1997, S. 91 (113).

[253] *F. A. von Hayek*, 1981, z.B. S. 55, 61ff., 93ff.

[254] *F. A. von Hayek*, 1976, S. 23f.: „Es kann keine austeilende Gerechtigkeit geben, wo niemand etwas austeilt. Gerechtigkeit hat einen Sinn nur als eine Regel für menschliches Verhalten. Keine denkbaren Regeln für das Verhalten der einzelnen, die sich in einer Marktwirtschaft gegenseitig mit Gütern und Dienstleistungen versorgen, könnte eine Verteilung herstellen, von der es sinnvoll wäre zu sagen, sie sei gerecht oder ungerecht. Die einzelnen könnten sich so gerecht wie möglich verhalten; da aber das Ergebnis, das für jeden einzelnen dabei herauskommt, von anderen weder beabsichtigt noch vorauszusehen ist, kann das Gesamtergebnis weder als gerecht noch als ungerecht bezeichnet werden". *F. A. von Hayek*, 1981, S. 93f.: „Gerechtigkeit von einem solchen Prozeß zu verlangen, ist offensichtlich absurd, und in einer solchen Gesellschaft bestimmte Leute dadurch auszusondern, daß man ihnen einen Rechtsanspruch auf bestimmte Anteile zubilligt, augenscheinlich ungerecht". Kritisch *P. Koller*, GS Tommelo, 1984, S. 108.

[255] Zur Kritik *W. Kersting*, 1999, S. 46 (55).

[256] *F. Bydlinski*, 1996, S. 107 (153).

[257] *W. Kersting*, 1999, S. 46 (56f.), spricht von der „institutionellen Verantwortlichkeit der Gesellschaft".

Bestimmungen über soziale Ausgangspositionen bedürfen daher einer Legitimation. Die iustitia distributiva muß sich daher an den einzelnen ebenso wie an die Gesamtgesellschaft, einschließlich des Marktes als Teil des gesellschaftlichen Verteilungsprogramms richten.

Das Argument *Nozicks* ist, daß eben dieser Markt bereits die bestmögliche und gerechteste Form der Verteilung von Gütern darstellt, weil er jedem das zuteilt, was ihm zusteht, was er verdient hat. Niemand kann nun einmal mehr verlangen als das, wofür er geleistet hat oder was ihm aufgrund seiner Talente und Fähigkeiten zusteht. Nach Nozick gibt es keine über das Eigentum hinausgehenden Rechte oder Ansprüche.[258] Es gibt nur Rechte und Ansprüche hinsichtlich des Eigentums, welches sich in der Gleichsetzung von Selbst- und Sachbesitz auf die Verfügungsgewalt über den eigenen Körper und die Früchte eigener Leistungen erstreckt. Seine Theorie ist ausschließlich, Raum für iustitia distributiva gibt es nicht.[259] Die Früchte eigener Leistung einzuziehen ist gleichbedeutend mit der Aberkennung des Anspruchs auf persönliche Leistungen und Fähigkeiten und einer Enteignung gleichzusetzen. Jede eigentumsrelevante Verletzung bedeutet durch die Identität des Selbst- und Sachbesitzes eine Verletzung grundlegender Persönlichkeitsrechte.[260] Die den Individualismus an seine äußersten Grenzen treibende libertäre Theorie Nozicks ist letztlich unsozial und, da sie schon keine Rechtfertigung für die Erlangung des Eigentums an erster Stelle und den absoluten Anspruch auf Erhalt desselben anbietet, unhaltbar.[261]

3. Kriterien der iustitia distributiva

a) Bestimmung der Verteilungskriterien

Was bedeutet, „jedem das Seine" zuzuteilen? Nach welchen Kriterien ist zu verteilen? Die von Aristoteles herangezogene „Würdigkeit" hat er selbst als einen zu konkretisierenden Begriff erkannt, mit dem „Vertreter des demokratischen Prinzips (...) die Freiheit (meinen), die des oligarchischen den Reichtum oder Geburtsadel, und die Aristokraten den hohen Manneswert".[262] Die in der Literatur benannten Gerechtigkeitskriterien sind vielfältig (Natur, Leistung, Bedürfnis und freie Wahl).[263] Diese verweisen letztlich jedoch wieder auf das Verhältnis gleich/ungleich (gleiche/ungleiche Würdigkeit, gleiches/ungleiches Bedürfnis u.s.w.) und sind ebenfalls konkretisierungsbedürftig. Zudem können sie die Entscheidung des Einzelfalls nicht erleichtern. Zwar bedeuten sie keine „Wertungsleere",[264] sondern verdeutlichen die Wertungsoffenheit des Begriffs der Gerechtigkeit,[265] die sich nach dem jeweiligen Kontext der Verteilung der sozialen Grundgü-

---

[258] Prinzip des absoluten Eigentums, R. *Nozick*, 1974, S. 238: „No one has a right to something whose realization requires certain uses of things and activities that other people have rights and entitlements over. Other people's rights and entitlements to particular things (that pencil, their body, and so on) and how they choose to exercise these rights and entitlements fix the external environment of any given individual and the means that will be available to him (...) No rights exist in conflict with this substructure of particular rights (...) The particular rights over things fill the space of rights, leaving no room for general rights to be a certain material condition". Vgl. dazu ausführlich *W. Kersting*, 1993, S. 46 (59).

[259] *W. Kersting*, 1993, S. 46 (59): „abenteuerliche Identität von Selbstbesitz und Dingbesitz".

[260] R. *Nozick*, 1974, S. 169, zur Gleichsetzung von Besteuerung mit Sklaverei: „Taxation of earnings from labour is on a part with forced labour".

[261] Vgl. zur Kritik *W. Kersting*, 1993, S. 46 (61f.).

[262] *Aristoteles*, Nikomachische Ethik, 1979, 1131a, S. 101.

[263] Vgl. die Nachweise bei *M. Walzer*, 1982, S. 21ff.; R. *Nozick*, 1976, S. 146f.

[264] So *H. Kelsen*, 1953, S. 23ff.; *ders.*, 1960, S. 366f.

[265] Ausführlich *F. Bydlinski*, 1996, S. 107 (127ff.).

ter richtet.[266] Das Flöten-Beispiel des Aristoteles zeigt,[267] daß der Zweck der Verteilung zwar relativ, nicht aber ‚leer' ist. Die Entscheidung, wie zu verteilen ist, läßt sich nicht anhand eines objektiv-formalen Maßstabs bestimmen. Sie bleibt subjektiven Charakters.[268] Diese Relativität ergibt sich daraus, daß maßgeblicher Kontext allein die jeweilige Sachstruktur des Regelungsbereichs ist,[269] der am distributiven Regelungszweck orientiert mittels der „teleologischen Folgerichtigkeit" zu konkretisieren ist.[270] An wen die Flöten verteilt werden, kann damit nicht generell beantwortet werden: an den Talentiertesten (jedem nach seiner Leistung, *Leistungsgerechtigkeit*), den, der sich keine Flöte leisten kann (jedem nach seinem Bedarf, *Bedarfsgerechtigkeit*)? Wer aber hat geleistet, wer ist bedürftig? Entscheidend kommt es demnach auf die gleichen Chancen aller an, ihre Leistung oder ihren Bedarf unter Beweis zu stellen (*Chancengleichheit*).[271] Um dies zu ermitteln, muß ein faires Verfahren zur Verfügung gestellt werden, in dem jeder die Möglichkeit hat, in die Beurteilung einbezogen und gehört zu werden (*Verfahrensgerechtigkeit*) [dazu im Anschluß b)].

Zur Konkretisierung wird daher das Kriterium der „Natur der Sache" hinzugezogen.[272] Ohne sich auf die Kritik am und den Streit um den Begriff[273] einlassen zu müssen, kann er vorliegend aber dennoch als objektiv-teleologisches Auslegungskriterium herangezogen werden. Definitionsversuche[274] verdecken nur die in der Literatur differenzierten Auffassungen, die hier nicht wiedergegeben werden können. Eine Aussage läßt sich aber bereits an dieser Stelle daraus gewinnen: Unter Natur der Sache wird allgemein das Verhältnis von Sein und Sollen, Wirklichkeit und Wert gefaßt.[275] Nach *Engisch*[276] gilt das Kriterium

---

[266] Die Orientierung an den sozialen Gründgütern geht wieder auf *Rawls* zurück [dazu oben Kapitel 2, I. 2. c)]. Nicht am Selbstinteresse, sondern an ihnen orientiert entscheiden sich die Personen hinter dem Schleier der Unwissenheit um ihre Fähigkeiten und Bedürfnisse und damit im Hinblick auf universell gültige Regeln. Somit überwindet er die bereits von *J.-J. Rousseau*, 1971, S. 227, 229, erkannte Gefahr der Festschreibung von Interessen der Begünstigten aufgrund der Täuschung, der Vertragsschluß zur Gründung der Gesellschaft brächte allen gleiche Rechte: „Der Reiche in seiner Bedrängnis entwarf schließlich den ausgedachtesten Plan, den jemals der menschliche Geist ausbrütete, nämlich, zu seinen Gunsten sogar die Kräfte derer zu benutzen, die ihn angriffen, aus seinen Gegnern seine Verteidiger zu machen, ihnen andere Grundsätze einzuflößen und ihnen andere Einrichtungen zu geben, die ihm sie vorteilhaft wurden, wie ihm das natürliche Recht zuwider war (...) Sie vollzog sich die Entstehung der Gesellschaft (...) sowie der Gesetze, die dem Schwachen neue Fesseln und dem Reichen neue Macht gaben." Ausführlich dazu *W. Kersting*, 1993, S. 68ff.

[267] *Aristoteles*, 1981, Politik, Buch 3, 12.1282b, 30ff.: Hierbei ging es um die Verteilung von Flöten. Aristoteles sagte dazu, daß die Auswahl bei der Zuteilung derselben den treffen werde, der am besten darauf spielen könne, nicht aber denjenigen, der nach Geburtsstand am höchsten stehe oder von Natur aus der Schönste sei. Entscheidend ist somit der Zweck der Verteilung.

[268] *K. Hesse*, AöR 77 (1951/52), S. 167 (198).

[269] *F. Bydlinski*, 1996, S. 197 (132).

[270] *C.-W. Canaris*, 1997, S. 18ff.

[271] Verwendet wird hier das Prinzip der Chancengleichheit wie dies auch im größten Teil der Literatur zu finden ist. Vgl. *R. Lautmann*, 1990; *B. Ladwig*, 1999, S. 365. Nicht eingegangen werden kann an dieser Stelle auf die umstrittene Abgrenzung von Chancengleichheit und –gerechtigkeit. Dazu *C.-W. Canaris*, 1997, S. 72, Fn. 172 m.w.N.

[272] *C.-W. Canaris*, 1997, S. 19.

[273] Dazu die Nachweise bei *K. Larenz/C.-W. Canaris*, 1995, S. 236, Fn. 120.

[274] Vgl. den viel zitierten Satz von *Dernburg* in: *F. Bydlinski*, 1982, S. 52: „Die Lebensverhältnisse tragen, wenn auch mehr oder weniger entwickelt, ihr Maß und ihre Ordnung in sich. Diese den Dingen innewohnende Ordnung nennt man die Natur der Sache".

[275] So unterscheiden sich auch die Autoren in Vertreter des Wertbegriffs (z.B. *H. Henkel*, 1977, S. 234ff.) sowie die der Sachbezogenheit (z.B. *R. Zippelius*, 1982, S. 49: grundsätzliche Bindung des Rechts an Realitäten).

[276] *K. Engisch*, 1971, S. 238.

der Natur der Sache nur für „Vorgegebenheiten", die selbst wiederum „Gegenstand" rechtlicher Überprüfung und Regelung sind. Die Natur der Sache bestimmt nicht selbst „irgendwelche Rechtsgedanken als den zu regelnden Lebensverhältnissen" immanent im voraus, so daß sich aus diesen Lebenssachverhalten keine Schlüsse für deren Regelung sowie der konkreten Entscheidung herleiten lassen. *Henkel*[277] versteht dies ebenfalls nur als „Ordnungs- und Gestaltungselemente, die geeignet sind, auf den Rechtsbildungsprozeß einzuwirken, jedoch die rechtliche Normierung im Hinblick auf die anderweitigen Gestaltungsfaktoren noch mehr oder minder offen läßt". *Canaris*[278] geht daher zu Recht davon aus, daß dem Begriff dennoch eine positive Bedeutung dahingehend zukommt, als ihm zu entnehmen ist, was überhaupt zu regeln ist, so zum Beispiel bei der naturgemäßen Hilfsbedürftigkeit des Kindes, welche die Eltern in die Verantwortung nimmt. Ebenso bezieht sich das BVerfG im Rahmen der Auslegung des Art. 3 Abs. 1 GG ausdrücklich auf die Natur der Sache, indem es die spezifische Sachbeziehung, also die Sachnähe zwischen den Personen und dem Zweck der Regelung, über deren Inpflichtnahme entscheiden läßt.[279] Das Problem um den Begriff betrifft daher nicht dessen Bedeutung für die Auslegung, sondern seine Reichweite.[280] So ergibt sich aus der Natur der Sache, daß der, der die Verteilungsmacht besitzt, auch verteilen muß.[281] Wenn es Zweck des Gleichberechtigungsrechts ist, Arbeitgebern oder Tarifparteien zu untersagen, aufgrund des Geschlechts zu differenzieren, so kommen allein sie als Adressaten in Betracht. Wer sonst soll dem Verbot Folge leisten? Jedoch sind zur Zweckerreichung oft mehrere Gestaltungsmöglichkeiten offen. Es geht hierbei um die Frage, wer im Ergebnis als die „richtige" Person heranzuziehen ist. Dies kann der Begriff der Natur der Sache nicht klären.

Was als die der iustitia distributiva Schranken ziehende Belastungs- und Leistungsgerechtigkeit bzw. -fähigkeit bezeichnet wird,[282] findet sich in der Rechtsprechung des BVerfG beispielsweise im Apothekenurteil wieder.[283] So ließ es dort auf der „ersten Stufe" Eingriffe in die Berufsfreiheit aus Art. 12 Abs. 1 GG der Natur der Sache nach gerechtfertigt sein. Subjektive Zulassungsvoraussetzungen, wie dem Beruf entsprechende Qualifikationsanforderungen, die subjektiv erfüllbar sind, geraten als sachgerecht nicht in Konflikt

---

277 *H. Henkel*, 1977, S. 381.

278 *K. Larenz/C.-W. Canaris*, 1995, S. 237f.

279 BVerfGE 55, 274, 312 – Sonderabgabe.

280 *C.-W. Canaris*, 1997, S. 20.

281 Auf die Verteilungsmacht stellen unter anderem ab *L. Raiser*, ZHR 111 (1948) S. 55 (93ff.); *C.-W. Canaris*, 1997, S. 37; *W. Zöllner/K.-G. Loritz*, 1998, § 17 I.; *A. Söllner*, 1998, § 31 III 3c); *L. Fastrich*, RdA 2000, S. 65 (70). Zur Konkretisierung unten c) bb).

282 Nach *C.-W. Canaris*, 1997, S. 93ff., sei insbesondere die Schranke der Besitzstandsgerechtigeit, die den Schutz „wohlerworbener" Rechte zu schützen bezweckt, zu berücksichtigen. M.E. zu Unrecht kritisiert er die Ansicht von *F. Bydlinski*, 1988, S. 221ff., der Besitzstand sei allein eine Frage der Rechtssicherheit, also „kontraintuitiv". Sie, so Canaris, verletze „nicht nur Stabilitätserwartungen und Vertrauensinvestitionen, sondern empört erfahrungsgemäß außerdem auch das Gerechtigkeitsgefühl der meisten Menschen" sowie die „gewachsene Individualität und Würde des Menschen", weil „der Erwerb materieller Habe Teil des Lebens" sei. Dies sei ein Systemwiderspruch, weil die Ansicht einerseits den Erwerb von Rechten billige, diesen aber gleichwohl dem staatlichen Zugriff aussetze, was ein „partieller Freibrief für Willkür" und daher ungerecht sei. (*C.-W. Canaris*, 1997, S. 25f.). Dieses Argument ist als eines der „Besitzstandswahrung" mit hier vertretener Auffassung jedoch nicht zu vereinbaren. Das „Gerechtigkeitsgefühl der meisten Menschen" würde sich bei Berücksichtigung der Gerechtigkeitsinteressen der Minderheit eben nie voll durchsetzen können, wenn bei der Bestimmung der Kriterien die Auswirkungen auf alle Betroffenen beachtet werden. Dazu im Anschluß 3. b).

283 BVerfGE 7, 377, 407 – Apothekenurteil.

mit anderen Grundrechten.[284] Anders dagegen hat die Prüfung auszufallen, wenn es sich um eine auf „letzter Stufe" befindliche objektive Zulassungsschranke handelt. Erst eine Güterabwägung im Einzelfall kann feststellen, ob die Auferlegung einer distributiven Pflicht auch im Einzelfall im Hinblick auf den zu erreichenden Zweck angemessen ist. Die Belastungsgrenze kann erreicht sein, wenn - wie im Fall des Mutterschutzes zu der Pflicht zur Entgeltfortzahlung nach §§ 11, 14 MuSchG erwogen[285] - es zu einer zufälligen finanziellen Belastung einer Privatperson kommt, die sachnäher vom Staat und der gesamten Solidargemeinschaft bzw. der Sozialversicherung zu tragen ist. Die Sachnähe wird in diesem Fall durch den Wortlaut des Art. 6 Abs. 4 GG („Jede Mutter hat Anspruch auf den Schutz und die Fürsorge *der Gemeinschaft*") bestätigt.
Die Belastungsfähigkeit als Grenze der Zuteilung nach dem Kriterium der Natur der Sache zeigt sich des weiteren in der Unanwendbarkeit des KSchG bei einer Betriebsgröße von 5 Arbeitnehmern oder weniger (§ 23 Abs. 1 S. 2 KSchG) oder bei der Pflicht zur Einstellung von 5% Schwerbehinderter bei mindestens 20 Arbeitsplätzen bzw. eines Schwerbehinderten bei bis zu 39 Arbeitsplätzen oder 2 Schwerbehinderten bei bis zu 59 Arbeitsplätzen (§ 71 Abs. 1 S. 1 und 3 SGB IX[286]). Daß die Belastbarkeit eines Unternehmens primär von seiner Größe abhängt, machte der EuGH in der Rechtssache *Dekker* vom 8. November 1990[287] deutlich, in der er das Vorbringen des Arbeitgebers akzeptierte, nach dem dieser als Ausbildungszentrum finanziell mit der Einstellung eines Ersatzes für die wegen Schwangerschaft ausgefallenen Arbeitnehmerin überfordert war, auch wenn dadurch Ausbildungsplätze verloren gingen.
Ein weiteres Beispiel ist die aktive Förderpflicht der „tatsächlichen Durchsetzung der Gleichberechtigung von Männern und Frauen". Würde diese, die nach Art. 3 Abs. 2 S. 2 GG allein Aufgabe des Staates ist, dem Arbeitgeber übertragen, so bedeutete dies ebenfalls mangels Sachnähe ohne besondere Rechtfertigung wohl eine Überschreitung der Grenzen der Belastungs- und Leistungsgerechtigkeit.[288]

b) Verfahrensgerechtigkeit

Zwar fehlt es im Hinblick auf die Bestimmung der Verteilungskriterien an einem objektiven Maßstab. Für *Hesse* folgt hieraus zutreffend, daß „diese Notwendigkeit des Verzichts auf objektive Maßstäbe (...) indes nicht unabweisbar einen Verzicht auf einen allgemein anerkannten Maßstab (bedeutet). Das Rechtsbewußtsein nämlich ist orientiert an den materialen Weltanschauungen einer Zeit. Soweit die einzelnen Rechtsgenossen einhellig die Verbindlichkeit dieser Weltanschauungen anerkennen, kann auch von einer Einheit des Rechtsbewußtseins gesprochen werden, das damit einen festen Maßstab zu bestimmen vermag."[289]
Die Bestimmung der Verteilungskriterien bedarf eines Gerechtigkeitsurteils, welches nicht auf individuelle Vorstellungen beschränkt bleiben darf. Sie sind selbst der Überprüfung

---

284 BVerfGE 7, 377, 407, eine subjektive Einschränkung der Freiheit der Berufsaufnahme formalisiert nur „das sich aus einem vorgegebenen Lebensverhältnis ergebende Erfordernis" bestimmter Fähigkeiten und Qualifikationen für die Ausübung von Berufen.
285 *C.-W. Canaris*, 1997, S. 87.
286 Geändert durch Gesetz vom 3. April 2003 (BGBl. I S. 462) mit Wirkung zum 1. Januar 2003. Ab dem Jahr 2004 besteht die Möglichkeit der Steigerung des Anteils Schwerbehinderter gemäß § 71 Abs. 2 SGB IX.
287 EuGH, Urteil v. 8.11.1990, Rs. C-177/88 (Dekker), Slg. 1990, I-3941.
288 Dazu im Anschluß c) bb) zu Fn. 322f.
289 *K. Hesse*, AöR 77 (1951/52), S. 167 (198f.).

unterzogen. *Kant* ging von drei Schritten des zum Gerechtigkeitsurteil führenden Denkens aus: Der Mensch müsse nicht nur selbst (im Sinne der Anerkennung individueller Überzeugung), sondern auch mit anderen (im Sinne der Vermittlung eigener Rechtsüberzeugung mit der der anderen) und sich an die Stelle der anderen denken (im Sinne des Aufeinaderabstimmens seiner Gerechtigkeitsvorstellungen).[290] Erforderlich ist ein Blick des Hin- und Herwendens zwischen leitenden Maßstäben wie der Gerechtigkeit und seinen eigenen individuellen Rechtsempfindungen.[291] Der das vielzitierte Werturteil des vernünftig und gerecht Denkenden aussprechende Bürger ist sodann „der das rein private Gerechtigkeitsurteil überschreitende und damit die Gefahr der Selbst- und Fremdtäuschung reduzierende Bürger (...), der seine Meinung auch im Rahmen des Öffentlichen zur Diskussion und Beurteilung anbietet."[292]

Ausgangspunkt ist weiterhin die Feststellung, daß - anders als bei der iustitia directiva, die den Markt unangetastet läßt und sich allein im Rahmen des Tauschhandels bewegt - der institutionalistische Ansatz der iustitia distributiva treffend die unterschiedlichen Auswirkungen des Marktes auf die Gruppen verschiedener Individuen feststellt. Der Markt begünstigt diejenigen, die sozial ohnehin bevorzugt werden. Soziale Besserstellung wird belohnt, Benachteiligung bestraft. Institutionelle Gerechtigkeit macht es sich zur Aufgabe, „die Verteilungskriterien autonom und einvernehmlich festzulegen und die natürliche Verteilungswillkür hinsichtlich der Fähigkeiten als auch die Zufälligkeit der sozialen Startposition (...) zu korrigieren."[293] Weil nun unter dem zur Bestimmung der Chancengleichheit theoretisch anzunehmenden ‚Schleier der Unwissenheit'[294] die Bürger der Gesellschaft sich in die Stellung der sich benachteiligt sowie sich in einer sozial starken Position Glaubenden versetzen werden, kämen sie zu dem Ergebnis einer marktunabhängigen Güterverteilung, so daß auch der Markt den Kriterien der iustitia distributiva unterworfen ist.[295] Die repräsentativen Personen, die bei Rawls im fiktiven Urzustand ohne Wissen um ihre persönliche soziale Position stets gerechte Regeln über die Verteilung der Grundgüter aufstellen, sind nach seiner Auffassung die „heads of families".[296] Da jedoch angenommen wird, daß Familien per se gerecht organisiert sind, stellt Rawls die Repräsentationfähigkeit durch die (männlichen) Familienoberhäupter auch nicht in Frage.[297]

Die problematische Konsequenz dessen und die Bedeutung der Mitwirkung von Frauen an Entscheidungsprozessen zeigt sich im Bezug auf das Erwerbsleben im Jahresbericht 1999 der EU-Kommission zur Chancengleichheit von Frauen und Männern.[298] Werden

---

[290] *I. Kant*, Kritik der Urteilskraft, § 40, in: *W. Brugger*, JZ 1989, S. 61 (62).

[291] *J. Dewey*, 1960, S. 130. „To put ourselves in the place of others, to see things from the standpoint of their purposes and values, to humble, contrariwise, our own pretensions and claims till they reach the level they would assume in the eye of an impartial observer, is the surest way to attain objectivity and moral knowledge".

[292] *W. Brugger*, JZ 1989, S. 61 (63): „Ins-Lot-Bringen" der Gerechtigkeitsvorstellungen aller Beteiligten.

[293] *W. Kersting*, 1999, S. 46 (64).

[294] Dazu oben Kapitel 2, I. 2. c).

[295] *W. Kersting*, 1993, S. 46, spricht von der „moralphilosphischen List, mit der Rawls' Gerechtigkeitstheorie die ökonomische Rationalität für ihre Zwecke einspannt - und dieser bleibt gar nichts anderes übrig, als das Geschäft der Gerechtigkeit zu betreiben, obwohl sie nach wie vor auf Vorteilsmaximierung aus ist." Der Schleier der Unwissenheit locke den klugen Egoisten nämlich in eine „Situation, in der dieser moralisch agieren muß, ohne es zu bemerken."

[296] Dazu oben Kapitel 2, I. 2. c).

[297] *J. Rawls*, 1971, S. 490; hierzu auch *N. C. M. Hartsock*, 1995, S. 63 (74).

[298] Jahresbericht der Kommission zur Chancengleichheit 1999, KOM (2000) 123 endg., S. 3ff.; daran anknüpfend der Jahresbericht der Kommission zur Chancengleichheit 2000, KOM (2001) 179 endg., S. 34ff. Für die Jahre 2003 und 2004 ist die Förderung des Anteils von Frauen in Entscheidungsprozessen weiter-

Frauen nicht an Entscheidungsprozessen beteiligt, „werden (...) (sie) auch nicht in einem Maße Einfluß nehmen können, das garantiert, daß Politik und Entscheidungsfindung soziale, wirtschaftliche und kulturelle Werte der gesamten Gesellschaft widerspiegeln".[299] Der vorangegangene Jahresbericht 1998 hob insbesondere die Bedeutung des Gender Mainstreaming hervor und wies deutlich darauf hin, daß dieses Programm zur Bewußtseinsförderung aller Mitglieder der Gesellschaft hinsichtlich der Auswirkungen von Maßnahmen auf Frauen und Männer bereits vor deren Erlaß notwendig ist, um für die gesamte Gesellschaft gerechte Regeln aufstellen zu können.[300] Kinder lernen bereits in der Familie, wie später auch in der Gesellschaft und im Erwerbsleben, den Sinn für Gerechtigkeit/Fairneß, den sie in der „original position" weitertragen. Bleibt aber die Gerechtigkeit in der Familie - im Bereich des Erwerbslebens auf die Gesellschaft übertragen - nicht hinterfragt, so wird das gesamte Prinzip der Chancengleichheit in Frage gestellt. Greift man mit *Susan Moller Okin* dieses Defizit auf und läßt es in ein alternatives Verständnis der „original position" in das Prinzip der Chancengleichheit eingehen, so muß von den repräsentativen Personen im fiktiven Urzustand verlangt werden, die Gerechtigkeitsvorstellungen aller zu beachten. „(T)hey must think from the position of *everybody*, in the sense of *each in turn*."[301] Was Rawls als die Berücksichtigung der am wenigsten bevorteilten Männer („the standpoint of the least advantaged representative man"[302]) bezeichnet, wird schlicht auf beide Geschlechter erstreckt. „And, of course, once we challenge Rawls's traditional belief that questions about justice can be resolved by ‚heads of families', the ‚least advantaged representative woman', who is likely to be considerably *worse* off, has to be considered equally."[303]
Als Maßstab für die Verteilung der Chancen wird von *Rawls* die ‚Fairness' angeführt: „Da sich alle (hinter einem Schleier der Unwissenheit, d. Verf.) in der gleichen Lage befinden und niemand Grundsätze ausdenken kann, die ihn aufgrund seiner besonderen Verhältnisse bevorzugen, sind die Grundsätze der Gerechtigkeit das Ergebnis einer fairen Übereinkunft oder Verhandlung."[304]
Eine Perspektive der Unwissenden, welche die Situation von Frauen und deren strukturelle Benachteiligung einbezieht, muß davon ausgehen, daß ein jeder sich in ihrer Position wiederfinden kann. Daher wird sie sich nicht auf den Markt beschränken, sondern ihren Blick auf die Familie und die familiären Pflichten erstrecken. Diesbezüglich faire Regeln können nur die Personen treffen, die nicht wissen, ob sie Mann oder Frau sind. Wüßten sie dies, würde ein Mann eventuell die Regel aufstellen, daß Leistungen im Erwerbsleben von einem 10-stündigen Arbeitstag abhängig zu machen sind. Weiß er aber nicht, daß er ein Mann ist, würde er den sich dahinter verbergenden Begriff der Leistung anders definieren. In jedem Fall würde er die von dem wissenden Mann befürwortete Regel ablehnen. Das gemeinschaftliche Leistungsprinzip kann sich folglich von dem im Sinne des rein formalen Verständnisses unterscheiden, wenn es als soziale Konstruktion begriffen

---

hin eines der Schwerpunktthemen der Kommission im Rahmen des Gleichstellungsprogramms, vgl. den letzten Jahresbericht 2001, KOM (2002) 258 endg., S. 16.

[299] Dies gilt insbesondere auch für die gewerkschaftliche Vertretung, die durch ein europaweit angelegtes Programm des Gender Mainstreaming erreicht werden soll. Vgl. dazu auf die im Kommissionsbericht Bezug genommene Darstellung: EGB und Katholische Universität Löwen, The Second Sex of European Trade Unionism, Brüssel 1999, sowie die darin enthaltenen Studie: Frauen in Entscheidungsprozessen in den EGB-Mitgliedsorganisationen.

[300] Jahresbericht der Kommission zur Chancengleichheit 1998, KOM (1999) 106 endg., S. 5.

[301] *S. Moller Okin*, 1990, S. 15 (30f.)

[302] *J. Rawls*, 1971, S. 151.

[303] *S. Moller Okin*, 1990, S. 15 (31).

[304] *J. Rawls*, 1975, S. 29; dazu bereits oben Kapitel 2, I. 2. c).

wird. Zu fragen ist „zunächst nach den sozialen Grundlagen der Bewertung von Leistung (...); danach würden geschlechterdiskriminierende Prämissen eliminiert und schließlich das Kriterium neu definiert werden."[305]
In diesem Zusammenhang bedeutet Gleichwertigkeit die gleiche Berücksichtigung und Anerkennung verschiedener sozialer Erfahrungen und Bedürfnisse bei der Feststellung der zu regelnden Chancen (chancengleiche Verfahrensgerechtigkeit). Das Geschlecht wird durch eine ahistorische und von der Gesellschaft abgekoppelte Bestimmung zustimmungsfähiger Regeln als Verteilungsprinzip eliminiert und somit der Interessenbewertung entzogen.[306] Leistungsbewertungen sind nur dann von Vorteil für jedermann, das heißt nach *Rawls* allgemein zustimmungsfähig,[307] wenn die Begünstigung oder Bevorzugung den in der sozialen Startposition Schlechtestgestellten zugute kommt, weil eine Begünstigung durch sozial bessere Ausgangschancen eben nicht verdient ist. Das Geschlecht als zugeschriebene Eigenschaft, als eine die Ausgangsposition bestimmende Determinante, wirkt sich somit derart aus, daß hieraus Bessergestellte keinen Vorteil ziehen dürfen, solange sich dadurch die Situation der sozial Schlechtergestellten auf Dauer weiter verschlechtert. Dies ist zum Beispiel beim Ausschluß Teilzeitbeschäftigter vom Vergütungsausgleich für „Mehrarbeit" der Fall.[308] In diesen Fällen bestimmt das soziale Geschlecht über die Definition der Arbeitszeit und -belastung und damit die Besserstellung ohnehin Bevorzugter. Diese Besserstellung um den Faktor Geschlecht ist nicht auf Leistung oder Verdienst zurückzuführen, sondern auf eine nicht substanzbezogene Definition derselben.

---

[305] R. *Lautmann*, 1990, S. 42.

[306] Anders entspricht nach *C.-W. Canaris*, 1997, S. 68f., die Forderung der Verteilung an jeden „nach seiner Leistung" der in Art. 2 GG geschützten Freiheit der Persönlichkeit. Die Entwicklung von Talenten zeichne den einzelnen auch als Individuum, nicht aber nur als Gemeinschaftswesen aus. Die Nichtberücksichtigung individueller Fähigkeiten sei ansonsten „gleichmacherische Verlogenheit", in welcher „Mediokrität und Inkompetenz, Wichtigtuerei und Beziehungswirtschaft in Blüte stehen." Zur Kritik am Leistungsprinzip bereits oben Kapitel 2, II. 2. b) zu Fn. 244 bis 248.

[307] *J. Rawls*, 1975, S. 122ff., sog. *Differenzprinzip* (difference principle), welches besagt, daß soziale und wirtschaftliche Ungleichheiten so auszugestalten sind, daß zu erwarten ist, daß sie für jeden von Vorteil sind. „Niemand hat seine besseren natürlichen Fähigkeiten oder einen besseren Startplatz in der Gesellschaft verdient. Doch das ist natürlich kein Grund, diese Unterschiede zu übersehen oder gar zu beseitigen. Vielmehr läßt sich die Grundstruktur so gestalten, daß diese Unterschiede auch den am wenigsten Begünstigten zugute kommen. Man wird also auf das Unterschiedsprinzip geführt, *wenn man das Gesellschaftssystem so gestalten möchte, daß niemand von seinem zufälligen Platz in der Verteilung der natürlichen Gaben oder seiner Ausgangsposition in der Gesellschaft Vor- oder Nachteile hat, ohne einen Ausgleich zu geben oder zu empfangen*". (Kursiv hinzugefügt.) Bessere Aussichten Begünstigter sind nur dann gerechtfertigt, wenn die sie ermöglichenden sozialen und wirtschaftlichen Umstände zur Verbesserung der Aussichten der am wenigsten Begünstigten beitragen. Dazu *W. Kersting*, 1993, S. 55ff.; zu Recht auch kritisch *B. Ladwig*, 1999, S. 365 (384): Talente ließen sich nicht von Ambitionen und Anstrengungen trennen. Vielmehr wirkten sie oft auf letztere ein. Was ist natürliche Begabung, was persönliche Anstrengung? Zutreffend auch *F. Bydlinski*, 1996, S. 107 (158ff.): Es könne sich hierbei nur um eine Hilfsregel bzw. Rechtsfriedensargument handeln. „Wenigstens gedankliche Abhilfe dagegen verspricht am ehesten das Element des Differenzprinzips, wonach Maßnahmen unzulässig sind, die auf längere Sicht (auch) die Lage der Schlechtgestellten weiter verschlechtern. Die Beachtung dieses einschränkenden Elements kann in der Realität angesichts vielfach utopischen „Anspruchsdenkens" gar nicht intensiv genug eingeschärft werden."

[308] Dazu unten Kapitel 4, II. 2. a) aa) (a) (dd) (2).

c) Soziale Grundgüter und Verteilungsagenturen

aa) Zuteilung von Rechten

Es stellt sich die Frage, welche Rechte zugeteilt, das heißt, welche sozialen Grundgüter verteilt werden müssen, um wirklich gleiche Ausgangsbedingungen (Chancen) zu gewährleisten und den „potentiellen Rollentausch" zu ermöglichen. Grundgüter besitzen Ermöglichungscharakter, sie gewähren einen grundlegenden Status für jeden innerhalb der Gemeinschaft und sind die Voraussetzung dafür, daß der einzelne überhaupt seinen Lebensplan erfolgreich verfolgen kann. Neben den allgemein notwendigen Rechten[309] gehören hierzu auch Rechte auf Unterstützung, um Chancengleichheit zu erreichen, und die Verleihung von Schutzrechten im Falle eines Machtungleichgewichts.[310]
Zu den notwendigen sozialen Grundgütern muß unter anderem das Wissen um das Recht und die Möglichkeit der Inanspruchnahme des Rechts auf Teilnahme am „Markt der Lebensmöglichkeiten" gehören.[311] Ob dies als den Gleichheitsbegriff ausfüllende Autonomie, Selbstgestaltung oder Emanzipation bezeichnet werden kann, sei hier dahingestellt.[312] Entscheidend ist, daß ein Individuum allein dann dazu in der Lage ist, wenn seine tatsächlichen Handlungen das Ergebnis seiner gesellschaftlich unbeeinflußten Entscheidung sind. Hierzu gehört die Chance Lebensform als „Kontext der Wahl"[313]. Somit wird klargestellt, daß die soziale Kontextbeziehung und –relevanz persönlichen Handelns in Erwägung zu ziehen ist, um nicht den wesentlichen Einfluß institutioneller Rahmenbedingungen zu übergehen, der die Wahl der jeweiligen Lebensformen determiniert und Differenzierungskriterien sozial konstruiert. Relevant wird dies im Rahmen der Begegnung mittelbarer Diskriminierungen bei der Beurteilung der geschlechtsspezifischen Auswirkungen geschlechtsneutraler rechtlicher Regelungen. Müssen Grundgüter aus der Perspektive beider Geschlechter ohne Festlegung eines in Wirklichkeit geschlechtsspezifischen Maßstabs verteilt werden, so verbieten sich die der teilweise noch vorherrschenden Ansicht zugrunde liegenden traditionellen Wertvorstellungen, wie das Beispiel der h.M. zur Nichtgewährung von Überstundenzuschlägen für Teilzeitbeschäftigte belegt.[314]
Darüber hinaus fungiert die soziale Kontextbeziehung und -relevanz persönlichen Handelns auch als „*Ergebnis* der Wahl". „Sie ist ein Ermöglichungsraum menschlicher Freiheit und zugleich ein möglicher Inhalt ihrer Erfüllung."[315] Lebensformen dürfen daher nicht von der Gesellschaft oder der jeweiligen kulturellen Gruppe, in der sie vorhanden sind, vorgeschrieben werden. Es muß ein Austrittsrecht gewährleistet werden. Bezogen auf die Rollenvorstellungen und -zuteilungen der Geschlechter bedeutet dies, daß weder der eine noch andere gezwungen werden kann, einer bestimmten Lebensform zu folgen. Dies hätte zur Folge, daß der von der Gesellschaft zur Verfügung gestellte Raum als „Käfig" fungiert, nicht als „Kontext der Wahl". Die Lebensform wäre zudem nicht Ergebnis einer „Präferenz", sondern erzwungen. Ein Anpassungsdruck von seiten einer bestimmten Lebensform (wie zum Beispiel der der Männer als Familienernährer, wie sie sich im vollzeit-

---

[309] Allgemein zählen hierzu Rechtsfähigkeit, Personhaftigkeit, Geschäftsfähigkeit und Mitgliedschaftsrechte, wie politische Rechte.
[310] So z.B. das KSchG.
[311] *B. Ladwig*, 1999, S. 365 (370ff.).
[312] Vgl. hierzu ausführlich *R. Lautmann*, 1990, S. 48.
[313] *B. Ladwig*, 1999, S. 365 (375). Bewußt nenne ich sie nicht wie Ladwig „Ressource", sondern Chance, um klarzustellen, daß es nicht um individuelle Verteilungsgerechtigkeit, sondern nur um die Frage der Verteilungseigenschaften der gesellschaftlichen Gruppen gehen kann.
[314] Dazu unten Kapitel 4, II. 2. a) aa) (a) (dd) (2).
[315] *B. Ladwig*, 1999, S. 365 (375).

orientierten Erwerbsmodell ausdrückt) würde die substantiell verstandene Chancengleichheit und deren Wert, den sie der iustitia distributiva zuweist, zerstören. Es geht hier damit wieder um die oben erörterte Idee der Gleichwertigkeit: „*(D)aß alle Personen in ihrer Verschiedenheit als Gleiche zählen.*"[316]

bb) Zuteilung von Lasten und Pflichten

Vor dem Hintergrund des Über- bzw. Unterordnungsverhältnisses der iustitia distributiva müssen neben der Zuteilung von Rechten auch Lasten und Pflichten entsprechend aufgeteilt werden.[317] In den Blick gerät zunächst der Staat als Verteilungsinstanz/-agentur. Überließe man die Verteilung dem Marktprozeß, so würde sofort eine Ungleichverteilung dieser Güter entstehen, weil sie sich an der jeweiligen Marktmacht des einzelnen orientiert.[318] Der Staat ist - anders als die Individuen selbst - in der Lage, eine Grundversorgung mit sozialen Gütern sicherzustellen.[319] Fraglich ist zunächst aber, wie das Eingreifen der gesellschaftlichen Verteilungsagenturen[320] erfolgt. „(D)ie Normen und institutionellen Raster ihres Verteilungshandelns fallen nicht vom Himmel, sondern sind gesellschaftliche Erfindungen und daher begründungsbedürftig. (...) Weil die gesellschaftlichen Teilsysteme, Regelwerke und Institutionen unser Leben einschneidend prägen, unnachgiebig unsere Freiheit einschränken und mit der Zuteilung von Chancen und Entwicklungsmöglichkeiten auf Gestalt und Verlauf unsere Lebensprojekte beträchtlichen Einfluß nehmen, stellen wir Legitimitätsforderungen an die gesellschaftlichen Rahmenbedingungen unseres Lebens, wollen wir *allgemein zustimmungsfähige, eben gerechte Institutionen und Verteilungsstrukturen.*"[321]

Im Hinblick auf das Arbeitsrecht wird gegen eine Einbeziehung der Arbeitgeber in über das formale Gleichbehandlungsgebot hinausgehende Pflichten eingewandt, er müsse mehr tun als andere, mehr als die Gerechtigkeit verlange.[322] Mittels der gesellschaftlichen, also institutionalistischen Perspektive der iustitia distributiva, läßt sich indes tatsächlich eine entsprechende Rolle des Arbeitgebers und der Tarifparteien als so bezeichnete „Funktionäre der Gesellschaft"[323] aufgrund des Zusammenhangs zwischen iustitia distributiva und institutionellem Verhalten begründen.[324] Zwar ist hinsichtlich des Umfangs der Pflichten zu differenzieren. Dennoch können einerseits ihre „Macht"position [dazu im Anschluß (b) (aa)] und andererseits Argumente der Belastungs- und Leistungsgerech-

---

[316] *B. Ladwig*, 1999, S. 365 (382).
[317] *C.-W. Canaris*, 1997, S. 24ff.
[318] Dazu oben Kapitel 2, II. 2 b).
[319] Vgl. weiter zur Rolle des Staates und dessen Verhältnis zum Markt in diesem Zusammenhang, *K.-J. Bieback*, 1997, S. 94f.
[320] Den Begriff der „Agentur" verwenden *W. Zöllner*, Festschrift Strasser, 1983, S. 223 (235); *J. Gardner*, (1989) OJLS 1 (10) und *W. Kersting*, 1999, S. 46 (56). Des weiteren finden sich auch die Formulierungen „Instanz" bei *C.-W. Canaris*, 1997, S. 10, sowie der „Verteilungsinstitution", die hier synonym verwendet werden.
[321] *W. Kersting*, 1999, S. 46 (56f.). Kursiv hinzugefügt.
[322] So *J. Waldron*, 1985.
[323] Zum Begriff *W. Zöllner*, Festschrift Strasser, 1983, S. 223 (235); gegen die Funktionärsstellung *R. Wank*, RdA 1985, S. 1 (21); *B. Schiefer/W. Erasmy*, DB 1992, S. 1482 (1484); *B. Schiefer*, NJW 1995, S. 160ff.; dafür *J. Gardner*, (1996) OJLS 353; *ders.*, (1989) OJLS 1 (2). Grundsätzlich ablehnend zwar *P. Hanau/U. Preis*, ZfA 1988, S. 177 (186) und *H. Pfarr/K. Bertelsmann*, 1989, S. 122, i.E. aber eine Pflicht begründend. *J. Sievers*, 1996, S. 55ff., lehnt die Funktionärsstellung ebenfalls ab, verweist aber gleichzeitig auf die vielfältigen Bindungen, denen Arbeitgeber unterliegen.
[324] J. *Gardner*, (1989) OJLS 1 (11).

tigkeit [dazu im Anschluß (b) (bb)] ihre Stellung als Agentur im Rahmen der iustitia distributiva begründen. Um aufkommenden Bedenken zu begegnen, ist zuvor noch die Legitimationsgrundlage der Zuweisung distributiver Lasten und Pflichten zu klären, deren Notwendigkeit sich aus dem Regel-Ausnahme-Verhältnis der iustitia directiva und der iustitia distributiva ergibt.

(a) Regel-Ausnahme-Verhältnis der iustitia directiva und der iustitia distributiva

Die Chancengleichheit der Geschlechter als Ausdruck der iustitia distributiva gerät in Kollision mit Grundprinzipien der iustitia directiva, die das Privatrecht und Arbeitsrecht gestalten.[325]
Ausgangspunkt für eine Kollisionslösung ist das Verhältnis der Gerechtigkeitsformen zueinander, aus dem sich die Notwendigkeit einer besonderen Legitimationsbegründung der iustitia distributiva ergibt. Teilweise wird ohne[326] oder mit leicht mißverständlicher Begründung[327] von einem Vorrang der iustitia directiva, bisweilen dagegen von einem absoluten Vorrang der iustitia distributiva als „Urform der Gerechtigkeit" [328] ausgegangen. *Bydlinski* versteht unter der iustitia directiva die „Maxime der verhältnismäßigen Aufrechterhaltung des durch gerechte Distribution herbeigeführten status quo".[329] Diese habe im Privatrecht Ausdruck als dessen Ausgestaltung der Privatautonomie als Gleichordnungsverhältnis gefunden. Letztlich differenziert er das Verhältnis der Gerechtigkeitsformen zueinander jedoch dahingehend, daß er aufgrund des privatautonom ausgestalteten Privatrechts von einem grundsätzlichen Vorrang der Ausgleichsgerechtigkeit ausgeht.[330] Nach *Radbruchs* Ansicht hat sich dagegen das gesamte Recht an der iustitia distributiva als absolutem Wert messen zu lassen.[331] Weil das Austeilen der Grundgüter, unter anderem der gleichen Rechtsfähigkeit, die Voraussetzung für das Aushandeln von Verträgen im Sinne der iustitia directiva sei, erschöpfe sich ihre Funktion in einem „Zweckmäßigkeitsverfahren im Dienste höchstmöglicher gleichzeitiger Erfüllung zweier Egoismen".
Im Ergebnis weisen die Ansichten ein erhebliches Begründungsdefizit auf. Denn sie lassen die Frage unbeantwortet, ob die Fähigkeit zum Aushandeln von Verträgen im Sinne der iustitia directiva die Verleihung von Rechten durch die iustitia distributiva in erster Linie überhaupt benötigt. Statt dessen gehen sie davon aus, daß der verteilende Staat von Urbeginn an dagewesen ist. *Canaris*[332] verweist hier im Hinblick auf die staatsphilosophischen Vertragstheorien[333] treffend auf die gesellschaftsvertragliche Staatsgründung durch Personen im Naturzustand. Hiernach waren die Menschen in diesem Zustand ja schon ‚fähig' und ‚stark' und mit gleichen Rechten ausgestattet, den natürlichen Zustand zu verlassen und durch Zustimmung eine Zivilgemeinschaft zu gründen. Die Idee des Gesellschaftsvertrags beruht auf der Auffassung, daß bereits gleiche Individuen die Population des Naturzustandes bilden. Ein Vertragsschluß ist im Naturzustand aber nur möglich,

---

325 *W. Zöllner*, Festschrift Strasser, 1983, S. 223 (235); *U. Karpen*, JA 1985, S. 562 (565).
326 *L. Fastrich*, RdA 2000, S. 65 (70).
327 *F. Bydlinski*, 1982, S. 357.
328 *G. Radbruch*, 1956, S. 126.
329 *F. Bydlinski*, 1982, S. 357; ähnlich *M. Kriele*, 1963, S. 59.
330 *F. Bydlinski*, 1982, S. 358f.; *ders.*, 1996, S. 107 (135f.); *L. Fastrich*, RdA 2000, S. 65 (68ff.), erwähnt dagegen nur den „Vorrang der Privatautonomie", dessen Korrektur durch die iustitia distributiva durch eine gesetzliche Regelung legitimiert werden müsse.
331 *G. Radbruch*, 1956, S. 126.
332 *C.-W. Canaris*, 1997, S. 27f.
333 Dazu oben Kapitel 2, I. 2. b) und c).

wenn alle gleiches Recht hierzu besitzen, also im „status naturalis" bereits gleichberechtigt sind. Dies aber ist Ausdruck der iustitia directiva.[334]
Dies entspricht der verfassungsrechtlichen Grundidee der Freiheit und Würde aller Menschen, die durch die Grundrechte geschützt, nicht aber verliehen werden. Das Menschenbild des GG geht von dem von Natur aus gleichen und absoluten Wert eines jeden einzelnen aus. Die in Art. 1 Abs. 1 GG geschützte Menschenwürde ist laut BVerfG „der *allgemeine Eigenwert*, der dem Menschen *kraft seiner Persönlichkeit* zukommt".[335] Das positive Recht, welches sich das Volk gegeben hat, sei es in der Form, wie es die Vertragstheoretiker oder unsere tatsächliche demokratische Grundordnung vorsehen, gewährleistet die Rahmenbedingungen des Miteinanderlebens. Nach der Grundrechtsdogmatik bedeutet dies die Notwendigkeit des Angebots eines grundrechtseffektuierenden Verfahrens, welches der Staat mit der Privatrechtsordnung zur Gewährleistung der Privatautonomie geschaffen hat,[336] dem verfassungsrechtlich durch Art. 2 Abs. 1, Art. 12 Abs.1 GG abgesicherten Grundsatz des individuellen Vertragsrechts. Dieser definiert sich als ein Prinzip, eigene Rechtsbeziehungen selbstbestimmt zu gestalten.[337] Der Vertrag ist die Hauptform, welche die Privatrechtsordnung als Mittel zur Verfügung stellt. Erforderlich für die Selbstbestimmung sind der freie Wille,[338] der nur durch hinreichende Wahlfreiheit und Informationen irrtums- und täuschungsfrei gewahrt wird.[339] Drohungen und Täuschungen werden daher als Störungen der Vertragsparität erkannt und zum Schutz der Vertragsfreiheit vom Gesetzgeber mit den Anfechtungsregeln der §§ 119ff. BGB sanktioniert. Diese Regeln unterliegen weiterhin dem Grundsatz der iustitia directiva.[340] Denn letztlich bekommt jeder nur das, was ihm im Austauschverhältnis zusteht, im Vertragsrecht die Rechte aus dem selbstbestimmt und ohne Willensmängel geschlossenen Vertrag.
Aber auch der Tarifvertrag ist aufgrund seiner privatautonomen Legitimationsgrundlage der freiwilligen Unterwerfung der Verbandsmitglieder und der Austrittsmöglichkeit ein

---

334 Ähnlich *O. Höffe*, 1987, S. 449.

335 BVerfGE 30, 173, 214. Kursiv hinzugefügt.

336 BVerfGE 12, 341, 347; *W. Flume*, 1979, S. 2: Die „Privatautonomie erfordert die Rechtsordnung als Korrelat".

337 *W. Flume*, 1979, S. 1.

338 Nach dem die Autonomie und Würde des einzelnen beachtenden Grundsatz „volenti non fit iniuria" gilt, daß, wie *W. Flume*, 1979, § 1, 5, 6a, feststellte, die „Gestaltung aus Selbstbestimmung (...) einem rechtlichen Urteil, ob sie richtig ist, unzugänglich" ist. *W. Schmidt-Rimpler*, AcP 147 (1941), S. 130ff.: „Richtigkeitsgewähr" des Vertrages.

339 *F. Bydlinski*, 1982, S. 358f.

340 Die Personen werden stets als absolut gleich, nicht in einem Über-/Unterordnungsverhältnis zueinander behandelt. *C.-W. Canaris*, 1997, S. 29, stellt auf den humanen Gehalt des Austauschvertrags ab, der sich daraus ergibt, daß der Austausch nur von gleich zu gleich erfolgt und jeder nur das anbieten und annehmen wird, was er selbst im Gegenzug nehmen bzw. geben will: „Wer möchte vor seinen Mitbürgern schon als Bettler dastehen und auf deren Wohltätigkeit angewiesen sein?" Ähnlich hat es bereits *I. Kant*, Grundlagen der Metaphysik, AA IV, S. 434 [zit. bei *W. Brugger*, JZ 1989, S. 61 (66)], mit der „Vernunft" des Menschen als moralische Selbstbestimmung ausgedrückt, die durch Beachtung nicht nur der eigenen Interessen, sondern auch der Gerechtigkeitsvorstellungen anderer zum Vorschein kommt: „Die praktische Nothwendigkeit, nach diesem Prinzip zu handeln, d.i. die Pflicht, beruht gar nicht auf Gefühlen, Antrieben oder Neigungen, sondern bloß auf dem Verhältnisse vernünftiger Wesen zueinander, in welchem der Wille eines vernünftigen Wesens jederzeit zugleich als gesetzgebend betrachtet werden muß, weil es sie sonst nicht als Zweck an sich selbst denken könnte. Die Vernunft zieht also die Maxime des Willens als allgemein gesetzgebend auf jeden anderen Willen ... und dies zwar nicht um irgendeines anderen praktischen Beweggrundes oder künftigen Vortheils willen, sondern aus der Idee der Würde eines vernünftigen Wesens, das keinem Gesetz gehorcht als dem, das es zugleich selbst gibt". Letztlich liegt der Idee das Verbot der Unrechtszufügung und die gegenseitige Achtung der Absolutheit und Selbstbestimmung des einzelnen zugrunde, die Grundidee der Austauschgerechtigkeit.

solches Instrument.[341] Die Notwendigkeit der Normierung desselben beruht auf der Tatsache, daß in Arbeitsrechtsbeziehungen der Individualvertrag nicht die Freiheit und Selbstbestimmung zu gewährleisten geeignet ist, weil in diesen Situationen eben nicht zu erwarten ist, daß man sich aufgrund des Aushandelns des Vertragsinhalts „im Idealfall durch einen Kompromiß in der Mitte"[342] trifft.[343] Der Anwendungsbereich der iustitia directiva ist das Rechtsverhältnis allein in dem vom Recht vorgegebenen Raum,[344] nicht aber der gesellschaftliche Bereich der Distribution sozialer Güter. Dieser unterliegt den Korrekturregeln der iustitia distributiva.[345] Eine Bindung erfolgt im Rahmen der Privatautonomie allein aufgrund selbst, nicht aber heteronom auferlegter Pflichten, wie zum Beispiel die Pflicht zur Entgeltfortzahlung im Krankheitsfall entgegen dem Grundsatz Lohn gegen Arbeit oder den Verboten der §§ 611a, 612 Abs. 3 BGB, aufgrund des Geschlechts zu differenzieren. Nach dem allgemeinen arbeitsrechtlichen Gleichbehandlungsgrundsatz, der sich strikt an der eigenen Zwecksetzung der Leistung durch den Arbeitgeber bemißt,[346] stellte dies noch einen sachlichen Grund der Ungleichbehandlung dar.[347] Dort dürfen im Hinblick auf Marktpreis und Effektivität Differenzierungskriterien verwendet werden,[348] die einen geschlechtsspezifischen Gehalt haben können und nach dem Verbot der mittelbaren Diskriminierung nicht zulässig wären.[349] Jede heteronome Inpflichtnahme stellt daher eine über die normalen Bindungen hinausgehende Verpflichtung zur Herstellung sozial gerechter Verhältnisse dar, die somit einer Legitimationsbegründung bedarf.[350]

(b) Legitimation

(aa) Soziale Macht

Gerechtfertigt wird eine Korrektur mittels der iustitia distributiva vor allem mit dem Argument der „sozialen Macht". Bereits *Gamillscheg*[351] machte den von *Stern*[352] verwendeten Begriff der „sozialen Macht", bzw. der die Individualfreiheit gefährdenden „privaten Mächtigkeit" fruchtbar: „Nur wo der einzelne (...) eine sogenannte soziale Macht, soziale

---

[341] *C.-W. Canaris*, AcP 184 (1984), S. 201 (243f.): „auf die Kollektivebene gehobene Privatautonomie". Auch wenn es sich tatsächlich nur um eine „mediatisierte Selbstbestimmung" handelt, wird die Privatautonomie gewahrt. Auch dem sonstigen Privatrecht ist eine privatautonome Bindung nicht fremd, vgl. z.B. die Stellvertretung und die Gestaltungsrechte der §§ 315, 317 BGB. Dazu *A. Wiedemann*, 1994, S. 127f.; *R. Schwartze*, ZTR 1996, S. 1 (5).

[342] *C.-W. Canaris*, 1997, S. 48.

[343] *F. Bydlinski*, 1982, S. 358f.

[344] Dazu oben Kapitel 2, I. 1 a) zu Fn. 15.

[345] Dazu oben Kapitel 2, I. 1. a) zu Fn. 23.

[346] *G. Hueck*, 1958, S. 173; zur Zwecksetzungsfreiheit des Arbeitgebers *W. Zöllner/K.-G. Loritz*, 1998, § 17 IV 2.

[347] A.A. *C.-W. Canaris*, 1997, S. 11, der auch den arbeitsrechtlichen Gleichbehandlungsgrundsatz der iustitia distributiva zuordnet, S. 36ff.; dagegen zu Recht *L. Fastrich*, RdA 2000, S. 65 (70).

[348] *W. Blomeyer*, Festschrift Müller, 1981, S. 51 (65f.).

[349] So z.B. bei der Kriterien der Flexibilität, Berufsausbildung und Dauer der Betriebszugehörigkeit. Dazu unten Kapitel 4, II. 2. a) aa) (a) (aa) und (bb).

[350] Die Notwendigkeit der Legitimationsbegründung ergibt sich allerdings nicht aus dem Charakter der Staatsnähe der Verteilungsgerechtigkeit, obwohl die Formulierung von *G. Radbruch*, 1956, S. 126, dies nahelegt. Er drückt dies etwas ungenau in folgender Dichotomie aus: „Die ausgleichende Gerechtigkeit ist die Gerechtigkeit des Privatrechts, die austeilende Gerechtigkeit die des öffentlichen Rechts". Wie noch zu zeigen ist, sind alle das Verbot der mittelbaren Diskriminierung enthaltenden Normen und damit auch die des Privatrechts distributiver. Dazu unten Kapitel 2, III. 1.

[351] *F. Gamillscheg*, AcP 164 (1964) S. 385 (407).

[352] *K. Stern*, Bd. III/1, S. 1595.

Gewalt darstellt, ist die Unterwerfung unter die gleichen Beschränkungen, wie sie der Staat sich auferlegt, begründet". „Die wirtschaftliche und intellektuelle Übermacht des Arbeitgebers gestattet es, ihn unter den Begriff der sozialen Macht einzureihen".[353] Die Literatur verweist weiter auf die den Begriff näher konkretisierenden (negativen) Kriterien wie wirtschaftliche, soziale, intellektuelle Unterlegenheit oder mangelnde Selbstbestimmungsmöglichkeit eines Vertragsteils sowie existentielle Angewiesenheit eines Vertragsteils auf den Abschluß des Vertrags.[354]

(1) „Warum" der Verteilungsagentur

Für die Begründung der institutionellen Rolle des Arbeitgebers, also seiner Eigenschaft als Verteilungsagentur, werden zwei Gesichtspunkte angeführt:
Zunächst ist es gesellschaftlich und persönlich von wesentlicher Bedeutung, ob man einen Beruf ausüben kann und darf oder nicht. Dies stellt einen relativen Vorteil dar, der durch das gesamte Leben hinweg genossen wird.[355] Der Arbeitgeber besitzt die Verteilungsmacht[356] über Vor- und Nachteile und befindet sich an der Spitze des beschriebenen, der iustitia distributiva zugrunde liegenden Dreiecksverhältnisses bzw. des Über-/Unterordnungsverhältnisses: Zwischen bevorteilten und benachteiligten Gruppen, über deren Erwerbs- bzw. Zugangschancen er wesentlichen Einfluß hat. Arbeit selbst stellt eine solche Chance dar, die Voraussetzung für viele weitere Chancen ist.[357] Der Arbeitgeber hat es als sozial Stärkerer in der Hand, mit dem Verlust des Arbeitsplatzes zu drohen. Und dies, so *Gamillscheg*,[358] „ist immer ein Übel: ein Übel für das Dasein selbst, wenn es schwierig ist, einen Arbeitsplatz zu finden, wie bei verbreiteter Arbeitslosigkeit oder für gewisse Gruppen von Arbeitnehmern (...); ein ideelles Übel immer, weil der Arbeitnehmer seinen angestammten Arbeitsplatz verliert (...). (...) (E)r hat es in der Hand, den von der Gewährung (einer Leistung, d. Verf.) ohne oder mit einem zu mißbilligenden Grund Ausgenommenen dadurch zu kränken (...)." Bei der Begründung eines Arbeitsverhältnisses darf er Arbeitnehmer frei und marktwirtschaftlich orientiert einstellen, weil zu diesem Zeitpunkt nicht einmal die Bindung an den allgemeinen arbeitsrechtlichen Gleichbehandlungsgrundsatz gegeben ist.[359]
Des weiteren erfordert die Strukturierung und Aufrechterhaltung eines Arbeitsverhältnisses ein besonders großes Maß an Kontrolle über den Arbeitnehmer, die auf dem Arbeitsvertrag und dem durch diesen dem Arbeitnehmer eingeräumten Gestaltungsspielraum beruht. Die einseitige Gestaltungsmacht des Arbeitgebers drückt sich in der Unterwerfung des Arbeitnehmers aus, der von der Gestaltung seitens des Arbeitgebers abhängig ist. Dies schreibt dem Arbeitgeber insgesamt eine privilegierte soziale Position im distri-

---

[353] *F. Gamillscheg*, 1989, S. 30; ähnlich *D. Medicus*, AcP 192 (1992) S. 35 (61f.).
[354] *F. Gamillscheg*, AcP 164 (1964), S. 385 (413f.); vgl. die weiteren Nachweise bei *C. J. Müller*, 1996, S. 198.
[355] *H. Collins*, 1987, S. 92ff.; *J. Gardner*, (1989) 9 OJLS 1 (11).
[356] Hierauf stellt insbesondere *L. Raiser*, ZHR 111 (1948), S. 75 (93f.), ab; ebenso *W. Zöllner/K.-G. Loritz*, 1998, § 17 I.; *C.-W. Canaris*, 1997, S. 37; *A. Söllner*, 1998, § 31 III 3c); *L. Fastrich*, RdA 2000, S. 65 (70); dazu bereits oben Kapitel 2, II. 3. c) zu Fn. 281.
[357] *J. Gardner*, (1996) 16 OJLS 353 (363).
[358] *F. Gamillscheg*, AcP 164 (1964), S. 385 (408f.).
[359] *G. Hueck*, 1958, S. 62; *W. Zöllner/K.-G. Loritz*, 1998, § 17 VIII.

butiven Prozeß der Gesellschaft zu und macht ihn für den Arbeitnehmer zu einer vergleichbar starken Institution wie den Staat.[360]
Die Problematik hinsichtlich der Machtposition der Verbände soll an dieser Stelle nur kurz angesprochen werden. Bereits konzeptionell handelt es sich hierbei aufgrund der Normsetzungsbefugnis mit Drittwirkung für die Mitglieder um eine zumindest partielle Fremdbestimmung.[361] Zwar ist die Ausübung der Normsetzungsbefugnis der Tarifparteien durch den freiwilligen Beitritt legitimiert, der Einfluß der Mitglieder ist aber begrenzt. Die Macht der Tarifparteien wird insbesondere von *Gamillscheg* und *Däubler*[362] gleichgestellt mit der vergleichbaren Situation der Unentrinnbarkeit von staatlicher Normsetzung, die das Leben der Normunterworfenen existentiell bestimmt. Die Normen gelten nach § 1, 4 TVG unmittelbar und zwingend, und das Austrittsrecht (§ 3 TVG) kann die Machtparität nicht hinreichend gewährleisten. Zudem können die Mitglieder ihre Vertreter nicht direkt bestimmen, weil Verbände weitgehend monopolistisch organisiert sind.[363] Sie haben keinen unmittelbaren Einfluß auf die Tarifvertragsabschlüsse, und die Entscheidung wird von der Koalitionsspitze bzw. aufgrund Mehrheitsentscheidung getroffen. Die Mitglieder unterwerfen sich unbedingt und vorbehaltlos und nehmen dabei das Risiko in Kauf, ihre Position zu verschlechtern, weil sie wissen, daß im Fall der Minderheit, ihre Interessen nicht im Ergebnis in den Verträgen zum Ausdruck kommen.[364] Nach *Reuter*[365] besteht das Abhängigkeitsverhältnis der Arbeitnehmer in der Majorisierungsgefahr des Verbandes, in dem nur Mehrheitsinteressen nach außen vordringen und Minderheiten somit keine Chance auf Berücksichtigung ihrer Interessen und sie sich somit dem Mehrheitswillen zu beugen haben. Aufgrund dessen haben die Verbände den Minderheitenschutz ebenso wie der Staat zu beachten. Ein solches Machtungleichgewicht zeigt sich besonders an der Ausübung des zum unmittelbaren Kernbereich der Tarifautonomie gehörenden Rechts zur Festlegung des Geltungsraumes der Tarifverträge, aufgrund dessen Personengruppen aus dem Geltungsbereich ausgeschlossen werden können.[366]

(2) Tauglichkeit des Begriffs der „sozialen Macht“

Der erste Einwand gegen den Begriff der sozialen Macht betrifft die Gefahr mangelnder Differenzierung. So geht zum Beispiel *Däubler* davon aus, daß Arbeitgeber per se autark und mächtig und somit unproblematisch unter den Begriff der sozialen Macht zu fassen seien.[367] Bedenken bestehen hiergegen bereits im Hinblick auf das dem widersprechende, im Tarifvertrag zum Ausdruck kommende Paritätsgebot.[368] Vor allem aber verdeutlicht sich hieran die Gefahr mangelnder Differenzierung zwischen den Interessen „kleiner Arbeitgeber“ und denen sich von diesen unterscheidenden „großer Arbeitgeber“.[369] Das,

---

[360] *C. McCrudden*, 1985, S. 86ff.; *J. Gardner*, (1989) OJLS 1 (11); *ders.*, OJLS 353(363); *W. Blomeyer*, Festschrift Müller, 1981, S. 51 (55f.) m.w.N.
[361] *R. Schwartze*, ZTR 1996, S. 1 (5), „gewollte Fremdbestimmung“ aufgrund Unterwerfung.
[362] *F. Gamillscheg*, AcP 164 (1964), S. 385 (401); *W. Däubler*, 1973, S. 226ff.
[363] *R. Singer*, ZfA 1995, S. 611 (628).
[364] Dazu *A. Wiedemann*, 1994, S. 127.
[365] *D. Reuter*, ZfA 1978, S. 1 (36).
[366] *P. Hanau/U. Preis*, ZfA 1988, S. 177 (203); ebenso *Wiedemann/Lembke*, Anm. zu BAG, AP Nr. 4 zu § 3 BAT.
[367] *W. Däubler*, 1993, Rdn. 414ff.
[368] *F. J. Säcker/H. Oetker*, 1992, S. 246.
[369] *A. Wiedemann*, 1994, S. 36 m.w.N.

was im Individualarbeitsvertrag als Machtungleichgewicht konstatiert wird, kann nicht ohne weiteres auch auf andere Verträge, wie Tarifverträge, übertragen werden.
Des weiteren wird dem Begriff der sozialen Macht eine Unbestimmtheit und Rechtsunsicherheit vorgehalten. Er ist „diffus und komplex“ [370] und daher schwer definierbar. Auch führt ein bestehendes Machtgefälle nicht zwangsläufig zu einem Machtungleichgewicht.[371] So besteht ein solches zum Beispiel grundsätzlich zwischen „kleinen“ Autoren und „großen“ Verlegern, bedeutet aber unter Zugrundelegen eines funktionierenden Wettbewerbs noch kein Machtungleichgewicht. Auch ist die Imparität des Arbeitsvertrags schon deswegen nicht auf den Tarifvertrag zu übertragen, weil dieser ein Machtungleichgewicht gerade zu verhindern bezweckt. Zu Recht wird auch der Einwand, es ginge den Gewerkschaften nicht um Minderheitenschutz, sondern um Solidarität, als „dem Arsenal politischer Kampfreden“ zugehörend zurückgewiesen.[372] Das Hauptdefizit der Argumentation mit dem Begriff der „sozialen Macht“ besteht indes bereits in dem Fehlen einer Legitimationsgrundlage des Begriffs, weil er nichts darüber aussagt, von wem die Macht überhaupt ausgeht. Richtig ist, daß staatliche Macht, der vorliegend unstreitig die Eigenschaft der Verteilungsagentur zugestanden wird, nicht auf private Macht zu übertragen ist, weil auch die (kollektive) Privatautonomie der Arbeitgeber und Tarifparteien verfassungsrechtlich gewährleistet ist.[373]

(3) Stellungnahme

Die Verwendung des Begriffs der sozialen Macht verdeckt tatsächlich mehr das Problem, als daß sie es offenlegt.[374] Ausgehend von der Erkenntnis, daß eine Auseinandersetzung mit der Gerechtigkeit stets durch ein Spannungsverhältnis geprägt ist,[375] bezeichnet *Brugger*[376] dieses als einen steten Konflikt zwischen „*konsertierter Idee und mehr oder minder dissensanfälliger Konkretion oder Konzeption der Gerechtigkeit*“, die in einen Ausgleich zu bringen sind. Vom Konsentierten darf daher nicht auf allgemeingültige Werte geschlossen werden („Tyrannei der Werte“), andererseits aber auch nicht von der Vielfältigkeit der Vorstellungen auf einen inhaltsleeren Gerechtigkeitsbegriff,[377] die den realen Kampf zur Folge hätte.[378]
Befürwortung und Ablehnung des Machtbegriffs führten zu diesen beiden auszuschließenden Gefahren, so daß er allenfalls als selbst nicht justitiabler „Hintergrundbegriff“

[370] R. *Schwartze*, ZTR 1996, S. 1 (4).
[371] *C.-W. Canaris*, AcP 184 (1984), S. 201 (207).
[372] *A. Wiedemann*, 1994, S. 38ff. Als ein status-quo-Argument ist in diesem Zusammenhang jedoch sein zweiter Einwand gegen den Begriff der sozialen Macht zurückzuweisen. Hiernach sei, so zwar zutreffend, nicht davon auszugehen, daß von den Verbänden per se die Gefahr des Machtungleichgewichts ausgehe. Zudem sei aber das Privatrecht nach dem Grundsatz der formellen Gleichheit ausgestaltet, so daß es wirtschaftlichen und sozialen Machtverschiebungen gerade nicht feindlich gegenüberstehe. Vgl. auch R. *Schwartze*, ZTR 1996, S. 1 (4): „systemimmanente Größe“ des Privatrechts, welches an sich kein Unwerturteil ausspreche. Vorliegend geht es gerade um die Legitimatonsbegründung des Eingreifens distributiver Regeln als Ausnahme vom Grundsatz der formellen Gleichheit, so daß selbe nicht als Grund für den Ausschluß letztere angeführt werden kann.
[373] *K. Stern*, Bd. III/1, S. 1691; *F. Kirchhof*, 1987, S. 517f.
[374] *A. Wiedemann*, 1994, S. 39.
[375] Dazu bereits R. *Dworkin*, 1984, S. 178, 216ff., 228ff.
[376] *W. Brugger*, JZ 1989, S. 1 (6f.).
[377] Zur Kritik oben Kapitel 2, II. 3 a) zu Fn. 264.
[378] *W. Brugger* JZ 1989, S. 1 (7): „manipulativen Überrumpelungsstrategien zur Befriedigung rein partikuliärer Interessen“.

dienen kann.[379] Denn es gibt „keinen selbständigen Problemkreis der Bewältigung sozialer Macht im Privatrecht“.[380]
Insgesamt sagt das Kriterium der sozialen Macht daher nicht mehr, *daß* bzw. *warum* eine Inpflichtnahme in Betracht kommt, *nicht aber wann*. Dies wird bestimmt durch eben solche Kriterien, mit denen wir feststellen, daß bestimmten gesellschaftlichen Gruppen ein distributives Zuteilungsbedürfnis zugesprochen werden kann, welches sich nach dem Sachzusammenhang und dem distributiven Zweck richtet.[381] So ergibt sich hieraus nicht allein die Zuteilung an bestimmte Personen, sondern auch *von* bestimmten Personen, die sich spiegelbildlich zueinander verhalten.[382] Argumente hiergegen, wie sie sich in der Ablehnung der „Funktionärseigenschaft“ des Arbeitgebers ausdrücken,[383] mißverstehen, daß es der Gerechtigkeit nicht um ein „Alles-oder-nichts-Prinzip“ geht, sondern um die Bestimmung gemeinsamer, vertretbarer Positionen. Die substantielle Chancengleichheit stellt gerade einen prozessualen Mechanismus zur Verfügung (chancengleiche Verfahrensgerechtigkeit), der beiden Seiten gewährleistet, daß sie mit ihren Interessen und Vorstellungen gehört und berücksichtigt werden und somit am Verfahren der Aufstellung gemeinschaftlicher Regeln partizipieren.[384] Daß im Ergebnis sich nicht alle durchsetzen, ist notwendige Konsequenz und jeder demokratischen Entscheidungsgewinnung immanent. Die Mehrheitsentscheidung ist daher als legitim zu akzeptieren. Der Chancengleichheit geht es nicht um reale Durchsetzung eigener Positionen, sondern reale Berücksichtigung und Anhörung derselben.[385]

(bb) „Wann“ der Verteilungsagentur

Einwände gegen eine Überbürdung distributiver Lasten auf Privatpersonen beruhen im wesentlichen auf Bedenken, daß diese zufallsbedingt erfolgen.[386] Eine zufällige Belastung wäre Willkür, das „Paradigma der Ungerechtigkeit“,[387] die anerkannt unvertretbar und somit als Unrecht einzustufen ist.[388] Aber auch wenn dies aus Sicht der iustitia distributiva zu rechtfertigen ist, so kann sich aus der Sicht des Arbeitgebers dies als zufällige Belastung und Willkür darstellen: Warum gerade er? Warum soll er die Mehrheitsentscheidung die zum Beispiel zur Normierung des Art. 3 Abs. 2 GG geführt hat, akzeptieren müssen? Weil dies in bestimmten Situationen aus Gründen der Sachnähe, der teleologischen Folgerichtigkeit/der Natur der Sache sowie der diesen Grenzen setzenden Belastungs- und Leistungsgerechtigkeit,[389] die über das „wann“ der Verteilung bzw. die „richtige“ Person entscheiden, unter Berücksichtigung der Privatautonomie legitimiert werden kann.
Zweck der iustitia distributiva ist zum Beispiel im Rahmen des § 611a BGB die Verteilung von Erwerbschancen durch Ausklammerung des „Geschlechts“ als zulässiges Differen-

---

379 *C.-W. Canaris*, AcP 184 (1984), S. 201 (206f.): nur „Ausschnitt“ der gestörten Vertragsparität; *A. Wiedemann*, 1994, S. 39.
380 *C.-W. Canaris*, AcP 184 (1984), S. 201 (207).
381 Dazu oben Kapitel 2, II. 3. a).
382 *C.-W. Canaris*, 1997, S. 25.
383 So z.B. *R. Wank*, RdA 1985, S. 1 (21); *B. Schiefer/W. Erasmy*, DB 1992, S. 1482 (1484); *B. Schiefer*, NJW 1995, S. 160ff. Dazu auch unten Kapitel 2, III. 2. b).
384 Dazu oben Kapitel 2, II. 3) b).
385 *W. Brugger* JZ 1989, S. 1 (7ff.): doppelter material-prozessualer Legitimationsansatz der Gerechtigkeit.
386 Ähnlich *J. Gardner*, (1989) OJLS 1 (10).
387 *C.-W. Canaris*, 1997, S. 86.
388 *W. Brugger*, JZ 1989, S. 1 (8).
389 Dazu oben Kapitel 2, II. 3. c).

zierungskriterium. Dies besagt allerdings noch nicht mehr, als daß sie verteilt werden müssen. Zu fragen ist demnach, wer sie verteilen soll. Dies kann nur der, der über sie verfügt und Kontrolle hat, das heißt im Rahmen des Anwendungsbereichs des § 611a BGB der Arbeitgeber sowie die Tarifparteien.[390] Entscheidend ist daher die Natur der Erwerbschancen als Verteilungsgut und die Natur des Arbeitgebers sowie der Verbände als Gutsinhaber. Voraussetzung ist eine „Verantwortungsbeziehung" zu dem Zweck der Regelung, die sich nach der Sachnähe richtet.[391] Dies geht auch aus der Rechtsprechung des BVerfG zu Art. 3 Abs. 1 GG zur unzulässigen Sonderabgabe hervor, in der die Sachnähe als gegeben angesehen wurde, wenn die Betroffenen dem Zweck der verlangten Leistung „evident näherstehen als jede andere Gruppe oder die Allgemeinheit der Steuerzahler".[392] Übertragen auf vorliegende Konstellation ist es schon aufgrund der (kollektiven) Privatautonomie aus Art. 2 Abs. 1 GG sowie Art. 9 Abs. 3 GG Sache der Arbeitgeber, die Vertragsbedingungen festzulegen, sowie der Tarifparteien im Rahmen der Tarifautonomie, die Arbeits- und Wirtschaftsbedingungen zu regeln. Ihre Inpflichtnahme ist der „Preis" für die der Privatwirtschaft verfassungsrechtlich zugestandene Vertragsfreiheit und daher Legitimationsgrundlage für die Auferlegung dieser distributiven Pflicht.[393] Vertretbar erscheint es, an dieser Stelle aber noch einen Schritt weiterzugehen. Die Ablehnung der „Funktionärsstellung"[394] wird damit begründet, daß der Arbeitgeber gar nichts mit der strukturellen Benachteiligung von Frauen zu tun habe. Nach *Wank* ginge es nicht an, daß er die „gesellschaftlichen Rahmenbedingungen für Frauen" als „Vorreiter" abzubauen habe.[395] Gegen diese Trennung von Lebens- und Arbeitsbedingungen wenden sich *Pfarr/Bertelsmann*. Traditionelle Aufgabenverteilungen sind für den Arbeitgeber gerade relevant und von Vorteil, weil sie die Arbeitsbedingungen unmittelbar gestalten und ermöglichen, diese aufrechtzuerhalten.[396] Die Arbeitsteilung ist von Arbeitgebern stets „mitgedacht und vorausgesetzt" und ermöglicht günstige Wirtschaftsbedingungen und nützt dem Arbeitgeber. Diesem Vorteil entspricht der Nachteil für Frauen, der so vom Arbeitgeber aufrechterhalten wird.[397] Von Zufall kann daher nicht die Rede sein. Nach dem (hier eingeschränkt zuzustimmenden) Differenzprinzip von *Rawls*[398] ist dies eine nicht allgemein zustimmungsfähige Regelung, weil der Nutzen der Arbeitgeber hier auf Dauer weiter die Situation der Benachteiligten verschlechtert.

4. Zusammenfassung und Ausblick

Festzuhalten ist, daß es zur Überwindung einer nur formellen Chancengleichheit notwendig ist, nicht nur den individuellen, sondern auch den Gruppenaspekt der geschlechtsspezifischen Benachteiligung zu berücksichtigen, um zu erkennen, daß gerade Stereotypisierungen Diskriminierungen darstellen können. Die substantielle Chancengleichheit berücksichtigt bei der Güterverteilung den Einfluß äußerer Faktoren, welche die Verwendung

---

[390] *J. Gardner*, (1996) 16 OJLS 353 (363).

[391] BVerfGE 77, 308, 337, 85, 226, 236f.

[392] BVerfGE 55, 274 – Leitsatz 3b.

[393] *C.-W. Canaris*, 1997, S. 120.

[394] Dazu oben Fn. 323.

[395] *R. Wank*, RdA 1985, S. 1 (21), spricht von „gesellschaftlichen Defiziten".

[396] *H. Pfarr/K. Bertelsmann*, 1989, S. 121f.

[397] Vgl. auch dieselbe Argumentation i.R.d. Zurechenbarkeit und Kausalität der mittelbaren Diskriminierung, unten Kapitel 3, I. 4.

[398] Dazu sowie zur Einschränkung *F. Bydlinski*, 1996, S. 107 (158ff.); vgl. auch oben Kapitel 2, II. 3b) zu Fn. 307.

der zuzuteilenden Güter unterschiedlich beeinflussen und dazu führen, daß Frauen und Männer strukturell bedingt, das heißt nicht aufgrund unterschiedlicher Anstrengung, unterschiedliche Ergebnisse erzielen. Angesichts der strukturellen Benachteiligung in Form von Stereotypisierungen und der Schwierigkeit ihrer Meßbarkeit, muß das statistische Ergebnis der strukturellen Benachteiligung von Frauen als Indikator für eine fortbestehende Chancenungleichheit fungieren. Das Ziel der Gleichberechtigung der Geschlechter ist dabei nicht die kostenneutrale Verbesserung der Lebensumstände von Frauen, sondern eine andere Gestaltung der Lebensformen selbst, mit der notgedrungen auch eine Veränderung der Lebensumstände der bislang Bevorteilten einhergeht. Wird die substantielle Chancengleichheit aber als Gleichheit der Chancen im Sinne einer realen Möglichkeit zur Ergebnisgleichheit verstanden, so löst sich die Diskussion um Chancen- und Ergebnisgleichheit tatsächlich in eine Scheinkontroverse auf.[399]

Es stellte sich die Frage, wie das Ziel des „potentiellen Rollentauschs" zwischen den Geschlechtern zu erreichen ist. Aus dem Prinzip der Chancengleichheit als Ziel der iustitia distributiva haben sich einerseits die individualistische, andererseits die institutionalistische Verteilungsgerechtigkeit herausgebildet. Diese Unterscheidung ist für ihre Legitimation und Durchführbarkeit der Chancengleichheit von entscheidender Bedeutung. Erstere ist als praktisch undurchführbar und als auf dem für die Gleichberechtigung der Geschlechter nicht hilfreichen Leistungsprinzip basierend abzulehnen. Hingegen erfaßt letztere, die auf die Verteilungseigenschaften der institutionellen Verfassung der Gesellschaft abzielt, die Ungleichheit, die sich als institutionelle Auswirkungen definieren läßt, die im Bereich des Einflusses institutioneller Umstände auf individuelle Lebensführungen liegen und orientiert sich somit an den von den Personen vorgefundenen und ihre Lebensformen prägenden Ausgangspositionen.

Die Bestimmung der Kriterien der iustitia distributiva erfolgt aufgrund ihrer Wertungsoffenheit nicht nach objektiv-formalen Maßstäben, sondern kontextabhängig und subjektiv im Einzelfall unter Hinzuziehung der Begriffe der Leistungs-, Belastungs-, Bedarfs-, Chancen- und Verfahrensgerechtigkeit. Zur Konkretisierung wird hierbei in Anlehnung an die Rechtsprechung des BVerfG auf die „Natur der Sache" abgestellt, nach der die spezifische Sachnähe einer Person zum Regelungszweck die Entscheidung maßgeblich beeinflußt. Insbesondere grenzt sie den Personenkreis ein, der im Rahmen der iustitia distributiva in die Verantwortung zu nehmen ist. Als Legitimationsbegründung der iustitia distributiva ist der undifferenzierte Begriff der „sozialen Macht" abzulehnen. Anstelle dessen erfolgt eine Einzelfallbetrachtung, die es unter Berücksichtigung der Umstände des Einzelfalls ermöglicht, Verteilungsinstanzen von einer Inanspruchnahme auszunehmen. Gründe der Leistungs- und Belastungsgerechtigkeit ziehen dieser Inanspruchnahme von Arbeitgebern als Verteilungsagenturen Grenzen, so daß die Kritik, man würde Arbeitgeber somit zu „Funktionären der Gesellschaft" für strukturelle Defizite der Benachteiligung von Frauen machen, weitgehend unbegründet ist.

Letztendlich scheint Kern des Problems zu sein, inwieweit es möglich ist, mit dem hier erörterten Ansatz ein Umdenken hinsichtlich der die strukturelle Diskriminierung fortschreibenden Stereotypisierungen zu bewirken. *Lautmann* formuliert diesbezüglich die notwendige Herangehensweise zutreffend: „Das Bedeutungsverhältnis der sozialen Rollen Frau und Mann zu ändern, ist faktischer Wandel in der symbolischen Dimension: es ändert sich das Bewußtsein darüber, was Frauen bzw. Männer ‚sind', was ihre geschlechtsspezifische Konstitution ist und vor allem nicht ist sowie darüber, welches ihre erworbenen Charaktermerkmale sind bzw. sein könnten. Die Entpolisierung der Bilder von Mann

[399] *K. Schweizer*, 1999, S. 148 m.w.N.

und Frau rückt für beide neue Handlungsbereiche in den Blick. Soziale Identität läßt sich dann nicht mehr entlang des biologischen Geschlechts finden, sondern steht zur Disposition der Personwerdung."[400]

Das Gerechtigkeitsprinzip ist ein offenes Prinzip, welches zeitlich und räumlich bedingt von historisch gegebenen Verhältnissen und sozialen Wertvorstellungen abhängig ist.[401] Das Potential ist somit durchaus vorhanden, das Prinzip weiterzuentwickeln und dem „faktische Wandel in der symbolischen Dimension" zu unterwerfen. Mehr noch liegt gerade in der Diskrepanz zwischen dem Prinzip der Gerechtigkeit und der sozialen Wirklichkeit der Grund für das ungebrochene Bemühen und Streben um soziale Gleichberechtigung.[402]

III. Das Verbot der mittelbaren Diskriminierung wegen des Geschlechts als Form distributiver Gerechtigkeit

Das Verbot der mittelbaren Diskriminierung wegen des Geschlechts ist, wie alle geschlechtsspezifischen Gleichberechtigungsrechte,[403] Ausdruck der iustitia distributiva. Dennoch wird die Frage, ob das Verbot der mittelbaren Diskriminierung der iustitia directiva oder iustitia distributiva zuzuordnen ist, unterschiedlich beantwortet.[404] Im Hinblick auf die obigen Ausführungen soll an dieser Stelle nur kurz auf die Zuordnung eingegangen werden.

1. Abgrenzung zur iustitia directiva

Die Zuordnung des Verbots der mittelbaren Diskriminierung zu den Formen der Gerechtigkeit hängt von der Frage nach dem relevanten Abgrenzungskriterium der zwei Gerechtigkeitsformen ab.[405]

---

[400] R. *Lautmann*, 1990, S. 36f.

[401] *K. Hesse*, AöR 77 (1951/52), S. 167 (214).

[402] *K. Hesse*, AöR 77 (1951/52), S. 167 (186).

[403] Als Oberbegriff umfaßt das Verbot der Benachteiligung die Gleichbehandlung, Gleichberechtigung und Gleichstellung [*L. Fastrich*, RdA 2000, S. 65 (67)]. Gleichbehandlung ist das allgemeine Gebot der formell gleichen Behandlung, zum Beispiel Art. 3 Abs. 1 GG. Gleichstellung als Gegensatz dazu verlangt Gleichheit im Ergebnis, als Durchbrechung (*C.-W. Canaris*, 1997, S. 119) bzw. Korrektur [*L. Fastrich*, RdA 2000, S. 65 (68)] der formellen Gleichbehandlung, zum Beispiel Quoten. Zweck des Verbots der mittelbaren Diskriminierung ist indes nicht die Herstellung von Ergebnisgleichheit. Sie geht jedoch über das formale Gleichbehandlungsgebot hinaus (dazu oben Kapitel 2, II. 1 a) sowie Fn. 399). Genauer ist daher als „Zwischenform" von Gleichberechtigung zu sprechen. Die Normen, die das Verbot der mittelbaren Geschlechtsdiskriminierung beinhalten, sind daher Gleichberechtigungs-, nicht aber Gleichbehandlungsrechte. So auch *L. Fastrich*, RdA 2000, S. 65 (66ff.), der sie zwar als Gleichstellungsrechte bezeichnet, wohl aber dasselbe meint.

[404] Die in der arbeitsrechtlichen Literatur vertretenen Zuordnungen erschöpfen sich diesbezüglich zumeist ist einem feststellenden Satz. Für Verteilungsgerechtigkeit wohl *O. M. Fiss*, (1975) 5 Phil and Pub Affairs 107 (147ff.); *L. Lustgarten*, (1978) PL 178; *W. Blomeyer*, FS für Müller, 1981, S. 55ff; *C. McCrudden*, (1982) OJLS 303 (343ff.); *A. W. Blumrosen*, (1983) Harv. J. L. 99ff.; *R. H. Fallon/P. C. Weiler*, (1984) Sup. Ct. Rev. 1 (24ff.); *H. Pfarr/K. Bertelsmann*, 1985, Rn. 232; *P. Hanau/U. Preis*, ZfA 1988, S. 189; *G. Kyriazis*, 1990, S. 86; dagegen *G. Wisskirchen*, 1994, S. 41 mit Fn. 8; mit ausführlicher Begründung dafür *H. Pfarr/K. Bertelsmann*, 1989, S. 121f.; J. *Gardner*, (1989) OJLS 1ff.; *ders.*, 1992, S. 148ff.; *ders*, (1996) OJLS 353ff.; dagegen *A.J. Morris*, (1995) OJLS 199ff.

[405] Dazu bereits oben Kapitel 2, I. 1.; zur Abgrenzungsproblematik *C.-W. Canaris*, 1997, S. 12ff.

Teils werden Individualgerechtigkeit für iustitia directiva und Gruppengerechtigkeit für iustitia distributiva angeführt, teils wird auf die Gründe der beiden Gerechtigkeitskonzepte abgestellt. Gründe der iustitia directiva beträfen den einzelnen und sind folglich relativ, die der iustitia distributiva bezögen sich auf alle und seien neutral. Oder die Reichweite der Gerechtigkeitskonzepte bestimme die Zuordnung: Die eine wirke lokal, die andere global oder universal. Das heißt, im Rahmen der iustitia directiva bewegt sich der Ausgleich zwischen zwei Personen, wohingegen er bei der iustitia distributiva zwischen der austeilenden und mehreren Personen stattfindet.[406] Grenzt man entsprechend dieser Kriterien ab, so fällt die Zuordnung zwangsläufig unterschiedlich aus.[407] Geht es beispielsweise um eine mittelbare Diskriminierung im Rahmen eines individuellen Arbeitsvertrags, so liegt keine Gruppenungerechtigkeit vor, das Verfahren ist bilateral und wirkt lediglich lokal. Es müßte eine Zuordnung zur iustitia directiva erfolgen. Betrifft es dagegen aber eine gesetzliche Regelung oder eine des Tarifvertrags, so wären der Gruppenaspekt, die Betroffenheit mehrerer und die universale Wirkung, also die iustitia distributiva zu bejahen.

Auszugehen ist indes von der Grundannahme des Aristoteles, nach der entscheidend ist, ob in der betreffenden Situation symmetrisch oder geometrisch vorgegangen werden soll.[408] Es kommt demnach auf die Art des Grundverhältnisses und des Gewährungsaktes an. Geht es um ein Tausch- bzw. Nebenordnungsverhältnis im rechtlichen Sinne? Soll etwas wieder zurückgegeben werden, was zuvor genommen wurde? Oder handelt es sich um die gerechte und verhältnismäßige Verteilung sozialer Grundgüter im gesellschaftlichen Raum im Über- bzw. Unterordnungsverhältnis? Nach *Coings*[409] Negativ-Definition handelt es sich um iustitia distributiva, „wenn eine Last (etwa ein Schadensausgleich) oder ein Vorteil innerhalb einer (...) Gruppe (...) nach allgemeinen Prinzipien verteilt werden muß, ohne daß sich diese Verteilung aus den Regeln der iustitia commutativa, also aus Vertrag oder Wiedergutmachung ergibt."[410]

Was heißt aber, mittelbar zu diskriminieren? Mittelbar diskriminiert, wer Vorschriften, Kriterien oder Verfahren anwendet, die als solche zwar neutral formuliert sind, in ihren Auswirkungen aber Angehörige einer Gruppe (zum Beispiel diejenigen eines Geschlechts) aufgrund ihrer unterschiedlichen sozialen Ausgangsbedingungen unverhältnismäßig benachteiligen.[411] Ungleiche Ausgangsbedingungen begründen ein Zuteilungsbedürfnis dieser Gruppenangehörigen hinsichtlich sozialer Grundgüter, um die durch die vom Diskriminierer angewendeten Regelungen bewirkten Benachteiligungen zu beseitigen. Die Verteilung sozialer Grundgüter kann – da iustitia directiva nicht in Ansehung der gesellschaftlichen Ausgangsbedingungen entscheidet, sondern allein im Rahmen der bestehenden Rechtsordnung den Ausgleich eines aufgrund zurechenbaren Verhaltens verschobenen Besitzstandes vergangenheitsbezogen regelt – nur mittels der iustitia distributiva zukunftsbezogen vorgenommen werden. Denn allein letztere setzt im gesellschaftlichen Raum der Produktion und Distribution sozialer Güter in Ansehung des Zuteilungsbe-

---

406 Diese Abgrenzungen finden sich bei *A.J. Morris*, (1995) OJLS 199 (204, 205, 214, 220).

407 Vgl. hierzu den literarischen Streit zwischen *A.J. Morris*, (1995) OJLS 199ff., und *J. Gardner*, (1996) OJLS 353ff. Hier verwendet *Morris* diese Abgrenzungskriterien, um zu beweisen, daß das Verbot der mittelbaren Diskriminierung der iustitia directiva folgt.

408 Dazu oben Kapitel 2, I. 1. a).

409 *H. Coing*, 1985, S. 218.

410 *H. Coing* verweist hierbei unter anderem auf die Haftung bei der technischen Teilnahme am Straßenverkehr und die Produkthaftung, für die ein Verschulden nicht erforderlich ist, weil es um die Verteilung nach übergeordneten Regeln geht.

411 Dazu oben Kapitel 1, I. 1. a) und c).

dürfnisses an.[412] Das dem Staat und anderen gesellschaftlichen Institutionen, wie Arbeitgebern oder Gewerkschaften, auferlegte Verbot der mittelbaren Diskriminierung wegen des Geschlechts verzichtet daher auch auf ein Verschulden hinsichtlich der ungleichen Güterverteilung, welches der iustitia directiva hingegen immanent ist. Es erlegt den Verteilungsinstanzen im Über- bzw. Unterordnungsverhältnis zur Beseitigung struktureller Barrieren die Pflicht auf, Chancen, über die sie Kontrolle und Einfluß haben, gerecht zu verteilen, also eine geometrische, nicht symmetrische Pflicht im Nebenordnungsverhältnis.[413]

Die Pflicht, nicht mittelbar zu diskriminieren, also Erwerbschancen gerecht zu verteilen, ist keine Pflicht, die dem Arbeitgeber auferlegt, strukturelle Nachteile zu kompensieren.[414] Die Pflicht besteht vielmehr darin, bestehende Benachteiligungen nicht durch Maßnahmen des Arbeitgebers oder der Tarifparteien weiter zu vertiefen oder fortzuschreiben und somit Erwerbschancen zu verwehren.[415] Dies bedeutet, daß es keine Frage der iustitia directiva ist, das heißt, der Arbeitgeber dem Arbeitnehmer einen ‚Schaden' zufügt, wenn er seine Möglichkeiten reduziert, sondern eine der iustitia distributiva, wenn Möglichkeiten nicht verbessert oder aufrechterhalten werden, aber die Pflicht besteht, dies zu tun.[416] Diese ist stets im Prinzip der iustitia distributiva begründet.[417]

Neben der materiellen Pflicht des Staats, der Tarifparteien oder der Arbeitgeber, nicht mittelbar zu diskriminieren und dem damit korrespondierenden Recht, nicht mittelbar diskriminiert zu werden, welche, wie auch beim Verbot der unmittelbaren Diskriminierung,[418] distributiver Natur sind, schafft das Verbot der mittelbaren Diskriminierung zwar individuell ausgerichtete Rahmenbedingungen und ein Verfahren, um diesbezügliche Pflichtverstöße zu ahnden, so daß es tatsächlich eine formale, der Dogmatik der iustitia directiva folgende Seite aufweist. Aus diesem Grund wird teilweise die Auffassung vertreten, es sei der iustitia directiva zuzuordnen.[419] Diese formelle Ausgestaltung ist indes allen materiellen Rechten eigen. Die formelle Seite begrenzt hierbei ihren materiellen Gehalt. Ausschlaggebend für die Zuordnung des Verbots der mittelbaren Diskriminierung zu den

---

412 Dazu oben Kapitel 2, I. 1. a).

413 *J. Gardner,* (1996) OJLS 353 (360).

414 So auch *P. Hanau/U. Preis,* ZfA 1988, S. 177 (186).

415 *P. Hanau/U. Preis,* ZfA 1988, S. 177(186); *H. Pfarr/K. Bertelsmann,* 1989, S. 121f.

416 Dazu unten Kapitel 4, I. 2. b) cc). Dies sehen *P. Hanau/U. Preis,* ZfA 1988, S. 177 (190) nicht. Sie ziehen die Parallele zur schadensrechtlichen Kausalitätslehre und rücken somit das Verbot der mittelbaren Diskriminierung in die Nähe der iustitia directiva.

417 *J. Gardner,* (1996) OJLS 353 (367).

418 Daß es sich bei dem Verbot der unmittelbaren Diskriminierung ebenfalls um einen Fall der iustitia distributiva handelt, ergibt sich aus seiner Korrekturfunktion. Es handelt sich hierbei ebenso um eine Regelung der Chancengleichheit der Geschlechter, nach der das „Geschlecht" kein zulässiges Differenzierungskriterium darstellt. Dies gilt auch, obwohl dies i.R.d. allgemein geltenden Regeln des Vertragsrecht zulässig wäre, so z.B. durch die Privatautonomie gewährleistet i.R.d. allgemeinen arbeitsrechtlichen Gleichbehandlungsgrundsatzes ein noch sachliches Kriterium sein könnte. Daher verfehlt der zwischen *A.J. Morris,* (1995) OJLS 199ff. und *J. Gardner,* (1996) OJLS 353ff., ausgetragene akademische Streit über die Zuordnung des Verbots der mittelbaren Diskriminierung zur direktiven oder distributiven Gerechtigkeit auch den eigentlichen Punkt der Auseinandersetzung. Siehe dazu Fn. 28, 407 und 419.

419 Dazu J. *Gardner,* (1996) OJLS 353 (359). *A.J. Morris,* (1995) OJLS 199 (210ff.) stellt daher darauf ab, daß auch i.R.d. mittelbaren Diskriminierung die Struktur, durch Kläger und Beklagten gekennzeichnet, bilateral sei (S. 210ff.). Zudem spreche der Inhalt des Verbots nicht für eine redistributive Funktion, da der Kläger einen Pflichtverstoß beweisen müsse, der dann vom Beklagten zu rechtfertigen sei (S. 213ff.). Ebensowenig schaffe das Verfahren, dem das Verbot der mittelbaren Diskriminierung folgt, neue substantielle Rechte für die betroffene Gruppe. Vielmehr bleibe es, wie auch das Verbot der unmittelbaren Diskriminierung, individuell ausgerichtet (S. 222ff.).

Gerechtigkeitsformen der iustitia directiva oder distributiva ist jedoch seine materielle Ausgestaltung.
Festzuhalten ist, daß die mittelbare Diskriminierung wegen des Geschlechts die strukturelle Benachteiligung von Frauen hinsichtlich ihrer Erwerbschancen betrifft. Dieser von der Austauschgerechtigkeit nicht erfaßten ungerechten Chancenverteilung soll durch das Verbot der mittelbaren Diskriminierung wegen des Geschlechts mit Wirkung für die Zukunft begegnet werden[420] mit der Folge, daß das Verbot allein der iustitia distributiva zugeordnet werden kann.

2. Aufgaben des Verbots der mittelbaren Diskriminierung wegen des Geschlechts

a) Verteilung von Rechten und Pflichten

Rechte werden im Rahmen der iustitia distributiva an diejenigen Personen einer Gemeinschaft[421] verteilt, welche die Grundlage für den für die Zuteilung notwendigen Vergleich darstellen und sich im Verhältnis der Über- bzw. Unterordnung unter der Verteilungsmacht befinden. Eine solche Gemeinschaft stellen die Arbeitnehmer eines Betriebs gegenüber ihrem Arbeitgeber dar, wie es beispielsweise durch das BetrVG nicht nur faktisch, sondern auch rechtlich anerkannt ist.[422] Iustitia entscheidet hier „in Ansehung der Person",[423] das heißt der zuteilungsrelevanten Eigenschaften.
So teilt das Verbot der mittelbaren Diskriminierung wegen des Geschlechts zum Beispiel im Rahmen des Anwendungsbereichs des § 1 Abs. 3 S. 1 KSchG durch das Hinzutreten des § 611a Abs. 1 S. 1 BGB dem Arbeitnehmer distributive Rechte zu und erlegt dem Arbeitgeber - in doppelter Hinsicht - zugleich Pflichten auf. Bereits nach § 1 Abs. 3 S. 1 KSchG ist bei einer betriebsbedingten Kündigung die Entscheidung des Arbeitgebers unter anderem nach den Kriterien der Betriebszugehörigkeit sowie der Unterhaltspflichten der zu kündigenden Person, das heißt in Ansehung der Person, zu treffen. Ziel ist die Verteilung des knappen Guts „Arbeit", welche Aufgabe des Arbeitgebers ist. Hinter dem benannten Kriterium stehen wiederum die Prinzipien der Leistungsgerechtigkeit, nach dem derjenige, der lange in einem Betrieb gearbeitet hat, größere Verdienste erworben hat, des Bestandsschutzes, nach dem derjenige mit zunehmender Zeit der Betriebszugehörigkeit als schutzwürdiger anzusehen ist, sowie der Belastungsgerech-

---

[420] Hier wird der Widerspruch bei *Wisskirchen* deutlich, die einerseits feststellt, daß der sogenannte Perpetuierungsgedanke wegen der Zukunftsorientierung des Verbots der mittelbaren Diskriminierung zu kurz greift, andererseits aber eine distributive Funktion des Verbots ablehnt, vgl. *G. Wisskirchen*, 1994, S. 41f. mit Fn. 8. Die Zukunftsorientierung ist mit der Intention der iustitia distributiva zu begründen, nicht aber mit der vergangenheitsbezogenen, (schadens-) ausgleichenden iustitia directiva. Dem Perpetuierungsgedanke liegt die Feststellung zugrunde, daß mittelbare Diskriminierung die Benachteiligung von Frauen festschreibt. Ursachen der Benachteiligung der Frau sind häufig soziale Strukturen, die das Ergebnis von Diskriminierung in der Vergangenheit sind. Zu Recht ist dieser Gedanke aber als nicht weitreichend genug kritisiert worden. Nicht jede Diskriminierung geht auf vorangegangene Diskriminierung zurück. Auch derjenige kann mittelbar diskriminieren, der Begriffe wie Größe oder Gewicht verwendet (vgl. die Entscheidung des US Supreme Courts *Dothard v Rawlinson*, 433 US 321 (1977), zu den neutralen Kriterien Gewicht und Größe; dazu *S. Fredman*, 1997, S. 287). In diesem Fall bezweckt das Verbot der mittelbaren Diskriminierung keinen Ausgleich für vergangene Ungerechtigkeit, sondern schafft gleiche Ausgangsbedingungen für die Zukunft. Daher vermag der Perpetuierungsgedanke das Verbot der mittelbaren Diskriminierung gar nicht zutreffend zu erfassen.
[421] Zum Begriff in diesem Zusammenhang *G. Hueck*, 1958, S. 127ff., 151ff, 169ff.
[422] *C. W. Canaris*, 1997, S. 37.
[423] Dazu oben Kapitel 2, I. 1. a).

tigkeit, nach welcher derjenige, der für weitere Angehörige zu sorgen hat, eher auf den Erhalt seines Arbeitsplatzes angewiesen ist.[424] Hinsichtlich des Verbots der mittelbaren Diskriminierung bei Kündigungen aus § 611a Abs. 1 S. 1 BGB erfolgt die Zuteilung zudem „in Ansehung des Geschlechts“. Dieses tritt als unzulässiges Differenzierungskriterium hinzu. Der Arbeitgeber hat hiernach bei der Zuteilung die geschlechtsspezifische Ausgestaltung der Kriterien der Betriebszugehörigkeit sowie der Unterhaltspflichten zu beachten, so daß die Verteilung des Guts „Arbeit“ anhand der Kriterien des § 1 Abs. 3 S. 1 KSchG weiter korrigiert wird.

b) Die Auferlegung von Pflichten und ihre Legitimationsbegründung

Das Verbot der mittelbaren Diskriminierung wegen des Geschlechts, einer Chancenverwehrung im Über- bzw. Unterordnungsverhältnis, bedarf als Ausprägung der iustitia distributiva wie diese einer Legitimationsbegründung, da es bezweckt, gegen die Grundannahmen der iustitia directiva als Grundsatz des Vertragsrechts vorzugehen. Es steht damit in einem Spannungsverhältnis zum Normalfall unserer Rechts- und Wirtschaftsordnung. Diese bemißt sich nach dem Wert des Leistungsgegenstandes im Rahmen des Austauschs von Leistungen und Gegenleistung, nicht jedoch nach der „Würdigkeit“ der Person bzw. diese näher konkretisierenden Kriterien.[425] Die Regel stellt daher die iustitia directiva mit den Mitteln des Vertrags- und Wettbewerbsrechts dar, welche von der Freiwilligkeit der von den Parteien eingegangenen Bindung ausgeht und die inhaltliche Richtigkeit des Vertrags grundsätzlich einer Kontrolle entzieht.[426] Regelungen des Vertragsrechts, wie die über die Anfechtung nach §§ 119ff. BGB, beziehen sich daher grundsätzlich auf die Gewährleistung dieser Freiwilligkeit.[427]
Folglich ist es nicht unverständlich, daß des öfteren eingewandt wird, die Auferlegung der Pflicht, nicht mittelbar zu diskriminieren, stelle eine ungerechtfertigte, einseitige Belastung der Arbeitgeber dar, die nun für die strukturellen Ursachen der Benachteiligung von Frauen einstehen sollen.[428] Arbeitgeber und Tarifparteien sind aufgrund ihrer oben erörterten besonderen sozialen Position und als Inhaber der Verteilungsmacht gesellschaftliche Institutionen und können damit unter bestimmten Voraussetzungen, wie der Berücksichtigung der oben erörterten Leistungs- und Belastungsgerechtigkeit, als Verteilungsinstanzen in Anspruch genommen werden.[429] *Gardner* faßt dies wie folgt zusammen: „When the employer's social significance is realised, requiring him not to discriminate indirectly is merely a proper response to current patterns of advantage and disadvantage, coupled with an understandig of the distribution of effective social power (...). The duty not to dicriminate indirectly can be characterized, then, as a responsibility upon those who, like a government, determine some of the society's most important distributions.“[430]
So hat man sich aufgrund parlamentarischer Entscheidung unter anderem mit der Normierung des § 611a BGB entschlossen, dem Arbeitgeber zusätzliche soziale Lasten aufzuerlegen. Im Fall der mittelbaren Geschlechtsdiskriminierung kann diese „Überbürdung distributiver Lasten“, zwar nicht als „rein zufällig“ und als „*Belastung nach dem Zufallsprin-*

---

[424] *C.-W. Canaris*, 1997, S. 40.
[425] Dazu oben Kapitel 2, II. 3.
[426] Ausführlich dazu *C.-W. Canaris*, 1997, S. 45ff.
[427] Dazu oben Kapitel 2, II. 3. c) bb) (a).
[428] Dazu oben Kapitel 2, II. 3. c) bb) (b) bb) zu Fn. 395 sowie die Nachweise in Fn. 323.
[429] *J. Gardner*, (1996) OJLS 353 (359f.); dazu bereits oben Kapitel 2, II. 3 d).
[430] *J. Gardner*, (1989) OJLS 1 (11).

zip"[431] bezeichnet werden, wie oben gezeigt worden ist. Als Korrektur der Grundregel bedarf es aber tatsächlich einer besonderen Legitimation. Diese ergibt sich aus bereits festgestelltem Grund:[432] Das Verbot der mittelbaren Diskriminierung hat seine Rechtfertigung in der Unterbindung der Ausübung eines Machtungleichgewichts aufgrund der sozialen Position der Arbeitgeber und Verbände unter Berücksichtigung der Sozialpflichtigkeit der Privatautonomie. Eine „*grundlose* Schlechterstellung"[433] droht ihnen hier daher gerade nicht.

Der Arbeitgeber ist aufgrund der Schranken der iustitia distributiva (Belastungs- und Leistungsgerechtigkeit) nicht schutzlos gestellt.[434] Derartige Grenzen der Verantwortung finden sich zum einen unter anderem bereits unmittelbar in der die Anwendbarkeit eines Gesetzes anordnenden Norm, wie zum Beispiel § 23 Abs. 1 KSchG oder § 71 Abs. 1 SGB IX, sowie der in Kapitel 4 dargestellten Möglichkeit der objektiven Rechtfertigung einer mittelbaren Diskriminierung und der Notwendigkeit der Verhältnismäßigkeitsprüfung.[435] Schon aus diesem Grund der beiderseitigen Interessenberücksichtigung ist die Belastung nicht als per se ungerechtfertigt zu bezeichnen. Hierdurch anerkennt das Verbot der mittelbaren Diskriminierung auch, daß es schwächere Arbeitgeber gibt, und daher eine derart generelle Zuschreibung von Pflichten nicht zu rechtfertigen ist.

Schließlich hat sich in praktischer Hinsicht im Vergleich mit den USA, in denen das Verbot der mittelbaren Diskriminierung streng eingehalten wird, gezeigt, daß hiermit nicht notwendig eine Belastung der Arbeitgeber einhergehen muß.[436] Vielmehr sei die erwartete Kostenexplosion ausgeblieben. Denn die Benachteiligung von Frauen hat sich als eine Vergeudung von Humanressourcen und damit als ökonomisch ineffizient erwiesen. Zwar wurde dies nicht allein durch arbeitsrechtliche Maßnahmen erreicht, sondern ging Hand in Hand mit wirtschaftlichen Strukturänderungsprozessen. Dennoch kann daraus nicht geschlossen werden, daß eine unter dem Gesichtspunkt der iustitia distributiva ungerechtfertigte Kritik an einer unverhältnismäßigen Belastung der Arbeitgeber die Anwendung des Verbots der mittelbaren Diskriminierung in Frage stellt. Nach dem Jahresbericht der EU-Kommission von 1998 ist die Chancengleichheit der Geschlechter zudem nicht allein eine Frage der Gerechtigkeit, sondern auch eine der wirtschaftlichen Vernunft. Die demographische Entwicklung macht eine Integration von Frauen in den Arbeitsmarkt für das künftige Beschäftigungswachstum unerläßlich.[437]

3. Grenzen des Verbots der mittelbaren Diskriminierung wegen des Geschlechts

a) Iustitiabilität - Interpretationsabhängige Grenzen

Es findet sich die Ansicht, die Ursachen der Benachteiligung von Frauen im Erwerbsleben seien gesellschaftsbedingt und damit nicht iustitiabel. Frauen wählten Teilzeitarbeit, die ihrer weiblichen Eigenart entgegenkomme. Rechtliche Maßnahmen seien daher wenig aussichtsreich für eine Veränderung.[438]

---

431 *C.-W. Canaris*, 1997, S. 119.
432 Dazu oben Kapitel 2, II. 3 d) bb) (b).
433 *C.-W. Canaris*, 1997, S. 119.
434 Dazu oben Kapitel 2, II. 3 d) bb) (b) (bb).
435 Dazu unten Kapitel 4, II. 2. a) und b).
436 *M. Kort*, RdA 1997, S. 277 (280).
437 Jahresbericht der Kommission zur Chancengleichheit 1998, KOM (1999), 106 endg., S. 3.
438 *R. Wank*, RdA 1985, S. 1 (21); *M. Lorenz*, Festschrift für Wlotzke, 1996, S. 45 (58).

Einzuwenden ist hiergegen, daß der Grundsatz „volenti non fit iniuria“ im Rahmen der die Privatautonomie korrigierenden iustitia distributiva gerade keine Anwendung findet.[439] Denn ein Abstellen auf die Wahl der Frauen ignoriert die Strukturgebundenheit der mittelbaren geschlechtsspezifischen Benachteiligung. Eine Bewertung der institutionellen Rahmenbedingungen muß im Hinblick auf eine substantielle Chancengleichheit erfolgen, und zwar durch Erfassung der in neutraler Sprache ausgedrückten Regelungen[440] und folglich der dadurch kaschierten Stereotypisierungen und des männlichen Standards des Rechts,[441] welche die strukturelle Benachteiligung von Frauen fortschreiben. Eine bloß formale Betrachtung und damit Ausklammerung der strukturellen Ursachen würde bedeuten, daß die durch die Stereotypisierung erzeugten sozialen Probleme bestenfalls unsichtbar gemacht werden, im schlimmsten Falle aber zu Fehlschlüssen auf persönliche Charaktereigenschaften verleiten. So kann dies auch im Falle einer mittelbaren Diskriminierung dazu führen, daß die unverhältnismäßig stärkere Betroffenheit von Frauen durch eine neutrale Regelung auf die individuelle Präferenz der Frau zurückgeführt wird, welche die ungleichen Resultate rechtfertigt.

b) Funktionsimmanente Grenzen

Eine weitere Grenze des Verbots der mittelbaren Diskriminierung für die Chancengleichheit der Geschlechter ergibt sich aus seiner Funktion, Diskriminierungen im Erwerbsleben zu beseitigen, also der grundsätzlich weiterhin vorhandenen Trennung zwischen dem Bereich der Öffentlichkeit und des Privaten. Denn was für einen „potentiellen Rollentausch“ notwendig ist, ist mehr als allein die Normierung von arbeitsrechtlichen Gleichberechtigungsnormen. Die primäre Ursache der Benachteiligung ist außerhalb des Arbeitsmarktes zu finden. Erziehung und Sozialisation sowie die sich daraus ergebende geschlechtsspezifische Rollenverteilung sind dem rechtlich geregelten Markt vorgelagert. Eine tatsächliche Chancengleichheit wird sich daher erst einstellen, wenn sich die Bemühungen auch auf Familienpflichten und öffentliche Kinderbetreuung erstrecken, die vor, während und nach dem Start die Chancen beeinflussen.[442]
Anderen Bedenken, daß auch das Verbot der mittelbaren Diskriminierung auf einen Vergleich angewiesen ist und somit Gefahr läuft, den „männlichen Standard“ zum Maßstab zu erheben, kann mit dem Prinzip der substantiellen Chancengleichheit und der zunehmenden Sensibilisierung für bestehende Gefahren begegnet werden.
Das Verbot schafft selbstverständlich keine Kindergartenplätze oder eine Politik flexibler Arbeitszeiten. Vielmehr müssen diese gleichzeitig politisch verfolgt werden.[443] Gleichberechtigung verlangt eine vielseitige, auf die bestimmte Situation und Notwendigkeit angepaßte Herangehensweise: Zur Behebung von vergangenen Nachteilen ist Kompensation durch Förderung angesagt und zur Beseitigung der Ungleichbehandlung Gleichbehandlung.[444] Daher ist die eine Kritik und Infragestellung der Effizienz des Verbots der mittelbaren Diskriminierung wenig hilfreich und kann seine Bedeutung für Frauen auch nicht in Frage stellen.

---

439 Ebenso *M. Kort*, SAE 1999, S. 274 (281).
440 So z.B. bei der Kriterien der Flexibilität, Berufsausbildung und Dauer der Betriebszugehörigkeit. Dazu unten Kapitel 4, II. 2. a) aa) (a) (aa) und (bb).
441 Zur Kritik an der „Neutralität“ und „Autonomie“ des Rechts oben Kapitel 2, I. 3. b).
442 *S. Raasch*, 1991, S. 154.
443 Siehe auch *R. J. Townshend-Smith*, 1989, S. 28.
444 *S. Raasch*, 1991, S. 160: „prozeßhaftes Bemühen“ des Gleichberechtigungsrechts.

4. Zusammenfassung

Das Verbot der mittelbaren Diskriminierung und damit alle dieses beinhaltenden geschlechtsspezifischen Gleichberechtigungsrechte sind Ausprägung der iustitia distributiva. Für das Verbot gelten somit die für letztere getroffenen Feststellungen umfassend. Festzustellen ist, daß mittelbare Diskriminierungen verbietende Normen bereits durch Bestimmungen wie § 23 Abs. 1 KSchG, der das Eingreifen des Kündigungsschutzes von der Betriebsgröße abhängig macht, die Belastungsfähigkeit der als Verteilungsagenturen in die Pflicht genommenen Arbeitgeber berücksichtigen. Die Kritik gegen eine Inanspruchnahme der Arbeitgeber und Verbände als sog. „Funktionäre der Gesellschaft" erweist sich zudem bereits dahingehend als unbegründet, als das Verbot der mittelbaren Diskriminierung wegen des Geschlechts die Möglichkeit der objektiven Rechtfertigung mittelbar diskriminierender Maßnahmen zuläßt sowie die Prüfung der Verhältnismäßigkeit der Anwendung des Verbots im Einzelfall erfordert und somit als durchaus sensibel im Hinblick auf die individuelle Leistungsfähigkeit der in Verantwortung genommenen Verteilungsagenturen betrachtet werden kann.

3. Kapitel
Die Rechtsgrundlagen des Verbots der mittelbaren Diskriminierung wegen des Geschlechts

I. Allgemeines

Das Verbot der mittelbaren Diskriminierung wegen des Geschlechts ist in verschiedenen Normen auf unterschiedlichen Regelungsebenen enthalten, nicht überall aber explizit geregelt. Die nachfolgenden Ausführungen beschränken sich dabei auf die für die Darstellungen im Kapitel 4 relevanten Bestimmungen des Gemeinschaftsrechts und des nationalen Rechts.

Von entscheidender Bedeutung für die Wirkung des Verbots der mittelbaren Diskriminierung ist dabei, welche Adressaten die einzelnen Normen binden. Zu unterscheiden ist die Bindung des Staats, das heißt die Geltung des Verbots der mittelbaren Diskriminierung im Verhältnis des einzelnen gegenüber dem Staat (sogenannte unmittelbare vertikale Wirkung), und die Bindung von Einzelpersonen, das heißt die Geltung des Verbots im Verhältnis von Privatpersonen untereinander (sogenannte unmittelbare horizontale Wirkung).[1]

Schließlich stellt sich vor dem Hintergrund des Vorhandenseins nationaler Rechtsgrundlagen des Verbots der mittelbaren Diskriminierung die Frage nach der Anwendbarkeit der gemeinschaftsrechtlichen Rechtsgrundlagen auf nationale Sachverhalte.

II. Europäisches Gemeinschaftsrecht

1. Artikel 141 EG

Art. 119 EGV a.F. beschränkte seine Anwendbarkeit noch auf das Gebot der Entgeltgleichheit für Frauen und Männer. Durch den im Zuge des Vertrags von Amsterdam vom 2. Oktober 1997[2] eingeführten Art. 141 EG wurde Art. 119 EGV a.F. neu gefaßt und erweitert. Art. 141 EG enthält nunmehr drei selbständige Teile, die gemeinsam allgemein auf die Gleichbehandlung der Geschlechter im Arbeitsrecht abzielen. Damit ist die Norm auf primärrechtlicher Ebene des Gemeinschaftsrechts zu einer zentralen Bestimmung des geschlechtsspezifischen Diskriminierungsverbots geworden und betont somit den Grundrechtscharakter des Art. 119 EGV a.F., der in der Rechtsprechung des EuGH stets besonders hervorgehoben worden ist.[3]

Art. 141 Abs. 1 und 2 EG normieren den für die vorliegende Arbeit relevanten Entgeltgleichheitsgrundsatz. Abs. 3 beinhaltet eine Rechtsgrundlage für Maßnahmen zur Gewährleistung der Anwendung des Grundsatzes der Chancengleichheit von Männern und Frauen in Arbeits- und Beschäftigungsfragen, einschließlich des Grundsatzes der Entgeltgleichheit. Abs. 4 ermächtigt die Mitgliedstaaten, Maßnahmen zur Beibehaltung oder Einführung von Vergünstigungen zur Erleichterung der Berufstätigkeit des unterrepräsentier-

---

[1] Zu den Begriffen Grabitz/Hilf/*Langenfeld*, Art. 141, Rdn. 110.
[2] BGBl. II, S. 387.
[3] EuGH, Urteil v. 8.4.1976, Rs. 43/75 (Defrenne II), Slg. 1976, 455, Rdn. 12; Calliess/Ruffert/*Krebber*, EUV/EGV, Art. 141 EGV, Rdn. 1; ErfK/*Schlachter*, Art. 141 EG, Rdn. 1.

ten Geschlechts oder zur Verhinderung oder zum Ausgleich von Benachteiligungen in der Vergangenheit durchzuführen.

a) Bedeutung des Art. 141 EG als Ausdruck eines gemeinschaftsrechtlichen Grundrechts auf Gleichberechtigung der Geschlechter

Bereits aus seiner Entstehungsgeschichte im internationalen Recht geht hervor, daß es sich bei dem Grundsatz der Entgeltgleichheit stets um eine soziale Bestimmung handelte.[4] Schon 1919 wurde im Versailler Vertrag in Art. 427 Nr. 7 der „Grundsatz des gleichen Lohnes ohne Unterschied des Geschlechts für eine Arbeit von gleichem Wert" normiert.[5] Die soziale Zielrichtung läßt sich dem Wortlaut des Art. 427 Nr. 7 des Versailler Vertrags entnehmen: „daß die Arbeit nicht als bloße Handelsware betrachtet werden darf". Dieser Lohngleichheitsgrundsatz wurde am 29. Juni 1951 in Art. 2 Abs. 1 des IAO-Abkommens Nr. 100 sowie am 18. Oktober 1961 in Art. 16 der Europäischen Sozialcharta und der Gemeinschaftscharta der sozialen Grundrechte der Arbeitnehmer von 1989 niedergeschrieben.

Trotz dieser Feststellung scheint die Entwicklungsgeschichte des Art. 119 EWG-Vertrag bis hin zur grundsätzlichen Neufassung durch Art. 141 EG der Einordnung des Grundsatzes der Entgeltgleichheit als soziales Grundrecht zu widersprechen. Eingeführt wurde die Bestimmung in den Vertrag als ein wettbewerbsrechtliches Zugeständnis an Frankreichs Forderung aus dessen Furcht vor „social dumping" zur Verhinderung von Wettbewerbsverzerrungen. Frankreich konnte bereits Diskriminierungsverbote im Arbeits- und Sozialrecht vorweisen, welche seine Unternehmen entsprechend verpflichteten.[6] Die Motivation eines Mitgliedstaates vermag indes die Bestimmung nicht zu einer rein wettbewerbsorientierten Norm zu machen. Denn hiermit wird nichts über die Beweggründe der anderen Vertragsstaaten ausgesagt.[7]

Entgegen der wirtschaftlichen Zielsetzung, die der EuGH noch in der Rechtssache *Defrenne I* vom 25. Mai 1971[8] betonte, stellte er erstmals in *Defrenne II* vom 8. April 1976[9] auf den sozialrechtlichen Aspekt des Art. 119 EGV a.F. unter Hinweis auf die Präambel sowie Art. 117 EGV a.F. ab und betonte seine systematische Stellung im Titel III des Vertrags über die Sozialvorschriften. Insgesamt sollte daher der Feststellung der wettbewerbsrechtlichen Motivation des Art. 119 EGV a.F. grundsätzlich allein historische Bedeutung beigemessen werden.[10]

Zwei Jahre später hob der EuGH in der Rechtssache *Defrenne III* vom 15. Juni 1978[11] sodann die Bedeutung des Grundsatzes der Gleichberechtigung als Grundrecht der Gemeinschaftsbürger sowie als allgemeines Rechtsprinzip der Gemeinschaft hervor. Die „Wahrung der Grundrechte der Menschen (ist) Bestandteil der allgemeinen Grundsätze

---

[4] Vgl. Art. 1 Nr. 3 der Charta der Vereinten Nationen v. 26.6.1945, Art. 2 und 7 der Allgemeinen Erklärung der Menschenrechte der Vereinten Nationen v. 10.12.1948, Art. 14 der Europäischen Konvention zum Schutze der Menschenrechte und Grundfreiheiten v. 4.11.1950 sowie Art. 26 IPbpR (Internationaler Pakt der bürgerlichen und politischen Rechte) v. 19.12.1966 stellten in der Nachkriegszeit allgemeine geschlechtsspezifische Diskriminierungsverbote auf.

[5] RGBl. 2. Halbj. 1919, S. 678ff.

[6] *C. Langenfeld*, 1990, S. 30ff; *M. Schlachter*, NZA 1995, S. 393; *K.-H. Bieback*, 1995 S. 103 (107ff.).

[7] *K.-J. Bieback*, 1997, S. 29.

[8] EuGH, Urteil v. 25.5.1971, Rs. 80/70 (Defrenne I), Slg. 1971, 445.

[9] EuGH, Urteil v. 8.4.1976, Rs. 43/75 (Defrenne II), Slg. 1976, 455, Rdn. 12.

[10] Calliess/Ruffert/*Krebber*, EUV/EGV, Art. 141 EGV, Rdn. 3.

[11] EuGH, 15.6.1978, Rs. 149/77 (Defrenne III), Slg. 1979, 1365, Rdn. 26f.

des Gemeinschaftsrechts"; zu diesen Grundrechten gehört „die Beseitigung der auf dem Geschlecht beruhenden Diskriminierungen". Zudem sei der Grundsatz ein allgemeiner Rechtsgrundsatz des Gemeinschaftsrechts, welches selbst an diesem gemessen werden müsse.[12] Der EuGH stellt bei seiner Ableitung aus dem Gemeinschaftsrecht[13] auf die in diesem vorhandenen Gleichbehandlungsgebote wie das Entgeltgleichheitsgebot ab und schlußfolgert hieraus, daß der allgemeine Gleichheitssatz im Gemeinschaftsrecht als grundlegendes Prinzip enthalten sei. Die jeweiligen Erscheinungsformen, wie die Verbote der unmittelbaren und mittelbaren Diskriminierung, seien dessen Ausformungen, wie sie auch in den Mitgliedstaaten anerkannt seien.[14]

Darüber hinausgehend wird die Existenz eines primärrechtlich verankerten, ungeschriebenen allgemeinen Gleichbehandlungsgrundsatzes für das Arbeitsrecht angenommen.[15] Zwar werde dieser nicht ausdrücklich im Vertrag benannt. Die Einführung der über die Entgeltgleichheit hinausweisenden Ermächtigungsgrundlagen des Art. 141 Abs. 3 und 4 EG deute aber in diese Richtung.[16] Da die Rechtsgrundlage des Art. 141 Abs. 3 EG jedoch auf die Schaffung sekundären Richtlinienrechts abziele, die Ausnahmen vom Grundsatz der Gleichbehandlung hingegen auf Art. 141 Abs. 4 EG, das heißt das Primärrecht, zu stützen sind, könne aus Art. 141 Abs. 3 und 4 EG zwar aus systematischen Gründen kein primärrechtliches Grundrecht abgeleitet werden. Die Existenz dieser Normen lasse sich aber nicht anders als damit erklären, daß sie dieses (ungeschriebene) Grundrecht bereits voraussetzen. Nach anderer Auffassung wird jedoch Zurückhaltung bei der Annahme eines primärrechtlichen Grundrechts gefordert und seine Umsetzung durch Richtlinien - wie es auch Art. 141 Abs. 3 EG vorsieht – befürwortet.[17] Dies ergebe sich aus der Tatsache, daß es versäumt worden sei, im Zuge des Vertrags von Amsterdam dieses Grundrecht ebenso explizit wie das Entgeltgleichheitsgebot des Art. 141 Abs. 1 und 2 EG zu normieren, und der noch nicht beantworteten Frage nach der unmittelbaren Wirkung[18] eines über die Bindung der einzelnen Mitgliedstaaten hinausgehenden ungeschriebenen arbeitsrechtlichen Gleichbehandlungsgrundsatzes. Für seine Verankerung im Primärrecht spricht jedoch gerade, daß Art. 141 Abs. 3 und 4 EG ihn voraussetzen, aufgrund ihrer systematischen Stellung im EG-Vertrag dies aber nicht möglich ist, wenn ersterer nicht ebenfalls dort angesiedelt wird, auch wenn sein Inhalt nach Maßgabe der Richtlinien zu konkretisieren ist.[19]

Ein primärrechtlich verankertes Grundrecht auf Gleichbehandlung der Geschlechter ist in zweifacher Hinsicht von Bedeutung. Zunächst bewirkt es - unabhängig von der Frage nach seiner unmittelbaren Wirkung - seinen verstärkten und von anderen Regimen losgelösten Geltungsanspruch auf gemeinschaftsrechtlicher Ebene und genießt Vorrang vor dem übrigen Gemeinschaftsrecht, welches sich demnach inhaltlich an ihm auszurichten hat.[20] Zudem zieht er als Grundrecht seine Relevanz aus der Forderung des BVerfG nach der Notwendigkeit eines Grundrechtsschutzes in Europa.[21]

---

[12] *C. Langenfeld*, 1990, S. 131 m.w.N.; GTE/*Curall*, Art. 119, Rdn. 1.

[13] Zur problematischen, aber anerkannten Ableitung aus dem Gemeinschaftsrecht vgl. *C. Langenfeld*, 1990, S. 105ff.

[14] EuGH, Urteil v. 8.4.1976, Rs. 43/75 (Defrenne II), Slg. 1976, 455, Rdn. 12.

[15] Calliess/Ruffert/*Krebber*, EUV/EGV, Art. 141 EGV, Rdn. 75f.; ErfK/*Schlachter*, Art. 141 EG, Rdn. 25.

[16] So auch Grabitz/Hilf/*Langenfeld*, Art. 141 EGV, Rdn. 4.

[17] Grabitz/Hilf/*Langenfeld*, Art. 141 EGV, Rdn. 4.

[18] Dazu im Anschluß.

[19] So im Ergebnis auch ErfK/*Schlachter*, Art. 141 EG, Rdn. 25.

[20] *C. Langenfeld*, 1990, S. 116ff., 131. Calliess/Ruffert/*Krebber*, EUV/EGV, Art. 141 EGV, Rdn. 76.

[21] Dazu unten zu Fn.31.

b) Unmittelbare Wirkung und Anwendbarkeit des Art. 141 EG auf nationale Sachverhalte

Nach der Rechtsprechung des EuGH gehört es zu den Grundstrukturen des Gemeinschaftsrechts, daß seine primärrechtlichen Bestimmungen grundsätzlich unmittelbare Wirkung entfalten, wenn sie eine eindeutige, klare und uneingeschränkte Verpflichtung eines Mitgliedstaates oder eines einzelnen beinhalten.[22] Sie sind somit Grundlage unmittelbarer Rechte und Pflichten einzelner.[23] Folge der unmittelbaren Wirkung ist die Anerkennung der Rechtssubjektqualität des einzelnen im Gemeinschaftsrecht. Der EuGH stellte in *Defrenne II*[24] die unmittelbare horizontale Wirkung des Art. 119 EGV a.F. fest, obwohl der Wortlaut der Regelung sich allein an die Mitgliedstaaten richtet. Dies bedeutet, daß sich der einzelne nicht nur gegenüber dem Staat als Arbeitgeber oder Hoheitsträger (unmittelbare vertikale Wirkung), sondern auch gegenüber dem privaten Arbeitgeber vor den nationalen Gerichten unmittelbar auf die Bestimmung berufen kann (unmittelbare horizontale Wirkung). Gestützt wurde die Begründung durch den EuGH auf das „Wesen des Grundsatzes des gleichen Entgelts", auf das „Ziel dieser Bestimmung" sowie auf ihren „Platz im System des Vertrages".[25] Der Wortlaut der Norm stehe dem aufgrund ihrer grundsätzlichen Bedeutung nicht entgegen. Diese dürfe nicht dadurch in ihrer Wirkung beeinträchtigt werden, daß einzelne Mitgliedstaaten ihren Vertragsverpflichtungen nicht nachgekommen sind.[26] Zudem hat der Gerichtshof frühzeitig, wenn auch ohne Begründung, die unmittelbare Wirkung auch auf die mittelbare Diskriminierung erstreckt,[27] obwohl er diese von der unmittelbaren Wirkung noch in der Entscheidung *Defrenne II*[28] mangels hinreichender Bestimmtheit der Rechtsfigur ausgenommen hatte. Da der EuGH hier nicht mehr auf die Unterscheidung zwischen mittelbarer und unmittelbarer Diskriminierung eingegangen ist, ist davon auszugehen, daß er mit der Benennung der zwei Diskriminierungsformen lediglich die Art der Benachteiligung charakterisieren wollte. Insoweit ist der Einwand unzutreffend, die unmittelbare Wirkung bleibe hier auf eindeutige Fälle der Geschlechtsdiskriminierung Teilzeitbeschäftigter beschränkt.[29]

Art. 141 EG beansprucht nach ständiger Rechtsprechung des EuGH seit der Grundsatzentscheidung in *Costa ENEL*[30] wie jede unmittelbar anwendbare primärrechtliche Norm des Gemeinschaftsrechts Vorrang vor nationalem Recht. Zwar wird dieser Vorrang aus verfassungsrechtlicher Perspektive in Frage gestellt und auch vom BVerfG, insbesondere

---

[22] Grundlegend EuGH, Urteil v. 5.2.1963, Rs. 26/62 (Van Gend en Loos), Slg. 1963, 1, Rdn. 10 und 12.
[23] EuGH, Urteil v. 19.1.1982, Rs. 8/81 (Becker), Slg. 1982, 53, Rdn. 29.
[24] EuGH, Urteil v. 8.4.1976, Rs. 43/75 (Defrenne II), Slg. 1976, 455.
[25] EuGH, Urteil v. 8.4.1976, Rs. 43/75 (Defrenne II), Slg. 1976, 455, Rdn. 7.
[26] EuGH, Urteil v. 8.4.1976, Rs. 43/75 (Defrenne II), Slg. 1976, 455, Rdn. 27ff.
[27] EuGH, Urteil v. 11.3.1981, Rs. 69/80 (Worringham), Slg. 1981, 767, Rdn. 23; EuGH, Urteil v. 31.3.1981, Rs. 96/80 (Jenkins), Slg. 1981, 911, Rdn. 18; EuGH, Rs. 12/81 (Garland), Slg. 1982, 359, Rdn. 14. Dazu *C. Langenfeld*, 1990, S. 82ff.
[28] EuGH, Urteil v. 8.4.1976, Rs. 43/75 (Defrenne II), Slg. 1976, 455, Rdn. 21ff.
[29] *G. Wisskirchen*, 1994, S. 50; dazu Calliess/Ruffert/*Krebber*, EUV/EGV, Art. 141 EGV, Rdn. 5.
[30] EuGH, Urteil v. 15.7.1964, Rs. 6/64 (Costa/ENEL), Slg. 1964, 1251, Rdn. 9 und 12; bestätigt für nationales Verfassungsrecht EuGH, Urteil v. 9.3.1978, Rs. 106/77 (Simmenthal II), Slg. 1978, 629, Rdn. 17f. In *Costa ENEL* stellte der Gerichtshof auf die notwendige einheitliche Anwendung des Gemeinschaftsrechts sowie die Funktionsfähigkeit der Gemeinschaft ab, was auf einen quasi absoluten Vorrang hinausläuft. Hiernach darf es den Mitgliedstaaten nicht freistehen, die durch das Gemeinschaftsrecht geschaffene eigene Rechtsordnung, insbesondere die Verwirklichung der in Art. 10 EG aufgeführten Ziele des Vertrags, durch nationale Maßnahmen zu gefährden und ihre Wirksamkeit in Frage zu stellen. Der Vorrang des Gemeinschaftsrechts wird hiernach durch Art. 249 EG bestätigt.

im Hinblick auf die Gewährleistung eines Grundrechtsschutzes, anders beurteilt.[31] Aufgrund der Feststellung, daß das Grundrecht auf Gleichberechtigung der Geschlechter jedoch im Gemeinschaftsrecht vorhanden ist und dies auch vom BVerfG anerkannt ist,[32] kann diese im Verfassungsrecht in anderen grundrechtsrelevanten Bereichen bislang noch nicht ausdiskutierte Frage für vorliegende Arbeit jedoch dahingestellt bleiben. Hieraus ergibt sich,[33] daß Art. 141 EG Prüfungsmaßstab für nationales Recht und Anleitung für nationale Normsetzung ist. Entgegenstehendes nationales Recht ist Art. 141 EG anzupassen. So wurde der Grundsatz der Entgeltgleichheit gemäß Art. 141 EG/Richtlinie 75/117/EWG durch § 612 Abs. 3 BGB[34] in das deutsche Arbeitsrecht umgesetzt mit der Folge, daß nunmehr allein die nationale Norm Rechtsgrundlage des Grundsatzes der Entgeltgleichheit im Rahmen innerstaatlicher Sachverhalte ist.[35] Weist die innerstaatliche Norm jedoch Defizite im Hinblick auf den Regelungsumfang des Art. 141 EG sowie der Entgeltrichtlinie 75/117/EWG auf, so obliegt es den nationalen Gerichten, diese Norm gemeinschaftsrechtskonform im Lichte des Grundsatzes des gleichen Entgelts auszulegen.[36] Insoweit spielt die diesbezügliche Auslegung durch den EuGH auch weiterhin eine Rolle, als sie trotz innerstaatlicher Umsetzung auch für die Zukunft Impulse und Anweisungen zur Anwendung und Auslegung des nationalen Rechts gibt. Ist eine Auslegung jedoch nicht möglich, weil die betreffende Norm nicht auslegungsfähig ist, so muß die Art. 141 EG widersprechende nationale Regelung unangewendet bleiben und die Rechtsfolge unmittelbar aus Art. 141 EG gewonnen werden. Hierzu hieß es in der Entscheidung *Nimz*[37] zu der tariflichen Bestimmung § 23a Nr. 6 BAT a.F., daß die nationalen Gerichte - ungeachtet der Tarifautonomie - wegen des mittelbar diskriminierenden Regelungsgehalts der Norm[38] gehalten seien, diese unangewendet zu lassen, ohne daß es die vorherige Beseitigung dieser Bestimmung auf gesetzgeberischem Wege oder durch irgendein anderes verfassungsrechtliches Verfahren beantragen oder abwarten müßte. Solange der gemeinschaftsrechtliche Entgeltgleichheitsgrundsatz nicht ordnungsgemäß in innerstaatliches Recht umgesetzt sei, müsse Art. 119 EGV a.F. das einzig gültige Bezugssystem bleiben.[39]

---

[31] Vgl. zu Kritik am Vorrang des Gemeinschaftsrechts die Nachweise bei R. *Streinz*, 1996, S. 56ff sowie zum Konflikt mit der Rechtsprechung des BVerfG die „*Solange-I*"-Entscheidung (BVerfG v. 29.5.1974, E 37, 271, 280), in der es hieß, das Gemeinschaftsrecht finde seine Grenzen in der Verfassung. Es obliege daher dem BVerfG weiterhin, *solange* Gemeinschaftsakte am Grundgesetz zu messen, bis eine dem Grundrechtskatalog des Grundgesetzes entsprechende Gewährleistung der Grundrechte im Gemeinschaftsrecht geschaffen wird. In der „*Solange-II*"-Entscheidung (BVerfG v. 22.10.1986, E 73, 339, 376ff.) führte das BVerfG aus, daß es angesichts der zunehmenden Gewährleistung eines Grundrechtsschutzes in der Gemeinschaft nunmehr keine Kontrolle der Gemeinschaftsakte am Grundgesetz mehr durchführen, *solange* auf europäischer Ebene ein entsprechender Schutz gegenüber Akten der Gemeinschaft gewährleistet würde, es sei denn, der Schutz der Grundrechte würde nicht mehr dem vom Grundgesetz geforderten Maß entsprechen. Vgl. auch die spätere *Maastricht*-Entscheidung (BVerfG v. 12.10.1993, E 89, 155; dazu *H.-D. Horn*, DVBl. 1995, S. 89ff.) und die Kritik hieran *C. Tomuschat*, EuGRZ 1993, S. 489 (494); *K. M. Meesen*, NJW 1994, S. 549 (552f.); *H. P. Ipsen*, EuR 1994, S. 1 (9f.); *G. Hirsch*, NJW 1996, S. 2457 (2460ff.); Calliess/Ruffert/*Wegener*, EGV/EUV, Art. 220 EGV, Rdn. 24f. m.w.N.

[32] So wieder erst kürzlich in einer Entscheidung über eine Verfassungsbeschwerde gegen eine Nichtvorlage des BVerwG gemäß Art. 243 EG, vgl. BVerfG v. 9.1.2001, 1 BvR 1036/99, Rdn. 22ff. Dazu ausführlicher unten Kapitel 3, II. 3. zu Fn. 163 und Kapitel 4.

[33] Dazu insgesamt EAS B 4100/*Schlachter*, Stand April 1998, Rdn. 4f.

[34] Eingeführt durch das arbeitsrechtliche EG-Anpassungsgesetz vom 13.8.1980 (BGBl. I S. 1308).

[35] So zum Beispiel auch BAG, Urteil vom 23.8.1995, 5 AZR 942/93, SAE 1997, S. 182 (184).

[36] Calliess/Ruffert/*Wegener*, EGV/EUV, Art. 220 EGV, Rdn. 27; so auch BAG, Urteil vom 23.8.1995, 5 AZR 942/93, SAE 1997, S. 182 (185).

[37] EuGH, Urteil v. 7.2.1991, Rs. C-184/89 (Nimz), Slg. 1991, I-297.

[38] Dazu ausführlicher unten Kapitel 4.

[39] EuGH, Urteil v. 7.2.1991, Rs. C-184/89 (Nimz), Slg. 1991, I-297, Rdn. 18f.

c) Anwendungsbereich

Adressat des Entgeltgleichheitgebotes ist aufgrund des Wortlauts des Art. 141 Abs. 1 EG in erster Linie der einzelne Mitgliedstaat, dem die Verpflichtung auferlegt wird, die Anwendung des Gebots sicherzustellen. Im Rahmen der unmittelbaren Wirkung des Grundsatzes der Entgeltgleichheit beschränkt sich seine Anwendung gemäß Art. 141 Abs. 2 EG auf das Arbeitsverhältnis. Adressat ist hier jeder öffentliche wie auch private Arbeitgeber.[40] Arbeitgeber ist jeder, der im Rahmen des Anwendungsbereichs des Gemeinschaftsrechts Arbeitnehmer beschäftigt.[41] Der Begriff des Arbeitnehmers ist im Gemeinschaftsrecht nicht definiert. Seine Konkretisierung darf aufgrund des Normzwecks im Hinblick auf das unterschiedliche Verständnis nicht aus dem nationalen Recht gewonnen werden, sondern ist nach Gemeinschaftsrecht zu bestimmen[42] und ergibt sich maßgeblich aus der Rechtsprechung des EuGH.[43] Nach dieser zählen zu den Arbeitnehmern auch geringfügig Beschäftigte[44] und Beamte.[45]

aa) Entgeltbegriff

Der Anwendungsbereich des Entgeltgleichheitsgebots gemäß Art. 141 Abs. 1 und 2 EG ist weiterhin trotz der beschriebenen, weiten Bindungswirkung auf Fragen des Lohn und Gehalts durch den Arbeitgeber beschränkt. „Art. 119 (stellt) eine auf das Problem der Lohndiskriminierung zwischen männlichen und weiblichen Arbeitnehmern beschränkte Sonderbestimmung dar, deren Anwendung an genaue Voraussetzungen geknüpft ist".[46] Eine Überprüfung der sonstigen Arbeitsbedingungen anhand des Art. 141 EG ist im Rahmen der Abs. 1 und 2 somit ausgeschlossen.

Die Anwendbarkeit des Art. 141 Abs. 1 und 2 EG hängt also von der Bejahung des Begriffs des „Entgelts" im Einzelfall ab, welcher schon nach seiner Definition weit zu verstehen ist.[47] „(Ü)bliche Grund- oder Mindestlöhne und –gehälter" im Sinne des Abs. 2 meinen das in der Gegenleistung zur erbrachten Leistung liegende Arbeitsentgelt. Der Begriff „alle sonstigen Vergütungen" ist hingegen unklar und läßt sich am besten in Abgrenzung zu den sonstigen Arbeitsbedingungen im Sinne der Gleichbehandlungsrichtlinie 76/207/EWG bestimmen.[48]

Wegen der Formulierung „auf Grund des Arbeitsverhältnisses unmittelbar oder mittelbar in bar oder in Sachleistungen" ist es unerheblich, ob die Engeltleistungen freiwillig, aufgrund eines Arbeitsvertrags oder aufgrund von Rechtsvorschriften gewährt werden.[49] Der Anspruch aus Art. 141 Abs. 1 und 2 EG muß demnach auch nicht im Arbeitsverhältnis

---

[40] EuGH, Urteil v. 8.4.1976, Rs. 43/75 (Defrenne II), Slg. 1976, 455, Rdn. 21, 24; EuGH, Urteil v. 2.10.1997, Rs. C-1/95 (Gerster), Slg. 1997, I-5253, Rdn. 18f.

[41] ErfK/*Schlachter*, Art. 141 EG, Rdn. 3.

[42] EuGH, Urteil vom 14.12.1995, Rs. C-317/93 (Nolte), Slg. 1995, I-4625, Rdn. 21

[43] Calliess/Ruffert/*Krebber*, EUV/EGV, Art. 141 EGV, Rdn. 17; ErfK/*Schlachter*, Art. 141 EG, Rdn. 3.

[44] EuGH, Urteil v. 13.7.1989, Rs. 171/88 (Rinner-Kühn), Slg. 1989, 2743, Rdn. 16.

[45] EuGH, Urteil v. 8.4.1976, Rs. 43/75 (Defrenne II), Slg. 1976, 455, Rdn. 21ff.; EuGH, Urteil v. 2.10.1997, Rs. C-1/95 (Gerster), Slg. 1997, I-5253, Rdn. 5.

[46] EuGH, Urteil v. 15.6.1978, Rs. 149/77 (Defrenne III), Slg. 1979, 1365, Rdn. 16ff.

[47] EAS B 4100/*Schlachter*, Stand April 1998, Rdn. 10.

[48] Calliess/Ruffert/*Krebber*, EUV/EGV, Art. 141 EGV, Rdn. 25. Dazu unten Kapitel 3, I. 2. a) bb) zu Fn. 96f.

[49] EuGH, Urteil v. 27.6.1990, Rs. 33/89 (Kowalska), Slg. 1990, I-2591, Rdn. 9ff.

begründet sein.[50] Ausreichend ist, daß er dort seinen Ursprung hat. Art. 141 EG findet daher auf alle mit Rücksicht auf das Arbeitsverhältnis erbrachten Leistungen Anwendung, das heißt auf Individualmaßnahmen, alle die abhängige Erwerbstätigkeit regelnden Betriebsvereinbarungen,[51] Tarifverträge[52] und Gesetze.[53] Ist der Empfänger des Entgelts ein Dritter (so zum Beispiel bei der Hinterbliebenenrente),[54] so kann auch dieser sich auf das Entgeltgleichheitsgebot berufen.

Es werden lediglich solche Leistungen vom Entgeltbegriff ausgenommen, mit denen überwiegend sozialpolitische Ziele verfolgt werden, weil hier die inhaltliche Abhängigkeit von der arbeitsvertraglich geschuldeten Arbeitsleistung fehlt.[55] So hieß es in *Ten Oever*[56], daß ein „Entgelt" dann nicht vorliegt, wenn im Rahmen von Sozialversicherungs- oder Rentensystemen Leistungen direkt gesetzlich ohne Vereinbarungen geregelt werden und zwingend auf allgemeine Kategorien von Arbeitnehmern Anwendung finden.[57] Somit werden auch Leistungen der betrieblichen Altersversorgung unter Art. 141 EG gefaßt, sowie Leistungen, die nach der Beendigung des Arbeitsverhältnisses gezahlt werden, soweit sie die Entgeltdefinition erfüllen.[58]

Der Begriff des Entgelts ist hiernach vom EuGH beständig ausgeweitet worden.[59] Darunter fallen des weiteren zum Beispiel die Entgeltfortzahlung im Krankheitsfall,[60] Aufwandsentschädigungen im Fall der Teilnahme an Betriebsrats- oder Personalratsschulungen[61] oder Weihnachtsgratifikationen.[62]

Gleichheit des Entgelts ohne Diskriminierung auf Grund des Geschlechts bedeutet nach der Legaldefinition des Art. 141 Abs. 2 EG, daß das Entgelt für eine gleiche nach Akkord bezahlte Arbeit aufgrund der gleichen Maßeinheit festgesetzt wird und daß für eine nach Zeit bezahlte Arbeit das Entgelt bei gleichem Arbeitsplatz gleich ist. Die Definition gibt damit die Berechnungsmethode für das Entgelt vor, um ein diesbezüglich nicht diskriminierendes Ergebnis zu gewährleisten.[63]

---

50 Calliess/Ruffert/*Krebber*, EUV/EGV, Art. 141 EGV, Rdn. 29.

51 *J. Sievers*, 1996, S. 36; zustimmend Calliess/Ruffert/*Krebber*, EUV/EGV, Art. 141 EGV, Rdn. 29.

52 EuGH, Urteil v. v. 15.12.1994, Rs. C-399, 409, 425/92, 34, 50, 78/93 (Helmig u.a.), Slg. 1994, I-5752, Rdn. 12;

53 EuGH, Urteil v. 8.4.1976, Rs. 43/75 (Defrenne II), Slg. 1976, 455, Rdn. 40; EuGH, Urteil v. 13.7.1989, Rs. 171/88 (Rinner-Kühn), Slg. 1989, 2743; EuGH, Urteil v. 17.5.1990, Rs. 262/88 (Barber), Slg. 1990, I-1889, Rdn. 17.

54 EuGH, Urteil v. 6.10.1993, Rs. C-109/91 (Ten Oever), Slg. 1993, I-4879, Rdn. 12ff.; EuGH, Urteil v. 28.9.1994, Rs. C-200/91 (Coloroll), Slg, 1994, I-4389, Rdn. 18.

55 EAS B 4100/*Schlachter*, Stand April 1998, Rdn. 10.

56 EuGH, Urteil v. 6.10.1993, Rs. C-109/91 (Ten Oever), Slg. 1993, I-4879, Rdn. 9ff.

57 EuGH, Urteil v. 13.5.1986, Rs. 170/84 (Bilka), Slg. 1986, 1607, Rdn. 21f.; EuGH, Urteil v. 28.9.1994, Rs. C-200/91 (Coloroll), Slg, 1994, I-4389. So allerdings auch ganz h.M. (sog. Entgelttheorie), vgl. *H.-D. Steinmeyer*, 1991, S. 58ff. m.w.N.; *v. Stebut*, SAE 1992, S. 89 (96).

58 Schlußanträge des Generalanwalts *Cosmas*, Rs. C. 167/97 (Seymour-Smith/Perez), Slg. 1999, I- 623, 657; ausführlich dazu EAS B 4000/*Preis/Mallossek*, Stand April 1996, Rdn. 58.

59 Zu Beispielen vgl. die Aufzählung bei Calliess/Ruffert/*Krebber*, EUV/EGV, Art. 141 EGV, Rdn. 26 und Kapitel 4.

60 EuGH, Urteil v. 13.7.1989, Rs. 171/88 (Rinner-Kühn), Slg. 1989, 2743, Rdn. 1.

61 EuGH, Urteil v. 4.6.1992, Rs. C-360/90 (Bötel), Slg. 1990, I-3589; EuGH, Urteil v. 6.2.1996, Rs. C-475/93 (Lewark), Slg. 1996, I-243; EuGH, Urteil v. 7.3.1996, Rs. C-278/93 (Freers/Speckmann), EuZW 1996, S. 347.

62 EuGH, Urteil v. 9.9.1999, Rs. C-281/97 (Krüger), Slg. 1999, I-5127.

63 EAS B 4100/*Schlachter*, Stand April 1998, Rdn. 27.

bb) Gleiche Arbeit

Der EuGH stellt in seiner Rechtsprechung zur Bestimmung gleicher Arbeit im Sinne des Art. 141 Abs. 1 und 2 EG insbesondere auf die Faktoren „Art der Arbeit, Ausbildungsanforderungen und Arbeitsbedingungen“ [64] ab mit der Folge, daß auch bei scheinbarer Identität der Arbeit aufgrund unterschiedlicher Berufsausbildung oder Qualifikationen keine gleiche Arbeit vorliegt, weil Arbeit mit ungleichem Ausbildungshintergrund anders ausgeführt wird. Nicht erforderlich ist, daß die Tätigkeiten gleichzeitig ausgeübt werden, so daß auch ein Vergleich mit dem Stellenvorgänger zulässig ist.[65] Ebensowenig entscheidend ist der Umfang der Arbeitszeit, so daß Teil- und Vollzeitbeschäftigte grundsätzlich die gleiche Arbeit ausüben können.[66]

cc) Gleichwertige Arbeit

Der Grundsatz des gleichen Entgelts auch für gleichwertige Arbeit soll, da er für die weitere Darstellung in Kapitel 4 nicht von Bedeutung ist, hier nur kurz der Vollständigkeit halber angesprochen werden.
Die vor dem Amsterdamer Vertrag allein im Rahmen der Richtlinie 75/117/EWG geregelte Entgeltgleichheit auch für gleichwertige Arbeit ist nunmehr im Wortlaut des Art. 141 Abs. 1 EG enthalten. Bereits zuvor erfaßte Art. 119 EGV a.F. nach der Rechtsprechung des EuGH den Grundsatz des gleichen Entgelts für gleichwertige Arbeit,[67] weil die Richtlinie den Grundsatz der Entgeltgleichheit lediglich konkretisiere und die Anwendung des Art. 119 EGV a.F. erleichtern sollte.[68] Ein einheitliches, hinreichend bestimmtes gemeinschaftsrechtliches Konzept für dessen Bestimmung gibt es jedoch weiterhin nicht.[69] Ohne auf die verschiedenen, in der Literatur vorgenommenen Definitionsversuche einzugehen, kann hier jedoch der Ansicht gefolgt werden, daß der Begriff der Gleichwertigkeit eng zu fassen ist, weil ein weites Verständnis zu tiefe Eingriffe in die Organisationsgewalt des Arbeitgebers bedeuten würde und die Gefahr birgt, über die geschlechtsspezifische Ungleichbehandlung hinausgehende Resultate zu bewirken.[70] Damit ist die Gleichwertigkeit eng als ein Konzept zur Verhinderung des Scheiterns einer Vergleichbarkeit der Arbeit aufgrund nur unwesentlicher Unterschiede zu verstehen.[71]

---

[64] EuGH, Urteil 11.5.1999, Rs. C-309/97 (Angestelltenbetriebsrat der Wiener Gebietskrankenkasse), Slg. 1999, I-2865, Rdn. 17.
[65] EuGH, Urteil v. 27.3.1980, Rs. 129/79 (Wendy Smith), Rdn. 11.
[66] EuGH, Urteil v. 31.3.1981, Rs. 96/80 (Jenkins), Slg. 1981, 911.
[67] EuGH, Urteil v. 8.4.1976, Rs. 43/75 (Defrenne II), Slg. 1976, 455, Rdn. 16ff.; EuGH, Urteil v. 11.3.1981, Rs. 69/80 (Worringham), Slg. 1981, 767, Rdn. 21; EuGH, Urteil v. 31.3.1981, Rs. 96/80 (Jenkins), Slg. 1981, 911, Rdn. 22; EuGH, Urteil v. 27.10.1993, Rs. C-127/92 (Enderby), Slg. 1993, I-5535, Rdn. 23. Bereits das IAO-Abkommen 100 vom 29. Juni 1951 (BGBl. 1956 II, S. 24) enthielt in Art. 2 den Grundsatz: „Jedes Mitglied hat mit Mitteln, die den bestehenden Verfahren zur Festlegung der Entgeltsätze entsprechen, die Anwendung des Grundsatzes der Gleichheit des Entgelts männlicher und weiblicher Arbeitskräfte für gleichwertige Arbeit auf alle Arbeitnehmer zu fördern und, soweit es mit diesen Verfahren vereinbar ist, sicherzustellen.“
[68] EuGH, Urteil v. 31.3.1981, Rs. 96/80 (Jenkins), Slg. 1981, 911, Rdn. 22.
[69] Siehe *H. Wißmann*, Festschrift Schaub, 1998, S. 793 (795ff.); *K. Feldhoff*, 1998, S. 109f.; *G. Thüsing*, SAE 1999, S. 28 (30). Der EuGH hat sich bislang allenfalls mit den Verfahren zur Bewertung der Gleichwertigkeit befaßt, im Ergebnis die Beurteilung aber den nationalen Gerichten überlassen. Dazu *M. Schlachter*, NZA 1995, S. 393 (395).
[70] Dazu Calliess/Ruffert/*Krebber*, EUV/EGV, Art. 141 EGV, Rdn. 59 mit Beispielen.
[71] Ebenda.

Auch die zuvor angesprochene Frage der unmittelbaren Wirkung des Art. 141 EG ist hinsichtlich der Gleichwertigkeit weiterhin unklar. Aufgrund der weit divergierenden mitgliedstaatlichen Konzepte der Gleichwertigkeit kann eine Einheitlichkeit nur auf gemeinschaftsrechtlicher Ebene erreicht werden. Der EuGH müßte hier tätig werden.[72] Es bleibt abzuwarten, wie der EuGH die Frage der unmittelbaren Wirkung handhaben wird. Bislang ist er hiermit nicht konfrontiert worden.

dd) Unmittelbare und mittelbare Entgeltdiskriminierung

Gemäß Art. 141 Abs. 1 und 2 EG ist der Grundsatz der Entgeltgleichheit auf das geschlechtsspezifische Diskriminierungsverbot beschränkt. Nach der inzwischen gefestigten Rechtsprechung des EuGH[73] erfaßt dieses neben dem Verbot der unmittelbaren Diskriminierung auch das der mittelbaren Diskriminierung. Hauptahnwendungsfall der unmittelbaren Entgeltdiskriminierung ist das unterschiedliche Rentenzugangsalter.[74] Wie bereits festgestellt, sind unmittelbar diskriminierende Entgeltleistungen, das heißt die Ungleichbehandlung von Frauen und Männern in Entgeltfragen aufgrund des Geschlechts, kaum noch in den Mitgliedstaaten zu finden, so daß auch hier der Schwerpunkt des Grundsatzes der Entgeltgleichheit auf dem in Kapitel 4 ausführlich dargestellten Verbot der mittelbaren Diskriminierung liegt.[75] Ein sehr großer Teil der Rechtsprechung des EuGH erging dabei zur Ungleichbehandlung Teil- und Vollzeitbeschäftigter in Entgeltfragen, wie zum Beispiel in den ersten beiden Entscheidungen zur mittelbaren Diskriminierung im Fall der unterschiedlichen Stundensätze für Teilzeitbeschäftigte im Jahr 1981 in der Entscheidung *Jenkins*[76] sowie zum Ausschluß Teilzeitbeschäftigter von der Betriebsrente in der Entscheidung *Bilka* im Jahr 1986.[77] Weitere Entscheidungen bezogen sich unter anderem auf die Fälle des Ausschlusses Teilzeitbeschäftigter von der Lohnfortzahlung im Krankheitsfall,[78] von der Zahlung von Übergangsgeld bei Beendigung des Arbeitsverhältnisses[79] oder von der Aufwandsentschädigung im Fall der Teilnahme an ganztägigen Betriebsrats- oder Personalratsschulungen.[80]

---

[72] Dazu Calliess/Ruffert/*Krebber*, EUV/EGV, Art. 141 EGV, Rdn. 6, 57 m.w.N.

[73] Calliess/Ruffert/*Krebber*, EUV/EGV, Art. 141 EGV, Rdn. 42.

[74] Dazu ErfK/*Schlachter*, Art. 141 EG, Rdn. 14.

[75] Etwas anderes würde gelten, würde dem Konzept der gleichwertigen Arbeit in Zukunft ein weites Verständnis beigemessen. Ungleichbehandlungen beim Entgelt für gleichwertige Arbeit als Fälle der unmittelbaren Diskriminierung sind insoweit bislang noch nicht Gegenstand der intensiven Rechtsprechung des EuGH geworden.

[76] EuGH, Urteil v. 31.3.1981, Rs. 96/80 (Jenkins), Slg. 1981, 911.

[77] EuGH, Urteil v. 13.5.1986, Rs. 170/84 (Bilka), Slg. 1986, 1607.

[78] EuGH, Urteil v. 13.7.1989, Rs. 171/88 (Rinner-Kühn), Slg. 1989, 2743.

[79] EuGH, Urteil v. 27.6.1990, Rs. 33/89 (Kowalska), Slg. 1990, I-2591.

[80] EuGH, Urteil v. 4.6.1992, Rs. C-360/90 (Bötel), Slg. 1990, I-3589; EuGH, Urteil v. 6.2.1996, Rs. C-475/93 (Lewark), Slg. 1996, I-243; EuGH, Urteil v. 7.3.1996, Rs. C-278/93 (Freers/Speckmann), EuZW 1996, S. 347.

2. Die Richtlinien

a) Die Entgeltrichtlinie 75/117/EWG

Die Richtlinie 75/117/EWG des Rates vom 10. Februar 1975[81] zur Angleichung der Rechtsvorschriften der Mitgliedstaaten über die Anwendung des Grundsatzes des gleichen Entgelts für Männer, welche durch § 612 Abs. 3 BGB im Jahr 1980 in das deutsche Arbeitsrecht umgesetzt wurde,[82] dient der Verwirklichung des in Art. 119 EGV a.F. genannten Grundsatzes der Entgeltgleichheit und konkretisiert diesen in Art. 1 Abs. 1. Hiernach bedeutet der Grundsatz des gleichen Entgelts die Beseitigung jeder Diskriminierung aufgrund des Geschlechts in Bezug auf sämtliche Entgeltbestandteile und -bedingungen bei gleicher oder gleichwertiger Arbeit. Nach Art. 1 Abs. 2 der Richtlinie erstreckt sich das Diskriminierungsverbot auch auf die Verwendung von Systemen beruflicher Einstufung zur Feststellung des Entgelts. Art. 2 der Richtlinie verpflichtet die Mitgliedstaaten, die Durchsetzung des in Art. 1 genannten Anspruchs auf nationaler Ebene zu gewährleisten. Art. 3ff. enthalten weitere Verpflichtungen der Mitgliedstaaten und sind eher formeller Natur.

Zwar ist das Verbot der mittelbaren Diskriminierung wegen des Geschlechts nicht explizit erwähnt, daß es jedoch auch von der Richtlinie erfaßt sein sollte, läßt sich aus dem Wortlaut „jede Diskriminierung“ schließen und wurde durch die Rechtsprechung des EuGH bereits in der Entscheidung *Jenkins* im Jahr 1981 bestätigt.[83]

Die Entgeltrichtlinie hat bislang so gut wie keine eigenständige Rolle gespielt,[84] sondern diente nach der Rechtsprechung des EuGH allein der Präzisierung des Inhalts des Art. 119 EGV a.F. und der Erleichterung der Anwendung des Entgeltgleichheitsgebots. Sie sollte weder den Inhalt noch die Reichweite oder Bedeutung des primärrechtlichen Diskriminierungsverbots beschränken.[85] Bedeutung hat die Richtlinie jedoch insbesondere dadurch gewonnen, daß sie der EuGH für seine Rechtsprechung zur Einbeziehung des gleichen Entgelts auch für gleichwertige Arbeit und des Verbots der mittelbaren Entgeltdiskriminierung in den Anwendungsbereich des Art. 119 EGV a.F. fruchtbar gemacht hat. Im Fall *Jenkins* hieß es unter Einbeziehung der Entgeltrichtlinie, der Entgeltgrundsatz des Art. 119 EGV a.F. „bedeutet bei gleicher oder bei einer Arbeit, die als gleichwertig anerkannt wird, die Beseitigung *jeder* Diskriminierung auf Grund des Geschlechts“, also nicht nur der unmittelbaren, sondern auch der mittelbaren Diskriminierung.[86]

---

[81] ABl. EG 1975 Nr. L v. 19.2.1975, S. 19. Ihr Erlaß ist auf die nur zögerliche Umsetzung des Art. 119 EWGV in den Mitgliedstaaten zurückzuführen, wogegen die Kommission in einem Bericht aus dem Jahr 1973 mittels des Vertragsverletzungsverfahrens vorzugehen ankündigte. Erlassen wurde sie letztlich nach der Ratsentscheidung von 1975 über ein sozialpolitisches Aktionsprogramm zur Beschleunigung der Umsetzung und Anwendung des Grundsatzes des gleichen Entgelts in den Mitgliedstaaten. EuGH, Urteil v. 8.4.1976, Rs. 43/75 (Defrenne II), Slg. 1976, 455, Rdn. 53 und 55; GTE/*Curall*, Art. 119, Rdn. 18f.

[82] Arbeitsrechtliches EG-Anpassungsgesetz v. 13.8.1980, BGBl. I S. 1308.

[83] EuGH, Urteil v. 31.3.1981, Rs. 96/80 (Jenkins), Slg. 1981, 911.

[84] Eine eigenständige Bedeutung kam der Richtlinie bislang allein in Vertragsverletzungsverfahren zu. Vgl. EuGH, Urteil v. 6.7.1982, Rs. 61/81 (Kommission/Vereinigtes Königreich), Slg. 1082, 2601; EuGH, Urteil v. 10.1.1985, Rs. 143/83 (Kommission/Dänemark), Slg. 1985, 427; dazu Calliess/Ruffert/*Krebber*, EUV/EGV, Art. 141 EGV, Rdn. 9.

[85] Z.B. EuGH, Urteil v. 8.4.1976, Rs. 43/75 (Defrenne II), Slg. 1976, 455, Rdn. 53 und 55; EuGH, Urteil v. 31.3.1981, Rs. 96/80 (Jenkins), Slg. 1981, 911, Rdn. 20ff.; EuGH, Urteil v. 15.12.1994, Rs. C 399, 409, 425/92, 34, 50, 78/93 (Helmig u.a.), Slg. 1994, I-5752, Rdn. 19.

[86] EuGH, Urteil v. 31.3.1981, Rs. 96/80 (Jenkins), Slg. 1981, 911, Rdn. 19ff. Kursiv hinzugefügt.

Der Einfluß der Entgeltrichtlinie war daher bereits vor der Einführung des Art. 141 EG, welcher nunmehr auch den Grundsatz des gleichen Entgelts bei gleichwertiger Arbeit übernommen hat, sowie der inzwischen als gefestigt anerkannten Rechtsprechung des EuGH zum Verbot der mittelbaren Entgeltsdiskriminierung von zeitlich begrenzter Bedeutung.
Trotz des Problems der dogmatisch unzulässigen Einwirkung des Sekundärrechts auf die Vertragsbestimmung durch die Auslegung des Art. 119 EGV a.F. im Lichte der Entgeltrichtlinie - will man nun das dogmatisch zwar unzutreffende, aber im Hinblick auf die Durchsetzung der Chancengleichheit der Geschlechter durchaus wichtige Argument der Bedeutung des Lohngleichheitsgrundsatzes bemühen oder nicht - ist die Rechtsprechung des EuGH als inzwischen lange Zeit gefestigt zu akzeptieren.[87] Angesichts der Tragweite mittelbarer Diskriminierungen und deren Bedeutung für die strukturelle Benachteiligung von Frauen zeigt sich hier, daß bisweilen allein undogmatische Schritte zu einem notwendigen Ergebnis gelangen.[88]

b) Die Gleichbehandlungsrichtlinie 76/207/EWG

Die Gleichbehandlungsrichtlinie 76/207/EWG[89] vom 9. Februar 1976 regelt in Art. 1 Abs. 1 und in Art. 3 bis 5 weiter konkretisiert den Grundsatz der Gleichbehandlung in Bezug auf die Arbeitsbedingungen hinsichtlich des Zugangs zur Beschäftigung, einschließlich des Aufstiegs, und des Zugangs zur Berufsbildung sowie in bezug auf die Arbeitsbedingungen und die soziale Sicherheit. Nach Art. 2 Abs. 1 beinhaltet der Grundsatz der Gleichbehandlung, daß „keine unmittelbare oder mittelbare Diskriminierung auf Grund des Geschlechts (...) erfolgen darf". Durch die Benennung nicht nur des Verbots der unmittelbaren, sondern – erstmals ausdrücklich – auch desjenigen der mittelbaren Diskriminierungen, hat sie eine besondere Bedeutung auf Gemeinschaftsebene erlangt. Die Richtlinie wurde durch das Arbeitsrechtliche EG-Anpassungsgesetz von 1980 in das deutsche Arbeitsrecht durch die Einfügung der § 611a und § 611b in das BGB umgesetzt.[90]
Die Richtlinie 2000/73/EG vom 23. September 2002 zur Änderung der Gleichbehandlungsrichtlinie[91] kodifiziert in weiten Teilen die zu der Richtlinie 76/207/EWG ergangene Rechtsprechung des EuGH und erweitert ihren Anwendungsbereich.[92] Die Kompetenz für ihren Erlaß findet sich in Art. 141 Abs. 3 EG. Sie definiert in Art. 2 nunmehr die Rechtsfiguren der unmittelbaren und mittelbaren Diskriminierung. Neben der Übernahme der Rechtsprechung des EuGH strukturiert die Änderungsrichtlinie die Bestimmungen der Richtlinie 76/207/EWG übersichtlicher. Die dort in den Art. 4 und 5 gesondert geregelten Fragen der Gleichbehandlung im Arbeitsverhältnis und bei der Beendigung werden in Art. 3 der neuen Richtlinie integriert. Der Grundsatz des effektiven Rechtsschutzes (Art. 6) gilt nunmehr für alle diskriminierenden Arbeitsbedingungen gleichermaßen. Die Änderungsrichtlinie betont in Art. 3 explizit die Geltung des Gleichbehandlungsgrundsatzes für den öffentlichen und privaten Bereich einschließlich öffentlicher

---

[87] Kritisch zur Einwirkung des Sekundärrechts in das Primärrecht wegen des Verbots der horizontalen Wirkung von Richtlinien Calliess/Ruffert/*Krebber*, EUV/EGV, Art. 141 EGV, Rdn. 10.
[88] So *J. Sievers*, 1996, S. 35f.
[89] ABl. EG 1976 Nr. L, S. 40.
[90] V. 13.8.1980, BGBl. I S. 1308.
[91] ABl. EG Nr. L 269/15.
[92] Vgl. dazu *U. Rust*, NZA 2003, S. 72ff.; *I. Hadeler*, NZA 2003, S. 77ff.

Stellen. Von Bedeutung sind die Erwägungsgründe (2) und (3) der Änderungsrichtlinie, in denen der Menschenrechts- und Grundrechtscharakter der Gleichbehandlungsrichtlinie, den der EuGH in seiner Rechtsprechung bereits stets hervorgehoben hatte,[93] besonders betont wird. Die Richtlinie ist bis zum 5. Oktober 2005 umzusetzen. Hinsichtlich des Themas vorliegender Arbeit bringt die neue Richtlinie keine Änderungen mit sich. Der für das deutsche Arbeitsrecht bestehende Umsetzungsbedarf bezieht sich insbesondere auf den Schutz vor sexueller Belästigung und die vorgesehene Einrichtung einer unabhängigen Stelle durch die Bundesregierung.[94] Unabhängig davon entfaltet die Richtlinie hinsichtlich ihrer unmittelbar anwendbaren Bestimmungen erst nach Ablauf der Umsetzungsfrist unmittelbare Wirkung, so daß bis dahin weiterhin auf die ursprüngliche Richtlinie 76/207/EWG in der Auslegung durch den EuGH abzustellen ist.[95]

Die Richtlinie 76/207/EWG stellte im Zeitpunkt ihres Erlasses insoweit eine Erweiterung des Gleichberechtigungsgrundsatzes dar, als Art. 119 EGV a.F. sowie die Entgeltrichtlinie 75/117/EWG damals nicht die Bereiche der Geschlechtsdiskriminierung bei den sonstigen Arbeitsbedingungen erfaßten. Die Abgrenzung der beiden Regelungsbereiche der Entgelt- und sonstigen Arbeitsbedingungen ist komplex. Nach der Rechtsprechung des EuGH kommt es für die Zuordnung einer Arbeitsbedingung zum Entgeltgleichheitsgebot darauf an, ob durch diese die Höhe des Entgelts automatisch betroffen ist, ohne daß andere Arbeitsbedingungen geändert werden,[96] wohingegen die Gleichbehandlungsrichtlinie Anwendung findet, wenn andere Arbeitsbedingungen Regelungsgegenstand sind, auch wenn sie mittelbar Einfluß auf das Entgelt haben.[97]

Die Richtlinie 76/207/EWG hat durch die in Kapitel 4 näher dargestellte Rechtsprechung des EuGH zu wichtigen teilzeitspezifischen Änderungen im deutschen Recht geführt. So standen zum Beispiel in der Entscheidung *Gerster*[98] die Regelungen des § 13 Abs. 2 Satz 2 LbV a.F. zur Berechnung von Dienstzeiten von Beamten zum Zwecke der Beförderung auf dem Prüfstand der Gleichbehandlungsrichtlinie, nach denen die Arbeitszeit Voll- und Teilzeitbeschäftigter unterschiedlich angerechnet wurde. Ebenso hatte der EuGH im Fall *Kording*[99] die vergleichbare Bestimmung der § 38 Abs. 1 Nr. 4a, Abs. 2 i.V.m. § 36 Abs. 3 StBerG a.F. zur Befreiung von der Steuerberaterprüfung anhand der Gleichbehandlungsrichtlinie zu überprüfen. Beide Regelungen wurden infolge der Rechtsprechung des EuGH entsprechend an die gemeinschaftsrechtlichen Vorgaben angepaßt.

Ausgeschlossen wurde mangels Konsensfähigkeit - entgegen dem ursprünglichen Richtlinienentwurf[100] - eine Erstreckung der Gleichbehandlungsrichtlinie auf den Bereich der gesetzlich geregelten sozialen Sicherheit, obwohl dieser in der Definition der Arbeitsbedingung in Art. 1 Abs. 1 genannt ist. So heißt es in der Präambel der Richtlinie, daß der Bereich der sozialen Sicherheit durch spätere Rechtsakte zu definieren und schrittweise zu

---

[93] So z.B. EuGH, Urteil vom 22.9.1998, Rs. C- 185/97 (Coote), Slg. 1998, I- 5199, Rdn. 23.

[94] Dazu *I. Hadeler*, NZA 2003, S. 77 (78ff.)

[95] Dazu unten Kapitel 3, II. 2. d).

[96] EuGH, Urteil v. 7.2.1991, Rs. C-184/89 (Nimz), Slg. 1991, I-297, Rdn. 12ff.; EuGH, Urteil v. 17.6.1998, C-243/95 (Hill/Stapleton), Slg. 1998, I-3739, Rdn. 20f.

[97] EuGH, Urteil v. 2.9.1999, Rs. C-167/97 (Seymour-Smith/Perez), Slg. 1999, I- 623, Rdn. 37ff.; EuGH, Urteil v. 16.2.1982, Rs. 19/81 (Burton), Slg. 1992, 555, Rdn. 8. Dazu Calliess/Ruffert/*Krebber*, EUV/EGV, Art. 141 EGV, Rdn. 11.

[98] EuGH, Urteil v. 2.10.1997, Rs. C-1/95 (Gerster), Slg. 1997, I-5253; dazu unten Kapitel 4, II. 3. a) aa) (a) (bb).

[99] EuGH, Urteil v. 2.10.1997; Rs. C 100/95 (Kording), Slg. 1997, I 5289; dazu unten Kapitel 4, II. 3. a) aa) (a) (bb).

[100] ABl. EG Nr. C 124/2 v. 4.6.1975; ausdrücklich in KOM (75) 36 endg. v. 12.2.1975, S. 31.

verwirklichen sei, was mit den nachfolgenden Richtlinien 79/9/EWG[101] zu gesetzlichen Systemen der sozialen Sicherheit sowie der Richtlinie 86/378/EWG[102] zur Gleichbehandlung in den betrieblichen Systemen der sozialen Sicherheit geschehen ist.[103] Die Richtlinie 86/378/EWG[104] verbietet in Art. 5 Abs. 1 und 6 Abs. 1 geschlechtsspezifische mittelbare Diskriminierungen. Aufgrund der Entgeltqualität der Leistungen betrieblicher Sicherungssysteme im Sinne der Rechtsprechung des EuGH ist die Bedeutung der Richtlinie jedoch als gering einzustufen.[105] Die aus diesem Grund erlassenen Richtlinie 96/97/EWG[106] änderte die Richtlinie 86/378/EWG ab, um sie der Rechtsprechung des EuGH zur Anwendung des Art. 119 EGV a.F. auf die betrieblichen Systeme der sozialen Sicherheit anzupassen. Ihr eigenständiger, über Art. 141 EG hinausgehender Regelungsbereich bezüglich Selbständiger und freiwilliger Arbeitnehmerbeiträge ist jedoch für vorliegende Arbeit nicht von Relevanz, so daß auf sie nicht näher einzugehen ist.[107]

c) Die Teilzeitrichtlinie 97/81/EG

Die Richtlinie 97/81/EG zu der von UNICE, CEEP und EGB[108] geschlossenen Rahmenvereinbarung über Teilzeitarbeit[109] wurde vom Ministerrat der Europäischen Union am 15. Dezember 1997 erlassen[110] und wurde durch das Teilzeit- und Befristungsgesetz (TzBfG) vom 21. Dezember 2000[111] umgesetzt. Gedacht ist die Teilzeitrichtlinie als ein „Beitrag zur allgemeinen europäischen Beschäftigungsstrategie", sie dient „der Anerkennung der Vielfalt der Verhältnisse in den Mitgliedstaaten" und legt „in Erkenntnis, daß Teilzeitarbeit ein Merkmal der Beschäftigung in bestimmten Branchen und Tätigkeiten ist, die allgemeinen Grundsätze und Mindestvorschriften für die Teilzeitarbeit nieder".[112] Dabei wird begrüßt, daß das Verbot der Diskriminierung von Teilzeitbeschäftigten, das auf

---

[101] Richtlinie v. 19.12.1978 zur schrittweisen Verwirklichung des Grundsatzes der Gleichbehandlung von Männern und Frauen im Bereich der sozialen Sicherheit, ABl. EG 1979 Nr. L 6/24. Dazu unten Kapitel 4, II. 1. b) (a) (aa), (bb).

[102] Richtlinie v. 24.7.1986 zur Verwirklichung des Grundsatzes der Gleichbehandlung von Männern und Frauen bei den betrieblichen Systemen der sozialen Sicherheit, ABl. EG 1986 Nr. L 225/40. Dazu unten Kapitel 4, II. 1. a) (a) (aa), (bb).

[103] Der Vorschlag hinsichtlich einer weiterreichenden mitgliedstaatlichen Verpflichtung durch Schaffung einer Richtlinie über die Gleichbehandlung in beiden Gebieten der sozialen Sicherheit aus dem Jahr 1987 ist bislang nicht verabschiedet. Vgl. Richtlinienvorschlag v. 27.10.1987, KOM (87) 494 endg.; ABl. EG Nr. C 309/10 v. 19.11.1987; dazu EAS B 4000/*Preis/Mallossek*, Stand April 1996, Rdn. 85.

[104] ABl. EG 1986 Nr. L 225/40.

[105] Dazu unten Kapitel 4, II. 1. a) (a) (aa).

[106] ABl. EG 1997 Nr. L S. 20.

[107] Dazu GTE/*Curall*, Art. 119, Rdn. 7, 136ff.

[108] Die Sozialpartner UNICE, CEEP und EGB sind die Union des Confédération de l'Industrie des Employers d'Europe (Union der Industrie und Arbeitgeberverbände Europas), das Centre Européen de l'Entreprise Public (Europäischer Zentralverband der öffentlichen Wirtschaft) sowie der Europäische Gewerkschaftsbund.

[109] ABlEG 1998, Nr. L 14, S. 9, siehe auch KOM (97) 392 endg., S. 16ff. = BR-Drucks. 689/97.

[110] Gestützt auf das dem Protokoll (Nr. 14) über die Sozialpolitik im Anhang des Vertrags zur Gründung der Europäischen Gemeinschaft beigefügte Abkommen über die Sozialpolitik, insbesondere auf Art. 4 Abs. 2, ABl. EG 1998 Nr. L 14/9. Das Verfahren der Rechtsetzung, welche die Rahmenvereinbarung, die einen „Tarifvertrag auf europäischer Ebene" [*H. Dieball*, STREIT 1999, S. 88 (93f.)] darstellt, vollständig in die Richtlinie übernimmt, erklärt die Struktur der Richtlinie. Von den Sozialpartnern initiiert, enthält der eigentliche Text der Richtlinie lediglich ihre Entstehung. Die Rahmenvereinbarung ist als Anhang am Ende der Richtlinie abgedruckt.

[111] BGBl. I S. 1966.

[112] Präambel und § 1 a) und b).

europäischer Ebene bisher allein mittels des Verbots der mittelbaren Diskriminierung umgesetzt werden konnte, nunmehr eine eigene explizite Regelung erhält, wodurch sie an Stellenwert im Rahmen der Diskriminierungsverbote gewinnt.[113]
Zentrale Regelung ist das in § 4 enthaltene Verbot der Ungleichbehandlung von Teilzeit- und Vollzeitbeschäftigten (Grundsatz der Nichtdiskriminierung). Der Anwendungsbereich bezieht sich allgemein auf Teilzeitbeschäftigte, unabhängig vom Geschlecht,[114] und ist auf den Vergleich Voll- und Teilzeitbeschäftigter in demselben Betrieb beschränkt.[115] Die Ausnahmen zum Diskriminierungsverbot sind weiter gefaßt, als im Rahmen des Verbots der mittelbaren Geschlechtsdiskriminierung, da nach § 3 der Richtlinie sachliche Gründe eine Schlechterbehandlung Teilzeitbeschäftigter rechtfertigten können.[116] Problematisch ist jedoch der Anwendungsbereich, der in sachlicher Hinsicht nach § 4 Nr. 1 auf Ungleichbehandlungen in „Beschäftigungsbedingungen" beschränkt ist, so daß neben der sozialen Sicherheit auch der Bereich der Entgeltgleichheit nicht erfaßt wird.[117] Zur Verneinung der Erfassung der Entgeltgleichheit gelangt man, wenn der Begriff des Arbeitsentgelts des Art. 137 Abs. 6 und Art. 141 EG als identisch begriffen wird.[118] Zu bedenken ist hierbei, daß der Entgeltbegriff auf der Rechtsprechung des EuGH beruht und dieser die Rechtfertigung dessen weitreichender Geltung primär auf das Gebot der Effizienz des Gemeinschaftsrechts stützt, Art. 137 Abs. 6 EG die Kompetenzen der Gemeinschaft aber einzuschränken bezweckt. Daher ist zu erwarten, daß der EuGH im Rahmen der Vorschrift eine enge Auslegung vertreten wird.[119] Insoweit geht § 4 TzBfG über die Richtlinienvorgaben hinaus, indem es die Schlechterbehandlung Teilzeitbeschäftigter nicht nur bei den Beschäftigungsbedingungen nach § 4 Abs. 1 Satz 1, sondern gemäß § 4 Abs. 1 Satz 2 auch hinsichtlich des Entgelts erfaßt. Gemäß § 5 Nr. 3 der Richtlinie soll Teilzeitarbeitnehmern die Möglichkeit gegeben werden, von Vollzeit- zu Teilzeitarbeit und umgekehrt zu wechseln. Der Grundsatz der Freiwilligkeit wird in § 5 Nr. 2 dadurch geschützt, daß eine Weigerung keinen Kündigungsgrund darstellen darf. Allerdings kommt dieser Regelung nur Empfehlungscharakter ohne Verbindlichkeit zu.[120] Die Information der Arbeitnehmervertretungsgremien über Teilzeitarbeit im Unternehmen nach § 5 Nr. 3 e) ist ebensowenig rechtsverbindlich.[121]
Unabhängig davon, daß die Richtlinie die Anforderungen der unmittelbaren Wirkung im Sinne des Art. 249 Abs. 3 EG schon nicht erfüllt, ist nicht davon auszugehen, daß angesichts der Aufforderungen an die Arbeitgeber, sie „sollten, soweit dies möglich ist", Wünsche der Arbeitnehmer „berücksichtigen, „bemüht sein (...) Maßnahmen (...) in Erwägung zu ziehen", von einem Druck hinsichtlich der Befolgung der Zielvorstellungen der Richtlinie gesprochen werden kann.[122] Begrüßt wird allein, daß es überhaupt zu einer Regelung

---

[113] *M. Schmidt*, NZA 1998, 576 (578f.); *J. Treber*, ZTR 1998, S. 250 (254); *H. Dieball*, STREIT 1999, 88 (94).
[114] § 4 Nr. 1.
[115] § 3 Abs. 2.
[116] Zu den Anforderungen der objektiven Rechtfertigungsgründe im Rahmen des Verbots der mittelbaren Diskriminierung wegen des Geschlechts siehe unten Kapitel 4. II.
[117] *M. Schmidt*, NZA 1998, S. 576 (578f.); a.A. *J. Kreimer de Fries*, ArbuR 1997, S. 314 (315).
[118] So Calliess/Ruffert/*Krebber*, EUV/EGV, Art. 141 EGV, Rdn. 14. Anders, aber i.E. ebenso – wenn auch recht umständlich begründet, *M. Schmidt*, NZA 1998, S. 576 (579).
[119] Calliess/Ruffert/*Krebber*, EUV/EGV, Art. 137 EGV, Rdn. 8.
[120] *J. Kreimer-de-Fries*, ArbuR 1997, S. 314 (315).
[121] *J. Treber*, ZTR 1998, S. 250 (256): lediglich „Bemühungsklausel".
[122] *J. Kreimer-de-Fries*, ArbuR 1997, S. 314 (315): „nicht nur schwache, sondern in einigen Punkten höchst problematische Regelung"; *M. Schmidt*, NZA 1998, 576 (580). Zudem werden alle anderen Formen der atypischen Beschäftigungsverhältnisse ausgenommen. Vgl. dazu BR-Drucks. 686/97, S. 1; Empfehlung

gekommen ist, die in einigen Punkten weiter reicht, als das, was das deutsche Recht bis dahin vorsah.[123] Festzuhalten ist, daß für die mittelbare Diskriminierung von teilzeitbeschäftigten Frauen, wie sie vorliegend untersucht wird, die Teilzeitrichtlinie keinen weiterreichenden Schutz vor geschlechtsspezifischer Benachteiligung bietet. Angesichts ihrer Übereinstimmungen mit der über das Diskriminierungsverbot des § 4 der Richtlinie hinausgehenden Umsetzungsnorm § 4 TzBfG, mit dem nachfolgend dargestellten Art. 3 GG und der Rechtsprechung des EuGH zur mittelbaren Diskriminierung von Frauen im Rahmen von Teilzeitarbeit hat die Richtlinie im Hinblick auf das Thema vorliegender Arbeit daher keine eigenständige Bedeutung.

d) Unmittelbare Wirkung und Anwendung der Richtlinien auf nationale Sachverhalte

Der EuGH hat zu der ihm häufig gestellten Frage nach der unmittelbaren Wirkung der Richtlinien 75/117/EWG und 76/207/EWG[124] erstmals im Jahr 1986 in der Entscheidung *Marshall I*[125] hinsichtlich Art. 5 der Richtlinie 76/207/EWG sowohl zur vertikalen als auch horizontalen Wirkung[126] Stellung genommen.[127] Die Richtlinie ist nach Art. 249 Abs. 3 EG grundsätzlich nur für den Mitgliedstaat, an den sie gerichtet ist, hinsichtlich ihres zu erreichenden Zieles verbindlich. Der Mitgliedstaat ist bei der Richtlinienumsetzung hinsichtlich der Wahl der Form und der Mittel zur Umsetzung der Richtlinie frei, hat aber diejenigen Mittel zu ergreifen, die zur Gewährleistung ihrer praktischen Wirksamkeit (Effizienzgebot/effet utile) unter Berücksichtigung des mit ihr verfolgten Ziels am besten geeignet sind.[128] Er ist nur dann von der Umsetzung der Richtlinie befreit, wenn ihre vollständige Anwendung bereits durch nationale Bestimmungen sichergestellt ist.[129]

In *Marshall I* hieß es daher auch, daß die Richtlinie 76/207/EWG aufgrund der Verbindlichkeit nur für die Mitgliedstaaten gemäß Art. 249 Abs. 3 EG keine Verpflichtungen begründet, die der einzelne gegenüber einer Privatperson geltend machen kann.[130] Damit ist eine unmittelbare horizontale Wirkung - anders als unter bestimmten Voraussetzungen im Primärrecht[131] - ausgeschlossen.[132] Jedoch ist der einzelne berechtigt, „in all den Fällen, in

---

der Ausschüsse, BR-Drucks. 689/1/97, S. 1. Daher wird die Vereinbarung auch „minimalistisches Regelwerk" genannt, *J. Treber*, ZTR 1998, S. 250 (253); *H. Dieball*, STREIT 1999, S. 88 (94).

[123] *J. Treber*, ZTR 1998, S. 250 (253) m.w.N.

[124] So zum Beispiel in EuGH, Urteil v. 31.3.1981, Rs. 96/80 (Jenkins), Slg. 1981, 911, Rdn. 19ff. zur Richtlinie 75/117/EWG; EuGH, Urteil v. 16.2.1982, Rs. 19/81 (Burton), Slg. 1992, 555, Rdn. 16f. zur Richtlinie 76/207/EWG; EuGH, Rs. 12/81 (Garland), Slg. 1982, 359, Rdn. 12f. zu beiden Richtlinien.

[125] EuGH, Urteil v. 26.2.1986, Rs. 152/48 (Marshall I), Slg. 1986, 723, Rdn. 46ff.

[126] Dazu oben Kapitel 3. I 1 b).

[127] Dazu Grabitz/Hilf/*Langenfeld*, Art. 141 EG, Rdn. 110.

[128] Grundlegend EuGH, Urteil v. 8.4.1976, Rs. 48/75 (Royer), Slg. 1976, 497, Rdn. 69 und 73. Allerdings wird der Spielraum der Mitgliedstaaten bereits durch i.d.R. erhebliche Regelungsdichte der Richtlinien eingeschränkt; *A. Scherzberg*, Jura 1992, S. 572 (574).

[129] Z.B. EuGH, Urteil v. 21.5.1981, Rs. 248/83 (Kommission/Bundesrepublik Deutschland), Rdn. 19.

[130] Zu weiteren Gründen hierfür vgl. *H.-D. Jarass*, NJW 1991, S. 2665 (2666); *A. Scherzberg*, JuS 1993, S. 225 (226).

[131] EuGH, Urteil v. 5.2.1963, Rs. 26/62 (van Gend en Loos), Slg. 1963, 1, Rdn. 10ff.; EuGH, Urteil v. 9.3.1978, Rs. 106/77 (Simmenthal), Slg. 1978, 629, Rdn. 14/16.

[132] Klarstellend nochmals EuGH, Urteil v. 14.7.1994, Rs. 91/92 (Faccini Dori), Slg. 1994, I-3325, Rdn. 22ff. Für eine unmittelbare horizontale Wirkung hingegen *S. Richter*, EuR 1988, S. 394 (398ff.); *F. Emmert*, EWS 1992, S. 56 (63); ebenso Generalanwalt *van Gerven*, Schlußantrag, Rs. C-271/91 (Marshall), Slg. 1993,

denen Bestimmungen der Richtlinie als unbedingt und hinreichend genau erscheinen, (...) sich gegenüber dem Staat auf diese Bestimmung zu berufen, wenn der Staat die Richtlinie nicht fristgemäß in nationales Recht umgesetzt oder eine unzutreffende Umsetzung der Richtlinie vornimmt"[133] (unmittelbare vertikale Wirkung).[134] Dies hat der EuGH für Art. 5 der Richtlinie 76/207/EWG bejaht[135] und zudem festgestellt, daß die Richtlinienbestimmung nicht nur dann unmittelbare Wirkung entfaltet, wenn der Staat hoheitlich handelt, sondern auch wenn er als Arbeitgeber auftritt. Der Staatsbegriff ist hierbei weit zu verstehen. Hierunter fällt nach der Rechtsprechung des EuGH ein Amtsträger, der vom Staat mit der Aufrechterhaltung der öffentlichen Sicherheit vertraut ist, sowie jede Einrichtung, die unabhängig von ihrer Rechtsform kraft staatlichen Rechtsakts unter staatlicher Aufsicht eine Dienstleistung im öffentlichen Interesse erbringt und die hierzu mit besonderen Rechten ausgestattet ist, die über das hinaus gehen, was für Beziehungen zwischen privaten Personen gilt.[136] Des weiteren hat der EuGH die unmittelbare Wirkung in *Johnston* und *Marshall II* unter Hinweis auf die Entscheidung *Marshall I* auch für den Grundsatz der Gleichbehandlung und damit nicht nur für das Verbot der unmittelbaren, sondern auch das der mittelbaren Geschlechtsdiskriminierung[137] hinsichtlich der übrigen Arbeitsbedingungen im Sinn des Art. 2 Abs. 1 i.V.m. Art. 3 und 4 sowie Art. 6 der Richtlinie 76/207/EWG bestätigt.[138] Demgegenüber stellte sich dem EuGH die Frage nach der unmittelbaren Wirkung der Richtlinie 75/117/EWG insoweit nicht, als er im Rahmen des Vorabentscheidungsverfahrens gemäß Art. 234 EG diese Richtlinie stets als Konkretisierung des Art. 141 EG heranzieht, dem, wie festgestellt, ohnehin sowohl eine unmittelbare vertikale als auch eine horizontale Wirkung zukommt.[139]
Ist die Richtlinie allerdings in nationales Recht umgesetzt, so kann sich der einzelne gegenüber dem Staat nicht mehr auf die unmittelbare Wirkung berufen, sondern muß seinen Anspruch auf das nationale Recht stützen.[140] Die Richtlinie 75/117/EWG wurde durch § 612 Abs. 3 BGB mit dem arbeitsrechtlichen EG-Anpassungsgesetz vom 13. August 1980[141] umgesetzt. Ebenso hat der EuGH hinsichtlich der Richtlinie 86/378/EWG festgestellt, daß Leistungen aufgrund betrieblicher Systeme der sozialen Sicherheit Entgelt im Sinne des Art. 141 EG sind[142] und dieser selbst sowohl vertikale als auch horizontale Wirkung entfaltet, so daß für diese Richtlinie kaum noch ein eigenständiger Anwendungsbereich besteht.[143] Die bereits erwähnte, die Richtlinie 86/378/EWG abändernde

---

I-3467, Rdn. 12; Generalanwalt *Jacobs*, Schlußantrag, Rs. C-316/93, Slg. 1994, I-763, Rdn. 18ff.; Generalanwalt *Lenz*, Schlußantrag, Rs. 91/92 (Faccini Dori), Slg. 1994, I-3325, Rdn. 43ff.; *P. Craig*, (1997) 22 EL-Rev. 519. Vgl. die Argumente hiergegen bei *A. Scherzberg*, JuS 1993, S. 225 (226f.).

133 EuGH, Urteil v. 26.2.1986, Rs. 152/48 (Marshall I), Slg. 1986, 723, Rdn. 46.

134 Des weiteren dazu EuGH, Urteil v. 5.4.1979, Rs. 148/78 (Ratti), Slg. 1979, 1629, Rdn. 43f. EuGH, Urteil v. 30.4.1996, Rs. C-194/94 (CIA Security International), Slg. 1996, I-2201, Rdn. 42; *D. Curtin* (1990) 27 CMLRev. 709 (719).

135 EuGH, Urteil v. 26.2.1986, Rs. 152/48 (Marshall I), Slg. 1986, 723, Rdn. 52.

136 EuGH, Urteil v. 15.5.1986, Rs. 222/84 (Johnston), Slg. 1986, 1615, Rdn. 56; EuGH, Urteil v. 12.7.1989, Rs. C-188/89 (Foster), Rdn. 20.

137 EuGH, Urteil v. 15.5.1986, Rs. 222/84 (Johnston), Slg. 1986, 1615, Rdn. 55.

138 EuGH, Urteil v. 15.5.1986, Rs. 222/84 (Johnston), Slg. 1986, 1615, Rdn. 54ff. zu Art. 2 Abs. 1 i.V.m. Art. 3 und 4; EuGH, Urteil vom 2.8.1993, Rs. C-271/91 (Marshall II), Slg. 1993, I-4367, Rdn. 38 zu Art. 6.

139 Dazu Grabitz/Hilf/*Langenfeld*, Art. 141, Rdn. 110.

140 EuGH, Urteil v. 19.1.1982, Rs. 8/81 (Becker), Slg. 1982, 53, Rdn. 19.

141 BGBl. I S. 1308.

142 Dazu unten Kapitel 4, II. 1. a) (a) (aa), (bb).

143 GTE/*Curall*, Art. 119, Rdn. 166.

Richtlinie 96/97/EWG[144] ist, soweit sie einen über Art. 141 EG hinausgehenden, eigenständigen Regelungsbereich aufweist, für vorliegende Arbeit nicht von Bedeutung.
Die hinreichende Umsetzung der Richtlinie 76/207/EWG stellte der EuGH in der Entscheidung *Kommission/Deutschland*[145] hinsichtlich der öffentlichen Dienstverhältnisse durch Art. 3, 33 GG sowie - mit Einschränkungen - bezüglich der privaten Arbeitsverhältnisse durch das arbeitsrechtliche EG-Anpassungsgesetz mit der Einführung des § 611a BGB fest. Weitere Umsetzungsbemühungen des deutschen Gesetzgebers haben die vom EuGH gestellten Anforderungen an die Umsetzung der Richtlinie 76/207/EWG schrittweise verwirklicht.[146]
Des weiteren enthält Art. 3 Abs. 2 Satz 1 GG, wie im Anschluß dargestellt, das Verbot der mittelbaren Diskriminierung wegen des Geschlechts umfassend, so daß den Richtlinien nunmehr eher eine wichtige Bedeutung durch das Erfordernis der richtlinienkonformer Auslegung einfachgesetzlicher innerstaatlicher Bestimmungen und Art. 3 Abs. 2 Satz 1 GG zukommt. Ist das Gemeinschaftsrecht umgesetzt oder durch bereits vorhandenes nationales Recht, wie durch den die mittelbare Geschlechtsdiskriminierung erfassenden Art. 3 Abs. 2 Satz 1 GG, gewährleistet, und daher nicht mehr unmittelbar anwendbar, so hat im Falle eines Widerspruchs dieser nationalen Bestimmungen zum vorrangigen Gemeinschaftsrecht eine richtlinienkonforme Auslegung - auch zu Lasten Privater[147] - zu erfolgen. Hierzu sind die Gerichte im Rahmen ihrer Zuständigkeit nach Art. 249 Abs. 3, 10 EG verpflichtet.[148] Diese Pflicht bezieht sich nach Ablauf der Umsetzungsfrist der Richtlinie auf Umsetzungsrecht sowie bereits bestehendes älteres nationales Recht.[149] Voraussetzung hierfür ist - so Generalanwalt *van Gerven* in seinen Schlußanträgen zur Rechtssache *Marleasing* - daß „die nationale Rechtsvorschrift *in irgendeiner Weise auslegungsfähig* ist. Das nationale Gericht muß dann unter *den in seinem Rechtssystem üblichen Auslegungsmethoden* derjenigen den Vorrang einräumen, die es in die Lage versetzt, der betreffenden Rechtsvorschrift eine Bedeutung zu geben, die mit der Richtlinie in Einklang steht."[150] Die richtlinienkonforme Auslegung richtet sich damit weiter nach den nationalen Auslegungsmethoden, die dadurch modifiziert werden, daß diejenige Vorrang hat, welche das Ziel der Richtlinie erreicht, sogenannte Vorzugsregel.[151] Äußerste Grenze ist daher auch hier die nach der h.M. geltende Wortsinngrenze.[152] Ist diese überschritten, so scheidet eine richtlinienkonforme Auslegung in diesem Sinne aus.

---

[144] Dazu oben Kapitel 3. I. 2. b).

[145] EuGH, Urteil v. 21.5.1981, Rs. 248/83 (Kommission/Bundesrepublik Deutschland), Rdn. 19. Dazu oben Fn. 129.

[146] Vgl. das 2. Gleichberechtigungsgesetz v. 24.6.1995, BGBl. 1994 I S. 1406ff. sowie das Gesetz zu Korrekturen in der Sozialversicherung und zur Sicherung der Arbeitnehmerrechte (SozVersArbRKorrekturG) v. 19.12.1998, BGBl. I S. 3843 mit Wirkung v. 1.1.1999.

[147] EuGH, Urteil v. 13.11.1990, Rs. C-106/89 (Marleasing), Slg. 1990, I-4135, Rdn. 8. Dazu *D. Curtin*, (1990) 27 CMLRev. 709 (724), *N. Reich/H. Dieball*, ArbuR 1991, S. 225 (236). Kritisch zur Rechtsprechung des EuGH *G. Nicolaysen*, EuR 1984, S. 370 (371); *A. Dendrinos*, 1989, S. 288; *Götz*, NJW 1992, S. 1849 (1854); *M. Hilf*, EuR 1993, S. S. 1 (11).

[148] EuGH, Urteil v. 10.4.1984, Rs. 14/83 (Von Colson und Kamann), Slg. 1984, 1891, Rdn. 26. Dazu *H. D. Jarass*, EuR 1991, S. 211 (221); *M. Nettesheim*, 119 AöR (1994), S. 261 (277); *G. Ress*, DÖV 1994, S. 489 (492); *C. O. Lenz*, DVBl. 1990, S. 903 (908); *C. Langenfeld*, DÖV 1992, S. 955 (964).

[149] EuGH, Urteil v. 13.11.1990, Rs. C-106/89 (Marleasing), Slg. 1990, I-4135, Rdn. 8.

[150] Schlußanträge des Generalanwalts *van Gerven* v. 12.7.1990, Rs. C-106/89 (Marleasing), Slg. 1990, I-4144, 4146f. Kursiv hinzugefügt.

[151] Dazu *W. Brechmann*, S. 131ff., 247ff.; kritisch *W. Brechmann*, 1994, S. 169ff.; *U. Ehricke*, RabelsZ 59 (1995), S. 598 (612f.); *C. Langenfeld*, DÖV 1992, S. 955 (964); *S. Grundmann*, ZEuP 1996, S. 399 (403ff.).

[152] D.h. die semantische Interpretation durch Sinnermittlung und Verstehen, ohne der Norm etwas hinzuzufügen oder wegzulassen, *M. Nettesheim*, 119 AöR (1994), S. 261 (263). Der Wortlaut spricht zudem für

In diesem Fall kommt eine Verwerfung der nationalen Norm und Anwendung der Richtlinie aufgrund der Verwerfungskompetenz der nationalen Gerichte in Betracht, sofern die Voraussetzungen der unmittelbaren Wirkung gegeben sind.[153] Ansonsten ist zur Vermeidung von Rechtslücken die nationale Norm weiterhin anzuwenden, auch wenn in diesem Fall die Gefahr eines Vertragsverletzungsverfahrens besteht.[154]

3. Bedeutung des Vorabentscheidungsverfahrens gemäß Art. 234 EG für die Durchsetzung des Verbots der mittelbaren Diskriminierung

Unabhängig von der Möglichkeit des einzelnen, seinen durch die nicht ordnungs- oder fristgemäße Umsetzung von Gemeinschaftsrecht entstandenen Schaden gegenüber dem Staat im Rahmen des vom EuGH geschaffenen Staatshaftungsanspruchs geltend zu machen,[155] spielt das Vorabentscheidungsverfahren gemäß Art. 234 EG eine maßgebliche Rolle für die Gewährleistung der Anwendung des gemeinschaftsrechtlichen Verbots der mittelbaren Diskriminierung. So erging auch die in Kapitel 4 dargestellte Rechtsprechung des EuGH auf diesem Wege, den die nationalen Gerichte beschreiten können bzw. müssen, wenn sie Zweifel an der Auslegung des Gemeinschaftsrechts haben und ihnen aus diesem Grund seine Anwendung oder eine gemeinschaftsrechtskonforme Auslegung nicht möglich ist. Das Vorabentscheidungsverfahren nach Art. 234 EG dient hierbei der Sicherstellung einer in allen Mitgliedstaaten einheitlichen Interpretation des Gemeinschaftsrechts zur Vermeidung divergierender Entscheidungen aufgrund der verschiedenen Rechtsmethodik und -konzepte in den verschiedenen Mitgliedstaaten.[156] Zwar ist es vom einzelnen nicht unmittelbar beeinflußbar, weil allein die nationalen Gerichte vorlageberechtigt sind (Art. 234 Abs. 2 EG), es dient dennoch insoweit dem Individualrechtsschutz, als es die volle Wirksamkeit des Gemeinschaftsrechts umfänglich zu gewährleisten bezweckt.[157] Es ist hierbei nicht Aufgabe des EuGH, die Anwendung ausgelegten nationalen Rechts auf seine Vereinbarkeit mit Gemeinschaftsrecht zu überprüfen,[158] sondern allein die Auslegung des Gemeinschaftsrechts, also des Primärrechts (Art. 234 Abs. 1 lit. a EG) und die Gültigkeit der Handlungen der Gemeinschaftsorgane, welches das Sekundärrecht umfaßt (Art. 234 Abs. 1 lit. b EG). Halten die unterinstanzlichen Gerichte eine Vorlage für erforderlich, können sie die Frage an den EuGH richten (Art. 234 Abs. 2 EG), die letztinstanzlichen Gerichte, deren Entscheidungen nicht mehr anfechtbar sind, sind dazu hingegen verpflichtet (Art. 234 Abs. 3 EG).

---

eine Vermutung des objektivierten Gesetzgeberwillens, auf den es entscheidend in der Rspr. des BVerfG ankommt (grundlegend BVerfG v. 21.5.1952, BVerfGE 1, 299, 312). Die Wortsinngrenze dient der Rechtssicherheit und Rechtsklarheit sowie der Verhinderung des Auslegungsmißbrauchs. Dazu *U. Ehricke*, RabelsZ 59 (1995), S. 598 (610) m.w.N.

[153] BVerfGE 31, 145, 174f. – bejahend für nationale Gerichte; R. *Streinz*, HStR, Bd. VII., § 182, Rdn. 72.

[154] *A. Scherzberg*, Jura 1993, S. 225 (229), str. Zum Meinungsstand Calliess/Ruffert/*Kahl*, EUV/EGV, Art. 10 EGV, Rdn. 43, Fn. 188.

[155] EuGH, Urteil v. 19.11.1991, Rs. C-6, 9/90 (Francovich), Slg. 1991, I-5357; EuGH, Urteil v. 16.12.1993, Rs. C-334/92 (Wagner Miret), Slg. 1993, I-6911; EuGH, Urteil v. 5.3.1996, verb. Rs. C-46, 48/93 (Brasserie du Pecheur/Factortame), Slg. 1996, I-1029, JZ 1996, S. 789, EuZW 1996, S. 205ff., mit Anm. *Streinz*, S. 201ff.; EuGH, Urteil v. 26.3.1996, Rs. C- 392/93 (British Telecommunications plc); EuGH, Urteil v. 17.10.1996, verb. Rs. C-283, 291, 292/94 (Denkavit u.a.), Slg. 1996, I-5063. Hierzu *D. Curtin*, (1992) 21 ILJ 74 (78); *J. Steiner*, (1993) 18 ELRev 3ff.; *N. Reich*, EuZW 1996, S. 709 (714); *M. W. Huff*, NJW 1996, S. 3190ff.; kritisch *F. Ossenbühl*, DVBl. 1992, S. 993ff.

[156] Dazu *P. Pescatore*, BayVBl. 1987, S. 33ff.; GTE/*Krück*, Art. 177, Rdn. 13.

[157] GTE/*Kruck*, Art. 177, Rdn. 15; Calliess/Ruffert/*Wegener*, EUV/EGV, Art. 234 EGV, Rdn. 1.

[158] EuGH, Urteil v. 28.3.1979, Rs. 222/78 (ICAP), Slg. 1979, 1163, Rdn. 10ff.

Trotz der inzwischen gefestigten Rechtsprechung des EuGH zum Verbot der mittelbaren Diskriminierung hat das BVerwG als letztinstanzliches Gericht zuletzt in einem Urteil vom 18. Februar 1999 dem EuGH eine Vorlagefrage zur Auslegung und Anwendung der Richtlinie 76/207/EWG vorenthalten und die Ansicht vertreten, das Gemeinschaftsrecht sei in diesem Fall eindeutig, obwohl der Sachverhalt offenkundig auf eine Verletzung der Richtlinie hindeutete.[159] Hierbei ging es darum, daß der Klägerin die Führung der Bezeichnung „praktische Ärztin" aufgrund der Tatsache verweigert wurde, daß sie ihre Weiterbildung in Teilzeit absolviert hatte, das Hamburgische Ärztegesetz für die Titelführung jedoch eine mindestens sechsmonatige Vollzeittätigkeit voraussetzte, was der Klägerin nicht möglich war, weil sie Kleinkinder zu versorgen hatte. Das BVerwG sah die Richtlinie 76/207/EWG nicht verletzt und wies die Revision der Klägerin als unbegründet zurück. Die Bedeutung des Vorabentscheidungsverfahrens wird hier besonders deutlich, weil der Klägerin damit eine Prüfung ihres gemeinschaftsrechtlich verbürgten Anspruchs auf Gleichbehandlung in letzter Instanz verwehrt wurde.[160] An dieser Stelle blieb der Klägerin die seit dem Beschluß des Zweiten Senats des BVerfG vom 22. Oktober 1986 mögliche Verfassungsbeschwerde gegen die Nichtvorlage nach Art. 101 Abs. 1 S. 2 GG i.V.m. Art. 234 EG.[161] Diese ist beschränkt auf eine „objektiv willkürliche" Unterlassung der Vorlage, um zu verhindern, daß das BVerfG zu einer dem EuGH übergeordneten Instanz zur Kontrolle der Vorlagen wird.[162] Eine solche „objektiv willkürliche" Unterlassung hat das BVerfG in seiner Entscheidung vom 9. Januar 2001 über die Verfassungsbeschwerde gegen das Urteil des BVerwG auch angenommen. Insbesondere im Hinblick auf die Verletzung des Verbots der mittelbaren Diskriminierung gemäß der Richtlinie 76/207/EWG hieß es, daß das BVerwG verkannt habe, daß diese primärrechtliche Grundrechtsverbürgung die Grundlage dafür bilde, daß das BVerfG von einem wirksamen Schutz der Grundrechte durch den EuGH ausgehe und sich seiner Kontrollbefugnis begeben habe, so daß schon in dieser Hinsicht[163] eine Vorlage an den EuGH hätte erfolgen müssen. „(D)er Gundrechtsschutz der Klägerin liefe ins Leere, wenn das Bundesverfassungsgericht mangels Zuständigkeit keine materielle Prüfung anhand der Grundrechte vornehmen kann und der Europäische Gerichtshof mangels Vorabentscheidungsersuchens nicht die Möglichkeit erhält, sekundäres Gemeinschaftsrecht zu überprüfen."[164] Das BVerfG

[159] BVerwG, Urteil vom 18.2.1999, EuZW 1999, S. 572; vgl. dazu auch die nachfolgende Verfassungsbeschwerde oben Kapitel 1. II. 1 b) zu Fn. 32 sowie die Schlußanträge des Generalanwalts *Geelhoed* vom 6.2.2003, Rs. C-25/02 (Rinke), z.Zt.n.n.v. Ausführlicher dazu unten Kapitel 4.

[160] *T. Giegerich/D. Richter*, NZA, 1999, S. 574.

[161] BVerfG v. 22.10.1986, BVerfGE 73, 336, 367f. – Champignonkonserven.

[162] Das BVerfG stützt seine Argumentation auf die „funktionelle Verschränkung der Gerichtsbarkeit der EG mit der Gerichtsbarkeit der Mitgliedstaaten zusammen mit dem Umstand, daß die Gemeinschaftsverträge kraft der durch die Zustimmungsgesetze gemäß Art. 24 Abs. 1 GG und Art. 59 Abs. 2 S. 1 GG erteilten Rechtsanwendungsbefehle und das auf vertraglicher Grundlage erlassene abgeleitete Gemeinschaftsrecht Teil der innerstaatlich geltenden Rechtsordnung der Bundesrepublik Deutschland und von ihren Gerichten zu beachten, auszulegen und anzuwenden sind" (BVerfGE 73, 339, 367f.).

[163] Des weiteren ging es in der Entscheidung um das Verhältnis der Gleichbehandlungsrichtlinie 76/207/EWG zu der sekundärrechtlichen Regelung der Ärzteausbildung, welche das Vollzeiterfordernis selbst vorsah. Das BVerwG argumentierte, letztere sei jüngeres Recht und spezieller und verdränge daher die Richtlinie 76/207/EWG (BVerwG, Urteil vom 18.2.1999, EuZW 1999, S. 572 (573). Das BVerfG betonte, daß allein diese Feststellung zu einer Vorlage an den EuGH hätte führen müssen, weil die Frage des Richtlinienverhältnisses nicht geklärt sei und zudem hätte in Betracht gezogen werden müssen, daß das Gleichbehandlungsgebot als Grundsatz des Primärrechts einer ihm widersprechenden sekundärrechtlichen Bestimmung vorgehen könnte (BVerfG v. 9.1.2001, 1 BvR 1036/99, Rdn. 21, 24).

[164] BVerfG v. 9.1.2001, 1 BvR 1036/99, Rdn. 24.

hob daraufhin das Urteil des BVerwG auf und verwies das Verfahren an das BVerwG zurück, welches im November 2001 die angesprochenen Fragen dem EuGH zur Vorabentscheidung vorlegte.[165] Ein Urteil des EuGH in dieser Sache liegt noch nicht vor.[166]

III. Nationales Recht

1. Verankerung des Verbots der mittelbaren Diskriminierung in Art. 3 GG

Die Frage nach der verfassungsrechtlichen Verankerung des Verbots der mittelbaren Diskriminierung in Art. 3 GG ist von entscheidender Bedeutung, weil es damit nicht nur ein Gebot des Gemeinschaftsrechts, sondern auch des Grundgesetzes ist und ihm so verfassungsrechtlicher Rang und Wirkungskraft zukommen. Ein verfassungsrechtlich gewährleistetes Verbot der mittelbaren Diskriminierung führt in letzter Konsequenz auch zur Entbehrlichkeit der gemeinschaftsrechtskonformen Auslegung einfachgesetzlicher Bestimmungen, welche in erster Linie im Hinblick auf die Verfassungsnorm auszulegen sind,[167] deren Interpretation und Anwendung sich selbst an den vorrangigen gemeinschaftsrechtlichen Vorgaben auszurichten hat.[168]

Das Verfassungsrecht wird damit unmittelbarer Maßstab für geschlechtsspezifische Benachteiligungen: Grundrechte sind als Abwehrrechte gegen den Staat konzipiert. Die staatliche Gewalt ist gemäß Art. 1 Abs. 3 GG als Grundrechtsadressat unmittelbar an Art. 3 GG gebunden. Im Hinblick auf Art. 1 Abs. 3 GG und die Systematik des Grundgesetzes gelten aufgrund der unterschiedlichen Ausgestaltung des öffentlichen Rechts als Überordnungsverhältnis und des Privatrechts als Verhältnis der Gleichordnung nach dem BVerfG und der allgemeinen Ansicht in der Literatur die Grundrechte im Privatrecht nur mittelbar (mittelbare Drittwirkung).[169] Den Arbeitgeber bindet Art. 3 GG dadurch mittelbar im Wege der verfassungskonformen Auslegung einfachgesetzlicher arbeitsrechtlicher Bestimmungen, über grundrechtsverwirklichendes, ebenfalls im Lichte des Grundrechts auszulegendes Privatrecht (wie zum Beispiel § 611a BGB)[170] sowie über allgemeine Generalklauseln im Wege der mittelbaren Drittwirkung.[171] Zur Grundrechtsbindung der Tarifvertragsparteien hat das BVerfG bislang nicht ausdrücklich Stellung genommen.[172] Sie ist weiterhin umstritten. Nach h.M. sind auch Tarifvertragsparteien nur mittelbar an die Grundrechte gebunden.[173] Zwar wurde anfangs noch eine unmittelbare Bindung aufgrund des Normcharakters der Tarifnormen angenommen, dies später aber mit der Begründung

---

[165] BVerwG, Beschluß vom 8. November 2001, 3 C 7.01.

[166] Siehe aber die Schlußanträge des Generalanwalts *Geelhoed* vom 6.2.2003 hierzu, Rs. C-25/02 (Rinke), z.Zt.n.n.v.

[167] So auch *W. Rüfner*, Festschrift Friauf, 1996, S. 331 (340f.).

[168] AK-GG/*Eckertz-Höfer*, Art. 3 Abs. 2, 3, Rdn. 24.

[169] Seit BVerfGE 7, 198 -Lüth; Maunz/*Dürig*, GG, Art. 3 Abs. 1, Rdn. 505ff. Grundrechte bilden als verfassungsrechtliche Grundentscheidung eine die gesamte Rechtsordnung bindende objektive Werteordnung, die wegen der Beschränkung der Grundrechtsbindung nach Art. 1 Abs. 3 GG auf die staatliche Gewalt im Privatrecht daher nur mittelbar Geltung beansprucht.

[170] BVerfGE 89, 276, Rdn. 40 - § 611a BGB.

[171] Dreier/*Heun*, Art. 3, Rdn. 100.

[172] Vgl. dazu BAG, Urteil vom 30.8.2000, AP Nr. 25 zu § 4 TVG – Geltungsbereich.

[173] Dies läßt sich wohl auch aus der Entscheidung des BVerfG (E 73, 261) zur nur mittelbaren Bindung einer Betriebsvereinbarung (Sozialplan) schließen. Vgl. BAG, Fn. 172, mit ausführlicher Begründung und Darstellung der verschiedenen Ansichten.

verneint, es handele sich bei Tarifverträgen um kollektiv ausgeübte Privatautonomie,[174] mit der Folge, daß Art. 3 GG nicht unmittelbar Prüfungsmaßstab ist, sondern eine diskriminierende Tarifnorm wegen Verstoßes gegen Art. 3 GG unwirksam im Sinne der §§ 134, 138 BGB sein kann[175] oder am verfassungskonform auszulegenden, zwingenden Recht der §§ 611a, 612 Abs. 3 BGB[176] bzw. § 4 TzBfG[177] zu messen ist.[178]

a) Rechtsprechung des BVerfG

In der Rechtsprechung des BVerfG ist anerkannt, daß Grundrechte auch vor mittelbaren Beeinträchtigungen schützen. Bereits im Jahr 1958 stellte es in einer Entscheidung zu Art. 21 GG zur Chancengleichheit der Parteien fest, daß Grundrechte grundsätzlich auch einen materiellen Schutzzweck haben. „(A)uch ein Gesetz, das in seinem Wortlaut eine ungleiche Behandlung vermeidet und seinen Geltungsbereich abstrakt-allgemein umschreibt, widerspricht dem Gleichheitssatz dann, wenn sich aus seiner praktischen Auswirkung eine offene Ungleichheit ergibt und diese ungleiche Auswirkung gerade auf die rechtliche Gestaltung zurückzuführen ist. Nicht die äußere Form, sondern der materiellrechtliche Gehalt ist entscheidend."[179] Bestätigung findet dies in der Rechtsprechung des BVerfG zu Art. 12 GG, in der es heißt, daß das Grundrecht auch dann betroffen sein kann, wenn „tatsächliche Auswirkungen geeignet sind, die Freiheit der Berufswahl mittelbar zu beeinträchtigen".[180] Zwar ist hiermit nicht mehr gesagt, als daß mittelbare Benachteiligungen Grundrechtseingriffe sein können. Fest steht aber, daß Art. 3 GG das geschlechtsspezifische Verbot der mittelbaren Diskriminierung erfassen kann.[181]
In der Rechtsprechung des BVerfG findet sich jedoch keine eindeutige Aussage über die Verortung des Verbots der mittelbaren Diskriminierung in Art. 3 GG. Es siedelt das Verbot teilweise in Art. 3 Abs. 1 GG an,[182] nennt bisweilen Art. 3 Abs. 2 und 3 GG gemeinsam[183] oder läßt die Zuordnung offen.[184] In neuerer Zeit scheint es Art. 3 Abs. 3 GG als

---

[174] BAG, Urteil vom 15.1.1955, AP Nr. 4 zu Art. 3 GG; vgl. auch die Nachweise in BAG, Urteil vom 30.8.2000, AP Nr. 25 zu § 4 TVG – Geltungsbereich.
[175] Dazu auch *H.-J. Bauschke*, Anm. zu BAG, Urteil vom 29.8.2001, AP Nr. 291 zu Art. 3 GG.
[176] Nach Art. 4 der Richtlinie 75/117/EWG, Art. 4b der Richtlinie 76/207/EWG sowie Art. 7a der Richtlinie 86/378/EWG gilt das Verbot der mittelbaren Diskriminierung für Tarifverträge und damit auch für die die Richtlinien umsetzenden Bestimmungen der §§ 611a, 612 Abs. 3 BGB.
[177] § 22 Abs. 1 TzBfG.
[178] Nach der Rechtsprechung des EuGH hat - ungeachtet der Regelungsautonomie der Tarifparteien nach Art. 9 Abs. 3 GG - , eine umfassende Überprüfung am Verbot der mittelbaren Diskriminierung stattzufinden. Vgl. EuGH, Urteil v. 27.6.1990, Rs. 33/89 (Kowalska), Slg. 1990, I-2591; EuGH, Urteil v. 7.2.1991, Rs. C-184/89 (Nimz), Slg. 1991, I-297.
[179] BVerfG v. 24. Juni 1958, BVerfGE 8, 51, 64 - Parteienfinanzierung. Für eine Übertragung dieser Feststellung auf die mittelbare Diskriminierung wegen des Geschlechts *H. Pfarr/K. Bertelsmann*, 1985, Rn. 203; *P. Hanau/U. Preis*, ZfA 1988, 177 (185), *S. Rating*, 1994 , S. 123; zutreffend auch *G. Wisskirchen*, 1994, S. 58: Wenn schon die Chancengleichheit der Parteien vor faktischen Benachteiligungen geschützt ist, muß dies auch für die geschlechtsspezifische Benachteiligung gelten. Dagegen *W. Rüfner*, Festschrift Friauf, 1996, S. 331 (335f.).
[180] BVerfGE 13, 181, 185f.
[181] *G. Wisskirchen*, 1994, S. 46.
[182] BVerfGE 13, 290, 296; 38, 187, 197ff. (zum Teil i.V.m. Art. 6 Abs. 1GG); BVerfGE 71, 39, 58; 87, 234, 257f. (mit Verweis auf Art. 3 Abs. 2 GG).
[183] BVerfGE 6, 55, 80f.
[184] BVerfGE 48, 346, 366.

Rechtsgrundlage anzusehen.[185] Es finden sich auch Entscheidungen zur Ungleichbehandlung Teilzeitbeschäftigter, in denen das Verbot der mittelbaren Diskriminierung und somit die geschlechtsspezifische Tragweite dieser Ungleichbehandlung gar nicht thematisiert werden. So stellte das BVerfG zum Beispiel in der Entscheidung über die Verfassungsbeschwerde einer Teilzeitbeschäftigten vom 25. August 1999, die sich gegen die in der Satzung der Versorgungsanstalt des Bundes und der Länder geregelte, benachteiligende Berechnungsweise der Versorgungsrente von Teilzeitbeschäftigten wendete, allein einen Verstoß gegen Art. 3 Abs. 1 GG fest.[186]

b) Dogmatische Herleitung

Die Verwendung der Teilzeitarbeit als Differenzierungsmerkmal für eine Ungleichbehandlung ist unproblematisch unter Art. 3 Abs. 1 GG zu subsumieren.[187] Angesichts ihrer geschlechtsspezifischen Ausgestaltung wird Art. 3 Abs. 1 GG aber in Fällen mittelbarer Geschlechtsdiskriminierung, wenn diese von den speziellen Verboten der Abs. 2 und 3 erfaßt werden, im Hinblick auf das Merkmal Geschlecht verdrängt.[188]
Die Einordnung des Verbots der mittelbaren Diskriminierung in die Abs. 2 und 3 hängt in erster Linie vom Regelungsinhalt der Abs. 2 und 3 sowie ihrem Verhältnis zueinander ab. Die in Kapitel 4 näher beleuchteten, von der Rechtsprechung des EuGH entwickelten besonderen Voraussetzungen des Verbots geben dabei die Zuordnung vor, so daß sich des weiteren die Frage stellt, ob und wie es von Abs. 2 oder Abs. 3 erfaßt werden kann: Anknüpfungspunkt des Verbots der mittelbaren Diskriminierung ist ein neutrales Kriterium, welches durch das Zusammentreffen mit gesellschaftlichen Umständen (struktureller Benachteiligung) Frauen faktisch diskriminiert. Das Geschlecht ist daher nicht alleinige Ursache der Benachteiligung, so daß die Durchsetzung des Verbots der mittelbaren Diskriminierung nicht von der Ursache-Folge-(conditio-sine-qua-non-) Formel abhängig gemacht werden darf. Eine unverhältnismäßig stärkere Betroffenheit indiziert das Vorliegen der Diskriminierung, also den Zusammenhang von Geschlechtszugehörigkeit und struktureller Umstände, die zur faktischen Benachteiligung führen. Das wiederum bedeutet die Notwendigkeit der klaren Trennung von unmittelbarer und mittelbarer Diskriminierung. Letztere ist daher der objektiven Rechtfertigung zugänglich. Schließlich ist die Feststellung der mittelbaren Diskriminierung abhängig von einer umfassenden Verhältnismäßigkeitsprüfung.

---

185 BVerfGE 97, 35, 43f.; BVerfG, ArbuR 1998, S. 209f. Vgl. aber den Beschluß des BVerfG vom 20.4.2000 über die Vorlage des Sozialgerichts Mannheims gemäß Art. 100 GG (BvL 18/98). Die vom vorlegenden Gericht vorgetragene mittelbare Diskriminierung von Frauen durch §§ 71ff. SGB VI gemäß Art. 3 Abs. 2 GG wurde vom BVerfG nicht eingehend geprüft, da es die Vorlage für unzulässig hielt.

186 BVerfG, Beschluß vom 25.8.1999, 1 BvR 1246/95. In diesem Beschluß ging da s BVerfG gar nicht auf die Geschlechtsspezifik ein. In der Entscheidung über das Hamburger Ruhegeldgesetz vom 27.11.1997 zur Benachteiligung Teilzeitbeschäftigter durch den Ausschluß vom Erhalt des Ruhegeldes (E 97, 35) wurde ebenfalls nur Art. 3 Abs. 1 GG geprüft, zuvor eine geschlechtsspezifische Benachteiligung von Frauen jedoch verneint (E 97, 35, 44ff.), weil der Frauenanteil in der betroffenen Gruppe nicht größer war als der in der bevorzugten.

187 Vgl. z.B. BVerfG, NJW 1998, S. 1215 (1216).

188 BVerfGE 85, 191, 206 - Nachtarbeitsverbot; *M. Sachs*, HStR, Bd. V, § 126, Rdn. 18 m.w.N.

aa) Regelungsinhalt der Abs. 2 und 3 und ihr Verhältnis zueinander

Der Regelungsinhalt sowie das Verhältnis der speziellen Gleichheitssätze des Art. 3 Abs. 2 S. 1 GG und des Art. 3 Abs. 3 GG zueinander sind weiterhin ungeklärt. Nach der insbesondere von *Sachs* vertretenen, sogenannten Identitätsthese stimmen Abs. 2 S. 1 und Abs. 3 für das Merkmal Geschlecht überein.[189] In seiner Rechtsprechung bis Ende der 1980er Jahre verstand auch das BVerfG die Abs. 2 und 3 in dieser Hinsicht als gleichbedeutend.[190] Hiernach wird Abs. 3 als Anknüpfungsverbot[191] aufgefaßt, dem Abs. 2 S. 1 gleichgestellt wird. Mit der positiven Formulierung des Abs. 2 S. 1 „sind gleichberechtigt" korrespondiert das negative Verbot der Ungleichbehandlung wegen eines der in Abs. 3 genannten Differenzierungsmerkmale.[192] Nach der Identitätsthese beinhalten Abs. 2 S. 1 und Abs. 3 demnach ein absolutes, kategorisches Differenzierungsverbot, in dessen Rahmen die Anknüpfung an das Merkmal Geschlecht schlechthin unzulässig ist.[193] Ein absolutes Differenzierungsverbot läßt jedoch Ursachen und Auswirkungen neutraler Handlungen im Raum struktureller Benachteiligung ausgeblendet. Neutrale, aber mittelbar, aufgrund struktureller Gegebenheiten faktisch (geschlechtsspezifisch) benachteiligende Regelungen befolgen stets das Differenzierungsverbot, weil sie gerade nicht an das Geschlecht anknüpfen.[194] Art. 3 Abs. 2 und 3 GG können demnach das Verbot der mittelbaren Diskriminierung nach dem Verständnis der Identitätsthese nicht erfassen.
Vertreten wird des weiteren die Auffassung, daß Benachteiligungen durch neutrale Maßnahmen auch oft unverzichtbar seien, so daß derartige - bisweilen sinnvolle - Regelungen stets rechtswidrig wären.[195] Abs. 3 sei zudem als Ausnahme von Abs. 1 eng auszulegen, so daß er sich nicht für den komplexen Abwägungsvorgang im Rahmen der vorzunehmenden Verhältnismäßigkeitsprüfung, den die Feststellung der mittelbaren Diskriminierung erfordere, eigne. Für diesen ließe nur Art. 3 Abs. 1 GG Raum, im Rahmen dessen sachlichen Rechtfertigungsgrundes wegen der Abstufung mit Rücksicht auf die Grundsatzbedeutung der speziellen Diskriminierungsverbote eine Anpassung der Anforderungen möglich sei. Nur in Fällen, in denen sich die mittelbare Diskriminierung als gezielte Umgehung des Verbots der unmittelbaren Diskriminierung herausstelle, sei eine Zuordnung zu Art. 3 Abs. 3 GG gerechtfertigt.

(a) Art. 3 Abs. 3 S. 1 GG als absolutes, individuelles Differenzierungsverbot

Bieback[196] hat die Konsequenz dieser Feststellung im Hinblick auf die Zuordnung der mittelbaren Diskriminierung zu Art. 3 Abs. 3 S. 1 GG widerlegt. Ist eine Zuordnung zu Art. 3 Abs. 3 S. 1 GG möglich, so ist zunächst aufgrund der Spezialität der Absätze 3 und 2 eine Anwendung des Abs. 1 ausgeschlossen. Des weiteren erfaßt dann nach der Identi-

---

189 *M. Sachs*, HStR, Bd. V, § 126, Rdn. 79; so auch Maunz/*Dürig*, GG, Art. 3 Abs. 3, Rdn. 4.
190 BVerfGE 3, 225, 240; 6, 389, 420; 39, 169, 185; 43, 213, 225; dazu AK-GG/*Eckertz-Höfer*, Art. 3 Abs. 2, 3, Rdn. 26ff.
191 H.M. *M. Sachs*, 1987, S. 428ff.; BVerfGE 57, 335, 342; 75, 40, 69. Nach a.A. stellt es ein Begründungsverbot dar, *B. Schlink*, Der Staat 15 (1976) S. 225 (349f.) Diese Ansicht ist wegen der großen Umgehungsgefahr abzulehnen, dazu *S. Huster*, AöR 1993, S. 109 (111) m.w.N.
192 Maunz/*Dürig*, GG, Art. 3 Abs. 3, Rdn. 3; *M. Schlachter*, 1993, S. 39 m.w.N.
193 *U. Bumke*, Der Staat 1993, S. 117 (126).
194 AK-GG/*Eckertz-Höfer*, Art. 3 Abs. 2, 3, Rdn. 27.
195 *M. Sachs*, 1987, S. 478ff.; *ders.*, HStR, Bd. V, § 126, Rdn. 88ff., unter Bezugnahme auf eine auch denkbare Strafbarkeit für sozialschädliches Verhalten, die zu 90% nur Männer treffe; ebenso *W. Rüfner*, Festschrift Friauf, 1996, S. 331 (332ff).
196 *K.-J. Bieback*, 1997, S. 42ff.

tätsthese neben Abs. 3 S. 1 auch Abs. 2 S. 1 das Verbot der mittelbaren Diskriminierung, so daß sich die im Anschluß zu beantwortende Frage nach der Haltbarkeit der Identitätsthese bzw. nach der eigenständigen Bedeutung des Regelungsgehalts des Abs. 2 S. 1 stellt [dazu unten (b)].

Nach dem Anknüpfungsverbot des Art. 3 Abs. 3 S. 1 GG darf niemand wegen seines Geschlechts benachteiligt werden. Problematisch ist das Erfordernis der Anknüpfung, so daß gegen eine Erfassung der mittelbaren Diskriminierung von Abs. 3 S. 1 schon der Wortlaut „wegen“ sprechen könnte. Allerdings erfordert dieser kein explizites Anknüpfen an das Geschlecht. Zwar hieß es im Urteil des BVerfG vom 22. Oktober 1986[197] zu Privatschulen noch, das „Verbot des Art. 3 Abs. 3 GG gilt (...) nicht absolut, es verbietet, wie sich schon aus seinem Wortlaut ergibt („wegen“), nur die bezweckte Benachteiligung oder Bevorzugung, nicht aber einen Nachteil oder einen Vorteil, der die Folge einer ganz anders intendierten Regelung ist.“ Im Urteil zum Nachtarbeitsverbot für Arbeiterinnen vom 28. Januar 1992[198] wich das BVerfG aber von dieser Position klarstellend ab. Die Verfassungsnorm des Abs. 3 „verstärkt den allgemeinen Gleichheitssatz des Art. 3 Abs. 1 GG, indem sie der dem Gesetzgeber eingeräumten Gestaltungsbefugnis Grenzen zieht. Das Geschlecht darf grundsätzlich – ebenso wie die anderen in Abs. 3 genannten Merkmale – nicht als Anknüpfungspunkt für eine rechtliche Ungleichbehandlung herangezogen werden. Das gilt auch dann, wenn eine Regelung nicht auf eine nach Art. 3 Abs. 3 GG verbotene Ungleichbehandlung angelegt ist, sondern in erster Linie andere Ziele verfolgt [Klarstellung von BVerfGE 75, 40 (70)].“ Zwar verwendete die hier streitige Regelung unter anderem auch das Geschlecht als explizites Differenzierungsmerkmal. Das BVerfG stellte aber klar, daß es ausreicht, daß das Geschlecht eines der Kriterien gewesen ist, welche zu der Benachteiligung geführt haben.[199] In der Entscheidung vom 27. November 1997 zur faktischen Benachteiligung im Rahmen von Teilzeitarbeit durch das Hamburger Ruhegeldgesetz hieß es unter Bezugnahme auf die Rechtsprechung des EuGH zur mittelbaren Diskriminierung, daß „(e)ine Anknüpfung an das Geschlecht (...) auch vorliegen (kann), wenn eine geschlechtsneutral formulierte Regelung überwiegend Frauen trifft und dies auf natürliche oder gesellschaftliche Unterschiede zwischen den Geschlechtern zurückzuführen ist“.[200]

Weniger problematisch als vielfach angenommen ist auch das Verbot der Rechtfertigung im Rahmen des absoluten Differenzierungsverbots des Abs. 3, wenn der Unterschied zwischen der unmittelbaren und mittelbaren Diskriminierung an dieser Stelle klar herausgearbeitet wird.[201] Auf diese Weise kann das, was für erstere unzulässig ist, tatsächlich im Rahmen des absoluten Differenzierungsverbots für letztere zulässig sein. Denn im Fall der mittelbaren Diskriminierung entsteht die Benachteiligung nicht „nur wegen“, sondern durch die Strukturbedingtheit „auch wegen“ des Geschlechts. Diese unterschiedliche Behandlung der Diskriminierungsformen ist nicht systemfremd. Denn auch der Rechtsprechung des BVerfG ist eine abgestufte Prüfung im Rahmen des Art. 3 Abs. 3 GG nicht

---

[197] BVerfGE 75, 40, 70.

[198] BVerfGE 85, 191, 206 – Nachtarbeitsverbot.

[199] BVerfG, Beschluß v. 16.11.1993, BVerfGE 89, 276, 288 zu § 611a BGB; v. Münch/Kunig/*Gubelt*, GG, Art. 3, Rdn. 86; *K.-G. Loritz*, ZfA 1991, S. 607 (622); *G. Wisskirchen* 1994, S. 61; *W. Rüfner*, Festschrift Friauf, 1996, S. 331 (333).

[200] BVerfGE 97, 35, 43 – Teilzeitbeschäftigte, unter Verweis auf EuGH, Urteil v. 13.5.1986, Rs. 170/84 (Bilka), Slg. 1986, 1607; EuGH, Urteil v. 27.6.1990, Rs. 33/89 (Kowalska), Slg. 1990, I-2591; EuGH, Urteil v. 27.10.1993, Rs. C-127/92 (Enderby), Slg. 1993, I-5535.

[201] *K.-J. Bieback*, 1997, S. 49.

unbekannt.[202] Hiernach „unterliegt der Gesetzgeber bei einer Ungleichbehandlung von Personengruppen regelmäßig einer strengen Bindung [vgl. BVerfGE 55, 72 (88)]. Diese Bindung ist um so enger, je mehr sich die personenbezogenen Merkmale den in Art. 3 Abs. 3 GG genannten annähern und je größer deshalb die Gefahr ist, daß eine an sie anknüpfende Ungleichbehandlung zur Diskriminierung einer Minderheit führt. Die engere Bindung ist jedoch nicht auf personenbezogene Differenzierungen beschränkt. Sie gilt vielmehr auch, wenn eine Ungleichbehandlung von Sachverhalten eine Ungleichbehandlung von Personengruppen bewirkt."[203] Auch neutrale Maßnahmen, die eine faktische Diskriminierung („Ungleichbehandlung von Personengruppen") bewirken, sind demnach von Art. 3 Abs. 3 GG erfaßt, unterliegen dabei jedoch einem anderen Rechtfertigungsmaßstab, je nachdem, wie „nah" sie mit dem Differenzierungsmerkmal verbunden sind. Unterstrichen wird diese Feststellung durch die grundlegende Identität und Untrennbarkeit der Verbote der mittelbaren und unmittelbaren Diskriminierung hinsichtlich ihres Schutzzwecks der Unterbindung geschlechtsspezifischer Benachteiligungen, wie dies aus den Ausgangsfällen in *Griggs v Duke Power Co.* und *Jenkins*[204] hervorgeht, denen die Bedeutung des Verbots der mittelbaren Diskriminierung in Form eines Verbots der Umgehung unmittelbarer Diskriminierungen zu entnehmen ist. Für eine Zuordnung des Verbots zu Art. 3 Abs. 3 S. 1 GG sprechen daher auch seine Entstehungsgeschichte und sein Zweck, nach denen das Differenzierungsverbot aufgrund der Erfahrungen des Nationalsozialismus in das Grundgesetz aufgenommen worden ist und dazu dienen sollte, Umgehungen jeder Art von Diskriminierung zu begegnen. Schließlich würden, wenn Abs. 3 nicht auch die mittelbare Diskriminierung erfaßt, sondern der Schutz vor mittelbarer Diskriminierung allein Art. 3 Abs. 2 S. 1 GG zugeordnet und damit auf nicht zu erklärende Weise auf das Geschlecht reduziert würde, die anderen ebenso wichtigen Merkmale des Art. 3 Abs. 3 GG, wie Rasse und Nationalität, gleichzeitig vom Schutz vor mittelbaren Benachteiligungen ausgenommen.

Die Erfassung der mittelbaren Diskriminierung von Art. 3 Abs. 3 S. 1 GG ist somit nicht ausgeschlossen. Bereits aus diesem Grund kann wegen seiner Spezialität Art. 3 Abs. 1 GG keine Anwendung finden. Erfaßt nun aber nach der Identitätsthese neben Abs. 3 S. 1 auch Abs. 2 S. 1 das Verbot der mittelbaren Diskriminierung, so stellt sich die Frage nach ihrer Haltbarkeit.

(b) Art. 3 Abs. 2 S. 1 GG als eigenständiges Grundrecht

Das BVerfG hat seit seiner Entscheidung zum Nachtarbeitsverbot für Arbeitnehmerinnen im Jahr 1992 von der Identitätsthese Abstand genommen und die Eigenständigkeit des Abs. 2 S. 1 gegenüber Abs. 3 S. 1 betont.[205] Die Identitätsthese läßt zudem Art. 3 Abs. 2 S. 1 GG leerlaufen.[206] Die Auslegung des Abs. 2 S. 1 unterstützt diese Aussage und seine Eigenständigkeit gegenüber Abs. 3 S. 1.

Der Wortlaut „Männer und Frauen sind gleichberechtigt" spricht für einen umfassenden Diskriminierungsschutz[207] sowie für seine Dynamik und Zukunftsorientierung im Sinne

---

[202] *U. Kischel*, EuGRZ 1997, S. 1 (5).

[203] BVerfGE 88, 87, 87ff. - Altersgrenze von 25 Jahren für die Änderung des Vornamens von Transsexuellen, dazu *K.-J. Bieback*, 1997, S. 49.

[204] *Griggs v Duke Power Co*, 401 US 424 (1971) und EuGH, Urteil v. 31.3.1981, Rs. 96/80 (Jenkins), Slg. 1981, 911; dazu oben Kapitel 1, I. 1. e).

[205] BVerfGE 85, 191, 206 – Nachtarbeitsverbot; dazu AK-GG/*Eckertz-Höfer*, Art. 3 Abs. 2, 3, Rdn. 29ff.

[206] Dreier/*Heun*, Art. 3, Rdn. 89; *J. Sievers*, 1996, S. 79.

[207] *G. Wisskirchen*, 1994, S. 60.

eines rechtlichen Sollens.[208] In der Entscheidung zum Nachtarbeitsverbot betonte das BVerfG den Unterschied des Regelungsgehalts des Abs. 2 a.F. zu Abs. 3 hinsichtlich seiner Erfassung der gesellschaftlichen Wirklichkeit. „Der Satz ‚Männer und Frauen sind gleichberechtigt' will nicht nur Rechtsnormen beseitigen, die Vor- oder Nachteile an Geschlechtsmerkmale anknüpfen, *sondern für die Zukunft die Gleichberechtigung der Geschlechter durchsetzen. Er zielt auf die Angleichung der Lebensverhältnisse.* So müssen Frauen gleiche Erwerbschancen haben wie Männer. Überkommene Rollenvorstellungen, die zu einer höheren Belastung von Frauen führen, dürfen durch staatliche Maßnahmen nicht verfestigt werden."[209] Es kann auch nicht davon ausgegangen werden, daß die Verfassungsgeber einen weiteren Absatz neben Abs. 3 S. 1, der sich zudem in seinem engeren Wortlaut unterscheidet, geschaffen haben, obwohl sie davon ausgingen, daß sie inhaltlich identisch sein sollten.[210] Abs. 2 S. 1 verwendet den Plural „Männer und Frauen", wohingegen Abs. 3 S. 1 im Singular von „niemand" spricht. Dieser kollektive Aspekt geht über die individuelle Blickrichtung des Abs. 3 S. 1 hinaus. Zwar handelt es sich auch bei ersterem nicht um ein Gruppengrundrecht.[211] Dennoch scheint die Wortwahl zumindest nicht zufällig oder ungewollt. Schließlich verlangt Art. 1 Abs. 3 GG eine den Besonderheiten der Einzelgrundrechte Rechnung tragende Festlegung ihrer jeweiligen Bedeutung und für jede Grundrechtsnorm einen unabhängigen Inhalt und eine eigenständige Reichweite.[212]
Vielfach wird auf die historische Entstehung Bezug genommen, in deren Rahmen die lange rechtspolitische Diskussion um Abs. 2 bis zu seiner Änderung im Jahr 1994 für einen weiterreichenden Inhalt spreche.[213] Die vermeintliche Aussagekraft der Entstehungsgeschichte für die Auslegung sollte aber nicht überbewertet werden.[214] Vor der Einfügung des S. 2 ging es primär um die Beseitigung rechtlicher Ungleichheit und die Verstärkung des Schutzes vor unmittelbaren Diskriminierungen, den man durch Abs. 3 als nicht ausreichend gewährleistet sah.[215] Auch aus der daraus folgenden rechtspolitischen Diskussion um die Frauenförderung zur Durchsetzung faktischer Gleichheit lassen sich ersichtlich keine Schlüsse für die Erfassung der mittelbaren Diskriminierung ziehen.[216] Dies bedeutet aber wiederum nicht, daß eine Zuordnung der mittelbaren Diskriminierung zu Abs. 2 S. 1 ausgeschlossen ist.[217] Würde an der historisch formal-rechtlichen Zielsetzung des Abs. 2 festgehalten, bedeutete dies eine Aufrechterhaltung des status quo, „eine Garantieklausel für bestehende Verhältnisse",[218] ein Vorbeigehen des Rechts an der sich wandelnden Realität.[219] So wurde deutlich, daß Verbote rechtlicher Ungleichbehandlung nur beschränkt sozialer Benachteiligung begegnen können, die, wie insbesondere aus *Griggs v Duke Power Co.*[220] hervorging, durch neutrale Maßnahmen kaschiert und umgangen wurden. Die obi-

---

208 *M. Schlachter*, 1993, S. 40.
209 BVerfG v. 28.1.1992, 1 BvR 1025/82; 1 BvL 16/83; BVerfGE 85, 191, 206f. – Nachtarbeitsverbot. Kursiv hinzugefügt.
210 *U. Sacksowski*, 1991, S. 340.
211 Dazu im Anschluß bb).
212 Dreier/*Heun*, GG, Art. 1 Abs. 3, Rdn. 20; *M. Nierhaus*, AöR 116 (1991) S. 72 (82ff.); *J. Sievers*, 1996, S. 73.
213 So z.B. *U. Sacksowski*, 1991, S. 323ff.; *M. Schlachter*, 1993, S. 42ff.
214 *J. Sievers*, 1996, S. 74 m.w.N. Daß der historischen Auslegung keine übermäßige Bedeutung beizumessen ist, hat auch das BVerfG mehrfach festgestellt, vgl. z.B. BVerfGE 62, 1, 45.
215 *V. Slupik*, 1988, S. 77, 113; *U. Kölbl*, Festschrift Kissel, 1994, S. 521 (528).
216 *G. Wisskirchen*, 1994, S. 60 m.w.N.
217 *J. Sievers*, 1996, S. 75, weist zu Recht darauf hin, daß der Entstehungsgeschichte jede Position die ihr angenehmen Argumente entnehmen könne.
218 *M. Schlachter*, 1993, S. 45.
219 *P. Hanau/U. Preis*, ZfA 1988, S. 177 (182).
220 *Griggs v Duke Power Co*, 401 US 424 (1971).

gen Ausführungen haben gezeigt,[221] daß 2000 Jahre Rechtsgeschichte und formale Rechtsgleichheit keine wesentlichen Veränderungen bestehender, diskriminierender Strukturen bewirkt haben und tatsächliche Gleichheit auf diese Weise nicht zu erreichen ist. Gleiches gilt angesichts der dargestellten, dem zeitlichen Wandel unterworfenen Rechtsprechung des BVerfG zu Art. 3 Abs. 2 und 3 GG.[222] Festzuhalten ist daher, daß insbesondere im Rahmen des kontext- und zeitabhängigen Gleichbehandlungsgrundsatzes einer historischen Auslegung nur begrenzte Aussagekraft zukommen kann.
In systematischer Hinsicht wird darauf hingewiesen, daß die Argumente der Vertreter der Identitätsthese zum Systembruch führten. Würde Abs. 2 ebenfalls die nur rechtliche Ungleichbehandlung verbieten,[223] die inzwischen nunmehr der Historie angehört, so führte dies dazu, daß Abs. 3 S. 1 allein die Bedeutung eines „Männergrundrechts" habe, welches sich gegen die einzig in Abs. 2 S. 2 übriggebliebene Frauenförderung als unmittelbare Benachteiligung richten würde.[224] Dies würde dem Schutzzweck des Art. 3 Abs. 2 GG, der Beseitigung der Diskriminierung und Förderung des bislang benachteiligten weiblichen Geschlechts, zuwiderlaufen.[225] Dieses Argument verliert indes insoweit an Bedeutung, als, wie festgestellt, auch Abs. 3 S. 1 vor faktischen Benachteiligungen schützt und dies sodann nach eben dieser Identitätsthese gleichfalls für Abs. 2 S. 1 Geltung beansprucht. Des weiteren wird zur Begründung der materiellen Ausgestaltung des Abs. 2 das Argument der gemeinschaftsrechtskonformen Auslegung im Hinblick auf die materielle Ausrichtung des Art. 141 EG zur Verbesserung der Lage der Frauen [226] im Hinblick auf die Einordnung des Verbots der mittelbaren Diskriminierung herangezogen. Dem läßt sich jedoch nicht mehr entnehmen als eine Aussage dahingehend, daß nicht der formell konzipierte Art. 3 Abs. 1 GG, sondern Art. 3 Abs. 2 oder Abs. 3 GG anzuwenden sind, weil nicht nur Art. 3 Abs. 2 S. 1 GG, sondern auch Art. 3 Abs. 3 GG grundsätzlich materielle Ungleichbehandlungen erfassen kann.
Für einen gegenüber Abs. 3 S. 1 eigenständigen Gehalt spricht letztlich die Feststellung des BVerfG in seiner Nachtarbeitsentscheidung, nach der sich Abs. 2 nicht allein auf die gesellschaftliche Realität erstreckt, sondern insbesondere zukunftsbezogen ist.[227] Abs. 2 will auch *„für die Zukunft die Gleichberechtigung der Geschlechter durchsetzen."*[228] Formale Gleichbehandlung als Ausdruck der iustitia directiva will geschehene Ungleichbehandlung rückgängig machen, iustitia distributiva dagegen für die Zukunft gleiche Chancen für beide Geschlechter herstellen.[229] So geht Abs. 2 S. 1 als eigenständiges Diskriminierungsverbot, der „auf die Angleichung der Lebensverhältnisse" abzielt, damit „Frauen die gleichen Erwerbschancen haben wie Männer",[230] über das Differenzierungsverbot des Abs. 3 S. 1 hinaus.
Die Identitätsthese ist somit eindeutig abzulehnen. Fraglich ist nunmehr, welcher der beiden Absätze das Verbot der mittelbaren Diskriminierung enthält oder ob beide Anwendung finden.

---

221 Dazu oben Kapitel 2, I. 2. und 3. a) und b).
222 Zur Konkretisierung von Normen durch neue Erkenntnisse vgl. *K. Hesse*, JZ 1995, S. 262 (265f.).
223 So ausdrücklich *M. Sachs*, HStR, Bd. V., § 126, Rdn. 80 mit Fn. 215.
224 Zu diesem Ergebnis hinsichtlich der Frauenförderung ebenso *E. Benda*, 1986, S. 132ff.; *I. Ebsen*, Jura 1990, S. 515 (520ff.); a.A. überzeugend *S. Huster*, AöR 1993, S. 109 (118ff., 123ff.).
225 *J. Sievers*, 1996, S. 73.
226 *J. Sievers*, 1996, S. 78; dazu auch *M. Schlachter*, 1993, S. 46f.
227 So auch *G. Wisskirchen*, 1994, S. 61.
228 BVerfG v. 28.1.1992 – Nachtarbeitsverbot, oben Fn. 209. Kursiv hinzugefügt.
229 Grundlegend oben Kapitel 2, I. 1. a) und II. 1.
230 BVerfG v. 28.1.1992 – Nachtarbeitsverbot, oben Fn. 209.

bb) Zuordnung der mittelbaren Diskriminierung zu Art. 3 Abs. 2 S. 1 GG

(a) Als gruppenbezogenes Grundrecht

Teilweise werden Art. 3 Abs. 2 und 3 GG für einschlägig erachtet.[231] Die wohl überwiegende Ansicht wendet dagegen allein Abs. 2 an.[232]
Für die Anwendung von Abs. 3 S. 1 neben Abs. 2 S. 1 wird die Wechselwirkung der beiden Absätze angeführt, nach der, wie *Slupik* feststellte, Abs. 3 im Lichte des Abs. 2 zu interpretieren sei.[233] Ersterer beinhalte ein individuelles, letzterer ein Kollektivrecht.[234] Die faktische Benachteiligung sei die Verbindung zwischen den beiden Aspekten. Das Individuum sei kraft Geschlechtszugehörigkeit automatisch als Mitglied des Kollektivs betroffen. Somit erhalte auch Abs. 3 eine gruppenbezogene Dimension.
Dieser Kombinationsansatz ist abzulehnen. Wie dargelegt, weist Abs. 2 S. 1 gegenüber Abs. 3 S. 1 einen eigenständigen Regelungsgehalt auf. Auch ist der Rückgriff auf Abs. 3 S. 1 mit seinem individualrechtlichen Aspekt nicht überzeugend. Vielmehr versorgt der benannte Gruppenaspekt, der bereits dem im Plural verfaßten Wortlaut des Abs. 2 zu entnehmen ist, die alleinige Anwendung des Abs. 2 mit weiteren Argumenten. Das BVerfG will Abs. 2 „überkommenen Rollenvorstellungen, die zu einer höheren Belastung von Frauen führen",[235] entgegensetzen. Wie bereits ausgeführt,[236] wird gerade die diskriminierende Normalität meist anhand des Tatsächlichen gerechtfertigt. Daß das Tatsächliche allerdings bereits die Stereotypisierung der strukturellen Benachteiligung aufgrund der Gruppenzugehörigkeit ist, wird durch geschaffene Fakten zu Vorurteilen, welche dies nicht mehr als rechtlich relevante Diskriminierung erscheinen lassen. Diese Stereotypisierungen lassen sich sachgerecht mit dem Gruppenaspekt des Abs. 2 erfassen. Aufgrund der Zugehörigkeit zur weiblichen Geschlechtsgruppe sind Frauen einem erhöhten Diskriminierungsrisiko ausgesetzt. Dieses drückt sich in der Diskussion um die Untrennbarkeit von Geschlecht im Sinne der biologischen Definition und der sozialen Geschlechtsrolle, die geschlechtsspezifische Wahrnehmung der Familienrolle durch Frauen, aus.[237] Letztere ist durch sozialtypische Rollenverteilung und gesellschaftliche Verhältnisse aufgrund eines entsprechenden Frauen- bzw. Gruppenbildes bestimmt.[238]
Zwar sind aufgrund der Möglichkeit der Erfassung struktureller Benachteiligung durch Abs. 3 S. 1 nunmehr hinsichtlich seiner Beschränkung auf Rechtsgleichheit bzw. Individualschutz im Recht Bedenken anzumelden. Dennoch kann Abs. 2 S. 1 insoweit als bei mittelbaren geschlechtsspezifischen Diskriminierungen aufgrund des Gruppenbezugs als nicht symmetrisches Recht - gerichtet auf soziale Verbesserung der Lebensverhältnisse

---

[231] So z.B. *V. Slupik*, 1988, S. 88ff.; *G. Wisskirchen*, 1994, S. 61ff.
[232] So z.B. *U. Sacksowski*, 1991, S. 373; *M. Schlachter*, 1993, S. 48; *Ebsen*, Jura 1993, S. 11 (14); *J. Sievers*, 1996, S. 80ff., AK-GG/*Eckertz-Höfer*, Art. 3 Abs. 2, 3, Rdn. 59ff.
[233] *V. Slupik*, 1988, S. 88ff.
[234] Ebenso *U. Sacksowski*, 1991, S. 322; *M. Schlachter*, 1993, S. 47f.
[235] BVerfG v. 28.1.1992 – Nachtarbeitsverbot, oben Fn. 209.
[236] Dazu oben Kapitel 2, II. 1. b).
[237] In *Danfoss* (EuGH, Urteil v. 17.10.1989, Rs. 109/88 (Danfoss), Slg. 1989, 3199, Rdn. 21) war das soziale Geschlecht („aufgrund der ihnen häufig obliegenden Aufgaben in Haushalt und Familie") Grundlage für die Feststellung der mittelbaren Diskriminierung (vgl. auch Generalanwalt *Cosmas*, Rs. C-167/97 (Seymour-Smith/Perez), Slg. 1999, I-623, 657, Rdn. 114; SA Lenz, Rs. C 127/92 (Enderby), Slg. 1993, I 5553, 5559, Rdn. 30.
[238] So auch BAG, Urteil v. 5.3.1997, SAE 1999, S. 59 (61); kritisch *C. Blomeyer*, 1994, S. 35ff.

durch Beseitigung von gruppenorientierten Stereotypisierungen - als spezieller angesehen werden.

(b) Als individuelles Grundrecht

Eine Kombination der Absätze 3 S. 1 und 2 S. 1 ist darüber hinaus auch nicht im Hinblick auf die individualrechtliche Ausrichtung des Abs. 3 S. 1 notwendig, weil Abs. 2 S. 1 – auch bei vorliegendem Verständnis – ein Individualgrundrecht ist. Hinter dem hiergegen vorgebrachten Einwand, die Trennung zwischen dem allen Gleichheitssätzen eigenen Gruppenbezug und –recht werde nicht klar vollzogen, scheint sich die Furcht vor der Einführung eines systemfremden Gruppen- oder Frauengrundrechts zu verbergen.[239]
Art. 3 Abs. 2 GG verwendet die Formulierung „Männer und Frauen", so daß bereits daher nicht von einem rechtlichen Frauengrundrecht die Rede sein kann.[240] Aufgrund der Tatsache, daß bislang weniger Männer als Frauen diskriminiert werden, kann daher höchstens von einem faktischen Frauengrundrecht gesprochen werden. Daß sich teilzeitbeschäftigte Männer nicht auf das Verbot der mittelbaren geschlechtsspezifischen Benachteiligung berufen können, sondern in diesen Fällen nur durch den Reflex auf der Rechtsfolgenseite im Fall der Feststellung einer mittelbaren Diskriminierung von Frauen mit in die Begünstigung einbezogen werden,[241] spricht nicht für ein Frauengrundrecht, sondern verdeutlicht die Grenzen des Verbots und das Angewiesensein männlicher Teilzeitbeschäftigter auf das einfachgesetzlich normierte Verbot des § 4 TzBfG.
Bereits aus der Entstehungsgeschichte geht mit keinem Wort die Erwähnung eines Gruppenrechts hervor.[242] Nach dem Wortlaut („Recht") ist ein solches für eine Gruppe bereits ausgeschlossen, weil dieser die Fähigkeit hinsichtlich eines gemeinsamen Interesses an persönlicher Unversehrtheit fehlt. Zwar kennt das Grundgesetz mit Art. 19 Abs. 3 GG ein kollektives Grundrecht. Diese Ausnahme besagt jedoch nichts anderes, weil hier gerade die innere Verbundenheit aufgrund der internen Organisation juristischer Personen gegeben ist, die das gemeinsame Interesse begründet. Für die Anerkennung der Grundrechtsfähigkeit juristischer Personen reicht eine schlichte Personenmehrheit nicht aus. Denn hier sind nur die dahinter stehenden natürlichen Personen Träger von Rechten und Pflichten, also Zuordnungssubjekte von Grundrechtspositionen. Erforderlich ist ein Mindestmaß an organisatorischer Verfestigung, ein organisiertes Kollektiv, woran es bei der Gruppe der Frauen fehlt.[243]

---

239 *J. Sievers*, 1996, S. 84f.
240 *U. Bumke*, Der Staat 1993, S. 117 (130), Art. 3 Abs. a.F. i.R.d. objektiv-rechtlichen Inhalts enthalte kein Frauengrundrecht, sondern „ein Grundrecht aller Männer und Frauen, auf den Abbau faktischer Gleichberechtigungsdefizite hinzuwirken". Die Ansicht von *V. Slupik*, 1988, S. 136, stellt wohl eine Ausnahme dar. Dazu unten zu Fn. 253.
241 *H. Wißmann*, DB 1989, S. 1922 (1924); *ders.*, ZTR 1994, S. 223 (225); *M. Schlachter*, 1993, S. 135; *dies.*, NZA 1995, S. 393 (398).; a.A. nur *H. Pfarr/K. Bertelsmann*, 1985, Rdn. 263ff., nach denen sich das Verbot auf die Gruppe des sozialen Geschlechts bezieht, zu dem auch Männer gehören können, wenn sie eben diese Rolle wahrnehmen. Allerdings überdehnt diese Ansicht die allgemeine Auffassung, daß auch das Verbot der mittelbaren Diskriminierung ein Recht auf *geschlechtsspezifische* Gleichbehandlung darstellt.
242 Bericht der Gemeinsamen Verfassungskommission, BT-Drucks. 12/6000, S. 50. Andere Vorschläge des Bundesrates sowie einiger Mitglieder der SPD-Fraktion wurden bewußt nicht übernommen.
243 AK-GG/*Ladeur*, Art. 19 Abs. 3, Rdn. 28.

Das Recht auf Gleichberechtigung ist in systematischer Hinsicht ein individuell geltend zu machendes Recht, welches sich an Gruppenmerkmalen orientiert.[244] Auch eine materielle Grundrechtsinterpretation führt nicht zu einer Deutung von Art. 3 Abs. 2 S. 1 GG als Gruppengrundrecht. Sie würde zu einem Systembruch mit dem verfassungsrechtlichen Verständnis der Grundrechte als individuelle Abwehrrechte gegenüber dem Staat führen. Sogar der substantiellen Chancengleichheit geht es, auch wenn sich ihr Gehalt nur über die Gruppenzugehörigkeit ermitteln läßt, um individuelle Gerechtigkeit.[245] Nicht aufgrund der Mitgliedschaft zur Gruppe der Frauen hat die Betroffene einen Anspruch auf Gleichberechtigung, sondern aufgrund der Tatsache, daß sie eine (individuell) diskriminierte Frau ist.[246] Denn, so stellt *Karpen* zu recht fest, „auch die chancengleiche Verteilung (muß) auf den einzelnen abheben: denn nur der einzelne ist real und konkret; Gruppen sind gedankliche und abstrakte Wesen."[247] Wie oben erläutert,[248] erfaßt das Recht auf gleiche Chancenzuteilung die als institutionelle Auswirkungen definierte, im Bereich des Einflusses institutioneller Umstände auf individuelle Lebensführungen liegende Ungleichheit. Die Frage der iustitia distributiva orientiert sich somit nicht an Einzelpersonen, sondern an Gruppen, weil die Ausgangspositionen der Individuen von ihnen vorgefunden werden und ihre Lebensformen prägen. Dennoch geht es hierbei um nicht mehr als eine gesamtgesellschaftliche Perspektive, die nur der Ansatzpunkt für das Eingreifen der individuellen Chancengleichheit ist.
Hiergegen kann auch nicht das von *Slupik* benannte „gemeinsame Sozialschicksal der Gruppe Frauen"[249] eingewendet werden, auch wenn es Stimmen gibt, die behaupten, daß die Identität der Frau über ihre Gruppenzugehörigkeit gebildet werde, so daß ein Angriff auf die Gruppe ebenso als ein individueller Angriff zu bewerten sei.[250] Denn dieser Ansicht liegt eine Abwertung des einzelnen sowie eine eingeengte Einschätzung der Frauen als homogene Gruppe zugrunde, die empirisch durch nichts belegt ist. Zutreffend weist *Huster* darauf hin, daß in „modernen, pluralen und offenen Gesellschaften (...) die Gruppenbindungen soweit zurücktreten gegenüber dem Individuum bzw. seiner spezifischen Mischung von Gruppenbindungen, daß sich aus der Existenz dieser Gruppen regelmäßig kein Anspruch auf paritätische Gleichstellung mit anderen Gruppen entnehmen läßt."[251] Menschen sind stets Mitglieder verschiedener Gemeinschaften und Gruppen, deren Identitäten sich daher überschneiden bzw. ganz unterschiedlich ausgestaltet sind. Diejenigen, die in einer Gruppe die Unterdrückten und Benachteiligten sind, müssen dies nicht notwendig auch in einer anderen sein, so daß keineswegs von einer einheitlichen Identität aller Mitglieder derselben Gemeinschaft aufgrund gemeinsam geteilter Benachteiligung

---

[244] Anders zu beurteilen ist die von vielen befürwortete Einführung eines Gruppenklagerechts, welches den Vorteil der Ermutigung, Solidarität sowie der Bewußtseinsförderung mit sich bringt. Vgl. *N. Lacey*, 1992, S. 99 (115) m.w.N.

[245] *W. Rüfner*, Festschrift Stern, 1997, S. 1011 (1012) im Hinblick auf die „tatsächliche Durchsetzung der Gleichberechtigung" nach Art. 3 Abs. 2 S. 2 GG. Vgl. hierzu auch *R. Townshend-Smith*, 1998, S. 79, mit Fn. 12), der feststellt, daß sich auch die mittelbare Diskriminierung auf den Arbeitgeber konzentriert und nicht auf die benachteiligte Frau, so daß seine Rechtfertigung die Sicht auf eine Ergebnisgleichheit verstelle und auf andere Werte gelenkt werde, so z.B. das finanzielle Wohlergehen des Arbeitgebers.

[246] *S. Huster*, AöR 1993, S. 109 (119).

[247] *U. Karpen*, JA 1985, S. 562 (568).

[248] Dazu oben Kapitel 2, II. 2. b).

[249] *V. Slupik*, 1988, S. 15.

[250] *O. M. Fiss*, (1975) 5 Phil and Publ Affairs 107 (148ff.); kritisch *N. Lacey*, 1992, S. 99 (117ff.).

[251] *S. Huster*, AöR 1993, S. 109 (128).

gesprochen werden kann.[252] Geteilte und gemeinsam erlebte Benachteiligungen, wie auch Werte und Kultur, können zwar grundsätzlich die Grundlage für eine solche darstellen oder aus ihr entstehen, müssen dies aber nicht. Hieran ändert auch die Feststellung *Slupiks* nichts, nach der die Gruppenidentität der Frauen auf den durch „die Intention der Frauenbewegung geprägten (...) Willen des Gesetzgebers, sowie darauf (zurückzuführen ist), daß Frauen in einer patriarchalen Gesellschaft als Geschlecht die benachteiligte Mehrheit der Bevölkerung sind und diesem Schicksal nicht entrinnen können."[253]
Letztlich ist auch eine Ableitung eines Gruppenrechts aus dem objektiv-rechtlichen Gehalt des Art. 3 Abs. 2 S. 1 GG, der allen Grundrechten aufgrund der objektiven Wertentscheidung als objektives Normziel zu entnehmen ist, abzulehnen.[254] Hieraus wurde vor der Änderung im Jahr 1994 die eigenständige Bedeutung des Art. 3 Abs. 2 GG a.F. gewonnen, die Fördermaßnahmen zugunsten von Frauen ermöglichen sollte.[255] Aber auch hieraus läßt sich kein Gruppen*recht* entnehmen, denn der objektiv-rechtliche Gehalt ist als solcher aufgrund des weiten Gestaltungsspielraums des Gesetzgebers nicht subjektivierbar.[256] Die vom BVerfG[257] diesbezüglich als einzig für zulässig befundene Ausnahme der Gefahr, daß das Grundrecht sonst unterlaufen würde, ist hinsichtlich des Gleichberechtigungsgrundrechts aber nicht gegeben.

cc) Zusammenfassende Würdigung

Festzuhalten ist, daß Art. 3 Abs. 2 S. 1 GG Benachteiligungen in Form mittelbarer Diskriminierungen erfaßt, so daß ein Rückgriff auf Art. 3 Abs. 1 GG aufgrund der Spezialität der besonderen Gleichheitssätze der Abs. 2 und 3 ausgeschlossen ist.
Eine Zuordnung der mittelbaren Diskriminierung zu Art. 3 Abs. 1 GG disqualifiziert zudem das Verbot faktischer Benachteiligungen zugunsten direkter Ungleichbehandlungen, die unbestritten von Abs. 3 S. 1 erfaßt werden. Sie verkennt die gleiche Bedeutung der beiden Diskriminierungsformen, zugleich aber auch die Funktion struktureller Benachteiligungen durch die Überbetonung des „Geschlechts" als Differenzierungsmerkmal. Dieses ist nicht zwingend unmittelbarer Bestandteil der „Gleichberechtigung", wie sie Art. 3 Abs. 2 S. 1 GG versteht. Bei mittelbaren Diskriminierungen wird deutlich, daß Frauen allein einem erhöhten Risiko ausgesetzt sind, als Mitglieder der weiblichen Geschlechtsgruppe durch das Zusammentreffen mit gesellschaftlichen Umständen Opfer geschlechtsspezifischer Diskriminierungen zu werden.[258] Der Unterschied zwischen den Diskriminierungsformen besteht nur darin, daß die Geschlechtsbedingtheit bei der unmittelbaren Diskriminierung meist offensichtlich, bei der mittelbaren dagegen erst festzustellen ist. Dabei sind die Auswirkungen für Frauen in der Regel gleichbedeutend.
Eine Zuordnung zu Art. 3 Abs. 1 GG mit der Rechtfertigungsmöglichkeit aufgrund „sachlicher Gründe" ist zudem nicht sachgerecht. Denn sie verkennt, daß auch ge-

---

[252] *N. Lacey*, 1992, S. 99 (118), spricht von einer „nightmarish vision of the potential explosion of overlapping groups defined along different lines all competing with each other (and implicitely with parts of themselves) for the resources or changes necessary to dismantle their specific disadvantages."
[253] *V. Slupik*, 1988, S. 136.
[254] Dazu *K. Hesse*, EuGRZ 1978, S. 427ff.
[255] *U. Sacksofsky*, 1991, S. 318ff., die dem Abs. 2 das sog. Dominierungsverbot (S. 359) als gruppenbezogenen Minderheitenschutz entnimmt, dessen Schutzzweck Fördermaßnahmen zugunsten von Frauen - anders als der subjektiv-rechtliche Abwehrcharakter der Grundrechte - rechtfertige.
[256] Dazu *U. Bumke*, Der Staat 1993, S. 117 (130) m.w.N.
[257] Vgl. z.B. BVerfGE 39, 1, 42; 49, 89, 142.
[258] *M. Schlachter*, 1993, S. 80.

schlechtsbedingte Nachteile „sachliche" Gründe darstellen können, wenn sie nur nicht willkürlich sind. Eingewendet werden könnte hiergegen zwar wiederum, daß es sich bei Abs. 2 auch um ein explizites, absolutes Diskriminierungsverbot[259] handelt, welches der Rechtfertigungsmöglichkeit und Verhältnismäßigkeitsprüfung im Rahmen des Verbots der mittelbaren Diskriminierung widerspricht. Es wurde jedoch festgestellt, daß die Dogmatik der Abs. 2 S. 1 und Abs. 3 S. 1 dem grundsätzlich nicht entgegensteht. Auch hat das BVerfG in der Entscheidung zum Nachtarbeitsverbot eine Rechtfertigung einer zwischen Frauen und Männern differenzierenden Regelung im Rahmen des Art. 3 Abs. 2 S. 1 GG - wenn auch unter engen Voraussetzungen - ausdrücklich anerkannt.[260] Zudem ist gegen §§ 611a, 612 Abs. 3 BGB, die ebenfalls beide Verbote umfassen, derartiges nicht eingewendet worden, und es bedeutet auch nicht, daß der Maßstab, der für faktische Benachteiligungen gilt, ebenso auf unmittelbare zu übertragen sei.[261] Letztlich spricht gegen eine Verortung des Verbots der mittelbaren Diskriminierung in Abs. 1 und für Abs. 2 S. 1 GG, daß dem mittelbar diskriminierenden Staat oder Arbeitgeber gerade keine Willkür angelastet wird. Wie bereits im Rahmen der Diskussion zum distributiven Charakter der Gleichberechtigungsnormen dargestellt,[262] soll eine ökonomisch sinnvolle und sachliche Maßnahme aufgrund der durch die Gesellschaft dem Staat und Arbeitgeber übertragenen Verpflichtung zur Schaffung einer substantiellen Chancengleichheit vielmehr ausnahmsweise dennoch nicht gerechtfertigt sein. Die oben angesprochene sinnvolle Trennung zwischen den Normen der iustitia directiva und distributiva und deren Regel-Ausnahme-Verhältnis würde verwischt und die zur Legitimation der distributiven Regeln herausgearbeiteten Gründe im Rahmen des Abs. 1 nicht ausreichend kenntlich gemacht.

Art. 3 Abs. 2 S. 1 GG ist als ein individuelles, aber gruppenbezogenes Gleichberechtigungsgrundrecht, nicht aber als Gruppengrundrecht aufzufassen. Die Anwendung des Abs. 3 S. 1 hinsichtlich seiner individualrechtlichen Ausgestaltung ist damit unnötig. Eine Auslegung des Abs. 3 im Lichte des Abs. 2 ist darüber hinaus nicht erforderlich. Denn auch Abs. 3 erfaßt prinzipiell mittelbare Diskriminierungen. Dabei hat sich die Identitätsthese als unhaltbar erwiesen. Die Auslegung des Abs. 2 S. 1 deutet auf seinen gegenüber Abs. 3 S. 1 eigenständigen Regelungsbereich hin. Sein dynamischer, zukunfts- und gesellschaftsorientierter Charakter entspricht damit der substantiellen Chancengleichheit als Ausprägung der iustitia distributiva. Die mittelbare geschlechtsspezifische Diskriminierung ist daher sachgerecht allein Art. 3 Abs. 2 S. 1 GG zuzuordnen. Die Ansicht, die nur Art. 3 Abs. 3 S. 1 GG anwenden will, gerät mit der oben dargestellten Auslegung des Abs. 2 S. 1 in Konflikt und erscheint daher fraglich. Allerdings bleibt nach vorliegender Auffassung die Tatsache unberücksichtigt, daß in diesem Fall auch Zugehörige der Gruppen der Nationalität oder Rasse den ebenso ausgestalteten Schutz vor mittelbaren Diskriminierungen benötigen.[263] Diejenigen, die das Verbot der mittelbaren Diskriminierung Abs. 3 S. 1 zuordnen wollen, müssen sich andererseits wiederum dem Einwand aussetzen, Abs. 2 S. 1 GG für irrelevant zu halten. Zuzugeben ist, daß ein Widerspruch im Hinblick auf die anderen Differenzierungskriterien des Abs. 3 entsteht. Dieser ist indes – will man nicht den eigenständigen Regelungsgehalt des Abs. 2 übergehen – hinzunehmen. Auf ge-

---

259 *U. Sacksofsky*, 1991, S. 23ff.; Dreier/*Heun*, Art. 3, Rdn. 89 m.w.N.

260 BVerfGE 85, 191, 209.

261 *M. Schlachter*, 1993, S. 81.

262 Dazu oben Kapitel 2, III.

263 Vgl. insbesondere den Richtlinienvorschlag der Kommission zur Anwendung des Gleichbehandlungsgrundsatzes ohne Unterschied der Rasse oder der ethnischen Herkunft auf der Grundlage des Art. 13 EG, KOM (99) 566 v. 24.11.99, der in Art. 2 ebenfalls mit der gleichen Definition wie der der Beweislastrichtlinie mittelbare Diskriminierungen verbietet.

meinschaftsrechtlicher Ebene wird diese Lücke nunmehr durch die auf Grundlage des Art. 13 EG erlassenen, noch in das deutsche Recht umzusetzenden Richtlinien 2000/43/EG zur Gleichbehandlung ohne Unterschied der Rasse oder der ethnischen Herkunft[264] und 2000/78/EG zur Verwirklichung der Gleichbehandlung im Hinblick auf Religion oder Weltanschauung, Behinderung, Alter oder sexuelle Ausrichtung[265] im Bereich des Arbeitsrechts ausgefüllt.

c) Ergebnis

Das dargestellte Verhältnis des Art. 3 Abs. 2 S. 1 GG zu Art. 3 Abs. 3 S. 1 GG und des eigenständigen Regelungsgehalts ersteren in Bezug auf das Merkmal Geschlecht, wie es insbesondere auch in der Entscheidung zum Nachtarbeitsverbot betont worden ist, ist vom BVerfG bislang nicht auf das Verbot der mittelbaren Diskriminierung übertragen worden. Der hier vom BVerfG erst im Ansatz vollzogene Schritt ermöglicht jedoch, wie dargestellt, eine Übernahme des vom EuGH entwickelten und konkretisierten gemeinschaftsrechtlichen Verbots der mittelbaren Diskriminierung und eine Wertung von Verstößen hiergegen durch geschlechtsneutral formulierte Regelungen mit faktisch geschlechtsspezifisch benachteiligenden Auswirkungen als Verstöße gegen das verfassungsrechtliche Gleichberechtigungsgebot des Art. 3 Abs. 2 S. 1 GG.[266] Diese eindeutige Zuordnung des Verbots der mittelbaren Diskriminierung trägt am ehesten seinem Ansatzpunkt an der strukturellen Benachteiligung von Frauen in der Gesellschaft sowie seinem Geltungsanspruch als Postulat der Gleichberechtigung der Geschlechter in der sozialen Wirklichkeit Rechnung.

2. Einfachgesetzliche Bestimmungen

§§ 611a, 612 Abs. 3 BGB sind durch das EG-Anpassungsgesetz 1980[267] zur Umsetzung der Gleichbehandlungsrichtlinie 76/207/EWG sowie der Entgeltrichtlinie 75/117/EWG in das BGB eingeführt worden. Nach § 611a Abs. 1 S. 1 BGB darf ein Arbeitgeber einen Arbeitnehmer bei einer Vereinbarung oder Maßnahme, insbesondere bei der Begründung eines Arbeitsverhältnisses, beim beruflichen Aufstieg, bei einer Weisung oder einer Kündigung, nicht wegen des Geschlechts benachteiligen. Die Norm stellt zudem eine einfachgesetzliche Konkretisierung des Art. 3 Abs. 2 GG für das Gebiet des Arbeitsrechts dar[268] und erfaßt private wie öffentliche Arbeitgeber, jedoch nicht für das Beamtenverhältnis. In diesem Fall ist zur ordnungsgemäßen Umsetzung der Gleichbehandlungsrichtlinien, welche nach der Rechtsprechung des EuGH auch Beamte als Arbeitnehmer ansehen,[269] eine analoge Anwendung des § 611a BGB geboten.[270] § 611a BGB beinhaltet, obwohl sich dies nicht dem Wortlaut entnehmen läßt, neben dem Verbot der unmittelbaren auch das der mittelbaren Diskriminierung.[271] Allerdings ergibt sich dies bereits aus der Tatsache,

---

264 Vom 29.6.2000, ABL. EG Nr. L 180, S. 22.
265 Vom 27.11.2000, ABl. EG Nr. L 303, S. 16.
266 AK-GG/*Eckertz-Höfer*, Art. 3 Abs. 2, 3, Rdn. 32.
267 Arbeitsrechtliches EG-Anpassungsgesetz v. 13.8.1980, BGBl. I S. 1308.
268 ErfK/*Schlachter*, § 611a, Rdn. 4.
269 Dazu oben Kapitel 3, I. 1. c) zu Fn. 45.
270 ErfK/*Schlachter*, § 611a, Rdn. 6.
271 Zwar nannte die Begründung des Regierungsentwurfs, BT-Drucks. 8/3317, S. 8, die mittelbare Diskriminierung, ging aber irrtümlich von einer verdeckten, d.h. unmittelbaren Diskriminierung aus. Dennoch

daß die Norm der Umsetzung der Richtlinie 76/207/EWG diente. In Art. 2 Abs. 1 wird die mittelbare Diskriminierung definiert, weshalb durch eine entsprechende Auslegung auch erforderlich ist, die übrigen im Rahmen der Rechtsprechung des EuGH zum Verbot der mittelbaren Diskriminierung aufgestellten Anforderungen in § 611a BGB hineinzulesen. Sind Arbeitsverhältnisse außerhalb des BGB betroffen, so findet § 611a BGB keine Anwendung. Hier ist ein Rückgriff auf Art. 3 Abs. 2 S. 1 GG, Art. 141 EG sowie die Richtlinie 76/207/EWG erforderlich.

Zwar ist der Lohngleichheitsgrundsatz bereits in § 611a Abs. 1 BGB enthalten. Der Gesetzgeber erachtete seine eigenständige Normierung dennoch für notwendig.[272] § 612 Abs. 3 BGB geht daher als lex specialis § 611a BGB in Entgeltfragen vor.[273] Hiernach darf bei einem Arbeitsverhältnis für gleiche oder gleichwertige Arbeit nicht wegen des Geschlechts des Arbeitnehmers eine geringere Vergütung vereinbart werden als bei einem Arbeitnehmer des anderen Geschlechts. Hinsichtlich der gemeinschaftsrechtskonformen Auslegung dürfen auch hier keine anderen Maßstäbe als bei Art. 141 EG angelegt werden. § 612 BGB gilt für Individualregelungen sowie für Tarifverträge und Betriebsvereinbarungen, weil die Norm der Umsetzung des Gemeinschaftsrechts diente und sie von diesem erfaßt werden.[274]

Nach § 4 Abs. 1 S. 1 TzBfG[275] darf ein Arbeitgeber einen teilzeitbeschäftigten Arbeitnehmer nicht wegen der Teilzeit gegenüber vollzeitbeschäftigten Arbeitnehmern unterschiedlich behandeln, es sei denn, daß sachliche Gründe eine unterschiedliche Behandlung rechtfertigen. Gemäß § 4 Abs. 1 S. 2 TzBfG gilt das Verbot sowohl für das Gebot der Entgeltgleichheit als auch für die Gleichbehandlung bei den sonstigen Arbeitsbedingungen. Die Norm gilt für arbeits- und tarifvertragliche Vereinbarungen.[276] Aufgrund der regelmäßigen Überschneidung mit dem Verbot der mittelbaren Geschlechtsdiskriminierung im Rahmen vorliegender Arbeit sind die vom EuGH aufgestellten Anforderungen in die Norm hineinzulesen, sofern diese strenger sind als im TzBfG vorgesehen.[277] Im übrigen können die §§ 611a, 612 Abs. 3 BGB bei geschlechtsspezifischen Ungleichbehandlungen weiblicher Teilzeitbeschäftigter als Spezialvorschriften angesehen werden.[278]

---

aber h.M., vgl. BAG, AP Nr. 1 zu § 1 BetrAVG; *A. Knigge*, BB 1980, S. 1272 (1273); *H. Pfarr/K. Bertelsmann*, 1989, S. 111 mit Fn. 1; *R. Richardi*, NZA 1992, S. 625 (627); ErfK/*Schlachter*, § 611a BGB, Rdn. 14ff.

272 *A. Knigge*, BB 1980, S. 1272 (1273); *R.-A. Eich*, NJW 1980, S. 2329 (2330).

273 *M. Kort*, RdA 1997, S. 277 (278).

274 BAG, NZA 1994, S. 413 (415); *R. Wank*, SAE 1994, S. 195 (197).

275 Teilzeit- und Befristungsgesetz vom 21.12.2000, BGBl. I S. 1966.

276 ErfK/*Müller-Glöge*, § 4 TzBfG, Rdn. 5.

277 So schon TzA/*Buschmann*, 1. Aufl., § 2 BeschFG, Rdn. 7, hinsichtlich der Vorgängerbestimmung des § 2 BeschFG; ebenso TzA/*Buschmann*, 2. Aufl., § 4 TzBfG, Rdn. 7. Auch ErfK/*Müller-Glöge*, § 4 TzBfG, Rdn. 15, meint, daß es nicht sinnvoll sei, in diesem Fall zwischen den gemeinschaftsrechtlichen Anforderungen und denen des § 4 TzBfG zu unterscheiden.

278 *G. Wisskirchen*, 1994, S. 69 noch zur alten Rechtslage im Hinblick auf § 2 Abs. 1 BeschFG: TzA/*Buschmann*, 2. Aufl., § 4 TzBfG, Rdn. 8. Zu beachten ist, daß § 4 Abs. 1 TzBfG sich nicht wie § 611a BGB auf Diskriminierungen bei der Einstellung erstreckt; vgl. ErfK/*Müller-Glöge*, § 4 TzBfG, Rdn. 18.

4. Kapitel
Umsetzung und Anwendung des Verbots der mittelbaren Diskriminierung - dargestellt am Beispiel der Benachteiligung von Frauen in Teilzeitbeschäftigung

I. Voraussetzungen

Die Voraussetzungen der Feststellung einer mittelbaren Diskriminierung sind nach der Definition des Art. 2 der Richtlinie 2000/73/EG[1] - in Abgrenzung zur (verdeckten)[2] unmittelbaren Diskriminierung[3] - die Ungleichbehandlung durch eine dem Anschein nach neutrale, also rechtlich oder tatsächlich geschlechtsunspezifische Regelung, die sowohl bei Frauen als auch bei Männern Anwendung findet, aber nur von einem Geschlecht erfüllt werden kann [dazu unten 1.a)], und durch die erheblich mehr Angehörige eines Geschlechts tatsächlich nachteilig betroffen sind [dazu unten 1.b)]. Umstritten ist darüber hinaus das Erfordernis der Kausalität zwischen der Geschlechtszugehörigkeit und dem festgestellten Nachteil (dazu unten 2.). Liegen die Voraussetzungen vor, so stellt sich die Frage, ob die mittelbare Diskriminierung gerechtfertigt ist (dazu unten II.).

1. Ungleichbehandlung

a) Geschlechtsunspezifische Regelungen

Zu den geschlechtsunspezifischen Regelungen gehören solche gesetzlicher, kollektivrechtlicher und individualrechtlicher Natur, die auf traditionellen Vorstellungen über die geschlechtsspezifische Aufgabenverteilung beruhen,[4] wie zum Beispiel die (teilzeitunspezifischen) Kriterien der Flexibilität, Berufsausbildung und Dauer der Betriebszugehörigkeit.[5] Sie finden gleichermaßen Anwendung auf Männer wie Frauen, können aber von letzteren aufgrund ihrer tatsächlichen Lebensform nicht gleichermaßen erfüllt werden. Frauen mit Familienpflichten sind in der Regel weniger mobil im Hinblick auf einen örtlichen Stellenwechsel,[6] und ihre Berufsausbildung ist bereits durch die geschlechtsspezifische Segregation in der Hochschul-/Schul- und Berufsbildungsstation beeinträchtigt.[7] Zu beachten ist dabei des weiteren die gesellschaftliche Bewertung einer Qualifikation, die nicht selten

---

[1] Dazu oben Kapitel 1, I. 1. a).

[2] Dazu oben Kapitel 1, I. 1. c).

[3] Hierauf stellt an dieser Stelle insbesondere der EuGH ab. Vgl. EuGH, Urteil v. 2.10.1997, Rs. C-1/95 (Gerster), Slg. 1997, I-5253, Rdn. 28; EuGH, Urteil v. 2.9.1999, Rs. C-167/97 (Seymour-Smith/Perez), Slg. 1999, I- 623, Rdn. 53. Die Abgrenzung zur unmittelbaren Diskriminierung ist wichtig, weil diese nur in seltenen Fällen gerechtfertigt werden kann.

[4] EuGH, Urteil v. 13.5.1986, Rs. 170/84 (Bilka), Slg. 1986, 1607 zu Betriebsrenten; EuGH, Urteil v. 27.6.1990, Rs. C-33/89 (Kowalska), Slg. 1990, I-2591, Rdn. 13; EuGH, Urteil v. 7.2.1991, Rs. C-184/89 (Nimz), Slg. 1991, I-297; EuGH, Urteil v. 24.2.1994, Rs. C-343/92 (Roks), Slg. 1994, I-571, zu Tarifverträgen und EuGH, Urteil v. 13.7.1989, Rs. 171/88 (Rinner-Kühn), Slg. 1989, 2743 zu Gesetzen.

[5] Dazu unten Kapitel 4, II. 3. a) aa) (a) (aa) und (bb).

[6] Dazu oben Kapitel 1, II. 2. b) aa)

[7] Dazu oben Kapitel 1, II. 2. b) bb).

durch das Merkmal Geschlecht geprägt ist.[8] Die Dauer der Betriebszugehörigkeit fällt bei Frauen durchschnittlich kürzer aus, so daß sich ihre Berechnung geschlechtsspezifisch negativ für sie darstellt, wenn Erwerbsunterbrechungen wie Kindererziehungszeiten nicht einbezogen werden.[9]
Charakteristisch für die mittelbare Diskriminierung ist also, daß sich die Benachteiligung, anders als bei der unmittelbaren Diskriminierung, nicht aus den Regelungen, die an das Geschlecht unmittelbar anknüpfen, sondern aus den Lebensformen von Frauen und Männern, das heißt aus der gesellschaftlichen Realität, ergibt. Dies zeigt sich am deutlichsten an der Benachteiligung Teilzeitbeschäftigter. Die Rechtsprechung zur mittelbaren Diskriminierung von Frauen in Teilzeitbeschäftigung beruht daher auf der Erkenntnis, daß weibliche Arbeitnehmer „aufgrund der häufig ihnen obliegenden Aufgaben in Haushalt und Familie ihre Arbeitszeit weniger flexibel gestalten können".[10] Auf diese allgemeine Erfahrung stützte sich schon in der Rechtssache *Danfoss* vom 17. Oktober 1989[11] die Feststellung der mittelbaren Diskriminierung.

aa) Kriterium Teilzeitbeschäftigung – Umfang der tatsächlichen Arbeitszeit

Zu den neutralen Kriterien gehört die Teilzeitbeschäftigung, weil sie rechtlich wie tatsächlich auch von Männern erfüllt werden kann, leicht feststellbar indes fast ausschließlich von Frauen ausgeübt wird.[12]
Im Urteil des EuGH vom 15. Dezember 1994 in der Rechtssache *Helmig u.a.*[13] ging es um Überstundenzuschläge, die nach den streitigen Tarifverträgen erst ab der 37. bzw. 40. Arbeitsstunde/Woche gezahlt wurden, so daß Teilzeitbeschäftigte bei Überstunden unterhalb dieser Arbeitsstundenzahl keine Zuschläge erhielten. Nach der Auffassung des EuGH lag schon keine unterschiedliche Behandlung im Sinne des Art. 119 EGV a.F. und des Art. 1 der Richtlinie 75/117/EWG vor, weil beide Gruppen für dieselbe Anzahl der geleisteten Arbeitsstunden dieselbe Gesamtvergütung und für Überstunden ab Überschreiten der regelmäßigen Arbeitszeit dieselben Zuschläge erhielten. Der EuGH stellte damit rein mathematisch fest, daß die erste über die der Teilzeitstundenzahl hinausgehende Stunde für beide Gruppen gleich vergütet wird. Problematisch an dieser Feststellung ist dabei indes die Tatsache, daß teilzeitbeschäftigte Frauen aufgrund der geschlechtsspezifischen Rollenverteilung in der Regel nur schwer die an der Vollzeit gemessene Belastungsgrenze überschreiten können.[14] Die Bedeutung der auch in Urteilen des BAG[15] zu findenden Argumentation des EuGH zeigt sich dabei vor dem Hintergrund der in Kapitel 2 beschriebenen Perpetuierung und Verfestigung der Trennung der Bereiche der Öffentlichkeit und der Privatsphäre durch die Nichtberücksichtigung der Rollenmuster, deren Folgen für das Erwerbsleben von Frauen das Verbot der mittelbaren Diskriminierung

---

[8] Dazu oben Kapitel 1, III. 3. b) und c).
[9] *H. Pfarr/K. Bertelsmann*, 1989, S. 384f.; dazu schon oben Kapitel 1, II. 1) bb).
[10] EuGH, Urteil v. 17.10.1989, Rs. 109/88 (Danfoss) Slg. 1989, 3199, Rdn. 21.
[11] Ebenda.
[12] Dazu oben Kapitel 1, I. 2. b).
[13] EuGH, Urteil v. 15.12.1994, verb. Rs. C-399, 409, 425/92; 34, 50, 78/93 (Helmig u.a.), Slg. 1994, I-5727, Rdn. 26ff.
[14] Vgl. auch die Schlußanträge des Generalanwalts *Léger* v. 19.4 1994, verb. Rs. C-399, 409, 425/92; 34, 50, 78/93 (Helmig u.a.), Slg. 1994, I-5727, Rdn. 26-29; ausführlich unten Kapitel 4, II. 3. a) aa) (a) (dd) (2).
[15] BAG, Urteil v. 20. 6.1995, AP Nr. 1 zu 3 1 TVG Tarifverträge: Nährmittelindustrie = BB 1996. S. 488; BAG, Urteil v. 20. 6.1995, AP Nr. 11 zu § 1 TVG Tarifverträge: Chemie = BB 1996, 1277; BAG, Urteil v. 25.7.1996, AP Nr. 6 zu § 35 BAT.

gerade zu beseitigen bezweckt.[16] Andererseits berief sich der EuGH in nachfolgenden Entscheidungen explizit auf die Verpflichtung, den nachteiligen Effekt von Regelungen auf Frauen, die Familie und Beruf durch die Ausübung einer Teilzeitbeschäftigung vereinbaren wollen, mit in die Beurteilung der Anforderungen des geschlechtsspezifischen Gleichberechtigungsgebots einzustellen.

In der Rechtssache *Gerster* vom 2. Oktober 1997[17] konnten Teilzeitbeschäftigte grundsätzlich die Voraussetzungen der Laufbahnverordnung für den Bewährungsaufstieg mit der Folge eines höheren Gehalts erfüllen. Die Ungleichbehandlung lag allein in der zur Berechnung der Dienstzeit angewandten Methode, die eine wöchentliche Arbeitszeit von mindestens 2/3 der regelmäßigen Vollarbeitszeit noch voll, eine Arbeitszeit von mindestens der Hälfte zu 2/3 und eine Arbeitszeit von weniger als der Hälfte gar nicht berücksichtigte, so daß der EuGH eine Ungleichbehandlung gemäß Art. 119 EGV a.F. sowie der Richtlinie 75/117/EWG feststellte. Denn Teilzeitbeschäftigte mußten, um ein höheres Gehalt zu erhalten, entsprechend länger beschäftigt sein als ihre vollzeitbeschäftigten Kollegen.

Der Rechtssache *Hill/Stapleton* vom 17. Juni 1998[18] lag ein Sachverhalt zugrunde, nach dem Arbeitnehmer auf Teilzeitarbeitsplätzen bei ihrem Wechsel auf einen Vollarbeitsplatz auf der Gehaltsskala für Vollzeitbeschäftigte niedriger eingestuft wurden, als sie zuvor auf der Gehaltsskala für Teilzeitbeschäftigte eingestuft waren. Der Arbeitgeber berechnete dabei nur den aktiven Dienst für den Aufstieg nach Dienstalter, obwohl Teilzeitbeschäftigte zuvor nach Maßgabe ihrer tatsächlichen Arbeitszeit nach jedem Dienstjahr parallel zu den Vollzeitbeschäftigten um einen Punkt mit entsprechend geringerer Vergütung aufgerückt waren. Der EuGH stellte einen Verstoß gegen den Grundsatz der Entgeltgleichheit fest, weil sich das Gehalt bei einem Wechsel auf einen Vollarbeitsplatz hätte verdoppeln müssen. Statt dessen fand durch die Verwendung des neutralen Kriteriums der tatsächlichen Arbeitszeit für die Berechnung des Dienstalters für den Aufstieg auf der Gehaltsskala eine Rückstufung mit der Begründung statt, einem Punkt für ein Dienstjahr auf der Gehaltsskala für Vollzeitbeschäftigte entspräche ein halber Punkt auf der Gehaltsskala für Teilzeitbeschäftigte.[19]

In der Rechtssache *Rinke*, in der bisher allein die Schlußanträge des Generalanwalts *Geelhoed* vom 6. Februar 2003 vorliegen,[20] geht es um das Erfordernis gemäß § 13b Abs. 2 S. 1 des Hamburgischen Ärztegesetzes, bestimmte Teile einer postgraduellen Teilzeitausbildung in der Allgemeinmedizin in Vollzeit zu absolvieren. Der Klägerin, der die Führung der Bezeichnung „praktische Ärztin“ aufgrund der Tatsache verweigert wurde, daß sie ihre Weiterbildung vollständig in Teilzeit absolviert hatte, war die Erfüllung dieser Voraussetzung, welche sodann zur Titelführung berechtigte, nicht möglich, weil sie Kleinkinder zu versorgen hatte. Unabhängig von den auch hier zutreffenden, obigen Ausführung zur Notwendigkeit der Berücksichtigung der unterschiedlichen strukturellen, auf tradierten Rollenmustern beruhenden Ausgangsbedingungen stellte Generalanwalt *Geelhoed* zutreffend fest, daß dieses Erfordernis dazu führen könne, daß es für bestimmte Gruppen den Zugang zum Beruf erschweren, ja sogar unmöglich machen könne. Ein solcher Effekt wirke strukturell fort in Bezug auf weitere Chancen der von ihm Betroffenen auf dem Arbeitsmarkt. Gerade für Frauen in dieser Beschäftigungsgruppe sei Teilzeitarbeit aber

---

16 *T. K. Hervey*, 1996, S. 399 (402).
17 EuGH, Urteil v. 2.10.1997, Rs. C-1/95 (Gerster), Slg. 1997, I-5253, Rdn. 31f.
18 EuGH, Urteil v. 17.6.1998, C-243/95 (Hill/Stapleton), Slg. 1998, I-3739, Rdn. 10ff.
19 Vgl. zum Bewährungsaufstieg auch EuGH, Urteil v. 7.2.1991, Rs. C-184/89 (Nimz), Slg. 1991, I-297; EuGH, Urteil v. 2.10.1997, Rs. C-100/95 (Kording), Slg. 1997, I-5289.
20 Schlußantrage des Generalanwalts *Geelhoed* vom 6.2.2003, Rs. C-25/2 (Rinke).

attraktiv und senke daher die aufgrund Kinderbetreuungszeiten bestehende Schwelle zur Arbeitsmarktintegration. Dieser positive Effekt werde durch das Erfordernis, einen bestimmten Teil der Ausbildung in Vollzeit abzusolvieren, wieder zunichte gemacht.[21]

bb) Das Beispiel der Kleinbetriebsklausel des § 23 KSchG

Als ein neutrales, teilzeitbeschäftigte Frauen im Ergebnis jedoch benachteiligendes Kriterium wird der *Schwellenwert* des § 23 Abs. 1 S. 2 und 3 KSchG diskutiert, der für das Eingreifen des Kündigungsschutzes ausschlaggebend ist. Hiernach ist das KSchG seit der Änderung durch das Korrekturgesetz vom 1. Januar 1999[22] auf Betriebe mit 5 oder weniger ständig beschäftigten Arbeitnehmern nicht anwendbar. Teilzeitbeschäftigte mit einer regelmäßigen Arbeitszeit von nicht mehr als 20 Stunden werden mit 0,5 und Arbeitnehmer mit einer Arbeitszeit von nicht mehr als 30 Stunden mit 0,75, das heißt nur anteilig, angerechnet.[23]
Nach Ansicht des EuGH in der Entscheidung *Kirshammer-Hack*[24] sowie des BVerfG[25] stellte bereits die alte, vor 1996 geltende Fassung des § 23 KSchG, nach der Teilzeitbeschäftigte mit weniger als 10 Stunden wöchentlich oder 45 Stunden monatlich gar nicht mitgerechnet wurden, keine Verletzung des Gleichberechtigungsgrundsatzes dar,[26] weil nicht spezifisch zwischen Teilzeit- und Vollzeitarbeit, das heißt anhand des Umfangs der Arbeitszeit, unterschieden werde, sondern zwischen allen denjenigen Arbeitnehmern in den vom Kündigungsschutz befreiten Betrieben und denjenigen in Unternehmen, die dieser Regelung unterliegen, weil sie eine größere Anzahl von Arbeitnehmern beschäftigen. Der für die Feststellung einer mittelbare Diskriminierung erforderliche Nachweis, daß in ersterem Fall mehr Teilzeitbeschäftigte und damit Frauen beschäftigt sind, sei nicht erbracht.
Hiergegen wurden verfassungsrechtliche Bedenken im Hinblick auf Art. 3 GG erhoben.[27] Die Überlegung, § 23 KSchG differenziere allein zwischen Klein- und Großbetrieben, nicht aber zwischen Teilzeit- und Vollzeitbeschäftigten, ginge bereits empirisch fehl, weil aufgrund der nur anteiligen Anrechnung Teilzeitbeschäftigter (bzw. aufgrund der Nichtanrechnung geringfügig Beschäftigter nach der alten Regelung) mehr Kleinbetriebe mit Teilzeitbeschäftigten aus dem Anwendungsbereich des KSchG herausgenommen würden als Kleinbetriebe ohne Teilzeitbeschäftigte, wobei in ersterem Fall Frauen überproportio-

---

21 Schlußantrage des Generalanwalts *Geelhoed* vom 6.2.2003, Rs. C-25/2 (Rinke), Rdn. 36ff., 61.
22 Gesetz zu Korrekturen in der Sozialversicherung und zur Sicherung der Arbeitnehmerrechte (SozVers-ArbRKorrekturG) v.19.12.1998, BGBl. I S. 3843.
23 Das Arbeitsrechtliche Beschäftigungsförderungsgesetz 1996 mit Wirkung v. 1.10.1996 hob den Schwellenwert der Kleinbetriebsklausel von 5 auf 10 Arbeitnehmer an. Nach Schätzungen wurden dadurch 8 bis 9 Mio. Arbeitnehmer in über 80% der Betriebe kündigungsschutzlos gestellt. Vgl. TzA/*Buschmann*, 2. Aufl., § 23 KSchG, Rdn. 4 m.w.N.
24 EuGH, Urteil v. 30.11.1993, C-189/91 (Kirshammer-Hack), Slg. 1993, I-6185, Rdn. 25ff.
25 BVerfG v. 27.1.1998, ArbuR 1998, S. 209f. Das BVerfG hatte sich nach dem Vorlagebeschluß des ArbG Reutlingen (Beschluß v. 11.12.1986, 1 Ca 397/86) 11 Jahre und dem des ArbG Bremen (Beschluß v. 28.8.1992 mit Ergänzungsbeschluß v. 14.9.1994, ArbuR 1995, S. 148) 6 Jahre Zeit gelassen, hierzu Stellung zu nehmen.
26 So auch in der Literatur z.B. *W. Erasmy*, Arbeitgeber 1992, S. 1005 (1008); *H.-H. Sowka*, DB 1992, S. 2030 (2031); *ders.*, DB 1993, S. 1873 (1877); vgl. ebenso BAG,Urteil v. 19.4.1990, AP Nr. 8 zu § 23 KSchG; BAG, Urteil v. 16.1.1992, EzA § 2 AngKSchG Nr. 1.
27 TzA/*Buschmann*, 2. Aufl., § 23 KSchG, Rdn. 9ff. m.w.N.; *ders.*, ArbuR 1998, S. 210 (212); *W. Däubler*, EuroAS 1993, S. 11; vgl. auch AG Reutlingen, Urteil v. 3.5.1991, BB 1991, S. 1642.

nal betroffen seien.[28] Im Hinblick auf die Rechtsprechung des EuGH und das BVerfG ist dieser Einwand jedoch zu allgemein formuliert und problematisch, weil die Verneinung eines Verstoßes gegen das Verbot der mittelbaren Diskriminierung gerade auf der Feststellung beruhte, daß nicht nachgewiesen sei, daß Kleinbetriebe allgemein mehr Teilzeitbeschäftigte beschäftigen, so daß ihre Herausnahme aus dem Anwendungsbereich des KSchG tatsächlich Teilzeitbeschäftigte (und damit Frauen) spezifisch benachteilige.[29]
Jedoch ergab sich aus den der weiteren Kritik an § 23 KSchG a.F. zugrunde gelegten Statistiken, daß das Beschäftigungsvolumen des Mittelstandes mit bis zu 10 Arbeitnehmern erstens sehr hoch[30] und zweitens gerade in den typisch weiblich geprägten Sektoren des Arbeitsmarkts vertreten ist. Hierzu zählen die Bereiche der privaten Dienstleistungen und des Handels,[31] die gerade einen überdurchschnittlich hohen Anteil teilzeitbeschäftigter Frauen aufweisen.[32] Zudem wurde auf die Notwendigkeit schärferer finanzieller Kalkulation in Kleinbetrieben und damit die Beachtung der Geringfügigkeitsgrenze des § 8 Abs. 1 SGB IV hingewiesen,[33] die einen Anreiz für Kleinbetriebe schafft, vermehrt geringfügig Beschäftigte einzustellen,[34] wobei jedoch Frauen in sozialversicherungsfreier Teilzeitbeschäftigung stark überrepräsentiert sind.[35]
Auch wenn keine aktuellen Statistiken zur geschlechtsspezifischen Zusammensetzung von Klein- und Großbetrieben vorliegen, liegt die Annahme nahe, daß auch der durch die Neuregelung vom 1. Januar 1999 auf 5 Arbeitnehmer gesenkte Schwellenwert durch das Zusammentreffen der arbeitsmarkt- *und* geschlechtsspezifischen Zusammensetzung des Mittelstandes das Problem nicht beseitigt hat. Weiterhin fallen rechnerisch zum Beispiel Betriebe mit 9 Mitarbeitern aus dem Anwendungsbereich des KSchG heraus, in denen die regelmäßige Arbeitszeit aller Arbeitnehmer weniger als 20 Stunden beträgt, die damit nur mit 0,5 auf die Arbeitnehmerzahl angerechnet werden. Dies legt zumindest die Vermutung nahe, daß die gegen die h.M. vorgebrachten Argumente auch auf die Neuregelung zutreffen.[36] Diese Bedenken im Hinblick auf das Verbot der mittelbaren Diskriminierung bei den Entlassungsbedingungen aus Art. 3 Abs. 2 S. 1 GG und Art. 2 Abs. 1 und 5 Abs. 1 der Gleichbehandlungsrichtlinie 76/207/EWG treffen sodann ebenfalls auf den Verweis auf den Kündigungsschutz „2. Klasse“[37] außerhalb des KSchG zu. Denn auch im

---

[28] R. *Buschmann*, ArbuR 1998, S. 210 (212).
[29] EuGH, Urteil v. 30.11.1993, C-189/91 (Kirshammer-Hack), Slg. 1993, I-6185, Rdn. 25ff.; BVerfG v. 27.1.1998, ArbuR 1998, S. 209 (210).
[30] Die höchsten Angaben liegen bei 85% aller Arbeitsstätten. Vgl. die Nachweise bei *U. Mückenberger*, KJ 1996, S. 343 (346f.); dazu oben Kapitel 1, I. 2 b) cc).
[31] In dem hierzu gehörenden Gastgewerbe arbeiteten nach Angaben der Arbeitsstättenzählung 1987 63,6%, in persönlichen Dienstleistungen 73,6% sowie im Gesundheitswesen 69,7% der Beschäftigten in Betrieben mit weniger als 10 Arbeitnehmern, vgl. Wirtschaft und Statistik 11/1989, S. 702 (706).
[32] *U. Mückenberger*, KJ 1996, S. 343 (347) m.w.N.; dazu bereits oben Kapitel 1, II. 2. c).
[33] *I. Weber*, ArbuR 1995, S. 113 (118).
[34] Auch durch die Änderung des § 8 Abs. 1 SGB IV vom 23.12.2002 (BGBl. I S. 4621) dürfte sich im Hinblick auf die Geschlechtsspezifik des Schwellenwertes nicht viel geändert haben.
[35] Der Anteil der Frauen in dieser Beschäftigungsform betrug in den alten Bundesländern im Jahr 1992 70%. Im Hinblick auf die geschlechtsspezifische Beschäftigungsdichte sozialversicherungsfreier Teilzeitkräfte führten die Privathaushalte mit einem Anteil an Frauen von 96,4%, gefolgt von den Reinigungsunternehmen mit 90,3% und dem Handel mit 83%. Dazu *I. Weber*, ArbuR 1995, S. 113 (118), sowie oben Kapitel 1, I. 2. b) bb).
[36] Des weiteren wird von *W. Hinrichs* [AiB 1999, S. 1 (4)] kritisiert, daß bei der Frage des Kündigungsschutzes, der jedem Arbeitnehmer im Hinblick auf den Bestandsschutz zusteht, kaum zu erklären sei, daß es bei Teilzeitbeschäftigten überhaupt nur zu einer anteiligen, nicht aber zu einer vollen Anrechnung kommt.
[37] *P. Hanau*, ZRP 1996, S. 249 (253).

Rahmen des sodann eingreifenden § 622 Abs. 5 Nr. 2 BGB kann eine kürzere als die regelmäßige Kündigungsfrist vereinbart werden, wenn der Arbeitgeber in seinem Betrieb den Schwellenwert nicht überschreitet. Solange es aber keine Statistiken gibt, die belegen, daß in Kleinbetrieben tatsächlich überwiegend Teilzeitkräfte beschäftigt sind, kann die Geschlechtsspezifik der Kleinbetriebsklausel des § 23 Abs. 1 S. 1 und 3 KSchG nicht nachgewiesen werden. Daß im Falle dieses Nachweises aber eine mittelbare Diskriminierung vorliegen *kann*, haben weder der EuGH noch das BVerfG ausgeschlossen, weil beide Gerichte eine mittelbare Diskriminierung von Frauen durch § 23 KSchG a.F. aufgrund des Fehlens aussagekräftiger, geschlechtsspezifischer Zahlen verneint haben.[38] Jedoch führte der EuGH in *Kirshammer-Hack* weiter aus, daß selbst im Falle des Nachweises, daß durch die Regelung mehr Frauen als Männer betroffen seien, diese Regelung zum Schutz von Kleinbetrieben gerechtfertigt sei.[39]

b) Nachteilige Betroffenheit

Die zweite Voraussetzung der Feststellung einer mittelbaren Diskriminierung ist die nachteilige Betroffenheit der Angehörigen einer Geschlechtsgruppe, die durch die Ungleichbehandlung aufgrund einer geschlechtsunspezifischen Regelung eingetreten ist. In einem ersten Schritt sind Vergleichsgruppen zu ermitteln, die sich nach dem Adressatenkreis der streitigen Maßnahme richten [dazu im Anschluß aa) (a)]. Dabei stellt sich die Frage, ob dieser aus dem Kreis der tatsächlich oder potentiell Betroffenen zu bilden ist [dazu im Anschluß aa) (b)] und nach welcher der in Rechtsprechung und Literatur verwendeten Methoden der Vergleichsgruppenbildung vorzugehen ist [dazu im Anschluß aa) (c)]. Innerhalb der ermittelten Gruppen ist sodann das zahlenmäßige Verhältnis der Geschlechter festzustellen, welches eine nachteilige Betroffenheit im Sinne der Definition der mittelbaren Diskriminierung begründet [dazu im Anschluß aa) (d)].

aa) Vergleichsgruppenbildung

(a) Adressatenkreis

Die Vergleichsgruppenbildung richtet sich nach dem Adressatenkreis der fraglichen Regelung, so daß bei der Überprüfung eines Gesetzes aufgrund dessen generell-abstrakten Charakters die Betroffenheit aller Erwerbstätigen, bei tarifvertraglichen Regelungen die unter den Anwendungsbereich des Tarifvertrags fallenden Personen[40] und bei betrieblichen Maßnahmen sämtliche Angehörigen eines Betriebs mit einander zu vergleichen sind.[41]

(b) Potentielle oder tatsächliche Betroffenheit

Laut Definition der mittelbaren Diskriminierung müssen Angehörige eines Geschlechts durch die neutrale Regelung benachteiligt werden. Zur Beantwortung der bislang nicht

---

[38] Siehe oben Fn. 29.

[39] EuGH, Urteil v. 30.11.1993, C-189/91 (Kirshammer-Hack), Slg. 1993, I-6185, Rdn. 32f.

[40] BAG, Urteil v. 10.2.1997, SAE 1999, S. 20ff. Anders wohl, wenn der Tarifvertrag nach § 5 TVG für allgemeinverbindlich erklärt wurde.

[41] *H. Pfarr/K. Bertelsmann*, 1989, S. 117f.; *H.-H. Sowka*, DB 1992, S. 2030; *G. Wisskirchen*, 1994, S. 86; *M. Schlachter*, NZA 1995, S. 393 (396).

einheitlich beantworteten Frage, für wen eine Regelung begünstigend oder benachteiligend ist[42] und ob es dabei auf die Betroffenen aus dem Kreis der tatsächlich geregelten Situation oder der möglichen Regelbarkeit ankommt, ist zwischen individualrechtlichen Maßnahmen und gesetzlichen wie tariflichen Regelungen zu unterscheiden.
Bei individualrechtlichen Maßnahmen, insbesondere bei der Überprüfung von möglicherweise mittelbar diskriminierenden Einstellungsvoraussetzungen, entfallen klar diejenigen, die sich noch gar nicht für eine Stelle beworben haben. Eine Rechtsverletzung scheidet per se aus.[43] Hat dagegen eine Bewerbung bereits stattgefunden, und ist die Bewerberin abgewiesen worden, so ist die „Bestehens- und Versagensquote" von Frauen und Männern unter Einbeziehung der Anzahl der zur Verfügung stehenden Stellen miteinander zu vergleichen.[44]
Anders ist die Situation zu beurteilen, in der es sich bei der fraglichen Regelung um ein Gesetz oder eine tarifvertragliche Bestimmung handelt. Die diesbezügliche Rechtsprechung kann keineswegs als gesichert angesehen werden. Nach dem Vierten Senat des BAG[45] lag ein Verstoß gegen Art. 3 GG durch den Ausschluß Teilzeitbeschäftigter aus dem Geltungsbereich des BAT vor. Später verneinte dies derselbe Senat[46] unter Berufung auf die Tarifautonomie gemäß Art. 9 Abs. 3 GG. Anders dagegen hat der Sechste Senat[47] ohne Begründung einen Ausschluß aus dem persönlichen Geltungsbereich eines Tarifvertrags an Art. 3 GG gemessen. Der Dritte Senat[48] wiederum befand, die Tarifparteien seien zwar nicht zum Erlaß bestimmter Normen verpflichtet, aber an zwingendes Gesetzesrecht, im Fall § 2 BeschFG a.F., gebunden.
Fraglich ist daher die Grenzziehung zwischen zulässiger Nichtregelung aufgrund der Tarifautonomie einerseits und einer bereits unzulässigen Negativregelung andererseits. In der Literatur wird zu recht auf den möglichen Regelungsbereich abgestellt.[49] Grundsätzlich muß auch hier gelten, daß derjenige, den die Norm gar nicht berührt, nicht nachteilig betroffen sein kann. Das Vorhandensein der Norm ist für ihn uninteressant, weil ihre Existenz keinen Nachteil darstellt. Anders hingegen beurteilt sich der Fall, in dem für eine bestimmte Arbeitnehmergruppe bei Vergleichbarkeit der Sachverhalte ein Anspruch hätte eingeräumt werden können. Der Nachteil ist hier die Nicht-Begünstigung, wenn eine Begünstigung möglich gewesen wäre und die Nicht-Einbeziehung nicht gerechtfertigt werden kann. Dies ergibt sich bereits aus der Bindung der Tarifparteien an Art. 3 Abs. 2 S. 1 GG und Art. 141 EG. Das Verbot der mittelbaren Diskriminierung muß auch Situationen beurteilen, in denen Teilzeitbeschäftigte noch nicht tarifgebunden sind, es aber sein könnten. Es auf bereits geregelte Verhältnisse zu beschränken, würde ein formales

---

42 Das BAG bezieht sich hierbei auf die Angehörigen der Gruppe der „Benachteiligten" oder der „Begünstigten"; vgl. BAG, Urteil v. 2.12.1992, AP Nr. 28 zu § 23a BAT Leitsatz 1; BAG, Urteil v. 10.12.1997, 4 AZR 264/96, SAE 1999, S. 20 (24).

43 Nach *G. Wisskirchen*, 1994, S. 84f., soll die „potentiell interessierte und qualifizierte Bevölkerungsgruppe" herangezogen werden, was angesichts der Unbestimmtheit des Begriffs und der fehlenden Verletzung des Rechts auf Gleichberechtigung abzulehnen ist. So auch *J. Sievers*, 1996, S. 106.

44 *G. Wisskirchen*, 1994, S. 85.

45 BAGE 35, 43, 47f. zu § 3q BAT a.F.

46 BAG, AP Nr. 4 und 5 zu § 3 BAT; BAG, AP Nr. 20 zu § 23a BAT.

47 BAG, NZA 1993, S. 324 (326).

48 BAG, AP Nr. 6 zu § 2 BeschFG 1985.

49 *H. Wißmann*, ZTR 1994, S. 223 (228); *H. Wiedemann*, Festschrift Friauf, 1996, S. 135 (141); *G. Thüsing*, SAE 1999, S. 20 (29). Vgl. auch *P. Hanau/U. Preis*, ZfA 1988, S. 177 (187), für die der „Anwendungsbereich des Tarifvertrags" ausschlaggebend ist; *H. Pfarr/K. Bertelsmann*, 1989, S. 118, nach denen es auf die Tarifbindung nicht ankomme, sondern lediglich auf den räumlichen und fachlichen Regelungsbereich; *J. Sievers*, 1996, S. 104, stellt auf die tatsächliche Tarifbindung ab.

Beharren auf dem status quo bedeuten und verhindern, daß das Verbot sich auf die tatsächlichen Auswirkungen von Maßnahmen erstreckt, die entstehen, weil Angehörige eines Geschlechts aufgrund struktureller Benachteiligung von einer Regelung ausgenommen sind. So ist es zum Beispiel auch anerkannt, daß nicht erst bei Zahlungen des Arbeitgebers, der nach Tarifvertrag Vollzeitbeschäftigten einen höheren Lohn gewährt, eine mittelbare Diskriminierung anzunehmen ist, sondern schon dann, wenn Teilzeitbeschäftigten gewisse Zuwendungen gar nicht zukommen. Nicht nur Maßnahmen des Arbeitgebers, sondern auch mittelbar diskriminierende Tarifnormen sind aber an Art. 3 Abs. 2 S. 1 GG und Art. 141 EG zu messen. In Fällen der potentiellen Regelbarkeit wird somit der Konflikt zwischen der Tarifautonomie und dem Verbot der mittelbaren Diskriminierung sachgerechter auf die Seite der objektiven Rechtfertigung verlagert.[50]

Gleiches muß erst recht für Gesetze gelten. Der Gesetzgeber ist uneingeschränkt an Art. 141 EG, die Gleichberechtigungsrichtlinien und über Art. 1 Abs. 3 GG an Art. 3 Abs. 2 S. 1 GG gebunden. Der potentielle Geltungsrahmen richtet sich dort nach dem jeweiligen Arbeitsmarkt.[51]

(c) Methoden der Vergleichsgruppenbildung

Die Bewertung der Betroffenheit aufgrund der Vergleichsgruppenbildung wird nicht einheitlich vorgenommen. So legt sich der EuGH nicht fest, wenn er teils auf „*prozentual* erheblich weniger Männer als Frauen",[52] teils auf die „wesentlich größere *Anzahl* von Frauen als Männer"[53] abstellt.

Grundsätzlich kann es nur auf den prozentualen Anteil von Frauen und Männern in den Vergleichsgruppen im Geltungsbereich der konkreten Maßnahme, nicht aber auf absolute Zahlen ankommen, weil sie die geschlechtsspezifische strukturelle Diskriminierung nicht berücksichtigen.[54] Letztere erfassen nur den konkreten Anteil der Männer und Frauen und scheitern daher, wenn in einem Betrieb lediglich Angehörige eines Geschlechts beschäftigt werden. Zudem werden sie der Tatsache nicht gerecht, daß gerade stereotypisierende Diskriminierungen nur mittels eines prozentualen Vergleichs erfaßt werden können, weil sie von einer gleichen Betroffenheit von Männern und Frauen durch eine Regelung ausgehen. Dies ist angesichts der gesellschaftlichen Rahmenbedingungen und den daraus folgenden unterschiedlichen Berufsverläufen und -wahlverhalten der Geschlechter realitätsfern, die sich, wie in Kapitel 1 festgestellt,[55] in dem Problem der Vereinbarkeit von Familie und Beruf sowie dem Problem der geschlechtsspezifischen Segregation der Betriebe und Branchen ausdrücken. Dies soll im folgenden anhand der unterschiedlich vorgenommenen Vergleichsgruppenbildung erläutert werden.

---

[50] Dazu unten Kapitel 4, II. 3. a) cc).

[51] *H. Wiedemann*, Festschrift Friauf, 1996, S. 135 (142).

[52] EuGH, Urteil v. 27.6.1990, Rs. C-33/89 (Kowalska), Slg. 1990-I, 2591, Rdn. 13; EuGH, Urteil v. 7.2.1991, Rs. C-184/89 (Nimz), Slg. 1991, I-297, 319; EuGH, Urteil v. 24.2.1994, Rs. C-343/92 (Roks), Slg. 1994, I-571, Rdn. 33.

[53] So z.B. EuGH, Urteil v. 13.5.1986, Rs. 170/84 (Bilka), Slg. 1986, 1607, Rdn. 24; EuGH, Urteil v. 13.7.1989, Rs. 171/88 (Rinner-Kühn), Slg. 1989, 2743, Tenor; EuGH, Urteil v. 27.6.1990, Rs. C-33/89 (Kowalska), Slg. 1990-I, 2591, 2592; EuGH, Urteil v. 7.2.1991, Rs. C-184/89 (Nimz), Slg. 1991, I-297; EuGH, Urteil v. 24.2.1994, Rs. C-343/92 (Roks), Slg. 1994, I-571, 573; EuGH, Urteil v. 14.12.1995, Rs. C-444/93 (Megner/Scheffel), Slg. 1995, I-4741.

[54] *H. Pfarr/K. Bertelsmann*, 1989, S. 118; *M. Schlachter*, 1993, S. 123f.; *J. Sievers*, 1996, S. 101.

[55] Siehe oben Kapitel 1, II. 1. und 2.

(1) Rein zahlenmäßige Betroffenheit

Teilweise wird der Anteil der teilzeitbeschäftigten Frauen an der Gesamtbelegschaft mit dem der teilzeitbeschäftigten Männer an der Gesamtbelegschaft verglichen.[56] Diese Methode ist dem Vorwurf ausgesetzt, mit absoluten Zahlen zu arbeiten. Denn in Betrieben mit einem überwiegenden Anteil eines Geschlechts wird auf die konkrete Zahl abgestellt, die das Verhältnis der Betroffenen untereinander ausblendet. Arbeiten überwiegend Männer in dem Betrieb und sind dementsprechend zahlenmäßig mehr Männer als Frauen in Teilzeitarbeit vorhanden, gelangt die Methode zur Diskriminierung männlicher Teilzeitbeschäftigter.[57] Dies wird in dem Fall deutlich, in dem der männliche Anteil an den Teilzeitarbeitnehmern lediglich 10% aller im Betrieb arbeitenden Männer, der der Frauen dagegen 40% aller im Betrieb beschäftigten Frauen beträgt. Der reine Zahlenanteil von Frauen in Teilzeit kann niedriger ausfallen, auch wenn in Anbetracht der Präsenz von 40% aller Frauen im Verhältnis zu 10% aller Männer in Teilzeitarbeit gerade das geschlechtsspezifische Phänomen der Frauenarbeit vorhanden ist.[58]
Bisweilen werden auch der Anteil der teilzeitbeschäftigten Frauen an der Gesamtzahl der Teilzeitbeschäftigten und der der vollzeitbeschäftigten Frauen an der Gesamtzahl der Vollzeitbeschäftigten verglichen.[59] Diese Methode kann die Fälle nicht erfassen, in denen trotz eines geringen prozentualen Anteils aller Männer in Teilzeitbeschäftigung (zum Beispiel 10%) bei einer stark weiblich dominierten Belegschaft oder Branche und deren prozentual überwiegenden Anteil in Teilzeitbeschäftigung (40%), der reine zahlenmäßige Anteil von Frauen in Vollzeit den der Männer überwiegen kann. Sie gelangt damit zu dem Ergebnis, daß keine mittelbare Frauendiskriminierung vorliegt. Umgekehrt führt die Methode in Fällen, in denen Frauen in der begünstigten Gruppe 20% und in der benachteiligten Gruppe 40% der Arbeitnehmer ausmachen, aufgrund des Verhältnisses 20/40 zu einer nachteiligen Betroffenheit von Frauen, obwohl in der benachteiligten Gruppe 60% aller Arbeitnehmer Männer sind und sich deren Verhältnis zu Frauen somit auf 60/40 beläuft.[60] Das Problem liegt hier darin, daß das Geschlechterverhältnis zwischen Frauen und Männern nicht in Beziehung gesetzt wird.

(2) Die „Abzählmethode"

Bei der bereits häufig als „Abzählmethode"[61] kritisierten Methode wird der Anteil der teilzeitbeschäftigten Frauen an der Gesamtzahl der Teilzeitbeschäftigten mit dem Anteil der teilzeitbeschäftigten Männer an der Gesamtzahl der Teilzeitbeschäftigten verglichen.[62]

---

56 BAG, Urteil v. 5.6.1984, 3 AZR 66/83, AP Nr. 3 zu Art. 119 EWG-Vertrag.

57 Vgl. hierzu *J. Sievers*, 1996, S. 100.

58 Weiteres Beispiel und Probleme bei *C. Blomeyer*, 1994, S. 28.

59 EuGH, Urteil v. 27.6.1990, Rs. C-33/89 (Kowalska), Slg. 1990-I, 2591; so – aber im Widerspruch zum obigen Urteil v. 5.6.1984, Fn. 56 – BAG, Urteil v. 20.11.1990, 3 AZR 613/89, NZA 1991, S. 635ff.

60 Beispiel bei *C. Blomeyer*, 1994, S. 27.

61 In diesem Sinne *K.-G. Loritz*, SAE 1992, S. 367 (372f.); *W. Erasmy*, Arbeitgeber 1992, S. 1005 (1006); dazu *B. Waas*, EWS 1994, S. 47 (48); *J. Sievers*, 1996, S. 61; *D. Dungs*, 1998, S. 205f.

62 EuGH, Urteil v. 27.6.1990, Rs. C-33/89 (Kowalska), Slg. 1990-I, 2591, 2613; EuGH, Urteil v. 7.2.1991, Rs. C-184/89 (Nimz), Slg. 1991, I-297, 319; EuGH, Urteil v. 6.2.1996, Rs. C-475/93 (Lewark), Slg. 1996, I-243 = EuZW 1996, S. 150 (151f.); EuGH, Urteil v. 2.10.1997, Rs. C-1/95 (Gerster), Slg. 1997, I-5253, Rdn. 33; EuGH, Urteil v. 2.10.1997, Rs. C-100/95 (Kording), Slg. 1997, I-5289, Rdn. 17; BAG, NZA 1994, S. 794 (796) (3. Senat); BAG, SEA 1992, S. 367 (369) (5. Senat); *N. Colneric*, ArbuR 1994, S. 393 (398).

Diese Herangehensweise, die wohl auch der EuGH bemüht, wenn er die Formulierung der „wesentlich größeren Anzahl“ verwendet, erzielt bisweilen absurde Ergebnisse. Denn auch sie basiert auf absoluten Zahlen. Weist eine Belegschaft nämlich eine Anzahl von 28.000 männlichen Mitarbeitern auf, von denen 10% (2.800) Teilzeit arbeiten, dagegen aber nur eine Anzahl von 720 Frauen, von denen fast 40% (277) Teilzeit arbeitet, gelangt die Methode zur Diskriminierung männlicher Teilzeitbeschäftigter. Denn ihr Anteil an der Gesamtzahl der Teilzeitarbeitnehmer (91%) überwiegt den der Frauen (9%) weit. Dabei handelt es sich mit insgesamt 90% männlichen Arbeitnehmern gerade um einen geschlechtsspezifisch stark segregierten Betrieb.[63]

(3) Proportionale Betroffenheit in der benachteiligten Gruppe

Nach der letzten vom EuGH in den überwiegenden Fällen angewandten Methode ist der Vergleich des Anteils der teilzeitbeschäftigten Frauen an der Gesamtzahl der Frauen mit dem der teilzeitbeschäftigten Männer an der Gesamtzahl der Männer anzustellen.[64] Beschäftigt ein Betrieb wesentlich mehr Männer (150) als Frauen (25), davon aber nur einen kleinen Teil der Männer (30), aber alle Frauen als Teilzeitkräfte (25), so liegt in absoluten Zahlen im Fall einer Ungleichbehandlung Teilzeitbeschäftigter keine mittelbare Diskriminierung vor, weil absolut mehr Männer als Frauen (5) betroffen sind. Betrachtet man dagegen das prozentuale Verhältnis (20% aller Männer und 100% aller Frauen arbeiten Teilzeit im Vergleich zu 80% der Männer gegenüber 0% der Frauen in Vollzeitarbeit), gelangt man zu dem Ergebnis, daß eine mittelbare Diskriminierung vorliegt.[65] Somit wird hier zunächst gefragt, ob Teilzeitarbeitnehmer im Verhältnis zu Vollzeitarbeitnehmern benachteiligt werden. Anschließend wird die Verteilung der Geschlechter auf die Beschäftigungsformen untersucht und zum Schluß diese Verteilung in Teilzeitbeschäftigung miteinander verglichen. Diese Methode vermag als einzige, einen proportionalen Vergleich anzustellen, der in der Lage ist, Phänomene der Segregation der Betriebe und Branchen zu erfassen.[66]

(4) Würdigung

Anders als die proportionale Methode stellen die ersten beiden Methoden auf absolute Zahlen ab und können daher strukturelle Diskriminierung nicht erfassen. Dies wird besonders deutlich in Fällen einer stark geschlechtsspezifisch segregierten Betriebs- und Branchenstruktur.

Die Problematik der Vergleichsgruppenbildung ist offenkundig und bedarf wohl noch weiterer Klarstellung. Zunächst ist das Verhältnis der Methoden zueinander noch weitge-

---

[63] Beispiel bei *J. Sievers*, 1996, S. 100; kritisch auch *K.-J. Bieback*, 1997, S. 83 mit weiteren Beispielen.

[64] Hierbei verwendet der EuGH die Formulierung „*prozentual* erheblich weniger Männer als Frauen“. Vgl. dazu oben zu Fn. 52. Vgl. auch die Schlußanträge des Generalanwalts *Cosmas*, Rs. 167/97 (Seymour-Smith/Perez), Slg. 1999, I-623, 658 mit Fn. 54; ebenso z.B. BAG, Urteil v. 14.10.1986, 3 AZR 66/83 (Nachfolgeentscheidung zu Bilka); BAG, Urteil v. 2.12.1992, AP Nr. 28 zu § 23a BAT; BAG, Urteil v. 10.12.1997, SEA 1999, S. 20 (24); *H.-H. Sowka*, DB 1994, S. 1873 (1875); *M. Zimmer*, AuA 1994, S. 283 (286); *N. Colneric*, ArbuR 1994, S. 393 (398); *H. Wißmann*, Festschrift für Wlotzke, 1996, S. 807 (810f.).

[65] Vgl. *M. Schlachter*, 1993, S. 133 mit Fn. 246. Weiteres Beispiel bei *K.-J. Bieback*, 1997, S. 84.

[66] *J. Sievers*, 1996, S. 103; *J. Bieback*, 1997, S. 83ff.

hend ungeklärt.[67] Darüber hinaus zeigen die verschiedenen Herangehensweisen, daß Vergleichsgruppenbildungen nur zu relativen Ergebnissen gelangen können. Zu Recht ist deshalb auf das Problem der Rechtsunsicherheit hingewiesen worden,[68] welches wohl einen Teil der diesbezüglichen Offenheit des EuGH zu erklären vermag. Festzuhalten bleibt, daß der Gerichtshof sich einerseits mit der Formulierung „wesentlich größere *Anzahl*" auf absolute Zahlen verläßt und somit das Problem der mittelbaren Diskriminierung nur unvollständig erfassen kann. Andererseits entspricht dagegen die Formulierung „*prozentual* erheblich weniger Frauen als Männer" für die hier vertretene proportionale Betroffenheit in der benachteiligten Gruppe.[69]

(d) Ausmaß der Betroffenheit

Im Gegensatz zur unmittelbaren Diskriminierung ist bei der mittelbaren Diskriminierung das Maß der stärkeren Betroffenheit schwer zu ermitteln. Wann liegt eine „wesentlich"[70] stärkere Betroffenheit vor? Eine einheitliche Vorgehensweise ist weder in der Rechtsprechung noch in der Literatur zu finden.

Anders als der EuGH, der dies meist nicht weiter problematisiert, weil in den meisten Fällen ohnehin eklatante Differenzen vorhanden sind,[71] läßt das BAG teils ein Verhältnis von 88% Frauen zu 12% Männer in Gruppe der Benachteiligten und 59% Frauen zu 41% Männer in Gruppe der Begünstigten,[72] teils ein Verhältnis von 97,9% Frauen zu 2,1% Männer in der Gruppe der Benachteiligten und 82,9% Frauen zu 17,1% Männer in der Gruppe der Begünstigten[73] ausreichen. Bei Offensichtlichkeit eines wesentlichen Unterschieds des zahlenmäßigen Verhältnisses der Geschlechter begnügt sich das BAG dann auch mit der Feststellung eines Verhältnisses von 93,4% Frauen und 6,6% Männer in der benachteiligten Gruppe und läßt die Verteilung in der begünstigten offen, wenn klar ist, daß dort das Verhältnis erheblich unter dem weiblichen Anteil in der benachteiligten Gruppe liegt.[74]

In der Literatur ist man sich weitgehend einig, daß die statistischen Ergebnisse nur dazu dienen, eine Mindestgrenze festzulegen und entsprechend dem Zweck der Formulierung

---

[67] Nach *N. Colneric*, ArbuR 1994, S. 393 (404), sollen wohl die von ihr festgestellten Methoden alternativ zur Anwendung kommen. *K.-J. Bieback*, 1997, S. 83f., weist zutreffend die rein numerischen Herangehensweisen zurück und vertritt die Auffassung, daß die Methoden, welche die proportionale Betroffenheit feststellen, alternativ verwendet werden können; *J. Sievers*, 1996, S. 98 mit Fn. 40., meint, man müsse „die *eine* Methode" finden, womit er ebenfalls die proportionale Vergleichsgruppenbildung meint.

[68] *C. Blomeyer*, 1994, S. 30, der sich selbst aber nicht auf eine Methode festlegt.

[69] Zur Kritik an dieser Methode vgl. *W. Rombach*, SGb 1996, S. 193 (197); hiergegen *K.-J. Bieback*, 1997, S. 83ff.

[70] Ähnlich EuGH, Urteil v. 13.5.1986, Rs. 170/84 (Bilka), Slg. 1986, S. 1607, 1630: „wesentlich mehr"; EuGH, Urteil v. 17.6.1998, C-243/95 (Hill/Stapleton), Slg. 1998, I-3739, Rdn. 24: „prozentual viel mehr Frauen als Männer"; EuGH, Urteil v. 9.2.1999, Rs. C-167/97 (Seymour-Smith/Perez) Slg. 1999, I-623, Rdn. 60: „erheblich niedrigerer Prozentsatz"; „wesentlich höher", BAG, Beschluß v. 5.6.1984, AP Nr. 3 zu Art. 119 EWG-Vertrag: „unverhältnismäßig mehr"; BAG, Urteil v. 20.11.1990, NZA 1991, S. 635: „erheblich mehr".

[71] Z.B. EuGH, Urteil v. 7.5.1991, Rs. C-229/89 (Kommission/Belgien), Slg. 1991, I-2205; EuGH, Urteil v. 27.10.1993, Rs. C-127/92 (Enderby), Slg. 1993, I-5535, vgl. die zahlreichen Nachweise der Rechtsprechung des EuGH in den Schlußanträgen des Generalanwalts *Cosmas*, Rs. C-167/97 (Seymour-Smith/Perez), Slg. 1999, I- 623, Rdn. 116.

[72] BAG, AP Nr. 51 zu Art. 119 EWG-Vertrag = NZA 1994, S. 1136.

[73] BAG, AP Nr. 8 zu § 1 BetrAVG Gleichberechtigung = NZA 1991, S. 635.

[74] BAG, Urteil v. 5.3.1997, SAE 1999, S. 59 (61).

„wesentlich" ein Beruhen der Unterschiede auf Zufälligkeiten auszuschließen.[75] Je genauer die Statistik, desto niedriger kann die Differenz ausfallen. Letztlich ist aber die Wertung des Rechtsanwenders entscheidend, weil starre Zahlen und Rechenergebnisse nie mehr als eine Indizwirkung haben können.[76] Die Beurteilung einer mittelbaren Diskriminierung ist ein komplexer Vorgang, weshalb nach den Schlußanträgen des Generalanwalts *Cosmas* vom 14. Juli 1998 in der Rechtssache *Seymour-Smith/Perez* „Prozentsätze (...) für sich genommen keinen absoluten Wert (haben), sondern einen relativen Wert, der sich aus der Verbindung mit allen übrigen zu berücksichtigen Gegebenheiten ergibt. Vor allem sind sie ein *Indiz* und kein *Beweis* für eine Diskriminierung."[77] Statistisches Material darf folglich nicht allein als ausreichend angesehen werden, sondern bedarf der Absicherung durch eine Grundlage, die „so objektiv wie möglich sein muß".[78] Daher sollte davon ausgegangen werden, daß je kleiner die Grundgesamtheit ist, desto größer die prozentuale Abweichung sein muß bzw. umgekehrt je größer die Grundgesamtheit ist, desto kleiner die Differenz sein kann.[79] Jede Bestimmung des Ausmaßes ist dabei notwendigerweise mit zahlreichen Wertungen verbunden, in deren Rahmen die Bedeutung der Ungleichbehandlung, die Anzahl der Betroffenen und das Ausmaß der Betroffenheit als objektive Grundlage zu berücksichtigen sind.[80]

Hiergegen mag zwar eingewendet werden, daß derartige Wertungen stets verschieden ausfallen können und damit zu Rechtsunsicherheit führen. Im Bereich der Teilzeitbeschäftigung trifft dies indes nicht zu. Denn Teilzeitarbeit als Frauenarbeit ist weiterhin ganz eindeutig mit einem Anteil von fast 90% von Frauen dominiert, und auch der Anteil aller teilzeitbeschäftigten Frauen an der Gesamtzahl der Frauen ist deutlich höher als der der teilzeitbeschäftigten Männer an der Gesamtzahl der Männer. Wie festgestellt, war zudem bereits in der Rechtssache *Danfoss*[81] die Erkenntnis, daß weibliche Arbeitnehmer „aufgrund der häufig ihnen obliegenden Aufgaben in Haushalt und Familie ihre Arbeitszeit weniger flexibel gestalten können", eine ausreichend objektive Grundlage für die Feststellung einer mittelbaren Diskriminierung. Auch die weiter zu erwartende Entwicklung dieser Beschäftigungsform ändert nichts an dieser Feststellung. Denn Teilzeitarbeit ist die am größten wachsende Arbeitsform, insbesondere in dem stark geschlechtsspezifisch segregierten Tertiären Sektor, in dem Frauen übermäßig vertreten sind. [82]

---

[75] *H. Pfarr/K. Bertelsmann*, 1989, S. 120; Untergrenze ist Faktor „Zufall": *G. Wisskirchen*, 1994, S. 94; *J. Sievers*, 1996, S. 107; *K.-J. Bieback*, 1997, S. 87.

[76] *J. Sievers*, 1996, S. 107; *K. Feldhoff*, 1998, S. 248f.

[77] Schlußanträge des Generalanwalts *Cosmas*, Rs. C-167/97 (Seymour-Smith/Perez), Slg. 1999, I- 623, Rdn. 119.

[78] Schlußanträge des Generalanwalts *Cosmas*, Rs. C-167/97 (Seymour-Smith/Perez), Slg. 1999, I- 623, Rdn. 113f.

[79] *H. Pfarr/K. Bertelsmann*, 1989, S. 120.

[80] *K.-J. Bieback*, 1997, S. 87.

[81] EuGH, Urteil v. 17.10.1989, Rs. 109/88 (Danfoss) Slg. 1989, 3199, Rdn. 21. Dazu oben Kapitel 3, I. 2. zu Fn. 10f.

[82] Dazu oben Kapitel 1, I. 2. b) bb) und cc).

bb) Probleme hinsichtlich der Betroffenheit

(a) „Statistische“ Beweisführung

Kritisiert wird das Vorgehen mittels Statistiken als „statistische Beweisführung“,[83] die nicht ausschließen könne, daß die Benachteiligung nicht auf anderen, nicht geschlechtsbedingten Gründen beruht und eine rechtliche Begründung nicht ersetzen könne.[84]
Diesem Einwand ist entgegenzuhalten, daß eine Vermutung dennoch erhoben wird und sich aus dem Indiz des Gruppenvergleichs die erhöhte Wahrscheinlichkeit einer Diskriminierung tatsächlich ergibt.[85] Eine solche ausreichen zu lassen, widerspricht auch nicht dem Interesse des bislang durch die Vermutung allein potentiellen Diskriminierers. Diesem bleibt die Möglichkeit erhalten, den Vorwurf im Rahmen des Gegenbeweises bzw. der objektiven Rechtfertigung zu entkräften.[86] Schließlich steht das statistische Material auch der Gegenseite zur Verfügung, mit dem diese darlegen und beweisen kann, daß das, was von der Klägerseite vorgebracht wurde, unzutreffend bzw. das statistische Material selbst nicht haltbar ist. Damit erfährt die Beklagtenseite durch die Verwendung von Statistiken durch die Klägerin im Prozeß nicht nur einseitig Nachteile.[87]

(b) Natur der Betroffenheit und Nachteilskompensation

Problematisiert wird auch die Natur der Betroffenheit selbst bzw. die Frage der Nachteilskompensation durch anderweitige Vorteile.
Zutreffend wird eine Beschränkung der Betroffenheit auf eine rein wirtschaftliche Schlechterstellung, die für den gerichtlichen Nachweis gefordert werden könnte und auch leichter nachweisbar wäre als eine strukturelle Benachteiligung, die sich nicht notwendigerweise in materiellen Zahlen ausdrücken läßt, mit dem Hinweis auf den Grund des Verbots der mittelbaren Diskriminierung mit dem Ziel der Herstellung der Chancengleichheit abgelehnt.[88] Erwerbschancen können einen kaum gerichtlich feststellbaren Wert haben, wie es sich bei der Weiterbildung und dem Erwerb von Qualifikation und Spezialkenntnissen zeigt. Wird Frauen die Chance verwehrt, an bestimmten betrieblichen Projekten teilzunehmen, wird es ihnen unmöglich gemacht, dadurch eine finanziell nicht faßbare, für eine Beförderung oder eine für das Gehalt relevante Bewertung oder Kenntnis zu erlangen.

---

[83] Hierzu *G. Wisskirchen*, 1994, S. 95; *M. Schlachter*, NZA 1995, S. 393 (396) m.w.N.; *D. Dungs*, 1998, S. 205f. Die Kritik ist wohl vor dem Hintergrund zu sehen, daß der EuGH und zunehmend auch das BAG auf eine Kausalitätsprüfung verzichten, weil für sie das zahlenmäßige Überwiegen eine Diskriminierung bereits indiziert. Dazu unten Kapitel 4, I. 2.

[84] *K.-G. Loritz*, SAE 1992, S. 367 (372); *W. Erasmy*, Arbeitgeber 1992, S. 1005 (1005f.); *M. Heinze*, ZfA 1992, S. 331 (344); *W. Blomeyer*, SAE 1993, S. 177 (179); *E. Herrmann*, SAE 1993, S. 271 (278); *K. Feldhoff*, 1998, S. 248.

[85] *M. Schlachter*, NZA 1995, S. 393 (396); *D. Dungs*, 1998, S. 206. Des weiteren spricht dagegen, daß einige der Methoden unzutreffend auf absoluten Zahlen beruhen und die Kritik diesbezüglich richtig ist, ihre Grundlage aber bei Anwendung der zutreffenden Methode verliert. Zudem fehlen auch in anderen Bereichen wie dem des Wirtschaftsrechts feste Zahlgrenzen, *K.-J. Bieback*, ZIAS 1990, S. 1 (10); *B. Waas*, EuR 1994, S. 97 (99).

[86] *M. Schlachter*, NZA 1995, S. 393 (396).

[87] *G. Wisskirchen*, 1994, S. 96.

[88] *G. Wisskirchen*, 1994, S. 81. Die Feststellung der nachteiligen Betroffenheit an dieser Stelle ist dabei streng von der Feststellung der Rechtsfolge zu trennen, bei der es für das Gericht auf die Unterscheidung rein wirtschaftlicher und immaterieller Betroffenheit ankommt, wenn es auszusprechen hat, welcher diskriminierungsfreier Zustand (wie- der-)hergestellt werden soll.

Des weiteren stellt sich die Frage nach der Zulässigkeit der Saldierung von Vor- und Nachteilen.[89] Hiergegen spricht jedoch, daß sich die betroffenen Personenkreise der Benachteiligten und der Begünstigten häufig nicht decken. Zudem führt eine Saldierung zu Ungenauigkeiten und Schwierigkeiten bei einer Bewertung der Gewichtung von Vor- und Nachtteilen und somit zu Rechtsunsicherheit.[90] In diesem Sinne entschied auch der EuGH im Fall *Barber*.[91] Wie schon in der Rechtssache *Danfoss*[92] zur Transparenz eines Lohnsystems betonte der Gerichtshof die Wichtigkeit der Durchschaubarkeit und Kontrollierbarkeit von Vergütungen. Nicht deren Gesamtbewertung, sondern jeder einzelne Vergütungsbestandteil müsse anhand des Grundsatzes des gleichen Entgelts überprüft werden können, so daß der Nachteil durch die Diskriminierung in der betrieblichen Altersversorgung nicht durch den Vorteil eines besseren Gehalts kompensiert werden könne.

(c) Beschränkung auf das biologische Geschlecht

Es finden sich Argumente für eine Beschränkung der mittelbaren Diskriminierung auf Fälle der Betroffenheit des rein biologischen Geschlechts. Diese gründen sich erstens auf die Wahlfreiheit und zweitens auf die entstehende Rechtsunsicherheit aufgrund der Einbeziehung des sozialen Geschlechts.

Das soziale Geschlecht, welches die soziale Geschlechtsrolle in Form der geschlechtsspezifischen Wahrnehmung der Familienrolle durch Frauen meint, sei anders als das biologische dem Rollentausch zugänglich, weshalb man dieses außer acht lassen müsse. In diesem Falle seien die Gründe für die Ausübung von Teilzeitarbeit durch Frauen und die damit verbundenen beruflichen Nachteile in den freien Entscheidungen der Lebenspartner zu finden.[93]

Diese Ansicht verkennt, daß gerade das soziale Geschlecht die „Wahl- und Entscheidungsfreiheit" bei gesellschaftlichen Rollenvorstellungen und privaten Arbeitsteilungen in Frage stellt. Wie in Kapitel 2 festgestellt,[94] ist das Tatsächliche bereits die Stereotypisierung der strukturellen Benachteiligung aufgrund der Zugehörigkeit zu einer Geschlechtsgruppe, die durch geschaffene Fakten zu Vorurteilen wird, welche diese als individuelle Präferenz erscheinen lassen und damit den Blick auf eine rechtlich relevante Diskriminierung verstellen. Die dem Argument zugrunde liegende Trennung von verschuldeten und unverschuldeten bzw. selbst gewollten und ungewollten Umständen gründet sich darüber hinaus in der liberalen Denktradition und Gerechtigkeitsdogmatik, die, wie in Kapitel 2 erörtert,[95] angesichts der institutionellen Rahmenbedingungen, die Menschen und ihr Handeln beeinflussen, nicht aufrecht erhalten werden kann. Sie verkennt den strukturellen Aspekt mittelbarer Diskriminierungen und ist mithin mit dem Grund ihres Verbots in

---

[89] *N. Colneric*, ArbuR 1994, S. 292 (297), u.a. hinsichtlich des Nachteils des Ausschlusses geringfügig Beschäftigter von der Krankenversicherung und dessen Kehrseite der Beitragsfreiheit der Beschäftigungsverhältnisse.

[90] *G. Wisskirchen*, 1994, S. 82.

[91] EuGH, Urteil v. 17.5.1990, Rs. C-262/88 (Barber), Slg. 1990, I-1883; hierzu *N. Colneric*, EuZW 1991, S. 75f.; *H. Buchner*, ZfA 1993, S. 279.

[92] EuGH, Urteil v. 17.10.1989, Rs. 109/88 (Danfoss), Slg. 1989, 3199.

[93] *S. Rating*, 1994, S. 106.

[94] Siehe oben Kapitel 2, II. 1 b).

[95] Dazu oben Kapitel 2, II. 2. b) und c).

Griggs v Duke Power Co. und *Jenkins*[96] nicht vereinbar. In der inzwischen gefestigten Rechtsprechung des EuGH ist das soziale Geschlecht („aufgrund der ihnen häufig obliegenden Aufgaben in Haushalt und Familie“) gerade die Grundlage für die Feststellung der mittelbaren Diskriminierung.[97]
Der Vorwurf der Rechtsunsicherheit, die sich aus dem unbestimmten Begriff des sozialen Geschlechts ergäbe,[98] übersieht das Motiv für die rechtliche Verurteilung von mittelbaren Diskriminierungen und die Tatsache, daß jeder Zusammenhang zwischen nachteiliger Wirkung einer Maßnahme und der Geschlechtsrolle ebenso wie beim Geschlecht auch widerlegt werden kann.[99]

2. Kausalitätsprüfung

Das Erfordernis der Kausalitätsprüfung als eine zusätzliche haftungsbegrenzende Voraussetzung der Feststellung einer mittelbaren Diskriminierung ist umstritten.[100] Eine solche Prüfung bezweckt den Nachweis des Kausalzusammenhangs zwischen der Zugehörigkeit zu einer Gruppe eines Geschlechts und dem damit verbundenen Nachteil, um das Beruhen der nachteiligen Wirkung auf anderen Ursachen auszuschließen.
Die Beantwortung der Frage nach dem Erfordernis einer Kausalitätsprüfung ist von Bedeutung, weil sie die Darlegungs- und Beweislast bei der Feststellung einer mittelbaren Diskriminierung entscheidend bestimmt. Lehnt man ein zusätzliches Kausalitätserfordernis ab, so wird es der klagenden Partei im Prozeß leichter fallen, mittels Statistiken eine Vermutung einer mittelbaren Diskriminierung darzulegen. Anders dagegen bedeutete es eine zusätzliche, oft fast unüberwindbare Hürde, ein tatsächliches Beruhen der Auswirkungen der streitigen Maßnahme auf dem Geschlecht oder der Geschlechtsrolle zu beweisen. Die Definition der mittelbaren Geschlechtsdiskriminierung verlangt lediglich eine Benachteiligung von Angehörigen eines Geschlechts und erwähnt hinsichtlich der objektiven Rechtfertigung allein Gründe, die nicht auf das Geschlecht bezogen sind. Eine Kausalität verlangt der Wortlaut der Definition nicht.

a) Rechtsprechung

Nach der Rechtsprechung des EuGH ergibt sich aus dem Indiz der prozentual wesentlich stärkeren Betroffenheit einer Gruppe bereits die Geschlechtsbedingtheit des Nachteils.

---

[96] Griggs v Duke Power Co., 401, U.S. 424 (1971); EuGH, Urteil v. 31.3.1981, Rs. 96/80 (Jenkins), Slg. 1981, 911; dazu oben Kapitel 1, I. 1. e).
[97] EuGH, Urteil v. 17.10.1989, Rs. 109/89 (Danfoss), Slg. 1989, 3199, Rdn. 21; Schlußanträge des Generalanwalts *Lenz*, Rs. C-127/92 (Enderby), Slg. 1993, I-5553, Rdn. 30; Schlußanträge des Generalanwalts *Cosmas*, Rs. C-167/97 (Seymour-Smith/Perez), Slg. 1999, I-623, Rdn. 114.
[98] *C. Blomeyer*, 1994, S. 35ff.
[99] *H. Pfarr/K. Bertelsmann*, 1989, S. 124.
[100] Unklar *C. Fuchsloch*, 1995, S. 139ff.; offengelassen *H.-H. Sowka*, DB 1992, 2030; *ders.*, DB 1994, S. 1872 (1975); dafür *H. Pfarr/K. Bertelsmann*, 1985, S. 234f.; *dies.*, 1989, S. 121ff.; *P. Hanau/U. Preis*, ZfA 1988, S. 177 (188ff.); *H. Oetker*, 1992, S. 13 (17ff.); R. *Wank*, SEA 1994, S. 195 (197); *S. Rating*, 1994, S. 105ff.; *W. Schulz-Weidner*, DRV 1994, S. 60 (67); *F. Lorenz*, VSSR 1995, S. 199 (228); bejahend, aber differenzierend R. *Wank*, RdA 1985, S. 1 (21); *G. Wisskirchen*, 1994, S. 102ff.; *J. Sievers*, 1996, S. 113ff.; dagegen *M. Schlachter*, 1993, S. 133, 391f; *dies.* NZA 1995, S. 393 (396f.); C. *Blomeyer*, 1994, S. 31ff., 88, 128; *N. Colneric*, ArbuR 1994, S. 393 (396); *M. Zimmer*, AuA 1994, S. 283 (286); *K.-J. Bieback*, DRV 1994, S. 20 (33); *ders.*, 1997, S. 88ff.; *U. Sacksowsky*, 1996, S. 362; *W. Lauda*, 1996, S. 135f.; TzA/*Dieball*, 1. Aufl., Europäisches Recht, Rdn. 102; *K. Feldhoff*, 1998, S. 250f.; *D. Dungs*, 1998, S. 207.

Der Gerichtshof verwendet hierfür Formulierungen wie „grundsätzlich“, „prima-facie Diskriminierung“ bzw. Diskriminierung „dem ersten Anschein nach“.[101] Zwar hat er sich bisher nicht explizit dazu geäußert, ob die Kausalität als zusätzliches Kriterium zu prüfen ist. Bereits in der Rechtssache *Danfoss*[102] hieß es aber, daß Frauen benachteiligt werden, weil sie „aufgrund der ihnen häufig obliegenden Aufgaben in Haushalt und Familie ihre Arbeitszeit weniger flexibel gestalten können“. Dies war im Fall Grundlage für die Feststellung der mittelbaren Diskriminierung.[103] Insbesondere in den Urteilen zur Teilzeitbeschäftigung war deutlich, daß diese Beschäftigungsform aufgrund tradierter Rollenbilder und -zuweisungen typische Frauenarbeit ist, so daß die Ursächlichkeit der Geschlechtsrolle offenkundig war. Der EuGH verzichtet auf eine Kausalitätsprüfung vor allem aus Gründen des effektiven Rechtsschutzes.[104] Arbeitnehmern, die prima-facie Opfer einer Diskriminierung sind, dürfe nicht jedes wirksame Mittel zur Durchsetzung ihres Anspruchs auf Gleichberechtigung genommen werden. Eine Maßnahme, die tatsächlich eine weitaus höhere Anzahl des einen oder anderen Geschlechts beeinträchtigt, sei damit dann als Verstoß gegen den geschlechtsspezifischen Gleichberechtigungsgrundsatz zu behandeln, wenn nicht derjenige, der die Beweislast trägt, nachweist, daß die Maßnahme objektiv gerechtfertigt ist.[105] Auch der sonstigen Rechtsprechung des EuGH zur mittelbaren Diskriminierung ist ein Erfordernis einer zusätzlichen Kausalitätsprüfung nicht zu entnehmen.[106]

Der Dritte Senat des BAG äußerte sich hierzu im Urteil in der Sache *Bilka* vom 14. Oktober 1987,[107] in der gefragt wurde, ob „die nachteilige Wirkung auch anders als mit dem Geschlecht oder der Geschlechterrolle erklärt werden kann“.[108] Der Senat stützte sich dabei auf die Entscheidung des EuGH in *Bilka*, in der es hieß: „Falls sich herausstellen sollte, daß ein erheblich geringerer Prozentsatz Frauen als Männer vollzeitbeschäftigt ist, steht der Ausschluß der Teilzeitbeschäftigten von der betrieblichen Altersversorgung dann folglich im Widerspruch zu Art. 119 EWG, wenn - *unter Berücksichtigung der für weibliche Arbeitnehmer bestehenden Schwierigkeiten, als Vollzeitbeschäftigte zu arbeiten* - diese Maßnahme nicht durch Umstände zu erklären ist, die eine Diskriminierung aufgrund des Geschlechts ausschließen.“[109] Entscheidend sei der Einschub in Gedankenstrichen (hier kursiv), der auf die Schwierigkeiten, dem männlichen Arbeitszeitmodell der Vollzeitarbeit nachzuge-

[101] EuGH, Urteil v. 13.7.1989, Rs. 171/88 (Rinner-Kühn), Slg. 1989, 2743, Rdn. 12; EuGH, Urteil v. 27.10.1993, Rs. C-127/92 (Enderby), Slg. 1993, I-5535, Rdn. 16; EuGH, Urteil v. 2.10.1997, Rs. C-1/95 (Gerster), Slg. 1997, I-5253, Rdn. 43; EuGH, Urteil v. 2.10.1997, Rs. C-100/95 (Kording) Slg. 1997, I-5283, Rdn. 19; siehe auch Schlußanträge des Generalanwalts *Cosmas*, Rs. C-167/97 (Seymour-Smith/Perez), Slg. 1999, I- 623, Rdn. 118.

[102] EuGH, Urteil v. 17.10.1989, Rs. 109/89 (Danfoss), Slg. 1989, 3199, Rdn. 21.

[103] Ebenso Schlußanträge des Generalanwalts *Lenz*, Rs. C-127/92 (Enderby), Slg. 1993, I-5553, Rdn. 30.

[104] EuGH, Urteil v. 27.10.1993, Rs. C-127/92 (Enderby), Slg. 1993, I-5535, Rdn. 14ff.

[105] Schlußanträge des Generalanwalts *Lenz*, Rs. C-127/92 (Enderby), Slg. 1993, I-5553, Rdn. 27ff. Dem Kläger dürften keine zusätzlichen Hürden bereitet werden. Daher sei das Beruhen auf möglichen anderen Gründen i.R.d. objektive Rechtfertigung zu prüfen, so daß dies darzulegen, Sache des Urhebers der mittelbaren Diskriminierung werde. Vgl. auch Schlußanträge des Generalanwalts *Cosmas*, Rs. C-167/97 (Seymour-Smith/Perez), Slg. 1999, I-623, Rdn. 117.

[106] EuGH, Urteil v. 2.10.1997, Rs. C-1/95 (Gerster), Slg. 1997, I-5253, Rdn. 34; EuGH, Urteil v. 9.2.1999, Rs. C-167/97 (Seymour-Smith/Perez), Slg. 1999, I- 623, Rdn. 65; *M. Schlachter*, 1993, S. 133; *J. Sievers*, 1996, S. 112; *H. Wißmann*, Festschrift Wlotzke, 1996, S. 807 (817).

[107] BAG, Urteil v. 14.10.1986, AP Nr. 11 zu Art. 119 EWG-Vertrag.

[108] BAG, Urteil v. 14.10.1986, AP Nr. 11 zu Art. 119 EWG-Vertrag zu II 3a (3) der Gründe.

[109] EuGH, Urteil v. 13.5.1986, Rs. 170/84 (Bilka), Slg 1986, 1607, Rdn. 29f. Kursiv hinzugefügt. Vgl. auch die Aufzählung der EuGH-Entscheidungen bei Generalanwalt *Lenz*, EuGH Urteil v. 27.10.1993, Rs. C-127/92 (Enderby), Slg. 1993, I-5553, Rdn. 30 mit Fn. 19.

hen, Bezug nehme. Erforderlich sei daher die Feststellung, daß „die benachteiligende Wirkung auf geschlechtsspezifischen Gründen beruht.“ Dies sei indes offensichtlich. Denn „Teilzeitarbeit ist Frauenarbeit“ aufgrund der Geschlechtsrollen.[110] Der EuGH behandelte die Frage der objektiven Rechtfertigung in der benannten Entscheidung erst im nächsten Entscheidungsgrund, so daß e contrario tatsächlich der Schluß nahelag, daß sich der Einschub auf eine gesonderte Kausalitätsprüfung bezog.
Im Urteil vom 2. Dezember 1992 gelangte der Vierte Senat des BAG dann zu der Feststellung, der EuGH habe mit dieser Formulierung auch auf die objektive Rechtfertigung Bezug nehmen können, weil sich das Wort „wenn“ auf die dort anzustellende Verhältnismäßigkeitsprüfung bezöge.[111] Aus späteren Entscheidungen geht nunmehr eindeutiger hervor, daß das BAG durch die wesentlich stärkere Betroffenheit der weiblichen Arbeitnehmer die Diskriminierung wegen des Geschlechts als indiziert ansieht.[112]

b) Literatur

In der Literatur wird die Notwendigkeit eines Begründungszusammenhangs vor allem mit dem Fehlen einer Diskriminierungsabsicht im Rahmen der mittelbaren Diskriminierung begründet.[113] Dabei ist zu unterscheiden zwischen der Auffassung, die eine Kausalität im Sinne der reinen sine-qua-non-Verursachung verlangt, und derjenigen, welche diese weiter mittels des Kriteriums der Zurechenbarkeit einschränken will, weil sie eine Haftung für jegliche kausale Verursachung als zu weitgehend betrachtet.

aa) Erfordernis einer zusätzlichen Kausalitätsprüfung

Nach *Pfarr/Bertelsmann*[114] muß durch eine wertende Betrachtung entschieden werden, für welche Nachteile der Arbeitgeber einzustehen hat. Die konkrete Ausgestaltung der Maßnahme soll nicht hinweg gedacht werden können, ohne daß die geschlechtsspezifisch nachteiligen Auswirkungen entfielen. Sie fordern zwar eine „Zurechnung“, meinen im Grunde aber eine Kausalität.[115] Durch die geschlechtsspezifische Arbeitsteilung werden bestehende Arbeits- und Wirtschaftsbedingungen überhaupt erst ermöglicht. Nur weil Frauen Männern den Rücken freihalten, können Männer diese auch erfüllen, während Frauen davon ausgeschlossen sind. Die traditionelle Aufgabenteilung liegt deswegen im Interesse des Arbeitgebers. Er ist auf private Reproduktion und Regeneration angewiesen, weil im privaten Bereich Arbeitskraft wiederhergestellt und künftiges Arbeitspotential großgezogen wird.
Diese Ansicht steht im Widerspruch zu der von *Wank*[116] vertretenen Auffassung, nach der man zwischen Arbeits- und Privatleben und den sich hieraus ergebenden Nachteilen differenzieren müsse, um den Arbeitgeber nicht zum „Funktionär der Gesellschaft“[117] zu

---

110 BAG, Urteil v. 14.10.1986, AP Nr. 11 zu Art. 119 EWG-Vertrag unter II 3a (3) der Gründe = NZA 1987, S. 445 (446).
111 BAG, Urteil v. 2.12.1992, DB 1993, S. 586 = NZA 1993, 367 (369); dazu *C. Blomeyer*, 1994, S. 35; *H. Wißmann*, Festschrift Wlotzke, 1996, S. 807 (818); *J. Sievers*, 1996, S. 111f.; *K. Feldhoff*, 1998, S. 249f.
112 So z.B. BAG, Urteil v. 5.3.1997, SAE 1999, S. 59 (61).
113 *H. Pfarr/K. Bertelsmann*, 1989, S. 120.
114 *H. Pfarr/K. Bertelsmann*, 1989, S. 121ff.
115 *G. Wisskirchen*, 1994, S. 103.
116 R. *Wank*, RdA 1985, S. 1 (21).
117 Dazu bereits im Rahmen der Gerechtigkeitsdogmatik oben Kapitel 2, II. 3. c) bb) (aa) (3) und (bb).

machen. Nur für ersteres könne der Arbeitgeber überhaupt in Verantwortung genommen werden. *Hanau/Preis*[118] fordern aus diesem Grund eine „objektiv geschlechtsdiskriminierende Tendenz", um nicht „gesamtgesellschaftliche Versäumnisse bei der Gleichstellung der Frau" dem Arbeitgeber zuzurechnen. Anders als der Staat seien Arbeitgeber auch nicht dazu verpflichtet, bestehende Nachteile zu kompensieren.[119] Die sich hierin ausdrückende Furcht vor einer Überbelastung privater Arbeitgeber wird daran deutlich, daß *Hanau/Preis* und *Wank* für Gesetze, also staatliches Handeln, keine Einschränkungen der Haftung vorsehen.[120] Der Zurechnungszusammenhang soll entfallen, wenn die Benachteiligung auf allgemeine Lebensumstände zurückzuführen ist, die in das Arbeitsleben einwirken. Es werden nur solche neutrale Maßnahmen eines Arbeitgebers erfaßt, die neben den verschiedenen gesellschaftlichen Ursachen noch weitere rechtlich relevante Kriterien aufstellen, welche die vorhandenen Ausgangspositionen eines Geschlechts verschlechtern. Damit verbietet das Kriterium der „geschlechtsdiskriminierenden Tendenz" aber genau das, was die Kausalität untersagt, so daß es im Grunde auch hier um die Kausalität im Sinne der Formel der conditio-sine-qua-non geht.[121]

bb) Zurechenbarkeitserfordernis

Aufgrund der befürchteten weitreichenden Auswirkungen wird eine wertende Betrachtung gefordert, um die Fälle auszuscheiden, in denen zwar eine Kausalität vorliegt, diese aber nicht als rechtlich relevant angesehen werden können.

Die tatsächlichen Auswirkungen von Maßnahmen seien für Private viel weniger überschaubar und vorhersehbar als für den Staat, so daß die Maßstäbe, die an ihn gestellt werden, nicht auf das Arbeitsverhältnis übertragbar seien.[122] Zudem würden durch den viel größeren Adressatenkreis gesetzlicher Regelungen wesentlich mehr Frauen nachteilig betroffen, so daß sich der Staat nie auf die Unvorhersehbarkeit der diskriminierenden Auswirkungen einer Maßnahme berufen könne. Daher soll bei der Haftung des Arbeitgebers die Kausalität mittels der Adäquanztheorie eingeschränkt werden, die unvorhersehbare und außerhalb jeglicher Lebenserfahrung liegende Kausalzusammenhänge ausschließt.

Eine andere Ansicht bemüht in Anlehnung an das Schadens- und Strafrecht den Schutzzweckgedanken.[123] An dieser Stelle sei zur Vermeidung einer unbegrenzten Schadensverhütung und somit einer Eingrenzung der Haftung Privater festzustellen, ob der Arbeitgeber mit seiner Regelung ein Rechtsgut verletzt, dessen Schutz das Verbot der mittelbaren Diskriminierung bezweckt.

---

[118] *P. Hanau/U. Preis*, ZfA 1988, S. 177 (189f.). So auch *S. Rating*, 1994, S. 106, der darüber hinaus noch deswegen eine Kausalitätsprüfung für notwendig erachtet, weil es darauf ankomme, daß auch im individuellen Fall nachgewiesen werden müsse, daß die Vermutung, daß beispielsweise Teilzeitbeschäftigung Frauenarbeit ist, auch in dem betroffenen Betrieb zutrifft.

[119] *R. Wank*, RdA 1985, S. 1 (21); *P. Hanau/U. Preis*, ZfA 1988, S. 177 (188ff.).

[120] Dazu *G. Wisskirchen*, 1994, S. 106f.; *J. Sievers*, 1996, S. 116f. Vgl. auch *K.-J. Bieback*, ZIAS 1990, S. 1 (12ff.) zum Sozialrecht.

[121] *G. Wisskirchen*, 1994, S. 102ff.

[122] *G. Wisskirchen*, 1994, S. 105ff.

[123] *J. Sievers*, 1996, S. 115.

c) Kritik

aa) Keine Herstellung faktischer Gleichheit

Die Ausgrenzung der Zurechnung gesamtgesellschaftlicher Probleme von der Haftung des Arbeitgebers mit der Begründung, er sei – anders als der Staat – nicht dazu verpflichtet, bestehende Nachteile zu kompensieren, trifft nur dann zu, wenn das Ziel der mittelbaren Diskriminierung die Herstellung faktischer Gleichheit, also Ergebnisgleichheit, ist. Wie in Kapitel 2 festgestellt,[124] zielt das Verbot der mittelbaren Diskriminierung als Instrument der distributiven Gerechtigkeit auf eine substantielle Chancengleichheit ab, nicht aber auf Ergebnisgleichheit. Es verlangt keine aktive Gesellschaftspolitik der Arbeitgeber, sondern eine Berücksichtigung der strukturellen Rahmenbedingungen, welche die Doppelbelastung und damit die Benachteiligung von Frauen im Erwerbsleben verursachen, also allein auf solche Regelungen zu verzichten, welche die Erwerbschancen von Frauen beeinträchtigen.[125]
Die Unterscheidung zwischen für die Feststellung einer mittelbaren Diskriminierung irrelevanten, gesamtgesellschaftlichen und relevanten, marktbezogenen Gründen legt dem Begriff der Gleichberechtigung zudem ein zu formales Verständnis zugrunde. Gerade diese Trennung zwischen dem Bereich der Öffentlichkeit und der Privatsphäre wird, wie in Kapitel 2 erörtert, aus dem Grund der Aufrechterhaltung des diskriminierenden status quo der Geschlechtsrollen abgelehnt.[126] Ist eine mittelbare Diskriminierung indiziert, kommt es nicht mehr darauf an, ob der Handelnde die Folgen der mittelbar benachteiligenden Maßnahme beabsichtigte oder sie allein tatsächlich herbeigeführt hat. Der diskriminierende Zustand nach der Handlung, das Ergebnis der ungleichen Chancenverteilung, ist entscheidend[127] und soll im Wege der iustitia distributiva von den in Verantwortung genommenen Verteilungsinstanzen, unter anderem den Arbeitgebern, beseitigt werden.

bb) Keine Differenzierung zwischen gesetzlichen und individualrechtlichen Maßnahmen

Eine Differenzierung zwischen gesetzlichen und individualrechtlichen Maßnahmen ist nicht vorzunehmen. Das Erfordernis eines Begründungszusammenhangs wird in erster Linie mit dem Fehlen einer Diskriminierungsabsicht im Rahmen der mittelbaren Diskriminierung begründet. Dabei ist jedoch schon fraglich, ob nicht, insbesondere im Fall der Ungleichbehandlung Teilzeitbeschäftigter, doch von einem bewußten Handeln desjenigen Arbeitgebers auszugehen ist, der eine neutrale, aber tatsächlich diskriminierende Regelung anwendet. Sprechen die statistischen Daten für eine wesentlich stärkere Betroffenheit von Frauen, nimmt der Arbeitgeber in diesem Fall eine mittelbare Diskriminierung um anderer Interessen willen in Kauf, also „,quasi ‚sehenden Auges' hin, daß Frauen unverhältnismäßig benachteiligt werden".[128] Aus diesem Grund gilt auch der Einwand nicht unein-

---

[124] Dazu oben Kapitel 2, II. 1. a) und III.

[125] *M. Schlachter*, 1993, S. 391.

[126] Dazu oben Kapitel 2, I. 3.; ähnlich *H. Pfarr/K. Bertelsmann*, 1989, S. 121ff.

[127] *M. Schlachter*, NZA 1995, S. 393 (397); *G. Thüsing*, SAE 1999, S. 20 (29).

[128] *K. Feldhoff*, 1998, S. 250. Ist der Arbeitgeber der Ansicht, daß seine objektive Maßnahme keine Chancen verstellt hat, kann dies nicht den prima-facie Opfern einer mittelbaren Diskriminierung angelastet werden Dieser Aspekt ist vielmehr eine Frage der objektiven Rechtfertigung. Wenn aber die Interessen des Arbeitgebers per se vorgehen, so entfällt bereits an dieser Stelle eine mittelbare Diskriminierung. Es wird damit die Möglichkeit abgeschnitten, im Rahmen der Prüfung der objektiven Rechtfertigung ein viel diffe-

geschränkt, nach dem die tatsächlichen Auswirkungen von Maßnahmen für Private viel weniger überschaubar und vorhersehbar sind als für den Staat und die Maßstäbe, die an ihn gestellt werden, nicht auf das Arbeitsverhältnis übertragen werden können. Abzulehnen ist zudem das Argument, der viel größere Adressatenkreis gesetzlicher Regelungen könne wesentlich mehr Frauen nachteilig betreffen, so daß sich der Staat im Gegensatz zum Arbeitgeber nie auf die Unvorhersehbarkeit der Auswirkungen einer Maßnahme berufen könne. Denn es ist nicht ersichtlich, warum im Rahmen der Geschlechtergleichberechtigung die Quantität und nicht die Qualität der Betroffenheit zählen sollte.

cc) Kein schadensrechtliches Verbot der mittelbaren Diskriminierung

Das zusätzliche Erfordernis der Kausalität oder Zurechnung steht im Widerspruch zum Wesen des Verbots der mittelbaren Diskriminierung und zu dessen Einordnung in die Gerechtigkeitsdogmatik. Es geht hierbei nicht um eine Schadenshaftung mit Ursache-Folge-Kausalitätsfeststellung und Wiedergutmachung im Sinne der aristotelischen iustitia directiva, sondern um die sich an den Zuständen, den Verteilungsergebnissen, orientierende zukunftsbezogene iustitia distributiva.[129]
Vor diesem Hintergrund gehen die Überlegungen zum Schutzzweckgedanken fehl. Zudem lassen sie die primäre Frage missen, was eigentlich das Verbot der mittelbaren Diskriminierung zu schützen bezweckt. Nach dem Schutzzweckgedanken haftet der Täter nur für den verursachten Schaden, vor dem zu schützen die fragliche Norm bezweckt. Das Verbot der mittelbaren Diskriminierung bewahrt vor ungleicher Chancenverteilung und will institutionelle Barrieren beseitigen, welche die Wahrnehmung von Chancen verstellen. Hierzu gehört die Verwehrung von Erwerbschancen durch das Anknüpfen und Fortschreiben gesellschaftlicher Rollenmuster und die daraus erwachsende strukturelle Benachteiligung. Die Vorteile, die auf seiten der „Chancenanbieter" aus der Benachteiligung gezogen werden, ermöglichen erst die gegenwärtigen Arbeitsbedingungen, sind gleichzeitig aber unerreichbar für diejenigen, die Beruf und Familie miteinander zu vereinbaren haben. Somit kann der „Schutzzweck" gar nicht solche Schäden ausgrenzen, die durch gesellschaftliche Gründe verursacht werden. Der „Schaden" müßte nach dem Schutzzweckgedanken außerhalb des Regelungsbereichs der Norm liegen. Dieser läge vorliegend im Versagen von Erwerbschancen durch die Verwendung von Regelungen, die an die Rollenmuster anknüpfen, und befindet damit aber tatsächlich im Anwendungsbereich des Verbots der mittelbaren Diskriminierung. Das heißt, daß sehr wohl faktische, in „gesamtgesellschaftlichen Versäumnissen" beruhende Nachteile, die durch individualrechtliche Maßnahmen aufrechterhalten oder verstärkt werden, vom Verbot erfaßt sind.[130]

d) Würdigung

Zwei Aspekte erfordern den Verzicht auf das zusätzliche Merkmal der Kausalität: erstens der Grund des Verbots der mittelbaren Diskriminierung und zweitens das Prinzip effektiven Rechtsschutzes.

---

renzierteres Ergebnis zu erreichen, in der der Arbeitgeber seine Leistungs- und Belastungsfähigkeit als Verteilungsinstanz auch widerlegen kann.

[129] Dazu Kapitel 2, I. 1. a).

[130] So auch *M. Schlachter*, NZA 1995, S. 393 (397).

aa) Grund des Verbots der mittelbaren Diskriminierung

Regelungsgrund der mittelbaren Diskriminierung war, wie aus den Ausgangsentscheidungen in *Griggs v Duke Power Co.* und *Jenkins*[131] hervorgeht, die Unterbindung von Praktiken, mit denen Arbeitgeber versuchten, das Verbot der unmittelbaren Diskriminierung durch die Verwendung neutraler, nicht direkt an die Rasse oder an das Geschlecht anknüpfender Regelungen zu umgehen. Gegen eine zusätzliche Kausalitätsprüfung spricht daher, daß das Verbot der mittelbaren Diskriminierung entwickelt wurde, um dem Umstand Rechnung zu tragen, daß strukturelle Diskriminierung nur schwer zu beweisen ist. Statistische Zahlen müssen deswegen als Indiz zulässig sein, die in diesem Zusammenhang genau das leisten, was sonst bei der Kausalität geprüft wird.[132] Würde ein positiver Nachweis verlangt, wäre das Verbot der mittelbaren Diskriminierung überflüssig. Der Gruppenvergleich, den das Verbot erfordert, indiziert bereits die nachteilige Betroffenheit eines Geschlechts. Eines solchen bedarf es aber gerade nicht im Rahmen einer Kausalitätsprüfung. Das Verbot baut auf einer Vermutung der Geschlechtsbedingtheit der Maßnahme auf, was jeder Kausalitätsprüfung ihren Sinn nimmt. Da es sich aber nur um ein „Wahrscheinlichkeitsurteil" [133] handelt, können die Indizien auch widerlegt werden.

bb) Prinzip des effektiven Rechtsschutzes

Das Prinzip effektiven Rechtsschutzes verbietet die Notwendigkeit des zusätzlichen Kausalitätskriteriums. Es handelt sich dabei um einen auch im Gemeinschaftsrecht anerkannten, allgemeinen Rechtsgrundsatz, der sich auf den gemeinsamen Verfassungsüberlieferungen der Mitgliedstaaten gründet und in den Artikeln 6 und 13 der Konvention zum Schutze der Menschenrechte und Grundfreiheiten vom 4. November 1950 verankert ist.[134] Ausdruck dieses Rechtsgrundsatzes ist der Auftrag an die Mitgliedstaaten gemäß Art. 6 der Entgeltrichtlinie 75/117/EWG und Art. 6 der Gleichbehandlungsrichtlinie 76/207/EWG, unter anderem das Verbot der mittelbaren Diskriminierung zu verwirklichen. Hiernach müssen die mitgliedstaatlichen Maßnahmen so wirksam sein, daß die Ziele der Richtlinien tatsächlich erreicht werden. Nach der Rechtsprechung des EuGH haben daher diejenigen, die Opfer eines Verstoßes gegen den Gleichberechtigungsgrundsatz der Richtlinien sind, Anspruch auf effektiven Rechtsschutz vor den nationalen Gerichten.[135] Es wurde festgestellt,[136] daß die Fragen nach zusätzlichen Voraussetzungen stets Fragen der Darlegungs- und Beweislast sind, so daß das Erfordernis einer Kausalitätsprüfung durchaus geeignet ist, die Durchsetzung des Verbots der mittelbaren Diskriminierung zu beeinträchtigen.

Die Forderung nach einer Kausalitätsprüfung ist zudem schlicht unnötig. Kausalität und objektive Rechtfertigung sind dogmatisch eng miteinander verbunden. Beide Kriterien dienen letztendlich dazu festzustellen, welche der möglichen Ursachen als Gründe für die nachteilige Betroffenheit eines Geschlechts entscheidend sind. Angesichts der Vielschich-

---

131 Griggs v Duke Power Co., 401, U.S. 424 (1971); EuGH, Urteil v. 31.3.1981, Rs. 96/80 (Jenkins), Slg. 1981, 911; dazu oben Kapitel 1, I. 1. e).

132 Schlußanträge des Generalanwalts *Cosmas*, Rs. C-167/97 (Seymour-Smith/Perez), Slg. 1999, I- 623, Rdn. 117; *N. Colneric*, ArbuR 1994, S. 393 (396); *M. Schlachter*, NZA 1995, 397.

133 *M. Schlachter*, 1993, S. 392.

134 Schlußanträge des Generalanwalts *Cosmas*, Rs. C-167/97 (Seymour-Smith/Perez), Slg. 1999, I- 623, Rdn. 88.

135 EuGH, Urteil v. 15.5.1986, Rs. 222/84 (Johnston), Slg. 1986, 1651, Rdn. 17ff.

136 Siehe oben S. 150.

tigkeit der Ursachen würde eine Kausalitätsprüfung zu „heillosen Ausdifferenzierungen von Kausalitäten" führen, was lediglich das „Wertungs- und Zurechnungsproblem hinter angeblich technischen Fragen der näheren oder ferneren Kausalität verbergen" [137] würde. Der an dieser Stelle vorgebrachte Einwand, auch bei einem Verzicht auf die Kausalitätsprüfung werde letztlich eine genaue Prüfung durchgeführt, weil auch Statistiken auf ihren Beweiswert zu überprüfen seien, die Kausalitätsprüfung letztendlich aber nichts anderes meine,[138] übersieht, daß ein zusätzliches Kausalitätskriterium ein haftungsbeschränkendes Tatbestandsmerkmal ist und somit ein Problem der Darlegungs- und Beweislast, nicht aber nur des Beweiswerts.

3. Zusammenfassung

Zur Feststellung einer mittelbaren Diskriminierung ist zunächst zu prüfen, ob eine Ungleichbehandlung von Angehörigen der Gruppen der Frauen und Männer durch dem Anschein nach neutrale Vorschriften, Kriterien oder Verfahren vorliegt, die sowohl auf Frauen als auch auf Männer gleichermaßen Anwendung finden, aber nur von einem Geschlecht erfüllt werden können. Teilzeitbeschäftigung selbst stellt ein solches neutrales Kriterium dar. Wird in diesem Zusammenhang die Erfüllung von Anspruchsvoraussetzungen an die tatsächliche, sich in der Regel an der Vollarbeitszeit orientierende Arbeitszeit angeknüpft (wie zum Beispiel bei der Berechnung des Dienstalters für den Bewährungsaufstieg), so tritt aufgrund der Überrepräsentanz von Frauen in Teilzeitarbeit offenkundig die Geschlechtsspezifik dieses Kriteriums hervor, weil überwiegend Frauen aufgrund der strukturellen Benachteiligung Teilzeit arbeiten und in diesem Fall durch die Verwendung dieses Kriteriums von dem Anspruch ausgeschlossen werden.
Sodann ist die nachteilige Betroffenheit eines Geschlechts durch diese Ungleichbehandlung zu ermitteln. Die hierfür erforderlichen Vergleichsgruppen sind mittels der proportionalen Methode festzustellen, die sich nicht auf absolute Zahlen verläßt und damit die strukturelle Diskriminierung von Frauen, insbesondere in Fällen einer stark geschlechtsspezifisch segregierten Betriebs- und Branchenstruktur, am besten erfassen kann. Bei der Feststellung des Ausmaßes der nachteiligen Betroffenheit dienen die statistischen Ergebnisse nur dazu, eine Mindestgrenze festzulegen und ein Beruhen der Unterschiede auf Zufälligkeiten auszuschließen. Letztlich ist eine Wertung vorzunehmen, weil die Verwendung von Prozentsätzen lediglich ein Indiz und kein Beweis für eine Diskriminierung ist. Daher kommt es neben dem statistischen Material entscheidend auf objektive Gesichtspunkte, wie die Bedeutung der Ungleichbehandlung, die Anzahl der Betroffenen und das Ausmaß der Betroffenheit an, so daß andere Faktoren schwachen Zahlen zu größerer Aussagekraft verhelfen können.
Bei der Feststellung der nachteiligen Betroffenheit kommt es nicht nur auf eine finanzielle Benachteiligung an. Denn diese würde die strukturelle Benachteiligung, die sich im Erwerbsleben auch in wirtschaftlich nicht meßbaren Nachteilen widerspiegelt, nicht erfassen. Eine Kompensation der erlittenen Nachteile beim Entgelt durch anderweitig erfahrene finanzielle Vorteile ist nach der Rechtsprechung des EuGH im Hinblick auf die Bewertung einzelnen diskriminierender Bestandteile eines insgesamt benachteiligenden Vergütungssystems, also der Transparenz und Durchschaubarkeit von Entgeltpraktiken, zu recht ausgeschlossen worden. Die nachteilige Betroffenheit ist auch nicht auf das biologische Geschlecht zu beschränken. Würde das Diskriminierungsrecht so in seinem Anwen-

---

[137] *K.-J. Bieback*, 1997, S. 92.
[138] *J. Sievers*, 1996, S. 114 zu *M. Schlachter*, 1993, S. 392.

dungsbereich eingegrenzt und das soziale Geschlecht für unbeachtlich erklärt, würde der größte Teil der strukturellen Diskriminierung von Frauen ausgeblendet.

Das umstrittene Erfordernis der Kausalitätsprüfung als eine zusätzliche haftungsbegrenzende Voraussetzung der Feststellung einer mittelbaren Diskriminierung ist von Bedeutung, weil es die Darlegungs- und Beweislast bestimmt. Nach der Rechtsprechung des EuGH und des BAG ergibt sich aus dem Indiz der prozentual wesentlich stärkeren Betroffenheit einer Gruppe bereits die Geschlechtsbedingtheit des Nachteils. Die Ansichten in der Literatur, die das Erfordernis der Kausalitätsprüfung zur Vermeidung einer Inanspruchnahme der Arbeitgeber als sogenannte „Funktionäre der Gesellschaft“ für gesellschaftliche Defizite verwenden, verkennen, daß das Ziel der mittelbaren Diskriminierung nicht die Herstellung faktischer Gleichheit, sondern als Instrument der distributiven Gerechtigkeit eine substantielle Chancengleichheit ist, welche von Arbeitgebern keine aktive Gesellschaftspolitik verlangt, sondern allein auf solche Regelungen zu verzichten, welche die Erwerbschancen von Frauen beeinträchtigen. Deutlich wird die in Kapitel 2 ausgeführte Problematik der Unterscheidung zwischen für die Feststellung einer mittelbaren Diskriminierung irrelevanten, gesamtgesellschaftlichen und relevanten, marktbezogenen Gründen, das heißt des Bereichs der Öffentlichkeit von der Privatsphäre, die den diskriminierenden status quo der Geschlechtsrollen aufrechterhält. Es kommt bei dem Verbot der mittelbaren Diskriminierung nicht darauf an, daß der Handelnde die Folgen der mittelbar benachteiligenden Maßnahme beabsichtigte oder sie allein tatsächlich herbeigeführt hat. Der diskriminierende Zustand nach der Handlung, das Ergebnis der ungleichen Chancenverteilung, ist entscheidend. Die in der Literatur angeführte Schutzzwecktheorie kann insoweit auch zu keinem anderen Ergebnis gelangen, als der Zweck des Verbots der mittelbaren Diskriminierung die Vermeidung ungleicher Verteilung von (Erwerbs-) Chancen durch das Anknüpfen und Fortschreiben gesellschaftlicher Rollenmuster, das heißt struktureller Benachteiligung, ist. Der „Schaden“ besteht im Versagen dieser Erwerbschancen in Form faktischer, in gesamtgesellschaftlichen Versäumnissen beruhender Nachteile und liegt damit im Anwendungsbereich des Verbots.

Zwei Aspekte erfordern in erster Linie schon den Verzicht auf das zusätzliche Merkmal der Kausalität. Erstens sind, um dem Umstand Rechnung zu tragen, daß strukturelle Diskriminierung nur schwer zu beweisen ist, statistische Zahlen als Indiz zulässig und ein widerlegbares Wahrscheinlichkeitsurteil ausreichend. Der positive Nachweis der Kausalität machte das Verbot der mittelbaren Diskriminierung daher überflüssig. Zweitens ist hierauf aus Gründen des effektiven Rechtsschutzes zu verzichten, weil das Erfordernis einer Kausalitätsprüfung als zusätzliche Haftungsvoraussetzung ein Problem der Darlegungs- und Beweislast und damit geeignet ist, die Durchsetzung des Verbots der mittelbaren Diskriminierung zu beeinträchtigen.

II. Objektive Rechtfertigung

Nach der Definition des Art. 2 der Richtlinie 2000/73/EG können mittelbar diskriminierende „Vorschriften, Kriterien oder Verfahren durch ein rechtmäßiges Ziel sachlich gerechtfertigt“ sein, wenn „die Mittel (...) zur Erreichung dieses Ziels angemessen und erforderlich“ sind.

Diese Möglichkeit der Rechtfertigung gewinnt ihre Bedeutung zunächst aus der Tatsache, daß sich die von der Klägerin darzulegenden und zu beweisenden Voraussetzungen darin erschöpfen, daß in rein quantitativer Hinsicht eine mittelbare Diskriminierung aufgrund des Geschlechts vermutet wird. Hier gilt es deswegen, die spezifische Verbindung dieser

Vermutung mit dem Verstoß gegen das Verbot der mittelbaren Diskriminierung festzustellen bzw. zu widerlegen und den „wahren Grund“ einer benachteiligenden Regelung herauszufinden.[139] Dies verlangt von den Gerichten eine sensible und komplexe Entscheidung hinsichtlich der mit einer Maßnahme verfolgten unternehmerischen, tarifvertraglichen oder gesetzlichen Ziele einschließlich deren faktischer Auswirkungen sowie der Kosten und Lasten, welche die Gesellschaft bereit ist, den Unternehmen, den Tarifparteien oder dem Staat aufzubürden, um die tatsächlichen Nachteile für ein Geschlecht zu beseitigen. Von der Gewichtung der verschiedenen Interessen im Rahmen der hier erforderlichen Abwägung der verfolgten Ziele einerseits und dem fundamentalen Recht auf Gleichberechtigung andererseits ist abhängig, wie effektiv das Verbot der mittelbaren Diskriminierung ist mit der Folge, die strukturelle Benachteiligung von Frauen im Erwerbsleben zu beseitigen. Die Frage nach der Rechtfertigung stellt sich damit als das eigentliche Kernproblem des Verbots der mittelbaren Diskriminierung dar.[140]

1. Bedeutung der objektiven Rechtfertigung im Hinblick auf die iustitia distributiva

Die Frage nach der objektiven Rechtfertigung ist im Hinblick auf die in Kapitel 2 dargestellte iustitia distributiva in zweifacher Hinsicht von Bedeutung: erstens für die ihr Grenzen ziehende Belastungs- und Leistungsgerechtigkeit[141] und zweitens für den kritischen Kontrollmaßstab der substantiellen Chancengleichheit bei der Beurteilung der tatsächlichen Neutralität der objektiven Rechtfertigungsgründe.

a) Berücksichtigung der Belastungs- und Leistungsgerechtigkeit

Die Möglichkeit der objektiven Rechtfertigung öffnet dem Arbeitgeber im Einzelfall, wenn er nicht in der wirtschaftlichen Lage ist, einer „staatlichen Institution“ zu entsprechen, den Weg aus seiner grundsätzlichen Position als Verteilungsagentur. Denn den Verteilungsagenturen wird im Rahmen der iustitia distributiva durch die Berücksichtigung der Belastungs- und Leistungsgerechtigkeit die Gelegenheit gegeben, ihre Leistungsfähigkeit zu widerlegen. Das Interesse an einer Begrenzung aus Gründen der Belastungs- und Leistungsgerechtigkeit kann nur festgestellt werden, wenn es in das Verfahren der Chancengleichheit eingestellt wurde. Objektive Gründe der Rechtfertigung mittelbarer Diskriminierungen werden daher im Rahmen der Prüfung der Verhältnismäßigkeit nicht nur im Hinblick auf die Interessen der Benachteiligten, sondern auch der der Arbeitgeber überprüft.

Die generelle Auferlegung von Pflichten aufgrund der institutionellen Position des Arbeitgebers begründet zunächst nur seine grundsätzliche Agenturstellung im Rahmen der iustitia distributiva.[142] Sein individuelles Verpflichtetsein[143] ist jedoch erst festgestellt, wenn die aufgrund der wirtschaftlichen Verfassung des Arbeitgebers oder der konkreten Situation erforderliche Differenzierung zu dem Ergebnis gelangt, daß die ihm im Grundsatz auferlegten Pflichten im Einzelfall zu beschränken sind und er damit letztendlich

---

[139] *C. D. Classen*, JZ 1996, S. 921 (923f), nennt dies die „Suche nach dem Zurechnungsgrund“.
[140] *B. Waas*, EuR 1994, S. 97 (101).
[141] Dazu oben Kapitel 2 II. 3. und III. 2.
[142] Dazu das oben in Kapitel 2 II. 3. c) (b) (aa) (1) erörterte „Warum“ der Verteilungsagentur.
[143] Dies eine Frage des in Kapitel 2 II. 3. c) (b) (bb) erörterten „Wann“ der Verteilungsagentur.

trotz seiner Agenturstellung nicht in die Pflicht zu nehmen ist.[144] Dieser Gedanke findet im Rahmen der Kritik, man mache den Arbeitgeber zum „Funktionär der Gesellschaft" für strukturelle Defizite der Benachteiligung von Frauen,[145] meist leider keine Berücksichtigung. Im Einzelfall müssen sich die Gerichte daher die Frage stellen, ob die Verteilungsinstanz die Kostenfolge zu tragen hat oder nicht. Bei der mittelbaren Diskriminierung durch Systeme der betrieblichen Altersversorgung ist dies zum Beispiel unter Berücksichtigung des Gedankens der Leistungsgerechtigkeit bejaht worden.[146]

b) Beurteilung der tatsächlichen Neutralität der Rechtfertigungsgründe

Die Chancengleichheit als Ausdruck der iustitia distributiva verlangt, auf der Rechtfertigungsebene nicht von ihrem kritischen Anspruch einer substantiellen Überprüfung Abstand zu nehmen, weil ansonsten die Gefahr droht, das Verbot zu unterlaufen und es tatsächlich der Wirkungslosigkeit preiszugeben.[147] In der Rechtssache *Hill/Stapleton* vom 17. Juni 1998[148] wurde zum Beispiel für die Rechtfertigung einer Regelung, die Teilzeitbeschäftigte bei einem Wechsel auf eine Vollzeitstelle im Hinblick auf das Gehalt zurückstufte, auf die scheinbar geschlechtsneutrale, im öffentlichen Dienst „herrschende Praxis" abgestellt. Die Beklagten, die Revenue Commissioners und das Department of Finance, argumentierten, daß es allgemein üblich sei, nur die tatsächlich geleistete Arbeitszeit zu verbuchen. Dies stelle ein System zur Belohnung der Motivation, Einsatzbereitschaft und Arbeitseinstellung der Arbeitnehmer dar. Der EuGH machte deutlich, daß gerade auch Gründe, die selbst mittelbar Frauen diskriminieren, weil sie das männliche Erwerbsmuster zum Maßstab erheben und daher geschlechtsspezifisch geprägt sind, nicht als taugliche Gründe angeführt werden dürfen. Motivation, Einsatzbereitschaft und Arbeitseinstellung haben nichts mit der Beschäftigungsform oder der geleisteten Arbeitszeit zu tun. Werden als objektiv angeführte Gründe für eine Rechtfertigung nicht selbst auf ihren geschlechtsspezifischen Gehalt hin untersucht, so wirkt das Verbot nicht gegen die Stereotypisierungen, aufgrund deren Frauen gerade benachteiligt werden. Denn offensichtlich liegt der Bewertung im Fall durch die Beklagten das Normalarbeitsverhältnis und mithin das männliche Erwerbsmodell zugrunde.[149] Vielmehr müssen derartige Gründe selbst daraufhin untersucht werden, ob sie nicht auf herkömmlichen, tradierten Rollenvorstellungen aufbauenden Praktiken basieren werden, wenn es gilt, beiden Geschlechtern gleiche Wahl- und Handlungsoptionen zu gewährleisten.[150]

---

[144] So auch *J. Gardner*, (1989) OJLS 1 (11); *ders.*, (1996) OJLS 353 (365).
[145] Dazu oben Kapitel 2, II. 3. c) bb).
[146] Vgl. hierzu unten Kapitel 4, II. 1. b) aa) (b) (bb).
[147] Hierzu *S. L. Willborn*, (1985) 34 Am. U. L. Rev. 799 (801ff); *G. Rutherglen*, (1995) 81 Va. L. Rev. 117 (136ff.). Vgl. auch das Kostenargument, welches zu einem stets schwindenden Standard der Kriterien der objektiven Rechtfertigung geführt hat, die hier auf Fragen der wirtschaftlichen und organisatorischen Bedürfnisse der Arbeitgeber und nicht der Arbeitsanforderungen und Fähigkeiten, wie ursprünglich gedacht, reduziert wurden und somit vom Verbot der mittelbare Diskriminierung nicht allzuviel übrig lassen. *J. Gardner*, (1996) OJLS 353 (362): „Such a low standard of need (...) can make a mockery of the entire edifice of indirect discrimination law".
[148] EuGH, Urteil v. 17.6.1998, Rs. C-243/95 (Hill/Stapleton), Slg. 1998, I-3739, Rdn. 38. Zum Sachverhalt siehe oben Kapitel 4, I. 1. a) aa), S. 138.
[149] Dazu oben Kapitel 1, II. 1. b).
[150] *K.-J. Bieback*, 1997, S. 39ff, mit dem Beispiel der Arbeitslosenversicherung. Die Abhängigkeit der Leistungen aus der Arbeitslosenversicherung ist von der „Verfügbarkeit für der Arbeitsmarkt" abhängig, was aber nicht dazu führen darf, dieses Kriterium als „jederzeitige Verfügbarkeit" zu verstehen, weil dies Frauen strukturell benachteiligen würde.

Das Verbot der mittelbaren Diskriminierung erfordert damit als Ausprägung der iustitia distributiva, die Möglichkeit der Individuen im konkreten Fall herauszuarbeiten, die ihnen nicht nur durch die als Tatbestandsvoraussetzung zu prüfende, neutrale, aber faktisch benachteiligende Regelung, sondern auch durch die angeführten (scheinbar) objektiven Rechtfertigungsgründe gewährt werden, und festzustellen, ob sie die verschiedenen Lebens- und Erwerbsformen respektieren.
Die Möglichkeit der objektiven Rechtfertigung einer mittelbaren Diskriminierung stellt damit zugleich ein potentielles Hindernis für die Effizienz ihres Verbots dar. Der in Kapitel 2 erörterte männliche Standard des Rechts tritt hier besonders deutlich hervor. Wird das männliche Erwerbsmodell im Arbeitsrecht als Norm zugrunde gelegt, werden hieran gemessene Arbeitnehmerinnen aufgrund des Problems der Vereinbarkeit von Familie und Beruf wegen ihrer Doppelrolle oft als kostenaufwendige Arbeitnehmer angesehen, weshalb eine (legitime) Ungleichbehandlung durch Arbeitgeber angesichts der Gewichtung der widersprechenden Interessen wahrscheinlich ist.[151] Das Maß an Wichtigkeit der Interessen der Arbeitgeber an effizienter und ökonomisch sinnvoller Unternehmensgestaltung gegenüber dem fundamentalen Recht auf Gleichberechtigung ist nicht unwesentlich von dem in Kapitel 2 erörterten Rechtsverständnis beeinflußt. Ein Beispiel ist die Rechtssache *Enderby*,[152] in der zur Rechtfertigung der höheren Löhne, die Psychiatern und Pharmazeuten im Vergleich zu Sprachtherapeuten gezahlt wurden, angeführt wurde, daß sie erforderlich seien, um wegen des Mangels an derartigen Arbeitnehmern die Arbeitsplätze attraktiver zu gestalten. Das Problem der möglichen mittelbaren Diskriminierung stellte sich, weil erste zumeist Männer und letztere größtenteils Frauen waren und deren Arbeit als gleichwertig anzusehen war, so daß die unterschiedliche Bezahlung gerechtfertigt werden mußte. Die Rechtfertigung, die sich auf den Arbeitsmarkt stützte, war indes alles andere als objektiv. Denn ein Mangel an Sprachtherapeuten hat bislang zugunsten der vor allem von Frauen ausgeübten Berufsgruppe nachweislich noch nicht zu einer Lohnerhöhung geführt.[153] Dies legt den Schluß nahe, daß die Funktionsweise des Markts nicht neutral ist und die höheren Löhne im zitierten Fall kein zufälliges Ergebnis sind.[154] Eine substantielle Beurteilung der Objektivität der arbeitsmarktorientierter Rechtfertigungsgründe muß dies berücksichtigen.[155] So haben bereits die Ausführungen in Kapitel 1 gezeigt,[156] daß nicht mehr davon ausgegangen bzw. vermutet werden darf, daß der Arbeitsmarkt als solcher neutral ist. Vielmehr muß umgekehrt im Einzelfall bewiesen werden, daß er es auch tatsächlich ist.

---

[151] *T. K. Hervey*, 1996, S. 399 (405f.).
[152] EuGH, Urteil v. 27.10.1993, Rs. C-127/92 (Enderby), Slg. 1993, I-5535; vgl. auch BAG, Urteil v. 23.8.1995, AP Nr. 134 zu § 242 BGB Gleichbehandlung = SAE 1997, S. 228 m. Anm. *Boecken*; BAG, Urteil v. 10.12.1997, SEA 1999, S. 20.
[153] So *S. Fredman*, (1994) 23 ILJ 37 (41).
[154] *T. K. Hervey*, 1996, S. 399 (406). Vgl. auch oben Kapitel 1, III.
[155] A.A. *G. Thüsing*, SAE 1999, S. 20 (31) m.w.N., der feststellt, daß marktorientierter Lohn nicht Diskriminierung bedeutet, sondern lediglich Profitmaximierung, die nichts mit dem Geschlecht zu tun hat. Sinn und Zweck der mittelbaren Diskriminierung ist es aber gerade, derartig „neutrale" Gründe auf ihre mittelbare Geschlechtsspezifik hin zu überprüfen. Da Thüsing das Problem gar nicht erörtert, gehen seine Erwägungen fehl. Vgl. hierzu unten Kapitel 4, II. 2. a) aa) (b) (aa) und bb) (a).
[156] Siehe oben Kapitel 1, III.

2. Objektive Faktoren

In dem Urteil des EuGH in der Rechtssache *Jenkins* vom 31. März 1981[157] zu unterschiedlichen Stundenlöhnen von Teilzeit- und Vollzeitbeschäftigten wurde die Rechtfertigung noch nicht explizit benannt. Aus ihm ging jedoch erstmals hervor, daß eine mittelbare Diskriminierung[158] in bestimmten Situationen gerechtfertigt werden kann. Der EuGH stellte fest, daß ein Verstoß gegen das Verbot der mittelbaren Diskriminierung vorliegt,

> „wenn (...) die Lohnpolitik des betreffenden Unternehmens nicht durch Umstände zu erklären ist, die eine Diskriminierung aufgrund des Geschlechts ausschließen. (...)
> Es ist Sache des nationalen Gerichts, in jedem Einzelfall zu beurteilen, ob bei einem unterschiedlichen Stundenlohn für Teilzeitarbeit und Vollzeitarbeit in Anbetracht der tatsächlichen Umstände, der Vorgeschichte und der Beweggründe des Arbeitgebers eine Lohnpolitik (...), auch wenn sie sich als eine Differenzierung nach Maßgabe der wöchentlichen Arbeitszeit darbietet, in Wirklichkeit eine Diskriminierung der Arbeitnehmer aufgrund des Geschlechts darstellt."[159]

Unter Bezugnahme auf diese Entscheidung konkretisierte der EuGH die Anforderungen an die Rechtfertigung in der Rechtssache *Bilka* zum Ausschluß Teilzeitbeschäftigter von der betrieblichen Altersversorgung.[160] Nach dem sogenannten *Bilka*-Test, der in allen nachfolgenden Entscheidungen - teils mit geringen Abweichungen - weiterhin Anwendung findet, liegt eine mittelbare Diskriminierung vor, wenn

> „diese Maßnahme wesentlich mehr Frauen als Männer trifft, es sei denn, das Unternehmen legt dar, daß diese Maßnahme auf Faktoren beruht, die objektiv gerechtfertigt sind und nichts mit einer Diskriminierung aufgrund des Geschlechts zu tun haben. (...)
> Es ist Sache des vorlegenden Gerichts – das allein für die Beurteilung des Sachverhalts zuständig ist – festzustellen, ob und inwieweit die Gründe, die ein Arbeitgeber zur Rechtfertigung einer Lohnpolitik anführt, die zwar unabhängig vom Geschlecht der Arbeitnehmer angewandt wird, im Ergebnis die Frauen jedoch stärker trifft als die Männer, als objektiv gerechtfertigte wirtschaftliche Gründe angesehen werden können. Stellt das vorlegende Gericht fest, daß
> a) die von der Beklagten gewählten Mittel einem wirklichen Bedürfnis des Unternehmens dienen und
> b) für die Erreichung dieses Ziels geeignet und
> c) erforderlich sind,
> so reicht der Umstand, daß diese Maßnahmen eine wesentlich größere Anzahl von weiblichen als männlichen Arbeitnehmers treffen, für die Feststellung, daß sie eine Verletzung von Art. 119 darstellen, nicht aus."[161]

Hiernach muß ein Unternehmen ein objektives Kriterium anführen, das a) einem wirklichen Bedürfnis entspricht und welches zur Erreichung des verfolgten Ziels b) geeignet und c) erforderlich ist. Eine Konkretisierung des „objektiven Kriteriums" erfolgte in nachfolgenden Entscheidungen. In *Rinner-Kühn*[162] ging es um Entgeltfortzahlung im

---

[157] EuGH, Urteil v. 31.3.1981, Rs. 97/80 (Jenkins), Slg. 1989, 911.
[158] Der EuGH hat in *Jenkins* das Verbot der mittelbaren Diskriminierung als solches noch nicht benannt, meinte es aber.
[159] EuGH, Urteil v. 31.3.1981, Rs. 97/80 (Jenkins), Slg. 1989, 911, Rdn. 13f.
[160] EuGH, Urteil v. 13.5.1986, Rs. 170/84 (Bilka), Slg. 1986, 1607.
[161] EuGH, Urteil v. 13.5.1986, Rs. 170/84 (Bilka), Slg. 1986, 1607, Rdn. 31 und 36.
[162] EuGH, Urteil v. 13.7.1989, Rs. 171/88 (Rinner-Kühn), Slg. 1989, 2743.

Krankheitsfall, von der nach § 1 Abs. 3 Nr. 2 des damaligen Lohnfortzahlungsgesetzes diejenigen Arbeitnehmer ausgeschlossen waren, deren wöchentliche Arbeitszeit weniger als 10 oder monatlich weniger als 45 Stunden betrug. Hierzu stellte der Gerichtshof fest, daß die objektiven Faktoren, im Fall die fehlende Eingliederung von Teilzeitbeschäftigten in den und deren fehlende Verbindung mit dem Betrieb, keine Erwägungen in Form *„verallgemeinernder Aussagen* zu bestimmten Kategorien von Arbeitnehmern"[163] sein dürften, sondern entsprechend dem *Bilka*-Test einem „wirklichen Bedürfnis" entsprechen müßten, also im Einzelfall in Anbetracht der Umstände zu ermitteln seien. In *Danfoss*[164] wurde dann nicht auf die objektiven Faktoren selbst, im Fall die Kriterien der Flexibilität, Berufsausbildung oder Anciennität des Arbeitnehmers als Voraussetzung für die Gewährung von Zulagen zum Mindestlohn, sondern auf deren *Anwendung* im Einzelfall abgestellt.[165] Hieraus ist zu schließen, daß die „objektiven Faktoren" für sich genommen keine Aussage treffen, auch wenn sie im Einzelfall Frauen unverhältnismäßig benachteiligen. Festzustellen ist vielmehr die Objektivität der Maßnahme im konkreten Fall durch a) das Vorliegen eines wirklichen Bedürfnisses und b) der Geeignetheit sowie c) der Erforderlichkeit des Kriteriums im Sinne des *Bilka*-Tests.[166]
Der Begriff der objektiven Rechtfertigung ist zwar offen, aber nicht deswegen zu kritisieren. Denn das Verbot der mittelbaren Diskriminierung gilt nicht absolut. Die Rechtfertigung ist Bestandteil des Tatbestandes. Erst wenn sie verneint wird, kann eine mittelbare Diskriminierung festgestellt werden. Anders als das Verbot der unmittelbaren Diskriminierung erfaßt das der mittelbaren Diskriminierung Ziele und Zwecke, die der Arbeitgeber hier selbst setzen darf, die im Rahmen der objektiven Rechtfertigung und der Verhältnismäßigkeitsprüfung mit dem Gebot der Gleichberechtigung abzuwägen sind.[167] Des weiteren gilt es für den EuGH, allgemein verbindliche Maßstäbe aufzusetzen, die entsprechend offen sein müssen, um die verschiedenen nationalen Zielsetzungen erfassen zu können.[168]

a) Wirkliches Bedürfnis

Die objektiven Faktoren lassen sich in drei Kategorien unterteilen:[169] erstens das „wirkliche Bedürfnis" des Arbeitgebers hinsichtlich der konkret auszuübenden Tätigkeit, zweitens, etwas allgemeiner, das des Unternehmens [sogenannte stellen- und unternehmensbezogene Gründe, dazu unten aa) (a) und (b)] und drittens das „wirkliche Bedürfnis" des

---

[163] EuGH, Urteil v. 13.7.1989, Rs. 171/88 (Rinner-Kühn), Slg. 1989, 2743, Rdn. 14. Kursiv hinzugefügt. So auch EuGH, Urteil v. 7.2.1991, Rs. C-184/89 (Nimz), Slg. 1991, I-297; EuGH, Urteil v. 2.10.1997, EuGH, Urteil v. 2.10.1997, Rs. C-1/95 (Gerster), Slg. 1997, I-5253, Rdn. 39; EuGH, Urteil v. 17.6.1998, C-243/95 (Hill/Stapleton), Slg. 1998, I-3739, Rdn. 38.
[164] EuGH, Urteil v. 17.10.1989, Rs. 109/89 (Danfoss), Slg. 1989, 3199.
[165] EuGH, Urteil v. 17.10.1989, Rs. 109/89 (Danfoss), Slg. 1989, 3199, Rdn. 17.
[166] *T. K. Hervey*, 1993, S. 60.
[167] *I. Ebsen*, RdA 1993, S. 11 (15); *K.-J. Bieback*, 1997, S. 102.
[168] So sind auch die unterschiedlichen Maßstäbe selbst zu erklären. So akzeptierte der EuGH die Rechtfertigung „Aufrechterhaltung des finanziellen Gleichgewichts" von Betriebsrentensystemen in EuGH, Urteil v. 7.7.1992, Rs. C-9/91 (Equal Opportunities Commission, EOC), Slg. 1992, I-4297, bzw. lehnte dies bzgl. des Sozialetats eines Mitgliedstaats ab in EuGH, Urteil v. 24.2.1994, Rs. C-343/92 (Roks), Slg. 1994, I-571. Die „Anciennität" wurde in EuGH, Urteil v. 17.10.1989, Rs. 109/88 (Danfoss) Slg. 1989, 3199, für zulässig, in EuGH, Urteil v. 7.2.1991, EuGH, Urteil v. 7.2.1991, Rs. C-184/89 (Nimz), Slg. 1991, I-297, für unzulässig befunden. Dazu im Anschluß.
[169] Vgl. die Klassifikation bei *T. K. Hervey*, 1993, S. 68.

Staates bzw. dessen Sozialpolitik hinsichtlich gesetzlicher Maßnahmen [sogenannte im öffentlichen Interesse liegende Gründe, dazu unten bb)].

aa) Arbeitsvertragliche und tarifliche Gründe

(a) Stellenbezogene Gründe

Aus der Rechtssache *Danfoss*[170] geht hervor, daß die objektiven Faktoren, die eine diskriminierende Maßnahme rechtfertigen sollen, stellenbezogen sein müssen. Das heißt, daß allein die vertraglich vorgesehene Arbeit entscheidend ist.

(aa) Flexibilität und Berufsausbildung

Hinsichtlich des Kriteriums der *Flexibilität* fragte der EuGH in der Rechtssache *Danfoss*, ob es verwendet wird, „um die Qualität der vom Arbeitnehmer geleisteten Arbeit zu vergüten, oder ob es dazu dient, die Anpassungsfähigkeit des Arbeitnehmers an die unterschiedlichen Arbeitszeiten und -orte zu vergüten."[171] Im ersten Fall könne nicht davon ausgegangen werden, daß weibliche Arbeit notwendigerweise von geringerer Qualität sei. Im zweiten Fall aber sei die Verwendung des Kriteriums objektiv zu rechtfertigen, weil sie Frauen mittelbar benachteilige. Denn es fällt ihnen gerade wegen der „häufig ihnen obliegenden Aufgaben in Haushalt und Familie" schwerer, ihre Arbeitszeit flexibel zu gestalten.[172] Das objektive Kriterium muß dabei „für die Ausführung der dem Arbeitnehmer übertragenen spezifischen Aufgaben von Bedeutung sein".[173] Hinsichtlich des zweiten in der Rechtssache verwendeten Kriteriums der *Berufsausbildung* sei eine mittelbare Diskriminierung ebensowenig ausgeschlossen, weil Frauen häufiger als Männer weniger Zeit in ihre Ausbildung investieren können, so daß es nur zu rechtfertigen sei, wenn die Gründe für die konkret auszuübenden Tätigkeit und Aufgaben von Bedeutung sind.[174]

(bb) Dauer der Betriebszugehörigkeit / Anciennität

Anders entschied der EuGH in der Rechtssache *Danfoss* über die *Betriebszugehörigkeit* (Anciennität). Frauen träten zwar erst später auf den Arbeitsmarkt und unterbrächen in der Regel ihre Berufstätigkeit häufiger als Männer. Jedoch sei dies ein zulässiges Differenzierungskriterium. Die Anciennität ginge mit der Berufserfahrung einher, welche „den Arbeitnehmer im allgemeinen befähigt, seine Arbeit besser zu verrichten".[175]
Anders fiel die spätere Entscheidung des EuGH in der Rechtssache *Nimz* vom 7. Februar 1991[176] zu § 23a Nr. 6 BAT a.F. aus, die auf Vorlage des ArbG Hamburg erging. Nach der Regelung wurde für den Aufstieg in eine höhere Vergütungsgruppe die Dienstzeit von Arbeitnehmern mit einer Dienstzeit zwischen ¾ und der Hälfte der regelmäßigen Arbeitszeit lediglich zur Hälfte angerechnet. Die Bundesregierung vertrat die Ansicht, daß

[170] EuGH, Urteil v. 17.10.1989, Rs. 109/88 (Danfoss) Slg. 1989, 3199.
[171] EuGH, Urteil v. 17.10.1989, Rs. 109/88 (Danfoss) Slg. 1989, 3199, Rdn. 19.
[172] EuGH, Urteil v. 17.10.1989, Rs. 109/88 (Danfoss) Slg. 1989, 3199, Rdn. 20.
[173] EuGH, Urteil v. 17.10.1989, Rs. 109/88 (Danfoss) Slg. 1989, 3199, Rdn. 22.
[174] EuGH, Urteil v. 17.10.1989, Rs. 109/88 (Danfoss) Slg. 1989, 3199, Rdn. 23.
[175] EuGH, Urteil v. 17.10.1989, Rs. 109/88 (Danfoss) Slg. 1989, 3199, Rdn. 24; a.A. bereits *H. Pfarr/K. Bertelsmann*, 1985, Rdn. 317ff.
[176] EuGH, Urteil v. 7.2.1991, Rs. C-184/89 (Nimz), Slg. 1991, I-297.

Arbeitnehmer mit mindestens ¾ der regelmäßigen Dienstzeit die notwendigen Fähigkeiten und Fertigkeiten schneller erwerben und ein größeres Erfahrungswissen vorweisen können.[177] Der EuGH entgegnete, daß dies „lediglich verallgemeinernde Aussagen zu bestimmten Kategorien von Arbeitnehmern" seien. Zwar ginge „das Dienstalter Hand in Hand mit der dienstlichen Erfahrung, die den Arbeitnehmer grundsätzlich zu einer besseren Erfüllung seiner Aufgaben befähigt, jedoch hängt der objektive Charakter eines solchen Kriteriums von allen Umständen des Einzelfalls und insbesondere davon ab, welche Beziehung zwischen der Art der ausgeübten Tätigkeit und der Erfahrung besteht, welche die Ausübung dieser Tätigkeit nach einer bestimmten Anzahl geleisteter Arbeitsstunden verschafft."[178] Nunmehr werden die Zeiten Teilzeitbeschäftigter ab dem 1. Mai 1994 nach § 23a Nr. 6 BAT voll angerechnet, soweit die Beschäftigung nach § 3n BAT nicht vom Anwendungsbereich des BAT ausgeschlossen ist.[179]
Diese Auffassung, der sich auch der Vierte Senat des BAG in Abkehr von seiner bis dahin ständigen Rechtsprechung[180] im Urteil vom 2. Dezember 1992 zu § 23a BAT anschloß,[181] wurde in der Rechtssache *Gerster* vom 2. Oktober 1997[182] zu § 13 Abs. 2 Satz 2 LbV a.F. bestätigt.[183] Nach der Vorschrift wurden bei der Berechnung von Dienstzeiten von Beamten zum Zweck der Beförderung die Zeiten einer Beschäftigung mit einer Arbeitszeit von mindestens der Hälfte bis zu 2/3 der regelmäßigen Arbeitszeit nur zu 2/3 gezählt. Nach Auffassung der beklagten Verwaltung diene die Regelung der Verwaltungsorganisation und sei angesichts des Umfangs des öffentlichen Dienstes notwendig. Anders ist zu recht die Auffassung des EuGH: Eine Rechtfertigung komme nur in Betracht, „wenn (...) festgestellt wird, daß erstens Teilzeitbeschäftigte in der Regel Eignung und Fähigkeiten für ihre Tätigkeiten weniger schnell erwerben als Vollzeitbeschäftigte und zweitens die zuständigen Behörden nachgewiesen haben, daß die gewählten Mittel einem notwendigen Zweck der Sozialpolitik des betreffenden Mitgliedstaates dienen und zur Erreichung dieses Ziels geeignet und erforderlich sind".[184]
Auf dieser Linie entschied der EuGH auch in der Rechtssache *Kording* vom 2. Oktober 1997[185] zu § 38 Abs. 1 Nr. 4a, Abs. 2 i.V.m. § 36 Abs. 3 StBerG a.F. Hiernach wurde für die Befreiung von der Steuerberaterprüfung eine mindestens 15jährige Sachbearbeitertätigkeit im gehobenen Beamten- bzw. Angestelltendienst der Finanzverwaltung gefordert, die im Falle der Teilzeitbeschäftigung bis zur Hälfte der regelmäßigen Arbeitszeit entspre-

---

[177] EuGH, Urteil v. 7.2.1991, Rs. C-184/89 (Nimz), Slg. 1991, I-297, Rdn. 13.
[178] EuGH, Urteil v. 7.2.1991, Rs. C-184/89 (Nimz), Slg. 1991, I-297, Rdn. 14, befürwortend *J. Maurer*, NZA 1991, S. 501; *W. Däubler*, NZA 1992, S. 577; ablehnend *U. Berger-Delbey*, EzA Art. 119 EWGV Nr. 1; EuGH, Urteil v. 2.10.1997, Rs. C-1/95 (Gerster), Slg. 1997, I-5253, Rdn. 135.
[179] *Böhm/Spiertz/Sponer/Steinherr*, BAT, Stand August 1994, § 23a, Rdn. 99c.
[180] Vgl. insbesondere BAG, Urteil v. 14.9.1988, AP § 23 a BAT, Nr. 24 = ZTR 1988, S. 459.
[181] BAG, Urteil v. 2.12.1992, 4 AZR 152/92, NZA 1993, S. 367 = DB 1993, S. 586 = ArbuR 1993, S. 225 mit Anm. *Richter*, vgl. auch BAG, Urteil v. 9.3.1994, 4 AZR 301/93 zu § 23 BAT, NZA 1994, S. 1042; BAG, Urteil v. 16.9.1993, 6 AZR 691/92, NZA 1994, S. 900 zur Postdienstzeit nach § 9 Abs. 1 Tarifvertrag Arbeiter Bundespost.
[182] EuGH, Urteil v. 2.10.1997, Rs. C-1/95 (Gerster), Slg. 1997, I-5253, Rdn. 39, auf Vorlage des VG Ansbach, Beschluß v. 23.11.1994, ZBR 1995, S. 117.
[183] Die Regelung findet weiterhin für Rechtsverhältnisse vor dem 17. Oktober 1995 Anwendung. Sie wurde zum 17.10.1995 erheblich geändert (GVBl. 1996, S. 99ff.). Teil- und Vollzeitbeschäftigte sind nun gleichgestellt. Die neue Fassung des § 13 Abs. 2 LbV sieht nun vor, daß bei der Entscheidung, inwieweit geringere Dienstzeiten bei der Berechnung des Dienstalters zu berücksichtigen sind, alle Umstände des Einzelfalls heranzuziehen sind.
[184] EuGH, Urteil v. 2.10.1997, Rs. C-1/95 (Gerster), Slg. 1997, I-5253, Tenor.
[185] EuGH, Urteil v. 2.10.1997; Rs. C-100/95 (Kording), Slg. 1997, I-5289, auf Vorlage des FG Bremen, EuroAS 1995, S. 84.

chend verlängert wurde. Teilzeitbeschäftigung von weniger als der Hälfte der regelmäßigen Arbeitszeit war nicht anzurechnen. Der EuGH forderte, daß die Gründe, die eine mittelbare Diskriminierung im Einzelfall rechtfertigen sollen, im Zusammenhang der Art der Tätigkeit und der für die Ausübung der konkreten Arbeit erforderlichen Erfahrung zu beurteilen seien, was hier nicht der Fall sei. Die Regelung stehe daher im Widerspruch zu Art. 3 der Gleichbehandlungsrichtlinie 76/207/EWG. Mit Rücksicht auf die Entscheidung des EuGH haben die Zulassungsausschüsse 1998 im Vorgriff auf die Gesetzesänderung vom 24. Juni 2000 eine wöchentliche Arbeitszeit von 16 Stunden akzeptiert. Die gleichlautenden koordinierten Ländererlasse vom 12. Januar 1999 haben die gesetzliche Regelung des StBerG obsolet werden lassen: „Anstelle der (bisherigen) Teilzeitregelung gem. § 36 Abs. 3 StBerG werden Berufstätigkeiten als berufspraktische Zeiten i.S. von § 36 Abs. 1 und 2 (...) StBerG anerkannt, wenn sie sich in einem Umfang von mindestens 16 Wochenstunden auf das Gebiet der von den Bundes- und Landesfinanzbehörden verwalteten Steuern erstrecken".[186] Die Regelung der § 38 Abs. 1 Nr. 4a, Abs. 2 i.V.m. § 36 Abs. 3 StBerG a.F. wurde schließlich geändert und mit Wirkung zum 1. Juli 2000 an die gemeinschaftsrechtlichen Vorgaben angepaßt.[187]

Bestätigt wurde das Erfordernis des Stellenbezugs des Kriteriums der Dauer der Betriebszugehörigkeit in der Rechtssache *Hill/Stapleton* vom 17. Juni 1997.[188] Der Arbeitgeber verwendete hier das Unterscheidungsmerkmal des als tatsächliche Arbeitszeit definierten Dienstes. Teilzeitbeschäftigte, die am Programm des „job-sharing" teilnahmen, wurden bei der Rückkehr auf einen Vollarbeitsplatz aus diesem Grund zurückgestuft. Zur Rechtfertigung der Rückstufung mit der Folge des ungleichen Entgelts wurde von den Beklagten angeführt, die Berechnung anhand der tatsächlich geleisteten Arbeitszeit sei „herrschende Praxis" des öffentlichen Dienstes und stelle ein System der Belohnung von Motivation, Einsatzbereitschaft und Arbeitseinstellung dar. Des weiteren sei Zweck des „job-sharing" die Schaffung von Arbeitsplätzen, weil die Regelung eine Verdoppelung des Stellenangebots bedeute. Nur durch eine Rückstufung könnten zusätzliche Kosten für die Verwaltung vermieden werden.[189] Die Argumente der „herrschenden Praxis" und des „Belohnungssystems" sind vom EuGH zu recht als lediglich „verallgemeinernde Aussage" zurückgewiesen worden, weil sie nichts mit der konkret auszuübenden Tätigkeit zu tun haben. Der Unterschied zwischen Teil- und Vollzeitbeschäftigten bestand allein in dem Umfang der tatsächlich geleisteten Arbeitszeit.[190] Ebensowenig vermochten die anfallenden zusätzlichen Kosten für eine Gleichbehandlung die Ungleichbehandlung zu rechtfertigen.[191]

---

[186] DB 1999, S. 668. Zwar handelte es sich bei den Erlassen allein um die Gerichte nicht bindende Verwaltungsanweisungen. Wegen Art. 12 Abs. 1, Art. 3 Abs. 1 GG wird aber eine verbindliche Selbstbindung der Verwaltung angenommen. *Dazu K.-F. Peter/ R. Charlier*, StBerG, Stand 46/2000, § 36, Rdn. 74/5.

[187] Gesetz vom 24.6.2000, BGBl. I S. 874.

[188] EuGH, Urteil v. 17.6.1998, C-243/95 (Hill/Stapleton), Slg. 1998, I-3739.

[189] EuGH, Urteil v. 17.6.1998, C-243/95 (Hill/Stapleton), Slg. 1998, I-3739, Rdn. 5f., 38.

[190] EuGH, Urteil v. 17.6.1998, C-243/95 (Hill/Stapleton), Slg. 1998, I-3739, Rdn. 38. Vgl. auch BAG, Urteil v. 20.11.1990, 3 AZR 613/89, SEA 1992, S. 89 unter II. 4. b) bb) der Gründe; BVerfGE 97, 35, 40, 44 – Hamburger Ruhegeldgesetz. Das BVerfG bestätigt dies, indem es ausführt, daß unterhälftig Beschäftigte nicht „typischerweise über ein geringere Qualifikation als andere Arbeitnehmer" verfügen, da dies nicht belegt sei. Die Belohnung von Betriebstreue als Grund für zusätzliche Altersversorgung kann nicht akzeptiert werden, da sich Teilzeit- von Vollzeitarbeit allein in quantitativer, nicht aber qualitativer Hinsicht unterschiedet.

[191] EuGH, Urteil v. 17.6.1998, C-243/95 (Hill/Stapleton), Slg. 1998, I-3739, Rdn. 40.

Zutreffend hat Generalanwalt *La Pergola* in den Schlußanträgen in der Rechtssache *Gerster*[192] auch betont, daß die genannten Entscheidungen insbesondere vor dem Hintergrund der substantiellen Chancengleichheit bei Betrachtung der Regelungen aus der Perspektive des Zugangs zur Beschäftigung und nicht des höheren Entgelts, welches automatisch mit der Beförderung einhergeht, Bedeutung gewinnen. Materielle Gleichheit von Teil- und Vollzeitbeschäftigten ist nur gewährleistet, wenn sie in den Ausgangspunkten geschaffen wird, durch die bestehende Hindernisse zur Verwirklichung der Chancengleichheit ausgeglichen werden. Frauen begründen ein Teilzeitarbeitsverhältnis im Gegensatz zu Vollzeitbeschäftigten bereits unter ungleichen Voraussetzungen („beeinträchtigte Gleichheit"), so daß eine Regelung, die Beförderungschancen von einer nur verhältnismäßigen Anrechnung der Dienstzeiten abhängig macht, die Ungleichheit bestehen läßt und sie verstärkt. Somit wirft das Verhältnis Zugang-Entgelt nicht die Frage der Berechtigung des Kriteriums anhand der Differenzierung Vollzeit-/Teilzeitarbeit auf, sondern der materiellen Chancengleichheit beim Zugang zur Beschäftigung. Zudem ist im Hinblick auf die Rechtfertigung die pauschale Annahme der besseren Fähigkeit durch die Dauer der Betriebszugehörigkeit als „Vermutungen mit zweifelhafter Berechtigung" zu recht abgelehnt worden, weil sie keine Aussage über die wirklichen Fähigkeiten zuläßt.
Festzuhalten bleibt, daß die Dauer der Betriebszugehörigkeit kein zulässiges Differenzierungskriterium ist. Zur Rechtfertigung dieses Kriteriums ist zu prüfen, ob im Hinblick auf Ziel und Zweck der streitigen Regelung unter Berücksichtigung aller Umstände des Einzelfalls eine Beziehung zwischen der Ausübung der konkreten Tätigkeit und der Erfahrung besteht, welche die Ausübung der Tätigkeit nach einer bestimmten Anzahl geleisteter Arbeitsstunden verschafft.

(cc) Typische Versorgungslage Teilzeitbeschäftigter

In der Rechtssache *Kowalska* vom 27. Oktober 1990[193] ging es um den Ausschluß Teilzeitbeschäftigter von der Zahlung von Übergangsgeld beim Ausscheiden aus dem Angestelltenverhältnis nach § 62 BAT Abs. 1 a.F. Die Norm, die vom BAG lange als rechtmäßig im Sinne von Art. 3 Abs. 1 GG und § 2 BeschFG a.F. angesehen wurde,[194] sah in ihrer alten Fassung ein Übergangsgeld nur für den Angestellten vor, „mit dem die regelmäßige Arbeitszeit (...) vereinbart war". Die Stadt Hamburg trug vor, die „unterschiedliche soziale Ausgangslage der Teilzeit- und Vollzeitkräfte" würde dies rechtfertigen, weil nur letztere „ihren Lebensunterhalt und den der Familie ausschließlich mit den Einkünften aus dem Arbeitsverhältnis bestreiten müssen".[195] Generalanwalt *Darmon* wies dies mit dem Argument zurück, der EuGH habe bereits derartige Überlegungen als „lediglich verallgemeinernde Aussagen" verworfen.[196] Der EuGH ist hierauf jedoch nicht eingegangen, sondern hat festgestellt, daß es Sache der Mitgliedstaaten sei, die Gründe der objektiven Rechtfertigung zu prüfen. Seit dem 66. Änderungs-Tarifvertrag zum BAT vom 24. April 1991 haben die Tarifparteien schließlich mit Wirkung zum 1. April 1991 durch Einbeziehung der Angestellten im Geltungsbereich des BAT mit einer arbeitsvertraglich vereinbar-

---

192 Schlußanträge des Generalanwalts *La Pergola* v. 22.10.1995, Rs. C-1/95 (Gerster), Slg. 1997, I-5255, Rdn. 40ff.

193 EuGH, Urteil v.27.10.1990, Rs. C-33/89 (Kowalska), Slg. 1990, I-2591 = PersR 1990, S. 306 mit Anm. *Bertelsmann*; Vorabentscheidungsersuchen des ArbG Hamburg, Beschluß v. 16.12.1988, ZTR 1988, S. 120.

194 Vgl. z.B. BAG, Urteil v. 18.8.1976, 4 AZR 284/75, AP Nr. 2 zu § 62 BAT.

195 Schriftliche Erklärung S. 18, abgedruckt in den Schlußanträgen des Generalanwalts *Darmon*, Rs. C 33/89 (Kowalska), Slg. 1990, I-2591, Rdn. 13.

196 Schlußanträge des Generalanwalts *Darmon*, Rs. C-33/89 (Kowalska), Slg. 1990, I-2591, Rdn. 15.

ten Arbeitszeit von weniger als 18 Stunden in die Regelung zum Übergangsgeld der Rechtsprechung des EuGH Rechnung getragen.

(dd) Zweckbestimmung von Entgeltleistungen: Zweckerfüllung und -verfehlung

Auf Entgeltleistungen des Arbeitgebers, die nicht den Grundlohn betreffen, besteht ein Anspruch Teilzeitbeschäftigter nur dann, wenn sie den mit der Leistung verfolgten Zweck erfüllen,[197] was § 4 Abs. 1 S. 2 TzBfG dahingehend regelt, daß Teilzeitbeschäftigte mindestens in dem Umfang Anspruch auf die Vollzeitbeschäftigten gewährten, sonstigen Leistungen („andere teilbare geldwerte Leistungen") haben, der dem Anteil ihrer Arbeitszeit an der Arbeitszeit eines vergleichbaren Vollzeitbeschäftigten entspricht. Zu den im Hinblick auf das Verbot der mittelbaren Diskriminierung zum Teil besonders problematischen, vom EuGH bislang aber noch nicht entschiedenen Fällen der „Zweckverfehlung" gehören unter anderem die im Anschluß dargestellten Sonderzuwendungen für Betriebstreue [dazu (1)], die Überstundenzuschläge ab Überschreiten der regelmäßigen Arbeitszeit [dazu (2)] sowie die bezahlte Freistellung an Brauchtumstagen [dazu (3)].

(1) Sonderzuwendungen für Betriebstreue

Mit Sonderzuwendungen[198] erkennt der Arbeitgeber geleistete Dienste an, belohnt erbrachte Betriebstreue und setzt Anreize zum Verbleiben im Arbeitsverhältnis und für weitere Arbeitsleistung.[199] Unbestritten war bereits lange, daß diese Zwecksetzungen des Arbeitgebers einen vollständigen Ausschluß Teilzeitbeschäftigter nicht rechtfertigen können, weil sie von ihnen grundsätzlich ebenso wie von Vollzeitbeschäftigten erfüllt werden können.[200] Eine Differenzierung hinsichtlich der Höhe der Zuwendungen wurde aber trotz § 2 BeschFG 1985 allgemein mit dem Verweis auf die unterschiedliche Arbeitszeit als zulässig erachtet.[201] Im Urteil des Zehnten Senats des BAG vom 22. Mai 1996[202] ging es um § 39 Abs. 1 Unterabs. 3 Satz 2 BAT a.F., der zwischen Voll- und Teilzeitbeschäftigten hinsichtlich der Höhe von Jubiläumszuwendungen unterschied. Das BAG stellte einen Verstoß gegen § 2 BeschFG a.F. fest. Ungeachtet der Kritik an der Auslegung des Zwecks der Tarifnorm durch das BAG[203] ist der Entscheidung dahingehend zuzustimmen, daß die Betriebstreue Teilzeitbeschäftigter nicht anders als die Vollzeitbeschäftigter allein aufgrund ihrer kürzeren Arbeitszeit eine Kürzung im Sinne von § 39 BAT a.F. erlaubt. Die Zuwendung erfolgt erstens einkommensunabhängig einheitlich für alle nach 25 Jahren in Höhe von 600 DM, nach 40 Jahren in Höhe von 800 DM und nach 50 Jahren in Höhe von 1000 DM. Zweitens ergibt sich die Betriebstreue allein aus der langjährigen Bindung zum Betrieb und dem Bestand des Arbeitsverhältnisses, nicht aber aus Art, Wertigkeit und Umfang der Arbeitsleistung. Da im Falle der unterschiedlichen Behandlung Teilzeitbeschäftigter bei Sonderzuwendungen in der Regel zugleich eine mittelbare Diskriminierung von Frauen gemäß Art. 141 Abs. 1 und 2 EG vorliegt, muß der Zweck der

---

197 Vgl. *U. Weber/C. Ehrich*, ZIP 1997, S. 1681.

198 Auch Jahresleistungen, Jahressonderzahlungen, Gratifikationen oder 13. Monatsgehalt genannt. Vgl. Hierzu *U. Wackerbarth*, 1996, S. 115; *G. Schaub*, 2000, § 78, Rdn. 1ff.

199 GK-TzA/*Lipke*, Art.1 § 2, Rdn. 210; differenzierend *G. Schaub*, 2000, § 78, Rdn. 4ff.

200 BAG, Urteil v. 25.1.1984, AP Nr. 67 zu § 242 Gleichberechtigung; *R. Wank*, RdA 1985, S. 1 (15).

201 *M. Löwisch*, BB 1985, S. 1200 (1203); *R. Wank*, RdA 1985, S. 1 (15); vgl. § 4 Abs. 1 S. 2 TzBfG.

202 BAG, Urteil v. 22.5.1996, AP Nr. 1 zu § 39 BAT.

203 *K. H. Peifer*, ZfA 1999, S. 271 (284) m.w.N.

Leistung einem „wirklichen Bedürfnis“ entsprechen. Das Argument der Betriebstreue würde den Anforderungen an die objektive Rechtfertigung nach der Rechtsprechung des EuGH wohl nicht genügen, nach welcher der Nachweis erforderlich ist, daß Teilzeitbeschäftigte aufgrund des Umfangs ihrer Arbeitszeit den zur Rechtfertigung angeführten Grund nicht ebenfalls erfüllen, weil es sich ansonsten um „lediglich verallgemeinernde Aussagen zu bestimmten Kategorien von Arbeitnehmern“[204] handeln würde.

(2) Ausgleich für Mehrbelastung

-Problemstellung

Kontrovers diskutiert wird der Fall der Zweckverfehlung bei Überstundenzuschlägen.[205] Zuschläge für zusätzlich geleistete Arbeit werden in der Regel in Höhe von 25% gewährt.[206] So schließt zum Beispiel § 34 BAT in Übereinstimmung mit der ständigen Rechtsprechung des BAG[207] Teilzeitbeschäftigte in seinem Geltungsbereich hiervon aus, solange sie nicht die regelmäßige Arbeitszeit überschreiten. Die Folge, daß Teilzeitbeschäftigte in diesem Fall bei Überschreiten ihrer individuellen Arbeitszeit nur die normale Vergütung erhalten, bedeutet auch heute noch nach h.M. in Rechtsprechung und Literatur keine mittelbare Frauendiskriminierung.[208] Gestützt durch den Referentenentwurf des BeschFG vom 23. März 1984[209] fordert eine Mindermeinung in der Literatur im Hinblick auf die geschlechtsspezifische Ausgestaltung der Teilzeitarbeit dagegen ein Abstellen auf die individuelle Arbeitszeit.[210] Die Brisanz für Frauen wird besonders daran deutlich, daß Überstunden und Teilzeitarbeit als alte Mittel der Flexibilisierung zur unternehmerischen Arbeitszeitplanung gehören. Angesichts der Einsparung der Zuschläge auf seiten des Arbeitgebers wirkt die Koppelung der beiden Mittel daher als ideale Einsatzreserve.[211]
In der Rechtssache *Helmig u.a.* vom 12. Dezember 1994[212] ging es um derartige Überstundenzuschläge, die nach den streitigen Tarifverträgen erst ab Überschreiten der regelmäßigen Arbeitszeit gezahlt wurden. Die hier relevante Vorlagefrage hinsichtlich der objektiven Rechtfertigung eines Verstoßes gegen Art. 141 EG und Art. 1 der Entgeltrichtlinie 75/117/EWG, die der EuGH unbeantwortet ließ, weil er bereits eine Ungleichbehand-

---

[204] Siehe oben Kapitel 4, II. 2. zu Fn. 162.
[205] Zu unterscheiden sind Überstunden von Mehrarbeit. Erste meinen die über die betriebliche Arbeitszeit, letztere die über die gesetzlich vorgeschriebene Arbeitszeit hinausgehende Arbeit, wie sie das Arbeitszeitgesetz (AZG) in Form der 48-Stunden-Woche vorsieht. Vgl. *G. Schaub*, 2000, § 69, Rdn. 5ff.
[206] *K.-H. Peifer*, ZfA 1999, S. 271 (289).
[207] Vgl. z.B. BAG, Urteil v. 23.2.1977, 4 AZR 667/75 zu § 1 TVG Tarifverträge: Techniker-Krankenkasse; BAGE 69, 85, 94, AP Nr. 2 zu § 34 BAT.
[208] Siehe schon BAG, Urteil v. 23.2.1977, DB 1977, S. 959; BAG, Urteil v. 7.2.1985, AP Nr. 48 zu § 37 BetrVG 1972; *H.-H. Sowka/H.-W. Köster*, 1993, S. 47; h.M. vgl. GK-TzA/*Lipke*, Art.1 § 2, Rdn. 139 m.w.N.
[209] Art. 4 § 2 des Gesetzes über die Teilzeitarbeit, Referentenentwurf eines Beschäftigungsförderungsgesetzes, RdA 1984, S. 173. Vgl. auch *G. Peter*, 1988, S. 93.
[210] *P. Schüren*, RdA 1990, S. 18ff; *ders.*, ZTR 1992, S. 355ff., *ders.*, Festschrift Gnade, 1992, S. 161ff.; *ders.*, NZA 1993, S. 529ff.; *ders.*, EuroAS 1995, S. 15ff. So auch schon *J. Schlüter*, RdA 1975, S. 113ff.; *G. Wachter*, ArbuR 1980, S. 328ff.; ArbG München, BB 1973, S. 1357, ArbG Hamburg, AiB 1992, S. 164ff.
[211] *G. Peter*, 1988, S. 89f.
[212] EuGH, Urteil v. 15.12.1994, verb. Rs. Rs. C-399, 409, 425/92; 34, 50, 78/93 (Helmig u.a.), Slg. 1994, I-5727 = EuroAS 1995, S. 15 mit Anm. *Schüren*.

lung verneinte,[213] betraf die Feststellung der Zweckbestimmung der Überstundenzuschläge, welche die Benachteiligung rechtfertigen könnte.[214]

-Argumente der herrschenden Meinung

Das BAG[215] und die h.M. in der Literatur[216] sind der Auffassung, daß die „Mehrbelastung" vollzeitbeschäftigter Arbeitnehmer wegen der erhöhten gesundheitlichen Belastung ausgeglichen werden solle und sie dazu diene, den Arbeitgeber davon abzuhalten, übermäßig Überstunden zu verlangen. Auch wenn man mit der Mindermeinung einen Belastungsschutz wegen der Arbeitszeitverkürzung der letzten Jahrzehnte ablehnt, so *Sowka/Köster*,[217] wiege der Eingriff in die Dispositionsfreiheit über die regelmäßig geringere Freizeit bei Vollzeitkräften im allgemeinen wesentlich schwerer. Nach *Lipke*[218] solle der arbeitsmarktpolitischen Notwendigkeit der Verteilung von Arbeitszeit und Schaffung neuer Arbeitsplätze durch die Verteuerung von Überstunden Rechnung getragen werden. Zudem käme es nach der Auffassung *Seiters*[219] zu einer Bevorzugung von Teilzeitbeschäftigten, die in mehreren Arbeitsverhältnissen stehen und daher die Zuschläge mehrfach erhalten. Gewährte man Teilzeitbeschäftigten die Zuschläge ebenso, würde dies nach der h.M. somit den Zweck in mehrfacher Hinsicht verfehlen. Der Dritte und Sechste Senat des BAG[220] vertreten nunmehr im Anschluß an die Entscheidung des EuGH in der Rechtssache *Helmig* die Auffassung, daß es nicht auf die im Schrifttum vertretenen Zwecke, sondern auf den Wortlaut und den Gesamtzusammenhang der Tarifverträge ankomme, die eindeutig für einen Belastungsschutz sprächen. Zwar bezwecke auch das öffentliche Arbeitszeitrecht einen Schutz vor Mehrbelastung. Es stehe den Tarifparteien aber frei, einen weitergehenden Schutz zu gewährleisten. Das BAG verweist im Rahmen der Rechtfertigung darauf, daß Überstundenzuschläge für Teilzeitbeschäftigte ab Überschreiten ihrer individuellen Arbeitszeit zu einer Veränderung des Leistungszwecks führen würden. Denn sie würden in diesem Falle Geld für ein planwidrig erbrachtes Freizeitopfer erhalten, für welches von den Tarifparteien unter zulässiger Ausschöpfung ihrer Tarifhoheit gemäß Art. 9 Abs. 3 GG keine Zuschläge vorgesehen seien.[221]

---

[213] Vgl. oben Kapitel 3, I. 1.

[214] Zum Teil ist bereits die Auslegung des Begriffs der Überstunde umstritten. Die h.M. geht davon aus, mit „Überstunde" sei allein die regelmäßige Arbeitszeit gemeint (BAG, Urteil v. 13.5.1972, DB 1972, S. 1781; *A. Nikisch*, 1961, S. 349). Eine Mindermeinung versteht hierunter die individuelle Arbeitszeit (*A. Hueck/H.-C. Nipperdey*, 1963, § 33 VI 6; *F. Gamillscheg*, 1976, Nr. 183). Die Argumente i.R.d. objektiven Rechtfertigung stimmen hiermit aber weitgehend überein.

[215] BAG, Urteil v. 23.2.1977, 4 AZR 667/75 zu § 1 TVG Tarifverträge: Techniker-Krankenkasse; BAG, Urteile v. 21.11.1991, AP Nr. 2 zu § 34 BAT = NZA 1992, S. 545 (548); 6 AZR 549/89; 6 AZR 550/89; BAGE 69, 85, 94, AP Nr. 2 zu § 34 BAT; hierzu *K. H. Peifer*, ZfA 1999, S. 271 (288); a.A. nur BAG, 7. Senat, Urteil v. 12.12.1984, AP Nr. 6 zu § 2 KSchG 1969 = SAE 1985, S. 357, der darauf abstellt, daß die Freizeit Teilzeitbeschäftigter mit Familienaufgaben ausgefüllt sei und durch Überstunden sie sogar stärker belastet würden als Vollzeitbeschäftigte.

[216] *H. G. Isele*, RdA 1964, S. 201 (204); *M. Löwisch/P. Schüren*, BB 1984, S. 925 (926); *M. Lorenz*, NZA 1985, S. 473 (474); *H.-H. Sowka*, DB 1992, S. 2030 (2031f.); *ders.*, DB 1994, S. 1873 (1878).

[217] *H.-H. Sowka/H.-W. Köster*, 1993, S. 48.

[218] GK-TzA/*Lipke*, Art. 1 § 2, Rdn. 143; so auch *H.-H. Sowka/H.-W. Köster*, 1993, S. 48.

[219] *Seiter*, AR-Blattei D, Teilzeitarbeit, 1970, C III 2 b; so auch GK-TzA/*Lipke*, Art. 1 § 2, Rdn. 139.

[220] BAG, Urteile v. 20.6.1995, 3 AZR 539/93, AP Nr. 1 zu § 1 TVG Tarifverträge: Nährmittelindustrie = BB 1996, S. 488 und 3 AZR 684/93, AP Nr. 11 zu § 1 TVG Tarifverträge: Chemie = BB 1996, 1277; BAG, Urteil v. 25.7.1996, 6 AZR 138/94, AP Nr. 6 zu § 3 BAT.

[221] Vgl. hierzu *K.-H. Peifer*, ZfA 1999, S. 271 (290f.).

-Kritik der Mindermeinung

Die grundlegende Entscheidung, auf die sich die Mindermeinung bezieht, ist das Urteil des ArbG München vom 5. Juli 1973, in dem es bereits auf die Einschränkung der Dispositionsfreiheit des Arbeitnehmers über seine Freizeitgestaltung abstellte, die sich Teilzeitbeschäftigte gerade wegen ihrer Familienpflichten sichern wollten.[222] Leisten sie Überstunden, so werde ihre Freizeit zugunsten des Betriebs eingeschränkt. Jede zusätzliche Stunde stelle daher eine Mehrbelastung dar. Die erhöhte Belastung über das konkrete Normalmaß hinaus strapaziere sie mindestens genauso stark. Dies sei angesichts der privaten Pflichten zuschlagslos nicht zu rechtfertigen. *Schlüter*[223] ist daher zutreffend der Auffassung, daß auch das Argument der Verteuerung der Überstunden zum Zweck der Vermeidung von zusätzlichen Arbeitsstunden für Teilzeitbeschäftigte ebenso gelte wie das der gesundheitlichen Belastung hinsichtlich der familiären Pflichten, die neben und vor der beruflichen Tätigkeit die gesamten Kräfte erfordern. Auch *Wachter*[224] stellte richtig fest, daß sich die Rechtfertigung der Zuschläge für Teilzeitbeschäftigte aus der Kombination von Erwerbs- und Familienarbeit, also der Mehrfachbelastung, und der Geschlechtsspezifik der Teilzeitarbeit ergebe. *Schüren*[225] vertritt die Ansicht, der Zweck der Überstundenzuschläge sei wegen der tariflichen Arbeitszeitverkürzung der letzten Jahrzehnte nun weniger der Belastungsschutz als dem Arbeitnehmer zu ermöglichen, über seine Freizeit zu disponieren und in ihr am sozialen Leben teilzunehmen. Den Gesundheits- und Belastungsschutz biete nur das öffentlich-rechtliche Arbeitszeitrecht.[226] Die Dispositionsfreiheit dagegen bezwecke den Schutz vor Einschränkungen der Freizeit und betreffe somit Teilzeitbeschäftigte und Vollzeitbeschäftigte ab dem Zeitpunkt des Überschreitens ihrer individuellen Arbeitszeit gleichermaßen. Ebenso könnten auch Teilzeitbeschäftigte den arbeitsmarktpolitischen Zweck der Schaffung von Arbeitsplätzen erfüllen, weil durch ihre zuschlagsfreien Überstunden eine flexible und kostenneutrale Arbeitszeitreserve entsteht, die somit dem von *Lipke* genannten Zweck zuwiderläuft.[227] Auch das Argument der ungerechtfertigten Begünstigung *Seiters* gehe insofern fehl, als es unerheblich sei, ob ein Teilzeitbeschäftigter bei einem Arbeitgeber 25 Stunden arbeitet und 10 Überstunden leistet oder bei 2 Arbeitgebern mit 10 bzw. 15 Stunden pro Woche und je 5 Überstunden beschäftigt ist. Der Eingriff in die Dispositionsfreiheit sei derselbe.

-Stellungnahme

Als Rechtfertigungsgrund für die Ungleichbehandlung Teilzeitbeschäftigter in Form der mittelbaren Diskriminierung von Frauen kommt im Ergebnis zu einem Großteil wohl nur die Kostenersparnis des Arbeitgebers bei ihrem Einsatz für Überstunden in Betracht, welche in der Tat nicht als „wirkliches Bedürfnis" angesehen werden kann.[228]

---

222 ArbG München, Urteil v. 5.7.1973, BB 1973, S. 1357f.

223 *J. Schlüter*, RdA 1975, S. 113ff.

224 *G. Wachter*, ArbuR 1980, S. 328ff.

225 *P. Schüren*, RdA 1990, S. 18.

226 Das Arbeitszeitgesetz (ArbZG) v. 6.6.1994 (BGBl. I S. 1170) sieht in § 3 die 48 Stundenwoche als grundsätzlich maximale Arbeitszeit vor.

227 *P. Schüren*, RdA 1990, S. 18 (21); *ders.*, NZA 1993, S. 529 (530f.).

228 So auch *P. Schüren*, RdA 1990, S. 18 (23).

Das Belastungsargument trifft nicht mehr zu.[229] Die normale wöchentliche Arbeitszeit wurde weitgehend auf 37 bis 35 Stunden abgesenkt, so daß von einer Gefahr für die körperliche Gesundheit, wie sie das Arbeitszeitgesetz als reines Arbeitnehmerschutzgesetz mit einer Höchststundenzahl von 48 Stunden vorsieht, tatsächlich nicht mehr gesprochen werden kann. Das Argument hinsichtlich des größeren Eingriffs in die Dispositionsfreiheit der Vollzeitkräfte über ihre stärker beschränkte Freizeit ist im Hinblick auf eine substantielle Chancengleichheit ausdrücklich zurückzuweisen. Denn sie bezieht sich allein auf Mehrbelastung durch „Erwerbsarbeit", nicht aber durch „Doppelbelastung".[230] Die Bemühung von Frauen, durch Teilzeitarbeit Familie und Beruf zu vereinbaren, wird hierdurch empfindlich beeinträchtigt.[231] Die Freizeit Vollzeitbeschäftigter ist ohnehin bereits weitgehend durch die Berufsarbeit determiniert, so daß die Betroffenheit von Frauen durch die Mehrfachbelastung sogar stärker ist.[232] Auch das Ziel dahin zu definieren, daß dem Arbeitgeber ein Anreiz gegeben werden soll, seine Arbeitnehmer nicht über Gebühr, das heißt über die vertragliche Arbeitszeit hinaus, zu beanspruchen, um deren „Zeitsouveränität" zu respektieren, bedarf der Konkretisierung.[233] Gerade wegen der Kostenneutralität der Überstunden Teilzeitbeschäftigter besteht die Gefahr, daß sie vom Arbeitgeber übermäßig für Überstunden herangezogen werden.[234] Dies wäre zudem nur objektiv, wenn die „Zeitsouveränität" gemäß der individuell und konkret vereinbarten Arbeitszeit bemessen wird. Die Vollzeitgrenze impliziert, daß die regelmäßige Arbeitszeit das meiste ist, was von einem Arbeitnehmer verlangt werden kann. Diese Grenze kann erst dann als tatsächlich geschlechtsneutral angesehen werden, wenn Teilzeitbeschäftigte wirklich über ein „Mehr" an Freizeit verfügen. Teilzeitarbeit ist jedoch für Frauen meist die einzige Art der Arbeitszeitgestaltung, die eine Vereinbarkeit von Beruf und Familie ermöglicht. Aufgrund ihrer unbezahlten Familienarbeit verfügen sie daher nicht über ein „Mehr" an Freizeit.[235] Schließlich ist das Argument der anderweitigen Bevorzugung Teilzeitbeschäftigter durch Gewährung der Zuschläge zwar theoretisch möglich. Teilzeitarbeit ist aber Frauenarbeit und aus genannten Gründen ein Mittel zur Vereinbarung von Familie und Beruf, so daß die Behauptung, sie könnten mehreren Teilarbeitsverhältnissen nachgehen, realitätsfern ist.

Die Nichtgewährung von Überstundenzuschlägen ab Überschreiten der individuellen Arbeitszeit ist somit als mittelbare Diskriminierung zu werten.[236] Zwar beruft sich das BAG in seinen neueren Entscheidungen darauf, daß die Gewährung von Überstundenzuschlägen ab Überschreiten der individuellen Arbeitszeit zu einer Umdeutung des von den Tarifparteien gesetzten Zwecks führte, die mit der Regelungsautonomie der Tarifparteien aus Art. 9 Abs. 3 GG nicht zu vereinbaren sei.[237] Dieses Argument trifft jedoch insoweit nicht zu, als es sich auf die nach vorliegender Ansicht unzutreffende Annahme der Nichterfüllung des Zwecks im Fall der Teilzeitarbeit stützt. Des weiteren kann die Tarifautonomie eine mittelbare Diskriminierung schon nicht per se rechtfertigen. Denn auch die Tarifparteien sind, wie festgestellt, an das Verbot der mittelbaren Diskriminierung gebunden. Festzuhalten ist, daß Grundlage für die Bemessung wieder das in Kapitel 1 beschrie-

---

229 *W. Däubler*, 1998, Rdn. 1936.
230 *K.-J. Bieback*, 1997, S. 107.
231 *G. Peter*, 1988, S. 103.
232 *W. Däubler*, 1998, Rdn. 1936.
233 *K.-J. Bieback*, 1997, S. 107.
234 *G. Peter*, 1988, S. 103.
235 R. *Holtmaat*, (1995) 24 (4) ILJ 387 (390).
236 Im Ergebnis auch ArbG Marburg, DB 1994, S. 2453; *W. Däubler*, 1998, Rdn. 1937.
237 BAG, Urteil v. 19.2.1998, 6 AZR 460/96; dazu oben zu Fn. 221.

bene Normalarbeitsverhältnis ist, welches teilzeitbeschäftigte Frauen strukturell diskriminiert. Dadurch, daß das BAG den Zweck selbst nicht bezüglich des „wirklichen Bedürfnisses" prüft, sondern sich auf den „Erfahrungssatz"[238] beruft, Vollzeitbeschäftigte träfe Mehrarbeit härter, vermeidet das Gericht eine substantielle Kontrolle dieses „Erfahrungssatzes" am Verbot der mittelbaren Diskriminierung gemäß Art. 141 Abs. 1 und 2 EG.

(3) Bezahlte Freistellung an Brauchtumstagen

Das Urteil des BAG vom 26. Mai 1993[239] betraf die bezahlte Freistellung an Brauchtumstagen. § 15 Abs. 4 des in Frage stehenden Manteltarifvertrags für Arbeiter der gemeindlichen Betriebe regelte die Freistellung unter Fortzahlung der Bezüge an Nachmittagen ab 12.00 Uhr vor dem ersten Weihnachtstag, vor Neujahr, vor Ostersonntag und vor Pfingstsonntag, des weiteren nach der Praxis des beklagten Unternehmens ebenso vor der Weiberfastnacht und Karnevalsdienstag. Das heißt, daß Vollzeitbeschäftigten, wenn sie an diesen Tag nicht arbeiteten, nur ein halber Urlaubstag, Teilzeitbeschäftigten mit Arbeitszeiten bis 12.00 Uhr dagegen ein voller Tag abgezogen wurde. Zu letzteren gehörte die teilzeitbeschäftigte Klägerin, die als Bühnendekorateurin der beklagten Stadt 19,25 Stunden montags bis donnerstags von 7.30 Uhr bis 11.10 Uhr und freitags von 7.30 Uhr bis 10.45 Uhr arbeitete. Nach Ansicht des BAG lag hierin kein Verstoß gegen das Lohngleichheitsgebot gemäß Art. 141 EG, der Richtlinie 75/117/EWG sowie § 612 Abs. 3 BGB und Art. 3 Abs. 2 S. 1 GG,[240] weil die Leistung sonst ihren Charakter verlöre. Das BAG unterstellte zwar wegen der Unterscheidung aufgrund der Lage der Arbeitszeit vor 12.00 Uhr zugunsten der Klägerin das Vorliegen der Voraussetzungen einer mittelbaren Diskriminierung.[241] Es sei davon auszugehen, daß der Anteil der Frauen unter den Arbeitnehmern mit einer spätestens um 12.00 Uhr endenden Arbeitszeit erheblich größer sei als der unter denen, deren Arbeitszeit nach 12.00 Uhr endet. Die mittelbare Diskriminierung sei aber durch objektive Faktoren gerechtfertigt, die nichts mit einer Diskriminierung wegen des Geschlechts zu tun haben. Ein „wirkliches Bedürfnis" läge vor, weil durch eine Gleichbehandlung von Teil- und Vollzeitbeschäftigten der Zweck der bezahlten Freistellung ins Gegenteil gekehrt würde. Zweck sei es gewesen, zeit- und anlaßbezogen freizustellen, um „örtlichem Brauchtum" sowie der Tatsache Rechnung zu tragen, daß dies auf Herkommen beruht und auch bei anderen Betrieben derart gehandhabt wird. Zudem sollte hiermit die Möglichkeit zum verlängerten Urlaub gegeben werden, so daß nur denen ein Ausgleich zu zahlen sei, die an diesen Tagen nach 12.00 Uhr arbeiteten. Der Leistungszweck, also die strenge „Zeit- und Anlaßbezogenheit", verlöre ansonsten seinen Charakter.[242]
Anzumerken ist, daß im Tatbestand des Urteils zwar eindeutig zu lesen ist, daß die Klägerin an die in ihrem Arbeitsvertrag vereinbarten „Arbeitszeiten (...) wegen der Erziehung ihrer beiden kleinen Kinder gebunden" ist. Wäre sie dies nicht gewesen und hätte sie

---

[238] *P. Schüren*, NZA 1993, S. 529 (531).
[239] BAG, Urteil v. 26.5.1993, NZA 1994, S. 413ff. = SAE 1994, S. 191 mit Anm. *Wank*.
[240] Zurecht kritisch zu der Prüfung dieser Anspruchsgrundlagen, da angesichts der Übereinstimmungen der Normen allein § 612 Abs. 2 BGB und § 2 BeschFG einschlägig sind, *R. Wank*, SEA 1994, S. 191 (197); dazu schon *M. Schlachter*, 1993, S. 88; *R. Wank*, Anm. zu BAG, AP Nr. 36 zu § 123 BGB.
[241] BAG, Urteil v. 26.5.1993, AP Nr. 42 zu Art. 119 EWG-Vertrag, zu II 5 der Gründe.
[242] BAG, Urteil v. 26.5.1993, AP Nr. 42 zu Art. 119 EWG-Vertrag, zu II 1 c bb der Gründe. Zustimmend *H.-H. Sowka*, DB 1994, S. 1873 (1879); *R. Wank*, SEA 1994, S. 191 (197), *K. H. Peifer*, ZfA 1999, S. 271 (287f.).

nachmittags ab 12.00 Uhr Teilzeit gearbeitet, wäre sie sogar im Verhältnis zu ihren vollzeitbeschäftigten Kollegen bevorzugt worden, weil ihre Arbeitszeit nicht nur zur Hälfte, sondern ganz ausgefallen wäre.[243] Hier ist es jedoch nicht die „Teilzeitarbeit", an welche die Ungleichbehandlung anknüpft, sondern die Tatsache, daß sie wegen ihrer Familienpflichten vormittags arbeitet, die Feste aber nachmittags bzw. abends stattfanden.

(b) Unternehmensbezogene Gründe

(aa) Arbeitsmarktpolitische Gründe

Die Rechtssache *Enderby* vom 27. Oktober 1993[244] und zwei Urteile des BAG aus den Jahren 1995 und 1997[245] weisen auf eine Tendenz hin, arbeitsmarktorientierte Erwägungen im Rahmen der objektiven Rechtfertigung zuzulassen. Ebenso wie in *Enderby* zur unterschiedlichen Entlohnung von Sprachtherapeuten und Pharmazeuten ging es im Urteil des BAG vom 10. Dezember 1997 um die Möglichkeit der objektiven Rechtfertigung aufgrund getrennter Tarifverträge. Es wurde argumentiert, daß die unterschiedliche Vergütung von Sozialarbeitern und Ingenieuren aufgrund der getrennten Tarifverträge lediglich die Besonderheiten des Arbeitsmarktes widerspiegele. Hiernach müßte es den Tarifparteien freistehen, im Rahmen ihrer Tarifautonomie unter Berücksichtigung von Marktgesichtspunkten die Arbeitsbedingungen für unterschiedliche Berufe auch unterschiedlich zu regeln.[246]

In der deutschen Literatur wird einer auf allgemeine arbeitsmarktpolitische Erwägungen gestützten objektiven Rechtfertigung bisher wenig Beachtung geschenkt.[247] Sie ist jedoch im Hinblick auf einen substantiellen Anspruch des Verbots der mittelbaren Diskriminierung in grundsätzlicher Hinsicht problematisch,[248] denn es gibt keinen „Markt" als solchen. Wirtschaftlich betrachtet handelt es sich um ein deskriptives Konzept, in dem seine Funktionsweise durch Aktionen von Individuen oder Institutionen bestimmt, über „Richtiges" oder „Falsches" aber nicht befunden wird. Dieses Verhalten der Arbeitsmarktakteure zu korrigieren oder zu ändern, um die durch den Markt entstehenden Ungleichheiten zu beseitigen, bezweckt gerade das Gebot der Geschlechtergleichberechtigung als Instrument der iustitia distributiva.[249] Eine allein „am Markt" orientierte Rechtfertigung kann daher nicht ausreichen.[250]

Hinsichtlich der Ausführungen in Kapitel 2 zum Zweck der iustitia distributiva[251] widersprechen sich also die gemeinschaftsrechtlichen Verpflichtungen zur Gewährleistung des freien Markts einerseits und die des Gleichberechtigungsgebots, hier in Form der Entgeltgleichheit, andererseits. Letzteres fordert gleichen Lohn, wo aus marktorientierten Erwä-

---

[243] R. *Wank*, SEA 1994, S. 191 (197).

[244] EuGH, Urteil v. 27.10.1993, Rs. C-127/92 (Enderby), Slg. 1993, I-5535.

[245] BAG, Urteil v. 23.8.1995, SAE 1997, S. 228; BAG, Urteil v. 10.12.1997, SEA 1999, S. 20.

[246] BAG, Urteil v. 10.12.1997, SEA 1999, S. 20.

[247] Vgl. nur *H. Wiedemann*, FS Friauf, 1996, S. 135 (145ff.); *G. Thüsing*, SAE 1999, S. 20 (31).

[248] Vgl. auch in einem ähnlichen Kontext BVerfG v. 27.1.1998, ArbuR 1998, S. 209. „Allgemeine arbeitsmarktpolitische Überlegungen können eine ungleiche Behandlung von Arbeitnehmern in Kleinbetrieben nicht rechtfertigen, weil es sich dabei nicht um Erwägungen handelt, die sich spezifisch auf solche Betriebe beziehen."

[249] Dazu oben Kapitel 2, II. 2. b).

[250] R. *J. Townshend-Smith*, 1996, S. 35 (39f.).

[251] Dazu oben Kapitel 2, II. 2. b).

gungen Frauen aufgrund geringeren Humankapitals unter Umständen einen geringeren Lohn erhalten müßten.[252]
Der Einfluß marktorientierter Argumentation ist zwar in Europa nicht allzu offensichtlich. In den USA wurde sie jedoch bereits in der 1980er Jahren in einigen Entscheidungen (erfolgreich) gegen die Gleichberechtigung von Arbeitnehmerinnen in Frauenberufen bemüht. In der Entscheidung des 7. Circuit in *American Nurses Association v Illinois*[253] wurde vorgetragen, daß die Entgeltungleichheit zwischen *nurses* und *typists* auf dem geringeren Humankapital von Krankenschwestern beruht. Das Gleichberechtigungsrecht würde dies nicht richtig bewerten. Ebenso entschied der 10. Circuit in *Lemons v City of Denver*,[254] in dem die Koppelung der Löhne der im öffentlichen Dienst beschäftigten Krankenschwestern an die Löhne des privaten Sektors für rechtmäßig befunden wurde. Das Gericht wies die Annahme einer Diskriminierung durch die Klägerinnen zurück, weil der Staat nicht die Arbeitsmarktbewertung von Berufen und Tätigkeiten ignorieren könne. Bestätigung fand dies in der Entscheidung des 9. Circuit in *AFSCME v Washington*.[255]
Derartige Erwägungen beruhen auf herkömmlichen Vorstellungen und tragen damit zur Manifestation des status quo und zur Legitimation der Durchbrechung des Grundsatzes der Entgeltgleichheit für gleiche oder gleichwertige Arbeit durch allgemeine Arbeitsmarktbewertungen oder getrennte Tarifverhandlungen bei.[256] Zu berücksichtigen ist, daß in den benannten Entscheidungen die niedriger entlohnten Vergütungsgruppen stets typische Frauenarbeit, wie die Sprachtherapie, die Sozialarbeit oder die Krankenpflege, betrafen. Die Verwendung arbeitsmarktpolitischer Gründe als objektive Faktoren der Rechtfertigung ist daher einer besonders kritischen Kontrolle im Hinblick auf ihre Geschlechtsspezifik zu unterziehen.

(bb) Ökonomische Effizienz

Grundsatzentscheidung hinsichtlich der ökonomischen Gründe, die Unternehmen zur Rechtfertigung anführen können, war die Entscheidung des EuGH in der Rechtssache *Bilka* vom 13. Mai 1986[257] auf Vorlage des BAG[258] zum Ausschluß Teilzeitbeschäftigter von der betrieblichen Altersversorgung. Im Fall stellte der EuGH fest, daß eine Lohnpolitik zum Anreiz von Vollzeitbeschäftigung aufgrund eines Engpasses auf dem Arbeitsmarkt für vollzeitbeschäftigte Verkäuferinnen und aufgrund der betrieblichen finanziellen Kosten durch den Einsatz von Teilzeitbeschäftigten dann gerechtfertigt sein kann, wenn sie „einem wirklichen Bedürfnis des Unternehmens" entspricht und zur Erreichung dieses Ziel geeignet und erforderlich ist. In der Folgeentscheidung lehnte das BAG[259] die vom Arbeitgeber vorgebrachten Gründe ab. „Subjektive Wünsche und ‚Vorlieben' eines Ar-

---

[252] Hierzu kritisch *R. J. Townshend-Smith*, 1996, S. 35 (36); *S. Fredman*, 1997, S. 230.
[253] 783 F 2d 716 (7th Circuit 1986).
[254] 620 F 2d 228 (10th Circuit 1980).
[255] 770 F 2d 1401 (9th Circuit 1985).
[256] Vgl. insbesondere zu der Schwierigkeit die Gleichwertigkeit der Arbeit von Sozialarbeitern und Ingenieuren festzustellen BAG, Urteil v. 10.12.1997, SEA 1999, S. 20. Hierzu G. *Thüsing*, SAE 1999, S. 28 (30f.). Anders als in der Rechtssache *Enderby*, in der es sich um verschiedene Tarifverträge eines Arbeitgebers mit derselben Gewerkschaft handelte, wird eine Ausdehnung des Gedankens auf Fälle verschiedener Tarifverträge zwischen unterschiedlichen Arbeitgebern und Gewerkschaften allerdings abgelehnt. *J. Sievers*, 1996, S. 138 mit Fn. 172.
[257] EuGH, Urteil v. 13.5.1986, Rs. 170/84 (Bilka), Slg. 1986, 1607.
[258] BAG, Beschluß v. 5.6.1984, AP Nr. 3 nach Art. 119 EWG-Vertrag.
[259] BAG, Urteil v. 14.10.1986, BB 1987, S. 829.

beitgebers sind unmaßgeblich", solange er nicht ein „wirkliche Bedürfnis" darlegen kann.[260]
Die diesbezügliche Rechtsprechung des EuGH wurde vom BAG in späteren Entscheidungen weiter präzisiert. Eine Bevorzugung von Vollzeitbeschäftigten als Anreiz auf dem Arbeitsmarkt könne nur dann ein wirkliches Bedürfnis darstellen, wenn die Einstellung der gewünschten Zahl von Vollzeitkräften auf dem Arbeitsmarkt Schwierigkeiten bereite und zugleich die Einstellung einer entsprechend größeren Zahl von Teilzeitkräften kein wirtschaftlich sinnvoller Ausgleich sei.[261] Des weiteren liege ein wirkliches Bedürfnis nicht schon dann vor, wenn der Arbeitgeber lediglich behauptet, die Beschäftigung von Teilzeitbeschäftigten sei teurer als die Vollzeitbeschäftigter. Bei einem Kosten-Nutzenvergleich müßten vielmehr alle Kostenfaktoren miteinander verglichen werden.[262] Auch das Argument, der Ausschluß Teilzeitbeschäftigter von der betrieblichen Altersversorgung sei aus den ansonsten zu hohen Personalkosten gerechtfertigt, stelle kein wirkliches Bedürfnis im Sinne der Rechtsprechung des EuGH dar. Vielmehr erforderten erhebliche Kostenvorteile oder –nachteile eine differenzierende Regelung. Das Lohngleichheitsgebot komme nach dem Verhältnismäßigkeitsgrundsatz nicht erst bei Kostenneutralität zum Zuge.[263] Schließlich könne eine Benachteiligung Teilzeitbeschäftigter nicht damit gerechtfertigt werden, daß sie aufgrund ihrer Arbeitszeit geringere als für die Sortimentsteuerung in den Verkaufsstellen des Betriebs erforderliche Marktkenntnisse erwerben, da es dafür keine Anhaltspunkte gebe, oder daß die Organisationsstruktur es erfordere, daß Arbeitnehmer ganztägig zur Verfügung stehen, weil zwar ein erhöhter Koordinationsbedarf bei der Beschäftigung Teilzeitbeschäftigter bestehe, es aber nicht festgestellt werden könne, daß dies zu nennenswerten Schwierigkeiten führt, die ein „wirkliches Bedürfnis" ausmachen.[264] Dieser, sich an den Vorgaben des EuGH haltenden Rechtsprechung des BAG ist zu entnehmen, daß wirtschaftliche Gründe solange kein „wirkliches Bedürfnis" und keine tauglichen, objektiven Rechtfertigungsgründe darstellen, solange es sich lediglich um verallgemeinernde Aussagen über Teilzeitbeschäftigte handelt, die auf Typisierungen beruhen und damit kein vollständiges Bild wiedergeben. Dies hat auch der EuGH in der Entscheidung *Hill/Stapleton* bestätigt, in der es hieß, daß der Verweis auf „zusätzliche Kosten" durch Änderung der „herkömmlichen Praxis" allein eine „verallgemeinernde Aussage" und kein „wirkliches Bedürfnis" darstelle.[265]
Abstriche müssen jedoch weiterhin dann gemacht werden, wenn es nicht um den Ausschluß von Teilzeitbeschäftigten, sondern um den geringfügig Beschäftigter im Sinne des § 8 Abs. 1 SGB IV geht. In dem Urteil des LAG Düsseldorf vom 10. Februar 1999[266] hatte das Landesarbeitsgericht darüber zu befinden, ob die Rechtsprechung des EuGH auch für geringfügig Beschäftigte Geltung beansprucht. Dies wurde im Anschluß an das Urteil des Dritten Senats des BAG vom 27. Februar 1996[267] zur Zusatzversorgung im öffentlichen Dienst mit der Begründung abgelehnt, daß die betriebliche Altersversorgung den Zweck habe, eine zeitgleich erworbene gesetzliche Grundversorgung aufzubessern

---

[260] Bestätigt durch BVerfG, Beschluß v. 28.9.1992, NZA 1993, S. 213.
[261] BAG, Urteil v. 14.10.1986, BB 1987, S. 829 (831).
[262] BAG, Urteil v. 14.3.1989, BB 1989, S. 2115 (2116).
[263] BAG, Urteil v. 20.11.1990, SEA 1992, S. 89 (93).
[264] BAG, Urteil v. 20.11.1990, SAE 1992, S. 89 (93).
[265] EuGH, Urteil v. 17.6.1998, C-243/95 (Hill/Stapleton), Slg. 1998, I-3739, Rdn. 41f.
[266] LAG Düsseldorf, Urteil v. 10.2.1999, 17 Sa 809/98, BB 1999, S. 1383; Das BAG, 3 AZR 407/99, wies die Revision der Klägerin aus anderen als den hier angesprochenen zurück.
[267] BAG, Urteil v. 27.2.1996, AP Nr. 28 zu § 1 BetrAVG Gleichbehandlung; bestätigt mit den Urteilen v. 12.3.1996, AP Nr. 1 zu § 24 Tarifvertrag Arb Bundespost; v. 13.5.1997, AP Nr. 36 zu § 1 BetrAVG Gleichbehandlung.

und die Betriebstreue zu fördern und zu belohnen. „So kann sachlicher Grund zur Differenzierung und Ausgrenzung von Arbeitnehmern von betrieblichen Versorgungsleistungen etwa ein typischerweise unterschiedlicher Versorgungsbedarf sein oder auch der Stellenwert bestimmter Arbeitnehmergruppen für das Unternehmen.“[268] Ausschlaggebend für die Rechtfertigung war damit der Zweck der betrieblichen Altersversicherung. Die Ergänzungsfunktion des Versorgungssystems würde in ihr Gegenteil gekehrt, „wollte man die fehlende Versicherungsrente durch eine betriebliche Altersversorgung gleichermaßen ersetzten.“[269] In seinem Beschluß vom 27. November 1997 zum Hamburger Ruhegeldgesetz (RGG)[270] stellte das BVerfG jedoch einen Verstoß gegen Art. 3 GG durch den Ausschluß geringfügig Beschäftigter von der zusätzlichen Alters- und Hinterbliebenenversorgung durch das RGG fest. So könnten unter anderem die geringere Arbeitszeit oder die typische Versorgungslage geringfügig Beschäftigter bzw. die Belohnung der Betriebstreue des Arbeitnehmer den Ausschluß Unterhalbzeitbeschäftigter von der zusätzlichen Altersversorgung nicht rechtfertigen, da sich Teil- und Vollzeitarbeit allein in zeitlicher, nicht aber qualitativer Hinsicht unterschieden, die Regelung des § 1 Abs. 1 S. 1 RGG nicht auf den Versorgungsbedarf abstelle, sondern die Leistung in der Regel als Zuschuß zur bestehenden Rente gezahlt wird. Nach § 1 S. 2 RGG werde aber auch ein Zuschuß nicht von anderweitiger Rente abhängig gemacht. Schließlich sei der Arbeitnehmer seinem Betrieb in dem Maße treu, in dem er über Jahr hinweg an seinem Beschäftigungsverhältnis festhielte. Der zeitliche Umfang seiner Arbeitszeit sei in diesem Zusammenhang nicht von entscheidender Bedeutung. Die durch § 8 SGB IV ermöglichte Benachteiligung geringfügig Beschäftigter wurde nunmehr mit der Regelung des §§ 2 Abs. 2, 4 Abs. 1 TzBfG, nach dem auch geringfügig Beschäftigte Teilzeitbeschäftigte im Sinne des Gesetztes sind und damit einen Anspruch auf Gleichbehandlung haben, beseitigt.

bb) Gründe des öffentlichen Interesses

Für gesetzliche Maßnahmen tritt an die Stelle des wirklichen betrieblichen Bedürfnisses die nationale sozialpolitische Zielsetzung. Der EuGH spricht teils von einem „notwendigen Ziel der Sozialpolitik“,[271] teilweise von einem „legitimen sozialpolitischen Ziel“.[272] Für dessen Feststellung sind die Mitgliedstaaten zuständig, denen ein „sachgerechter“[273] bzw. ein „weiter Ermessensspielraum“[274] bei der Gestaltung des Ziels gewährt wird.

(a) Finanzielle Erwägungen

In Verfahren vor dem EuGH, in denen die Mitgliedstaaten die negativen ökonomischen Konsequenzen einer Entscheidung, insbesondere bei der objektiven Rechtfertigung sozialpolitischer Regelungen, betonten, erschien der Gerichtshof häufig geneigt, dem Gebot

---

[268] LAG Düsseldorf, Urteil v. 10.2.1999, 17 Sa 809/98, BB 1999, S. 1983, unter B I 1 der Gründe.
[269] LAG Düsseldorf, Urteil v. 10.2.1999, 17 Sa 809/98, BB 1999, S. 1983, unter B I 1 der Gründe.
[270] BVerfGE 97, 35, 40ff. – Hamburger Ruhegeldgesetz.
[271] So z.B. EuGH, Urteil v. 13.7.1989, Rs. 171/88 (Rinner-Kühn), Slg. 1989, 2743, Rdn. 14.
[272] So z.B. EuGH, Urteil v. 26.9.2000, Rs. C-322/98 (Kachelmann), Slg. 2000, I-7505, Rdn. 30.
[273] Siehe Fn. 271 und 272.
[274] EuGH, Urteil v. 14.12.1995, Rs. C-444/93 (Megner/Scheffel), Slg. 1995, I-4741, Rdn. 29f.

der Gleichbehandlung Grenzen zu ziehen.[275] In der Rechtssache *EOC* vom 7. Juli 1992[276] wurde als objektive Rechtfertigung für das unterschiedliche Rentenalter der gesetzlichen Altersversicherung die „Aufrechterhaltung des finanziellen Gleichgewichts“ angeführt. Dieses beruhte auf der längeren Beitragspflicht der Männer und würde durch eine Änderung des Rentenrechts gestört.[277] Der EuGH legte den hier streitigen Art. 7 Abs. 1 der Entgeltrichtlinie 75/117/EWG, der den Mitgliedstaaten ermöglicht, unter bestimmten Voraussetzungen das unterschiedliche Rentenalter beizubehalten, im Einklang mit dem angeführten, objektiven Grund der Differenzierung im Hinblick auf den in Art. 4 Abs. 1 75/117/EWG enthaltenen Gleichbehandlungsgrundsatz dahingehend aus, daß „er die Beibehaltung einer unterschiedlichen Dauer der Beitragsleistung für Arbeitnehmer und Arbeitnehmerinnen im Rahmen von Rentensystemen (...) zuläßt.“[278] In der Rechtssache *Roks* vom 24. Februar 1994[279] hieß es, daß finanzielle Erwägungen zwar in Verbindung mit anderen Argumenten unter Umständen zuzulassen seien. Die Möglichkeit finanzieller Erwägungen wurde dabei jedoch eingeschränkt. Denn sie hätte „zur Folge, daß die Anwendung und die Tragweite einer so grundlegenden Regel des Gemeinschaftsrechts wie der Gleichheit von Männern und Frauen zeitlich und räumlich je nach dem Zustand der Staatsfinanzen der Mitgliedstaaten unterschiedliche sein könnten.“[280] Diese Aussage bestätigte der EuGH in der Rechtssache *Joergensen* vom 6. April 2000,[281] in der es um die staatliche Umwandlung von in Vollzeit betriebenen Arztpraxen in Voll- und Teilzeitpraxen entsprechend ihres erzielten Umsatzes zur Begrenzung der öffentlichen Ausgaben für die Facharztbehandlung ging. Arztpraxen mit einem Umsatz, der zur Umwandlung in Teilzeitpraxen führte, wurden in größerem Maße von Frauen betrieben, so daß die hier im Raum stehende mittelbare Diskriminierung zu rechtfertigen war. Die dänische Fachärztevereinigung und der Verhandlungsausschuß der Krankenversicherung trugen vor, daß dies aus Haushaltsgründen gerechtfertigt sei. Unter Verweis auf Randnummer 36 der vorgenannten Entscheidung *Roks* legt der Gerichtshof dar, daß Haushaltserwägungen zwar sozialpolitischen Entscheidungen zugrunde liegen können. Diese „stellen als solche jedoch kein mit dieser Politik verfolgtes Ziel dar und können daher eine Diskriminierung eines der Geschlechter nicht rechtfertigen.“[282]

Entgegen der in *EOC* angeführten objektiven Rechtfertigung muß das Verbot der mittelbaren Diskriminierung grundsätzlich auch finanzielle staatliche Aktivität fordern, weil seine fundamentale Bedeutung die Kosten rechtfertigt, die durch eine notwendige Veränderung entstehen.[283] Allgemeine Haushaltserwägungen verfolgen als solche in der Tat keine sozialpolitischen Ziele. In *Joergensen* führte der EuGH aber zugleich aus, daß die Notwendigkeit einer ordnungsgemäßen Steuerung der Staatsausgaben für die Sicherstellung einer fachärztlichen Behandlung und des Zugangs der Bevölkerung zu dieser Be-

---

275 EuGH, Urteil v. 11.6.1987, Rs. 30/85 (Teuling), Slg. 1987, 2497; EuGH, Urteil v. 7.5.1991, Rs. C-229/89 (Kommission/Belgien); Slg. 1991, I-2205; ausführlich *C. Docksey*, (1991) 20 ILJ 258 (274ff.); kritisch *K. Banks*, (1991) 20 ILJ 220.

276 EuGH, Urteil v. 7.7.1992, Rs. C-9/91 (Equal Opportunities Commission, EOC), Slg. 1992, I-4297.

277 EuGH, Urteil v. 7.7.1992, Rs. C-9/91 (EOC), Slg. 1992, I-4297, Rdn. 16. Die EOC entgegnete, daß dies eine widerrechtliche Männerdiskriminierung sei, da Männer 44, Frauen dagegen nur 39 Jahre lang Beiträge leisten müssen, um einen Anspruch zu erlangen. In dessen Genuß gelangten letztere bereits ab 60, Männer hingegen erst ab 64.

278 EuGH, Urteil v. 7.7.1992, Rs. C-9/91 (EOC), Slg. 1992, I-4297, Rdn. 19.

279 EuGH, Urteil v. 24.2.1994, Rs. C-343/92 (Roks), Slg. 1994, I-571.

280 EuGH, Urteil v. 24.2.1994, Rs. C-343/92 (Roks), Slg. 1994, I-571, Rdn. 36.

281 EuGH, Urteil v. 6.4.2000, Rs. C.226/98 (Joergensen), Slg. 2000, I-2447.

282 EuGH, Urteil v. 6.4.2000, Rs. C.226/98 (Joergensen), Slg. 2000, I-2447, Rdn. 39.

283 *T. K. Hervey*, (1993) CMLRev. 653 (662f.).

handlung ein sozialpolitischen Ziel sei, welches, sofern es geeignet, erforderlich und angemessen ist, die vorliegende mittelbare Diskriminierung von Frauen zu rechtfertigen.[284]

(b) Lohnfortzahlung im Krankheitsfall

In der Rechtssache *Rinner-Kühn* vom 13. Juni 1989[285] zum Ausschluß geringfügig Beschäftigter von der Lohnfortzahlung nach § 1 Abs. 3 Nr. 2 LohnFG a.F.[286] hatte der EuGH darüber zu entscheiden, ob die Norm, die Arbeitnehmer, deren Arbeitszeit nicht mehr als 10 Wochenstunden oder 45 Stunden im Monat beträgt, von der Lohnfortzahlung im Krankheitsfall ausschließt, eine Art. 141 EG und der Lohngleichheitsrichtlinie 75/117/EWG widersprechende mittelbare Diskriminierung darstellt. Im Verfahren führte die Bundesregierung an, daß dies gerechtfertigt sei, weil geringfügig Beschäftigte weniger in den Betrieb integriert seien und sich somit die Sorge des Arbeitgebers in Form der Lohnfortzahlung nicht auf sie erstrecken müßte. Des weiteren rechtfertige ihre andere Versorgungslage den Ausschluß. Dem widersetzte sich der EuGH. Es handele sich lediglich um eine „verallgemeinernde Aussage". Entscheidend sei ein „notwendiges Ziel der Sozialpolitik". Somit ging der EuGH nicht so weit wie die Kommission, die auf die Schutzbedürftigkeit der Arbeitnehmer in diesem Beschäftigungsverhältnis abstellte. „In der Tat sei es nicht ersichtlich, warum es ökonomisch vertretbar und sozial geboten sein sollte, Vollzeitarbeitnehmer in den Genuß einer sechswöchigen Lohnfortzahlung kommen zu lassen, während ausgerechnet den sozial schwächeren geringfügig Beschäftigten die Lohnfortzahlung zu verweigern sei."[287] Somit würde der Schutz gerade dort entzogen, wo er am meisten benötigt wird. Zudem knüpft das Argument der anderweitigen Absicherung über das mit dem Argument der anderen Versorgungslage geringfügig Beschäftigter implizierte Ehegatteneinkommen mittelbar am Geschlecht an und entspricht somit wegen seiner strukturellen Benachteiligung von (verheirateten) Frauen keinem objektiven Grund, der nichts mit einer Diskriminierung wegen des Geschlechts zu tun hat. Das heißt, daß eine Rechtfertigung für den Ausschluß geringfügig Beschäftigter von der Lohnfortzahlung hier nie gelingen dürfte, weil sie wegen ihres ohnehin geringen Einkommens besonders schutzbedürftig sind.[288]

Dies griff der Fünfte Senat des BAG in seinem Urteil vom 9. Oktober 1991[289] auf. Der Ausschluß verstoße gegen Art. 141 EG. § 1 Abs. 3 Nr. 2 LohnFG sei daher unanwendbar. Der Senat wies ausdrücklich die vom EuGH offengelassene Möglichkeit der objektiven Rechtfertigung zurück, weil gerade die geringfügige Beschäftigung Frauen ermöglicht, Beruf und Familie miteinander zu vereinbaren. Die Argumentation der anderweitigen Absicherung ginge angesichts der hohen Anzahl von Frauen fehl, die nicht in einer Ehe leben oder alleinerziehend sind. In diesen Fällen sei das eigene Einkommen gerade essentiell für Frauen. Auch das Vorbringen, daß sie weniger integriert sind, könne nicht gelten, weil der einzige Unterschied zwischen Voll- und Teilzeitarbeit die unterschiedliche Stundenzahl ist. Somit seien auch letztere dem Weisungsrecht in gleicher Weise unterworfen und verdienten daher dieselbe Sorge durch den Arbeitgeber wie Vollzeitbeschäftigte. Mit

---

[284] EuGH, Urteil v. 6.4.2000, Rs. C.226/98 (Joergensen), Slg. 2000, I-2447, Rdn. 40.
[285] EuGH, Urteil v. 13.7.1989, Rs. 171/88 (Rinner-Kühn), Slg. 1989, 2743 = STREIT 1989, S. 87 mit Anm. *Dieball*, auf Vorlage des ArbG Oldenburg, Beschluß v. 5.5.1988, BB 1988, S. 1256.
[286] BGBl. I 1969 S. 946.
[287] Sitzungsbericht zu EuGH, Urteil v. 13.7.1989, Rs. 171/88 (Rinner-Kühn), Slg. 1989, 2743, unter IV 1.
[288] *M. Schlachter*, NZA 1995, S. 393 (398).
[289] BAG, Urteil v. 9.10.1991, DB 1992, S. 330 = SAE 1992, S. 367, mit Anm. *Loritz*.

Gesetz vom 26. Mai 1994 wurde die Regelung des § 1 Abs. 3 Nr. 2 LohnFG a.F. dahingehend geändert, daß gemäß §§ 1, 3 des Entgeltfortzahlungsgesetzes die Entgeltfortzahlung im Krankheitsfall nunmehr nicht mehr vom Umfang der Arbeitszeit abhängig ist.[290]

(c) Vergleichbarkeit Teil- und Vollzeitbeschäftigter im Rahmen des § 1 Abs. 3 KSchG

In der Rechtssache *Kachelmann* vom 26. September 2000,[291] in der es um die Kündigung einer teilzeitbeschäftigten Arbeitnehmerin ging, hatte der EuGH über die Vorlagefrage des LAG Hamburgs zu entscheiden, ob teil- und vollzeitbeschäftigte Arbeitnehmer bei der Sozialauswahl gemäß § 1 Abs. 3 KSchG in der bis zum 30. September 1996 geltenden Fassung, die der Arbeitgeber bei der betriebsbedingten Streichung eines Teilzeitarbeitsplatzes vorzunehmen hat, im Hinblick auf das Verbot der mittelbaren Diskriminierung bei den Entlassungsbedingungen gemäß Art. 5 der Richtlinie 76/207/EWG als vergleichbar anzusehen sind, so daß die Kündigung gemäß § 611a BGB, § 2 BeschFG a.F. wegen Verstoßes gegen das Verbot der mittelbaren Diskriminierung bzw. der Ungleichbehandlung Teilzeitbeschäftigter unwirksam wäre.
In den auswahlrelevanten Personenkreis gemäß § 1 Abs. 3 KSchG sind wegen § 4 Abs. 1 TzBfG (bzw. nach der damaligen Rechtslage gemäß § 2 BeschFG a.F.), welcher auch die Benachteiligung Teilzeitbeschäftigter bei der sozialen Auswahl verbietet, alle in demselben Betrieb vom Personalabbau betroffenen vergleichbaren Teilzeit- und Vollzeitarbeitnehmer einzubeziehen. Vergleichbar sind sie dann, wenn der zu kündigende Arbeitnehmer die gleiche oder gleichartige Arbeit des anderen im Rahmen der durch den Arbeitsvertrag bestimmten Reichweite des Direktionsrechts des Arbeitgebers ausführen kann, ohne daß es einer Änderungskündigung bedarf.[292] Nach ständiger Rechtsprechung des BAG schließt die kürzere Arbeitszeit ersterer die Vergleichbarkeit Teil- und Vollzeitbeschäftigter nur dann nicht aus, wenn die Kündigung allein der Durchsetzung einer insgesamt kürzeren Arbeitszeit dient.[293] Im übrigen sind sie jedoch nicht vergleichbar, weil eine Umwandlung eines Teilzeitarbeitsverhältnisses in einen Vollzeitarbeitsplatz (oder umgekehrt) eine Vertragsänderung erfordert. Letzteres war im Ausgangsrechtsstreit der Fall.
Der EuGH stellte hierzu fest, daß aufgrund des hohen Frauenanteils in Teilzeitarbeitsverhältnissen die Streichung eines solchen Frauen benachteilige. Die im Fall nach der Rechtsprechung des BAG fehlende Vergleichbarkeit Teil- und Vollzeitbeschäftigter im Rahmen der nach § 1 Abs. 3 KSchG a.F. erforderlichen Sozialauswahl könne daher mittelbar zu einem Nachteil für teilzeitbeschäftigte Arbeitnehmer führen.[294] Hier sei aber von Bedeutung, daß die Sozialpolitik Sache der Mitgliedstaaten sei, die bei der Ausgestaltung sozialer Schutzmaßnahmen und ihrer Durchführung über einen sachgerechten Ermessensspielraum verfügten. Diesbezügliche Maßnahmen müßten daher einem legitimen sozialpolitischen Ziel dienen, für die Erreichung dieses Ziels geeignet und erforderlich und deshalb aus Gründen, die nichts mit einer Diskriminierung aufgrund des Geschlechts zu

---

[290] geändert 26.5.1994 Entgeltfortzahlungsgesetz BGBl. I S. 1014 (in Kraft als PflegeVersG).
[291] EuGH, Urteil v. 26.9.2000, Rs. C-322/98 (Kachelmann), Slg. 2000, I-7505.
[292] BAG, Urteil v. 29.3.1990, EzA § 1 KSchG Soziale Auswahl Nr. 29 = SAE 1990, S. 203ff. mit Anm. *Pottmeyer*; BAG, Urteil v. 17.9.1998, SAE 1999, S. 167ff. mit Anm. *Langenbucher*.
[293] BAG, Urteil v. 3.12.1998, 2 AZR 341/98, NJW 1999, S. 1733. In diesem Fall ist die Vergleichbarkeit zu bejahen, weil das Ziel bei Voll- und Teilzeitbeschäftigten gleichermaßen erreicht werden kann, so daß es unzulässig ist, aus diesem Grund von vornherein Teilzeitbeschäftigte zu entlassen.
[294] EuGH, Urteil v. 26.9.2000, Rs. C-322/98 (Kachelmann), Slg. 2000, I-7505, Rdn. 27f.

tun haben, gerechtfertigt sein.[295] § 1 Abs. 3 KSchG diene zwar einerseits dem Arbeitnehmerschutz im Kündigungsfall, andererseits aber auch zwingenden funktionalen und wirtschaftlichen Erfordernissen des Unternehmens. Die Bejahung der Vergleichbarkeit Teil- und Vollzeitbeschäftigter im Rahmen der sozialen Auswahl würde hier zu dem Ergebnis führen, daß Teilzeitbeschäftigte gegenüber Vollzeitbeschäftigten bevorzugt würden, weil ihnen bei Streichung ihres Arbeitsplatzes eine Vollzeitstelle anzubieten wäre, auf die sie sonst keinen Anspruch hätten. Es sei Sache der nationalen Gerichte, dies zu entscheiden, da nur diesen obliege, im Arbeitsrecht zwischen den divergierenden Interessen einen billigen Ausgleich zu finden. Die Rechtsprechung des BAG sei in dieser Hinsicht nicht zu beanstanden und habe nichts mit einer Diskriminierung aufgrund des Geschlechts zu tun.[296]

Damit folgte der EuGH nicht den Schlußanträgen des Generalanwalts *Saggio*,[297] der die Auffassung vertrat, daß das Erfordernis der Vertragsänderung und damit die fehlende Vergleichbarkeit Teil- und Vollzeitbeschäftigter im Einzelfall zu prüfen sei, da es sich ansonsten um eine „verallgemeinernde Aussage zu bestimmten Kategorien von Arbeitnehmern" handele. Unabhängig davon sei die Vergleichbarkeit unter Berücksichtigung der Interessengegensätze zu beurteilen, was Sache der nationalen Gerichte sei, die aber zu beachten hätten, daß der Schutz des Anspruchs (weiblicher) Teilzeitbeschäftigter auf Gleichbehandlung in der Regel vorrangig sei vor dem Recht des Unternehmers, die Tätigkeiten in seinem Betrieb frei zu gestalten. Die Ungleichbehandlung im Rahmen der Sozialauswahl könne ausnahmsweise nur gerechtfertigt werden, wenn die Freiheit des Arbeitgebers gegenüber dem Schutz Teilzeitbeschäftigter unverhältnismäßig beschränkt werde.

Festzuhalten ist, daß der EuGH in der Entscheidung *Kachelmann* die unternehmerische Freiheit und die diesbezügliche Rechtsprechung des BAG zu § 1 Abs. 3 KSchG respektiert – nicht zuletzt durch die Einordnung des Falles in die Sozialpolitik und der damit einhergehenden Möglichkeit, dem Mitgliedstaat für deren Ausgestaltung einen „sachgerechten Ermessenspielraum" zuzugestehen und nicht, wie bei Individualmaßnahmen, ein „wirkliches Bedürfnis" des Unternehmens zu verlangen. Auch wenn das von Generalanwalt *Saggio* hergeleitete Ergebnis gleichstellungspolitisch wünschenswert sein mag, so läßt sich dies nicht mit der arbeitsvertraglichen Ausgestaltung des deutschen Individualarbeitsrechts in Einklang bringen. Er selbst stellt in seiner Argumentation auf die entscheidende Frage der Vergleichbarkeit ab, will diese aber trotz des Erfordernisses der Vertragsänderung infolge einer Interessenabwägung bejahen. Nicht zu unrecht ist ihm daher vorgeworfen worden, durch die Gleichsetzung Teil- und Vollzeitbeschäftigter Äpfel mit Birnen zu vergleichen.[298] Des weiteren verlangt das Verbot der mittelbaren Diskriminierung die Gleichberechtigung Teil- und Vollzeitbeschäftigter, nicht aber die Besserstellung ersterer. Dies wäre aber hier bei Annahme der Vergleichbarkeit beider Beschäftigungsformen aufgrund der dann gemäß Art. 5 der Richtlinie 76/207/EWG von der teilzeitbeschäftigten Arbeitnehmerin durchsetzbaren Vertragsänderung der Fall.

---

[295] EuGH, Urteil v. 26.9.2000, Rs. C-322/98 (Kachelmann), Slg. 2000, I-7505, Rdn. 30.
[296] EuGH, Urteil v. 26.9.2000, Rs. C-322/98 (Kachelmann), Slg. 2000, I-7505, Rdn. 31, 33f.
[297] Schlußanträge des Generalanwalts *Saggio* v. 14.3.2000, Rs. C-322/98 (Kachelmann), Rdn. 33.
[298] *A. Geiger*, Anm. zu EuGH, Urteil v. 26.9.2000, Rs. C-322/98 (Kachelmann), EuZW 2000, S. 693 (694).

(d) Geringere Kontrolldichte bei mittelbar diskriminierenden gesetzlichen Regelungen?

Grundsätzlich gibt der EuGH zu erkennen, daß er die objektive Rechtfertigung von gesetzlichen Regelungen anders behandeln will, die in den Bereich der Sozial- und Beschäftigungspolitik der Mitgliedstaaten fallen, als die individualrechtlicher Art, die einem „wirklichen Bedürfnis" genügen müssen. Für erste wird teilweise - wie in *Rinner-Kühn* oder *Kachelmann* - ein "notwendiges Ziel der Sozialpolitik" bzw. „legitimes sozialpolitisches Ziel" mit einem „sachgerechten Ermessensspielraum" [299] als erforderlich angesehen. Des öfteren wird - wie in *Nolte*, *Megner* und *Scheffel*[300] - ein „weiter Ermessensspielraum" zugestanden, welcher eine noch geringere Kontrolldichte impliziert. Der Gerichtshof folgert in letzterem Fall diese weiterreichende Öffnung der Rechtfertigungsmöglichkeit aus der Alleinzuständigkeit der Mitgliedstaaten für die Sozialpolitik gemäß Art. 136f. EG und dem Subsidiaritätsprinzip des Art. 5 EG, insbesondere bei politischen Entscheidungen, die nationale Fragen betreffen.[301] Als Beispiele sollen hier die vorgenannten Rechtssachen *Nolte, Megner* und *Scheffel*[302] dienen, die tragende Grundsätze des deutschen Sozialversicherungssystems betrafen [dazu im Anschluß (aa)], sowie die Rechtssachen *Rinner-Kühn*[303] und *Krüger*[304] zum Ausschluß geringfügig Beschäftigter von der Lohnfortzahlung im Krankheitsfall und von Jahressonderzuwendungen, die direkt unter Art. 141 EG fielen [dazu im Anschluß (bb)].[305] Hierbei ist weiter zu differenzieren: In *Rinner-Kühn* handelte es sich um ein Gesetz (LohnFG), in *Krüger* ging es lediglich um eine kollektivrechtliche Regelung (BAT). Fraglich ist, ob ein unterschiedlicher, abgestufter Kontrollmaßstab für Sozialpolitik, Gesetze und individual- bzw. kollektivrechtliche Regelungen im Hinblick auf das gemeinschaftsrechtliche Gebot der Geschlechtergleichberechtigung sowie Art. 3 Abs. 2 S. 1 GG zu rechtfertigen ist.

(aa) Rechtssachen *Nolte* und *Megner/Scheffel*

Gerichtliche Entscheidungen zur geringfügigen Beschäftigung im Anwendungsbereich der Gleichberechtigungsrichtlinie 79/7/EWG im Bereich der sozialen Sicherheit sind von erheblicher politischer Tragweite, weil sie Millionen geringfügig Beschäftigter und somit übermäßig viele
Frauen betreffen, die nach Maßgabe des § 8 Abs. 1 SGB IV ausgeschlossen sind.[306] Gesetzliche Sozialversicherungssysteme basieren auf dem Gedanken der Daseinssicherung des Arbeitnehmers, der durch (volle) Erwerbsarbeit den Lebensunterhalt für sich und seine Familie bestreitet.[307] Das heißt, daß sie sich traditionell an der sozialdemographischen Struktur des männlich geführten Einernährermodells orientieren sowie an der Idee,

---

[299] Siehe oben Fn. 271 und Fn. 295.
[300] EuGH, Urteil v. 14.12.1995, Rs. C-317/93 (Nolte), C-444/93 (Megner/Scheffel), Slg. 1995, I-4741.
[301] *M. Kort*, RdA 1997, S. 281; vgl. ausführlich *K.-J. Bieback*, 1997, S. 107ff. m.w.N.
[302] Siehe Fn. 300.
[303] EuGH, Urteil v. 13.7.1989, Rs. 171/88 (Rinner-Kühn), Slg. 1989, 2743.
[304] EuGH, Urteil v. 9.9.1999, Rs. C-281/97 (Krüger), Slg. 1999, I-5127.
[305] Hierzu kritisch *H. Dieball*, STREIT, 1999, S. 183 (184).
[306] Zu beachten ist einerseits das Problem mangelnder offizieller Erhebung und andererseits der hohe Anteil von Schülern, Studenten, Rentnern und Nebentätigen unter den geringfügig Beschäftigten, so daß die Rechtslage hier tatsächlich unklarer ist als im Fall der sozialversicherungspflichtigen Teilzeitbeschäftigten. Vgl. *K.-J. Bieback*, SGb 1996, S. 513ff., *H.-H. Sowka*, DB 1996, S. 45.
[307] *E. Eichenhofer*, JZ 1996, S. 414 (416).

daß Frauen von ihren Ehemännern abhängig und durch sie hinsichtlich ihrer materiellen Bedürfnisse abgesichert sind. Hieraus ergeben sich im Hinblick auf mittelbare Diskriminierungen mehrere Probleme: Erstens wächst die Integration von Frauen in den Arbeitsmarkt zunehmend, wodurch sich ihre materielle Situation verändert und mit dieser entsprechende Ansprüche auf soziale Leistungen einhergehen. Zweitens bedeuten die zunehmenden Scheidungszahlen und die wachsende Bedeutung der von der traditionellen Familie abweichenden Lebensformen, daß immer weniger Frauen sich auf eine familiäre finanzielle Unterstützung verlassen können.[308] Letztlich führen derart ausgestaltete Versicherungssysteme zu einer Aufrechterhaltung und Fortschreibung der traditionellen Rollenmuster, die einer gesellschaftlichen Veränderung den Weg verstellen.
In den Rechtssachen *Nolte*[309] und *Megner/Scheffel*[310] ging es um die Vereinbarkeit des Ausschlusses geringfügig Beschäftigter nach § 8 Abs. 1 Nr. 1 SBG IV und § 5 Abs. 2 SGB IV von der gesetzlichen Renten- und Krankenversicherung inklusive der Beitragspflicht in der Arbeitslosenversicherung mit Art. 4 Abs. 1 der Richtlinie 79/7/EWG. Es stellte sich die Frage, ob Gründe der Sozialpolitik die mittelbare Diskriminierung durch die damals geltende Geringfügigkeitsgrenze rechtfertigen können.[311] Der EuGH akzeptierte ohne weitere Überprüfung zwei von der Bundesregierung vorgebrachte Gründe und implizierte somit eine geringere Kontrolldichte bei Fragen der nationalen Sozialpolitik.[312] Erstens entspreche der Ausschluß dem Strukturprinzip des deutschen Sozialversicherungssystems. Dieses basiere auf der Konnexität von Beitrag und Leistung und damit dem Gleichgewicht der Beitragszahlungen von Arbeitgeber und Arbeitnehmer sowie den Leistungen, die im Falle der Realisierung des durch das Versicherungssystem abgedeckten Risikos zu zahlen sind. Würde die in Frage stehende Regelung geändert, führte dies zur Funktionsunfähigkeit des gesamten Systems. Zweitens solle durch den Ausschluß geringfügig Beschäftigter der sozialen Nachfrage nach dieser Beschäftigungsform sowie deren sozialpolitisch notwendiger Förderung entsprochen werden. Ansonsten würde die Nachfrage zu einer Vermehrung illegaler Beschäftigungsformen (Schwarzarbeit) und einer Zunahme von Umgehungstatbeständen (zum Beispiel Scheinselbständigkeit) führen. Den Mitgliedstaaten stehe in Fragen der Verwirklichung ihrer sozial- und beschäftigungspolitischen Ziele ein weiter Entscheidungsspielraum hinsichtlich der zu ergreifenden Maßnahmen zu, so daß „der nationale Gesetzgeber in vertretbarer Weise davon ausgehen konnte, daß die fraglichen Rechtsvorschriften erforderlich waren, um ein sozialpolitisches Ziel zu erreichen, das nichts mit einer Diskriminierung aufgrund des Geschlechts zu tun hat."[313] Entgegen den Schlußanträgen des Generalanwalts *Léger*[314] sollte eine inhaltliche Nachprüfung der objektiven Rechtfertigung demnach nicht stattfinden.

---

308 *A. Brett*, (1997) 4 Web JCLI 1.

309 EuGH, Urteil v. 14.12.1995, Rs. C-317/93 (Nolte), Slg. 1995, I-4741 = ArbuR 1996, S. 39 mit Anm. *Buschmann*; auf Vorlage des SG Hannover v. 25.5.1993, ArbuR 1993, S. 257 zum Ausschluß aus der gesetzlichen Rentenversicherung.

310 EuGH, Urteil v. 14.12.1995, Rs. C-444/93 (Megner/Scheffel), Slg. 1995, I-4741; auf Vorlage des SG Speyer v. 26.10.1993, ArbuR 1994, S. 36 zum Ausschluß aus der gesetzlichen Kranken- und Arbeitslosenversicherung.

311 Ausführlich *C. Fuchsloch*, NZS 1996, S. 607ff. zur alten Rechtslage; zur Neuregelung des § 8 Abs. 1 SGB IV durch das sog. Neuregelungsgesetz v. 24.2.1999 (BGBl. 1999 I S. 388ff.) vgl. *S. Goretzki/F. Hohmeister*, NZS 1999, S. 369.

312 EuGH, Urteil v. 14.12.1995, Rs. C-317/93 (Nolte), C-444/93 (Megner/Scheffel), Slg. 1995, I-4741, Rdn. 28ff.

313 EuGH, Urteil v. 14.12.1995, Rs. C-317/93 (Nolte), C-444/93 (Megner/Scheffel), Slg. 1995, I-4741, Rdn. 33ff. Kritisch *N. Colneric*, EuroAS 1996, S. 12; *H. Dieball*, STREIT 1996, S. 86 m.w.N.

314 Schlußanträge des Generalanwalts *Léger* v. 31.5.1995, ArbuR 1995, S. 265.

Diese mehr als nur kursorische, als „Rechtsverweigerung“[315] kritisierte Prüfung des EuGH hat den Maßstab der Überprüfung von Normen deutlich reduziert, wenn nicht gar weitgehend aufgelöst.[316] Anstatt zu prüfen, ob ein Mittel, das den Ausschluß des sozialen Schutzes ohnehin sozial Schwacher bezweckt, überhaupt legitim sein kann[317] oder ob es nicht nur vorgeschoben ist, um den status quo aufrechtzuerhalten,[318] verzichtet der EuGH auf eine inhaltliche Überprüfung des „legitimen Zwecks“ unter Verweis auf die sozialpolitischen Kompetenzen der Mitgliedstaaten. Zugleich hat der EuGH aber die Gestaltungskompetenz der nationalen Gerichte, die gerade im Bereich der Sozialversicherung angesichts der Komplexität der Materie notwendig ist, eingeschränkt, indem er entschied, daß die von der Bundesregierung vorgebrachten Gründe für eine Rechtfertigung der mittelbaren Diskriminierung ausreichten.[319] An dieser Stelle soll angesichts des Rahmens vorliegender Arbeit keine Auseinandersetzung mit den objektiven Rechtfertigungsgründen im Bereich des Sozialrechts als solchen stattfinden, sondern allein geprüft werden, ob sich aus der Rechtsprechung oder der Ausgestaltung des europäischen Sozialrechts tatsächlich ein anderer Kontrollmaßstab herleiten läßt.[320]

(bb) Rechtssachen *Krüger* und *Rinner-Kühn*

In der Rechtssache *Krüger*[321] stellte der EuGH klar, daß oben Ausgeführtes trotz Einwirkens des Sozialrechts in das Arbeitsrecht nicht für Art. 141 EG gelten soll. Hierbei ging es um den tarifvertraglichen Ausschluß geringfügig Beschäftigter von Jahressonderzuwendungen nach § 3n BAT i.V.m. § 8 SGB IV. Der Beklagte führte dieselben Gründe wie in *Megner/Scheffel* an. Nach Ansicht des EuGH war der Fall hier indes anders gelagert. „Der Ausschluß aus dem Geltungsbereich des BAT kann (...) nicht den Grundsatz des gleichen Entgelts (...) ändern, wie er in Art. 119 EGV verankert ist. Nach ständiger Rechtsprechung handelt es sich um einen tragenden Grundsatz des Gemeinschaftsrechts, der von keiner nationalen Vorschrift ausgehöhlt werden darf.“[322] Jahressonderzuwendungen erfolgten aufgrund des Tarifvertrags, nicht aber aufgrund eines nationalen Gesetzes, für das dem Gesetzgeber ein Ermessensspielraum zugestanden werden müsse. Ebensowenig handele es sich um einen tragenden Grundsatz der sozialen Sicherheit. Zwar hatte der EuGH nicht die Frage einer möglichen objektiven Rechtfertigung zu beantworten. Dennoch machte er durch die Betonung des Verbots der „Aushöhlung“ des „tragenden Grundsatzes“ der Entgeltgleichheit deutlich, daß sich ein objektiver Grund erst gegen diesen behaupten muß.[323]
In der oben erwähnten Rechtssache *Rinner-Kühn*[324] zum Ausschluß geringfügig Beschäftigter von der Lohnfortzahlung im Krankheitsfall nach § 1 Abs. 3 Nr. 2 LohnFG a.F. ließ

---

315 R. *Buschmann*, ArbuR 1996, S. 39 (49); ähnlich *A. Brett*, (1997) 4 Web JCLI 1 (4).
316 Kritisch auch BSG, Urteil v. 15.11.1995, 7 RAr 106/94; EuroAS 1996, S. 12f.; *C. Fuchsloch*, NZS 1996, S. 607ff; R. *Buschmann*, ArbuR 1996, S. 39 (49); *C. Siemes*, ZTR 1996, S. 349ff.; *K.-J. Bieback*, SGb 1996, S. 513ff; *B. Graue/O. Deinert*, EWS 1996, S. 418ff.; *E. Ellis*, (1998) CMLRev. 379 (399f.); a.A. *E. Eichenhofer*, JZ 1996, S. 413 (416); *H.-H. Sowka*, DB 1996, S. 45ff.*W. Rombach*, SGb 1996, S. 193ff; *ders.*, SGb 1997, S. 349ff.
317 *K.-J. Bieback*, 1997, S. 112.
318 *N. Colneric*, ArbuR 1994, S. 393ff.; *A. Brett*, (1997) 4 Web JCLI 1 (5).
319 *C. Fuchsloch*, NZS 1996, S. 607 (608).
320 Vgl. weiterführend die Literatur in Fn. 316.
321 EuGH, Urteil v. 9.9.1999, Rs. C-281/97 (Krüger), Slg. 1999, I-5127.
322 EuGH, Urteil v. 9.9.1999, Rs. C-281/97 (Krüger), Slg. 1999, I-5127, Rdn. 25ff.
323 *H. Dieball*, STREIT 1999, S. 183 (184).
324 EuGH, Urteil v. 13.7.1989, Rs. 171/88 (Rinner-Kühn), Slg. 1989, 2743; dazu oben 5. c) aa) (b) (bb).

der EuGH die Frage des Prüfungsmaßstabs und der –intensität offen, indem er dem Mitgliedstaat übertrug, die objektive Rechtfertigung des mittelbar diskriminierenden Gesetzes selbst festzustellen, indem dieser darlegt, „daß die betreffende Regelung durch objektive Gründe, die nichts mit einer Diskriminierung aufgrund des Geschlechts zu tun haben, gerechtfertigt ist".[325]

(cc) Vorrang des nationalen Gesetzgebers

Es stellt sich somit die Frage, ob an den Prüfungsmaßstab bei (sozial-) gesetzlichen und individual- bzw. kollektivrechtlichen Maßnahmen unterschiedliche Anforderungen gestellt werden sollen.

(1) Uneindeutige Vorgaben des EuGH

Zunächst könnten sich aus den Feststellungen des EuGH in *Nolte* und *Megner/Scheffel* eindeutige Vorgaben für eine in Zukunft weiter zu erwartende restriktive Prüfung sozialrechtlicher Maßnahmen ergeben. In der Vergangenheit hat der Gerichtshof allerdings ein anderes Funktionsverständnis gezeigt. In *Teuling*[326] stellte er erstmals 1987 eine mittelbare Diskriminierung durch eine sozialpolitische Regelung fest und trug nach Überprüfung des Grundes dem betreffenden Mitgliedstaat auf, diese inhaltlich auf ihre Verhältnismäßigkeit zu untersuchen. Ebenso wie in *Nolte* und *Megner/Scheffel* hat der EuGH in der Rechtssache *Roks* vom 24. Februar 1994[327] zur niederländischen gesetzlichen Arbeitsunfähigkeitsversicherung zwar grundsätzlich finanzielle Überlegungen in Verbindung mit anderen objektiven Rechtfertigungsgründen zugelassen. Dennoch stellten Haushaltserwägungen kein mit der Sozialpolitik verfolgtes Ziel dar und könnten daher eine Diskriminierung eines der Geschlechter nicht rechtfertigen. Der EuGH machte dabei deutlich, daß die Anwendung und Tragweite einer so grundlegenden Regel des Gemeinschaftsrechts wie die der Gleichbehandlung von Frauen und Männern, vorliegend in Form des Verbots der mittelbaren Diskriminierung, nicht zeitlich und räumlich je nach dem Zustand der Staatsfinanzen der Mitgliedstaaten unterschiedlich sein dürften und setzte sich damit inhaltlich wesentlich intensiver mit der Kontrolle hinsichtlich der Tragfähigkeit des Rechtfertigungsgrundes auseinander.[328] Zudem wurde den Mitgliedstaaten 6 Jahre Zeit gelassen, um den Gleichbehandlungsgrundsatz der Richtlinie 79/7/EWG vom 19. Dezember 1978 in ihren Sozialversicherungssystemen umzusetzen, und zwar, um die hierbei entstehenden Kosten gering zu halten.[329] Festzuhalten ist, daß der EuGH in der Vergangenheit nicht zögerte, das Sozialrecht der Mitgliedstaaten einer intensiven Kontrolle zu unterziehen. Das unter Zugrundelegung der von der Bundesregierung vorgebrachten Begründung ergangene Urteil des EuGH in *Nolte* und *Megner/Scheffel* birgt die Gefahr, von vornherein arbeitsmarkt-

---

[325] EuGH, Urteil v. 13.7.1989, Rs. 171/88 (Rinner-Kühn), Slg. 1989, 2743, Rdn. 16.

[326] EuGH, Urteil v. 11.6.1987, Rs. 30/85 (Teuling), Slg. 1987, 2497. Dazu *C. Docksey*, (1991) 20 ILJ 258 (274ff.); *K. Banks*, (1991) 20 ILJ 220.

[327] EuGH, Urteil v. 24.2.1994, Rs. C-343/92 (Roks), Slg. 1994, I-571, Rdn. 31ff.; vgl. auch EuGH, Urteil v. 7.5.1991, Rs. C-229/89 (Kommission/Belgien), Slg. 1991, I-2205, Rdn. 22; EuGH, Urteil v. 19.11.1992, Rs. C- 226/91 (Molenbroek), Slg. 1992, I-5943, 5969.

[328] *C. Siemes*, ZTR 1996, S. 349 (352); *A. Brett*, (1997) 4 Web JCLI 1 (4).

[329] Art. 8 der Richtlinie 79/9/EWG. Vgl. die Schlußanträge des Generalanwalts *Vilaça*, Rs. C-348/85 (Borrie-Clarke), Slg. 1997, 2865; *B. Graue/O. Deinert*, EWS 1996, S. 418 (421); *A. Brett*, (1997) 4 Web JCLI 1 (4).

politische Ziele vom Verbot der mittelbaren Diskriminierung zu suspendieren.[330] Es kann somit nicht unüberprüft als ein legitimes Mittel betrachtet werden.[331] Eine derartige Argumentation wurde vom EuGH in der Rechtssache *Rinner-Kühn*[332] bereits als „lediglich verallgemeinernde Aussage" zurückgewiesen.

(2) Regelungskompetenz als Begründung für geringe Kontrolldichte

Eine Vorrangbefugnis für den nationalen Gesetzgeber könnte sich aus der (mangelnden) Kompetenz der Gemeinschaft zur Regelung sozialpolitischer Fragen ergeben.[333] Dies wird in der Literatur nach einer Ansicht mit einer restriktiven Auslegung und Beschränkung des Art. 141 EG auf allein wettbewerbsrechtliche Maßnahmen und folglich mit dem Fehlen einer Kompetenz der Gemeinschaft im Bereich der Sozialpolitik und zur Regelung der Gleichbehandlungsrichtlinien bejaht.[334] Diese Auffassung stützt sich indes auf die unzutreffende Vorstellung einer allein wettbewerbsrechtlichen Ausrichtung von Art. 141 EG und ist angesichts der vielfach bestätigten Auslegung der Norm als (auch) sozialrechtliche Vorschrift nicht haltbar.[335] Zu Recht wird nach anderer Ansicht auf die enge Verzahnung von betrieblicher und staatlicher Sozialpolitik verwiesen, nach welcher der Anwendungsbereich des Art. 141 EG nur schwer einzugrenzen ist.[336] Betriebsrenten, die unter Art. 141 EG fallen,[337] lösen in immer stärkerem Maße staatliche Sozialsysteme ab. Werden erste strikt am Verbot der mittelbaren Diskriminierung gemessen und will man ihnen gleiche Wettbewerbsbedingungen einräumen, so muß dieser Maßstab erst recht auch für staatliche Systeme gelten. Bereits in *Rinner-Kühn*[338] machte der EuGH diesbezügliche Vorgaben, denen sich das BAG anschloß und den Ausschluß geringfügig Beschäftigter von der Lohnfortzahlung im Krankheitsfall für gemeinschaftsrechtswidrig erklärte. Zu beachten ist, daß die Lohnfortzahlung an die Stelle der Leistung von Krankengeld durch die staatliche Versicherung tritt. Bei letzterer eine mittelbare Diskriminierung zuzulassen steht im Widerspruch zur Handhabung der arbeitsrechtlichen Regelung.

Unabhängig von der Sachregelungskompetenz im Bereich der Sozialpolitik, die hier nicht weiter vertieft werden kann,[339] verpflichten Art. 1, 3 und 4 der Richtlinie 79/7/EWG über die soziale Sicherheit die Mitgliedstaaten schrittweise zur Verwirklichung des Grundsatzes der Gleichbehandlung von Männern und Frauen hinsichtlich ihrer gesetzlichen Sozialversicherungssysteme und zielen damit gerade auf eine Einschränkung der diesbezüglichen inhaltlichen Ausgestaltungskompetenz der Mitgliedstaaten ab.[340] Diese sind dabei gemäß Art. 1, 4 der Richtlinie 79/9/EWG gehalten, die Verbote der unmittelbaren

---

330 *C. Siemes*, ZTR 1996, S. 349 (352).
331 *C. Siemes*, ZTR 1996, S. 349 (352).
332 EuGH, Urteil v. 13.7.1989, Rs. 171/88 (Rinner-Kühn), Slg. 1989, 2743, Rdn. 14.
333 Eine geringere Kontrolldichte wird u.a. auch mit verfahrensrechtlichen Aspekten der Kompetenzverteilung zwischen EuGH und nationalen Gerichten (Art. 234 EG) begründet, was allerdings abzulehnen ist. Dazu *K.-J. Bieback*, SGb 1996, S. 513 (518f.); *C. Siemes*, ZTR 1996, S. 349 (353) m.w.N.
334 So insbesondere *W. Rombach*, SGb 1996, S. 193ff; *ders.*, SGb 1997, S. 349ff.
335 Dazu oben Kapitel 3, II. 1. a); vgl. auch *K.-J. Bieback*, SGb 1996, S. 513 (517).
336 *K.-J. Bieback*, SGb 1996, S. 513 (517).
337 Dazu oben Kapitel 3, II. 1. c) aa) und Kapitel 5, II. 1. b).
338 EuGH, Urteil v. 13.7.1989, Rs. 171/88 (Rinner-Kühn), Slg. 1989, 2743.
339 Vgl. hierzu *K.-J. Bieback*, SGb 1996, S. 513 (517f.) m.w.N.
340 *C. Siemes*, ZTR 1996, S. 349 (352).

und mittelbaren Geschlechtsdiskriminierung zu beachten, was auf nationaler Ebene bereits Art. 3 Abs. 2 S. 1 GG von ihnen verlangt.[341]
Festzuhalten ist, daß sich im Hinblick auf die gemeinschaftsrechtliche Regelungskompetenz im Bereich des Sozialrechts kein allgemeiner Vorrang der Mitgliedstaaten in der Sozialpolitik herleiten läßt, so daß deswegen hierauf allein keine Rechtfertigung einer geringeren Kontrolle nationaler sozialpolitischer Regelungen gestützt werden kann. In der Literatur wird daher die Auffassung vertreten, daß zur Lösung des Konflikts zwischen gemeinschaftlichem Anspruch der Durchsetzung des Gleichbehandlungsgebots und der Sachkompetenzen der Mitgliedstaaten im Einzelfall der von den nationalen Gerichten im Rahmen der Prüfung der mittelbaren Diskriminierung zu beachtende Verhältnismäßigkeitsgrundsatz eine geeignetere, weil differenziertere Lösung biete, die durch eine abgestufte Prüfung bereichsspezifisch einerseits die Legitimation des sozialpolitischen Ziels nachprüfen, andererseits aber im Einzelfall auf nationale Besonderheiten Rücksicht nehmen kann.[342] Tatsächlich übersieht das durch die Rechtsprechung des EuGH in *Nolte* und *Megner/Scheffel* implizierte „Alles-oder-nichts-Prinzip"[343] die Gestaltungsspielräume, welche die Sozialpolitik beläßt.[344] Nur eine gerichtliche Verhältnismäßigkeitskontrolle staatlicher Sozialpolitik kann - wie dies auch das BAG in der Nachfolgeentscheidung zu *Rinner-Kühn* im Urteil vom 9. November 1991 in bezug auf § 1 Abs. 3 Nr. 2 LohnFG a.F. vorgenommen hat[345] - feststellen, ob der Ausschluß Teilzeitbeschäftigter von einer gesetzlichen Leistung tatsächlich legitim, geeignet und das erforderliche Mittel zur Erreichung des mit der gesetzlichen Regelung verfolgten Zieles ist, das heißt, ob es zur Zielverwirklichung kein weniger einschneidendes Mittel gibt, und ob es hierfür angemessen ist. Bei letzterem Aspekt fließt die von den Mitgliedstaaten im sozialpolitischen Bereich häufig vorgebrachte Sorge um die Haushaltslage ein und wird mit dem Anspruch auf Gleichbehandlung in Beziehung gesetzt.

(3) Intensität der Regelung oder Horizont des Regelungsgebers

Andere stellen sich die Frage, ob bei der Prüfung von Gesetzen vom EuGH und den mitgliedstaatlichen Gerichten aufgrund deren weitreichender Auswirkungen eine intensivere Prüfung zu verlangen sei als bei individualrechtlichen Maßnahmen oder ob umgekehrt aufgrund des Horizonts des Regelungsgebers der an Gesetze anzulegende Prüfungsmaßstab weiter abzusenken sei als bei individualrechtlichen Maßnahmen, die ein Arbeitgeber allein in seinem überschaubaren Unternehmen verwende.
Eine Ansicht geht davon aus, daß das quantitative Ausmaß der Betroffenheit in Wechselwirkung mit dem Prüfungsmaßstab stehen soll („Gleichheitsgebot für beide Seiten").[346] Das heißt, je stärker Frauen von der Regelung tatsächlich benachteiligt sind, desto höhere Anforderungen sind an die Gründe zu stellen, welche diese legitimieren sollen. Dies führt dazu, daß bei Gesetzen wegen des großen Adressatenkreises die Gründe der Rechtfertigung besonders gewichtig, bei Arbeitgebern dagegen weniger stark ausfallen müssen. Der Ansatz ist allerdings als zu konstruiert abzulehnen. Für den einzelnen ist seine Betroffen-

[341] *C. Fuchsloch*, NZS 1996, S. 607 (608).
[342] *K.-J. Bieback*, SGb 1996, S. 513 (519); *C. Siemes*, ZTR 1996, S. 349 (352): „praktische Konkordanz der an sich gegenläufigen sozialpolitischen Ziele".
[343] *H.-H. Sowka*, DB 1996, S. 45 (45f.).
[344] Vgl. zu möglichen Alternativen *K.-J. Bieback*, SGb 1996, S. 513 (516) m.w.N.
[345] BAG, Urteil v. 9.11.1991, SAE 1992, S. 367 (370f.).
[346] *P. Hanau/U. Preis*, ZfA 1988, S. 177 (192); *D. Dungs*, 1998, S. 208.

heit stets nachteilig.[347] Im übrigen läßt sich mit dem Gebot der Geschlechtergleichberechtigung nicht erklären, warum das quantitative Ausmaß, das heißt die Anzahl der Betroffenen, über die Prüfungsintensität entscheiden sollte.
Generalanwalt *Darmon*[348] vertrat dagegen in seinem Schlußantrag zu *Rinner-Kühn* die entgegengesetzte Auffassung, nach der gesetzliche Regelungen weniger intensiv als betriebliche zu überprüfen seien, weil der Arbeitgeber eher um die geschlechtsspezifischen Wirkungen seiner Maßnahmen wissen müsse. Dazu handele es sich bei privaten Regelungen um solche von „bescheidenem Rang innerhalb der Hierarchie der Rechtsnormen und vor allem von sehr begrenzter Reichweite", die, anders als bei der Abfassung von Gesetzen, nicht so „sehr viel mehr Gegebenheiten berücksichtigen" müßten und denen man daher „im Wege der Vermutung ein diskriminierendes Verhalten unterstellen" dürfe.[349] Aufgrund der ansonsten auftretenden Rechtsunsicherheit genieße der Gesetzgeber somit einen gewissen Vertrauensvorschuß. Diese Ansicht wirft jedoch die Frage auf, warum das, was von Privaten verlangt wird, nicht ebenso für den Staat gelten soll.[350] Gerade der Gesetzgeber befaßt sich vor Erlaß eines Gesetzes ausgiebig mit der zu regelnden Situation, so daß kein Unterschied ersichtlich ist.

(dd) Würdigung

Aus der Rechtsprechung des EuGH zur Rechtfertigung sozialgesetzlicher Regelungen bzw. der Besonderheit der Sozialpolitik läßt sich kein eindeutiger Hinweis auf unterschiedliche Prüfungsmaßstäbe für gesetzliche und unternehmerische objektive Rechtfertigungsgründe und damit kein Vorrang der nationalen Gesetzgeber herleiten, so daß die Ansicht zurückzuweisen ist, die Sozialpolitik sei in diesem Punkt uneingeschränkt Sache der Mitgliedstaaten, wie dies einigen Urteilen des EuGH und vielen Stimmen in der Literatur zu entnehmen ist. Nicht zu überzeugen vermögen die Auffassungen, welche einerseits nach der Intensität der Regelung und andererseits nach dem Horizont des Regelungsgebers unterscheiden wollen. Beide übersehen zudem, daß der Staat einerseits unmittelbar gemäß Art. 3 Abs. 2 S. 1 GG sowie Art. 141 EG und die Gleichbehandlungsrichtlinien und der Arbeitgeber andererseits gemäß Art. 141 EG bzw. §§ 611 a, 612 Abs. 3 BGB unmittelbar und mittelbar gemäß Art. 3 Abs. 2 S. 1 GG an das Verbot der mittelbaren Diskriminierung gebunden sind.
Zu fordern ist daher, für gesetzliche Regelungen eine Entsprechung zum „wirklichen unternehmerischen Bedürfnis" zu finden.[351] Zudem wurde die objektive Rechtfertigung in der Rechtssache *Bötel* vom 4. Juni 1992[352] zum gesetzlichen Ausschluß teilzeitbeschäftigter Betriebsratsmitglieder vom Freizeitausgleich für die Teilnahme an Schulungsveranstaltungen gemäß § 37 Abs. 6 i.V.m. Abs. 2 BetrVG a.F. wie bei individualrechtlichen Regelungen ohne Erweiterung des Beurteilungsspielraums im Hinblick auf die Sozialpolitik geprüft, in der Nachfolgeentscheidung *Lewark* vom 1. Februar 1996[353] hingegen explizit auf

---

[347] *K. Feldhoff*, 1998, S. 253.
[348] Schlußanträge des Generalanwalts *Darmon*, Rs. 171/88 (Rinner-Kühn), Slg. 1989, 2749, Rdn. 24ff.; anders die Kommission, Sitzungsbericht, Slg. 1989, 2744, 2747, unter IV. 1., nach deren Ansicht die Anforderungen an individualrechtliche Maßnahmen uneingeschränkt auf Gesetze zu übertragen seien.
[349] Schlußanträge des Generalanwalts *Darmon*, Rs. 171/88 (Rinner-Kühn), Slg. 1989, 2749, Rdn. 29.
[350] *G. Wisskirchen*, 1994, S. 123.
[351] *G. Wisskirchen*, 1994, S. 123f.
[352] EuGH, Urteil v. 4.6.1992, Rs. C-360/90 (Bötel), Slg. 1990, I-3589, Rdn. 21ff.
[353] EuGH, Urteil v. 1.2.1996, Rs. C-475/93 (Lewark), Slg. 1996, I-243, Rdn. 36; vgl. auch EuGH, Urteil v. 7.3.1996, Rs. C-278/93 (Freers/Speckmann), Slg. 1996, I-1165, Rdn. 22ff.

ein „sozialpolitisches Ziel" abgestellt. Dies deutet darauf hin, daß die Wahl der Formulierungen durch den EuGH - zumindest im Anwendungsbereich des Art. 141 EG - keine verschiedenen Prüfungsmaßstäbe verlangt bzw. die Forderung nach einer einheitlichen Beurteilung unternehmerischer und gesetzlicher Rechtfertigungsgründe grundsätzlich nicht ausschließt. Hierbei ist dem Grundsatz der Verhältnismäßigkeit besonderes Gewicht beizumessen, weil nur im Rahmen seiner Prüfung durch die nationalen Gerichte das Ziel einer Regelung tatsächlich überprüft werden, gleichzeitig aber auch auf nationalpolitische Belange Rücksicht genommen werden kann.

cc) Bedeutung der Tarifautonomie für die objektive Rechtfertigung

(a) Beschränkung durch das Verbot der mittelbaren Diskriminierung

Den Tarifparteien steht, grundrechtlich gemäß Art. 9 Abs. 3 GG und gemeinschaftsrechtlich[354] geschützt, ein Ermessensspielraum für die Ausgestaltung der Tarifverträge zu. Ihre Grenzen findet die Tarifautonomie auf nationaler Ebene in Grundrechten anderer und der verfassungsmäßigen Ordnung, also in Art. 3 Abs. 2 S. 1 GG sowie in §§ 4 Abs. 1, 22 Abs. 1 TzBfG als vorrangigem Gesetzesrecht[355] und in den einfachgesetzlichen Benachteiligungsverboten der §§ 611a, 612 Abs. 3 BGB, wie sich aus den Vorgaben der Art. 3-5 der Richtlinie 76/207/EWG sowie des Art. 4 der Richtlinie 75/117/EWG ergibt. Im Gemeinschaftsrecht gelten nach ständiger Rechtsprechung des EuGH der Grundsatz der Entgeltgleichheit des Art. 141 EG[356] sowie aus den vorgenannten Gründen die Richtlinien 76/207/EWG und 75/117/EWG und damit das Verbot der mittelbaren Diskriminierung bei sämtlichen Beschäftigungsbedingungen auch für Tarifverträge.
Die Bedeutung der verfassungs- und gemeinschaftsrechtlich gewährleisteten Tarifautonomie wird insbesondere im Rahmen der objektiven Rechtfertigung relevant, weil sie grundsätzlich in Konflikt mit dem Verbot der mittelbaren Diskriminierung steht. Dabei stellt sich die Frage, ob die Tarifautonomie selbst einen objektiven Rechtfertigungsgrund für mittelbar diskriminierende Tarifverträge darstellen kann.
In der Rechtssache *Enderby*,[357] in der es um die unterschiedliche Entlohnung von Sprachtherapeuten und Pharmazeuten ging, wies der EuGH jedoch die Möglichkeit der objektiven Rechtfertigung aufgrund der getrennten Tarifverhandlungen ausdrücklich unter Beachtung der Feststellung des Generalanwalts *Lenz* zurück: „Soweit der Tarifvertrag an sich

---

[354] Die gemeinschaftsrechtliche Anerkennung der Tarifautonomie folgt zunächst aus der Rechtsprechung des EuGH. Z.B. EuGH, Urteil v. 17.12.1970, Rs. 11/70 (Internationale Handelsgesellschaft), Slg. 1970, 1125, 1135); EuGH, Urteil v. 14.5.1974, Rs. 4/73 (Nold), Slg. 1974, 491, 507). Grundrechte gelten als allgemeine Rechtsgrundsätze und sind aus den gemeinsamen Verfassungsüberlieferungen der Mitgliedstaaten sowie aus den von den Mitgliedstaaten abgeschlossenen Menschenrechtsverträgen, speziell der Europäischen Konvention zum Schutz der Menschenrechte und Grundfreiheiten von 1950 abzuleiten (*M. Schweizer/W. Hummer*, Rdn. 797). In letzterer ist die Koalitionsfreiheit in Art. 11 enthalten. Die Geltung ergibt sich aus Art. 6 Abs. 2 EU, nach der sich die EG als Teil der EU zur Achtung der Grundrechte, wie sie in der EMRK gewährleistet sind, verpflichtet. Der gemeinschaftsrechtliche Schutz ist insoweit wichtig, als der EuGH grundsätzlich nicht an die durch die national Verfassung gewährleistete Garantie gebunden ist. Dazu *J. Sievers*, 1994; *G. Wißmann*, RdA 1995, S. 193 (198); kritisch *H. Wißmann*, Festschrift Schaub, 1998, S. 793 (803f.).

[355] ErK/*Müller-Glöge*, § 4 TzBfG, Rdn. 5.

[356] EuGH, Urteil v. 27.6.1990, Rs. C-33/89 (Kowalska), Slg. 1990, I-2591, Rdn. 12; EuGH, Urteil v. 7.2.1991, Rs. C-184/89 (Nimz), Slg. 1991, I-297, Rdn. 11; EuGH, Urteil v. 27.10.1991 Rs. C-127/92 (Enderby), Slg. 1993, I-5535.

[357] EuGH, Urteil v. 27.10.1993, Rs. C-127/92 (Enderby), Slg. 1993, I-5535.

geeignet ist, eine Ungleichbehandlung zu vermitteln, kann er nicht gleichzeitig als Rechtfertigung aber dieser Ungleichbehandlung dienen".[358] Ansonsten könne man sich „der Beachtung des Grundsatzes des gleichen Entgelts leicht durch getrennte Tarifverhandlungen entziehen".[359] Eine Überprüfung und Korrektur der Tarifvereinbarungen der Koalitionen am Gleichberechtigungsgebot und dem Verbot der mittelbaren Diskriminierung ist daher unentbehrlich. Kollektivverträge bilden eine für Teilzeitbeschäftigte entscheidende Grundlage für das gezahlte Arbeitsentgelt, welches wiederum ihre Lebensführung maßgeblich bestimmt.[360] Eine entscheidende Rolle für die Bindung des Tarifrechts an das Gleichberechtigungsgebot spielt hierbei die in Kapitel 1 dargestellte geschlechtsspezifische Segregation sowie das gewerkschaftliche Organisationsdefizit von Frauen.[361] Segregation wird durch Teilzeitarbeit weiter verstärkt und institutionalisiert. Dies legt den Schluß nahe, daß die Ausgrenzung von Frauen nicht einem kurzfristigen Vorteil entspricht, wenn die Tarifparteien durch entsprechende Regelungen diese Benachteiligung verfestigen und fortschreiben. Teilzeitbeschäftigte sind weniger organisiert als Vollzeitbeschäftigte, weshalb sie gewerkschaftlichem Desinteresse wenig entgegenzusetzen haben.[362] Nach dem Kommissionsbericht zur Chancengleichheit von Männern und Frauen stellt die Unterrepräsentanz von Frauen in Entscheidungsgremien ein in der strukturellen Benachteiligung begründetes Demokratiedefizit[363] und damit eine Schlüsselfunktion ihrer Benachteiligung dar.[364] *Klein* geht so weit festzustellen, daß zwar eine Bereitschaft erkennbar ist, die Regelungsdichte der Teilzeitarbeit zu verbessern, dies aber im Rahmen gegebener diskriminierender Strukturen. Somit könne man den Gewerkschaften unterstellen, „auf der Grundlage einer organisationsbedingt-rationalen Entscheidung ‚Kapital' aus der Diskriminierung einer ArbeitnehmerInnengruppe zu ziehen". Denn sie nutzen weibliche Lebenslagen und Teilzeitarbeit „lediglich funktional und nicht im Sinne einer emanzipatorischen Gewerkschaftspolitik".[365]

Anders als in *Enderby* entschied der EuGH dagegen in *Royal Copenhagen*,[366] daß auch tarifliche Regelungen bei der Frage der objektiven Rechtfertigung eine Rolle spielen könnten. Hieraus ist aber nicht zu folgern, daß der Gerichtshof nun einen Vorrang der Tarifautonomie vor dem Verbot der mittelbaren Diskriminierung anerkannt hat.[367] Vielmehr müssen auch hier der Anspruch auf Gleichberechtigung der Geschlechter als tragender Grundsatz des Gemeinschafts- und Verfassungsrechts einerseits und die ebenso gewährleistete Tarifautonomie von den nationalen Gerichten in einen verhältnismäßigen Ausgleich gebracht werden.

---

358 Schlußanträge des Generalanwalts *Lenz*, Rs. C-127/92 (Enderby), Slg. 1993, I-5553, Rdn. 47f.
359 EuGH, Urteil v. 27.10.1993, Rs. C-127/92 (Enderby), Slg. 1993, I-5535, Rdn. 22.
360 *W. Däubler*, 1993, Rdn. 416.
361 Dazu oben Kapitel 1, II. 2. und II. 1 d) dd).
362 Dazu oben Kapitel 1, II. 1. d) dd).
363 *J. Shaw*, (1997) 22 ELRev. 256 (261).
364 Chancengleichheit für Frauen und Männer in der Europäischen Union, 8.3.2000, KOM (2000) 123 endg., S. 4 und 21ff.
365 *M. Klein*, 1995, S. 71.
366 EuGH, Urteil v. 31.5.1995, Rs. C-400/93 (Royal Copenhagen), Slg. 1995, I-1275.
367 In diese Richtung aber geht *Fuchs*, SAE 1996, S. 271 (273); *U. Preis*, ZIP 1995, S. 891, 902. Weiterführend *H. Wißmann*, Festschrift Schaub, 1998, S. 793 (805f.).

(b) Ausschluß Teilzeitbeschäftigter aus dem persönlichen Geltungsbereich

Fraglich ist, wie weit die Bindung des Tarifrechts an das Verbot der mittelbaren Diskriminierung reicht. Zwar dürfen Tarifvertragsparteien grundsätzlich nicht zum Abschluß bestimmter Normen verpflichtet werden. So wird der vollständige Ausschluß von bestimmten Arbeitnehmergruppen aus dem Geltungsbereich eines Tarifvertrags nach der neueren Rechtsprechung des Vierten Senats des BAG im Hinblick auf Art. 3 Abs. 1 GG allein am Willkürverbot gemessen und den Tarifparteien insoweit ein großer Gestaltungsspielraum zugestanden.[368] Der Vierte Senat stellte zugleich jedoch fest, daß dies nicht für die Diskriminierungsverbote gemäß Art. 3 Abs. 2 GG sowie der zwingenden einfachgesetzlichen Bestimmungen gilt.

Bei tarifvertraglichen Differenzierungen zwischen Voll- und Teilzeitbeschäftigten ist daher im Fall der mittelbaren Diskriminierung von Frauen die Berücksichtigung der Tarifautonomie in die Erörterung der objektiven Rechtfertigung dieser Unterscheidung zu verlagern.[369] Hinsichtlich der Vergleichsgruppenbildung wurde bereits darauf hingewiesen, daß beim Ausschluß Teilzeitbeschäftigter auch der potentielle Adressatenkreis einer tariflichen Regelung in Betracht kommen muß, so daß sich die Freiheit der Tarifparteien in personeller Hinsicht - weil wegen der Umgehungsgefahr des Verbots der mittelbaren Diskriminierung den Tarifparteien sonst ein „Recht auf gleichheitswidrige Normsetzung"[370] zugestanden würde - nicht auf deren völligen Ausschluß erstrecken kann.[371] Weil auch eine Nichtregelung eine Regelung hinsichtlich des Ausschlusses von Ansprüchen ist, richtet sich die Frage nicht mehr allein nach der Zulässigkeit der uneingeschränkten Festlegung des Geltungsbereichs eines Tarifvertrags aufgrund des Selbstbestimmungsrechts der Tarifparteien. Vielmehr geht es, *wenn* eine Regelung erlassen wird, bereits um das „Wie" der Ausgestaltung. So erlaubte bereits § 6 Abs. 1 BeschFG a.F. in der verfassungskonformen Auslegung durch das BAG den Tarifparteien lediglich eine inhaltliche Abweichung von den Regeln des BeschFG, aber keine vollständige Herausnahme von Arbeitnehmergruppen aus dem Anwendungsbereich des Tarifvertrags entgegen dem Benachteiligungsverbot des § 2 BeschFG a.F.[372] Gemäß § 22 Abs. 1 TzBfG steht das Diskriminierungsverbot des § 4 Abs. 1 TzBfG nun nicht mehr zur Disposition der Tarifparteien.[373] Folglich bedarf jede mittelbar diskriminierende kollektivrechtliche Gestaltung von Arbeitsbedingungen, also auch der vollständige Ausschluß Teilzeitbeschäftigter aus dem Geltungsbereich eines

---

[368] Vgl. nur BAG, Urteil v. 30.8.2000, 4 AZR 563/99, AP Nr. 25 zu § 4 TVG – Geltungsbereich.

[369] Für einen vollständigen Ausschluß der Privatautonomie im Falle der Diskriminierung wegen des Geschlechts sind R. *Singer*, ZfA 1995, S. 611 (636); G. *Robbers*, JuS 1995, S. 927 (928).

[370] *M. Schlachter*, 1993, S. 217 m.w.N.

[371] *P. Hanau/U. Preis*, ZfA 1988, S. 177 (203ff.); *H. Pfarr/K. Bertelsmann*, 1989, S. 264; *W. Däubler*, 1993, Rdn. 990; vgl. hierzu BAG, Urteile v. 24.4.und 28.9.1985, AP Nr. 4 zu § 3 BAT und AP Nr. 20 zu § 23a BAT.

[372] § 6 BeschFG a.F. durfte sich schon wegen Art. 3 Abs. 2 S. 1 GG und Art. 141 EG nicht auf das in § 2 BeschFG enthaltene Verbot beziehen, weil das Verbot der mittelbaren Diskriminierung Teilzeitbeschäftigter sonst wegen der großen Umgehungsgefahr leer liefe. So sei nach dem 3. Senat des BAG sei der Wortlaut des § 6 BeschFG ein „Redaktionsversehen". Er meine nur §§ 3-5 BeschFG, denn eine unterschiedliche Behandlung von Arbeitnehmern bedürfe eines sachlichen Grundes, BAG, AP Nr. 6 zu § 2 BeschFG 1985; Anm. *Schüren/Kirsten* zu BAG, AP Nr. 6 zu § 2 BeschFG 1985; *G. Schaub*, BB 1990, S. 1069 (1071); *G.-A. Lipke*, ArbuR 1991, S. 76 (80); R. *Richardi*, NZA 1992, S. 625 (631), stellte auf den Charakter von § 2 BeschFG als Verbotsgesetz i.S.v. § 134 BGB ab. Soll der Tarifvertrag Vorrang haben, so bedürfe er einer sachlichen Rechtfertigung. A.A. *C. Hartmann*, 1994, S. 264ff.; *M. Schmidt*, 1995, S. 112 m.w.N.

[373] Dazu ErfK/*Müller-Glöge*, § 4 TzBfG, Rdn. 5.

Tarifvertrags, einer objektiven Rechtfertigung.[374] Die Bindung an den Grundsatz der Geschlechtergleichberechtigung verpflichtet die Parteien dabei, das Verbot mittelbarer Diskriminierung im Rahmen des Geltungsbereichs eines Tarifvertrags nach § 3 Abs. 2 TVG vollständig zu beachten, so daß die Tarifautonomie als solche diesbezüglich zugleich keine Rechtfertigung darstellen kann.[375]

b) Verhältnismäßigkeit

Ob eine Regelung einem „wirklichen Bedürfnis" oder einem „notwendigen" bzw. „legitimen Ziel der Sozialpolitik" dient, kann letztendlich nur anhand einer Verhältnismäßigkeitsprüfung festgestellt werden. Unter Verhältnismäßigkeit versteht man im Verfassungsrecht eine Relation zweier variabler Größen, die der Grenzziehung zweier Rechtsgüter zwecks Erlangung ihrer optimalen Wirksamkeit bestmöglich gerecht wird.[376] Das heißt, daß nicht allein ein „legitimes Ziel", das geeignet und erforderlich ist, ausreichen kann, sondern dies im Einzelfall auch der Verhältnismäßigkeit im engeren Sinne, dem Übermaßverbot, gerecht werden muß. Aufgabe dieser Begrenzung der Grundrechte ist, die durch sie gewährleisteten Freiheits- und Lebensverhältnisse einander zuzuordnen, durch den Ausgleich kollidierender Rechte die Freiheit des einzelnen bestmöglich zu gewährleisten und Eingriffe in Grundrechte zu begrenzen. Im Hinblick auf die Interpretation des Verbots der mittelbaren Diskriminierung mittels der substantiellen Chancengleichheit bedeutet dies, daß diese Gewährleitung von Freiheit sich auf den Respekt bezüglich tatsächlich verschiedener Lebensformen erstrecken muß, also nicht allein die Freiheit schützen darf, sich entsprechend dem männlichen Erwerbsmodell im Arbeitsleben zu bewegen. Die für Gerechtigkeitsvorstellungen offene Verhältnismäßigkeitsprüfung bezweckt hier, die Freiheit der gefährdeten Gruppe der Frauen vor der Dominanz der Herrschenden zu schützen.[377]

Vorliegend geht es einerseits um das Grundrecht, nicht mittelbar wegen des Geschlechts diskriminiert zu werden, und andererseits das Recht auf freie unternehmerische Entscheidung, die Tarifautonomie sowie wirtschaftliche Erwägungen des Staats. Die Bestimmung der Verhältnismäßigkeit darf nicht dazu führen, daß eine dieser grundrechtlichen Gewährleistungen mehr als notwendig oder gänzlich ihrer Wirksamkeit beraubt wird. Daher muß jede Begrenzung des Rechts aus Art. 3 Abs. 2 S. 1 GG einem legitimen Zweck dienen, der 1. geeignet, 2. erforderlich und 3. zur Erreichung des unternehmerischen, tarifvertraglichen oder sozialpolitischen Ziels angemessen ist, das heißt, in einem angemessenen Verhältnis zu dem Gewicht und der Bedeutung des Grundrechts steht.

Der EuGH nennt allein die Prüfungsschritte 1. (geeignet) und 2. (erforderlich), die im Prinzip der Verhältnismäßigkeit als Maßstab für die Prüfung der objektiven Rechtferti-

---

[374] BAG, Urteil v. 16.3.1993, NZA 1993, S. 991; *A. Stein*, 1997, Rdn. 477. Vgl. hierzu z.B. zur unterschiedlichen Berechnung von Bewährungszeiten nach § 23 a BAT: EuGH, Urteil v. 7.2.1991, Rs. C-184/89 (Nimz), Slg. 1991, I-297; BAG, Urteil v. 2.12.1992, NZA 1993, S. 367; BAG, Urteil v. 9.3.1994, DB 1994, S. 2138ff.; zu Überstundenzuschlägen: EuGH, Urteil v. 15.12.1994, Rs. C-399, 409, 425/92; 34, 50, 78/93 (Helmig u.a.), Slg. 1994, I-5727; BAG, Urteil v. 20.6.1995, 3 AZR 684/93 (Tarifvertrag Chemische Industrie).

[375] BAG, NZA 1996, S. 656; *H. Pfarr/K. Bertelsmann*, 1989, S. 263ff.; *G. Wisskirchen*, 1994, S. 63ff.; *J. Sievers*, 1996, S. 135.

[376] *K. Hesse*, 1995, Rdn. 72.

[377] *K.-J. Bieback*, 1997, S. 41 und 104f.

gung zusammengefaßt werden können.[378] Unklar ist dabei, welchen Stellenwert das vom EuGH verwendete Kriterium des „wirklichen Bedürfnisses" bzw. des „legitimen Ziels der Sozialpolitik" hat. Zu Recht wird in ihm die Verhältnismäßigkeit im engeren Sinne gesehen, wonach das angestrebte Ziel nicht außer Verhältnis zur Beeinträchtigung des Diskriminierungsverbots und des Schutzes von Frauen stehen darf.[379] Denn die Frage, ob ein „wirkliches Bedürfnis" oder „legitimes Ziel" vorliegt, kann erst nach Würdigung der widerstreitenden Interessen beantwortet werden.[380] Die Anwendung des so verstandenen Grundsatzes der Verhältnismäßigkeit im europäischen Arbeits- und Sozialrecht rechtfertigt sich aus der Tatsache, daß er selbst als allgemeines Rechtsprinzip im Gemeinschaftsrecht und in Art. 5 EG enthalten sowie in der Rechtsprechung des EuGH zu mittelbaren Handelsbeschränkungen gemäß Art. 28, 30 EG anerkannt ist, die, wenn sie willkürlich oder verschleiert sind, einem notwendigen oder zwingenden Erfordernis entsprechen müssen, wobei deren Ausnahmen am Grundsatz der Verhältnismäßigkeit zu messen sind.[381]

Der Verhältnismäßigkeitsgrundsatz ist nun in der Definition des Art. 2 der Richtlinie 2000/73/EG zur Änderung der Richtlinie 76/207/EWG konkretisiert: Im Sinne des in der Richtlinie genannten Gleichbehandlungsgrundsatzes liegt eine mittelbare Diskriminierung vor, „es sei denn, die betreffenden Vorschriften, Kriterien oder Verfahren sind durch ein rechtmäßiges Ziel sachlich gerechtfertigt und die Mittel sind zur Erreichung dieses Ziels angemessen und erforderlich." Daß der Begriff der Geeignetheit in der Definition fehlt, ändert die Prüfung des Verhältnismäßigkeitsgrundsatzes nicht, weil Ziel und Zweck der Richtlinie - die wirksame Durchführung des Gleichberechtigungsgrundsatzes - seine konsequente Anwendung erfordern. Anders als die bisherige Rechtsprechung des EuGH nennt die Richtlinie nun die „Angemessenheit" als erforderlichen Prüfungsschritt. Somit besteht – entgegen einiger Kritik in der Literatur[382] - kein Zweifel mehr hinsichtlich der Notwendigkeit einer vollen und umfänglichen Verhältnismäßigkeitsprüfung.

Eingewendet wird hiergegen, daß dies einen gleichen Maßstab für den Gesetzgeber wie für die Gerichte aufstelle, so daß die dem Gesetzgeber im Rahmen des Art. 3 GG zustehende Gestaltungsfreiheit aufgehoben werde und damit gleichzeitig eine Kompetenzerweiterung der nationalen Gerichte einher ginge.[383] Indes ist zu berücksichtigen, daß es bei dem Verbot der mittelbaren Diskriminierung in der Rechtsprechung des EuGH nicht um Verfassungsrecht, sondern um die Auslegung und Anwendung von Gemeinschaftsrecht geht, an die der nationale Gesetzgeber, die Arbeitgeber und die Verbände in gleicher Weise gebunden sind.[384]

---

[378] *T. K. Hervey*, 1993, S. 60f.; *M. Schlachter*, 1993, S. 133, 396, *dies.*, NZA 1995, S. 393 (398); *H. Wiedemann*, FS Friauf, 1996, S. 133 (145).

[379] *K.-J. Bieback*, 1997, S. 97.

[380] *J. Sievers*, 1996, S. 122.

[381] EuGH, Urteil v. 20.2.1979, Rs. 120/78 (Cassis de Dijon), Slg. 1979, 649; EuGH, Urteil v. 11.6.1987, Rs. 406/85 (Procureur), Slg. 1987, 2525, st. Rspr.

[382] *B. Waas*, EuR 1994, S. 97 (100).

[383] *H. Wißmann*, DB 1989. 1922 (1923); *B. Waas*, EuR 1994, S. 97 (100), stellt dies als einen durch den EuGH begründeten Mangel dar, für den er verantwortlich gemacht werden müsse. Auch wenn der EuGH den nationalen Gerichten die Feststellung über das Vorliegen einer objektiven Rechtfertigung überläßt, so ginge es doch im Grunde um die Auslegung von Gemeinschaftsrecht, für welche EuGH zuständig ist. Denn die Befugnis der nationalen Gerichte könne sich nicht auf die (abstrakten) Voraussetzungen erstrecken, unter denen eine Rechtfertigung anzunehmen ist. Demnach sei er dafür verantwortlich, verläßlichere Maßstäbe zu entwickeln.

[384] *K.-J. Bieback*, 1997, S. 110.

In ständiger Rechtsprechung überprüft das BAG die objektive Rechtfertigung ebenso wie der EuGH daraufhin, ob ein wirkliches Bedürfnis an der Regelung besteht und ob dies zur Erreichung des damit verfolgten Ziels geeignet und erforderlich ist.[385] Der aus dem Verfassungsrecht vertraute Prüfungsgang der Verhältnismäßigkeit, bei dem nach der Geeignetheit, Erforderlichkeit und erst am Ende nach der Verhältnismäßigkeit im engeren Sinne gefragt wird, wird vom BAG dagegen ausdrücklich bei der Feststellung der Rechtfertigung der mittelbaren Diskriminierung befolgt.[386]
In der Rechtssache *Hill/Stapleton* vom 17. Juni 1997[387] betonte der EuGH die große Bedeutung des Gleichberechtigungsgrundsatzes und die substantiellen Anforderungen der Chancengleichheit, die er im Rahmen der Würdigung der widerstreitenden Interessen betonte: „Alle (...) sind sich darüber einig, daß fast alle Arbeitnehmer, die sich einen Arbeitsplatz im irischen öffentlichen Dienst teilen, Frauen sind", von denen sich fast 83% dafür entschieden haben, „um Arbeit und familiären Pflichten, zu denen stets die Erziehung der Kinder gehört, miteinander in Einklang bringen zu können. Die Gemeinschaftspolitik soll in diesem Bereich eine Stütze sein und wenn möglich die Arbeitsbedingungen auf die familiären Pflichten abstimmen."[388] Der Gleichberechtigungsgrundsatz, zu dem der Schutz von Frau und Mann in Familie und Beruf zählt, erfordere „in großem Umfang" seine Berücksichtigung im Recht der Mitgliedstaaten und im Gemeinschaftsrecht. Indem der EuGH an dieser Stelle selbst in die Prüfung der Verhältnismäßigkeit im engeren Sinne einstieg, machte er deutlich, daß die objektiven Faktoren der Rechtfertigung der großen Bedeutung und den hohen Anforderungen des Grundsatzes der Gleichheit der Geschlechter standhalten müssen.

3. Zusammenfassung und Würdigung

Die Feststellung der objektiven Rechtfertigung einer mittelbaren Diskriminierung erfordert eine sensible und komplexe Entscheidung hinsichtlich der mit einer Maßnahme verfolgten Ziele und dem Gebot der Geschlechtergleichberechtigung. Sie stellt aber zugleich auch ein potentielles Hindernis für die Effizienz der Durchsetzung des Verbots der mittelbaren Diskriminierung dar. Die von Arbeitgebern, den Tarifparteien oder dem Staat angeführten objektiven Gründe der Rechtfertigung verdeutlichen an dieser Stelle die Gefahr, die sich aus der Verwendung des männlichen Erwerbsmodells als Norm ergibt, denn sie beruhen in diesen Fällen meist auf tradierten Vorstellungen über die geschlechtsspezifische Rollenverteilung und sind damit selbst hinsichtlich ihrer faktisch benachteiligenden Auswirkungen auf Frauen zu untersuchen.

---

[385] BAG, Urteil v. 23.1.1990, AP Nr. 7 zu § 1 BetrAVG Gleichberechtigung = SAE 1992, S. 253 m. Anm. *Hanau;* BAG, Urteil v. 20.11.1990, SAE 1989, S. 89, zu II b aa der Gründe; BAG, Urteil v. 5.10.1993, SEA 1994, S. 174, zu B. I 4 b der Gründe.

[386] Vgl. BAG, Urteil v. 5.3.1997, SAE 1999, S. 59, zu II a c) der Gründe: „Der Ausschluß von Ausgleichsansprüchen für teilzeitbeschäftigte BR-Mitglieder und die damit einhergehende Ungleichbehandlung ist zur Erreichung des rechtfertigenden Ziels *geeignet* und *erforderlich* i.S.d. Rechtsprechung des EuGH. Dieser hat die von ihm verwandten Begriffe allerdings nicht näher erläutert. Der Senat geht davon aus, daß der Europäische Gerichtshof damit den gemeinschaftsrechtlichen Grundsatz der Verhältnismäßigkeit beschreibt. Er bringt damit zum Ausdruck, daß der Mitgliedstaat bei der Durchsetzung seines sozialpolitischen Ziels keine untauglichen Mittel einsetzen darf, und die Ungleichbehandlung nur insoweit gestatten darf, als keine vergleichbaren anderen Mittel zu Verfügung stehen. Die durch die Ungleichbehandlung begründeten Nachteile müssen in einem *angemessenen Verhältnis* zu den angestrebten Zielen und demnach unter Würdigung aller Umstände zumutbar sein." Kursiv hinzugefügt.

[387] EuGH, Urteil v. 17.6.1998, C-243/95 (Hill/Stapleton), Slg. 1998, I-3739, Rdn. 38ff.

[388] EuGH, Urteil v. 17.6.1998, C-243/95 (Hill/Stapleton), Slg. 1998, I-3739, Rdn. 41f.

Daher ist nach dem vom EuGH aufgestellten *Bilka*-Test ein objektives Kriterium notwendig, das einem wirklichen Bedürfnis entspricht und zur Erreichung des mit der streitigen Maßnahme verfolgten Ziels geeignet, erforderlich und angemessen ist. Die objektiven Faktoren, die im Rahmen der Rechtfertigung einer mittelbar diskriminierenden Maßnahme oder Regelung angeführt werden können, dürfen dabei keine Erwägungen in Form „verallgemeinernder Aussagen zu bestimmten Kategorien von Arbeitnehmern" sein. Abzustellen ist auf deren Anwendung im Einzelfall.
Die objektiven Faktoren lassen sich in zwei Gruppen unterteilen: in die sogenannten stellen- und unternehmensbezogenen Gründe einerseits sowie die im öffentlichen Interesse liegenden Gründe andererseits. Zu ersteren, dem *Bilka*-Test aufgrund ihrer Geschlechtsspezifik nicht entsprechenden (teilzeitunspezifischen) Kriterien, gehören die *Flexibilität* und die *Berufsausbildung*. Das Kriterium der *Dauer der Betriebszugehörigkeit* ist nur zu rechtfertigen, wenn im Hinblick auf Ziel und Zweck der streitigen Regelung unter Berücksichtigung aller Umstände des Einzelfalls eine Beziehung zwischen der Ausübung der konkreten Tätigkeit und der Erfahrung besteht, welche die Ausübung der Tätigkeit nach einer bestimmten Anzahl geleisteter Arbeitsstunden verschafft. Besonders problematisch und bisweilen nur zum Teil im Hinblick auf das Verbot der mittelbaren Diskriminierung diskutiert sind zudem die stark geschlechtsspezifisch geprägten Fälle der *„Zweckverfehlung"* in Form der Sonderzuwendungen für Betriebstreue, der Überstundenzuschläge ab Überschreiten der regelmäßigen Arbeitszeit sowie der bezahlten Freistellung an Brauchtumstagen.
Im Rahmen der unternehmensbezogenen Gründe ist auf das Problem der Übernahme *allgemeiner arbeitsmarktpolitischer Erwägungen* hingewiesen worden, denen in der deutschen Literatur bisher wenig Aufmerksamkeit geschenkt wurde. Zu beachten ist dabei der Zweck der den Markt korrigierenden iustitia distributiva, der vorliegend in Form des Gleichberechtigungsgebots der gemeinschaftsrechtlichen Verpflichtungen zur Gewährleistung des freien Markts zu widersprechen scheint. Wie in Kapitel 1 dargestellt, tendieren arbeitsmarktpolitische Erwägungen dazu, auf tradierten Rollenvorstellungen zu beruhen und damit zur Manifestation des status quo beizutragen. Bislang wurden sie tatsächlich allein in Fällen bemüht, in denen stets typische Frauenarbeit, also die strukturelle Benachteiligung von Frauen aufgrund der geschlechtsspezifischen Segregation des Arbeitsmarkts, betroffen war. Auch *ökonomische Gründe* der Rechtfertigung eines Unternehmens müssen einem wirklichen Bedürfnis entsprechen. Dies wurde bereits als lediglich „verallgemeinernde Aussage" ausgeschlossen für die Argumente der zusätzlichen Kosten der Beschäftigung Teilzeitbeschäftigter oder der die Vollzeitbeschäftigung erfordernden Organisationsstruktur.
Zu der zweiten Gruppe der objektiven Faktoren gehören die im öffentlichen Interesse liegenden Gründe, bei denen die nationale sozialpolitische Zielsetzung gesetzlicher Maßnahmen in Form eines „notwendigen" bzw. „legitimen Ziels" zu prüfen ist und für welches den Mitgliedstaaten ein „sachgerechter" bzw. „weiter Ermessensspielraum" zugestanden wird. *Finanzielle Erwägungen* können zwar in Verbindung mit anderen sozialpolitischen Zielsetzungen unter Umständen einen objektiven Rechtfertigungsgrund darstellen. Eine Rechtfertigung anhand allgemeiner Haushaltserwägungen ist jedoch unzulässig, weil ansonsten eine so grundlegende Regel des Gemeinschaftsrechts wie der Gleichheit von Männern und Frauen je nach dem Zustand der Staatsfinanzen der Mitgliedstaaten unterschiedliche Wirkung und Tragweite hätte.
Letztlich wurde festgestellt, daß die *Tarifautonomie* gemäß Art. 9 Abs. 3 GG als solche keinen tauglichen Rechtfertigungsgrund darstellt. Ist ein Tarifvertrag an sich geeignet, eine Ungleichbehandlung zu vermitteln, kann er nicht gleichzeitig als Rechtfertigung dieser

Ungleichbehandlung dienen. Auch die Tarifautonomie ist eine gebundene Freiheit und dem durch Art. 3 Abs. 2 S. 1 GG, durch die einfachgesetzlichen Bestimmungen sowie die entsprechenden gemeinschaftsrechtlichen Normen gewährleisteten Verbot der mittelbaren Diskriminierung wegen des Geschlechts verpflichtet.

Die obigen Erörterungen haben verdeutlicht, daß, wie teilweise aufgrund der Zuordnung des Verbots der mittelbaren Diskriminierung zu Art. 3 Abs. 1 GG vertreten wird, ein nur der Willkürprüfung unterworfener sachlicher Grund den Anforderungen an die objektive Rechtfertigung nicht gerecht wird.[389] Ein solches Zugeständnis wäre zu weitreichend. Insbesondere können aber sachliche Gründe gerade neutrale Kriterien sein, die ungleiche geschlechtsspezifische Auswirkungen haben.[390] Einen sachlichen Grund genügen zu lassen, greift auch deswegen zu kurz, weil dem Urheber der mittelbaren Diskriminierung gerade keine Willkür vorgeworfen wird, sondern vielmehr die Verwendung einer neutralen Maßnahme, die wirtschaftlich und ökonomisch rational sein kann, Frauen aber faktisch aufgrund struktureller Ursachen benachteiligt. Gerade in diesen Fällen bliebe von dem Verbot der mittelbaren Diskriminierung nicht allzuviel übrig. Auch widersprechen Stellenwert und Zweck des Art. 3 Abs. 2 GG, die Gleichberechtigung von Frauen und Männern besonders zu gewährleisten, gegen die Gleichstellung der mittelbaren Diskriminierung mit sonstigen Gleichheitsverstößen.[391]

Abzulehnen ist die Ansicht, nach der nur nach zwingend objektiv biologischen Gründen differenziert werden darf.[392] Dies setzte eine bewußte Entscheidung aufgrund biologischer Unterschiede voraus, was bei der mittelbaren Diskriminierung gerade nicht der Fall ist.[393] Eine Rechtfertigung aufgrund funktionaler Unterschiede bedeutete, gerade die tradierten Vorstellungen über die geschlechtsspezifische Rollenverteilung zu übernehmen, die vom Verbot der mittelbaren Diskriminierung unterbunden werden sollen.

Zusammenfassend kann festgestellt werden, daß noch keine einheitliche Handhabung des Verbots der mittelbaren Diskriminierung erfolgt. Für die Zukunft muß auf die Notwendigkeit der Beachtung des Prinzips der substantiellen Chancengleichheit auf allen Stufen der Feststellung einer mittelbaren Diskriminierung hingewiesen werden. Dies gilt für die Bestimmung der Ungleichbehandlung durch eine neutrale Maßnahme, der nachteiligen Betroffenheit durch die beschriebene Vergleichsgruppenbildung anhand der proportionalen Betroffenheit in der benachteiligten Gruppe sowie die Ablehnung des Erfordernisses einer Kausalitätsprüfung im Hinblick auf die Unvereinbarkeit mit dem Grund des Verbots als Instrument der iustitia distributiva sowie dem Prinzip des effektiven Rechtsschutzes. Insbesondere haben die erläuterten Beispiele der objektiven Rechtfertigungsgründe gezeigt, daß eine unausgewogene Gewichtung der gegenläufigen Interessen der Arbeitgeber, der Tarifparteien sowie der sozialpolitischen Ziele gesetzlicher Regelungen gegenüber dem fundamentalen Recht auf Gleichberechtigung der Geschlechter durch Zugrundelegung eines nur formellen Gleichheits- und Gerechtigkeitsmaßstabs das Ziel des Verbots der mittelbaren Diskriminierung untergräbt. Hingegen würde eine vom Prinzip der Chancengleichheit verlangte gleiche Einbeziehung der Interessen beider Seiten nicht zu ungerechten Ergebnissen zu Lasten der hiermit in Verantwortung Genommenen führen. Ein diesbezüglicher Einwand gegen eine substantielle Interpretation des Verbots ist be-

---

[389] So R.-*A. Eich*, NJW 1980, 2329 (2331); *E. Herrmann*, SAE 1993, S. 271 (281); *W. Blomeyer*, SAE 1994, S. 177 (180); *C. Blomeyer*, 1994, S. 128f.; kritisch *V. Slupik*, KritV 1980, S. 58 (62), *S. Rating*, 1994, S. 128f.

[390] *H. Pfarr/K. Bertelsmann*, 1989, S. 125; *M. Schlachter*, 1993, S. 396; *J. Sievers*, 1996, S. 122f.; *K. Feldhoff*, 1998, S. 252f.

[391] *J. Sievers*, 1996, S. 123.

[392] *M. Kirsten*, RdA 1990, S. 282 (286); kritisch *M. Schlachter*, 1993, S. 395.

[393] *P. Hanau/U. Preis*, ZfA 1988, S. 177 (190); *G. Wisskirchen*, 1994, S. 111; *J. Sievers*, 1996, S. 123.

reits aus dem Grund zurückzuweisen, daß er die Interessen anderer am Arbeitsmarkt Beteiligter außer acht läßt und einseitig Maßstäbe setzt. Darüber hinaus kommt dem Verhältnismäßigkeitsgrundsatz eine wichtige Bedeutung dahingehend zu, daß es im Rahmen seiner Prüfung möglich ist, die Bedürfnisse beider Seiten in einen gerechten Ausgleich zu bringen, ohne eine Seite für die strukturelle Diskriminierung von Frauen allein verantwortlich zu machen. Aus diesem Grund ist es auch gerechtfertigt, keine unterschiedlichen Anforderungen an den Prüfungsmaßstab bei gesetzlichen, tariflichen und individualrechtlichen Maßnahmen zu stellen.

5. Kapitel
Durchsetzung und Rechtsfolgen des Verbots der mittelbaren Diskriminierung

I. Beweislast

1. Die Beweislastverteilung im Prozeß um mittelbare Diskriminierungen

a) Grundsätzliches

Grundsätzlich trägt die Klägerin die Beweislast für das Vorliegen einer mittelbaren Diskriminierung nach den allgemeinen Regeln.[1] Sie hat im Prozeß die anspruchsbegründenden Einzelheiten darzulegen und zu beweisen. Dies sind die in Kapitel 4 dargestellten Voraussetzungen der Ungleichbehandlung durch eine geschlechtsneutrale Regelung,[2] die zu einer wesentlich stärkeren Betroffenheit von Frauen als Männern führt.[3] Die Darlegungs- und Beweislast für die anspruchsvernichtenden Tatsachen, Einreden und Einwendungen trägt der Beklagte,[4] insbesondere für das Vorliegen der die geschlechtsspezifische Benachteiligung rechtfertigenden objektiven Faktoren.[5] Die Darlegungslast geht der Beweislast vor. Erst wenn die von der Klägerin schlüssig dargelegten erheblichen Tatsachen vom Beklagten bestritten werden, ist hierüber ein Beweis zu erbringen. Wichtig ist an dieser Stelle die Abgrenzung der unmittelbaren von der mittelbaren Diskriminierung. Bei ersterer genügt die Gegenüberstellung zweier vergleichbarer Arbeitnehmer, die in einem Fall unterschiedlich wegen des Geschlechts behandelt wurden. Es obliegt dort dem Beklagten nachzuweisen, daß die Benachteiligung aus anderen Gründen als dem des Geschlechts erfolgt ist. Dagegen ist bei letzterer erforderlich, daß für den Nachweis der Tatbestandsvoraussetzungen beweisrechtliche Statistiken vorgelegt werden, die durch einen detaillierten Vergleich die unterschiedliche Geschlechtsbetroffenheit aufschlüsseln.[6] Für die Mehrheit der Betroffenen ist es in der Regel jedoch unmöglich, Einsicht in Arbeitsvorgänge und -strategien von Arbeitgebern zu erhalten, so daß sie meist nicht in der Lage sind, die erforderlichen statistischen Nachweise für das Vorliegen einer mittelbaren Diskriminierung zu erbringen.[7] Dies hatte in der Vergangenheit häufig entscheidende Auswirkungen auf die Ausgangschancen gerichtlicher Verfahren, die gerade deswegen verloren wurden.[8] Nahezu alle gerichtlichen Verfahren gegen mittelbare Diskriminierungen im

---

[1] Soergel/*Raab*, § 611a BGB, Rdn. 79.
[2] Dazu oben Kapitel 4, I. 1. a).
[3] Dazu oben Kapitel 4, I. 1. b).
[4] § 193 des Ersten Entwurfs zum BGB, vgl. *D. Leipold*, 1966, S. 46; zur Geltung der Grundregel trotz fehlender Normierung *H. Prütting*, 1983, S. 265ff.
[5] Dazu oben Kapitel 4, II.
[6] Andererseits ist im Rahmen der unmittelbaren Diskriminierung der Nachweis „innerer Tatsachen" erforderlich, welche bei der mittelbaren Diskriminierung irrelevant sind; dazu *G. Wisskirchen*, 1994, S. 169; *M. Schlachter*, RdA 1998, S. 321 (325).
[7] *H. Pfarr/K. Bertelsmann*, 1989, S. 73.
[8] ABl. EG Nr. C 337/58 v. 31.12.1998, Punkt 1.3.; Network of Experts on the Implementation of the Equality Directives, Final Consolidated Report 1987, Luxemburg OOPEC, 1988, S. 5; *J. Shaw*, (1990) 15 ELRev. 260 (261).

Rahmen des § 611a BGB beruhten daher auch auf Tatsachen, die der Arbeitgeber meist in rechtlicher Unkenntnis der Klägerin selbst mitgeteilt hatte.[9]

b) Die Beweislastrichtlinie 97/80/EG

Nach Stellungnahme des Wirtschafts- und Sozialausschusses[10] hat der Rat, gestützt auf Art. 2 Abs. 2 des Abkommens über die Sozialpolitik im Anhang zu dem dem Vertrag zur Gründung der Europäischen Gemeinschaft beigefügten Protokoll (Nr. 14) über die Sozialpolitik, die Richtlinie 97/80/EG über die Beweislast bei Diskriminierung aufgrund des Geschlechts am 15. Dezember 1997 erlassen.[11] Umzusetzen war sie bis zum 1. Januar 2001.[12] Die Durchführung der Richtlinie 97/80/EG obliegt den Mitgliedstaaten nach Maßgabe der innerstaatlichen Rechtsvorschriften und Gepflogenheiten, deren Gerichte für die Bewertung der Vermutungstatsachen zuständig sind.[13]
Gemäß Art. 4 Abs. 1 der Richtlinie 97/80/EG ergreifen die Mitgliedstaaten „im Einklang mit dem System ihrer nationalen Gerichtsbarkeit die erforderlichen Maßnahmen, nach denen dann, wenn Personen, die sich durch die Verletzung des Gleichheitsgrundsatzes für beschwert halten und bei einem Gericht bzw. einer anderen zuständigen Stelle Tatsachen glaubhaft machen, die das Vorliegen einer unmittelbaren oder mittelbaren Diskriminierung vermuten lassen, es dem Beklagten obliegt zu beweisen, daß keine Verletzung des Gleichbehandlungsgrundsatzes vorgelegen hat." Nach Art. 3 Abs. 1a findet die Beweislastrichtlinie unter anderem Anwendung auf Art. 141 EG, die Gleichbehandlungsrichtlinien 75/117 und 76/207/EWG. Der Bereich der Richtlinien über die soziale Sicherheit 79/7/EWG und 86/378/EWG wurde durch Nichterwähnung ausgenommen.[14] Die Beweislastregeln sind hier auch nicht analog anwendbar, weil aus der Entstehungsgeschichte hervorgeht, daß es sich um eine bewußte Nichteinbeziehung handelt. Die Kommission hatte die Aufnahme derselben gefordert, was der Rat jedoch ablehnte.[15] Der Grund hierfür war die Vermeidung von Zusatzkosten im Falle des Erfolges der Richtlinie.[16]

---

[9] *I. Weber*, BB 1992, S. 1345 (1346); *M. Gutsche*, 1996, S. 156.
[10] ABl. EG Nr. C 133 v. 28.4.1997, S. 34.
[11] ABl. EG Nr. L 14/6 v. 20.1.1998; dazu *M. Schlachter*, RdA 1998, S. 321ff.; *C. Bergwitz*, DB 1999, S. 94ff.; *A. Röthel*, NJW 1999, S. 611ff.
[12] Art. 7 der Richtlinie 97/80/EG; für Großbritannien und Nordirland gilt gemäß Art. 2 der Richtlinie 98/52/EG (ABl. EG Nr. L 205 v. 22.7.98, S. 66) eine Frist bis zum 22.1.2001. Der Rat hob nochmals die besondere Notwendigkeit hervor, bezüglich des Verbots der mittelbaren Diskriminierung, die noch schwieriger als die unmittelbare Diskriminierung zu beweisen ist, diese zu definieren, um die Rechtsdurchsetzung in allen Mitgliedstaaten zu gewährleisten. Auch unter Berücksichtigung des Subsidiaritätsprinzips des Art. 5 EG und des Grundsatzes der Verhältnismäßigkeit sei es geboten, das Ziel der Beweislastverteilung auf Gemeinschaftsebene zu verfolgen, weil es in keinem der Mitgliedstaaten zufriedenstellend verwirklicht ist.
[13] Hierbei bleibt es ihnen unbenommen, auf jeder Stufe des Verfahrens eine für die klagende Partei günstigere Beweislastregelung vorzusehen. Es handelt sich bei den Richtlinienbestimmungen demnach lediglich um Mindestvorschriften. Vgl. Erwägungsgrund (13), (14) und (20).
[14] Ausgenommen wurde ebenfalls die Richtlinie zur selbständigen Erwerbstätigkeit 86/613/EWG.
[15] Art. 1 Abs. 2 des Richtlinienvorschlags, KOM (1988) 269 endg.; ABl. EG Nr. C 175/5 v. 5.7.1988, sowie der Vorschlag in KOM (1997) 624 endg. v. 15.11.1997.
[16] *M. Schlachter*, RdA 1998, S. 321 (323f.).

c) Die Beweislastregel des § 611a Abs. 1 S. 3 BGB

Die Regelung des § 611a Abs. 1 S. 3 BGB, zu welcher der auf sie verweisende § 612 Abs. 3 S. 3 BGB gehört, enthält in der durch das Gleichbehandlungsgesetz 1980 zur Umsetzung der Gleichbehandlungsrichtlinie 76/207/EWG geänderten Fassung[17] eine der Beweislastrichtlinie 97/80/EG entsprechende Beweislastregel für mittelbare Diskriminierungen:[18] „Wenn im Streitfall der Arbeitnehmer Tatsachen glaubhaft macht, die eine Benachteiligung wegen des Geschlechts vermuten lassen, trägt der Arbeitgeber die Beweislast dafür, daß nicht auf das Geschlecht bezogene, sachliche Gründe eine unterschiedliche Behandlung rechtfertigen oder das Geschlecht unverzichtbare Voraussetzung für die auszuübende Tätigkeit ist." § 611a Abs. 1 S. 3 BGB enthält keine Beweislastumkehr, sondern lediglich eine Beweiserleichterung, obwohl im Zuge der Einführung der Regelung durch das 2. Gleichberechtigungsgesetz Forderungen laut geworden waren, eine vollständige Beweislastumkehr zugunsten der Klägerin zu normieren.[19] Auch das Gesetz zur Änderung des BGB und ArbGG aus dem Jahr 1998[20] hat die Kritik nicht aufgenommen, sondern den Inhalt der Beweisverteilung unverändert gelassen.[21] Eine Beweislastumkehr ist lediglich für den Fall des Nachweises der objektiven Rechtfertigung normiert („trägt der Arbeitgeber die Beweislast dafür..."). Nach § 611a Abs. 1 S. 3 BGB obliegt der Klägerin weiterhin die Beweislast für das Vorliegen der Ungleichbehandlung und der überwiegenden Betroffenheit.

Die bereits für die Fälle der unmittelbaren Benachteiligung als schwierig eingeschätzte Regelung[22] bereitet für die der mittelbaren Diskriminierung, für die allein die Alternative „daß nicht auf das Geschlecht bezogene, sachliche Gründe eine unterschiedliche Behandlung rechtfertigen" ausschlaggebend ist,[23] noch größere Probleme. Voraussetzung der Norm ist der Nachweis der Benachteiligung und des Grundes, welche die Arbeitnehmerin nach der Grundregel[24] darzulegen und zu beweisen hätte. Diese Grundregel wird nach überwiegender Ansicht durch § 611a Abs. 1 S. 3 BGB aus Gründen der Sachnähe allein hinsichtlich des Vorliegens des Benachteiligungsgrundes verdrängt, weil dieser aus der Sphäre des Arbeitgebers stammt, in welche die Klägerin kaum Einblick hat.[25] Die vorgesehene Glaubhaftmachung läßt die Beweislastverteilung unberührt, so daß die Klägerin weiterhin das Vorliegen der Benachteiligung, das heißt auch die unterschiedlichen Aus-

---

[17] Arbeitsrechtliches EG-Anpassungsgesetz v. 13. 8.1980, BGBl. I S. 1308.

[18] Zur Vereinbarkeit des § 611 Abs. 1 S. 3 BGB mit der Richtlinie 97/80/EG ausführlich *M. Schlachter*, RdA 1998, S. 321 (325); A.A. *A. Röthel*, NJW 1999, S. 611 (612).

[19] 2. Gleichberechtigungsgesetz, BT-Drucks. 12/5468, Gesetzentwurf der Bundesregierung; BT-Drucks. 12/7232, Ausschußbericht und Beschlußempfehlung. Zur Kritik vgl. § 12 Abs. 4 des Entwurfs eines Gleichberechtigungsgesetzes der SPD-Fraktion v. 22.9.1993, BT-Drucks. 12/5717, S. 7; Stellungnahme des Bundesrates, BT-Drucks. 12/5486 S. 61f.; Stellungnahme des Deutschen Frauenrates, Informationen für die Frau, Nr. 4, 1993, S. 3; *I. Steinmeister*, ZRP 1993, S. 127 (128); *J. Mauer*, BB 1994, S. 1283 (1285). So bereits *R.-A. Eich*, NJW 1980, S. 2329 (2332); *H. Pfarr/K. Bertelsmann*, 1989 m.w.N., S. 73. Weiter dazu *A. Röthel*, NJW 1999, S. 611 (613) m.w.N.

[20] BGBl. I S. 1694 v. 2.7.1998.

[21] Vgl. den Entwurf der SPD-Fraktion sowie des Bündnis 90/DIE GRÜNEN, BT-Drucks. 13/7896 und 13/9526, sowie den Erweiterungsvorschlag des Bundesrates, BR-Drucks. 116/98 v. 13.2.1998.

[22] *G. Baumgärtel*, 1991, § 611a, Rdn. 2.

[23] Die Alternative „oder das Geschlecht unverzichtbare Voraussetzung ist", ist eindeutig auf Fälle der unmittelbaren Diskriminierung zugeschnitten, da sie bei einer mittelbaren Diskriminierung konzeptionell nicht vorliegen kann.

[24] Dazu oben Kapitel 5, I. 1. zu Fn. 4.

[25] *H. Prütting*, 1983, S. 336; *G. Wisskirchen*, 1994, S. 169; *H. Appel*, 1998, Rdn. 114; zum Motiv vgl. die Begründung des Regierungsentwurfs, BT-Drucks. 8/3317, S. 9.

wirkungen einer geschlechtsneutralen Maßnahme auf die Gruppe der Frauen, zur vollen Überzeugung des Gerichts nachweisen muß. Nach wohl h.M. ist mit den Formulierungen „glaubhaft machen“ und „vermuten lassen“ keine Übereinstimmung mit der Terminologie des § 294 ZPO oder des § 292 ZPO gemeint. Die Möglichkeiten der Klägerin werden nicht auf den Nachweis durch eidesstattliche Versicherung oder eine Vermutung beschränkt.[26] Vielmehr wird ihr eine Beweiserleichterung zur Verfügung gestellt, in deren Rahmen sie sich aller zivilprozessualen Beweismittel bedienen kann.[27] Um dem Gesetzeszweck der Beweiserleichterung gerecht zu werden, soll es um eine Wahrscheinlichkeitsprüfung gehen, durch die nicht die volle Überzeugung des Gerichts herbeigeführt werden muß. Als wahrscheinlich ist eine schlüssige Darlegung anzusehen, mit der die Klägerin all das vorbringt, was von einem Außenstehenden, der keinen Einblick in die Entscheidungsvorgänge des Arbeitgebers hat, verlangt werden kann. Hieraus ergibt sich im Hinblick auf die oft von der Klägerin nicht zu überschauenden unternehmerischen Entscheidungen, daß der Grad an Wahrscheinlichkeit nicht allzu hoch angesetzt werden darf.[28] Damit werden trotz dieser im Vergleich zum Vollbeweis geringeren Intensität aber auch Klagen „ins Blaue hinein“ verhindert.[29] Die Klägerin, die gegen die von ihr erfahrene mittelbare Diskriminierung vorgehen will, muß somit Indizien anführen,[30] die aussagekräftig genug sind, damit der Arbeitgeber nicht etwas, was gar nicht nachweisbar ist, beweisen muß. Dem genügen solche Tatsachen, die aus einem regelmäßigen Verhalten gegenüber einer Gruppe eines Geschlechts auf eine gleich motivierte Entscheidung gegenüber einem Angehörigen dieser Gruppe schließen lassen.[31]
Sodann trägt der Arbeitgeber die volle Beweislast dafür, daß nicht auf das Geschlecht bezogene, sachliche Gründe eine unterschiedliche Behandlung rechtfertigen. Angesichts der hohen Anforderungen an die objektive Rechtfertigung mittelbarer Diskriminierungen können dabei nicht allein „sachliche Gründe“ ausreichen. Vielmehr muß der Arbeitgeber beweisen, daß die objektiven Gründe einem „wirklichen Bedürfnis“ seines Unternehmens genügen und verhältnismäßig sind.[32]

2. Das Verbot der mittelbaren Diskriminierung als Beweislastregel?

Es wird die Ansicht vertreten, das Konzept des Verbots der mittelbaren Diskriminierung sei eine reine Beweislastregel.[33]

a) Begründung

Die geschlechtsspezifischen Gleichberechtigungsgebote des Art. 3 GG und des Art. 141 EG seien als absolute Differenzierungsverbote ausgestaltet, denen die Möglichkeit einer objektiven Rechtfertigung zuwiderliefe. Daher solle vom objektiven Diskriminierungstatbestand Abstand genommen werden und das Verbot der mittelbaren Diskriminierung als Beweislastregel verstanden werden. Nach dem Zweck des Verbots soll bei

---

26 So aber mit Einschränkungen *R.-A. Eich*, NJW 1980, S. 2329 (2332).
27 *H. Prütting*, 1983, S. 336, 338f.
28 *M. Schlachter*, 1993, S. 181 m.w.N.
29 *H. Pfarr/K. Bertelsmann*, 1989, S. 74f. m.w.N.
30 Dazu *H. Pfarr/K. Bertelsmann*, 1989, S. 74.
31 *M. Schlachter*, 1993, S. 406.
32 Dazu oben Kapitel 4, II. 2. a) und b).
33 *C. Blomeyer*, 1994, S. 77ff., 87f., 117ff.; wohl zustimmend *D. Dungs*, 1998, S. 209ff.

faktisch benachteiligenden Maßnahmen auf eine Kausalitätsprüfung verzichtet werden, so daß sich der Nachweis der Klägerin allein auf die Voraussetzungen beschränke. Der Arbeitgeber habe sodann die objektive Rechtfertigung zu beweisen. Eine mittelbare Diskriminierung könne demnach nur dann bejaht werden, wenn zunächst die nachteilige Betroffenheit *und* das Fehlen einer objektiven Rechtfertigung nachgewiesen werde. Die Rechtfertigung müsse als negatives Tatbestandsmerkmal, nicht aber als Ausnahme verstanden werden. Ist eine Rechtfertigung zu bejahen, so läge keine gerechtfertigte, sondern gar keine mittelbare Diskriminierung vor. Auf diese Art könne dem absoluten Differenzierungsverbot entsprochen werden.

b) Kritik

Diese Konstruktion ist aus mehreren Gründen abzulehnen:
Ob die objektive Rechtfertigung als negatives Tatbestandsmerkmal oder Anspruchsvoraussetzung bezeichnet wird, macht in praktischer Hinsicht keinen Unterschied.[34] Der Anspruch der Klägerin ist ohnehin erst dann begründet, wenn nachgewiesen wurde, daß die Benachteiligung aus anderen, nicht auf dem Geschlecht beruhenden Gründen erfolgt ist.
Wichtiger aber ist, daß das Verbot der mittelbaren Diskriminierung in seiner Entstehungsgeschichte als ein Instrument mit einer eigenständigen Bedeutung konzipiert wurde, welches einen umfangreicheren Schutz gegen strukturelle Benachteiligungen als das der unmittelbaren Diskriminierung bieten sollte. Zwar sollte es auch der Beweiserleichterung dienen. Dies bedeutet aber lediglich, daß gesehen wurde, daß in Fällen struktureller Benachteiligung das Verbot der unmittelbaren Diskriminierung keinen ausreichenden Schutz gewährleistete.[35] Seine eigenständige Bedeutung wird darüber hinaus dadurch verdeutlicht, daß es in zahlreichen Richtlinien neben dem Verbot der unmittelbaren Diskriminierung genannt wird. In Art. 2 Abs. 2 der Richtlinie 76/207/EWG heißt es zum Beispiel, „daß keine unmittelbare oder mittelbare Diskriminierung auf Grund des Geschlechts (...) erfolgen darf." Nicht zuletzt die Beweislastrichtlinie 97/80/EG hielt es für nötig, erstes nochmals explizit in Art. 2 zu definieren, um den Anwendungsbereich der Beweislastregel des Art. 4 festzulegen. Dies sind eindeutige Hinweise darauf, daß beide Diskriminierungsverbote als Unterfälle des geschlechtsspezifischen Gleichberechtigungsgebots zu begreifen sind. Wird das Verbot der unmittelbaren Diskriminierung nicht als Beweislastregel verstanden, so kann dies folglich auch nicht für das der mittelbaren Diskriminierung angenommen werden.[36]
Das Verbot der unmittelbaren Diskriminierung ist keiner Rechtfertigung zugänglich, weil Art. 3 Abs. 3 GG eine unterschiedliche Behandlung „wegen des Geschlechts" verbietet.[37] Anders hingegen knüpft die mittelbare Diskriminierung zwar auch an das Geschlecht an, stellt aber darüber hinaus die Situation in gesellschaftliche Zusammenhänge. Es erfolgt eine Benachteiligung „wegen" des Geschlechts *und* anderer, hiermit zusammenhängender gesellschaftlicher Umstände, das heißt durch die Strukturbedingtheit „auch wegen" des Geschlechts. Wie festgestellt,[38] ist diese unterschiedliche Behandlung der Diskriminie-

---

[34] *J. Sievers*, 1996, S. 66.
[35] Vgl. Griggs v Duke Power Co., 401, U.S. 424 (1971); EuGH, Urteil v. 31.3.1981, Rs. 96/80 (Jenkins), Slg. 1981, 911.
[36] *J. Sievers*, 1996, S. 66.
[37] *K.-J. Bieback*, 1997, S. 44f.; zur Einordnung des Verbots der mittelbaren Diskriminierung i.R.d. Art. 3 GG vgl. oben Kapitel 3, III. 1.
[38] Siehe oben Kapitel 3, III. 1. a) aa) (a).

rungsformen nicht systemfremd, was es erlaubt, eine Rechtfertigung zuzulassen. Wichtig ist daher, im nationalen Recht die Grenze zwischen den beiden Diskriminierungsformen deutlich zu ziehen. Auf gemeinschaftsrechtlicher Ebene fällt die Unterscheidung zwischen absolutem und relativem Benachteiligungsverbot ohnehin weniger streng aus, weil hier eine (eng begrenzte) Möglichkeit von Ausnahmen unmittelbarer Diskriminierung vorhanden ist.[39] So sieht zum Beispiel Art. 2 Abs. 2 der Richtlinie 76/207 eine Ausnahme für den Fall vor, daß „das Geschlecht unabdingbare Voraussetzung für die auszuübenden Tätigkeit ist".
Einzuwenden ist schließlich, daß eine Beweislastregel nur hinsichtlich derjenigen Ansprüche Anwendung finden kann, die normiert sind. Das Verbot der mittelbaren Diskriminierung bietet der Klägerin eine solche Anspruchsgrundlage. Worauf soll sie die Klage stützen, wenn das Verbot nichts mehr als eine Beweislastregel ist? Es gibt keine Beweislastregel ohne materielles Recht, dessen Regelung der Risikoverteilung für den Fall des non liquet sie bezweckt.[40] Damit müssen auch bei einer Annahme des Verbots als reine Beweislastregel die Anspruchsvoraussetzungen geprüft werden, so daß implizit doch von der Existenz eines materiellen Verbots der mittelbaren Diskriminierung ausgegangen wird.[41]

3. Das Problem der Überprüfung von Normen

a) „Beweislastverteilung" bei Normen

Wenig Beachtung wird dem Problem der Beweislastverteilung bei der Überprüfung von Normen, das heißt formellen Gesetzen, Tarifverträgen und Betriebsvereinbarungen, geschenkt.[42] § 611a Abs. 1 S. 3 BGB hält eine Regelung nur für den Fall bereit, daß ein Arbeitgeber aufgrund der Anwendung eines Gesetzes Frauen geschlechtsspezifisch diskriminiert. Fraglich ist aber, was geschieht, wenn das Gesetz selbst eine mittelbar diskriminierene Regelung enthält.
Mangels Existenz einer Beweislastregel für den Fall der Prüfung von Gesetzen liegt diese Aufgabe bei den nationalen Gerichten. Denn es ist nicht Aufgabe der Parteien, im Prozeß deren (Un-) Wirksamkeit darzulegen. Dies gilt ebenso für das Vorabentscheidungsverfahren gemäß Art. 234 EG, denn das Gemeinschaftsrecht weist keine Verfahrensregeln auf. Darüber hinaus ist die Tatsachenfeststellung Sache des vorlegenden Gerichts.[43]
Die Gerichte sind somit von Amts wegen verpflichtet, die Tatsachen zu ermitteln, die für die Feststellung der mittelbaren Diskriminierung nötig sind, wobei sich dies bei formellen Gesetzen bereits aus der Pflicht des Gerichts zur Rechtskenntnis, bei nichtstaatlichen Gesetzen (Tarifverträgen und Betriebsvereinbarungen) aus § 293 ZPO ergibt.[44] Das Problem der Wirksamkeit von Normen betrifft die Beweislast zwar nicht unmittelbar. Fraglich ist jedoch, wann das nationale Gericht zur Nachprüfung von Amts wegen verpflichtet ist.

---

[39] *U. Kischel*, EuGRZ 1997, S. 1 (4f.).
[40] *H. Prütting*, 1983, S. 172f.
[41] *J. Sievers*, 1996, S. 67, die Benennung sei daher allein eine Frage des „sprachlichen Geschmacks".
[42] Vgl. nur *H. Wißmann*, Festschrift Wlotzke, 1996, S. 807 (827ff.); *K.-J. Bieback*, 1997, S. 114ff.
[43] Nicht zu verwechseln ist daher vorliegende Problematik mit der i.R.d. Art. 234 EG auftauchenden Frage der Überprüfung von nationalen Gesetzen, bei der es umstritten ist, wieweit die Kontrolldichte ausgestaltet sein soll und ob diese dieselbe für gesetzliche, tarifliche wie individualrechtliche Maßnahmen ist. Vgl. oben Kapitel 4, II. 2. a) bb) (c). Der EuGH setzt sich hiermit allenfalls i.R.d. Vertragsverletzungsverfahrens nach ex-Art. 169 EGV auseinander, in denen er selbst die für das Verfahren erheblichen Tatsachen zu ermitteln hat.
[44] BAGE 4, 39 (Tarifverträge).

Dies wiederum ist entscheidend für die Gewährung effektiven Rechtsschutzes, welcher hinter der Beweislastverteilung steht und somit die Ausgangschancen eines Prozesses wesentlich beeinflußt.

b) Richtigkeitsvermutung des Gesetzes

Problematisiert wird insbesondere das Vorgehen für den Fall, daß keine ausreichenden Statistiken für die überwiegende Betroffenheit der Angehörigen eines Geschlechts vorliegen. Hier soll von einer „Richtigkeitsvermutung" des Gesetzes aufgrund seiner demokratischen Legitimation und des formalen Gesetzgebungsverfahrens ausgegangen werden (Regel-Ausnahme-Verhältnis).[45] Diese Vermutung kann vom Gericht nur dann widerlegt werden, wenn es trotz der grundsätzlich für wirksam anzusehenden Akten des Gesetzgebungsverfahrens zu einem ausreichenden Anfangsverdacht gelangt. Die Gerichte müssen sich in diesen Fällen grundsätzlich auf Schätzungen berufen. Vermögen sie dies nicht, so gilt die Regel. Andererseits reicht ein Anfangsverdacht nicht aus, um die Norm für unwirksam halten zu können. Für die Ausnahme ist erforderlich, daß der Verdacht sich aufgrund weiterer Tatsachen verdichtet hat und sich nicht in pauschalen Behauptungen erschöpft, sondern ihm ernsthafte Zweifel zugrunde liegen.
Weniger strenge Anforderungen sind angesichts der Begründung der Richtigkeitsvermutung indes an Gesetze zu stellen, die nicht im formellen Gesetzgebungsverfahrens zustande gekommen sind oder auf Art. 80 Abs. 1 GG, der verfassungsrechtlichen Ermächtigungsgrundlage, beruhen.[46]

c) Bedeutung für die mittelbare Diskriminierung

Die entsprechend der Rechtsprechung des EuGH in der Rechtssache *Rinner-Kühn*[47] geänderte Regelung des § 1 Abs. 3 Nr. 2 LohnFG[48] zeigt zum Beispiel, daß im Hinblick auf eine mittelbare Diskriminierung Teilzeitbeschäftigter durch gesetzliche Regelungen hier weniger Probleme liegen dürften. Die zur Verfügung stehenden Daten waren eindeutig, so daß tatsächlich ernsthafte Zweifel an der Vereinbarkeit der Norm mit dem Gemeinschaftsrecht bestanden. Denn eine unmittelbare Benachteiligung Teilzeitbeschäftigter stellt in aller Regel auch eine mittelbare Frauendiskriminierung dar. Anders verhielt es sich in der Rechtssache *Kirshammer-Hack*[49] zu § 23 Abs. 1 S. 3 KSchG. Hier waren die Anhaltspunkte unzureichend, um die Wirksamkeit der Norm im Hinblick auf das Verbot der mittelbaren Diskriminierung in Zweifel ziehen zu können.[50]
Hinsichtlich der objektiven Rechtfertigung einer Norm, die auch allein vom Gericht zu prüfen ist,[51] ist die Klägerin ebenfalls auf dessen Bereitschaft angewiesen, die objektiven Gründe kritisch mittels der Verhältnismäßigkeitsprüfung zu hinterfragen.

---

[45] Dazu *H. Wißmann*, Festschrift Wlotzke, 1996, S. 807 (831ff.); *K.-J. Bieback*, 1997, S. 115.
[46] *K.-J. Bieback*, 1997, S. 115.
[47] EuGH, Urteil v. 13.7.1989, Rs. 171/88 (Rinner-Kühn), Slg. 1989, 2743.
[48] BGBl. I 1969 S. 946, geändert 26.5.1994 Entgeltfortzahlungsgesetz BGBl. I S. 1014 (in Kraft als PflegeVersG); dazu oben Kapitel 4, II. 2. a) bb) (a).
[49] EuGH, Urteil v. 30.11.1993, C-189/91 (Kirshammer-Hack), Slg. 1993, I-6185; dazu oben Kapitel 4, I. 1. a) bb).
[50] Zustimmend wohl *H. Wißmann*, Festschrift Wlotzke, 1996, S. 807 (832).
[51] *K.-J. Bieback*, 1997, S. 115.

d) Argumentationslast des Gerichts

Es kann damit von einer „Argumentationslast"[52] des Gerichts gesprochen werden, die vorliegend an die Stelle der Beweislast bei Individualmaßnahmen tritt und aufgrund des Regel-Ausnahme-Verhältnisses zur Erschütterung der Richtigkeitsvermutung eines Gesetzes das Vorhandensein besonderer Umstände und begründete Zweifel erfordert. Ist das Gericht aufgefordert zu argumentieren, so darf es sich hierbei nicht auf nur formalrechtliche Überlegungen stützen. Die Feststellung des Vorhandenseins besonderer Umstände erfordert eine Herangehensweise, die das Prinzip der substantiellen Chancengleichheit beachtet.

II. Rechtsfolgen eines Verstoßes gegen das Verbot der mittelbaren Diskriminierung

1. Teilzeitspezifische Rechtsfolgen

a) Grundsatz der „Anpassung nach oben"

Bei einem Gleichheitsverstoß muß gleiche Behandlung hergestellt werden, ohne daß aber vorgegeben wird, ob an die Situation der durch die Norm Begünstigten oder die der Benachteiligten anzupassen ist („Anpassung nach unten oder oben"). Im Rahmen des allgemeinen Gleichheitssatzes können Benachteiligung und Begünstigung nicht als quasi zwei unterschiedliche Gleichheitsverstöße isoliert betrachtet werden.[53] Denn die Verfassungswidrigkeit der Benachteiligung ergibt sich aus der Begünstigung, die der Begünstigung aus der Benachteiligung:[54] Beides sind Kehrseiten derselben Medaille. Die gerechte Verteilung muß im Ergebnis allein einem gleichen Verteilungsmaßstab genügen.[55] So stellt beispielsweise die Erklärung der Nichtigkeit einer Tarifnorm wegen Fehlens der Erweiterung auf die nachteilig Betroffenen eine „Anpassung nach unten" dar, was als Rechtsfolge eines jeden Gleichheitsverstoßes hinzunehmen ist.[56] Demnach ist die gesamte Regelungsrelation zu mißbilligen. Die künftige Ausgestaltung der in Frage stehenden Maßnahme bleibt dabei weiter offen. Denn das formelle Gleichbehandlungsgebot besagt nicht, daß eine Anpassung an den höheren Standard notwendig ist.[57]
Anders schließt das materielle Verbot der mittelbaren Diskriminierung, dessen Zielvorstellung[58] nicht mit der konkreten Rechtsfolge zu verwechseln ist, als ein Benachteili-

---

[52] *H. Wißmann*, Festschrift Wlotzke, 1996, S. 807 (831).
[53] Vgl. z.B. *Lechner*, NJW 1955, S. 1817 (1818).
[54] *J. Ipsen*, 1980, S. 109; *K. Schlaich*, 1994, Rdn. 367; Maunz/*Dürig*, GG, Art. 3 I, Rdn. 345, 364.
[55] *C. Hartmann*, 1994, S. 84ff.
[56] *M. Sachs*, RdA 1989, S. 25 (28); *M. Schlachter*, Festschrift Schaub, 1998, S. 651 (667f.).
[57] Eine Ausnahme ist allein dann zu machen, wenn sich der Gestaltungsspielraum nach oben verengt hat. Dies ist der Fall bei Regelungen für die Vergangenheit, in denen eine Anpassung nach unten ausgeschlossen ist, weil eine nachträglich Abwertung einer erhaltenen Begünstigung wegen des Vertrauens der Begünstigten in die erworbene Rechtsposition nicht durchzuführen ist. Bei anderen Arbeitsbedingungen, wie zum Beispiel Kündigungsschutzzeiten, ist dies auch tatsächlich nicht mehr möglich; dazu *M. Sachs*, RdA 1989, S. 25 (35); *H. Buchner*, NZA 1991, S. 41 (45); *M. Schlachter*, Festschrift Schaub, 1998, S. 651 (662). A.a. Maunz/*Dürig*, GG, Art. 3 I, Rdn. 353: „‚Gesamtrichtung' des Gleichheitssatzes nach oben".
[58] Das Prinzip der substantiellen Chancengleichheit ist Maßstab des Verbots der mittelbaren Diskriminierung, so daß seine Zielvorstellung sich in der *geschlechtergleichberechtigten* Vereinbarung von Familie und Beruf ausdrückt. Bevorzugung von Männern durch Überbewertung des Normalarbeitsverhältnisses und Unter-

gungsverbot[59] eine „Anpassung nach unten" grundsätzlich aus. Insbesondere im Rahmen der Teilzeitarbeit führt ein Verstoß gegen § 4 Abs. 1 TzBfG auch zur Nichtigkeit des diskriminierenden Anspruchsausschluß gemäß § 134 BGB und zur uneingeschränkten Anwendung der begünstigenden Regelung.[60] Das Verbot der mittelbaren Diskriminierung wegen des Geschlechts verlangt in diesem Fall nicht die Anpassung an die Mannesstellung in Vollzeitarbeit, sondern vielmehr die Anerkennung der Teilzeitarbeit als solche. Um dies zu erreichen, darf gerade die Norm, die für eine Verbesserung der Situation der Benachteiligten als Grundlage in Frage kommt, nicht von der Rechtsfolge erfaßt werden. Eine Entwertung der ansonsten qualitativen Aufwertung der Teilzeitarbeit würde zudem darin bestehen, daß die Anhebung der gesamten Gruppe unmöglich gemacht würde. Denn nicht nur mittelbar diskriminierte teilzeitbeschäftigte Frauen werden von der Rechtsfolge erfaßt, weil dies zur unmittelbaren Diskriminierung der Minderheit der teilzeitbeschäftigten Männer führte.[61]

aa) Gemeinschaftsrechtliche Vorgaben

Art. 141 EG bzw. die Richtlinien 75/117/EWG und 76/207/EWG treffen keine Aussage über die Ausgestaltung der Rechtsfolgen eines Verstoßes gegen das Verbot der mittelbaren Diskriminierung. Bereits in der Entscheidung *Defrenne II* hat der EuGH jedoch festgestellt, daß im Anwendungsbereich des Grundsatzes der Entgeltgleichheit eine „Anpassung nach oben" zu erfolgen hat. [62] Der Gerichtshof argumentierte mit dem von Art. 136 EG übernommenen Zweck der Präambel, „auf eine Verbesserung der Lebens- und Arbeitsbedingungen der Arbeitskräfte hinzuwirken und dadurch auf dem Wege des Fortschritts ihre Angleichung zu ermöglichen", dem Art. 141 EG als sozialpolitische Norm zu folgen habe. In der Literatur wurde hieraus zum Teil geschlossen, daß dies auch für in der Zukunft liegende Ansprüche gelte.[63] Jedoch hat der EuGH in nachfolgenden Entscheidungen seine Feststellung auf die unmittelbare Wirkung[64] des Art. 119 EGV a.F. begrenzt. In den Fällen *Kowalska* zum tarifvertraglichen Ausschluß Teilzeitbeschäftigter von der Zahlung von Übergangsgeld beim Ausscheiden aus dem Angestelltenverhältnis[65] und *Nimz* zur unterschiedlichen Berücksichtigung der Dauer der Betriebszugehörigkeit Teilzeitbeschäftigter beim Bewährungsaufstieg im Rahmen des BAT[66] hieß es, daß die unmittelbare Wirkung des Entgeltgleichheitsgrundsatzes und damit der Grundsatz der „Anpassung nach oben" nur bis zu dem Zeitpunkt Geltung beansprucht, in dem entsprechende Ausgleichsmaßnahmen getroffen werden. Solange Art. 141 EG aber noch nicht ord-

---

bewertung weiblicher Erwerbsarbeit hängen indes denknotwenig von einander ab und ermöglichen sich gegenseitig, so daß eine „Anpassung nach oben" gar nicht möglich ist.

59 Dies gilt unbestritten für §§ 611a, 612 Abs. 3 BGB. BAG, BB 1993, S. 650 (653); *H. Pfarr/K. Bertelsmann*, 1985 Rdn. 128f., 136.

60 Vgl. BAG, Urteil v. 24.5.2000, AP Nr. 79 zu § 2 BeschFG 1985; BAG, Urteil v. 15.12.2000, AP Nr. 71 zu § 2 BeschFG 1985; ErfK/*Müller-Glöge*, § 4 TzBfG, Rdn. 72.

61 BAG, SAE 1994, S. 174 (181); *H. Wißmann*, DB 1989, S. 1922 (1924); *ders.*, ZTR 1994, S. 223 (225); *M. Schlachter*, 1993, S. 135; *dies.*, NZA 1995, S. 393 (398).

62 EuGH, Urteil v. 8.4.1976, Rs. 43/75 (Defrenne II), Slg. 1976, 455, Rdn. 15.

63 So *Geiger*, EGV, Art. 119, Rdn. 19; kritisch GTE/*Curall*, Art. 119, Rdn. 80ff.; *M. Zuleeg*, EuGRZ 1992, S. 329 (333f.); differenzierend Grabitz/Hilf/*Langenfeld*, Art. 141, Rdn. 68.

64 Zum Begriff vgl. oben Kapitel 3, II. 1. b).

65 EuGH, Urteil v. 27.6.1990, Rs. C-33/89 (Kowalska), Slg. 1990, I-2591, Rdn. 20; dazu Kapitel 4, II. 2. a) aa) (a) (cc).

66 EuGH, Urteil v. 7.2.1991, Rs. C-184/89 (Nimz), Slg. 1991, I-297, Rdn. 18ff.; dazu Kapitel 4, II. 2. a) aa) (a) (bb).

nungsgemäß in das nationale Recht umgesetzt ist, bleibt die gemeinschaftsrechtliche Vorschrift „das einzig gültige Bezugssystem“. Den in den Entscheidungen mittelbar diskriminierte Frauen stand damit ein Anspruch auf Anwendung der Regelung zu, die für die Begünstigten galt.[67] Auf die die Ansprüche für die Vergangenheit betreffenden, vom EuGH in seiner Rechtsprechung zum Ausschluß Teilzeitbeschäftigter von der betrieblichen Altersversorgung gezogenen Grenzen wird im Anschluß näher eingegangen.[68]
Der Rechtsprechung des EuGH ist uneingeschränkt zuzustimmen. Art. 141 EG beinhaltet ein Gebot sozialer Gerechtigkeit. Erstens handelt es sich um eine sozialrechtliche Vorschrift.[69] Zweitens ist das Gerechtigkeitsgebot keine inhaltsleere Forderung,[70] so daß nicht pauschal behauptet werden kann, daß nur ein „Gleichmaß“ bei der Rechtsfolgengestaltung gefordert würde.[71] Auch verfolgt der im Grundsatz der Gemeinschaftstreue enthaltenen Grundsatz des effet utile aus Art. 10 EG den Zweck, die Mitgliedstaaten anzuhalten, die Maßnahmen zu ergreifen, die Art. 141 EG und der diesbezüglichen Auslegung durch den EuGH entsprechen.[72]
Der Grundsatz der „Anpassung nach oben“ gilt insoweit auch hinsichtlich der Entgeltrichtlinie 75/117/EWG, weil diese den primärrechtlichen Entgeltgrundsatz lediglich konkretisiert.[73] Es stellt sich jedoch die Frage, ob der Grundsatz auch im Rahmen der Gleichbehandlungsrichtlinie 76/207/EWG Anwendung findet. Eine Antwort hierauf läßt sich dem Verhältnis zwischen europäischem und nationalem Recht entnehmen. Nach ständiger Rechtsprechung des EuGH genießt ersteres Vorrang vor letzterem kraft Eigenzuständigkeit.[74] Das BVerfG forderte hingegen im *Maastricht*-Urteil[75] die Einhaltung der begrenzten Einzelermächtigung und drohte der Gemeinschaft an, ihren Vorgaben nicht zu folgen, die durch Überschreiten der Gemeinschaftskompetenzen zustande gekommen sind, was für die Richtlinie 76/207/EWG gelten könnte, weil diese auf die Vertragsabrundungskompetenzen der Art. 100 und 235 EGV a.F. gestützt worden ist.[76] Dabei ist aber zu beachten, daß der EuGH die aufgrund der Kompetenzgrundlagen nur bruchstückhafte Gleichstellungspolitik der Gemeinschaft bezüglich der Rechtsfolgen zusammengefaßt und zu erkennen gegeben hat, daß der Grundsatz der „Anpassung nach oben“ auch in den Bereichen außerhalb des Art. 141 EG Anwendung finden soll.[77] Dennoch ist aus den anschließenden Entscheidungen des EuGH ersichtlich, daß er sich im Anwen-

---

[67] Kritisch *G. Wisskirchen*, 1994, S. 127f.; ablehnend *C. Hartmann*, 1994, S. 285ff.
[68] Dazu unten 1. b).
[69] Titel XI, Kapitel 1 EG „Sozialvorschriften“.
[70] Dazu oben Kapitel 2, II.
[71] So aber *C. Hartmann*, 1994, S. 292.
[72] EuGH, Urteil v. 10.4.1984, Rs. 14/83 (von Colson/Kamann), Slg. 1984, 1891; EuGH, Urteil v. 10.4.1984, Rs. 79/83 (Harz), Slg. 1984, 1921; *C. Langenfeld*, 1990, S. 100f. Die „effektive Gewährleistung der vollen Gleichstellung von Männern und Frauen im Arbeitsleben“ ist nun auch in Art. 141 Abs. 4 EG explizit benannt.
[73] Dazu oben Kapitel 3, II. 2. a); EAS B 4100/*Schlachter*, Stand April 1998, Rdn. 57.
[74] Dazu oben Kapitel 3, II. 1. b).
[75] BVerfG v. 12.10.1993, BVerfGE 89, 155.
[76] Angesichts der Betonung der Wirtschaftspolitik durch das BVerfG („Die Kompetenzen und Befugnisse, die der Europäischen Union und den ihr zugehörigen Gemeinschaften eingeräumt sind, bleiben, soweit sie durch Wahrnehmung von Hoheitsrechten ausgeübt werden, im wesentlichen Tätigkeiten einer Wirtschaftsgemeinschaft“, BVerfGE 89, 155ff.) wurde in der Literatur daher angenommen, daß infolge des Urteils keine neue Richtlinie mehr auf die Kompetenzen der Art. 100, 235 EGV a.F. gestützt werden würde. Vgl. auch zur zurückhaltenden Rspr. des EuGH zur Richtlinie 76/207/EWG *R. Langer*, ZIAS 1999, S. 178 (186).
[77] *R. Langer*, ZIAS 1999, S. 178 (183) m.w.N.

dungsbereich der benannten Richtlinie zunehmend zurückhielt.[78] Zu Recht wurde aber auch darauf hingewiesen, daß derjenige, der annimmt, die Rechtsprechung des EuGH zu Art. 141 EG müsse auch für die übrigen Richtlinien gelten, einen „Vergleich zwischen einem Rennwagen und einem Pferdefuhrwagen" vornehme.[79] Im übrigen gilt die mit der unmittelbaren Wirkung des Art. 141 EG begründete zwingende Rechtsfolge der „Anpassung nach oben" bis zur ordnungsgemäßen Umsetzung in nationales Recht schon deswegen nicht für die Richtlinie 76/207/EWG, weil auch im Fall der unmittelbaren Wirkung ihrer Bestimmungen, das heißt, wenn sie selbst unbedingt und hinreichend genau sind,[80] diese bei ordnungsgemäßer Umsetzung in nationales Recht entfällt, was mit dem die Rechtsfolgen nunmehr differenziert ausgestaltenden § 611a BGB der Fall ist.[81]
Hieraus folgt für die Ausgestaltung der Rechtsfolgen, daß vom Grundsatz der „Anpassung nach oben" für den Bereich des Art. 141 EG in den vom EuGH vorgegebenen Grenzen auszugehen ist. Erstens gilt der Grundsatz der „Anpassung nach oben" solange, bis ein gemeinschaftsrechtskonformes Gesetz oder eine nicht diskriminierende Tarifregelung geschaffen ist.[82] Zweitens folgt aus dem „solange", daß es den Mitgliedstaaten freisteht, für die Zukunft auch eine anderweitige Lösung zu finden, die auch eine „Anpassung nach unten" beinhalten kann, solange sie inhaltlich den Anforderungen des Art. 141 EG entspricht.[83]

bb) Rechtsfolgengestaltung auf nationaler Ebene

Der Grundsatz der „Anpassung nach oben" gilt ebenso wie im Gemeinschaftsrecht auch im nationalen Recht uneingeschränkt für Rechtsfolgen, welche die Vergangenheit betreffen, sofern eine Abänderung insoweit nicht erfolgt bzw. erfolgen darf, worauf im Anschluß näher eingegangen wird.[84] Dies ergibt sich zunächst schon daraus, daß Art. 3 Abs. 2 S. 1 GG nicht rechtsfolgenoffen verstanden werden darf. Als Benachteiligungsverbot gebietet die Norm eine isolierte Bewertung der Benachteiligung und folgerichtig auch eine an die begünstigende Regelung angepaßte Rechtsfolge. Nicht zuletzt aufgrund des Anwendungsvorrangs des Gemeinschaftsrechts[85] ist die Verfassungsbestimmung gemeinschaftsrechtskonform auszulegen und die „Anpassung nach oben" auch hier zu verlangen. Auf diese Art wird der in Art. 136, 141 EG enthaltene Auftrag der Verbesserung der Lebens- und Arbeitsbedingungen tatsächlich effektiv umgesetzt.[86] Durch die Anerkennung dieses Inhalts in Art. 3 Abs. 2 S. 1 GG ergibt sich gleiches auch für nachrangiges Recht. Art. 141 EG, Art. 3 Abs. 2 S. 1 GG und die einfachgesetzlichen Diskriminierungs-

---

[78] Dazu oben Fn. 76

[79] R. *Langer*, ZIAS 1999, S. 178 (187). Hinsichtlich künftiger Gleichbehandlungsrichtlinien bedarf es nun indes nicht mehr des Rückgriffs auf die Auffangkompetenzen, weil der durch den Vertrag von Amsterdam geänderte Art. 141 EG nun eine Zuständigkeit des Rats für Maßnahmen zur Gleichbehandlung von Männern und Frauen in Arbeits- und Beschäftigungsfragen vorsieht. Mit Blick auf die auf Art. 141 Abs. 3 EG gestützte Richtlinie 2000/73/EG zur Änderung der Richtlinie 76/207/EWG dürfte das genannte Argument demnach nicht mehr zutreffen.

[80] Dazu oben Kapitel 3, II. 2. d).

[81] Dazu EAS B 4100/*Schlachter*, Stand April 1998, Rdn. 57.

[82] Zustimmend *N. Colneric*, EuZW 1991, S. 75 (77); *H. Wißmann*, ZTR 1994, S. 223 (225f.); kritisch *S. Kutsch*, BB 1991, S. 2149 (2151).

[83] EuGH, Urteil v. 27.6.1990, Rs. C-33/89 (Kowalska), Slg. 1990, I-2591, Rdn. 23; Schlußanträge des Generalanwalts *Darmon* und Vorschlag der Kommission, Slg. 1990, I-2591, 2590, 2605.

[84] Dazu im Anschluß 1. b). Hinsichtlich der Rechtsfolgen für die Zukunft vgl. unten 1. c).

[85] Dazu oben Kapitel 3, II. 1. b).

[86] *C. Langenfeld*, 1990, S. 101f.

verbote fordern dann dieselbe Rechtsfolge.[87] Unumstritten ist auch im Rahmen des § 4 Abs. 1 TzBfG die durch die Nichtigkeit der diskriminierenden Bestimmung entstehende Regelungslücke durch eine „Anpassung nach oben" für den die Vergangenheit betreffenden Zeitraum auszufüllen.[88] Eine Regelung künftiger Rechtsfolgen trifft das TzBfG nicht, so daß in diesen Fällen - solange das Diskriminierungsverbot des § 4 Abs. 1 TzBfG beachtet wird - auch eine „Anpassung nach unten" möglich ist.[89]
Das BAG hat seit dem Urteil vom 14. Oktober 1986 in der Sache *Bilka*[90] zum Ausschluß Teilzeitbeschäftigter von der betrieblichen Altersversorgung das Konzept der „Anpassung nach oben" übernommen. Tarifliche und individualrechtliche Regelungen sind wegen Verstoßes gegen Art. 141 EG gemäß § 134 BGB nichtig, jedoch nur insoweit, als dadurch Teilzeitbeschäftigte von der Begünstigung ausgenommen werden. Im übrigen bleiben sie aufrechterhalten. „Dem Lohngleichheitsgebot des Art. 119 EWG-Vertrag kann für die zurückliegende Zeit praktisch nur noch dadurch genügt werden, daß Teilzeitbeschäftigte bis zu einer Änderung der Versorgungsordnungen in den Kreis der Berechtigten einbezogen werden, der Dotierungsrahmen also entsprechend zu erweitern ist".[91] Denn § 139 BGB, wonach die Teilnichtigkeit eines Rechtsgeschäfts in aller Regel zu seiner völligen Nichtigkeit führt, ist dann nicht anwendbar, wenn es sich um eine Arbeitnehmerschutzvorschrift handelt,[92] zu der auch das Lohngleichheitsgebot des Art. 141 EG zählt.[93] Gleiches gilt für mittelbar diskriminierende Maßnahmen des Arbeitgebers durch gegen den Lohngleichheitsgrundsatz verstoßendes arbeitsvertragliches Entgelt gemäß § 612 Abs. 3 BGB i.V.m. § 134 BGB.[94] Nach der Rechtsprechung des BAG ergibt sich der zu gewährende Anspruch aus § 612 Abs. 2 BGB, der sich nach der üblichen Vergütung richtet, bei Tarifverträgen nach der dort üblichen.[95] Ob dieser Umweg notwendig ist, erscheint indes fraglich, weil sich die Unwirksamkeit allein auf die benachteiligende Regelung bezieht und die Anspruchsgrundlage die der höheren Vergütung ist, die von der Unwirksamkeit unberührt bleibt, solange sie der Arbeitgeber nicht beseitigt.[96] Der Arbeitgeber kann sich hierbei nicht auf sein Vertrauen auf die angebliche Rechtmäßigkeit eines Gesetzes oder eines Tarifvertrags berufen.[97]

---

[87] Zutreffend weist *C. Hartmann*, 1994, S. 280f., darauf hin, daß so alle Bedenken an einer unmittelbaren Wirkung des Art. 141 EG entgegen den europäischen Vorgaben automatisch entfallen.
[88] ErfK/Müller-Glöge, § 4 TzBfG, Rdn. 73f.; zu § 2 BeschFG a.F. vgl. BAG, Urteil v. 15.12.1998, NZA 1999, S. 882.
[89] ErfK/Müller-Glöge, § 4 TzBfG, Rdn. 75.
[90] BAG, Urteil v. 14.10.1986, AP Nr. 11 zu Art. 119 = BB 1987, S. 829 (832); bestätigt durch BAG, Urteil v. 14.3.1989, BB 1989, S. 2115 (2116); BAG, Urteil v. 20.11.1990, SAE 1992, S. 89 (93); BAG, Urteil v. 15.12.1998, NZA 1999, S. 882; einschränkend aber noch BAG, AP 136 zu Art 3; dazu *G. Wisskirchen*, 1994, S. 128; kritisch bereits *N. Colneric*, BB 1988, S. 968 (969).
[91] BAG, Urteil v. 14.10.1986, BB 1987, S. 829 (832).
[92] St. Rspr. BAG, AP Nr. 1 zu § 1 BetrVG Gleichberechtigung, BAG, AP Nr. 11 zu § 611 BGB Anwesenheitsprämie.
[93] BAG, Urteil v. 14.3.1989, BB 1989, S. 2115 (2116); BAG, Urteil v. 20.11.1990, SAE 1992, S. 89 (93).
[94] BAG, AP Nr. 11 zu Art. 119 EWG-Vertrag; BAG, AP Nr. 7 zu § 1 BetrAVG Gleichberechtigung.
[95] BAG, Urteil v. 25.1.1989, AP Nr. 2 zu § 2 BeschFG; BAG, Urteil v. 26.9.1990, AP Nr. 9 zu § 2 BeschFG; *H. Pfarr/K. Bertelsmann*, 1985, Rdn. 128.
[96] MünchArbR/*Schüren*, § 157, Rdn. 88; Soegel/*Raab*, § 612, Rdn. 82.
[97] *H. Pfarr/K. Bertelsmann*, 1989, S. 128.

b) Rechtsfolgen für die Vergangenheit – Die Rechtsprechung des EuGH zum Ausschluß Teilzeitbeschäftigter von der betrieblichen Altersversorgung

Die Reichweite der Rechtsfolgen eines Verstoßes gegen das Verbot der mittelbaren Diskriminierung für die Vergangenheit wurde in der Betriebsrentenrechtsprechung des EuGH konkretisiert. Bereits in der Entscheidung *Bilka*[98]vom 13. Mai 1986 hatte der EuGH festgestellt, daß der Ausschluß Teilzeitbeschäftigter aus der betrieblichen Altersversorgung einen Verstoß gegen das Verbot der mittelbaren Diskriminierung wegen des Geschlechts gemäß Art. 119 EGV a.F. darstellt, woraufhin der Dritte Senat des BAG in der Folgeentscheidung zu *Bilka* vom 14. Oktober 1986[99] die entsprechende Bestimmung der Versorgungsordnung des beklagten Unternehmens gemäß § 134 BGB für nichtig erklärte und den von dieser ausgeschlossenen Teilzeitbeschäftigten im Wege der „Anpassung nach oben" einen rückwirkenden Anspruch auf das ihnen bis dahin vorenthaltene Entgelt zusprach. Auf die hiergegen erhobene Verfassungsbeschwerde hieß es in dem Beschluß des BVerfG vom 28. September 1992,[100] daß der rückwirkende Anschluß der teilzeitbeschäftigten Arbeitnehmer an das Betriebsrentensystem die Beschwerdeführerin nicht in ihrer wirtschaftlichen Betätigungsfreiheit gemäß Art. 2 Abs. 1 GG oder ihrem rechtsstaatlich verankerten Anspruch auf Vertrauensschutz nach Art. 20 Abs. 3 GG verletze. Seit diesen Entscheidungen wurde der EuGH - zuletzt in den Verfahren zum Ausschluß Teilzeitbeschäftigter von der Versorgungsordnung der ehemaligen Deutsche Bundespost[101] - aufgrund der weitreichenden finanziellen Auswirkungen für die betroffenen Unternehmen zunehmend mit der Frage der Begrenzung der Rückwirkung von Entgeltansprüchen im Rahmen von Betriebsrentensystemen konfrontiert und hat hierzu eine differenzierte Rechtsprechung entwickelt, über deren Tragweite und Bedeutung für das nationale Recht, insbesondere Art. 3 GG, weiterhin Unklarheit herrscht.

aa) Rückwirkungsverbot

Grundsätzlich können im Rahmen des gemeinschaftsrechtlichen Entgeltgrundsatzes sowie des Art. 3 Abs. 1 bzw. Abs. 2 GG die Grundsätze der Rechtssicherheit und des Vertrauensschutzes einer rückwirkenden Gewährung von Ansprüchen entgegenstehen.[102] Für das nationale Recht hat das BVerfG mehrfach bestätigt, daß es sich hierbei nicht um rückwirkende Regelungen der Gesetzgebung handelt, sondern um richterliche Rechtsfortbildung, in deren Rahmen die Rechtsprechung, anders als der Gesetzgeber, nicht den strengen Anforderungen an das Rückwirkungsverbot unterworfen ist.[103] Nach der Rechtsprechung des EuGH ziehen allgemeine Rechtsgrundsätze wie „zwingende Erwägungen

[98] EuGH, Urteil v. 13.5.1986, Rs. 170/84 (Bilka), Slg. 1986, 1607; dazu bereits oben Kapitel 4, II. 2.

[99] BAG, Urteil v. 14.10.1986, 3 AZR 66/83, NZA 1987, S. 445; bestätigt durch BAG, Urteil v. 14.3.1989, BB 1989, S. 2115.

[100] BVerfG, Beschluß v. 28.9.1992, NZA 1993, S. 213.

[101] EuGH, Urteile v. 10.2.2000, Rs. C-50/96 (Schröder), Slg. 2000, I-743; verb. Rs. C-234, 235/96 (Vick/Conze), Slg. 2000, I-799; verb. Rs. C-270, 271/97 (Sievers/Schrage), Slg. 2000, I-929.

[102] Hierbei handelt es sich, in Anlehnung and die Grundsätze zur Rückwirkung von Gesetzen, nicht um eine unzulässige „echte Rückwirkung" (auch „Rückbewirkung von Rechtsfolgen"), sondern eine grundsätzlich zulässige „unechte Rückwirkung", d.h. „tatbestandliche Rückanknüpfung", die auch bei Gesetzen unter Umständen zulässig sein kann. BVerfGE 72, 200, 242ff.; 63, 152, 175; 72, 141, 154; *Jarass*/Pieroth, GG, Art. 20, Rdn. 67ff.

[103] Vgl. z.B. BVerfGE 18, 224, 240; ebenso BAG, Urteil v. 20.11.1990, SAE 1992, S. 89 (94), zu IV 2 a der Gründe.

der Rechtssicherheit"[104] [dazu im Anschluß (a)] oder des gemeinschaftsrechtlich bzw. verfassungsrechtlich gemäß Art. 20 Abs. 3 GG gewährleisteten Vertrauensschutzes, in dessen Rahmen die Grundsätze der Verhältnismäßigkeit zu beachten sind, der richterlichen Rechtsfortbildung Grenzen [dazu im Anschluß (b)].

(a) Rechtssicherheit

Hinsichtlich einer möglichen zeitlichen Beschränkung einer rückwirkenden Anwendung des Grundsatzes der „Anpassung nach oben" geht der EuGH seit der Rechtssache *Defrenne II* vom 8. April 1976 in ständiger Rechtsprechung davon aus, daß „aus zwingenden Erwägungen der Rechtssicherheit, die sich aus der Gesamtheit der beteiligten öffentlichen und privaten Interessen ergeben, auf die unmittelbare Geltung von Art. 119 EGV keine Ansprüche gestützt werden können, die vor dem Tag der Verkündung des Urteils, dem 8. April 1976, liegende Lohn- und Gehaltsperioden betreffen, soweit nicht Arbeitnehmer bereits Klage erhoben oder einen entsprechenden Rechtsbehelf eingelegt haben."[105]
Diese Begrenzung der Rückwirkung ist vor dem Hintergrund der nachfolgend dargestellten extensiven Auslegung des Art. 141 EG durch den EuGH sowie dessen strikter Forderung der „Anpassung nach oben" zu würdigen.

(aa) Erweiterung des Entgeltbegriffs des Art. 141 EG auf Betriebsrentensysteme

Unter „Entgelt" im Sinne des Art. 141 Abs. 2 EG „sind die üblichen Grund- oder Mindestlöhne und -gehälter sowie alle sonstigen Vergünstigungen zu verstehen, die der Arbeitgeber aufgrund des Dienstverhältnisses dem Arbeitnehmer mittelbar oder unmittelbar in bar oder Sachleistungen zahlt." Seit den Urteilen des EuGH in den Rechtssachen *Bilka* vom 13. Mai 1986[106] und *Barber* vom 17. Mai 1990[107] hat der Gerichtshof den Anwendungsbereich des Art. 141 EG kontinuierlich ausgeweitet und auf den Bereich der sozialen Sicherheit erstreckt. Anders als in der Rechtssache *Defrenne I*,[108] in der es hieß, daß Leistungen gesetzlicher Sozialversicherungssysteme nach der Richtlinie 79/9/EWG kein Entgelt im Sinne des Art. 141 EG sind, weil sie nicht im Rahmen des Dienstverhältnisses gezahlt werden, fallen Leistungen aus betrieblichen Rentenversicherungen gemäß der Richtlinie 86/378/EWG, wie der Gerichtshof zuletzt in seinen Urteilen vom 10. Februar 2000 in den Verfahren zum Ausschluß Teilzeitbeschäftigter aus der betrieblichen Altersversorgung der Deutschen Post AG und Telekom AG betonte,[109] unter den Entgeltbegriff.[110] Diese werden aufgrund eines betrieblichen Versicherungssystems gewährt, sind integraler Bestandteil des Arbeitsvertrages, weil sie vom Arbeitgeber finanziert werden, sind gesetzlich nicht direkt geregelt, beziehen sich nicht zwangsläufig auf bestimmte Ka-

---

[104] EuGH, Urteil v. 8.4.1976, Rs. 43/75 (Defrenne II), Slg. 1976, 455, Rdn. 74f.; vgl. auch EuGH, Urteil v. 10.2.2000, verb. Rs. C-270, 271/97 (Sievers/Schrage), Slg. 2000, I-929, Rdn. 35.
[105] Ebenda.
[106] Vgl. oben Fn. 98.
[107] EuGH, Urteil v. 17.5.1990, Rs. C-262/88 (Barber), Slg. 1990, I-1883, Rdn. 28.
[108] EuGH, Urteil v. 25.5.1971, Rs. 80/70 (Defrenne I), Slg. 1971, 445, Rdn. 22ff.
[109] EuGH, Urteile v. 10.2.2000, Rs. C-50/96 (Schröder), Slg. 2000, I-743, Rdn. 27; verb. Rs. C-234, 235/96 (Vick/Conze), Slg. 2000, I-799, Rdn. 32; verb. Rs. C-270, 271/97 (Sievers/Schrage), Slg. 2000, I-929, Rdn. 34.
[110] So bereits EuGH, Urteil v. 17.2.1993, Rs. C-173/91 (Kommission/Belgien), Slg. 1993, I-673, Rdn. 17 und 20; EuGH, Urteil v. 28.9.1994, Rs. C-7/93 (Beune), Slg. 1994, I-4471, Rdn. 46.

tegorien von Arbeitnehmern und sind nach eigenen Regeln organisiert, auch wenn sie anstelle einer gesetzlichen Rente zu zahlen sind.[111]

(bb) *Barber*-Urteil und –Protokoll

Diese weitreichende Rechtsprechung wurde in der Rechtssache *Barber*,[112] in der es um das unterschiedliche Zugangsalter von Männern und Frauen bei betrieblichen Rentensystemen ging, wieder eingeschränkt. Trotz der Unvereinbarkeit mit Art. 141 EG verneinte der EuGH hier im Hinblick auf die Richtlinie 86/378 eine rückwirkende Anrechnung der Beschäftigungszeiten mit Rücksicht auf das finanzielle Gleichgewicht betrieblicher Altersrentensysteme. Die Wirkung des Urteils wurde daher auf den 17. Mai 1990, den Tag seines Erlasses, beschränkt, um den in *Defrenne II* benannten „zwingenden Erwägungen der Rechtssicherheit"[113] Rechnung zu tragen. Eine Ausnahme sei nur für den Fall zu machen, in dem der Arbeitnehmer bereits Klage erhoben oder einen entsprechenden Rechtsbehelf eingelegt habe.[114] In den Rechtssachen *Coloroll* und *Smith* vom 28. September 1994[115] bestätigte der EuGH die Beschränkung der Rechtsfolgen auf die Zeit ab Erlaß des *Barber*-Urteils, stellte aber zugleich fest, daß für diesen Zeitraum nur eine „Anpassung nach oben" in Betracht komme. Eine Verschlechterung der Situation der Anspruchsteller wäre nicht gerechtfertigt, weil der Zeitraum ab dem 17. Mai 1990 ohnehin relativ kurz und die finanziellen Konsequenzen daher nicht so gravierend seien. Anders sei eine „Anpassung nach unten" für die davor liegende Zeit hinsichtlich der Regelungen des Rentenalters möglich, weil Diskriminierungen bis zum 17. Mai 1990 gemäß *Barber*-Urteil und -Protokoll[116] zulässig sind. Nach dem *Barber*-Protokoll sind Leistungen privater Betriebsrentensysteme im Gegensatz zur Rechtsprechung des EuGH kein Entgelt im Sinne des

[111] EuGH, Urteil v. 13.5.1986, Rs. 170/84 (Bilka), Slg. 1986, 1607, Rdn. 21f.; EuGH, Urteil v. 28.9.1994, Rs. C-200/91 (Coloroll), Slg. 1994, I-4389. In EuGH, Urteil v. 6.10.1993, Rs. C-109/91 (Ten Oever), Slg. 1993, I-4879, Rdn. 9ff., hieß es im Umkehrschluß, daß ein „Entgelt" dann nicht vorliege, wenn im Rahmen von Sozialversicherungs- oder Rentensystemen Leistungen direkt gesetzlich ohne Vereinbarungen geregelt werden und zwingend auf allgemeine Kategorien von Arbeitnehmern Anwendung finden. So allerdings auch ganz h.M. (sog. Entgelttheorie), vgl. *H.-D. Steinmeyer*, 1991, S. 58ff. m.w.N.; *D. v. Stebut*, SAE 1992, S. 89 (96).

[112] EuGH, Urteil v. 17.5.1990, Rs. C-262/88 (Barber), Slg. 1990, I-1883.

[113] Dazu oben zu Fn. 104.

[114] EuGH, Urteil v. 17.5.1990, Rs. C-262/88 (Barber), Slg. 1990, I-1883, Rdn. 45.

[115] EuGH, Urteil v. 28.9.1994, Rs. C-200/91 (Coloroll), Slg. 1994, I-4389; EuGH, Urteil v. 28.9.1994, Rs. C-408/92 (Smith), Slg. 1993, I-4435, Rdn. 37ff.; vgl. auch EuGH, Urteil v. 28.9.1994, Rs. C-28/93 (Akker), Slg. 1994, I-4527.

[116] Das Protokoll Nr. 2 zu Art. 119 EGV des Vertrags zur Gründung der Europäischen Gemeinschaft, nun Protokoll Nr. 17 zu Art. 141 EG (Barber-Protokoll), ist nach Art. 311 EG Bestandteil des EG-Vertrags. Das Protokoll wurde unverändert in die sog. „Nach-Barber-Richtlinie" 96/97/EG (ABl. Nr. L 46/20 v. 20.12.1996 zur Änderung der Richtlinie 86/378/EWG) aufgenommen, in deren Art. 2 Abs. 1 es heißt, daß alle Leistungen für Beschäftigungszeiten ab dem 17.5.1990 von Umsetzungsmaßnahmen der Richtlinie abgedeckt sein müssen, „es sei denn, der Arbeitnehmer hat vor diesem Zeitpunkt nach dem anwendbaren innerstaatlichen Recht Klage erhoben oder einen entsprechenden Rechtsbehelf eingelegt. In diesem Fall müssen die Umsetzungsmaßnahmen rückwirkend bis zum 8.April 1976 angewandt werden und alle Leistungen abdecken, welche die für Beschäftigungszeiten nach diesem Zeitpunkt gewährt werden."

Art. 141 EG, sofern sie auf Beschäftigungszeiten vor dem 17. Mai 1990 zurückgeführt werden können.[117]
Trotz des Augenmerks des EuGH auf den Grundsatz der Rechtssicherheit können *Barber*-Urteil und -Protokoll als Folge des großen Protestes der Mitgliedstaaten und der betroffenen Unternehmen gegen die extremen Auswirkungen auf das finanzielle Gleichgewicht staatlicher oder betrieblicher Rentensysteme verstanden werden, wie dies auch von der britischen Regierung im Verfahren der Rechtssache *Barber* vorgetragen wurde.[118] Als weitere Gründe für die Beschränkung der „Anpassung nach oben" kommen die Unmöglichkeit der Rückforderung bereits gewährter Leistungen und die Anerkennung des Vertrauensschutzes in Betracht, nach dem der Arbeitgeber spätestens seit Erlaß des *Barber*-Urteil um seine Pflicht zur Gleichbehandlung wissen und sich somit daran festhalten lassen muß.

(cc) Rechtssache *Bilka* - Einschränkung der *Barber*-Grundsätze

Für einen für Teilzeitbeschäftigte bedeutenden Bereich hat der EuGH die Geltung der *Barber*-Grundsätze ausgeschlossen und eine weiterreichende Rückwirkung zugelassen. In der Rechtssache *Bilka*,[119] in der es anders als in *Barber* nicht um das unterschiedliche Rentenzugangsalter, sondern um den Anspruch Teilzeitbeschäftigter auf *Anschluß* an ein Betriebsrentensystem ging, hieß es, dem Arbeitgeber käme kein Vertrauensschutz bei einer über den 17. Mai 1990 hinausgehenden rückwirkenden Rechtsfolge zu.
Dem steht - auch nach der vom BVerfG im Beschluß vom 5. August 1998 zum Ausschluß Teilzeitbeschäftigter von Versorgungsordnung der ehemaligen Deutschen Post[120] vertretenen Auffassung - das *Barber*-Protokoll mit der Beschränkung der Rückwirkung auf Zeiten nachdem 17. Mai 1990 nicht entgegen.[121] Der EuGH bestätigte in mehreren Entscheidungen die Unabhängigkeit seiner Rechtsprechung von diesem Protokoll, in denen er hierauf keinen Bezug nahm, sondern lediglich auf das *Barber*-Urteil verwies.[122] Unter anderem in der Entscheidung *Vroege* hat der EuGH bekräftigt, daß die Feststellung eines Rückwirkungsverbots einzelfallbezogen allein für den konkret zu entscheidenden Fall Geltung beansprucht,[123] was gleichfalls für das *Barber*-Protokoll gilt, welches lediglich die Altersgrenzen in Betriebsrentensystemen, nicht aber den Ausschluß von denselben erfaßt.[124] So geht bereits aus der später vielfach bestätigten Rechtssache *Vroege* hervor, daß die zeitliche Beschränkung im Sinne des *Barber*-Protokolls „nur die Formen der Diskriminierung betrifft, welche die Arbeitgeber und Rentensysteme aufgrund der *vorübergehenden Ausnahmeregelungen, die das auf Betriebsrentensysteme anwendbare Gemeinschaftsrecht vorsieht*, ver-

---

[117] Diese Umdeutung wurde zum Teil als „spektakuläre Korrektur eines zweifelhaften Urteils" und lediglich „Symptombekämpfung" heftig kritisiert; so *G. Griebeling*, RdA 1992, S. 373 (378); *C. Hartmann*, 1994, S. 288 mit Fn. 85.
[118] Die britische Pensions Industry rechnete mit finanziellen Konsequenzen i.H.v. 50 Millionen Pfund. Vgl. hierzu *S. Fredman*, 1997, S. 358, 362f.
[119] Vgl. oben Fn. 98.
[120] BVerfG, Beschluß v. 5.8.1998, EuGRZ 1998, S. 537 (539).
[121] Vgl. auch *D. Curtin*, (1992) 29 CMLRev. 17 (51); *T. K. Hervey*, 1994, S. 329ff.
[122] EuGH, Urteil v. 28.9.1994, Rs. 128/93 (Fisscher), Slg. 1994, I-4583; EuGH, Urteil v. 28.9.1994, Rs. C-262/92 (Vroege), Slg. 1994, I-4541, Rdn. 31; EuGH, Urteil v. 28.9.1994, Rs. C-7/93 (Beune), Slg. 1994, I-4471; anders nur EuGH, Urteil v. 6.10.1993, Rs. C 109/91 (Ten Oever), Slg. 1993, I-4879, Rdn. 19.
[123] EuGH, Urteil v. 28.9.1994, Rs. C-262/92 (Vroege), Slg. 1994, I-4541, Rdn. 31.
[124] Vgl. EuGH, Urteil v. 11.12.1997, Rs. C-246/96 (Magorrian/Cunningham), Slg. 1997, I-7153, Rdn. 27ff.

nünftigerweise als zulässig ansehen konnten."[125] Der EuGH erklärte zwar nicht, welche Ausnahmeregelungen er meinte. Richtig stellte das BVerfG in dem oben genannten Beschluß vom 5. August 1998 jedoch fest, daß sich dies insbesondere auf die Ausnahmebestimmung des Art. 9 der dem *Barber*-Urteil zugrunde liegenden Richtlinie 86/378/EWG zur Festsetzung des Rentenalters und der Hinterbliebenenrente bezieht, die aber keine Aussage über den Fall des Ausschlusses Teilzeitbeschäftigter von einem System der betrieblichen Altersversorgung wie in der Rechtssache *Bilka* trifft.[126] Aus eben diesem Grund hat der EuGH in den nachfolgenden Entscheidungen[127] die in *Barber* postulierte zeitliche Beschränkung der Rückwirkung gerade nicht auf für den zuletzt genannten Fall übertragen und festgestellt, daß es mangels gemeinschaftsrechtlich vorgesehener „vorübergehender Ausnahmeregelungen" keinen Anhaltspunkt dafür gebe, daß sich die betroffenen Verkehrskreise über die Anwendbarkeit von Art. 119 EGV a.F. irren konnten. Dies sei seit Erlaß des *Bilka*-Urteils vom 13. Mai 1986 klar, dessen Wirkung er nicht beschränkt habe, so daß die betroffenen Unternehmen Diskriminierungen Teilzeitbeschäftigter durch ihre Betriebsrentensysteme seit der Feststellung der unmittelbaren Wirkung des Art. 141 EG am 8. April 1978 in *Defrenne II* nicht mehr „vernünftigerweise als zulässig ansehen konnten".[128] Hinzu kommt, daß die Richtlinie 86/378/EWG am 12. August 1986 erlassen wurde, so daß jene für die frühere Rechtssache *Bilka* schon keinen Vertrauenstatbestand mehr schaffen konnte.[129] Daher ist im Fall des Anspruchs Teilzeitbeschäftigter auf Anschluß an ein Betriebsrentensystem mit der zuletzt in der Entscheidung *Sievers/Schrage*[130] vom 10. Februar 2000 bestätigten Rechtsprechung des EuGH[131] auf gemeinschaftsrechtlicher Ebene von einer generellen Rückwirkung bis zum 8. April 1976 auszugehen.

(b) Vertrauensschutz

(aa) Rechtsprechung des EuGH

Nach ständiger Rechtsprechung des EuGH[132] besteht – wie festgestellt - im Rahmen des oben Dargestellten kein Vertrauensschutz aus allgemeinen Rechtsgrundsätzen, weil die betroffenen Unternehmen seit der Rechtssache *Bilka* über die Anwendbarkeit des Ent-

---

125 EuGH, Urteil v. 28.9.1994, Rs. C-262/92 (Vroege), Slg. 1994, I-4541, Rdn. 20ff., Kursiv hinzugefügt; vgl. auch EuGH, Urteil v. 28.9.1994, Rs. 128/93 (Fisscher), Slg. 1994, I-4583, Rdn. 17ff.; EuGH, Urteil v. 24.10.1996, Rs. C-435/93 (Dietz), Slg. 1996, I-5223, Rdn. 19; EuGH, Urteil v. 11.12.1997, Rs. C-246/96 (Magorrian/Cunningham), Slg. 1997, I-7153, Rdn. 27-35; EuGH, Urteile v. 10.2.2000, Rs. C-50/96 (Schröder), Slg. 2000, I-743, Rdn. 35; verb. Rs. C-270, 271/97 (Sievers/Schrage), Slg. 2000, I-929, Rdn. 39. Kritisch *B. Fitzpatrick*, (1994) 23 ILJ 155ff.; *E. Cassell*, (1997) 26 ILJ 269ff.

126 Vgl. oben Fn. 120. Auch die zweite in Betracht kommende Ausnahmeregelung des Art. 8 Abs. 1 der Richtlinie 86/378/EWG, die eine Aussage über eine zeitliche Beschränkung trifft, ist im Fall des Anspruchs auf Anschluß an ein Betriebsrentensystem nicht einschlägig.

127 Vgl. oben Fn. 125.

128 Vgl. oben Fn. 125.

129 Kritisch auch *P. Hanau*, SEA 1992, S. 262f.; *J. Sievers*, 1996, S. 161.

130 EuGH, Urteil v. 10.2.2000, verb. Rs. C-270, 271/97 (Sievers/Schrage), Slg. 2000, I-929, Rdn. 42.

131 EuGH, Urteil v. 28.9.1994, Rs. C-262/92 (Vroege), Slg. 1994, I-4541; EuGH, v. 24.10.1996, Rs. C-435/93 (Dietz), Slg. 1996, I-5223, Rdn. 21; EuGH, Urteil v. 11.12.1997, Rs. C-246/96 (Magorrian/Cunningham), Slg. 1997, I-7153, Rdn. 30.

132 EuGH, Urteil v. 11.12.1997, Rs. C-246/96 (Magorrian/Cunningham), Slg. 1997, I-7153, Rdn. 28; EuGH, Urteile v. 10.2.2000, Rs. C-50/96 (Schröder), Slg. 2000, I-743, Rdn. 36; verb. Rs. C-234, 235/96 (Vick/Conze), Slg. 2000, I-799, Rdn. 38; verb. Rs. C-270, 271/97 (Sievers/Schrage), Slg. 2000, I-929, Rdn. 40.

geltgrundsatzes auf den Ausschluß Teilzeitbeschäftigter von den betrieblichen Systemen der sozialen Sicherheit nicht haben irren können.[133] Im übrigen hat der Gerichtshof in den Rechtssachen *Dietz*[134] und *Magorrian/Cunningham*[135] ausgeführt, „daß der Anschluß an ein Betriebsrentensystem für den Arbeitnehmer völlig bedeutungslos wäre, wenn er ihm keinen Anspruch auf Gewährung der Leistungen aufgrund dieses Systems verschaffen würde."[136]

In den Verfahren vom 10. Februar 2000 vor dem EuGH gegen das früher einheitliche Unternehmen der Deutschen Bundespost Telekom zum einen und den aus diesem hervorgegangenen Unternehmen der Deutschen Telekom AG und der Deutschen Post AG zum anderen[137] führten die beklagten Unternehmen an, daß die Nachversicherung und die Begründung von Ansprüchen für die Vergangenheit eine große wirtschaftliche Belastung mit sich brächten, die sie im Verhältnis zu gleichartigen Unternehmen anderer Mitgliedstaaten aufgrund der geschätzten zusätzlichen Kosten in Höhe von 40 bis 50 Millionen DM weniger wettbewerbsfähig mache.[138] Dies stehe im Widerspruch zum Grundsatz der gleichen Wettbewerbsbedingungen und der nicht nur sozialen, sondern auch wirtschaftlichen Zielsetzung des Art. 141 EG. Nach zutreffender Ansicht des Generalanwalts *Cosmas* betrifft der wirtschaftliche Aspekt hingegen allein die praktischen Auswirkungen der Umsetzung des Grundsatzes des gleichen Entgelts und sei angesichts der Möglichkeit eines anderweitigen Ausgleichs nicht als bedeutsam einzuschätzen.[139] Der EuGH führte hierzu unter Verweis auf seine Rechtsprechung, insbesondere in der Rechtssache *Defrenne III*,[140] aus, „daß das Recht, nicht aufgrund des Geschlechts diskriminiert zu werden, eines der Grundrechte darstellt, deren Einhaltung er zu sichern hat (...). Im Lichte dieser Rechtsprechung hat der wirtschaftliche Zweck des Artikels 119 des Vertrags, der darin besteht, Wettbewerbsverzerrungen zwischen den in verschiedenen Mitgliedstaaten niedergelassenen Unternehmen zu beseitigen, gegenüber dem sozialen Ziel dieser Vorschrift, das Ausdruck eines Grundrechts ist, nachgeordnete Bedeutung."[141] Zudem hat der EuGH bereits in *Defrenne II* klargestellt, daß die Tatsache, daß andere Mitgliedstaaten nicht wie die Bundesrepublik Art. 141 EG umgesetzt haben, unerheblich ist. „Diese Bestimmung darf in ihrer Wirksamkeit nicht dadurch beeinträchtigt werden, daß einige Mitgliedstaaten die ihnen vom Vertrag auferlegte Verpflichtung nicht erfüllt haben und daß die Gemein-

---

[133] Vgl. oben zu Fn. 125.

[134] EuGH, v. 24.10.1996, Rs. C-435/93 (Dietz), Slg. 1996, I-5223, Rdn. 23.

[135] EuGH, Urteil v. 11.12.1997, Rs. C-246/96 (Magorrian/Cunningham), Slg. 1997, I-7153, Rdn. 33.

[136] Ebenso EuGH, Urteil v. 10.2.2000, Rs. C-50/96 (Schröder), Slg. 2000, I-743, Rdn. 39.

[137] EuGH, Urteile v. 10.2.2000, Rs. C-50/96 (Schröder), Slg. 2000, I-743; verb. Rs. C-234, 235/96 (Vick/Conze), Slg. 2000, I-799; verb. Rs. C-270, 271/97 (Sievers/Schrage), Slg. 2000, I-929. Hierbei ging es um den Ausschluß Teilzeitbeschäftigter aus der betrieblichen Altersversorgung gemäß § 24 des Tarifvertrags für Arbeiter der Deutschen Bundespost. Dieser sah vor, daß Arbeiter der genannten Unternehmen bei der Versorgungsanstalt der Deutschen Bundespost (VAP) nach Maßgabe des betreffenden Versorgungstarifvertrags zu versichern sind. Dieser legte in der bis zum 31. Dezember 1987 geltenden Fassung des § 3b als Voraussetzung für einen Anspruch mindestens die Hälfte der regelmäßigen Wochenarbeitszeit Vollzeitbeschäftigter und ab dem 1. Januar 1988 (rückwirkende Änderung des § 3 des Versorgungstarifvertrags durch den Tarifvertrag Nr. 394 vom 6.12.1989) eine durchschnittliche Wochenarbeitszeit von mindestens 18 Stunden fest. Durch erneute Änderung wurden nach § 8 Abs. 1 SGB IV geringfügig Beschäftigte von der Versicherung der VAP vollständig ausgeschlossen.

[138] Vgl. Schlußanträge des Generalanwalts *Cosmas* v. 8.10.1998, verb. Rs. C-50/96 (Schröder), Rs. C-234, 235/96 (Vick/Conze), Rs. C-270, 271/97 (Sievers/Schrage), Rdn. 72f.

[139] Schlußanträge des Generalanwalts *Cosmas* v. 8.10.1998, verb. Rs. C- 50/96 (Schröder), Rs. C-234, 235/96 (Vick/Conze), Rs. C-270, 271/97 (Sievers/Schrage); Rdn. 75.

[140] EuGH, Urteil v. 15.6.1978, Rs. 149/77 (Defrenne III), Slg. 1978, 1356, Rdn. 26f.

[141] EuGH, Urteil v. 10.2.2000, Rs. C-50/96 (Schröder), Slg. 2000, I-743, Rdn. 56f.

schaftsorgane gegen diese Untätigkeit nicht mit der erforderlichen Schärfe eingeschritten sind. Wollte man das Gegenteil annehmen, so würde man Gefahr laufen, die Rechtsverletzung zur Auslegungsregel zu erheben, was der Gerichtshof nicht tun könnte, ohne sich der ihm von Art. 164 des Vertrages zugewiesenen Aufgabe in Widerspruch zu setzen."[142] Somit besteht nach Gemeinschaftsrecht ein rückwirkender Anspruch Teilzeitbeschäftigter auf Anschluß an betriebliche Rentensysteme bis zum 8. April 1978 und, weil hiermit die rückwirkende Gewährung von Leistungen unmittelbar verbunden ist, ebenso ein Anspruch auf rückwirkende Zahlung. Hierbei können sich Teilzeitbeschäftigte allerdings nicht der Verpflichtung entziehen, nachträglich Beiträge zu leisten. Dies sei Ausfluß des Gebots der Gleichbehandlung, weil sie sonst begünstigt würden.[143] Diese Feststellung ist zwar im Hinblick auf den Gleichberechtigungsgrundsatz konsequent, wird aber in der Praxis als eine funktionelle Barriere für teilzeitbeschäftigte Frauen fungieren, weil es unwahrscheinlich ist, daß der Mehrheit von ihnen die Mittel für rückwirkende Beitragszahlungen zur Verfügung stehen.[144]

(bb) Rechtsprechung des BVerfG und des Dritten Senats des BAG

Nach der vom BVerfG zuletzt in den Verfahren zum Ausschluß Teilzeitbeschäftigter von der Versorgungsordnung der ehemaligen Deutschen Post bestätigten Rechtsprechung des Dritten Senats des BAG[145] besteht auch nach nationalem Recht im Hinblick auf das Rechtsstaatsgebot des Art. 20 Abs. 3 GG kein Vertrauensschutz, welcher einer rückwirkenden Gewährung von Entgeltansprüchen entgegen stehen könne. Zwar hat das BVerfG noch in seiner Entscheidung vom 14. Januar 1987[146] ausgeführt, daß im Falle der Auslegung offener Rechtsbegriffe in einem Gesetz oder der Rechtsfortbildung der Richter dem Rechtsstaatsprinzip Rechnung tragen müsse. Dieser Grundsatz bedürfe aber der Konkretisierung im Einzelfall. In der späteren Entscheidung über die Verfassungsbeschwerde gegen das Urteil BAG in der Rechtssache *Bilka* vom 28. September 1992[147] hat das BVerfG hingegen offengelassen, inwieweit hierdurch überhaupt ein Vertrauenstatbestand geschaffen werden könne, der bei einer Rechtsprechungsänderung zu berücksichtigen wäre. In der Entscheidung über die Verfassungsbeschwerde gegen die Urteile des BAG in den Verfahren der ehemaligen Deutschen Bundespost vom 19. Mai 1999[148] bestätigte das BVerfG hingegen die Verfassungsmäßigkeit der Rechtsprechung des Dritten Senats des BAG vom 7. März 1995,[149] in denen das BAG es im Ergebnis dahin stehen ließ, ob im Bereich der Rechtsanwendung überhaupt ein Vertrauenstatbestand geschaffen werden könne. Jedenfalls könne sich das jeweils beklagte Unternehmen im Rahmen der an dieser Stelle vorzunehmenden Abwägung der betroffenen Rechtsgüter im Wege der Verhältnismäßigkeitsprüfung nicht auf ein Vertrauen von solchem Gewicht berufen, der

142 EuGH, Urteil v. 8.4.1976, Rs. 43/75 (Defrenne II), Slg. 1976, 455, Rdn. 33f.

143 EuGH, Urteil v. 24.10.1996, Rs. C-435/93 (Dietz), Slg. 1996, I-5223, Rdn. 23; EuGH, Urteil v. 11.12.1997, Rs. C-246/96 (Magorrian/Cunningham), Slg. 1997, I-7153, Rdn. 33; EuGH, Urteile v. 10.2.2000, Rs. C-50/96 (Schröder), Slg. 2000, I-743, Rdn. 39; verb. Rs. C-234, 235/96 (Vick/Conze), Slg. 2000, I-799, Rdn. 41; verb. Rs. C-270, 271/97 (Sievers/Schrage), Slg. 2000, I-929, Rdn. 43.

144 Kritisch auch *S. Fredman*, 1997, S. 359.

145 BAG, Urteile v. 7.3.1995, 3 AZR 282/94, 321/94, 583/94, 625/94; BAG, Urteil v. 16.1.1996, 3 AZR 767/94; BVerfG, Beschluß v. 5.8.1999, 1 BvR 264/98; BVerfG, Beschluß v. 19.5.1999, 1 BvR 263/98.

146 BVerfGE 74, 129, 152 = AP Nr. 11 zu § 1 BetrAVG Unterstützungskassen.

147 BVerfG, Beschluß v. 28.9.1992, NZA 1993, S. 213, zu II. 2. b) der Gründe; vgl. dazu oben zu Fn. 100.

148 BVerfG, Beschluß v. 19.5.1999, 1 BvR 263/98.

149 BAG, Urteile v. 7.3.1995, 3 AZR 583/94 und 625/94.

einen Verstoß gegen Art. 3 Abs. 1 GG rechtfertigen würde.[150] Unter Betonung der besonderen Bedeutung des Gleichheitssatzes als Grundbestandteil der verfassungsmäßigen Ordnung und als Ausdruck der materiellen Gerechtigkeit, welche eine rückwirkende Anwendung des Grundsatzes der „Anpassung nach oben“ im Bereich des Lohngleichheitsgebots erfordere, führte der Dritte Senat in seinem Urteil weiter aus: „Das Interesse der Beklagten, von zusätzlichen finanziellen Belastungen und Verwaltungsmehraufwand verschont zu bleiben, verdient keinen Vorrang gegenüber dem Interesse der benachteiligten Arbeitnehmer an der uneingeschränkten Beachtung des Gleichheitssatzes.“[151] Für letztere seien das Bestehen und der Umfang der Alterssicherung von „erheblicher wirtschaftlicher Bedeutung“, und die rückwirkende Anspruchsgewährung führe nicht zu einer wirtschaftlichen „Überforderung“ der Beklagten. Damit kommt es dem Dritten Senat des BAG nicht auf einen grundsätzlichen Vertrauensschutz der Unternehmen an, der einer rückwirkenden Gewährung von Ansprüchen entgehen stehen könne. Vielmehr habe eine Abwägung der widerstreitenden Interessen stattzufinden, in die einerseits die grundlegende Bedeutung des Gleichheitssatzes, andererseits aber auch die wirtschaftlichen Interessen des Unternehmens einzustellen sind. Der Grundsatz der Gleichbehandlung überwiegt dabei das Interesse an Vertrauensschutz der Arbeitgeber solange, wie eine Überforderung der beklagten Unternehmen nicht festzustellen ist, welche die Kosten anderweitig aus sonstigen Quellen wie dem Kapitalmarkt oder Rücklagen bzw. durch eine rückwirkende Versicherungspflicht decken könnten.[152] In früheren Entscheidungen stellte das BAG auf die Widerrufsmöglichkeit im Betriebsrentengesetz ab, welches Risiken für den Unternehmensbestand verhindern soll,[153] bzw. auf die bessere Einschätzungsfähigkeit des Arbeitgebers hinsichtlich der Unklarheiten der Rechtslage, so daß er das Risiko der Rechtsunsicherheit zu tragen habe.[154]

bb) Abweichung durch mitgliedstaatliche Verfahrensregelungen oder Rechtsprechung

Die Rechtsprechung des EuGH zur Begrenzung der Rückwirkung von Entgeltansprüchen bezieht sich allein auf das Gemeinschaftsrecht, trifft als solche jedoch keine Aussage über die Handhabung der Problematik nach nationalem Recht. Von Bedeutung im Zusammenhang mit der mittelbaren Diskriminierung Teilzeitbeschäftigter ist hier erstens die zeitliche Beschränkung bestehender rückwirkender Ansprüche durch nationale Verjährungs- bzw. Ausschlußfristen und sonstige Verfahrensregelungen [dazu im Anschluß (a)] und zweitens eine über die vom Gemeinschaftsrecht bis zum 8. April 1976 hinausgehende Rückwirkung nach nationalem Recht [dazu im Anschluß (b)]. Regelungen des gerichtlichen Verfahrens zur Gewährleistung des Gemeinschaftsrechts sind Sache der Mitglied-

---

[150] BAG, Urteil v. 7.3.1995, 3 AZR 282/94, zu IV. 2. e) der Gründe; bestätigt in BAG, Urteil v. 16.1.1996, 3 AZR 767/64; kritisch *A. Nicolai*, ZfA 1996, S. 481 (487ff.).

[151] BAG, Urteil v. 7.3.1995, 3 AZR 282/94, zu IV. 2. e) aa) der Gründe.

[152] Vgl. BAG, Urteil v. 28.2.1992, 3 AZR 173/92; BAG, Urteil v. 7.3.1995, 3 AZR 321/94; BAG, Urteil v. 16.1.1996, 3 AZR 767/94.

[153] BAG, Urteil v. 2.11.1990, SAE 1992, S. 89, zu IV. 2. A) der Gründe; kritisch *D. v. Stebut*, SAE 1992, S. 101.

[154] BAG, Urteil v. 14.10.1986, AP Nr. 11 zu Art. 119 EWG-Vertrag, zu III. 2. b) der Gründe; BAG, Urteil v. 2.11.1990, SAE 1992, S. 89, zu IV. 2. a) der Gründe.

staaten (Prinzip der nationalen Verfahrensautonomie).[155] Jedoch haben die Mitgliedstaaten, ohne zur Schaffung neuer Verfahrensregeln verpflichtet zu sein,[156] den Grundsatz der Gemeinschaftstreue aus Art. 10 EG zu beachten, nach dem die Anwendung mitgliedstaatlicher Verfahrensregelungen die Wirksamkeit und Geltendmachung unmittelbar geltenden Gemeinschaftsrechts inhaltlich nicht praktisch unmöglich machen oder wesentlich erschweren (Effizienzgebot) und nationale Sachverhalte nicht anders als gemeinschaftsrechtliche behandeln darf (Diskriminierungsverbot).[157] Im Fall der Verkürzung rückwirkender Ansprüche durch nationale Verjährungs- bzw. Ausschlußfristen steht das Recht auf autonome nationale Verfahrensgestaltung im Konflikt mit dem Prinzip der Gemeinschaftstreue. Durch erstere kann letzteres beschränkt werden, wenn Fristen tatsächlich die rückwirkende Gewährung der Ansprüche begrenzen. So sieht zum Beispiel der für bis zum 31. Dezember 2001 entstandene Ansprüche weiterhin anzuwendende § 196 Abs. 1 Nr. 8 und 9 BGB a.F.[158] vor, daß Ansprüche wegen des Gehalts, Lohnes oder anderer Dienstbezüge in 2 Jahren verjähren. Die neue, durch das am 1. Januar 2002 in Kraft getretene Schuldrechtsmodernisierungsgesetz[159]eingeführte Regelung der §§ 195, 199 Abs. 1 BGB bestimmt für nach dem 31. Dezember 2001 entstandene Entgeltansprüche die regelmäßige Verjährungsfrist von 3 Jahren. Anders zu beurteilen ist der zweite Fall, in dem nationale Regelungen eine über die vom Gemeinschaftsrecht bis zum 8. April 1976 hinausgehende Rückwirkung zulassen. So stellt die allgemeine Verjährungsfrist von 30 Jahren nach § 195 BGB a.F., die im Rahmen des Anspruchs auf Teilnahme an Versorgungssystemen zum Zuge kommt,[160] (noch) eine Erweiterung des gemeinschaftsrechtlichen Grundsatzes der Rückwirkung bis zum 8. April 1976 dar. Für nach dem 31. Dezember 2001 entstandene Ansprüche gilt hingegen auch in diesem Fall die regelmäßige dreijährige Verjährungsfrist der §§ 195, 199 BGB.

(a) Beschränkung durch nationale Regelungen

Grundsätzlich sind mangels gemeinschaftsrechtlicher Regelungen begrenzende nationale Verfahrensregeln möglich, wenn sie den oben genannten Prinzipen, insbesondere dem der Effizienz des Gemeinschaftsrechts, Rechnung tragen.[161] Dies entspricht dem Prinzip der Rechtssicherheit zum Schutze der Betroffenen und der Verwaltung und dem Bedürfnis, die Rechtmäßigkeit von Verwaltungsentscheidungen nicht unbegrenzt anfechten zu können.[162] Der EuGH bemüht sich hierbei, eine „Abwägung" zwischen der Beschränkung des Gemeinschaftsrechts durch nationale Regelungen (Effizienzgebot) und dem mit

---

[155] EuGH, Urteil v. 16.12.1976, Rs. 33/76 (Rewe-Zentralfinanz), Slg. 1976, 1989, Rdn. 4ff.; EuGH, Urteil v. 21.9.1983, verb. Rs. 205 bis 215/82 (Deutsche Milchkontor), Slg. 1983, 2633, Rdn. 19ff.; *P. Craig/G. de Búrca*, 1998, S. 214; *M. Schweizer/W. Hummer*, Rdn. 437ff.

[156] EuGH, Urteil v. 7.7.1981, Rs. 158/80 (Rewe-Handelsgesellschaft), Slg. 1981, 1805, Rdn. 44.

[157] EuGH, Urteil v. 27.10.1993, Rs. C-338/91 (Steenhorst-Neerings), Slg. 1993, I-5479, Rdn. 15f.

[158] Vgl. Art. 6 § 6 Abs. 1 S. 1 EGBGB; dazu *H.-P. Mansel*, NJW 2002, S. 89 (90).

[159] BGBl. I 2001 S. 3138.

[160] BAG, Urteil v. 27.2.1990, AP Nr. 13 zu § 1 BetrAVG Vordienstzeiten), zu 4. a) der Gründe; BAG, Urteil v. 5.10.1993, 3 AZR 695/92, zu 6. der Gründe.

[161] EuGH, Urteil v. 25.7.1991, Rs. C-208/90 (Emmott), Slg. 1991, I-4269, Rdn. 17; EuGH, Urteil v. 28.9.1994, Rs. 128/93 (Fisscher), Slg. 1994, I-4583, Rdn. 39; EuGH, Urteil v. 24.10.1996, Rs. C-435/93 (Dietz), Slg. 1996, I-5223, Rdn. 37; EuGH, Urteil v. 2.12.1997, Rs. C-188/95 (Fantask), Slg. 1997, I-6783, Rdn. 48; EuGH, Urteil v. 11.12.1997, Rs. C-246/96 (Magorrian/Cunningham), Slg. 1997, I-7153, Rdn. 37; EuGH, Urteil v. 1.12.1998, Rs. C-326/96 (Levez), Slg. 1998, I-7835, Rdn. 19.

[162] EuGH, Urteil v. 27.10.1993, Rs. C-338/91 (Steenhorst-Neerings), Slg. 1993, I-5479, Rdn. 22; EuGH, Urteil v. 10.7.1997, Rs. C-261/95 (Palmisani), Slg. 1997, I-4025, Rdn. 28.

der Regelung verfolgten Zweck (Rechtssicherheit) entsprechend der Umstände im Einzelfall im Rahmen der Verfahrensautonomie der Mitgliedstaaten vorzunehmen.[163]

(aa) Verjährungs- bzw. Ausschlußfristen und sonstige Verfahrensregelungen

Fristen, welche die Geltendmachung von Ansprüchen aus Art. 141 EG zeitlich begrenzen, sind grundsätzlich zulässig, wenn sie die Ausübung des Rechts nicht praktisch unmöglich machen oder wesentlich erschweren.[164] In der Rechtssache *Preston/Fletcher* vom 15. Mai 2000[165] stand die Ausschlußfrist der Section 2 (4) des britischen Equal Pay Act (EqPA) 1970 auf dem Prüfstand, nach welcher der Anspruch auf Anschluß an ein Betriebsrentensystem spätestens 6 Monate nach Beendigung eines Arbeitsverhältnisses gerichtlich geltend gemacht werden muß. Der EuGH verneinte einen Verstoß gegen Art. 141 EG. Regelungen wie Section 2 (4) des EqPA 1970 dienten dem Prinzip der Rechtssicherheit und seien angemessen. Denn eine „solche Frist macht die Ausübung der durch die Gemeinschaftsordnung verliehenen Rechte nicht unmöglich und erschwert sie nicht übermäßig, so daß sie den Wesensgehalt dieser Rechte nicht antastet", auch wenn die Vorschrift nach Ablauf der Ausschlußfrist „begriffsgemäß zur vollständigen oder teilweisen Abweisung der erhobenen Klage führt".[166] Die diesbezüglich in Betracht kommenden deutsche Regelungen des § 196 Abs. 1 Nr. 8 und 9 BGB a.F. sowie die der seit dem 1. Januar 2002 geltenden §§ 195, 199 BGB dürften angesichts der dort vorgesehenen Verjährungsfristen von 2 bzw. 3 Jahren demnach keine Probleme bereiten.[167]

(bb) Zeitliche Beschränkung der Berechnungsgrundlage bestehender rückwirkender Ansprüche

Die Behandlung der die Ansprüche aus dem geschlechtsspezifischen Gleichberechtigungsgrundsatz begrenzenden nationalen Verfahrensregelungen wurde in *Magorrian/Cunningham* vom 11. Dezember 1997[168] zu Section 2 (5) des nordirischen EqPA 1970 und *Preston/Fletcher* vom 15. Mai 2000[169] zur vergleichbaren Regelung nach Section 2 (5) des britischen EqPA 1970 präzisiert. Nach den in Frage stehenden Regelungen kam für die Berechnung der rentenfähigen Beschäftigungszeiten der teilzeitbeschäftigten Klägerinnen nur die Beschäftigung nach einem Zeitpunkt in Betracht, der nicht mehr als zwei Jahre vor der Geltendmachung des Anspruchs lag, so daß hier nach den zutreffenden Feststellungen des EuGH die Anerkennung des Rechts auf Anschluß teilzeitbeschäftigter Arbeitnehmer an bestimmte Zusatzleitungen rückwirkend zum 8. April 1976 tatsächlich

---

[163] Vgl. insbesondere EuGH, Urteil v. 5.4.1980, Rs. 265/78 (Ferwerda), Slg. 1980, 617, Rdn. 15; EuGH, Urteil v. 17.7.1997, Rs. C-114, 115/95 (Texaco A/S), Slg. 1997, I-4267, Rdn. 41; *P. Craig/G. de Búrca*, 1998, S. 235.

[164] EuGH, Urteil v. 24.10.1996, Rs. C-435/93 (Dietz), Slg. 1996, I-5223, Rdn. 37.

[165] EuGH, Urteil v. 15.5.2000, Rs. C-78/98 (Preston/Fletcher u.a.), Slg. 2000, I-3201.

[166] EuGH, Urteil v. 15.5.2000, Rs. C-78/98 (Preston/Fletcher u.a.), Slg. 2000, I-3201, Rdn. 34.

[167] Vgl. EuGH, Urteil v. 16.12.1976, Rs. 33/76 (Rewe), Slg. 1976, 1989; EuGH, Urteil v. 16.12.1976, Rs. 45/76 (Comet), Slg. 1976, 2043, in denen Fristen von 1 Monat bzw. 30 Tagen für angemessen erachtet wurden; vgl. dazu die Schlußanträge des Generalanwalts *Warner*, jeweils S. 2001f.

[168] EuGH, Urteil v. 11.12.1997, Rs. C-246/96 (Magorrian/Cunningham), Slg. 1997, I-7153.

[169] EuGH, Urteil v. 15.5.2000, Rs. C-78/98 (Preston/Fletcher u.a.), Slg. 2000, I-3201. Dazu bereits oben Fn. 168f.

praktisch unmöglich gemacht wurde.[170] Im übrigen liefe eine solche Vorschrift darauf hinaus, die unmittelbare Wirkung des Art. 119 EGV a.F. in diesen Fällen zeitlich zu begrenzen, obwohl der Gerichtshof in ständiger Rechtsprechung festgestellt habe, daß die Möglichkeit einer solchen Begrenzung allein nach den Grundsätzen des *Barber*-Urteils und –Protokolls[171] möglich sei, die auf vorliegenden Fall des Anspruchs auf Anschluß an ein Betriebsrentensystem jedoch keine Anwendung fänden.[172] Der EuGH argumentierte hier in Abgrenzung zu den in der Rechtssache *Steenhorst-Neerings* vom 27. Oktober 1993[173] getroffenen Feststellungen: Dort bewirkte die streitige holländische Regelung - wie die vorstehend dargestellten Verjährungs- und Ausschlußfristen - eine Beschränkung der Rückwirkung von Ansprüchen auf ein Jahr vor Klageerhebung. Der EuGH wog den Zweck der nationalen Vorschrift, im Fall die Organisation der Verwaltung und die Aufrechterhaltung des finanziellen Gleichgewichts, mit der dadurch bewirkten Beschränkung der Wirksamkeit des Gemeinschaftsrechts ab und gab ersterem Vorrang, weil sich die Beschränkung nur auf die Leistungsgewährung als solche, nicht aber auf die Berechnung der Bemessungsgrundlage bezog, die sich notwendigerweise auch auf die in Zukunft zu gewährenden Leistungen auswirkt.[174] In der Rechtssache *Magorrian/Cunningham* hieß es daher, daß durch die in *Steenhorst-Neerings* in Frage stehende Beschränkung die nach Gemeinschaftsrecht bestehenden Rechte grundsätzlich nicht berührt würden, wohingegen hier durch die in Section 2 (5) des EqPA 1970 geregelte Berechnungsgrundlage der Rentenleistungen Dienstzeiten für die Berechnung von Leistungen bis zwei Jahre vor Klageerhebung vollständig ausgeschlossen würden, was sich negativ für die Zukunft auswirke und somit die Durchsetzung der Rechts aus Art. 141 EG praktisch unmöglich mache.[175] Anders als in *Magorrian/Cunningham* ging es in *Preston/Fletcher* nicht um den Anschluß an das betriebliche Rentensystem zwecks Erhalt von *Zusatz*leitungen, sondern um den Erhalt einer *Grundrente*. Nach Ansicht des EuGH müssen die in *Magorrian/Cunningham* getroffenen Feststellungen hier daher „erst recht" gelten.[176]

(cc) Würdigung

Die vom EuGH vorgenommen „Abwägung", das heißt Quasi-Verhältnismäßigkeitsprüfung, zwischen dem Gemeinschaftsrecht und dem mit der beschränkenden nationalen Verfahrensregel verfolgten Zweck wurde zu Recht als Problem der Rechtsunsicherheit[177] und Mangel an Einheitlichkeit[178] kritisiert, kann jedoch auf die Akzeptanz der verschiedenen Verfahrensregeln der Mitgliedstaaten bzw. der mangelnden Kompetenz des EuGH zur Schaffung von Verfahrensregeln zurückgeführt werden. Im für die Gleichbehandlung teilzeitbeschäftigter Frauen bedeutsamen Bereich des Aus-

---

[170] EuGH, Urteil v. 11.12.1997, Rs. C-246/96 (Magorrian/Cunningham), Slg. 1997, I-7153, Rdn. 44f.; EuGH, Urteil v. 15.5.2000, Rs. C-78/98 (Preston/Fletcher u.a.), Slg. 2000, I-3201, Rdn. 44.

[171] Vgl. dazu oben Kapitel 5, II. 1. a) b) aa) (a) (bb) zu Fn. 116 und 117.

[172] EuGH, Urteil v. 11.12.1997, Rs. C-246/96 (Magorrian/Cunningham), Slg. 1997, I-7153, Rdn. 45.

[173] EuGH, Urteil v. 27.10.1993, Rs. C-338/91 (Steenhorst-Neerings), Slg. 1993, I-5479, Rdn. 15f.

[174] Vgl. EuGH, Urteil v. 6.12.1994, Rs. C-410/92 (Johnson II), Slg. 1994, I-5483, Rdn. 26.

[175] EuGH, Urteil v. 11.12.1997, Rs. C-246/96 (Magorrian/Cunningham), Slg. 1997, I-7153, Rdn. 39ff., 44; bestätigt durch EuGH, Urteil v. 15.5.2000, Rs. C-78/98 (Preston/Fletcher u.a.), Slg. 2000, I-3201, Rdn. 41; vgl. auch die Schlußanträge des Generalanwalts *Léger* v. 14.9.1999, Rs. C-78/98 (Preston/Fletcher), Rdn. 61ff.

[176] EuGH, Urteil v. 15.5.2000, Rs. C-78/98 (Preston/Fletcher u.a.), Slg. 2000, I-3201, Rdn. 44.

[177] *M. Hoskins*, (1996) 21 ELRev. 365ff.

[178] Schlußanträge des Generalanwalts *Darmon*, Rs. 333/91 (Steenhorst-Neerings), Slg. 1993, 5488, Rdn. 28ff.

schlusses von Leistungen von betrieblichen Systemen der sozialen Sicherheit sowie des Anspruchs auf Anschluß an ein solches wird jedoch zutreffend zwischen den die Rückwirkung des gemeinschaftsrechtlichen Anspruchs aus Art. 141 EG beschränkenden nationalen Verjährungs- und Ausschlußfristen einerseits und den die rückwirkende Berechnungsgrundlage begrenzenden nationalen Regelungen differenziert. In ersterem Fall wird der Anspruch als solcher nicht in Frage gestellt, sondern seine Geltendmachung in zeitlicher Hinsicht eingegrenzt, was begriffsnotwendig nach Ablauf der Frist zu einem Anspruchsausschluß führt. Dies ist im nationalen Recht ebenfalls mit den im Fall der Geltendmachung von Entgeltansprüchen anzuwendenden 2 bzw. 3jährigen Verjährungsfristen der § 196 Abs. 1 Nr. 8 und 9 BGB a.F. sowie §§ 195, 199 BGB bzw. im Fall des Anschlusses ein Betriebsrentensystem mit der seit dem 1. Januar 2002 geltenden regelmäßigen Verjährungsfrist von 3 Jahren anerkannt, deren Vereinbarkeit mit Art. 141 EG sich aus der dargestellten Rechtsprechung des EuGH ergibt. Im letzteren Fall hat der EuGH hingegen zutreffend festgestellt, daß eine zeitliche Begrenzung der Berechnungsgrundlage die praktische Wirksamkeit des Gemeinschaftsrechts in Frage stellt und zugleich in gemeinschaftsrechtswidriger Weise die unmittelbare Wirkung des Art. 141 EG, welche vorliegend eine Rückwirkung bis zum 8. April 1978 zuläßt, begrenzt, weil hierdurch der Anspruch als solcher für die zurückliegende Zeit genommen wird bzw. verkürzt wird, was sich damit zugleich für künftige Ansprüche negativ auswirkt.

(b) Erweiterung durch nationale Regelungen

(aa) Rechtsprechung des EuGH

Lange ungeklärt war die Frage nach der Geltung der Grundsätze der Rückwirkung für über den 8. April 1976 hinausgehende nationale Regelungen.[179] Erst in seinen Urteilen vom 10. Februar 2000 zum Ausschluß Teilzeitbeschäftigter aus der betrieblichen Versorgungsordnung der ehemaligen Deutschen Bundespost (VAP) hat sich der EuGH diesbezüglich explizit geäußert und die Frage zutreffend verneint.[180] Denn im Rahmen des hier relevanten Vorabentscheidungsverfahrens gemäß Art. 234 EG legt der EuGH grundsätzlich nur Gemeinschaftsrecht aus.[181] Des weiteren stellte er in den oben genannten Urteilen fest, daß für die ältesten Mitgliedstaaten wie die Bundesrepublik Deutschland bereits seit dem 1. Januar 1962, dem Beginn der zweiten Stufe der Übergangszeit,[182] Art. 141 EG voll anzuwenden war.[183] Auch wenn die unmittelbare Wirkung von Art. 141 EG erst 1976 festgestellt wurde, konnten die Mitgliedstaaten bereits zuvor, soweit es erforderlich war, zu seiner Durchführung gemeinschaftliche und innerstaatliche Rechtsvorschriften erlassen.[184] Somit bezieht sich die Begrenzung des EuGH allein auf das Gemeinschaftsrecht

---

[179] Vgl. BVerfG, Beschluß v. 5.8.1998, EuGRZ 1998, S. 537 (539), zu III 2 a der Gründe.
[180] EuGH, Urteile v. 10.2.2000, Rs. C-50/96 (Schröder), Slg. 2000, I-743; verb. Rs. C-234, 235/96 (Vick/Conze), Slg. 2000, I-799; verb. Rs. C-270, 271/97 (Sievers/Schrage), Slg. 2000, I-929.
[181] EuGH, Urteil v. 27.3.1980, verb. Rs. 66, 127, 128/79 (Salumi), Slg. 1980, 1237, Rdn. 9f.; EuGH, Urteil v. 27.3.1980, Rs. 61/79 (Denkavit), Slg. 1980, 1205, Rdn. 16f.; EuGH, Urteil v. 13.2.1994, Rs. C (Bautiaa), Slg. 1996, I-505, Rdn. 47; EuGH, Urteil v. 10.2.2000, verb. Rs. C-234, 235/96 (Vick/Conze), Slg. 2000, I-799, Rdn. 43.
[182] Ex-Art. 7 EGV, aufgehoben durch den Vertrag von Amsterdam.
[183] EuGH, Urteil v. 10.2.2000, verb. Rs. C-234, 235/96 (Vick/Conze), Slg. 2000, I-799, Rdn. 44..
[184] EuGH, Urteil v. 8.4.1976, Rs. 43/75 (Defrenne II), Slg. 1976, 455, Rdn. 68.

und läßt eine andere Entscheidung hinsichtlich nationaler Regelungen zu, wenn dort ein geringerer Vertrauensschutz gegeben ist.[185]

(bb) Rechtsprechung des BVerfG

Das BVerfG hat die vorgenannte Rechtsprechung des EuGH in den Entscheidungen über die Verfassungsbeschwerden der Deutsche Post und Telekom AG als Nachfolgeunternehmen der Deutschen Bundespost gegen drei Urteile des Dritten Senats des BAG vom 7. Mai 1999 zum Ausschluß Teilzeitbeschäftigter von der Versorgungsordnung des Vorgängerunternehmens Deutsche Bundespost (VAP) bestätigt. In dem Beschluß des Ersten Senats des BVerfG vom 5. August 1998 zum Urteil des BAG in der Sache 3 AZR 321/94[186] hieß es, daß die gemeinschaftsrechtlichen Grundsätze zur Begrenzung der Rückwirkung des Gemeinschaftsrechts nicht für Diskriminierungsverbote im nationalen Recht gelten. Maßgeblich sei die Vertrauensgrundlage, die das einschlägige nationale Diskriminierungsverbot bereithalte. Das im Verfahren vor dem EuGH angeführte Argument, die wirtschaftliche Belastung rechtfertige eine Beschränkung der Rückwirkung auf Grundlage der wettbewerbsrechtlichen Ausgestaltung des Art. 141 EG, wies das BVerfG ebenso zurück. „Sinn und Zweck des Art. 119 EWGV/EGV liegen vielmehr darin, die Schaffung und Anwendung solcher Diskriminierungsverbote auf nationaler Ebene zu befördern und zu erreichen." Die Beschränkungen des EuGH aufgrund des Vertrauensschutzes könne somit „nicht ohne weiteres zur Einschränkung nationaler Diskriminierungsverbote führen, für die ein solcher Vertrauensschutz nicht oder jedenfalls nicht in gleichem Maße geboten ist."[187] Eine Feststellung, auf welchen Zeitpunkt es für zulässige Rückwirkung im nationalen Recht ankommt, hat das BVerfG hier ebensowenig getroffen wie in dem Beschluß vom 19. Mai 1999 zu den Urteilen des BAG in den Sachen 3 AZR 625/94 und 583/94.[188] Hinsichtlich des einen Urteils des BAG (3 AZR 625/94) führte das BVerfG aus, der Feststellung des BAG, die Klägerin sei so zu stellen, als sei sie vom 17. August 1981 bis zum Jahr 1991 bei der VAP versichert gewesen, stehe Art. 20 Abs. 3 GG in Form des Grundsatzes des Vertrauensschutzes nicht entgegen, weil der EuGH bereits im Jahr 1981 in der Rechtssache *Jenkins*[189] eine mittelbare Diskriminierung in Form unterschiedlicher Stundenlöhne für Teil- und Vollzeitbeschäftigte festgestellt habe, so daß das Unternehmen nicht mehr darauf habe vertrauen können, daß eine Ungleichbehandlung Teilzeitbeschäftigter rechtswirksam sein könne.[190] Auch die rückwirkende Gewährung des Anspruchs der teilzeitbeschäftigten Klägerin in dem weiteren Urteil des BAG (3 AZR 583/94) bis in das Jahr 1971 sei verfassungsrechtlich nicht zu beanstanden. Insoweit könne es aber dahin stehen, ob die Beschwerdeführerin in ihrem Vertrauen auf ihre Beurteilung der Rechtslage von Verfassungs wegen geschützt sei. Mangels diesbezüglicher höchstrichterlicher Rechtsprechung durfte das BAG zu Recht nach den Kriterien der Verhältnismäßigkeit und Zumutbarkeit - wie bereits dargestellt [191]- prüfen, ob die finanzielle Belastung des Unternehmens zu einer Einschränkung der Rückwirkung führen

---

[185] So bereits auch in der Literatur *S. Kutsch*, BB 1991, S. 2149 (2150); *N. Colneric*, EuZW 1991, S. 75 (76); *G. Wisskirchen*, 1994, S. 132; *U. Langohr-Plato*, EuZW 1995, S. 239 (241); *A. Thannheiser*, AiB 1997, S. 125 (128).
[186] BVerfG, Beschluß v. 5.8.1998, 1 BvR 264/98, EuGRZ 1998, S. 537 (539).
[187] BVerfG, Beschluß v. 5.8.1998, EuGRZ 1998, S. 537 (540).
[188] BVerfG, Beschluß v. 19.5.1999, 1 BvR 263/98, BB 1999, S. 1765 (1766).
[189] EuGH, Urteil v. 31.3.1981, Rs. 96/80 (Jenkins), Slg. 1981, 911.
[190] BVerfG, Beschluß v. 19.5.1999, 1 BvR 263/98, BB 1999, S. 1765 (1766), zu 2. b) cc) der Gründe.
[191] Vgl. oben Kapitel 5, II. 2. b) bb) b) (b) (bb) zu Fn. 149 und 150.

muß.[192] Festzuhalten ist, daß es nach der derzeitigen Rechtsprechung des BVerfG nicht auf den Grundsatz des Vertrauensschutzes, sondern im Einzelfall auf die Verhältnismäßigkeit der rückwirkenden Belastung unter Abwägung der von dem Unternehmen zu tragenden Kosten einerseits und dem Grundsatz auf Gleichberechtigung andererseits ankommt. Der gemeinschaftsrechtliche Stichtag des 8. April 1978, der eine weiter zurück reichende Rückwirkung von Ansprüchen untersagt, beansprucht damit im Verfassungsrecht im Hinblick auf Art. 20 Abs. 3 GG keine Geltung. Eine solche ist auch für einen bis zum Jahr 1971 zurückliegenden Zeitraum möglich. Da das BVerfG hinsichtlich der Entscheidung des BAG in der Sache 3 AZR 583/94 aber dahin stehen ließ, ob es überhaupt ein Vertrauenstatbestand hat bestehen können und den Weg zur Lösung des Problem über die Verhältnismäßigkeitsprüfung wies, kann daraus geschlossen werden, daß auch eine über das Jahr 1971 hinausgehende Rückwirkung verfassungsrechtlich zulässig sein kann, sofern dies im Einzelfall unter Berücksichtigung der widerstreitenden Interessen angemessen und zumutbar ist. Damit bietet das BVerfG eine flexiblere und der konkreten Situation gerechter werdende Lösung für die Rückwirkungsproblematik an als die vom EuGH für das Gemeinschaftsrecht festgelegte Stichtagsregelung.

(cc) Rechtsprechung des BAG

Wie vorstehend ausgeführt, hat das BAG in den Urteilen vom 7. Mai 1995 eine über den 8. April 1978 hinausgehende Rückwirkung zugelassen, ohne sich auf einen konkreten Zeitpunkt festzulegen, ab dem eine Rückwirkung nach nationalen Recht endgültig ausgeschlossen ist.[193] So wurde bereits in vorangegangenen Entscheidungen ein die Rückwirkung begrenzender Vertrauensschutz für verschiedene Zeitpunkte verneint, die dem Arbeitgeber eine Kenntnis vom Verbot der mittelbaren Diskriminierung ermöglichten. In dem Urteil vom 2. November 1990[194] verwies das BAG auf den 23. Mai 1949, seit dem das Grundrecht auf Gleichberechtigung in der Verfassung niedergeschrieben ist, bzw. auf das Jahr 1957, in dem der Lohngleichheitsgrundsatz des Art. 141 EG mit Wirkung für alle Bürger der Mitgliedstaaten in den Vertrag zur Gründung der Europäischen Wirtschaftsgemeinschaft aufgenommen wurde. In dem Urteil 5. Oktober 1993[195] verneinte das BAG einen Vertrauensschutz im Hinblick auf das Jahr 1958, in dem das BVerfG in der bereits erwähnten Entscheidung zur Chancengleichheit der Parteien gemäß Art. 21 GG den Grundgedanken der mittelbaren Diskriminierung bereits formuliert hatte,[196] hinsichtlich eines Urteils des BAG aus dem Jahr 1974[197] sowie das Jahr des Erlasses der Gleichbehandlungsrichtlinie 76/207/EWG.

(dd) Stellungnahme

Festzustellen ist, daß angesichts der Entwicklung der Rechtsprechung des EuGH und der stufenweisen Anerkennung des Verbots der mittelbaren Diskriminierung in den nationalen Rechtsordnungen eine so ungewisse Rechtslage besteht, auf die ein Arbeitgeber grundsätzlich nicht vertrauen kann. Zwar ist richtig, daß das Verbot der mittelbaren Dis-

---

[192] Vgl. Fn. 190.
[193] Vgl. oben zu Fn. 191f.
[194] BAG, Urteil v. 2.11.1990, AP Nr. 8 zu § 1 BetrAVG Gleichberechtigung, zu IV 1 a der Gründe.
[195] BAG, Urteil v. 5.10.1993, SAE 1994, S. 174, zu 5 der Gründe.
[196] BVerfGE 8, 51, 64; dazu bereits oben Kapitel 3, III. 1. a).
[197] BAG, Urteil v. 11.9.1974, AP Nr. 39 zu § 242 Gleichbehandlung.

kriminierung im Gemeinschaftsrecht erst nach dem 8. April 1976 konkretisiert wurde.[198] Diese Präzisierung ist indes nur das Ergebnis einer zunehmenden Klärung der seit 1957 mit der Normierung des gemeinschaftsrechtlichen Lohngleichheitsgebots bestehenden Rechtslage. Auch wenn seine Reichweite zunächst noch offen war, so besteht kein Vertrauen des einzelnen darin, daß auch eine Auslegung in seinem Interesse erfolgt. Denn ein Vertrauensschutz ist ausgeschlossen, wenn die Auslegung von Rechtsvorschriften im Fluß ist oder Zweifelsfragen offen bleiben.[199] Hierbei ist zu beachten, daß sich die Auslegung durch den EuGH stets auf den Erlaß der ausgelegten Vorschrift zurückbezieht und zeitliche Beschränkungen für die Vergangenheit eine strikte Ausnahme darstellen. Auf diese bezieht sich der EuGH lediglich dann, wenn es sich um dem Gemeinschaftsrecht widersprechende nationale Vorschriften handelt, deren Änderung erhebliche wirtschaftliche Konsequenzen hätte.[200] Zu unterscheiden ist daher das Problem der Bedeutung und der Geltung der Vorschriften, die durch den EuGH ausgelegt werden, von dem Problem der zeitlichen Beschränkung der Wirkungen des Auslegungsurteils. Ersteres bezieht sich stets auf den Zeitpunkt des Erlasses der Vorschrift zurück, letzteres begrenzt lediglich die sich aus der neuen Auslegung ergebenen Rechte und Ansprüche.[201]

Die vom BVerfG und BAG dahingestellte Frage der Schutzwürdigkeit des Vertrauens des Arbeitgebers überhaupt, welche der EuGH für die Zeit seit dem 8. April 1978 verneint, und des tatsächlich zu gewährleistenden Schutzes durch die Gerichte sind zu unterscheiden. Letzterer unterliegt nach der dargestellten Rechtsprechung des BVerfG und BAG im nationalen Recht dem Grundsatz der Verhältnismäßigkeit, im Rahmen dessen Prüfung durch die Judikative unter Berücksichtigung der individuellen Umstände des Einzelfalls die Interessen des Arbeitgebers hinsichtlich der wirtschaftlichen Betätigungsfreiheit und Belastbarkeit und des Anspruchs Teilzeitbeschäftigter auf Gleichberechtigung in einen angemessenen Ausgleich zu bringen sind.[202] Für ein Überwiegen der Interessen letzterer stellen das BVerfG sowie das BAG darauf ab, ob es sich um eine tatsächliche Existenzgefährdung handelt oder ob die Kosten für die Beseitigung der Benachteiligung nicht vom Unternehmen anderweitig erwirtschaftet werden können. Das BAG zieht zudem die Einflußmöglichkeit des Arbeitgebers auf die Gestaltung der diskriminierenden Regelung in Betracht, im Fall die betriebliche Altersversorgung, sowie die daraus folgende Tatsache, daß dieser bestehende Unsicherheiten weitaus besser als seine Arbeitnehmerinnen beurteilen könne.[203]

Der Rechtsprechung des BVerfG und BAG ist uneingeschränkt beizupflichten. Der Vorschlag in der Literatur, mangels Vorgaben des BVerfG oder des BAG hinsichtlich eines Zeitpunkts, ab dem ein Vertrauensschutz endgültig zu verneinen ist, für die Rückwirkungsproblematik im nationalen Recht den Vorgaben des EuGH zu folgen und einheit-

---

198 So der Einwand von *G. Wisskirchen*, 1994, S. 132; *J. Sievers*, 1994, S. 170f.

199 So ausdrücklich BAG, Urteil v. 20.11.1990, SAE 1992, S. 89 (94).

200 Dies ist der Fall, wenn nationale Stellen wegen eines entschuldbaren Rechtsirrtums dem Gemeinschaftsrecht widersprechende Vorschriften erlassen und über lange Zeit angewendet haben und deren Aufhebung viel höhere Kosten verursachen würde als ihre Beibehaltung. Vgl. EuGH, Urteil v. 8.4.1976, Rs. 43/75 (Defrenne II), Slg. 1976, 455, Rdn. 69ff.; EuGH, Urteil v. 11.3.1981, Rs. 69/80 (Worringham), Slg. 1981, 767, Rdn. 29ff.; EuGH, Urteil v. 2.2.1988, Rs. 24/86 (Blaziot), Slg. 1988, 379, Rdn. 28ff.; EuGH, Urteil v. 19.10.1995, Rs. C-137/94 (Richardson), Slg. 1995, I-3407, Rdn. 32ff.

201 Schlußanträge des Generalanwalts *Cosmas*, 8.10.1998, verb. Rs. C-50/96 (Schröder), Rs. C-234, 235/96 (Vick/Conze), Rs. C-270, 271/97 (Sievers/Schrage), Rdn. 61f.

202 A.A. *A. Nicolai*, ZfA 1996, S. 841 (892f.), die von einem grundsätzlichen Überwiegen des Vertrauens des Arbeitgebers vor den Interessen der Betroffenen ausgeht, soweit es um Ansprüche für die Vergangenheit geht.

203 BAG, Urteil v. 14.10.1986, AP Nr. 11 zu Art. 119 EWG-Vertrag – Bilka.

lich der 8. April 1976 als Rückwirkungsgrenze oder einen den Besonderheiten der nationalen Rechtsordnung Rechnung tragenden anderen Stichtag zu verwenden,[204] wird weder der grundlegenden Bedeutung des Verbots der mittelbaren Diskriminierung noch dem Einzelfall gerecht, sondern erscheint angesichts der diversen Möglichkeiten, ein entsprechendes Datum zu bestimmen, vielmehr willkürlich. Die Rechtsprechung des BVerfG zum Verbot der mittelbaren Diskriminierung ist seit dem Urteil zur Chancengleichheit der Parteien im Jahr 1958 im Fluß, und der Dritte Senat BAG hat in seinem Urteil vom 7. Mai 1995 darauf hingewiesen, daß es bereits seit Jahr 1961 davon ausgegangen sei, daß normative Vergütungsregelungen nicht gegen den Gleichheitssatz des Art. 3 Abs. 1 GG verstoßen dürfen.[205] Schließlich hat der Dritte Senat explizit im Jahr 1982 darauf hingewiesen, daß der unterschiedliche Umfang der Arbeitszeit allein kein ausreichender Grund ist, Teilzeitbeschäftigte von vornherein vollkommen von betrieblichen Versorgungsleistungen auszuschließen, die Vollzeitbeschäftigten zugestanden werden.[206] Die Rechtsprechung zur Gleichbehandlung war demnach erkennbar nicht abgeschlossen, sondern entwickelte sich beständig fort, so daß, so der Dritte Senat in seinem Urteil vom 7. Mai 1995, „allenfalls ein eingeschränktes Vertrauen darauf entstehend konnte, daß eine verringerte Arbeitszeit ein tragfähiges Differenzierungsmerkmal für den vollständigen Ausschluß von Teilzeitkräften ist."[207] Weil der Umfang und die Tragweite dieses Vertrauens in der Praxis jedoch kaum zu bestimmen sein dürften und den nationalen Gerichten damit kein Mittel an die Hand gegeben wird, mit dem sie eine sachgerechte Entscheidung treffen können, ist der vom BVerfG und BAG eingeschlagene Weg über die Verhältnismäßigkeitsprüfung in der Tat der einzige den Umständen des Einzelfalls Rechnung tragende.

c) Rechtsfolgen für die Zukunft

Aus der Rechtsprechung des EuGH geht hervor, daß eine Anpassung an das niedrigere Niveau für die Zukunft grundsätzlich möglich ist.[208] Somit stellen die Entscheidungen des EuGH in den Rechtssachen *Barber*,[209] *Coloroll*[210] und *Smith*[211] keine Ausnahmen vom Grundsatz der „Anpassung nach oben" dar.[212] In *Coloroll* und *Smith* hieß es, daß für die Zukunft eine Angleichung der Altersgrenzen auch durch eine „Anpassung nach unten" erfolgen könne, weil Art. 141 EG nur verlange, „daß Männer und Frauen bei gleicher Arbeit das gleiche Entgelt erhalten, ohne aber eine bestimmte Höhe vorzuschreiben."[213] Dies ist verallgemeinerungsfähig, zumal der Gerichtshof in Fällen der Benachteiligung Teilzeitbeschäftigter stets feststellte, daß dort, wo eine mittelbare Diskriminierung erlitten wurde, eine Gleichbehandlung durch Gleichsetzung mit Arbeitnehmern des anderen Ge-

---

[204] Vgl. *G.-A. Lipke*, ArbuR 1991, S. 76 (83); *P. Hanau/U. Preis*, DB 1991, S. 1276 (1284); *G. Wisskirchen*, 1994, S. 132.

[205] BAG, Urteil v. 7.5.1995, 3 AZR 282/94, mit Verweis auf BAG, Urteil v. 1.10.1961, 1 AZR 75/61, AP Nr. 69 zu Art. 3 GG; BAG, Urteil v. 14.6.1972, 4 AZR 268/71, AP Nr. 1 zu § 26 BBesG.

[206] BAG, Urteil v. 6.4.1982, AP Nr. 1 zu § 1 BetrAVG Gleichbehandlung, zu III. 1. b) der Gründe.

[207] BAG, Urteil v. 7.5.1995, 3 AZR 282/94, zu IV. 2. d) bb) (2) der Gründe.

[208] Dazu oben Kapitel 5, II. 1. a) aa) zu Fn. 83.

[209] EuGH, Urteil v. 17.5.1990, Rs. C-262/88 (Barber), Slg. 1990, I-1993; hierzu *N. Colneric*, EuZW 1991, S. 75f.; *H. Buchner*, ZfA 1993, S. 279 (326f.).

[210] EuGH, Urteil v. 28.9.1994, Rs. C-200/91 (Coloroll), Slg, 1994, I-4389.

[211] EuGH, Urteil v. 28.9.1994, Rs. C-408/93 (Smith), Slg. 1994, I-4435; EuGH, Urteil v. 28.9.1994, Rs. C-28/93 (Akker), Slg. 1994, I-4527.

[212] So aber wohl *C. Hartmann*, 1994, S. 288; *M. Schlachter*, NZA 1995, S. 393 (398).

[213] Kritisch *W. Blomeyer*, NZA 1995, S. 49ff.

schlechts herzustellen ist.[214] Dies bedeutet im Hinblick auf künftige Regelungen die Möglichkeit der Absenkung des Niveaus, solange dabei das Verbot der mittelbaren Diskriminierung beachtet wird. In seinen Entscheidungen nennt der EuGH selten die Gründe seiner Feststellungen. Daß aber finanzielle Erwägungen ihn geleitet haben, eine „Anpassung nach unten" für die Zukunft zuzulassen, ist nicht von der Hand zuweisen.[215]

d) Zusammenfassung

Die Rechtsprechung des EuGH zur Beschränkung der Rückwirkung von Entgeltansprüchen Teilzeitbeschäftigter ist auf die zunehmende Erweiterung des Entgeltbegriffs des Art. 141 EG auf betriebliche Rentensysteme zurückzuführen, welche zwangsläufig zu einem Konflikt mit den sonst in den Händen der Mitgliedstaaten befindlichen Regelungen der sozialen Sicherheit führte. Im Gegensatz zur grundsätzlich uneingeschränkten Forderung des Art. 141 EG nach einer „Anpassung nach oben" in den vom EuGH vorgegebenen Grenzen stellen die gemeinschaftsrechtlichen Regelungen im komplexen und sensiblen Bereich der sozialen Sicherheit einen politischen Kompromiß dar, der sich nicht in einer zielstrebigen Forderung wie der des Art. 141 EG auszudrücken vermag, sondern lediglich eine schrittweise Angleichung der nationalen Vorschriften verlangt.

Grundsätzlich gilt für die Rechtsfolgen eines Verstoßes gegen das Verbot der mittelbaren Diskriminierung der Grundsatz der „Anpassung nach oben", solange Art. 141 EG noch nicht ordnungsgemäß in nationales Recht umgesetzt ist, so daß Benachteiligte in die Regelung, die für die Begünstigten gilt, einzubeziehen sind. Die Ausgestaltung der Rechtsfolgen ist vom EuGH in seiner differenzierten Betriebsrentenrechtsprechung zu Art. 141 EG entwickelt worden, deren Implikationen für das nationale Recht bis heute nicht vollständig geklärt sind. In zeitlicher Hinsicht ist dabei zwischen den Rechtsfolgen für die Vergangenheit und die Zukunft zu differenzieren.

Für die Vergangenheit läßt der EuGH auf gemeinschaftsrechtlicher Ebene eine Rückwirkung von Ansprüchen Teilzeitbeschäftigter auf Zugang zu betrieblichen Systemen der sozialen Sicherheit bis zum 8. April 1976 zu. Die Grundsätze des *Barber*-Urteils und -Protokolls, welche die Rückwirkung für Ansprüche hinsichtlich des Rentenzugangsalters auf den Zeitraum ab dem 17. Mai 1990 beschränkten, wurden in diesem Bereich für unanwendbar erklärt. Die Bedeutung dieser Rechtsprechung hat sich zuletzt in den 60.000 gerichtlichen Verfahren vor den englischen Gerichten gezeigt, in denen sich die Klägerinnen auf die Rückwirkung ihrer Ansprüche beriefen und aus denen einige Musterprozesse ausgewählt wurden, in deren Rahmen der EuGH in der Rechtssache *Preston/Fletcher* vom 5. Mai 2000 seine Rechtsprechung bestätigte.[216] Der Rückwirkung bis zum 8. April 1976 steht grundsätzlich nicht das Vertrauen des Arbeitgebers in die Rechtmäßigkeit der bestehenden Rechtslage entgegen, so daß er sich nicht auf die wirtschaftliche Tragweite der

---

[214] EuGH, Urteil v. 28.9.1994, Rs. C-128/93 (Fisscher), Slg. 1994, I-4583, Rdn. 35.

[215] Am deutlichsten wird dies am Beispiel des unterschiedlichen Rentenalters von Frauen und Männern. Eine „Anpassung nach oben", d.h. eine Rente ab 60 für Frauen und Männer, würde sich unstreitig als kostenintensiver sowohl für Staat als auch Arbeitgeber erweisen als eine „Anpassung nach unten" auf eine Rente ab 65. Durch Einbeziehung und Beurteilung der negativen Auswirkungen auf Frauen haben Untersuchungen in Großbritannien, wo das Rentenalter durch den Pensions Act 1995 auf 65 Jahre für beide Geschlechter erhöht wurde, gezeigt, daß eine Verlust von 5 Jahren an Rentenansprüchen einen finanziellen Verlust für Frauen im Alter von 20 Jahren i.H.v. 15 000 Pfund ausmacht, bei einer Inflationsrate von 2,5% bis zum Rentenalter sich diese Zahl sogar auf 42 000 Pfund erhöht. Vgl. hierzu *S. Fredman*, 1997, S. 357 m.w.N.

[216] Vgl. EuGH, Urteil v. 15.5.2000, Rs. C-78/98 (Preston/Fletcher u.a.), Slg. 2000, I-3201, Rdn. 17ff., 45.

Rechtsfolgen berufen kann. Diese betrifft nur die praktischen Auswirkungen des Gleichberechtigungsgrundsatzes, welche im Einzelfall allein an den Grundsätzen der Verhältnismäßigkeit zu messen und gegebenenfalls zu beschränken sind.
Mitgliedstaatliche Verfahrens- und Fristenregelungen, welche die Rückwirkung auf einen Zeitraum nach dem 8. April 1976 begrenzen, sind trotz der nationalen Verfahrensautonomie insbesondere am Effizienzgebot zu messen. Gemeinschaftsrechtlich zulässig sind Regelungen wie die dreijährige Verjährungsfrist der §§ 195, 199 BGB, weil sie die im Gemeinschaftsrecht gewährten Rechte als solche nicht in Frage stellen. Unzulässig sind hingegen nationale Vorschriften, welche die Bemessungsgrundlage bestehender rückwirkender Ansprüche begrenzen und damit den Anspruch als solchen verkürzen oder ausschließen, weil sie damit die Durchsetzung des Gemeinschaftsrechts praktisch unmöglich machen oder wesentlich erschweren und im übrigen die unmittelbare Wirkung des Art. 141 EG unzulässig einschränken.
Mitgliedstaatliche Verfahrens- und Fristenregelungen, welche die Rückwirkung für einen über den 8. April 1976 hinausgehenden Zeitraum erweitern, sind zulässig, soweit das nationale Recht einen geringeren Vertrauensschutz gewährt. Weder das BVerfG noch das BAG legen sich hingegen auf einen Zeitpunkt fest, ab dem eine weiterreichende Rückwirkung ausgeschlossen ist. Vielmehr verlagern sie die Frage nach der Berücksichtigung schutzwürdiger Interessen des Arbeitgebers zutreffend in die Prüfung der Verhältnismäßigkeit einer rückwirkenden Gewährung von Ansprüchen. Es wurde festgestellt, daß allein eine einzelfallbezogene Abwägung der widerstreitenden wirtschaftlichen Interessen des Arbeitgebers und des Anspruchs, nicht wegen der Teilzeitarbeit bzw. wegen des Geschlechts diskriminiert zu werden, der jeweiligen Situation Rechnung tragen kann, weil es aufgrund der sich seit langem in der Entwicklung befindlichen Rechtsprechung zur Ungleichbehandlung Teil- und Vollzeitbeschäftigter und zum Verbot der mittelbaren Diskriminierung in der Praxis nicht möglich ist, auf nationaler Ebene einen Zeitpunkt - wie im Gemeinschaftsrecht der Stichtag des 8. April 1978 - zu bestimmen, ab dem ein Vertrauen in die Rechtmäßigkeit derartiger Diskriminierungen zu verneinen ist.
Bei künftigen Ansprüchen ist eine „Anpassung nach unten“ möglich, solange dadurch das Verbot der mittelbaren Diskriminierung beachtet wird.

2. Rechtsfolgengestaltung bei Tarifverträgen

Nach der Rechtsprechung des EuGH gilt der Grundsatz der „Anpassung nach oben“ auch für Tarifverträge, so daß gemäß Art. 141 EG die begünstigenden Bestimmungen auf die benachteiligten Personen zu erstrecken sind.[217] Als Rechtsfolge ist anzunehmen,[218] daß die benachteiligende (Nicht-) Regelung nichtig ist, das heißt, der Gleichheitsverstoß isoliert als Verstoß gegen das Benachteiligungsverbot zu betrachten ist, so daß sich der Anspruch der Klägerin „nach oben“ direkt aus Art. 141 EG ergibt.[219]

---

217 EuGH, Urteil v. 27.6.1990, Rs. C-33/89 (Kowalska), Slg. 1990, I-2591, Rdn. 16ff.; EuGH, Urteil v. 13.12.1989, Rs. 197/88 (Ruzius-Willbrink), Slg. 1989, 4311; EuGH, Urteil v. 7.2.1991, Rs. C-184/89 (Nimz), Slg. 1991, I-297, Rdn.15ff.

218 Nicht immer wird deutlich, wie die Rechtsfolgen dogmatisch umzusetzen sind. So heißt es u.a., die Regelung ist „außer Anwendung zu lassen“, die Klägerin hat einen „Anspruch auf Anwendung der gleichen Regelung wie die übrigen Arbeitnehmer“, vgl. EuGH, Urteil v. 27.6.1990, Rs. C-33/89 (Kowalska), Slg. 1990, I-2591, Rdn.19f.

219 *C. Hartmann*, 1994, S. 273.

a) Probleme bei diskriminierenden tarifvertraglichen Regelungen

aa) Nichtigkeit als Rechtsfolge

Die pauschale Aussage des Gerichtshofs, der Grundsatz der „Anpassung nach oben" gelte auch für Tarifverträge, wurde vom BAG einerseits im Hinblick auf die verfassungsrechtliche Garantie der Tarifhoheit aus Art. 9 Abs. 3 GG, nach der es den Tarifparteien grundsätzlich freistehe, wie sie den Rechtsverstoß beseitigen, und anderseits mit dem Hinweis darauf kritisiert, daß Art. 3 Abs. 2 S. 1 GG, anders als Art. 141 EG, nicht nur einseitig zugunsten von Frauen wirke und somit eine „Anpassung nach oben" nicht vorgeschrieben werde.[220] So sind auf nationaler Ebene die Rechtsfolgen bei diskriminierenden tarifvertraglichen Regelungen bislang weitgehend unklar.[221] Es geht bei der Feststellung der Rechtsfolgen um die Frage des Ausgleichs der Interessen der Klägerin und des Rechts der Tarifparteien auf Gestaltungsfreiheit im Rahmen ihrer Tarifautonomie. Als Folge ist die betreffende Tarifklausel wegen der Höherrangigkeit der Grundrechte[222] bzw. nach Ansicht des BAG nach § 134 BGB grundsätzlich nichtig, wenn die übrigen Normen selbständige Bedeutung haben, das heißt, sie nicht Teil einer Gesamtregelung sind, die bei Fortfallen der streitigen Klausel ihren Sinn verlieren würde.[223] Die Nichtigkeit folgt nicht aus § 139 BGB, sondern aus der entsprechenden Anwendung der Grundsätze der Teilunwirksamkeit von Gesetzen.[224]

bb) Regelungskompetenz der Gerichte

Problematisch ist hierbei, daß eine „unbewußte Regelungslücke"[225] entsteht, die, weil es sich um einen Gleichheitsverstoß handelt, in verschiedene Richtungen gefüllt werden kann. Um Gleichheit zu erreichen, bieten sich die Möglichkeiten der „Anpassung nach oben oder unten" bzw. eine völlige Neuregelung der streitigen Tarifnorm an. Die an dieser Stelle zu treffenden Entscheidung ist im Hinblick auf die Möglichkeit der Gesamtnichtigkeit aufgrund der Komplexität der Tarifverträge[226] wegen der Tarifautonomie grundsätzlich Sache der Tarifparteien, so daß eine gerichtliche Regelung für die Zukunft einen Eingriff in diese darstellen kann.[227] Der Rechtsprechung des BAG ist daher auch eine grundsätzliche[228] Zurückhaltung zu entnehmen. Zu Art. 3 Abs. 2 und Abs. 3 GG hieß es, daß dem Gericht die Lückenfüllung verwehrt sei, wenn nicht abzusehen ist, welche Regelung die Tarifparteien treffen werden.[229]

---

220 BAG, AP Nr. 136 zu Art. 3 GG, mit kritischer Anm. *Zuleeg*.

221 *A. Stein*, 1997, Rdn. 353.

222 *M. Sachs*, RdA 1989, S. 25 (34); *T. Baumann*, RdA 1994, S. 272 (275); *H. Wiedemann/H. Peters*, RdA 1997, 100 (107). Das BAG stellt auf die Nichtigkeit nach § 134 BGB ab; vgl. BAG, Urteil v. 5.4.1995, AP Nr. 18 zu § 1 TVG Tarifverträge Lufthansa.

223 BAG, Urteil v. 9.3.1994, AP Nr. 31 zu § 23 a BAT; BAG, Urteil v. 5.4.1995, AP Nr. 18 zu § 1 TVG Tarifverträge Lufthansa.

224 BAG, Urteil v. 7.3.1995, AP Nr. 26 zu § 1 BetrAVG Gleichbehandlung: „Verstöße gegen den Gleichheitssatz des Art. 3 Abs. 1 GG lösen bei Tarifverträgen und Gesetzen die gleichen Rechtsfolgen aus".

225 *T. Baumann*, RdA 1994, S. 272 (276).

226 Dazu *K. Feldhoff*, 1998, S. 315.

227 Zur Entscheidung über den zu treffenden Ausgleich und die Belastung von Unternehmen BAG, Urteil v. 13.11.1985, AP Nr. 136 zu Art. 3 GG; zu Arbeitsbedingungen im übrigen, die für die Zukunft gelten sollen, BAG, Urteil v. 21.3.1991, AP Nr. 29 zu § 622 BGB; *H. Wiedemann*, Festschrift Friauf, 1996, S. 135 (149); *A. Stein*, 1997, Rdn. 355.

228 Anders nur der 3. Senat des BAG, AP Nr. 1 zu § 1 BetrAVG – Besitzstand.

229 Grundlegend BAG, AP Nr. 136 zu Art. 3 GG – Ehefrauenzulage.

Neben der Möglichkeit der verfassungskonformen Auslegung zur Vermeidung der Totalnichtigkeit oder Fortbildung des Tarifvertrags bei Fehlen einer Regelung zur Berücksichtigung des Normcharakters der Tarifverträge[230] werden jedoch vom BAG Ausnahmen zugelassen. Dies ist einerseits für den Fall bejaht worden, daß der mutmaßliche Wille der Tarifparteien erkennbar ist, das heißt, es Anhaltspunkte gibt, welche verfassungsmäßige Regelung die Parteien getroffen hätten.[231] Andererseits besteht ebenfalls kein Konflikt mit Art. 9 Abs. 3 GG, wenn es nur eine Lösungsmöglichkeit gibt, das heißt, wenn das Ermessen der Tarifvertragsparteien auf null geschrumpft ist.[232] Dies ist in der Regel der Fall, wenn es um die Beseitigung der Auswirkungen für die Vergangenheit geht, in denen lediglich eine „Anpassung nach oben" möglich ist, weil in diesen Fällen kein aufgrund der Tarifautonomie zu berücksichtigender Gestaltungsraum existiert.

cc) Tarifautonomie versus Justizgewährungsanspruch

Aufgrund der beschriebenen Probleme, die sich aus der (Teil-) Nichtigkeit von Tarifnormen ergeben, sind vermehrt Überlegungen dahingehend zu erkennen, in Anlehnung an die verfassungsrechtliche Rechtsprechung, welche formelle Gesetze mit dem Hinweis auf die Gestaltungsfreiheit des Gesetzgebers für die Zukunft für unanwendbar erklärt, sie aber weiter bestehen läßt,[233] die gleichheitswidrige Norm nicht für nichtig, sondern nur für verfassungswidrig zu erklären und es damit den Tarifparteien zu überlassen, die entstandene „Lücke" selbst zu schließen.[234] Für eine Übertragung der Grundsätze spricht der normative Charakter der Tarifverträge und die Gestaltungsfreiheit der Tarifvertragsparteien bei der Schaffung von Tarifverträgen.[235] Ebenso hat das BVerfG seine Praxis nicht auf formelle Gesetze beschränkt, sondern sie auch auf materielle Gesetze, wie es auch Tarifverträge sind, angewandt.[236]
Als Konsequenz der Nichtigerklärung einer Tarifnorm ergibt sich das Problem, daß der Anspruch auf die nicht gewährte Begünstigung gerichtlich nicht durchsetzbar ist. Führt der Verstoß gegen den Gleichberechtigungsgrundsatz nämlich zur Nichtigkeit der betreffenden Tarifklausel und wird den Gerichten eine gerichtliche Entscheidung verwehrt, so fehlt es dem geltend gemachten Anspruch an einer entsprechenden Anspruchsgrundlage.[237] So wurde vom BAG bei Teilnichtigkeit eine „Anpassung nach oben" deswegen abgelehnt, weil es Sache der Tarifparteien sei, eine zusätzliche Belastung der Arbeitgeber festzusetzen.[238] Dies führt aber dazu, daß das Gericht hinter dem Klagebegehren zurück-

---

[230] Dies widerspricht auch nicht Art. 9 Abs. 3 GG, da sich der Wille des Gesetzgebers nicht auf den Erlaß grundrechtswidriger Normen richtet; BAG, Urteil v. 21.7.1993, AP Nr. 144 zu § 1 TVG Auslegung. Auch erfordert die Ordnungsfunktion des Tarifvertrags, ihn durch Auslegung rechtmäßig zu machen; *F. Gamillscheg*, 1989, S. 43; *T. Baumann*, RdA 1994, S. 272 (273).

[231] 4. Senat des BAG, Urteil v. 23.9.1981, AP Nr. 19 zu § 611 BGB; BAG, Urteil v. 13.11.1985, AP Nr. 136 zu Art. 3 GG; ebenso 5. Senat des BAG, Urteil v. 10.12.1986, AP Nr. 1 zu § 42 MTB II.

[232] *H. Wiedemann*, Festschrift Friauf, 1996, S. 135 (150); ebenso *M. Schlachter*, Festschrift Schaub, 1998, S. 651 (661).

[233] BVerfGE 52, 369, 379; 57, 335, 346; 82, 126, 154; 85, 191, 211; *C. Pestalozza*, 1991, § 204, Rdn. 125ff.

[234] BAG, AP Nr. 136 zu Art. 3 GG mit Anm. *M. Zuleeg*, NJW 1986, S. 1006; BAG, EzA § 622 n.F. BGB, Nr. 33 = NJW 1991, S. 3170; *R. Scholz* SAE 1986, S. 164ff. Weiterführend *M. Sachs*, RdA 1989, S. 25 (33); *T. Baumann*, RdA 1994, S. 272 (275); *H. Wiedemann*, FS Friauf, 1996, S. 135 (149f.).

[235] *H. Wiedemann*, Festschrift Friauf, 1996, S. 135 (153).

[236] BVerfG v. 25.4.1979, BVerfGE 51, 166, 167; *T. Baumann*, RdA 1994, S. 272 (273).

[237] *M. Schlachter*, Festschrift Schaub, 1998, S. 651 (671); vgl. zur Problematik im gerichtlichen Prozeß, der eine streitentscheidende Anordnung erfordert, damit die Leistungs- oder Feststellungsklage nicht abgewiesen werden muß, *M. Sachs*, RdA 1989, S. 25 (34); *M. Schlachter*, 1993, S. 215.

[238] BAG, Urteil v. 20.4.1977, AP Nr. 11 zu Art. 3 GG, unter 4 a E der Gründe.

bleibt, so daß trotz Gleichheitsverstoßes die Klage abzuweisen ist.[239] Aber auch der Vorschlag, die Norm nicht für nichtig, sondern nur für verfassungswidrig zu erklären und das Verfahren bis zur Neuregelung auszusetzen, bis durch Schaffung einer verfassungskonformen Tarifregelung der Streit entschieden werden kann,[240] erweckt Bedenken, weil dies zur Verzögerung des Rechtsstreits und zur zumindest zeitlichen Nichtgewährung des Rechts auf gerichtliche Durchsetzung des Anspruchs führt.[241]

dd) Lösungsansätze

Somit wird teils unter Hinweis auf die Rechtsprechung des EuGH, der Tarifverträge am Verbot der mittelbaren Diskriminierung vorbehaltlos gemessen hat, gefordert, die Gerichte müßten im Sinn des Diskriminierungsverbots trotz der Tarifautonomie das Entgelt nach § 315 BGB bzw. § 612 Abs. 1 BGB festsetzen, um einer faktischen Rechtsverweigerung wegen der Dauer des Gerichtsverfahrens zu entgehen.[242] Teils wird vermittelnd zwischen der Tarifautonomie und dem Recht auf Gleichberechtigung entschieden und ein über die Feststellung der Verfassungswidrigkeit hinausgehendes Urteil zugelassen, das konkret befristet ausgesetzt wird, um den Tarifparteien die Möglichkeit zur Neuregelung zu geben. Bei Untätigkeit soll sodann durch eine Ersatzgesetzgebung des Gerichts der Anspruch der Klägerin verwirklicht werden können.[243]
Zutreffend ist, daß aufgrund der objektiv-rechtlichen Bedeutung des Art. 3 Abs. 2 S. 1 GG und dessen Geltung im Privatrecht davon auszugehen ist, daß das Entstehen einer „Schutzlücke" durch die beschriebene Nichtigkeit oder Unanwendbarkeit im Hinblick auf den Justizgewährungsanspruch und den Beschleunigungsgrundsatz des § 9 Abs. 1 ArbGG nicht zu einer Klageabweisung führen darf.[244] Des weiteren gibt eine Aussetzung des Verfahrens noch keine Garantie dafür, daß die Tarifparteien auch tatsächlich normsetzend tätig werden. Sie sind zwar nach Ansicht des BAG aus Art. 3 GG verpflichtet, die gleichheitswidrige Norm zu ersetzen und einen rechtmäßigen Zustand zu schaffen.[245] Gerichtlich durchsetzbar ist dies aber nicht.[246] Statt dessen ist im Hinblick auf Art. 141 EG, Art. 3 Abs. 2 S. 1 GG, § 612 Abs. 3 BGB, das Rechtsverweigerungsverbot und das Beschleunigungsgebot eine richterliche Kompetenz zur vorübergehenden Ersatzregelung anzunehmen.[247] Diese ersetzt auch nicht die durch die Tarifautonomie gewährleistete Normsetzungsbefugnis der Tarifparteien, weil mittels der §§ 612 Abs. 3, 315 BGB lediglich im Einzelfall eine Entscheidung getroffen wird, diese aber keine Bindungswirkung für andere Fälle oder die Ausgestaltung der Tarifnormen selbst für die Zukunft besitzt. Um die Tarifparteien konkret zu einer diskriminierungsfreien Regelung zu verpflichten, muß

---

239 *T. Baumann*, RdA 1994, S. 272 (273).

240 2. Senat des BAG, Urteil v. 21.3.1991, AP Nr. 29 zu § 622 BGB unter III 6 der Gründe; *T. Baumann*, RdA 1994, S. 272 (275f.).

241 *M. Schlachter*, Festschrift Schaub, 1998, S. 651 (671).

242 *H. Pfarr/K. Bertelsmann*, 1989, S. 312.; *A. Oppermann*, 1997, S. 81f.; kritisch *M. Schlachter*, 1993, S. 214 m.w.N.; so auch BAG, Urteil v. 10.3.1994, BB 1994, S. 1355f.

243 *T. Baumann*, RdA 1994, S. 272 (278); *M. Schlachter*, Festschrift Schaub, 1998, S. 651 (672); a. A. *A. Stein*, 1997, Rdn. 355.

244 *M. Schlachter*, Festschrift Schaub, 1998, S. 651 (671).

245 BAG, AP Nr. 29 zu § 622 BGB. Ebenso ist auch der Gesetzgeber nach einer Unvereinbarkeitserklärung des BVerfG gezwungen, tätig zu werden; vgl. BVerfGE 55, 100, 110ff.; 61, 319, 356ff.

246 BAG, Urteil v. 13.11.1985, AP Nr. 136 zu Art. 3 GG.

247 Nach *Wiedemann/Mangen*, Anm. zu BAG, AP Nr. 1 zu § 1 BetrAVG, ist eine Ausnahme nur in den Fällen zu machen, in denen eine Neuregelung durch die Tarifparteien hinsichtlich der streitigen Bestimmung ohnehin bevorsteht.

ihnen durch die Gerichte eine verbindliche Frist gesetzt werden. Auch dies ist kein Verstoß gegen die Tarifautonomie, weil es ihnen weiterhin freisteht, wie sie die Regelung im Einzelfall ausgestalten.[248] Sie können somit den diskriminierenden Zustand auch durch eine Nichtregelung beseitigen, solange die geschlechtsspezifische Benachteiligung nicht fortgeschrieben wird und den Vorgaben des EuGH zu Art. 141 EG sowie der Richtlinie 75/117/EWG Rechnung getragen wird. Diese Lösung erscheint somit als ein sachgerechter Ausgleich zwischen verfassungsrechtlich gewährleisteter Tarifautonomie sowie dem geschlechtsspezifischen Verbot der mittelbaren Diskriminierung.

b) Zusammenfassung

Der Grundsatz der „Anpassung nach oben" gilt nach der Rechtsprechung des EuGH uneingeschränkt auch für Tarifverträge, was im hinsichtlich der verfassungsrechtlich gewährleisteten Tarifautonomie gemäß Art. 9 Abs. 3 GG auf Bedenken stößt. Die Lösung des Konflikts zwischen dem Gestaltungsfreiraum der Tarifparteien und dem Justizgewährungsanspruch der Klägerin darf im Hinblick auf das in Art. 3 Abs. 2 S. 1 GG enthaltene Verbot der mittelbare Diskriminierung nicht zu einer Rechtsschutzversagung führen, so daß eine richterliche Befugnis zur ersatzweisen Regelung zu bejahen ist, welche die Normsetzung durch die Tarifparteien aufgrund der Einzelfallentscheidung nicht ersetzt. Um die Tarifparteien zu verpflichten, auch tatsächlich einen diskriminierungsfreien Zustand zu schaffen, ist ihnen unter Aussetzung des Verfahrens eine Frist zu setzen, nach deren Ablauf das Gericht tätig werden kann.

---

[248] *T. Baumann*, RdA 1994, S. 272 (277f.); *K. Feldhoff*, 1998, S. 322; nach *M. Schlachter*, Festschrift Schaub, 1998, S. 651 (672f.), soll sich die Fristsetzung aus Praktikabilitätsgesichtspunkten an der Laufzeit des Tarifvertrags richten.

Zusammenfassung und Ergebnisse

Kapitel 1: Einführung in die Problematik der mittelbaren Diskriminierung

I. Grundlagen der Untersuchung

Das Verbot der mittelbaren Diskriminierung wegen des Geschlechts ist eine materielle Form des geschlechtsspezifischen Gleichbehandlungsgrundsatzes. Es unterbindet Regelungen, die als solche geschlechtsneutral formuliert sind, in ihren Auswirkungen eine Gruppe eines Geschlechts jedoch unverhältnismäßig benachteiligen und nicht durch objektive, geschlechtsneutrale Faktoren gerechtfertigt sind. Die bedeutendste Fallgruppe der mittelbaren Diskriminierung erscheint in Form der Benachteiligung von Arbeitnehmern in Teilzeitbeschäftigung. Diese Beschäftigungsform ist wegen der tradierten Rollenzuteilungen mit einem Frauenanteil von 85% weiterhin eine Frauendomäne. Eine Ungleichbehandlung Teilzeitbeschäftigter ist daher in der Regel eine mittelbare Diskriminierung von Frauen.

Die Erwerbsbeteiligung von Frauen ist in den letzten Jahren stark angestiegen, mit einem Anteil an allen Erwerbstätigen von über 40%. Die Kindererziehung ist weiterhin der ausschlaggebende Faktor für das Erwerbsverhalten. Der Zuwachs weiblicher Erwerbsbeteiligung ist zu einem großen Teil auf den Anstieg an Teilzeitbeschäftigung zurückzuführen. Sie findet sich überwiegend im weiblich dominierten Dienstleistungsbereich.

Die Diskrepanz der geschlechtsspezifischen Lohnunterschiede ist mit nur durchschnittlich 77% der männlichen Einkommen weiterhin gravierend. Teilzeitarbeitsplätze werden überproportional in Wirtschaftszweigen mit niedrigen Durchschnittslöhnen und unterdurchschnittlichem Qualifikationsniveau angeboten. Zudem ist der Einkommensunterschied Konsequenz des Ausschlusses eines großen Teils Teilzeitbeschäftigter von diversen Zusatzleistungen des Arbeitgebers, für deren Erhalt Vollzeitbeschäftigung Voraussetzung ist.

II. Strukturelle Diskriminierung

Es sind zwei Ursachen der strukturellen Diskriminierung von Frauen auszumachen, die durch das zugeschriebene Merkmal „Geschlecht" bestimmt werden:
Zunächst wird hierdurch bereits im privaten Bereich das Problem der Vereinbarkeit von Familie und Beruf entscheidend beeinflußt. Die weiterhin geschlechtsspezifisch geprägte Rollenverteilung wird durch das sogenannte Normalarbeitsverhältnis als Maßstabsnorm, durch Rahmenbedingungen, wie Normen des Arbeitsrechts, institutionalisiert und abgesichert, was die sogenannte doppelte Ausrichtung der Lebensplanung von Frauen zur Folge hat. Dies bedeutet für sie nahezu unüberwindbare Hürden gegen eine gleichberechtigte Teilhabe und Teilnahme am Erwerbsleben. Einer Veränderung steht das Organisationsdefizit von Frauen als eine Schlüsselfunktion der fortbestehenden strukturellen Benachteiligung entgegen.

Eine weitere Ursache ist die geschlechtsspezifische Arbeitsmarktsegregation. Diese steht in Wechselwirkung mit dem Problem der Vereinbarkeit von Familie und Beruf. Zu unterscheiden sind horizontale und vertikale Segregation. Die horizontale Segregation bewirkt durch die Typisierung von Frauen- und Männerberufen starre Barrieren, die einer Veränderbarkeit der geschlechtsspezifischen Verteilung auf verschiedene Berufe und Branchen entgegenstehen. Die vertikale Segregation zeigt, daß sogar unter der Voraussetzung gleicher Qualifikation und gleicher Berufe Unterschiede zwischen den Geschlechtern bei Arbeitsbedingungen und Einkommen auftreten.

Teilzeitarbeit als eine für sich zu betrachtende Form weiblicher Arbeitsstruktur kumuliert mit der geschlechtsspezifischen Arbeitsmarktsegregation. Teilzeitstellen finden sich in horizontaler Hinsicht vor allem in weiblichen Berufen, in vertikaler Hinsicht werden sie bevorzugt in niedrigeren Positionen angeboten. Teilzeitarbeit als Diskriminierungsmerkmal führt durch das Zusammentreffen mit der Segregation des Arbeitsmarkts zu einer Verstärkung der Benachteiligung von Frauen. Sie ist damit nicht nur als segregiertes, sondern als zugleich segregierendes Phänomen zu betrachten, durch welches strukturelle Diskriminierung perpetuiert und verstärkt wird.

III. Strukturelle Diskriminierung als rechtlich relevante Diskriminierung

Die in dieser Arbeit untersuchten Erklärungsansätze haben nicht widerlegen können, daß die strukturelle Benachteiligung von Frauen eine rechtlich relevante Diskriminierung wegen des Geschlechts darstellt. Größtenteils können sie keine abschließende Erklärung anbieten, geben jedoch in einer Gesamtschau einen Einblick in die Entstehung und Wirkung der Diskriminierung von Frauen im Erwerbsleben. Im Ergebnis kann diese nicht auf autonome Präferenzen oder einen von der sozialen Wirklichkeit unabhängigen Mechanismus des Arbeitsmarkts zurückgeführt werden.

Die Arbeitsmarkttheorien setzen die häusliche Arbeits- und Rollenteilung als gegeben voraus und argumentieren vor diesem status quo. Hiernach ist die Benachteiligung im Erwerbsleben auf individuelle Präferenzen zurückzuführen. Eine Diskriminierung von Frauen im Wortsinne wird damit bestritten. Allein der der Handlungstheorie zuzuordnende Ansatz des Rational-Belief vermag aufgrund der Annahme der Sozialbindung der Präferenzen die Isolation des Arbeitsmarktverhaltens von der Gesellschaftsstruktur zu überwinden. Die institutionellen Segmentationsansätze bieten keine umfassende Erklärung, deuten jedoch ebenfalls stark auf eine revidierbare strukturelle Benachteiligung hin.

Die soziologischen und frauenwissenschaftlichen/Gender-Ansätze stellen die Zusammenhänge zwischen gesellschaftlicher Sozialisation und individuellem Verhalten sowie Herrschaftsstrukturen dar, in denen das Merkmal „Geschlecht" als Determinante der Handlungsoptionen wirkt. Sie verdeutlichen die Zusammenhänge zwischen häuslicher Arbeitsteilung und Benachteiligung im Berufsleben und überwinden damit die Erklärungsdefizite der Arbeitsmarkttheorien. Hiervon erscheint der, die differenz- und hierarchietheoretischen Ansätze umfassende Doing-Gender-Ansatz am überzeugendsten. Er bietet durch die Darstellung des Zusammenhangs von Geschlechterdifferenz und -hierarchie eine umfassende Erklärung für eine Benachteiligung wegen des Geschlechts.

Kapitel 2: Gleichheits- und Gerechtigkeitsmodelle und die Einordnung des Verbots der mittelbaren Diskriminierung

I. Grenzen formeller Gleichheit und ihre Bedeutung für die Gleichberechtigung der Geschlechter

Von den in Kapitel 2 dargestellten zwei Modellen der Gleichheit sowie von den zwei Formen der Gerechtigkeit sind jeweils erstere formeller Ausprägung und weisen hinsichtlich ihrer Grundannahmen eine Nähe zu den hier im Bezug auf die Erklärung geschlechtsspezifischer Benachteiligung im Erwerbsleben abgelehnten Arbeitsmarkttheorien auf. Letztere sind hingegen materiellen Charakters und werden durch die soziologischen und frauenwissenschaftlichen Theorien unterstützt. Mit ihren distributiven, sich an der gesamten Gesellschaft orientierenden Argumenten kann den ökonomischen Erwägungen gegen eine rechtliche Regulierung zwecks Erreichung der Chancengleichheit der Geschlechter im Erwerbsleben begegnet werden.

Im Rahmen der Gerechtigkeitsdogmatik ist die ausgleichende von der austeilenden Gerechtigkeit (iustitia directiva und distributiva) zu unterscheiden. Zentrales Prinzip der Gerechtigkeit ist das Gleichheitsprinzip, welches sich in formelle sowie materielle/substantielle Gleichheit unterteilen läßt. Diese Unterscheidungen zielen auf die Intensität ab, mit der das Recht auf die soziale Wirklichkeit Einfluß nehmen soll. Iustitia directiva und formelle Gleichheit bewegen sich in dem vom Recht vorgegeben Raum ohne Ansehen der Person. Ihr Ziel ist es nicht, auf soziale Ausgangsbedingungen einzuwirken. Iustitia distributiva sowie substantielle Gleichheit hingegen wirken in Ansehen der Eigenschaften der Personen und können durch die Berücksichtigung der diese Eigenschaften bestimmenden sozialen Rahmenbedingungen, daß heißt struktureller Diskriminierung, auch formell gleiche Behandlung mit materiell nachteiliger Wirkung korrigieren.

Es handelt sich bei dieser Unterscheidung nicht um eine theoretische Begrifflichkeit. Der Einblick in die historische Anwendung des Gleichbehandlungsgrundsatzes hat gezeigt, daß formelle Gleichheit stets als Rechtfertigung der Ausgrenzung von Frauen diente.

Die frauenwissenschaftliche Rechtskritik argumentiert mit dem im Grunde männlichen Standard des Rechts, der durch die Neutralität und die Objektivität des formellen Gleichheitsverständnisses unkenntlich gemacht wird und die Trennung von Öffentlichkeit und Privatsphäre zum Nachteil von Frauen ermöglicht und aufrechterhält.

Das gegen das formelle Gleichheitsverständnis vorgebrachte Modell gleichwertiger Rechte zur Bestimmung des Inhalts des Gleichheitsbegriffs ist zwar wertungsoffen und ausfüllungsbedürftig, ermöglicht jedoch, verschiedene Maßstäbe und damit verschiedene Lebensweisen als gleichwertig anzuerkennen. Um zu gewährleisten, daß die (Ausgangs-) Chancen der Geschlechter für die Beteiligung am Erwerbsleben tatsächlich gleich sind, ohne Frauen auf männliche Lebensmuster festzulegen, kann das Modell als bislang plausibelste Idee helfen, der notwendigen Funktion des Rechts zu entsprechen. Voraussetzung hierfür ist aber, daß es seinen Bedeutungsinhalt aus dem Tatsächlichen und den Erfahrungen beider Geschlechter sowohl im öffentlichen als auch im privaten Bereich gewinnt.

Ein an der Gleichwertigkeit der Lebensformen orientiertes Gleichheitsverständnis bedeutet keine Aufgabe, sondern eine Weiterentwicklung des bislang nur unzureichend verwirklichten Gleichheitsprinzips und stellt damit ein durchaus geeignetes Modell zur Bestimmung seines Inhalts dar.

II. Das Prinzip der substantiellen Chancengleichheit

Das Prinzip substantieller Chancengleichheit als Form der iustitia distributiva berücksichtigt bei der Güterverteilung (hier: Verteilung von Erwerbschancen) den Einfluß äußerer Faktoren, welche die Verwendung der zuzuteilenden Güter unterschiedlich beeinflussen und dazu führen, daß Frauen und Männer strukturell bedingt und nicht aufgrund unterschiedlicher Anstrengung unterschiedliche Ergebnisse (hier: im Erwerbsleben) erzielen.

Angesichts der strukturellen Benachteiligung in Form von Stereotypisierungen und der Schwierigkeit der Meßbarkeit einer substantiellen Chancengleichheit muß das statistische Ergebnis der strukturellen Benachteiligung von Frauen als Indikator für eine fortbestehende Chancenungleichheit fungieren. Das bedeutet zugleich, daß Chancengleichheit individuelle Gleichheit der Chancen, nicht aber Ergebnisgleichheit verfolgt.

Das Ziel der Gleichberechtigung der Geschlechter kann dabei nicht durch eine kostenneutrale Verbesserung der Lebensumstände von Frauen erreicht werden, sondern nur durch eine andere Gestaltung der Lebensformen selbst, mit der notgedrungen auch eine Veränderung der Lebensumstände der bislang Bevorteilten einhergeht.

Die Frage, wie das Ziel des sogenannten „potentiellen Rollentauschs" zwischen den Geschlechtern zu erreichen ist, beantwortet der institutionalistische Ansatz der iustitia distributiva. Dieser zielt auf die Verteilungseigenschaften der institutionellen Verfassung der Gesellschaft ab, indem er die Benachteiligung erfaßt, die sich als strukturelle Auswirkungen definieren läßt, die im Bereich des Einflusses sozialer Umstände auf individuelle Lebensführungen liegen. Für die Geschlechtsdiskriminierung bedeutet dies, daß er die von den Geschlechtern vorgefundenen und ihre Lebensformen prägenden Ausgangspositionen in Form tradierter Rollenmuster beurteilt und die zu verteilenden Chancen hieran bemißt.

Die Bestimmung der Verteilungskriterien der iustitia distributiva erfolgt aufgrund ihrer Wertungsoffenheit nicht nach objektiv-formalen Maßstäben, sondern kontextabhängig und subjektiv im Einzelfall unter Hinzuziehung der Begriffe der Leistungs-, Belastungs-, Bedarfs-, Chancen- und Verfahrensgerechtigkeit. Es hat eine Einzelfallbetrachtung zu erfolgen, die es unter Berücksichtigung der Umstände des Einzelfalls ermöglicht, Arbeitgeber als Verteilungsinstanzen von einer Inanspruchnahme für die Chancenverteilung durch die iustitia distributiva auszunehmen. Gründe der Leistungs- und Belastungsgerechtigkeit ziehen einer solchen Grenzen, so daß die Kritik, man würde Arbeitgeber zu „Funktionären der Gesellschaft" für die Bekämpfung strukturelle Defizite machen, unbegründet ist.

III. Das Verbot der mittelbaren Diskriminierung wegen des Geschlechts als Form distributiver Gerechtigkeit

Es wurde in Abgrenzung zur iustitia directiva festgestellt, daß das Verbot der mittelbaren Diskriminierung und damit alle dieses beinhaltenden geschlechtsspezifischen Gleichberechtigungsrechte Ausprägungen der iustitia distributiva sind. Für das Verbot gelten somit die für letztere getroffenen Feststellungen umfassend.

So teilt das Verbot der mittelbaren Diskriminierung wegen des Geschlechts im Rahmen des § 1 Abs. 3 S. 1 KSchG durch das Hinzutreten des § 611a Abs. 1 S. 1 BGB dem Arbeitnehmer distributive Rechte zu und erlegt dem Arbeitgeber zugleich Pflichten auf. Bei einer betriebsbedingten Kündigung ist die Entscheidung des Arbeitgebers unter anderem nach den Kriterien der Betriebszugehörigkeit sowie der Unterhaltspflichten der zu kündigenden Person, das heißt in Ansehung der Person, zu treffen. Hinsichtlich des Verbots der mittelbaren Diskriminierung bei Kündigungen aus § 611a Abs. 1 S. 1 BGB erfolgt die Zuteilung zudem „in Ansehung des Geschlechts". Dieses tritt als unzulässiges Differenzierungskriterium hinzu. Der Arbeitgeber hat hiernach bei der Zuteilung die geschlechtsspezifische Ausgestaltung der Kriterien der Betriebszugehörigkeit sowie der Unterhaltspflichten zu beachten, so daß die Verteilung des Guts „Arbeit" anhand der Kriterien des § 1 Abs. 3 S. 1 KSchG weiter korrigiert wird. Auf der anderen Seite berücksichtigen mittelbare Diskriminierungen verbietende Normen durch Bestimmungen wie § 23 Abs. 1 KSchG die Belastungsfähigkeit der als Verteilungsagenturen behandelten Arbeitgeber, indem sie das Eingreifen des Gesetzes von der Betriebsgröße abhängig machen.

Die Kritik gegen eine Inanspruchnahme der Arbeitgeber und Verbände als „Funktionäre der Gesellschaft" erweist sich zudem bereits dahingehend als unbegründet, als das Verbot die Möglichkeit der objektiven Rechtfertigung mittelbar diskriminierender Maßnahmen zuläßt sowie die Prüfung ihrer Verhältnismäßigkeit erfordert und somit als durchaus sensibel im Hinblick auf die individuelle Leistungsfähigkeit der in Verantwortung genommenen Verteilungsagenturen betrachtet werden kann.

Nur unter der Berücksichtigung der Tatsache, daß der Grundsatz des „volenti non fit iniuria" im Rahmen der iustitia distributiva nicht gilt, sind die Ursachen der strukturellen Diskriminierung von Frauen als justitiabel einzuschätzen.

Ihre Reichweite ist indes immanent durch die Funktion des Verbots der mittelbaren Diskriminierung begrenzt, welches die Folgen der strukturellen Benachteiligung allein im Erwerbsleben unterbindet, nicht aber in erster Linie an ihren sozialen Ursachen anzusetzen vermag.

Kapitel 3: Die Rechtsgrundlagen des Verbots der mittelbaren Diskriminierung

Das Verbot der mittelbaren Diskriminierung wegen des Geschlechts ist im Gemeinschaftsrecht primärrechtlich hinsichtlich der Entgeltfragen in Art. 141 Abs. 1 und 2 EG geregelt, der eine horizontale Wirkung für seine unmittelbare Anwendbarkeit im Privatrecht entfaltet, soweit seine Bestimmungen noch nicht im nationalen Recht enthalten bzw. umgesetzt sind.

Die sekundärrechtliche Richtlinie 76/207/EWG erstreckt das Verbot auf alle sonstigen Arbeitsbedingungen. Die nationalen Gerichte sind aufgrund der in der Regel nur vertikale Wirkung entfaltenden Richtlinien, sofern sie noch nicht in nationales Recht umgesetzt sind, aufgefordert, eine richtlinienkonforme Auslegung nationalen Rechts vorzunehmen.

Mit Art. 3 Abs. 2 S. 1 GG kommt dem Verbot der mittelbaren Diskriminierung wegen des Geschlechts auf nationaler Ebene verfassungsrechtlicher Rang zu. Das Grundrecht, nicht wegen des Geschlechts diskriminiert zu werden, reicht weiter als Art. 141 Abs. 1 und 2 EG, indem es alle Formen geschlechtsspezifischer Diskriminierungen verbietet. Für das Verbot der mittelbaren Diskriminierung ist der als individuelles, aber gruppenbezogenes Gleichberechtigungsgrundrecht, nicht aber als Gruppengrundrecht zu verstehende Art. 3 Abs. 2 S. 1 GG einschlägig, so daß ein Rückgriff auf Art. 3 Abs. 1 GG aufgrund der Spezialität der besonderen Gleichheitssätze der Abs. 2 und 3 ausgeschlossen ist.

Die Auslegung des Art. 3 Abs. 2 S. 1 hat ergeben, daß die Identitätsthese unhaltbar ist sowie daß Abs. 2 S. 1 hinsichtlich des Geschlechts als Differenzierungskriterium einen gegenüber Abs. 3 eigenständigen Regelungsbereich besitzt, so daß die mittelbare Diskriminierung sachgerecht allein erstem zuzuordnen ist. Sein dynamischer, zukunfts- und gesellschaftsorientierter Charakter entspricht der substantiellen Chancengleichheit als Ausprägung der iustitia distributiva.

Als einfachgesetzliche Bestimmungen enthalten die §§ 611a, 612 Abs. 3 BGB, ebenso wie Art. 3 Abs. 2 S. 1 GG, das Verbot der mittelbaren Diskriminierung aufgrund der gemeinschaftsrechtskonformen Auslegung in demselben Umfang wie das Gemeinschaftsrecht. Das Verbot der Benachteiligung Teilzeitbeschäftigter gemäß § 1 Abs. 1 TzBfG überschneidet sich in vorliegender Konstellation regelmäßig mit dem Verbot der mittelbaren Diskriminierung, so daß es durch die §§ 611a, 612 Abs. 3 BGB als leges speciales verdrängt wird bzw. die strengeren Anforderungen des Verbots der mittelbaren Diskriminierung an die Rechtfertigung zu übertragen sind.

Kapitel 4: Umsetzung und Anwendung des Verbots der mittelbaren Diskriminierung – dargestellt am Beispiel der Benachteiligung von Frauen in Teilzeitbeschäftigung

I. Voraussetzungen

Bei der Feststellung einer mittelbaren Diskriminierung ist zunächst zu prüfen, ob eine Ungleichbehandlung von Angehörigen der Gruppen der Frauen und Männer vorliegt. Hier ist zu fragen, ob dem Anschein nach neutrale, also rechtlich oder tatsächlich geschlechtsunspezifische Vorschriften, Kriterien oder Verfahren einen wesentlich höheren Anteil der Angehörigen eines Geschlechts benachteiligen, die sowohl auf Frauen als auch auf Männer Anwendung finden, aber nur bei einem Geschlecht zutreffen oder von ihm erfüllt werden können. Dazu gehören alle arbeitsrechtlichen Regelungen in Tarifverträgen, Betriebsvereinbarungen, Arbeitsverträgen, Einstellungspraktiken sowie andere Arbeitsbedingungen, die auf traditionellen Vorstellungen über die geschlechtsspezifische Aufgabenverteilung beruhen.

Zu den teilzeitunspezifischen Kriterien gehören unter anderem die *Flexibilität*, die *Berufsausbildung* und die Dauer der *Betriebszugehörigkeit*, die von Frauen im Hinblick auf ihre tatsächliche Lebensform aufgrund der geschlechtsspezifischen Rollenmuster nicht ebenso wie von Männern erfüllt werden können. Teilzeitbeschäftigung selbst (in Form des Kriteriums der *tatsächlichen Arbeitszeit*) stellt ein solches neutrales Kriterium dar, weil sie rechtlich wie tatsächlich sowohl von Frauen als auch von Männern ausgeübt werden kann, der Anteil von Frauen in dieser Beschäftigungsform tatsächlich aber 85% beträgt, so daß jede Schlechterbehandlung teilzeitbeschäftigter Frauen mittelbar benachteiligt. Dies ist zum Beispiel der Fall bei der für die Berechnung der für die Erfüllung einer Anspruchsvoraussetzung entscheidenden Dienstzeit angewandten Methode, die Teilzeitbeschäftigte bei einer unter der wöchentlichen Vollarbeitszeit liegenden Arbeitszeit nur zum Teil oder gar nicht berücksichtigt, bei der Berechnung des Dienstalters, die lediglich den aktiven Dienst erfaßt, so daß das Dienstalter bei Teilzeitarbeit stets geringer als bei regelmäßiger Vollzeitarbeitszeit ausfällt, oder bei Überstundenzuschlägen, für deren Erhalt das Überschreiten der Vollarbeitszeit Voraussetzung ist.

Gerade im Fall der Teilzeitbeschäftigung ist problematisch, daß der Geschlechtszusammenhang so offensichtlich ist, daß sich die Frage aufdrängt, warum nur aufgrund der Tatsache, daß „Teilzeitarbeit" oder mit ihr zusammenhängende Formulierungen als neutrale Begriffe verwendet werden, andere und schwierigere Anforderungen an die Prüfung gestellt werden sollen als bei der unmittelbaren Diskriminierung, die das Geschlecht explizit verwendet und die grundsätzlich nicht gerechtfertigt werden kann.

Die zweite Voraussetzung für die Feststellung einer mittelbaren Diskriminierung ist die Vergleichsgruppenbildung zur Darlegung der nachteiligen Betroffenheit der Angehörigen der Gruppe eines Geschlechts. Es hat sich gezeigt, daß die proportionale Methode, die sich nicht auf absolute Zahlen verläßt, die strukturelle Diskriminierung von Frauen, insbesondere in Fällen einer stark geschlechtsspezifisch segregierten Betriebs- und Branchenstruktur, am besten erfassen kann.

Bei der Feststellung des Ausmaßes der nachteiligen Betroffenheit dienen die statistischen Ergebnisse nur dazu, eine Mindestgrenze festzulegen und ein Beruhen der Unterschiede auf Zufälligkeiten auszuschließen. Es ist eine Wertung vorzunehmen, weil die Verwendung von Prozentsätzen lediglich ein Indiz und kein Beweis für eine Diskriminierung ist, so daß es neben dem statistischen Material entscheidend auf objektive Gesichtspunkte ankommt, wie die Bedeutung der Ungleichbehandlung, die Anzahl der Betroffenen und das Ausmaß der Betroffenheit.

Der Einwand der Rechtsunsicherheit durch die hier vorzunehmende rechtliche Würdigung bzw. durch die Verwendung statistischen Materials zur Feststellung der nachteiligen Betroffenheit trifft im Bereich der Teilzeitbeschäftigung wegen der auch nach den Prognosen stabilen geschlechtsspezifischen Zusammensetzung dieser Beschäftigungsform nicht zu.

Bei der Feststellung der nachteiligen Betroffenheit kommt es nicht auf eine nur finanzielle Benachteiligung an. Denn diese würde die strukturelle Benachteiligung, die sich im Erwerbsleben auch in wirtschaftlich nicht meßbaren Nachteilen widerspiegelt, nicht erfassen.

Eine Kompensation der erlittenen Nachteile beim Entgelt durch anderweitig erfahrene finanzielle Vorteile, die zur Verneinung einer nachteiligen Betroffenheit führte, ist im Hinblick auf die Bewertung der einzelnen diskriminierenden Bestandteile eines insgesamt benachteiligenden Vergütungssystems, also der Transparenz und Durchschaubarkeit von Entgeltpraktiken, nicht möglich.

Die nachteilige Betroffenheit ist nicht auf das biologische Geschlecht zu beschränken, weil eine solche Eingrenzung des Anwendungsbereichs des Verbots der mittelbaren Diskriminierung durch eine Ausgrenzung des sozialen Geschlechts den größten Teil der strukturellen Diskriminierung von Frauen unangetastet lassen würde. Daß Frauen auf Vollerwerbstätigkeit verzichten und statt dessen einer Teilzeitbeschäftigung nachgehen und deswegen benachteiligt werden, hat, wie in Kapitel 2 dargestellt, seine Ursachen zumindest unmittelbar allein oder auch im sozialen Geschlecht.

Das Erfordernis der Kausalitätsprüfung als eine zusätzliche haftungsbegrenzende Voraussetzung der Feststellung einer mittelbaren Diskriminierung ist abzulehnen. Denn aus dem Indiz der prozentual wesentlich stärkeren Betroffenheit einer Gruppe ergibt sich bereits die Geschlechtsbedingtheit des Nachteils. Zudem ist das Prinzip effektiven Rechtsschutzes ein im Gemeinschaftsrecht anerkannter, allgemeiner Rechtsgrundsatz, der die Mitgliedstaaten verpflichtet, die Durchsetzung des Verbots zu gewährleisten. Als eine Haftungsvoraussetzung ist die Kausalitätsprüfung aber ein zusätzliches Problem der Darlegungs- und Beweislast und damit geeignet, die Gewährleistung der Durchsetzung des Verbots der mittelbaren Diskriminierung zu beeinträchtigen.

II. Die Rechtfertigung der mittelbaren Diskriminierung

Die Feststellung der objektiven Rechtfertigung stellt das eigentliche Kernproblem des Verbots der mittelbaren Diskriminierung dar, weil die vorgenannten Voraussetzungen zunächst nur eine mittelbare Diskriminierung vermuten lassen, welche an dieser Stelle widerlegt werden kann.

Die gerichtliche Prüfung der objektiven Rechtfertigungsgründe erfordert eine sensible und komplexe Entscheidung hinsichtlich der mit einer Maßnahme verfolgten unternehmerischen, tariflichen oder gesetzlichen Ziele und dem Gebot der Geschlechtergleichberechtigung. Sie stellt zugleich ein potentielles Hindernis für die Effizienz der Durchsetzung des Verbots der mittelbaren Diskriminierung dar. Die untersuchten, von Arbeitgebern, den Tarifparteien oder dem Staat angeführten objektiven Gründe der Rechtfertigung haben die Gefahr verdeutlicht, die sich aus der Verwendung des männlichen Erwerbsmodells als Norm ergibt. Sie beruhen meist auf tradierten Vorstellungen über die geschlechtsspezifische Rollenverteilung und sind damit selbst hinsichtlich ihrer faktisch benachteiligenden Auswirkungen auf Frauen zu untersuchen.

Es wurde hinsichtlich der iustitia distributiva darauf hingewiesen, daß die objektive Rechtfertigung dem Arbeitgeber die Möglichkeit eröffnet, seine Belastungs- und Leistungsfähigkeit zu widerlegen, so daß er im Einzelfall nicht als Verteilungsagentur für die Beseitigung einer mittelbaren Diskriminierung in Anspruch genommen werden kann. Die weiterreichende Bedeutung der objektiven Rechtfertigung ergibt sich aus der Beurteilung der tatsächlichen Neutralität der Rechtfertigungsgründe, die nach der iustitia distributiva zum Erreichen einer substantiellen Chancengleichheit notwendig ist.

Nach dem sogenannten *Bilka*-Test ist zur Rechtfertigung einer mittelbar diskriminierenden Regelung ein objektives Kriterium notwendig, das einem wirklichen Bedürfnis entspricht und zur Erreichung des mit der streitigen Maßnahme verfolgten Ziels geeignet und erforderlich ist. Die objektiven Faktoren dürfen dabei keine Erwägungen in Form verallgemeinernder Aussagen zu bestimmten Kategorien von Arbeitnehmern sein. Abzustellen ist auf deren Anwendung im Einzelfall.

Die objektiven Faktoren lassen sich in zwei Gruppen unterteilen: in die sogenannten stellen- und unternehmensbezogenen Gründe einerseits sowie die im öffentlichen Interesse liegenden Gründe andererseits.

Zu den ersten, dem *Bilka*-Test aufgrund ihrer Geschlechtsspezifik nicht entsprechenden stellenbezogenen Kriterien gehören die *Flexibilität* und die *Berufsausbildung*. Die *Dauer der Betriebszugehörigkeit* ist nur zu rechtfertigen, wenn im Hinblick auf Ziel und Zweck der streitigen Regelung unter Berücksichtigung aller Umstände des Einzelfalls eine Beziehung zwischen der Ausübung der konkreten Tätigkeit und der Erfahrung besteht, welche die Ausübung der Tätigkeit nach einer bestimmten Anzahl geleisteter Arbeitsstunden verschafft.

Besonders kritisch sind im Einzelfall die stark diskriminierungsverdächtigen Fälle der *„Zweckverfehlung"* in Form der Sonderzuwendungen für Betriebstreue, der Überstundenzuschläge ab Überschreiten der regelmäßigen Arbeitszeit sowie der bezahlten Freistellung an Brauchtumstagen zu prüfen.

Im Rahmen der unternehmensbezogenen Gründe ist auf das Problem der Übernahme *allgemeiner arbeitsmarktpolitischer Erwägungen* hingewiesen worden. Zu beachten ist der Zweck der den Markt korrigierenden iustitia distributiva, der vorliegend in Form des Gleichberechtigungsgebots den gemeinschaftsrechtlichen Verpflichtungen zur Gewährleistung des freien Markts zu widersprechen scheint. Wie in Kapitel 1 dargestellt, tendieren arbeitsmarktpolitische Erwägungen dazu, auf tradierten Rollenvorstellungen zu beruhen und damit zur Manifestation des status quo beizutragen. Bislang wurden sie tatsächlich allein in Fällen bemüht, in denen stets typische Frauenarbeit, also die strukturelle Benachteiligung von Frauen aufgrund der geschlechtsspezifischen Segregation des Arbeitsmarkts, betroffen war.

Auch *ökonomische Gründe* der Rechtfertigung eines Unternehmens müssen einem wirklichen Bedürfnis entsprechen. Argumente der zusätzlichen Kosten der Beschäftigung Teilzeitbeschäftigter, der die Vollzeitbeschäftigung erfordernden Organisationsstruktur sowie der schlechteren Motivation, Ausbildung und mangelnden Integration Teilzeitbeschäftigter in den Betrieb genügen dem Erfordernis nicht.

Es hat sich gezeigt, daß nunmehr wirtschaftliche Gründe der *Belastungs- und Wettbewerbsfähigkeit* eines Unternehmens aufgrund der fundamentalen Bedeutung des Gleichberechtigungsgebots und der modernen Auffassung des Art. 141 EG in der Regel die praktischen Auswirkungen der Umsetzung des Grundsatzes des gleichen Entgelts betreffen, so daß sie nicht bereits auf der Rechtfertigungsebene zu beachten sind, sondern allein eine Einschränkung der Rechtsfolgen bewirken können.

Zu der zweiten Gruppe der objektiven Faktoren gehören die im öffentlichen Interesse liegenden Gründe, bei denen anstelle des wirklichen Bedürfnisses die notwendige bzw. legitime nationale sozialpolitische Zielsetzung gesetzlicher Maßnahmen zu prüfen ist und für welche den Mitgliedstaaten vom EuGH ein sachgerechter bzw. weiter Ermessensspielraum zugestanden wird, wie dies anhand der Beispiele des Ausschlusses Teilzeitbeschäftigter von der Lohnfortzahlung gemäß § 1 Abs. 3 Nr. 2 LohnFG a.F. sowie des Kündigungsschutzes Teilzeitbeschäftigter im Rahmen des § 1 Abs. 3 KSchG gezeigt worden ist.

Festgestellt wurde, daß der an individualrechtliche und gesetzliche Regelungen anzulegende Prüfungsmaßstab derselbe ist. Weder aus der untersuchten Rechtsprechung des EuGH zu mittelbar diskriminierenden Gesetzen, noch aus der Regelungskompetenz der Mitgliedstaaten für sozialpolitischen Fragen oder aus der Reichweite der Auswirkungen gesetzlicher und individualrechtlicher Maßnahmen haben sich Anforderungen an eine unterschiedliche Prüfungsintensität ergeben. Zu fordern ist daher eine Entsprechung für gesetzliche Regelungen zum wirklichen unternehmerischen Bedürfnis. Letztlich sind sowohl der Staat unmittelbar gemäß Art. 3 Abs. 2 S. 1 GG als auch der Arbeitgeber gemäß Art. 141 EG bzw. § 611 a, 612 Abs. 3 BGB an das Verbot der mittelbaren Diskriminierung gebunden. Der Verhältnismäßigkeitsgrundsatz bietet an dieser Stelle eine geeignetere Lösung, durch eine abgestufte Prüfung bereichsspezifisch einerseits die Legitimation des Ziels eines Gesetzes nachzuprüfen, andererseits aber im Einzelfall auf nationale Besonderheiten Rücksicht zu nehmen.

Letztlich wurde festgestellt, daß die *Tarifautonomie* gemäß Art. 9 Abs. 3 GG als solche keinen tauglichen Rechtfertigungsgrund darstellt. Ist ein Tarifvertrag an sich geeignet, eine Ungleichbehandlung zu vermitteln, kann er nicht gleichzeitig als Rechtfertigung dieser Ungleichbehandlung dienen. Auch die Tarifautonomie ist eine gebundene Freiheit und an Grundrechten anderer, insbesondere Art. 3 Abs. 2 S. 1 GG, gebunden. So können die Tarifparteien aufgrund des Verbots der mittelbaren Diskriminierung wegen des Geschlechts Teilzeitbeschäftigte nicht von vornherein aus dem Geltungsbereich eines Tarifvertrags ausschließen. Vielmehr muß dieser Ausschluß von einem objektiven Rechtfertigungsgrund getragen werden, der einem wirklichen Bedürfnis entspricht.

Die Feststellung eines wirklichen unternehmerischen Bedürfnisses sowie des legitimen Ziels eines Gesetzes bedarf letztendlich nach der Rechtsprechung des EuGH einer Verhältnismäßigkeitsprüfung. Hierdurch wird zwar für den Gesetzgeber wie für die Gerichte ein gleicher Maßstab aufgestellt. Zu berücksichtigen ist hierbei jedoch, daß der EuGH nur Gemeinschaftsrecht anwendet und auslegt, an welches der nationale Gesetzgeber ebenso wie der Arbeitgeber und die Tarifparteien gebunden ist.

Das Prinzip der Verhältnismäßigkeit soll die Freiheit des einzelnen bestmöglich gewährleisten und Eingriffe in Grundrechte begrenzen. Bei einer substantiellen Interpretation des Verbots der mittelbaren Diskriminierung muß sich diese Gewährleitung der Freiheit auf den Respekt gegenüber tatsächlich verschiedenen Lebensformen erstrecken. Die objektiven Rechtfertigungsgründe sind damit selbst am Verbot der mittelbaren Diskriminierung mit dem Ziel der Chancengleichheit der Geschlechter unter Zugrundelegung der Verhältnismäßigkeitsgrundsatzes zu messen.

Ein nur der Willkürprüfung unterworfener sachlicher Grund wird den Anforderungen an die objektive Rechtfertigung nicht gerecht. Sachliche Gründe können gerade neutrale Kriterien sein, die ungleiche geschlechtsspezifische Auswirkungen haben. Dem Urheber der mittelbaren Diskriminierung wird gerade keine Willkür vorgeworfen, sondern vielmehr die Verwendung einer faktisch, aufgrund struktureller Ursachen geschlechtsspezifisch benachteiligenden neutralen Maßnahme, die wirtschaftlich und ökonomisch rational sein kann.

Eine Beschränkung auf zwingend objektiv biologische oder funktionale Gründe ist abzulehnen. Ersteres bedeutete, gerade eine bewußte Entscheidung aufgrund des Geschlechts zu treffen, was bei struktureller Diskriminierung nicht der Fall ist, letzteres führte dazu, die tradierten Vorstellungen über die geschlechtsspezifische Rollenverteilung zu übernehmen, die vom Verbot der mittelbaren Diskriminierung gerade unterbunden werden sollen.

Kapitel 5: Durchsetzung und Rechtsfolgen des Verbots der mittelbaren Diskriminierung

I. Beweislast

Die Durchsetzbarkeit und die Effizienz des Rechts hängen entscheidend von der Ausgestaltung der verfahrensrechtlichen Beweislastregeln ab. Diese wiederum bestimmen die tatsächliche Realisierung der im materiellen Recht gewährleisteten subjektiven Rechtspositionen und sind daher von großer Bedeutung für die Gewährung effektiven Schutzes vor mittelbaren Diskriminierungen.

Nach der allgemeinen Beweislastregel hat die Klägerin die anspruchsbegründenden Tatsachen darzulegen und zu beweisen. Im Fall der mittelbaren Diskriminierung ist es erforderlich, daß von der Klägerin beweisrechtliche Statistiken vorgelegt werden, die einen detaillierten Vergleich und die unterschiedliche Geschlechtsbetroffenheit aufschlüsseln, was für die Mehrheit der Betroffenen jedoch in der Regel aufgrund der Undurchschaubarkeit von Arbeitsvorgängen und -strategien von Arbeitgebern unmöglich ist. Die die Beweislast bei mittelbaren Diskriminierungen regelnde Richtlinie 97/80/EG kommt diesem Beweisproblem entgegen. § 611a Abs. 1 S. 3 BGB enthält eine Beweiserleichterung, die den Anforderungen der Beweislastrichtlinie 97/80/EG entspricht.

Das Konzept des Verbots der mittelbaren Diskriminierung ist keine reine Beweislastregel. Dies widerspricht nicht der Ausgestaltung des Art. 3 Abs. 2 GG und des Art. 141 EG als absolute Differenzierungsverbote, denen die Möglichkeit einer objektiven Rechtfertigung zuwiderliefe. So sieht auch Art. 2 Abs. 2 der Richtlinie 76/207 eine Ausnahme für den Fall der unmittelbaren Diskriminierung vor. Zudem würde dies der eigenständigen Bedeutung des Verbots der mittelbaren Diskriminierung im Vergleich zum Verbot der unmittelbaren Diskriminierung nicht gerecht. Ersteres ist wie letzteres, welches ebensowenig als Beweislastregel verstanden wird, ein Unterfall des geschlechtsspezifischen Gleichbehandlungsgrundsatzes. Schließlich gibt es keine Beweislastregel ohne materielles Recht, so daß auch bei einer Annahme des Verbots als reine Beweislastregel die Anspruchsvoraussetzungen geprüft werden.

Mangels Existenz einer Beweislastregel für den Fall der Prüfung von Gesetzen liegt diese Aufgabe bei den nationalen Gerichten, so daß sie von Amts wegen verpflichtet sind, die für die Feststellung der mittelbaren Diskriminierung nötigen Tatsachen zu ermitteln. Es handelt sich dabei um eine Argumentationslast, die an die Stelle der Beweislast bei Individualmaßnahmen tritt. Für die Wirksamkeit eines Gesetzes spricht seine Richtigkeitsvermutung aufgrund seiner demokratischen Legitimation und aufgrund des formalen Gesetzgebungsverfahrens, die vom Gericht nur widerlegt wird, wenn es zu einem ausreichenden Anfangsverdacht gelangt, der für die Unwirksamkeit der Norm spricht. Dieser muß sich aufgrund weiterer Tatsachen verdichtet haben, dem ernsthafte Zweifel zugrunde liegen.

II. Rechtsfolgen

Die Ausgestaltung der Rechtsfolgen eines Verstoßes gegen das Verbot der mittelbaren Diskriminierung wurde anhand der Betriebsrentenrechtsprechung des EuGH zu Art. 141 EG dargestellt, weil der Gerichtshof in diesem Bereich explizit zu der Frage teilzeitspezifischer Rechtsfolgen Stellung genommen hat. Grundsätzlich gilt für die Rechtsfolgen eines Verstoßes gegen das gemeinschaftsrechtliche Verbot der mittelbaren Diskriminierung der Grundsatz der „Anpassung nach oben“, sofern Art. 141 EG noch nicht ordnungsgemäß in innerstaatliches Recht umgesetzt ist, so daß Benachteiligte in die Regelung, die für die Begünstigten gilt, einzubeziehen sind. Es ist dabei in zeitlicher Hinsicht zwischen den Rechtsfolgen für die Vergangenheit und die Zukunft zu differenzieren.

Erstgenannte lassen nach Gemeinschaftsrecht eine Rückwirkung bis zum 8. April 1976 zu. Die Grundsätze des *Barber*-Urteils und –Protokolls, welche die Rückwirkung auf den Zeitraum ab dem 17. Mai 1990 beschränkten, wurden für den für Teilzeitbeschäftigte wichtigen Bereich des Zugangs zur betrieblichen Altersversorgung für unanwendbar erklärt.

Der Rückwirkung bis zum 8. April 1976 steht grundsätzlich nicht das Vertrauen des Arbeitgebers in die Rechtmäßigkeit der bestehenden Rechtslage entgegen. Die wirtschaftliche Tragweite der Rechtsfolgen betrifft nur die praktischen Auswirkungen des Gleichberechtigungsgrundsatzes, welche allein an den Grundsätzen der Verhältnismäßigkeit im Einzelfall zu messen und gegebenenfalls zu beschränken sind.

Mitgliedstaatliche Verfahrens- und Fristenregelungen, welche die Rückwirkung auf einen Zeitraum nach dem 8. April 1976 begrenzen, sind trotz der nationalen Verfahrensautonomie insbesondere am gemeinschaftsrechtlichen Prinzip des Effizienzgebots zu messen. Da kürzere Verjährungsfristen wie § 196 Abs. 1 Nr. 8 und 9 BGB a.F. oder §§ 195, 199 Abs. 1 BGB das gemeinschaftsrechtlich gewährleistete Recht, nicht wegen des Geschlechts diskriminiert zu werden, als solches jedoch nicht in Frage stellen, sondern allein seine Geltendmachung im Interesse der Rechtssicherheit zeitlich beschränken, machen sie das Gemeinschaftsrecht nicht praktisch unmöglich oder erschweren es wesentlich, so daß derartige Regelungen gemeinschaftsrechtskonform sind.

Mitgliedstaatliche Verfahrens- und Fristenregelungen, welche die Rückwirkung für einen über den 8. April 1976 hinausgehenden Zeitraum erweitern, wie (derzeit noch) die dreißigjährige Verjährungsfrist des § 195 BGB a.F., die im Fall der Geltendmachung eines rückwirkenden, bis zum 31. Dezember 2001 entstandenen Anspruchs auf Zugang zu einem Betriebsrentensystem weiterhin Anwendung findet, sind zulässig, soweit das nationale Recht einen geringeren Vertrauensschutz gewährt. Festgestellt wurde, daß es hier weniger auf das Vertrauen des Arbeitgebers in die Rechtmäßigkeit der geschlechtsspezifischen Diskriminierung durch ein Betriebsrentensystem geht als um die Frage, ob eine über den 8. April 1978 hinausgehende rückwirkende Anspruchsgewährung im Einzelfall unter Berücksichtigung seiner wirtschaftlichen Interessen einerseits und des Anspruchs auf Gleichberechtigung andererseits verhältnismäßig und zumutbar ist.

Bei Rechtsfolgen für die Zukunft ist eine „Anpassung nach unten“ möglich, solange dadurch das Verbot der mittelbaren Diskriminierung beachtet wird.

Die Lösung des durch die Anwendung des Grundsatzes der „Anpassung nach oben“ auf Tarifverträge entstehenden Konflikts zwischen dem Gestaltungsfreiraum der Tarifparteien gemäß Art. 9 Abs. 3 GG und dem Justizgewährungsanspruch der Klägerin darf im Hinblick auf Art. 3 Abs. 2 S. 1 GG nicht zu einer Rechtsschutzversagung führen. Daher ist eine richterliche Befugnis zur ersatzweisen Regelung zu bejahen, welche die Normsetzung durch die Tarifparteien aufgrund der Einzelfallentscheidung nicht ersetzt. Um die Tarifparteien zu verpflichten, auch tatsächlich einen diskriminierungsfreien Zustand zu schaffen, ist ihnen unter Aussetzung des Verfahrens eine Frist zu setzen, nach deren Ablauf das Gericht tätig werden kann.

Literaturverzeichnis

Abele, Roland, Schadensersatz wegen geschlechtsbedingter Diskriminierung eines Stellenbewerbers, NZA 1997, S. 641ff. [zit. R. *Abele*, NZA 1997, S. 641 (...)]

Adkins, Lisa, Gendered Work: Sexuality, Family and the Labour Market, Buckingham 1995 (zit. L. *Adkins*, 1995, S. ...)

Alexy, Robert, Theorie der Grundrechte, Baden-Baden 1985 (zit. R. *Alexy*, 1985, S. ...)

Anker, Richard, Theories of occupational segregation by sex: An overview, International Labour Organisation, Geneva, 3 (1997) 136 International Labour Review 1ff. [zit. R. *Anker*, 3 (1997) 136 International Labour Review 1 (...)]

Appel, Helga, Diskriminierung im Rahmen der Entlohnung, in: Appel u.a., Handbuch zur Gleichstellung der Geschlechter im Arbeitsrecht – Gesetzliche Grundlagen, Praxisbeispiele und Handlungsmöglichkeiten, Stuttgart, München u.a. 1998, Rdn. 12ff. [zit. *H. Appel*, 1998, Rdn. ...]

Arendt, Hannah, The Human Condition, Chicago 1958 (zit. *H. Arendt*, 1958, S. ...)
- Vita activa oder vom tätigen Leben, München 1967 (zit. *H. Arendt*, 1967, S. ...)

Aristoteles, Politik, Übersetzung und Anmerkungen von Eugen Rolfes, Einleitung von Günther Bien, 4. Aufl., Hamburg, 1981/Politik, Schriften zur Staatstheorie, übers. und hrsg. von Franz F. Schwarz, Stuttgart, 1989 (zit. *Aristoteles*, Politik, 1981/1989, Buch ..., Kap. ..., Abschnitt ...)
- Nikomachische Ethik, Günther Bien (Hrsg.), auf Grundlage der Übersetzung von Eugen Rolfes, 4. Aufl., Hamburg, 1985 (zit. *Aristoteles*, Nikomachische Ethik, Buch ..., Kap. ...)

Arrow, Kenneth Joseph, The Theory of Discrimination, in: Ashenfelter/Rees (Hrsg.), Discrimination in Labour Markets, Princeton 1973 (zit. *K. J. Arrow*, 1973, S. ...)

Aubenque, Pierre, Das aristotelische Modell der Gerechtigkeit und die Grenzen seiner Anwendbarkeit, in: Demmerling/Rentsch (Hrsg.), Die Gegenwart der Gerechtigkeit – Diskurse zwischen Recht, praktischer Philosophie und Politik, Berlin 1995, S. 17ff. [zit. *P. Aubenque*, 1995, S. 17 (...)]

Azzola, Axel (Bearb.), Kommentar zum Grundgesetz für die Bundesrepublik Deutschland, Reihe Alternativ-Kommentare, 3. Aufl., Neuwied 2002 (zit.: AK-GG/*Bearb.*, Art. ..., Rdn. ...)

Bacchi, Carol Lee, Same Difference: Feminism and Sexual Difference, St. Leonard's, 1990 (zit. *C. L. Bacchi*, 1990, S. ...)

Baer, Susanne, Objektiv – neutral – gerecht? Feministische Rechtswissenschaft am Beispiel sexueller Diskriminierung im Erwerbsleben, KritV 1994, S. 154ff. [zit. *S. Baer*, KritV 1994, S. 154 (...)]
- Dilemmata im Recht und Gleichheit als Hierarchisierungsverbot – Der Abschied von Thelma und Louise, KrimJour 1996, S. 242ff. [zit. *S. Baer*, KrimJour 1996, S. 242 (...)]

Banks, Katherine, Social Security – Objective Justification in the Context of Indirect Discrimination, (1991) 20 ILJ 220ff. [zit. *K. Banks*, (1991) 20 ILJ 220 (...)]

Barnard, Catherine, The Economic Objectives of Art 119, in: Hervey/O'Keeffe (Hrsg.), Sex Equality Law in the European Union, Chichester 1991, S. 321ff. [zit. *C. Barnard*, 1991, S. 321 (...)]
- The United Kingdom, the 'Social Chapter' and the Amsterdam Treaty, (1997)

26 ILJ 275ff. [zit. *C. Barnard*, (1997) 26 ILJ 275 (...)]

Barnett, Hillary, Sourcebook on Feminist Jurisprudence, London 1997 (zit. *H. Barnett*, 1997, S. ...)
- Introduction to Feminist Jurisprudence, London 1998 (zit. *H. Barnett*, 1998, S....)

Baumann, Thomas, Die Rechtsfolgen eines Grundrechtsverstoßes der Tarifpartner, RdA 1994, S. 272ff. [zit. *T. Baumann*, RdA 1994, S. 272 (...)]

Baumgärtel, Gottfried, Handbuch der Beweislast, Bd. 1, 2. Aufl., Köln 1991 (zit. *G. Baumgärtel*, 1991, § ..., Rdn. ...)

Beauvoir, Simone de, The Second Sex, 1949, Parshley (Hrsg./Übers.), London 1989

Becker, Friedrich/ Danne, Harald u.a. Gemeinschaftskommentar zum Teilzeitarbeitsrecht, 1987 (GK-TzA/*Bearb.*, Art ..., § ..., Rdn. ...)

Becker, Gary S., Human Capital, New York 1964 (zit. *G. S. Becker*, 1964, S. ...)
- A theory of the Allocation of Time, (1965) 75 Economic Journal 493ff. [zit. *G. S. Becker*, (1965) 75 Economic Journal 493 (...)]
- The Economics of Discrimination, 2nd edition, Chicago/London 1971 (zit. *G. S. Becker*, 1971, S. ...)
- Der ökonomische Ansatz zur Erklärung menschlichen Verhaltens, Tübingen 1982 (zit. *G. S. Becker*, 1982, S. ...)
- Human Capital, Effort, and the Sexual Division of Labour, (1985) 1 Journal of Labour Economics 33ff. [zit. *G. S. Becker*, (1985) 1 Journal of Labour Economics 33 (...)]

Becker-Schmidt, Regina, Die doppelte Vergesellschaftung . die doppelte Unterdrückung: Besonderheiten der Frauenforschung in den Sozialwissenschaften, in: Unterkirchner/Wagner (Hrsg.), Die andere Hälfte der Gesellschaft, Österreichischer Soziologentag 1985, Wien 1987, S. 10ff. [zit. *R. Becker-Schmidt*, 1987, S. 10 (...)]

Beck-Gernsheim, Elisabeth, Der geschlechtsspezifische Arbeitsmarkt – Zur Ideologie und Realität von Frauenberufen, 2. Aufl., Frankfurt/ New York 1981 (zit. *E. Beck-Gernsheim*, 1981, S. ...)

Beck-Gernsheim, Elisabeth/ Ostner, Ilona, Frauen verändern – Berufe nicht? Ein theoretischer Ansatz zur Problematik „Frau und Beruf", Soziale Welt 1978, S. 257ff. [zit. *E. Beck-Gernsheim/I. Ostner*, Soziale Welt 1978, S. 257 (...)]

Beckmann, Petra, Introduction: New Approaches to the Analysis of Occupational Segregation by Gender, in: Beckmann (Hrsg.), Gender Specific Occupational Segregation, BeitrAB 188, Nürnberg 1996, S. 1ff. [zit. *P. Beckmann*, BeitrAB 188, 1996, S. 1 (...)]
- Zwischen Wunsch und Wirklichkeit, BArBl. 11/2002, S. 13ff. [zit. *P. Beckmann*, BArBl. 11/2002, S. 13 (...)]

Beechey, Veronika., Women's employment in contemporary Britain, in: Beechey/Whitegg (Hrsg.), Women in Britain Today, Milton Keynes, 1986 (zit. *V. Beechey*, 1986, S. ...)
- Unequal Work, London 1987 (zit. *V. Beechey*, 1987, S. ...)

Bengelsdorf, Peter Freizeitausgleich für teilzeitbeschäftigte Betriebsratsmitglieder, NZA 1989, S. 905ff. [zit. *P. Bengelsdorf*, NZA 1989, S. 905 (...)]

Bergwitz, Christoph, Die neue EG-Richtlinie zur Beweislast bei geschlechtsbedingter Diskriminierung, DB 1999, S. 94ff. [zit. *C. Bergwitz*, DB 1999, S. 94 (...)]

Bertelsmann, Klaus Anmerkung zu EuGH vom 17.5.1989 (Danfoss), ArbuR 1991, S. 124ff. [zit. *K. Bertelsmann*, ArbuR 1991, S. 124 (...)]

Bieback, Karl-Jürgen, Mittelbare Diskriminierung von Frauen im Sozialrecht – nach EG-Recht und dem Grundgesetz, ZIAS 1990, S. 1ff. [zit. *K.-J. Bieback*, ZIAS 1990, S. 1 (...)]
- EG-Sozialrecht: Grundlagen und Geltung sowie die Wirkungen des EG-Gleichbehandlungsrechts auf das nationale Sozialrecht, DRV 1994, S. 20ff. [zit. *K.-J. Bieback*, DRV 1994, S. 20 (...)]
- Diskriminierungs- und Behinderungsverbote im europäischen Arbeits- und Sozialrecht, in: Eichenhofer/Zuleeg (Hrsg.), Die Rechtsprechung des Europäischen Gerichtshofs zum Arbeits- und Sozialrecht, Bundesanzeiger 1995, S. 103ff. [zit. *K.-J. Bieback*, 1995, S. 103 (...)]
- Restriktive Prüfung der Diskriminierung wegen des Geschlechts im nationalen Sozialrecht?, SGb 1996, S. 514ff. [zit. *K.-J. Bieback*, SGb 1996, S. 514 (...)]
- Die mittelbare Diskriminierung wegen des Geschlechts. Ihre Rechtsgrundlagen im Recht der EU und ihre Auswirkungen auf das Sozialrecht der Mitgliedstaten, 1997 (zit. *K.-J. Bieback*, 1997, S. ...)

Bielby, W. T./ Baron, J. N., Men and women at work: sex segregation and statistical discrimination, (1986) 91 (4) Am. J. Soc. 759ff. [zit. *W. T. Bielby/J. N. Baron*, (1986) 91 (4) Am. J. Soc. 759 (...)]

Blomeyer, Christian, Das Verbot der mittelbaren Diskriminierung gemäß Art. 119 EGV- Seine Funktion im deutschen Arbeitsrecht, Baden-Baden 1994 (zit. *C. Blomeyer*, 1994, S. ...)

Blomeyer, Wolfgang, Die zulässige Ungleichbehandlung im Arbeitsrecht – Dargestellt am Beispiel der betrieblichen Ruhegelder, Festschrift für Gerhard Müller, Berlin 1981, S. 51ff. [zit. *W. Blomeyer*, Festschrift Müller, 1981, S. 51 (...)]
- Novellierung des Betriebsrentengesetzes, NZA 1997, S. 961ff. [zit. *W. Blomeyer*, NZA 1997, S. 961 (...)]

Blumrosen, Alfred W., The Group Interest Concept, Employment Discrimination, and Legislative Intent: The Fallacy of Connecticut v. Teal (1983) 20 Harv. J. L. 99ff. [zit. *A. W. Blumrosen*, (1983) 20 Harv. J. L. 99 (...)]

Bode, Malin Demokratieverständnis und Entscheidungsfindung von Frauen, STREIT 1996, S. 9ff. [zit. *M. Bode*, STREIT 1996, S. 9 (...)]

Böhm, Walter/ Spiertz, Hans/ Sponer, Wolfdieter/ Steinherr, Franz, Die Dienstverhältnisse der Angestellten bei öffentlichen Verwaltungen und Betrieben, Bundesangestelltentarif BAT, Kommentar, Heidelberg (zit. *Böhm/Spiertz/ Sponer/Steinherr*, BAT, Stand ..., § ... Rdn. ...)

Bosch, Gerhard, Hat das Normalarbeitsverhältnis eine Zukunft?, WSI-Mitt. 1986, S. 163ff. [zit. *G. Bosch*, WSI-Mitt. 1986, S. 163f (...)]

Bothfeld, Silke, Teilzeitarbeit für alle? Eine Untersuchung von Teilzeitpräferenzen in Deutschland und Großbritannien unter beschäftigungspolitischen Gesichtspunkten, WZB, Juli 1997, ISSN Nr. 1011-9523 (zit. *S. Bothfeld*, 1997, S. ...)

Bottomly, Anne, Feminism, the desire for theory and the use of law, Seminar Paper, European University Institute, Florence 1993, in: Barnett, Sourcebook on Feminist Jurisprudence, London, 1997, S. 84ff. [zit. *A. Bottomly*, 1997, S. 84 (...)]

Brechmann, Winfried., Die richtlinienkonforme Auslegung – Zugleich ein Beitrag zur Dogmatik der EG-Richtlinie, München 1994 (zit. *W. Brechmann*, 1994, S. ...)

Brett, Andrew, Indirect Discrimination in Social Security Schemes, (1997) 4 Web JCLI 1ff. [zit. S. *A. Brett*, (1997) 4 Web JCLI 1 (...)]

Browne, N., Fundamental tensions between market wages for women and comparable worth, (1984) 2 Law and Equality 473ff. [zit. *N. Browne*, (1984) 2 Law and Equality 473 (...)]

Brugger, Winfried, Gesetz, Recht, Gerechtigkeit – Teil 1, JZ 1989, S. 1ff.; - Teil 2, JZ 1989, S. 61ff. [zit. S. *W. Brugger*, JZ 1989, S. 1/61 (...)]

Buchner, Herbert Die Rolle des Europäischen Gerichtshofs bei der Entwicklung des Arbeitsrechts, ZfA 1993, S. 279ff. [zit. *H. Buchner*, ZfA 1993, S. 279 (...)]
- Die Kündigungsfristen für Arbeiter nach der Entscheidung des BVerfG vom 30.5.1990, NZA 1991, S. 41ff. [zit. *H. Buchner*, NZA 1991, S. 41 (...)]

Bumke, Ulrike, Art. 3 GG in der aktuellen Verfassungsdiskussion zur ergänzenden Änderung des Art. 3 Abs. 2 Grundgesetz, Der Staat 1993, S. 117ff. [zit. *U. Bumke*, Der Staat 1993, S. 117 (...)]

Buntschi, J. C./ Brater, K. (Hrsg.), Deutsches Staats-Wörterbuch, Stuttgart/Leipzig 1858

Buschmann, Rudolf/ Dieball, Heike/ Stevens-Bartol, Eckart, Das Recht der Teilzeitarbeit, Kommentar für die Praxis, 1. Auflage, Köln 1997/2. Auflage, Köln 2001 (zit. TzA/*Bearb.*, 1. Aufl./2. Aufl., § ..., Rdn. ...)

Butler, Judith, Gender Trouble: Feminism and the Subversion of Identity, New York, 1990 (zit. *J. Butler*, 1990, S. ...)

Butler, M., Early liberal roots of feminism: John Locke and the attack on patriarchy, in: Shanley/Pateman (Hrsg.), Feminist Interpretations and Political Theory, 1991 (zit. *M. Butler*, 1991, S. ...)

Bydlinski, Franz, Juristische Methodenlehre und Rechtsbegriff, Wien, New York 1982 (zit. *F. Bydlinski*, 1982, S. ...)
- Fundamentale Rechtsgrundsätze, 1988 (zit. *F. Bydlinski*, 1988, S. ...)
- Gerechtigkeit als rechtspraktischer Maßstab kraft Sach- und Systemzusammenhanges, in: Beck-Mannagetta/Böhm/Graf (Hrsg.), Der Gerechtigkeitsanspruch des Rechts, Rechtsethik, Bd. 3, 1996 (zit. *F. Bydlinski*, 1996, S. ...)

Calliess, Christian/ Ruffert, Matthias (Hrsg.), Kommentar zum EU-Vertrag und EG-Vertrag, 2. Auflage, Neuwied/Kriftel 2002 (zit. Callies/ Ruffert/*Bearb.*, EUV/EGV, Art. ..., Rdn. ...)

Campbell, Tom, Mistaking the Relevance of Gender, in: McLean/Burrows, The Legal Relevance of Gender, London 1988 (zit. *T. Campbell*, 1988, S. ...)

Canaris, Claus-Wilhelm, Grundrechte und Privatrecht, AcP 184 (1984), S. 201ff. [zit. *C.-W. Canaris*, AcP 184 (1984), S. 201 (...)]
- Die Bedeutung der iustitia distributiva im deutschen Vertragsrecht, München, Bayrische Akademie der Wissenschaften, Philosophisch-Historische Klasse, Sitzungsberichte, Jahrgang 1997, Heft 7 (zit. *C.-W. Canaris*, 1997, S. ...)

Cassell, Elizabeth, The Revised Directive in Equal Treatment für Men and Women in Occupational Security Schemes – The Dog that Didn't Bark, (1997) 26 ILJ 269ff. [zit. *E. Cassell*, (1997) 26 ILJ 269 (...)]

Classen, Claus Dieter, Wie viele Wege führen zur Gleichberechtigung von Männern und Frauen, Gemeinsamkeiten und Unterschiede von deutschem und europäischem Recht, JZ 1996, S. 921ff. [zit. *C. D. Classen*, JZ 1996, S. 921 (...)]

Cockburn, Cynthia, In the Way of Women: Men's Resistance to Sex Equality in Organisations, Basingstoke, 1991 (zit. *C. Cockburn*, 1991, S. ...)

Code, L., Simple equality is not enough, (1986) 64 Australian Journal of Philosophy 48ff. it.[zit. *L. Code*, (1986) 64 Australian Journal of Philosophy 48 (...)]

Coing, Helmut, Grundzüge der Rechtsphilosophie, 4. Aufl., 1985 (zit. *H. Coing*, 1985, S. ...)

Collins, Hugh, Against Abstentionism in Labour Law, in: Eekelaar/Bell (Hrsg.), Oxford Essays in Jurisprudence, Oxford 1987 (zit. *H. Collins*, 1987, S. ...)

Colneric, Ninon, Gleichberechtigung von Mann und Frau im Europäischen Gemeinschaftsrecht, BB 1988, S. 968ff. [zit. *N. Colneric*, BB 1988, S. 968 (...)]
- Neue Entscheidungen des EuGH zur Gleichbehandlung von Männern und Frauen, EuZW 1991, S. 75ff. [zit. *N. Colneric*, EuZW 1991, S. 75 (...)]
- Der Ausschluß geringfügige Beschäftigter aus der Sozialversicherung als Verstoß gegen die Richtlinie 79/9/EWG, ArbuR 1994, S. 393ff. [zit. *N. Colneric*, ArbuR 1994, S. 393 (...)]

Conaghan, Joanne, Feminism and Labour Law: Contesting the Terrain, in: Morris/O'Donnell (Hrsg.), Feminist Perspectives on Employment Law, London 1999 (zit. *J. Conaghan*, 1999, S. ...)

Cornell, Drucilla, Sexual Difference, the feminine and equivalency: a critique of *MacKinnon's Toward a Feminist juristprudence of the State*, (1990) 100 Yale LJ 2247ff. [zit. *D. Cornell*, (1990) 100 Yale LJ 2247 (...)]
- Beyond Accomodation: Ethical Feminism, Deconstruction, and the Law, 1991 (zit. *D. Cornell*, 1991, S. ...)
- Gender, Sex and Equivalent Rights, in: Butler/Scott (Hrsg.), Feminists Theorise the Political, 1991 (zit. *D. Cornell*, 1991a, S. ...)

Craig, Paul, Directives: Direct Effect, Indirect Effect and the Construction of National Legislation, (1997) 22 ELRev. 519ff. [zit. *P. Craig*, 22 (1997) ELRev. 519 (...)]

Craig, Paul/ de Burca, Gráinne EU Law - Text, Cases, and Materials, 2nd ed., Oxford 1998 (zit. *P. Craig/G. de Búrca*, 1998, S. ...)

Craig, Paul/ Garnsey, E./ Rubery, Jill, Payment Structures and Smaller Firms: Women and Employment in Segmented Labour Markets, Department of Employment, London 1984 (zit. *P. Craig/ E. Garnsey/J. Rubery*, 1984, S. ...)

Curtin, Deirdre, Directives: The Effectiveness of Judicial Protection of Individual Rights, (1990) 27 CMLRev. 709ff. [zit. *D. Curtin*, (1990) 27 CMLRev. 709 (...)]
- State liability under Community Law: a new remedy for private parties, (1992) 21 ILJ 74ff. [zit. *D. Curtin*, (1992) 21 ILJ 74 (...)]
- The Constitutional Structure of the Union: A Europe of Bits and Pieces, (1992) 29 CMLRev. 17ff. [zit. *D. Curtin*, (1992) 29 CMLRev. 17 (...)]

Cyba, Eva, Geschlechtsspezifische Arbeitsmarktsegregation: Von den Theorien des Arbeitsmarktes zur Analyse sozialer Ungleichheiten am Arbeitsmarkt, in: Geissler/ Maier/Pfau-Effinger (Hrsg.), Frauenarbeitsmarkt – Der Beitrag der Frauenforschung zur sozio-ökonomischen Theorieentwicklung, Berlin 1998, S. 37ff. [zit. *E. Cyba*, 1998, S. 37 (...)]

Dathe, Dietmar, Der Familienzyklus als Bestimmungsfaktor für das Familieneinkommen und das Arbeitsangebot. Eine Untersuchung für West- und Ostdeutschland auf der Grundlage des Mikrozensus 1995, WZB, FS I 98-208, 12/1998 (zit. *D. Dathe*, 1998 S. ...)

Däubler, Wolfgang, EG-Arbeitsrecht auf dem Vormarsch, NZA 1992, S. 577ff. [zit. *W. Däubler*, NZA 1992, S. 577 (...)]
- Tarifvertragsrecht, 3. Aufl., Baden-Baden 1993 (zit. *W. Däubler*, 1993, S. ...)
- Das Arbeitsrecht 2, 11. Aufl., 1998/7. Aufl. 1990/5. Aufl. 1988, 1973 (zit. *W. Däubler*, 1998/90/88/73, Rdn. ...)

Degen, Barbara, Justitias mißratene Töchter, STREIT 1993, S. 43ff. [zit. *B. Degen*, STREIT 1993, S. 43 (...)]

Demandt, Alexander, Die Idee der Gerechtigkeit bei Platon und Aristoteles, in: Münkler/Llanque (Hrsg.), Konzeptionen der Gerechtigkeit – Kulturvergleich – Ideengeschichte – Moderne Debatte, Baden-Baden 1999, S. 57ff. [zit. *A. Demandt*, 1999, S. 57 (...)]

Derrida, Jaques, Dissemination, Paris 1972 (zit. *J. Derrida*, 1972, S. ...)
- Speech and Phenomena, and other Essays on Husserl's Theory of Signs, Chicago 1973 (zit. *J. Derrida*, 1973, S. ...)
- Of Grammatology, Baltimore 1976 (zit. *J. Derrida*, 1976, S. ...)
- Writing and Difference, London 1978 (zit. *J. Derrida*, 1978, S. ...)

Deutscher Juristinnenbund (Hrsg.), Juristinnen in Deutschland, Eine Dokumentation (1900-1984), München 1984 (zit. *Deutscher Juristinnenbund* (Hrsg.), 1984, S. ...)

Dewey, John, Theory of the Moral Life, New York 1960 (zit. *J. Dewey*, 1960, S. ...)

Dieball, Heike, Höhe des Schadensersatzes bei Verstoß gegen das Diskriminierungsverbot, STREIT 1994, S. 124ff [zit. *H. Dieball*, STREIT 1994, S. 124 (...)]
- Anmerkung zur Richtlinie 97/81/EG zu der von UNICE, CCEP und EGB geschlossenen Rahmenvereinbarung über Teilzeitarbeit, STREIT 1999, S. 88ff. [zit. *H. Dieball*, STREIT 1999, S. 88 (...)]

Dieterich, Thomas/ Hanau, Peter/ Schaub, Günther, Erfurter Kommentar zum Arbeitsrecht, 3. Auflage, München 2003 (zit. ErfK/*Bearb.*, § ..., Rdn. ...)

Dix, Alexander, Gleichberechtigung durch Gesetz - Die britische Gesetzgebung gegen die Diskriminierung der Frau im Arbeitsleben - ein Modell für die Bundesrepublik Deutschland?, Baden-Baden 1984 (zit. *A. Dix*, 1984, S. ...)

Docksey, Chris, The Principle of Equality between Women and Men as a Fundamental Right under Community Law, (1991) 20 (4) ILJ 258ff. [zit. *C. Docksey*, (1991) 20 (4) ILJ 258 (...)]

Doeringer, Peter B./ Piore, Michael J., Internal labour markets and manpower analysis, Lexington 1971 (zit. *Doeringer/Piore*, 1971, S. ...)

Dohm, Hedwig, Der Frauen Natur und Recht, 1876, Reprint Neunkirch 1987 (zit. *H. Dohm*, 1876, S. ...)

Dreier, Horst (Hrsg.), Grundgesetz-Kommentar, Bd. 1 1996/Bd. 2 1998, Tübingen (zit: Dreier/*Bearb.*, Art. ..., Rdn. ...)

Duncan, Sheila, Obstacles to a Successful Equal Opportunities Policy in the European Union, (1996) 3 European Journal of Women's Studies 399 [zit. *S. Duncan*, (1996) 3 European Journal of Women's Studies 399 (...)]

Dungs, Dorothee, Die Europäisierung des Arbeitsrechts und der geschlechterspezifische Gleichbehandlungsgrundsatz, 1997 (zit. *D. Dungs*, 1997, S. ...)

Dworkin, Ronald, Taking Rights Seriously, 1978/Bürgerrechte ernstgenommen, Frankfurt a.M. 1984 (zit. R. *Dworkin*, 1978/1984, S. ...)
- Why Liberals Should Care about Equality, in: ders., A Matter of Principle, Cambridge, Mass. 1985 (zit. R. *Dworkin*, 1985, S. ...)

Ebsen, Ingwer, Zur Koordinierung der Rechtsdogmatik beim Gebot der Gleichbehandlung von Männern und Frauen zwischen europäischem Gemeinschaftsrecht und innerstaatlichem Verfassungsrecht, RdA 1993, S. 11ff. [zit. *I. Ebsen*, RdA 1993, S. 11 (...)]

Ehmann, Horst/ Emmert, Angela Grundlage, Zweck und Mißbrauch der Sanktionierung des Diskriminierungsverbots, SAE 1997, S. 253ff. [zit. *H. Ehmann/A. Emmert*, SAE 1997, S. 253 (...)]

Ehricke, Ulrich, Die richtlinienkonforme Auslegung und die gemeinschaftsrechtskonforme Auslegung nationalen Rechts. Ein Beitrag zu ihren Grundlagen und zu ihrer Bedeutung für die Verwirklichung eines „europäischen Privatrechts", RabelsZ 59 (1995) S. 598ff. [zit. *U. Ehricke*, RabelsZ 59 (1995) S. 598 (...)]

Eichenhofer, Eberhard, Anmerkung zum Urteil des EuGH vom 14.12.1995, JZ 1996, S. 414ff. [zit. *E. Eichenhofer*, JZ 1996, S. 414 (...)]

Ellis, Evelyn, Recent Developments in European Community Sex Equality Law, (1998) 35 CMLRev. 379ff. [zit. *E. Ellis*, (1998) 35 CMLRev. 379 (...)]

Elster, Jon (Hrsg.), Rational Choice, Oxford 1986 (zit. *J. Elster* (Hrsg.), 1986, S. ...)

Emmert, Frank., Horizontale Drittwirkung von Richtlinien?, EWS 1992, S. 56ff. [zit. *F. Emmert*, EWS 1992, S. 56 (...)]

Engelbrech, Gerhard, Berufsausbildung, Berufseinstieg und Berufsverlauf von Frauen – Empirische Befunde zur Erklärung beruflicher Segregation, MittAB 1991, S. 531ff. [zit. *G. Engelbrech*, MittAB 1991, S. 531 (...)]
- Berufliche Segregation – Erklärungsansätze und empirische Befunde, WSI-Mitt. 4/1992, S. 187ff. [zit. *G. Engelbrech*, WSI-Mitt. 4/1992, S. 187 (...)]
- Erziehungsurlaub – und was dann?, IAB Kurzbericht Nr. 8/1997 (zit. *G. Engelbrech*, IAB Kurzbericht Nr. 8/1997, S. ...)

Engelbrech, Gerhard/ Jungkunst, Maria Erwerbsbeteiligung von Frauen – Wie bringt man Beruf und Kinder unter einen Hut, IAB Kurzbericht, Nr. 7/2001 (zit. *G. Engelbrech/M. Jungkunst*, IAB Kurzbericht Nr. 7/2001, S...)

Engisch, Karl, Auf der Suche nach Gerechtigkeit, 1971 (zit. *K. Engisch*, 1971, S. ...)

England, Paula, The failure of human capital theory to explain occupational segregation, (1987) 17 Journal of Human Resources 356ff. [zit. *P. England*, (1987) 17 Journal of Human Resources 356 (...)]

Epiney, Astrid, Unmittelbare Anwendbarkeit und objektive Wirkung von Richtlinien – Zur Entscheidung des EuGH vom 11.8.1995 – Rs. C-431/92 – Großkotzenburg – DVBl. 1996, 424, DVBl. 1996, S. 409ff. [zit. *A. Epiney*, DVBl. 1996, S. 409 (...)]

Erasmy, Walter, Der EuGH konterkariert nationales Arbeitsrecht, Arbeitgeber 1992, S. 1005ff. [zit. *W. Erasmy*, Arbeitgeber 1992, S. 1005 (...)]

Esser, Hartmut, „Habits", „Frames" und „Rational Choice" – Die Reichweite der Theorien der rationalen Wahl (am Beispiel der Erklärung des Befragtenverhaltens), Zeitschrift für Soziologie, Jg. 19, Nr. 4, S. 231ff. [zit. *H. Esser*, Zeitschrift für Soziologie, Jg. 19, Nr. 4, S. 231 (...)]

Fagan, Colette/ Rubery, Jill, The Dynamics of Occupational Segregation in Comparative Context, in: Beckmann (Hrsg.), Gender Specific Occupational Segregation, BeitrAB 188, Nürnberg 1996, S. 153ff. [zit. *C. Fagan/J. Rubery*, BeitrAB 188, 1996, S. 153 (...)]

Fallon, Richard H./ Weiler, Paul C., Firefighters v Scotts: Conflicting models of Racial Justice, (1984) Sup. Ct. Rev. 1ff. [zit. *R. H. Fallon/P. C. Weiler*, (1984) Sup. Ct. Rev. 1 (...)]

Fastrich, Lorenz, Gleichbehandlung und Gleichstellung, RdA 2000, S. 65ff. [zit. *L. Fastrich*, RdA 2000, S. 65 (...)]

Feldhoff, Kerstin, Der Anspruch auf gleichen Lohn für gleichwertige Arbeit – Zur mittelbaren Diskriminierung von Frauen in Entgelttarifverträgen, Baden-Baden, 1998 (zit. *K. Feldhoff*, 1998, S. ...)

Fenwick, Helen/ Hervey, Tamara K., Sex Equality in the Single Market: New Directions for the European Court of Justice, (1995) 32 CMLRev. 443ff. [zit. *H. Fenwick/T. K. Hervey*, (1995) 32 CMLRev. 443 (...)]

Fiss, Owen M., Groups and the Equal Protection Clause, (1975) 5 Phil and Publ Affairs 107ff. [zit. *O. M. Fiss*, (1975) 5 Phil and Publ Affairs 107 (...)]

Flanagan, Owen/ Jackson, Kathryn, Justice, Care, and Gender: The Kohlberg-Gilligan Debate Revisited, in: Sunstein (Hrsg.), Feminism and political theory, Chicago 1990, S.37ff. [zit. *O. Flanagan/ K. Jackson*, 1990, S. 37 (...)]

Flume, Werner, Allgemeiner Teil des Bürgerlichen Rechts, Teil 2, Das Rechtsgeschäft, 3. Aufl. 1979 (zit. *W. Flume*, 1979, S. ...)

Flynn, Leo, The Body Politic(s) of EC Law, in: Hervey/O'Keeffe (Hrsg.), Sex Equality Law in the European Union, Chichester, 1996, S. 301ff. [zit. *L. Flynn*, 1996, S. 301 (...)]

Fredman, Sandra, European Community Discrimination Law: A Critique, (1992) 21 (2) ILJ 119ff. [zit. *S. Fredman*, (1992) 21 (2) ILJ 119 (...)]
- Equal Pay and Justifications, (1994) 23 ILJ 37ff. [zit. *S. Fredman*, (1994) 23 ILJ 37 (...)]
- The Poverty of Equality: Pensions and the ECJ, (1996) 25 ILJ 91ff. [zit. *S. Fredman*, (1996) 25 ILJ 91 (...)]
- Reversing Discrimination, (1997) 113 LQR 575ff. [zit. *S. Fredman*, (1997) 113 LQR 575 (...)]
- Women and the Law, Oxford, 1997 (zit. *S. Fredman*,.1997, S. ...)

Friedrichs, Jürgen u.a., Rational Choice Theorie: Probleme der Operationalisierung, Zeitschrift für Soziologie 1993, Jg. 22, Nr. 1, S. 2ff. [zit. *J. Friedrichs u.a.*, Zeitschrift für Soziologie 1993, Jg. 22, Nr. 1, S. 2 (...)]

Fuchsloch, Christine, Das Verbot der mittelbaren Geschlechtsdiskriminierung, Baden-Baden, 1995 (zit. *C. Fuchsloch*, 1995, S. ...)
- Geringfügige Beschäftigung als Mittel für ein notwendiges Ziel der Sozialpolitik?, NZS 1996, S. 607ff. [zit. *C. Fuchsloch*, NZS 1996, S. 607 (...)]

Gamillscheg, Franz, Grundrechte im Arbeitsrecht, AcP 164 (1964) S. 385ff. [zit. *F. Gamillscheg*, AcP 164 (1964) S. 385 (...)]
- Prüfe Dein Wissen, 4. Aufl., München 1976 (zit. *F. Gamillscheg*, 1976, S. ...)
- Die Grundrechte im Arbeitsrechts, 1989 (zit. *F. Gamillscheg*, 1989, S. ...)

Gardner, John, Liberals and Unlawful Discrimination, (1989) OJLS 1ff. [zit. *J. Gardner*, (1989) OJLS 1 (...)]

- Private Activities and Personal Autonomy: At the Margins of Antidiscrimination Law, in: Hepple/Szyszczak (Hrsg.), Discrimination: The Limits of Law, London 1992 (zit. *J. Gardner*,..1992, S. ...)
- Discrimination as Injustice, (1996) OJLS 353ff. [zit. *J. Gardner*, (1996) OJLS 353 (...)]

Geiger, Rudolf, Kommentar zu dem Vertrag zur Gründung der Europäischen Gemeinschaft, 2. Aufl., München 1995 (zit. *Geiger*, EGV, Art. ..., Rdn. ...)

Geissler, Birgit, Weibliche Lebensführung und Erwerbsverlauf – Ein lebenslauftheoretischer Beitrag zur Analyse der Frauenarbeit, in: Geissler/Maier/Pfau-Effinger (Hrsg.), Frauenarbeitsmarkt – Der Beitrag der Frauenforschung zur sozio-ökonomischen Theorieentwicklung, Berlin 1998, S. 145ff. [zit. *B. Geissler*, 1998, S. 145 (...)]

Geissler, Birgit/ Oechsle Mechtild, Lebensplanung als Ressource im Individualisierungsprozeß, Sonderforschungsbereich 186 der Universität Bremen (Hrsg.), Statuspassagen und Risikolagen im Lebensverlauf, Arbeitspapier Nr. 10, Bremen 1990 (zit. *B. Geissler/M. Oechsle*, 1990, S. ...)

Gerhard, Ute, Bürgerliches Recht und Patriarchat, in: Gerhard/Jansen/Maihofer/Schmid/Schulz (Hrsg.), Differenz und Gleichheit, Menschenrechte haben (k)ein Geschlecht, Frankfurt a.M., 1990, S. 188ff. [zit. *U. Gerhard*, 1990, S. 188 (...)]
- Gleichheit ohne Angleichung, Frauen im Recht, München 1990 (zit. *U. Gerhard*, 1990a, S. ...)

Gilligan, Carol, In a Different Voice: Psychoanalytical Theory and Women's Development, Cambridge, Mass. 1982 (zit. *C. Gilligan*, 1982, S. ...)

Gordon, David M., Theories of Poverty and Underemployment. Orthodox, Redical and Dual Labour Market Perspectives, Lexington 1972 (zit. *D. M. Gordon*, 1972, S. ...)

Goretzki, Susanne/ Hohmeister, Frank Zur Neuregelung der geringfügigen Beschäftigungsverhältnisse, NZS 1999, S. 369ff. [zit. *S. Goretzki/F. Hohmeister*, NZS 1999, S. 369 (...)]

Gottschall, Katrin, Doing Gender while doing work? Erkenntnispotentiale konstruktivistischer Perspektiven für eine Analyse des Zusammenhangs von Arbeitsmarkt, Beruf und Geschlecht, in: Geissler/Maier/Pfau-Effinger (Hrsg.), Frauenarbeitsmarkt – Der Beitrag der Frauenforschung zur sozio-ökonomischen Theorieentwicklung, Berlin 1998, S. 63ff. [zit. *K. Gottschall*, 1998, S. 63 (...)]

Götz, Volkmar, Europäische Gesetzgebung durch Richtlinien – Zusammenwirken von Gemeinschaft und Staat [zit. *V. Götz*, NJW 1992, S. 1849(...)]

Grabitz, Eberhard/ Hilf, Meinhard, Kommentar zur Europäischen Union (zit. Grabitz/Hilf/*Bearb.*, Art. ..., Rdn. ...)

Graue, Bettina/ Deinert, Olaf, Mittelbare Diskriminierung von Frauen durch den Ausschluß aus der gesetzlichen Kranken-, Renten- und Arbeitslosenversicherung bei geringfügiger Beschäftigung im Falle des § 8 I Nr. 1 SGB IV, EWS 1996, S. 418ff. [zit. *B. Graue/O. Deinert*, EWS 1996, S. 418 (...)]

Griebeling, Gert, Gleichbehandlung in der betrieblichen Altersversorgung, RdA 1992, S. 373ff. [zit. *G. Griebeling*, RdA 1992, S. 373 (...)]

Groeben, Hans von der/Thiesing, Jochen/Ehlermann, Claus-Dieter, Kommentar zum EU-/EG-Vertrag, Bd. 3, 5. Aufl., Baden-Baden 1999 (zit. GTE/*Bearb.*, Art. ..., Rdn. ...)

Grundmann, Stefan, Richtlinienkonforme Auslegung im Bereich des Privatrechts – insbesondere: der Kanon der nationalen Auslegungsmethoden als Grenze?, ZEuP 1996, S. 399ff. [zit. *S. Grundmann*, ZEuP 1996, S. 399 (...)]

Gutsche, Maximilian, Das Zweite Gleichberechtigungsgesetz – Der Beitrag des 2. GleiBG zur Verbesserung der Chancengleichheit von Frauen und Männern im Erwerbsleben, Sinzheim 1996 (zit. *M. Gutsche*, 1996, S. ...)

Hadeler, Indra, Die Revision der Gleichbehandlungsrichtlinie 76/207/EWG – Umsetzungsbedarf für das deutsche Arbeitsrecht, NZA 2003, S. 77ff. [zit. *I. Hadeler*, NZA 2003, S. 77 (...)]

Hakim, Catherine, Grateful Slaves and Self-Made Women: Facts and Fantasies in Women's Work Orientations, (1991) 7 (2) E. Soc. Rev. 101ff. [zit. *C. Hakim*, (1991) 7 (2) E. Soc. Rev. 101 (...)]

Hanau, Peter, Die Beweislast bei Klagen wegen Benachteiligung bei Einstellungen und Beförderungen von Arbeitnehmern wegen des Geschlechts, Festschrift für Albert Gnade, 1992, S. 351ff. [zit. *P. Hanau*, Festschrift Gnade, 1992, S. 351 (...)]

Hanau, Peter/Preis, Ulrich, Zur mittelbaren Diskriminierung wegen des Geschlechts, ZfA 1988, S. 177ff. [zit. *P. Hanau/U. Preis*, ZfA 1998, S. 177 (...)]

Hardwig, John, Should Women Think in Terms of Rights?, in: Sunstein (Hrsg.), Feminism and political theory, Chicago 1990, S. 53ff. [zit. *J. Hardwig*, 1990, S. 53 (...)]

Hartmann, Christian, Gleichbehandlung und Tarifautonomie – Zur Ermittlung der Rechtsfolgen bei Gleichheitsverstößen in Tarifverträgen, München 1994 (zit. *C. Hartmann*, 1994, S. ...)

Hartmann, Heidi, Capitalism, patriarchy and job segregation by sex, in: Blaxal/Reagan (Hrsg.), Women and the workplace, Chicago/London 1976 (zit. *H. Hartmann*, 1976, S. ...)

Hartsock, Nancy C. M., Feministische Forschung und Politikwissenschaft in den USA, in: Kreisky/Sauer (Hrsg.), Feministische Standpunkte in der Politikwissenschaft, Frankfurt/New York, 1995, S.63ff. [zit. *N. C. M. Hartsock*, 1995, S. 63 (...)]

Hassauer, Friederike, Weiblichkeit – der blinde Fleck der Menschenrechte, in: Gerhard/Jansen/Maihofer/Schmid/Schulz (Hrsg.), Differenz und Gleichheit, Menschenrechte haben (k)ein Geschlecht, Frankfurt a.M., 1990, S. 320ff. [zit. *F. Hassauer*, 1990, S. 320 (...)]

Hatt, Sue, Gender, Work and Labour Markets, Hampshire/London 1997 (zit. *S. Hatt*, 1997, S. ...)

Hayek, Friedrich A. von, Drei Vorlesungen über Demokratie, Gerechtigkeit und Sozialismus, Tübingen 1976 (zit. *F. A. von Hayek*, 1976, S. ...)

- Recht, Gesetzgebung und Freiheit II, Die Illusionen sozialer Gerechtigkeit, München 1981 (zit. *F. A. von Hayek*, 1981, S. ...)

Hegel, Georg Friedrich Wilhelm, Philosophie des Rechts – Die Vorlesung von 1819/20 in einer Nachschrift hrsg. von Dieter Henrich, 1983 (zit. *G. F. W. Hegel*, 1983, S. ...)

Heinze, Meinhard, Europarecht im Spannungsverhältnis zum nationalen Arbeitsrecht, ZfA 1992, S. 331ff. [zit. *M. Heinze*, ZfA 1992, S. 331 (...)]

Henkel, Heinrich, Einführung in die Rechtsphilosophie, 2. Aufl., München 1977 (zit. *H. Henkel*, 1977, S. ...)

Hervey, Tamara K., Justification for Sex Discrimination in Employment, London u.a. 1993 (zit. *T. K. Hervey*, 1993, S. ...)
- Legal Issues concerning the Barber Protocol, in: O'Keeffe/Twomey (Hrsg.), Legal Issues of the Maastricht Treaty, 1994, S. 329ff. [zit. *T. K. Hervey*, 1994, S. 329 (...)]
- The Future for Sex Equality Law in the European Union, in: Hervey/O'Keeffe (Hrsg.) Sex Equality Law in the European Union, Chichester 1996, S. 399ff. [zit. *T. K. Hervey*, 1996, S. 339 (...)]
- Sex Equality as Substantive Justice, (1999) MLR 614ff. [zit. *T. K. Hervey*, (1999) MLR 614 (...)]

Hesse, Konrad, Der Gleichheitsgrundsatz im Staatsrecht, AöR 77 (1951/52), S. 167ff. [zit. *K. Hesse*, AöR 77 (1951/52), S. 167 (...)]
- Bestand und Bedeutung der Grundrechte in der Bundesrepublik Deutschland, EuGRZ 1978, S. 427ff. [zit. *K. Hesse*, EuGRZ 1978, S. 427 (...)]
- Grundzüge des Verfassungsrechts der Bundesrepublik Deutschland, 20. Aufl., Heidelberg 1995 (zit. *K. Hesse*, 1995, Rdn. ...)
- Verfassungsrechtsprechung im geschichtlichen Wandel, JZ 1995, S. 262ff. [zit. *K. Hesse*, JZ 1995, S. 262 (...)]

Hilf, Meinhard, Die Richtlinie der EG – ohne Richtung, ohne Linie?, EuR 1993, S. 1ff. [zit. *M. Hilf*, EuR 1993, S. 1 (...)]

Hinrichs, Werner, Änderungen im Kündigungsschutzrecht, AiB 1999, S. 1ff. [zit. *W. Hinrichs*, AiB 1999, S. 1 (...)]

Hippel, T. G. von, Über die bürgerliche Verbesserung der Weiber, Berlin 1792 (zit. *T. G. von Hippel*, 1792, S. ...)

Hirsch, Günther, Europäischer Gerichtshof und Bundesverfassungsgericht – Kooperation oder Konfrontation?, NJW 1996, S. 2457ff. [zit. *G. Hirsch*, NJW 1996, S. 2457 (...)]

Hirzel, Rudolf, Themis, Dike und Verwandtes. Ein Beitrag zur Geschichte der Rechtsidee bei den Griechen, Leipzig 1907 (zit. *R. Hirzel*, 1907, S. ...)

Hobbes, Thomas, Leviathan (1651), Stuttgart 1984; (zit. *T. Hobbes*, 1984, S. ...)
Dialog zwischen einem Philosophen und einem Juristen über das englische Recht (1681), Weinheim 1992 (zit. *T. Hobbes*, 1992, S. ...)

Höffe, Otfried, Politische Gerechtigkeit, 1987 (zit. *O. Höffe*, 1987, S. ...)

Holst, Elke/ Schupp, Jürgen Erwerbstätigkeit von Frauen in Ost- und Westdeutschland weiterhin von steigender Bedeutung, DIW Wochenbericht 28/1996 (zit. *E. Holst/J. Schupp*, DIW Wochenbericht 28/1996, S. ...)

Holtmaat, Riki, Overtime Payments for Part-time Workers, (1995) 24 (4) ILJ 387ff. [zit. *R. Holtmaat*, (1995) 24 (4) ILJ 387 (...)]

Horn, Hans-Detlef, „Grundrechtsschutz in Deutschland" - Die Hoheitsgewalt der Europäischen Gemeinschaften und die Grundrechte des Grundgesetzes nach dem Maastricht-Urteil des Bundesverfassungsgerichts, DVBl. 1995, S. 89ff. [zit. *H.-D. Horn*, DVBl. 1995, S. 89 (...)]

Horstkötter, Ingrid/ Schiek, Dagmar Kündigungsschutz via Diskriminierungsverbot, NZA 1998, S. 863ff. [zit. *I. Hortskötter/S. Schiek*, NZA 1998, S. 863 (...)]

Hoskins, Mark, Tilting the Balance: Remedies and National Procedural Rules, (1996) 21 ELRev. 365ff. [zit. *M. Hoskins*, (1996) 21 ELRev. 365 (...)]

Hromadka, Wolfgang Das Neue Teilzeit- und Befristungsgesetz, NJW 2001, S. 400ff. (zit. *W. Hromadka*, NJW 2001, S. 400ff.

Hueck, Alfred/ Nipperdey, Hans-Carl, Lehrbuch des Arbeitsrechts, Band 2, 7. Aufl., 1963 (zit. *A. Hueck/H.-C. Nipperdey*, 1963, § ...)

Hueck, Götz, Der Grundsatz der gleichmäßigen Behandlung im Privatrecht, 1958 (zit. *G. Hueck*, 1959, S. ...)

Huff, Martin W., Eine erste Bewertung des EuGH-Urteils Dillenkofer, NJW 1996, S. 3190ff [zit. *M. W. Huff*, NJW 1996, S. 3190 (...)]

Hummer, Waldemar/ Schweizer, Michael, Die Weiterentwicklung der Europäischen Union durch den Vertrag von Amsterdam, Europablätter 1999, S. 123ff. [zit. *W. Hummer/M. Schweizer*, Europablätter 1999, S. 123 (...)]

Huster, Stefan, Frauenförderung zwischen individueller Gerechtigkeit und Gruppenparität, AöR 1993, S. 109ff. [zit. *S. Huster*, AöR 1993, S. 109 (...)]

Ipsen, Hans Peter, Zehn Glossen zum Maastricht-Urteil, EuR 1994, S. 1ff. [zit. *H.-P. Ipsen*, EuR 1994, S. 1 (...)]

Ipsen, Jörn, Rechtsfolgen der Verfassungswidrigkeit von Norm und Einzelakt, Baden-Baden 1980 (zit. *J. Ipsen*, 1980, S. ...)

Irigaray, Luce, Speculum, 1974 (franz.), 1985 (engl.) (zit. *L. Irigaray*, 1974/1985, S. ...)
- The sex which is not one, 1985 (zit. *L. Irigaray*, 1985, S. ...)
- Über die Notwendigkeit geschlechtsdifferenter Rechte, in: Gerhard/Jansen/ Maihofer/Schmid/Schulz (Hrsg.), Differenz und Gleichheit, Menschenrechte haben (k)ein Geschlecht, Frankfurt a.M., 1990, S. 338ff. [zit. *L. Irigaray*, 1990, S. 338 (...)]
- Equal or different?, in: Whitford (Hrsg.), The Irigaray Reader, Oxford 1991 (zit. *L. Irigaray*, Equal or different?, 1991, S. ...)
- Sexes et Parentes, in: Whitford (Hrsg.), The Irigaray Reader, Oxford 1991 (zit. *L. Irigaray*, Sexes et Parentes, 1991, S. ...)

Isele, Helmut Georg Arbeitsrechtliche Besonderheiten der Teilzeitarbeit, RdA 1964, S. 201ff. [zit. *H. G. Isele*, RdA 1964, S. 201 (...)]

Jarass, Hans D., Richtlinienkonforme bzw. EG-rechtkonforme Auslegung, EuR 1991, S. 211ff. [zit. *H. D. Jarass*, EuR 1991, S. 211 (...)]
- Folgen der innerstaatlichen Wirkung von EG-Richtlinien, NJW 1991, S. 2665ff. [zit. *H. D. Jarass*, NJW 1991, S. 2665 (...)]

Jarass, Hans D./ Pieroth, Bodo, Grundgesetz für die Bundesrepublik Deutschland, 5. Aufl., München 2000 (zit. *Jarass/Pieroth*, GG, Art. ..., Rdn. ...)

Jeffery, Mark, Not Really Going to Work? Of the Directive on Part-Time Work, 'Atypical Work' and Attempts to Regulate It, (1998) 27 (3) ILJ 193ff. [zit. *M. Jefferey*, (1998) 27 (3) ILJ 193 (...)]

Jowell/Brook/ Prior/Taylor, British Social Attitudes: the 9th edition, Dartmouth, 1992/93 (zit. *Jowell/ Brook/Prior/Taylor*, 1992/93, S. ...)

Karpen, Ulrich, Das Recht auf Chancengleichheit, insbesondere der Bildung, JA 1985, S. 562ff. [zit. *U. Karpen*, JA 1985, S. 562 (...)]

Kaufmann, Arthur, Über Gerechtigkeit, Köln, Berlin u.a. 1993 (zit. *A. Kaufmann*, 1993, S. ...)

Kelsen, Hans Was ist Gerechtigkeit?, 1953 (zit. *H. Kelsen*, 1953, S. ...)
- Reine Rechtslehre, 1960 (zit. *H. Kelsen*, 1960, S. ...)

Kentridge, Janet, Direct and Indirect Discrimination after Enderby (Enderby v. Frenchay Health Authority, (1993) IRLR 597, (1994) PL 198ff. [zit. *J. Kentridge*, (1994) PL 198 (...)]

Kersting, Wolfgang, John Rawls zur Einführung, Hamburg 1993 (zit. *W. Kersting*, 1993, S. ...)
Die politische Philosophie der Gegenwart, Frankfurt a.M. 1996/97 (zit. *W. Kersting*, 1996/97, S. ...)
- Soziale Gerechtigkeit und Institutionen, in: Schlüter-Knauer (Hrsg.), Die Demokratie überdenken, Festschrift für Wilfried Röhrich, Berlin 1997, S. 91ff. [zit. *W. Kersting*, 1997, S. 91 (...)]
- Gleiche gleich und Ungleiche ungleich: Prinzipien der sozialen Gerechtigkeit, in: Dornheim/Franzen/Thumfart/Waschkuhn (Hrsg.), Gerechtigkeit, 1999, S. 46ff. [zit. *W. Kersting*, 1999, S. 46 (...)]

Kingdom, Elizabeth, What's wrong with rights? Problems for Feminist Politics of Law, in: Bridgeman/ Millns (Hrsg.), Feminist Perspectives on Law, London, 1998, S. 44ff. [zit. *E. Kingdom*, 1998, S. 44 (...)]

Kirchhof, Ferdinand, Private Rechtsetzung, Berlin 1987 (zit. *F. Kirchhof*, 1987, S. ...)

Kirsten, Mathias, Anforderung an die Rechtfertigung einer mittelbaren Diskriminierung wegen des Geschlechts, RdA 1990, S. 282ff. [zit. *M. Kirsten*, RdA 1990, S. 282 (...)]

Kischel, Uwe, Zur Dogmatik des Gleichheitssatzes in der Europäischen Union, EuGRZ 1997, S. 1ff. [zit. *U. Kischel*, EuGRZ 1997, S. 1 (...)]

Klein, Martina Gewerkschaften und Teilzeitarbeit in Deutschland, Eine vergleichende Untersuchung des Einzelhandels und der Gebäudeinnenreinigung, Baden-Baden 1995 (zit. *M. Klein*, 1995, S. ...)

Kliemt, Michael Der neue Teilzeitanspruch, NZA 2001, S. 63ff. (zit. *M. Kliemt*, NZA 2001, S. 63ff.)

Knapp, Gudrun-Axeli, Zur widersprüchlichen Vergesellschaftung von Frauen, in: Hoff (Hrsg.), Die Doppelte Sozialisation Erwachsener, Weinheim/München 1990, S. 17ff. [zit. *G-A. Knapp*, 1990, S. 17 (...)]

Knigge, Arnold, Gesetzliche Neuregelung der Gleichbehandlung von Männern und Frauen am Arbeitsplatz, BB 1980, S. 1272ff. [zit. *A. Knigge*, BB 1980, S. 1272 (...)]

Kocher, Eva, Verfassungsrechtliche Anforderungen an die Umsetzung des Gleichbehandlungsgebots, ArbuR 1998, S. 221ff. [zit. *E. Kocher*, ArbuR 1998, S. 221 ( )]

- Geschlechterdifferenz und Staat, KJ 1999, S. 182ff. [zit. *E. Kocher*, KJ 1999, S. 182 (...)]

Kölbl, Ursula, Gleichheit und Differenz – Frauenförderung im Zielkonflikt, Festschrift für Kissel, 1994, S. 521ff. [zit. *U. Kölbl*, Festschrift Kissel, 1994, S. 521 (...)]

Körner-Dammann, Marita, Veränderte Erwerbs- und Familienstrukturen als Voraussetzung der Vereinbarkeit von Beruf und Familie, NJW 1994, S. 2056ff. [zit. *M. Körner-Dammann*, NJW 1994, S. 2056 (...)]

Kort, Michael, Zur Gleichberechtigung im deutschen und europäischen Arbeitsrecht, insbesondere beim Arbeitsentgelt teilzeitbeschäftigter Betriebsratsmitglieder, RdA 1997, S. 277ff. [zit. *M. Kort*, RdA 1997, S. 277 (...)]

Krais, Beate, Bildung als Kapital. Neue Perspektiven für die Analyse der Sozialstruktur? in: Kreckel (Hrsg.), Soziale Ungleichheiten, Soziale Welt, Sonderband 2, Göttingen 1983, S. 199ff. [zit. *B. Krais*, 1983, S. 199 (...)]

Kreimer-de Fries, Joachim, EU-Teilzeitvereinbarung – kein gutes Omen für die Zukunft der europäischen Verhandlungsebenen, ArbuR 1997, S. 314ff. [zit. *J. Kreimer de Fries*, ArbuR 1997, S. 314 (...)]

Kreisky, Eva, Der Staat ohne Geschlecht? Ansätze einer feministischen Staatskritik und feministischer Staatserklärung, in: Kreisky/Sauer (Hrsg.), Feministische Standpunkte in der Politikwissenschaft, Frankfurt/New York, 1995, S. 203ff. [zit. *E. Kreisky*, 1995, S. 203 (...)]
- Wider verborgene Geschlechtlichkeit. Die maskuline Unterseite politischer Gerechtigkeitsdiskurse, in: Dornheim/Franzen/Thumfart/Waschkuhn (Hrsg.), Gerechtigkeit, Opladen/Wiesbaden 1999, S. 168ff. [zit. *E. Kreisky*, 1999, S. 168 (...)]

Kriele, Martin, Kriterien der Gerechtigkeit, 1963 (zit. *M. Kriele*, 1963, S. ...)

Kutsch, Stefan, Die Rechtsprechung des EuGH zur Gleichbehandlung von Mann und Frau, BB 1991, S. 2149ff. [zit. *S. Kutsch*, BB 1991, S. 2149 (...)]

Kutscher, Hans, Der Grundsatz der Verhältnismäßigkeit in Europäischen Rechtsordnungen, Heidelberg 1985 (zit. *H. Kutscher*, 1985, S. ...)

Kyriazis, Georgios, Die Sozialpolitik der Europäischen Wirtschaftsgemeinschaft in bezug auf die Gleichberechtigung männlicher und weiblicher Erwerbstätiger, Berlin 1990 [zit. *G. Kyriazis*, 1990, S. (...)]

Lacey, Nicola, Legislation against sex discrimination: questions from a feminist perspective, (1986) 14 Journal of Law and Society 411ff. [zit. *N. Lacey*, 1986) 14 JLS 411 (...)]
- From Individual to Group, in: Hepple/Szyszczak (Hrsg.), Discrimination: The Limits of Law, London 1992, S. 99ff. [zit. *N. Lacey*, 1992, S. 99 (...)]
- Theories of justice and the welfare state, (1992) 1 Social and Legal Studies 323ff. [zit. *N. Lacey*, (1992) 1 Social and Legal Studies 323 (...)]
- Feminism and the Tenets of Conventional Legal Theory, HFR Beitrag 11, 1996, S. 1ff., [zit. N. Lacey, HFR 11, 1996, S. 1 (...)]

Ladwig, Bernd, Erweiterte Chancengleichheit – Überlegungen zur Verteilungsgerechtigkeit im Anschluß an Ronald Dworkin, in: Münkler/Llanque (Hrsg.), Konzeptionen der Gerechtigkeit – Kulturvergleich – Ideengeschichte – Moderne Debatte, Baden-Baden 1999, S. 365ff. [zit. *B. Ladwig*, 1999, S. 365 (...)]

Lang, Sabine, Öffentlichkeit und Geschlechterverhältnis – Überlegungen zu einer Politologie der öffentlichen Sphäre, in: Kreisky/Sauer (Hrsg.), Feministische Standpunkte in der Politikwissenschaft, Frankfurt/New York, 1995, S. 83ff. [zit. *S. Lang*, 1995, S. 83 (...)]

Langenfeld, Christine, Die Gleichbehandlung von Mann und Frau im Europäischen Gemeinschaftsrecht, Baden-Baden, 1990 (zit. *C. Langenfeld*, 1990, S. ...)
- Zur Direktwirkung von Richtlinien, DÖV 1992, S. 955ff. [zit. *C. Langenfeld*, DÖV 1992, S. 955 (...)]

Langer, Rose, Kompetenzen in der Europäischen Union auf dem Gebiet der Gleichbehandlung, ZIAS 1999, S. 178ff. [zit. *R. Langer*, ZIAS 1999, S. 178 (...)]

Langohr-Plato, Uwe, Auswirkungen des europarechtlichen Lohngleichheitsgrundsatzes auf das deutsche Betriebsrentenrecht, EuZW 1995, S. 239ff. [zit. *U. Langohr-Plato*, EuZW 1995, S. 239 (...)]

Larenz, Karl/ Canaris, Claus-Wilhelm, Methodenlehre der Rechtswissenschaft, 3. Aufl. 1995 (zit. *K. Larenz/C.-W. Canaris*, 1995, S. ...)

Lauda, Winfried, Geschlechtsbezogene Benachteiligung und Förderung der Frau – im Arbeits- und Sozialrecht, Marburg 1996 (zit. *W. Lauda*, 1996, S. ...)

Lautmann, Rüdiger, Die Gleichheit der Geschlechter und die Wirklichkeit des Rechts, Opladen 1990

Lechner, Zur Zulässigkeit der Verfassungsbeschwerde gegen Unterlassungen des Gesetzgebers, NJW 1955, S. 1817ff. [zit. *Lechner*, NJW 1955, S. 1817 (...)]

Leipold, Dieter, Beweislastregeln und gesetzliche Vermutungen bei Verweisungen zwischen verschiedenen Rechtsgebieten, Berlin 1966 (zit. *D. Leipold*, 1996, S. ...)

Lipke, Gert-A., Individualrechtliche Grundprobleme der Teilzeitarbeit, ArbuR 1991, S. 76ff. [zit. *G.-A. Lipke*, ArbuR 1991, S. 76 (...)]

Littleton, Christine, A., Reconstructing Sexual Equality, in: Barlett/Kennedy (Hrsg.), Feminist Legal Theory, London 1991 (zit. *C. A. Littleton*, 1991, S. ...)

Locke, John, Two Treatises of Government, 1690 (zit. *J. Locke*, 1690, Buch ...)

Loenen, Titia, Comparative Legal Feminist Scholarship and the Importance of a Contextual Approach to Concepts and Strategies: The Case of the Equality Debate, (1995) 3 Feminist Legal Studies 71ff. [zit. *T. Loenen*, (1995) 3 Feminist Legal Studies 71 (...)]

Lorenz, Martin, Beschäftigungsförderungsgesetz: Teilzeitarbeit, Sozialplan und versicherungsrechtliche Regelungen, NZA 1985, S. 473ff. [zit. *M. Lorenz*, NZA 1985, S. 473 (...)]
- Der schwierige Weg zur Lohngleichheit von Männern und Frauen, Festschrift für Ottfried Wlotzke, 1996, S. 45ff. [zit. *M. Lorenz*, Festschrift Wlotzke, 1996, S. 45 (...)]
- Zur Lohngleichheit von Männern und Frauen, DB 1996, S. 1234ff. [zit. *M. Lorenz*, DB 1996, S. 1234 (...)]

Loritz, Karl-Georg, Nachtarbeitsverbot (für Arbeitnehmerinnen) und Verfassung, ZfA 1991, S. 607ff. [zit. *K.-G. Loritz*, ZfA 1991, S. 607 (...)]

Löwisch, Manfred, Das Beschäftigungsförderungsgesetz 1985, BB 1985, S. 1200ff. [zit. *M. Löwisch*, BB 1985, S. 1200 (...)]

Löwisch, Manfred/ Schüren, Peter, Aktuelle Fragen von Teilzeitarbeit und kürzerer Arbeitszeit, BB 1984, S. 925ff. [zit. *M. Löwisch/P. Schüren*, BB 1984, S. 925 (...)]

Lustgarten, Laurence, The New Meaning of Discrimination, (1978) PL 178ff. [zit. *L. Lustgarten*, (1978) PL 178 (...)]

MacKinnon, Catharine, Toward Feminist Jurisprudence, (1982) 34 StanLR 703ff. [zit. *C. MacKinnon*, (1982) 34 StanLR 703 (...)]
- Difference and Dominance: on sex discrimination, in: dies., Feminism Unmodified: Discourses on Life and Law, Cambridge, Mass. 1987 (zit. *C. MacKinnon*, 1987, S. ...)
- Toward a Feminist Theory of the State, Cambridge, Mass 1989 (zit. *C. MacKinnon*, 1989, S. ...)
- Reflections on Sex Equality under Law, (1991) 100 Yale LJ 1281ff. [zit. *C. MacKinnon*, (1991) 100 Yale LJ (...)]
- Auf dem Weg zu einer neuen Theorie der Gleichheit, KritV 1994, S. 363ff. [zit. *C. MacKinnon*, KritV 1994, S. 363 (...)]

Magvas, Emil/ Spitznagel, Eugen, Das Teilzeitgesetz – gelungener Start einer Reform, BArBl. 11/2002, S. 10ff. [zit. *E. Magvas/E. Spitznagel*, BArBl. 11/2002, S. 10 (...)]

Maier, Friederike, Arbeitsmarktsegregation und patriarchale Gesellschaftsstruktur – Thesen zur einem gesellschaftssystem-übergreifenden Zusammenhang, in: Autorengemeinschaft, Erklärungsansätze zur geschlechtsspezifischen Strukturierung des Arbeitsmarktes, SAMF, Arbeitspapier 1, Paderborn 1990, S. 50ff. [zit. *F. Maier*, 1990, S. 50 (...)]
- Homo Oeconomicus – zur geschlechtsspezifischen Konstruktion der Wirtschaftswissenschaften, Zeitschrift für kritische Sozialwissenschaften, 23 Jg., Nr. 4, S. 551ff. [zit. *F. Maier*, Zeitschrift für kritische Sozialwissenschaften, 23 Jg., Nr. 4, S. 551 (...)]
- Ökonomische Arbeitsmarktforschung und Frauenerwerbstätigkeit – Versuch einer kritischen Bilanz, in: Geissler/Maier/Pfau-Effinger (Hrsg.), Frauenarbeitsmarkt – Der Beitrag der Frauenforschung zur sozio-ökonomischen Theorieentwicklung, Berlin 1998, S. 17ff. [zit. *F. Maier*, 1998, S. 17 (...)]

Maihofer, Andrea, Gleichheit nur für Gleiche?, in: Gerhard/Jansen/Maihofer/Schmid/Schulz (Hrsg.), Differenz und Gleichheit, Menschenrechte haben (k)ein Geschlecht, Frankfurt a.M., 1990, S. 351ff. [zit. *A. Maihofer*, 1990, S. 351 (...)]
- Geschlecht als Existenzweise, Frankfurt a.M., 1995 (zit. *A. Maihofer*, 1995, S. ...)

Mangoldt, Hermann v./Klein, Friedrich/ Starck, Christian Das Bonner Grundgesetz, 4. Aufl., München, Bd. 1 1999/Bd. 2 2000 (zit. *von Mangoldt/Klein/Starck*, GG, Art. ..., Rdn. ...)

Mansel, Heinz-Peter Die Neuregelung des Verjährungsrechts, NJW 2002, S. 89ff. [zit. *H.-P- Mansel*, NJW 2002, S. 89 (...)]

Marquard, Odo, Apologie des Zufälligen, 1987 (zit. *O. Marquard*, 1987, S. ...)

Matsuda, Mari, Liberal Jurisprudence and the abstracted visions of human nature: a feminist critique of Rawls' *A Theory of Justice*, (1986) 16 New Mexico L. Rev. 613ff. [zit. *M. Matsuda*, (1986) 16 New Mexico L. Rev. 613 (...)]

Maunz, Theodor/ Dürig, Günter, Grundgesetz-Kommentar, München, Stand 2002 (40. Ergänzungslieferung) (zit. Maunz/Dürig/*Bearb.*, GG, Art. ..., Rdn. ...)

Maurer, Jutta, Mittelbare Diskriminierung von Frauen bei Höhergruppierung gemäß § 23a BAT, NZA 1991, S. 501ff. [zit. *J. Mauer*, NZA 1991, S. 501 (...)]

Maxwell, Patricia, Discrimination against part-time workers, (1995) 1 Web JCLI 1ff. [zit. *P. Maxwell,* (1995) 1 Web JCLI 1 (...)]

Mayer-Maly, Theo, Rechtswissenschaft, München 1981 (zit. *T. Mayer-Maly,* 1981, S. ...)

McCrudden, Christopher, Institutional Discrimination, (1982) OJLS 344ff. [zit. *C. McCrudden,* (1982) OJLS 344 (...)]
- Changing Notions of Discrimination, in: Guest/Milne (Hrsg.), Equality and Discrimination: Essays in Freedom and Justice, ARSP Beiheft 21, Stuttgart 1985 (zit. *C. McCrudden,* 1985, S. ...)

McCrudden, Christopher/Black, Julia, Achieving Equality between Men and Women in Social Security: some issues of implementation, in: McCrudden (Hrsg.), Equality between Women and Men in Social Security, London 1994 (zit. *C. McCrudden/J. Black,* 1994, S. ...)

Medicus, Dieter, Der Grundsatz der Verhältnismäßigkeit im Privatrecht, AcP 192 (1992) S. 35ff. [zit. *D. Medicus,* AcP 192 (1992) S. 35 (...)]

Meesen, Karl M., Maastricht nach Karlsruhe, NJW 1994, S. 549ff. [zit. *K. M. Meesen,* NJW 1994, S. 549 (...)]

Meier, Christian, Die Entstehung des Politischen bei den Griechen, Frankfurt/a.M. 1980 (zit. *C. Meier,* 1980, S. ...)

Mikl-Horke, Gertraude, Soziologie: Historischer Kontext und soziologische Theorie-Entwürfe, München 1994 (zit. *G. Mikl-Horke,* 1994, S. ...)

Mill, John Stewart, On Liberty, London, Dent 1910 (zit. *J. S. Mill,* 1910, S. ...)
- The Subjection of Women (1869), Cambridge 1989 (zit. *J. S. Mill*, 1989, S. ...)

Moi, Toril, Sexual/Textual Politics, London 1985 (zit. *T. Moi,* 1985, S. ...)

Morris, Andrew. J., On The Normative Foundations of Indirect Discrimination Law: Understanding the Competing Models of Discrimination Law as Aristotelian Forms of Justice (1995) OJLS 199ff. [zit. *A. J. Morris,* (1995) OJLS 199 (...)]

Motive zu dem Entwurfe eines Bürgerlichen Gesetzbuches, Bd. II. 1888, Nachdruck 1983 (zit. Motive)

Mückenberger, Ulrich, Kritik des „Arbeitsrechtlichen Beschäftigungsförderungsgesetzes“, KJ 1996, S. 343ff. [zit. *U. Mückenberger,* KJ 1996, S. 343 (...)]

Müller, C. W., Gleiches zu Gleichem, 1965 (zit. *C. W. Müller,* 1965, S. ...)

Müller, Christoph J., Die Berufsfreiheit des Arbeitgebers – Einwirkungen des Art. 12 Abs. 1 GG auf das Individual- und Kollektivarbeitsrecht, Köln 1996 (zit. *C. J. Müller,* 1996, S. ...)

Müller, Peter, Der steinige Weg des § 611a BGB zur Europarechtskonformität – Ein Plädoyer für Wertungsoffenheit in Entscheidungsbegründungen, JA 2000, S. 119ff. [zit. *P. Müller,* JA 2000, S. 119 (...)]

Münch, Ingo v./Kunig, Philip, Grundgesetz-Kommentar, 5. Aufl., München 2000 (zit. von Münch/Kunig/*Bearb.*, GG, Art. ..., Rdn. ...)

Musielak, Hans-Joachim, Grundlagen der Beweislast im Zivilprozeß, Berlin 1975 (zit. *H.-J. Musielak,* 1975, S. ...)

Nettesheim, Martin, Auslegung und Fortbildung nationalen Rechts im Lichte des Gemeinschaftsrechts, AöR 119 (1994), S. 261ff. [zit. *M. Nettesheim,* AöR 119 (1994), S. 261 (...)]

Nicolai, Andrea, Rechtsfolgen der Unvereinbarkeit arbeitsrechtlicher Regelungen mit Art. 119 EG-Vertrag, ZfA 1996, S. 481ff. [zit. *A. Nicolai*, ZfA 1996, S. 481 (...)]

Nicolaysen, Gert, Richtlinienwirkung und Gleichbehandlung von Männern und Frauen beim Zugang zum Beruf – Besprechung der EuGH-Urteile vom 10.4.1984 – Rs. 14/88 und Rs. 79/83, EuR 1984, S. 380ff. [zit. *G. Nicolaysen*, EuR 1984, S. 380 (...)]

Nierhaus, Michael, Grundrechte aus der Hand des Gesetzgebers? Ein Beitrag zur Dogmatik des Art. 1 Abs. 3 GG, AöR 116 (1991) S. 72ff. [zit. *M. Nierhaus*, AöR 116 (1991) S. 72 (...)]

Nikisch, Arthur, Arbeitsrecht, Tübingen 1961 (zit. *A. Nikisch*, 1961, S. ...)

Nozick, Robert, Anarchy, State and Utopia, New York 1974/München 1976 (zit. R. *Nozick*, 1974/76, S. ...)

O'Donovan, Katherine, Sexual Divisions In Law, Weidenfeld & Nicholson 1984 (zit. K. *O'Donovan*, 1984, S. ...)

O'Donovan, Katherine/ Szyszczak, Erika, Equality and Sex Discrimination Law, Oxford 1988 (zit. *K. O'Donovan/E. Szyszczak*, 1988, S. ...)

Ochs, Christiane, Mittendrin und trotzdem draußen – geringfügige Beschäftigung, WSI-Mitt. 1997, S. 640ff. [zit. *C. Ochs*, WSI-Mitt. 1997, S. 640 (...)]

Oetker, Hartmut, Anmerkung zu BAG v. 9.10.1991, EzA § 1 LohnFG Nr. 122, 1992, S. 13ff.
- Anmerkung zum EuGH, Urteil vom 22.4.1997, Rs. C-180/95 (Draehmpaehl), ZIP 1997, S. 802ff. [zit. *H. Oetker*, ZIP 1997, S. 802 (...)]

Okin, Susan Moller, Justice, Gender and the Family, New York 1989 (zit. *Susan Moller Okin*, 1989, S. ...)
- Reason and Feeling in Thinking about Justice, in: Sunstein (Hrsg.), Feminism and political theory, Chicago 1990, S. 15ff. [zit. *Susan Moller Okin*, 1990, S. 15 (...)]
- John Rawls: Justice as Fairness – For Whom? in: Shanley/Pateman (Hrsg.), Feminist Interpretations and Political Theory, Cambridge, Mass., Oxford, 1991, S. 181ff. [zit. *Susan Moller Okin*, 1991, S. 181 (...)]

Olympe de Gouge, Entwurf eines Gesellschaftsvertrags zwischen Mann und Frau, in: Schröder (Hrsg.), Die Frau ist frei geboren, Bd. 1, Texte zur Frauenemanzipation, München 1978/81 (zit. *Olympe de Gouges*, 1978/81, S. ...)

Oppermann, Angelika, Die Kontrolle von Tarifvertragsregelungen in ihrer Anwendung auf den Einzelfall, Baden-Baden 1997 (zit. *A. Oppermann*, 1997, S. ...)

Ossenbühl, Fritz, Der gemeinschaftsrechtliche Staatshaftungsanspruch, DVBl. 1992, S. 993ff. [zit. *F. Ossenbühl*, DVBl. 1992, S. 993 (...)]

Ostner, Ilona, Beruf und Hausarbeit. Die Arbeit der Frau in unserer Gesellschaft, Frankfurt a.M. 1978 (zit. *I. Ostner*, 1978, S. ...)
- Hegels Dilemma, in: Gerhard/Jansen/Maihofer/Schmid/Schulz (Hrsg.), Differenz und Gleichheit, Menschenrechte haben (k)ein Geschlecht, Frankfurt a.M., 1990, S. 311ff. [zit. *I. Ostner*, 1990, S. 311 (...)]
- Zum letzten Male: Anmerkungen zum „weiblichen Arbeitsvermögen", in: Krell/Osterloh (Hrsg.), Personalpolitik aus der Sicht von Frauen – Was kann die Personalforschung von der Frauenforschung lernen?, München/Mering 1991, S. 107ff. [zit. *I. Ostner*, 1991, S. 107 (...)]

Pateman, Carol, The Sexual Contract, London 1988 (zit. *C. Pateman*, 1988, S. ...)
- The Disorder or Women, 1989 (zit. *C. Pateman*, 1989, S. ...)
- Der Geschlechtervertrag, in: Appelt/Neyer (Hrsg.), Feministische Politikwissenschaft, Wien, 1994, S. 73ff. [zit. *C. Pateman*, 1994, S. 73 (...)]

Peifer, Karl Heinz, Die Teilzeitbeschäftigung in der neueren Rechtsprechung des Bundesarbeitsgerichts, ZfA 1999, S. 271ff. [zit. *K.-H. Peifer*, ZfA 1999, S. 271 (...)]

Pescatore, Pierre, Das Vorabentscheidungsverfahren nach Art. 177 EWG-Vertrag und die Zusammenarbeit zwischen dem Gerichtshof und den nationalen Gerichten, BayVBl. 1987, S. 33ff. [zit. *P. Pescatore*, BayVBl. 1987, S. 33 (...)]

Peter, Gabriele, Frauendiskriminierung durch Teilzeitbeschäftigung, Frankfurt a.M. u.a. 1988 (zit. *G. Peter*, 1988, S. ...)
- Gesetzlicher Mindestlohn, Eine Maßnahme gegen Niedriglöhne von Frauen, Baden-Baden 1995 (zit. *G. Peter*, 1995, S. ...)

Peter, K.-F./ Charlier, R. Steuerberatungsgesetz, Kommentar mit Berufsrecht und Praxis der Steuerberatung, Berlin (zit. *K.-F. Peter/R. Charlier*, StBerG, Stand ..., § ... Rdn. ...).

Petty, William, A Treatise on Taxes and Contributions, London 1667 (zit. *W. Petty*, 1667, S. ...)

Pfarr, Heide M., Das Zweite Gleichberechtigungsgesetz, RdA 1995, S. 204ff. [zit. *H. M. Pfarr*, RdA 1995, S. 204 (...)]

Pfarr, Heide M. / Bertelsmann, Klaus, Gleichbehandlungsgesetz – Zum Verbot der unmittelbaren und mittelbaren Diskriminierung von Frauen im Erwerbsleben, Wiesbaden, 1985 (zit. *H. Pfarr/K. Bertelsmann*, 1985, Rdn. ...)
- Diskriminierung im Erwerbsleben – Ungleichbehandlungen von Frauen und Männern in der Bundesrepublik Deutschland, Gutachten im Auftrag des Bundesministeriums für Jugend, Familie, Frauen und Gesundheit, Baden-Baden 1989 (zit. *H. Pfarr/K. Bertelsmann*, 1989, S. ...)

Pfau-Effinger, Birgit, Sozio-kulturelle Grundlagen der Entwicklung der Teilzeitarbeit in Europa – Am Beispiel von Finnland und West-Deutschland, SAMF, Arbeitspapier 1, 1994, S. 41ff. [zit. *B. Pfau-Effinger*, SAMF-1, 1994, S. 41 (...)]
- Arbeitsmarkt- und Familiendynamik in Europa – Theoretische Grundlagen der vergleichenden Analyse, in: Geissler/Maier/Pfau-Effinger (Hrsg.), Frauenarbeitsmarkt – Der Beitrag der Frauenforschung zur sozio-ökonomischen Theorieentwicklung, Berlin 1998, S. 177ff. [zit. *B. Pfau-Effinger*, 1998, S. 177 (...)]

Pfau-Effinger, Birgit/ Geissler, Birgit, Institutionelle und sozio-kulturelle Kontextbedingungen der Entscheidung verheirateter Frauen für Teilzeitarbeit, MittAB, Nr. 3 1992, S. 358ff. [zit. *B. Pfau-Effinger/B. Geissler*, MittAB 1992, S. 358 (...)]

Phillips, Anne, Geschlecht und Demokratie, Hamburg 1995 (zit. *A. Phillips*, 1995, S. ...)

Piore, Michael J., On-the-Job Training in the Dual Labour Market, in: Weber (Hrsg.), Public-Private Manpower Policies, Madison 1969 (zit. *M. J. Piore*, 1969, S. ...)
- Lernprozesse, Mobilitätsketten und Arbeitsmarktsegmente, in: Sengenberger (Hrsg.), Der gespaltene Arbeitsmarkt – Probleme der Arbeitsmarktsegmentation, Frankfurt/New York 1978, S. 67ff. [zit. *M. J. Piore*, 1978, S. 67 (...)]

Preis, Ulrich, Entwicklungslinien in der Rechtsprechung des EuGH zum Arbeitsrecht, ZIP 1995, S. 891ff. [zit. *U. Preis*, ZIP 1995, S. 891 (...)]

Prütting, Hanns, Gegenwartsprobleme der Beweislast, München 1983 (zit. *H. Prütting*, 1983, S. ...)

Quack, Sigrid/ Maier, Friederike, Geschlechtsspezifische Segregation von Arbeitsmärkten – Ergebnisse einer Studie über die EG-Mitgliedstaaten, SAMF, Arbeitspapier 1, 1994, S. 127ff. [zit. *S. Quack/ F. Maier*, SAMF-1, 1994, S. 127 (...)]

Raasch, Sybille, Frauenquoten und Männerrechte, Schriften zur Gleichstellung der Frau, Baden-Baden 1991 (zit. *S. Raasch*, 1991, S. ...)

Radbruch, Gustav, Rechtsphilosophie, 5. Aufl., 1956 (zit. *G. Radbruch*, 1956, S. ...)

Raiser, Ludwig, Der Gleichbehandlungsgrundsatz im Privatrecht, ZHR 111 (1948), S. 75ff. [zit. *L. Raiser*, ZHR 111 (1948), S. 75 (...)]

Rating, Stefan, Mittelbare Diskriminierung der Frau im Erwerbsleben nach europäischem Gemeinschaftsrecht, Baden-Baden 1994 (zit. *S. Rating*, 1994, S. ...)

Rawls, John, Theory of Justice, Cambridge, Mass. 1971 (dt. Eine Theorie der Gerechtigkeit, Frankfurt a.M., 1975) (zit. *J. Rawls*, 1971/75, S. ...)

Raz, Joseph, The Morality of Freedom, Oxford 1986 (zit. *J. Raz*, 1986, S. ...)

Rebbinder, Manfred, Einführung in die Rechtssoziologie, Frankfurt a.M. 1971 (zit. *M. Rebbinder*, 1971, S. ...)

Reich, Norbert/ Dieball, Heike, Mittelbare Diskriminierung teilzeitbeschäftigter Betriebsratsmitglieder, ArbuR 1991, S. 225ff. [zit. *N. Reich/H. Dieball*, ArbuR 1991, S. 225 (...)]

Reich, Norbert, Der Schutz subjektiver Gemeinschaftsrechte durch Staatshaftung – Anmerkungen zu den Urteilen EuGH, EuZW 1996, 654 – Dillenkofer u.a. und EuGH, EuZW 1996, 695 – Denkavit u.a., EuZW 1996, S. 709ff. [zit. *N. Reich*, EuZW 1996, S. 709 (...)]

Reiche, Astrid, Anmerkungen zu einer Neufassung des § 611a BGB, ZTR 1994, S. 6ff. [zit. *A. Reiche*, ZTR 1994, S. 6 (...)]

Reinfeld, Waldemar/ Zwanziger, Bertram, Teilzeitarbeit und betriebsbedingte Kündigung, DB 1996, S. 677ff. [zit. *W. Reinfeld/B. Zwanziger*, DB 1996, S. 677 (...)]

Ress, Georg, Die richtlinienkonforme „Interpretation" innerstaatlichen Rechts, DÖV 1994, S. 489ff. [zit. *G. Ress*, DÖV 1994, S. 489 (...)]

Richardi, Reinhard, Das Gleichbehandlungsgebot für Teilzeitarbeit und seine Auswirkung auf Entgeltregelungen, NZA 1992, S. 625ff. [zit. *R. Richardi*, NZA 1992, S. 625 (...)]

Richter, Stefan, Die unmittelbare Wirkung von EG-Richtlinien zu Lasten Einzelner, EuR 1988, S. 394ff. [zit. *S. Richter*, EuR 1988, S. 394 (...)]

Riegel, Reinhard, Hoheitliche Zuordnungen und gerichtliche Überprüfbarkeit des innerstaatlichen Vollzugs von Gemeinschaftsrecht, BayVBl. 1978, S. 289ff. [zit. *R. Riegel*, BayVBl. 1978, S. 289 (...)]

Robbers, Gerhard, Der Grundrechtsverzicht. Zum Grundsatz „volenti non fit iniuria" im Verfassungsrecht, JuS 1985, S. 925ff. [zit. *G. Robbers*, JuS 1985, S. 925 (...)]

Rombach, Wolfgang, Neue Entwicklungen zum Thema der sozialversicherungsfreien Beschäftigung – unter Berücksichtigung der Entscheidungen des EuGH vom 14.12.1995, SGb 1996, S. 193ff. [zit. *W. Rombach*, SGb 1996, S. 193 (...)]

- Mittelbare Vorgaben der EG für das nationale Sozialrecht durch die Gleichbehandlungsrichtlinie 79/7/EWG?, Sgb 1997, S. 349ff. [zit. *W. Rombach*, SGb 1997, S. 349 (...)]

Rousseau, Jean Jacques, Contrat social 1762 (zit. *J. J. Rousseau*, 1762, S. ...)
- The Social Contract and Discourses, G. Cole trans. 1950, (1762) (zit. *J. J. Rousseau*, 1950, S. ...)
- Schriften zur Kulturkritik, Hamburg 1971 (zit. *J. J. Rousseau* 1971, S. ...)

Rubery, Jill u.a., Part-time Work and Gender Inequality in the Labour Market, in: MacEwan Scott (Hrsg.) Gender Segregation and Social Change, Oxford 1994, S. 205ff. [zit. *J. Rubery u.a.*, 1994, S. 205 (...)]

Rüfner, Wolfgang, Die mittelbare Diskriminierung und die speziellen Gleichheitssätze in Art. 3 Abs. 2 und 3 GG, Festschrift für Karl Heinrich Friauf, Staat, Wirtschaft, Steuern, 1996, S. 331ff. [zit. *W. Rüfner*, Festschrift Friauf, 1996, S. 331 (...)]
- Paritätsvorstellungen und tatsächliche Durchsetzung der Gleichberechtigung von Frauen und Männern, Festschrift für Stern 1997, S. 1011ff. [zit. *W. Rüfner*, Festschrift Stern 1997, S. 1011 (...)]

Rühmann, Jürgen, Auswirkungen der neueren EuGH-Rechtsprechung auf die Gestaltung der betrieblichen Versorgungsregelungen, BetrAV 1994, S. 107ff. [zit. *J. Rühmann*, BetrAV 1994, S. 107 (...)]

Ruland, Franz, Sozialrechtliche Maßnahmen zur Verbesserung der Vereinbarkeit von Berufstätigkeit und Familie, NJW 1994, S. 2049ff. [zit. *F. Ruland*, NJW 1994, S. 2049 (...)]

Rutherglen, George, Discrimination and its discontents, (1995) 81 Va. L. Rev. 117ff. [zit. *G. Rutherglen*, (1995) 81 Va. L. Rev. 117 (...)]

Rust, Ursula, Änderungsrichtlinie 2000 zur Gleichbehandlungsrichtlinie von 1976, NZA 2003, S. 72ff. [zit. *U.Rust*, NZA 2003, S. 72 (...)]

Sachs, Michael (Hrsg.), Grundgesetz Kommentar, 2. Aufl., München 1999 (zit. Sachs/*Bearb.*, GG, Art. ..., Rdn. ...)

Sachs, Michael, Grenzen des Diskriminierungsverbots – Eine Untersuchung zur Reichweite des Unterscheidungsverbots nach Art. 3 Abs. 2 und 3 Grundgesetz, München 1987 (zit. *M. Sachs*, 1987, S. ...)
- Gleichberechtigung und Frauenquoten, NJW 1989, S. 553ff. [zit. *M. Sachs*, NJW 1989, S. 553 (...)]
- Zu den Folgen von Gleichheitsverstößen in Tarifverträgen, RdA 1989, S. 25ff. [zit. *M. Sachs*, RdA 1989, S. 25 (...)]
- Besondere Gleichheitsgarantien, in: Isensee/Kirchhof (Hrsg.), HStR, Bd. V, Teil V. § 126, 2. Auflage, Heidelberg 2000 (zit. *M. Sachs*, HStR, Bd. V, § 126, Rdn. ...)

Säcker, Franz Jürgen/ Oetker, Hartmut, Grundlagen und Grenzen der Tarifautonomie, München 1992 (zit. *F. J. Säcker/ H. Oetker*, 1992, S. ...)

Sacksofsky, Ute, Das Grundrecht auf Gleichberechtigung, Schriften zur Gleichstellung der Frau, 1. Aufl., Baden-Baden 1991, 2. Aufl., 1996 (zit. *U. Sacksowsky*, 1991/96, S. ...)

Sandman, Ralph, Between „Truth" and „Difference": Poststructuralism, Law and the Power of Feminism, (1995) Feminist Legal Studies 3ff. [zit. *R. Sandman*, (1995) Feminist Legal Studies 3 (...)]

Schaefgen, Katrin, Die Verdoppelung der Ungleichheit. Sozialstruktur und Geschlechterverhältnisse in der Bundesrepublik Deutschland und der DDR, Humboldt-Universität zu Berlin, 1998 (zit. *K. Schaefgen*, 1998, Abschnitt ...)

Schaub, Günter, Arbeitsrechts-Handbuch, 9. Aufl., München 2000 (zit. *G. Schaub*, 2000, § ..., Rdn. ...)

Scherzberg, Arno, Die innerstaatliche Wirkung von Richtlinien, Jura 1993, S. 225ff. [zit. *A. Scherzberg*, Jura 1993, S. 225 (...)]

Schiefer, Bernd, Europäisches Arbeitsrecht, NJW 1995, S. 160ff. [zit. *B. Schiefer*, NJW 1995, S. 160 (...)]

Schiefer, Bernd/ Erasmy, Walter, Anmerkung zum EuGH-Urteil Rs. C-360/90 vom 4.6.1992 (Bötel), DB 1992, S. 1482ff. [zit. *B. Schiefer/ W. Erasmy*, DB 1992, S. 1482 (...)]

Schiek, Dagmar Die Schnecke Fortschritt kriecht rückwärts: Das zweite Gleichberechtigungsgesetz, STREIT 1995, S. 3ff. [zit. *D. Schiek*, STREIT 1995, S. 3 (...)]
- Zweites Gleichberechtigungsgesetz für die Privatwirtschaft, Köln 1995 (zit. *D. Schiek*, 1995, S. ...)
- Europäisches Arbeitsrecht, Baden-Baden 1997 (zit. *D. Schiek*, 1997, S. ...)
- Draehmpaehl und die Folgen, BB 1998, S. 586ff. [zit. *D. Schiek*, BB 1998, S. 586 (...)]

Schlachter, Monika, Wege zur Gleichberechtigung, München 1993 (zit. *M. Schlachter*, 1993, S. ...)
- Probleme der mittelbaren Benachteiligung im Anwendungsbereich des Art. 119 EGV, NZA 1995, S. 393ff. [zit. *M. Schlachter*, NZA 1995, S. 393 (...)]
- Die Richtlinie über die Beweislast bei Diskriminierung, RdA 1998, S. 321ff. [zit. *M. Schlachter*, RdA 1998, S. 321 (...)]
- Gleichheitswidrige Tarifnormen, Festschrift für Günter Schaub 1998, S. 651ff. [zit. *M. Schlachter*, Festschrift Schaub 1998, S. 651 (...)]

Schlaich, Klaus, Das Bundesverfassungsgericht, 1983/3. Aufl., 1994 (zit. *K. Schlaich*, 1983/1994, S. ...)

Schlink, Bernhard, Zwischen Identifikation und Distanz, Der Staat 15 (1976), S. 335ff. [zit. *B. Schlink*, Der Staat 15 (1976), S. 335 (...)]

Schlüter, Jörg, Überstunden bei Teilzeitbeschäftigungsverhältnissen, RdA 1975, S. 113ff. [zit. *J. Schlüter*, RdA 1975, S. 113 (...)]

Schmidt, Marlene, Teilzeitarbeit in Europa – Eine Analyse der gemeinschaftsrechtlichen Regelungsbestrebungen auf vergleichender Grundlage des englischen und deutschen Rechts, Arbeits- und Sozialrecht, Baden-Baden 1995 (zit. *M. Schmid*, 1995, S. ...)
- Die neue EG-Richtlinie zur Teilzeitarbeit, NZA 1998, S. 576ff. [zit. *M. Schmid*, NZA 1998, S. 576f (...)]

Schmidt-Rimpler, Walter, Grundlagen einer Erneuerung des Vertragsrechts, AcP 147 (1941), S. 130ff. [zit. *W. Schmidt-Rimpler*, AcP 147 (1941), S. 130 (...)]

Schmitt Glaeser, Walter, Die Sorge des Staates um die Gleichberechtigung der Frau, DÖV 1982, S. 381ff. [zit. *W. Schmitt Glaeser*, DÖV 1982, S. 381 (...)]

Schultz, Vikki, Telling Stories about Women and Work: Judicial Interpretations of Sex Segregation in the Workplace in Title VII Cases Raising the Lack of Interest Argument, (1990) 103 (8) Harvard Law Review 1749ff. [zit. *V. Schultz*, (1990) 103 (8) Harvard L. Rev. 1749 (...)]

Schulze Buschoff, Karin, Teilzeitarbeit in Schweden, Großbritannien und Deutschland – Individuelle Dynamik und Haushaltskontext im Ländervergleich, Wissenschaftszentrum Berlin für Sozialforschung, Abteilung Sozialstruktur und Sozialberichterstattung, FS III 99-406, März 1999 (zit. *K. Schulze Buschoff*, 1999, S. ...)

Schulz-Weidner, Wolfgang, Die sozialversicherungsrechtliche Geringfügigkeitsgrenze im Lichte der EG-Richtlinie 79/7, DRV 1994, S. S. 60ff. [zit. *W. Schulze-Weidner*, DRV 1994, S. 60 (...)]

Schüren, Peter, Der Anspruch Teilzeitbeschäftigter auf Überstundenzuschläge – „Frauendiskriminierung per Tarifvertrag", RdA 1990, S. 18ff. [zit. *P. Schüren*, RdA 1990, S. 18 (...)]
- Ungleichbehandlungen im Arbeitsverhältnis – Versuch einer Strukturierung der Rechtfertigungsvoraussetzungen, Festschrift für Albert Gnade, 1992, S. 161ff. [zit. *P. Schüren*, Festschrift Gnade, 1992, S. 161 (...)]
- Die Gestaltungsfreiheit der Tarifparteien beim sachlichen Grund in § 2 Abs. 1 BeschFG 1990, ZTR 1992, S. 355ff. [zit. *P. Schüren*, ZTR 1992, S. 355 (...)]
- Überstundenzuschläge für Teilzeitkräfte, NZA 1993, S. 529ff. [zit. *P. Schüren*, NZA 1993, S. 529 (...)]

Schwarze, Roland, Die Grundrechtsbindung der Tarifnormen aus der Sicht grundrechtlicher Schutzpflichten, ZTR 1996, S. 1ff. [zit. *R. Schwarze*, ZTR 1996, S. 1 (...)]

Schwedes, Rolf, Das arbeitsrechtliche Beschäftigungsförderungsgesetz, BB 1997, Beilage 17, S. 2ff. [zit. *R. Schwedes*, BB 1997, Beilage 17, S. 2 (...)]

Schweizer, Kerstin, Der Gleichberechtigungsgrundsatz – neu Form, alter Inhalt? Untersuchung zu Gehalt und Bedeutung des neugefaßten Art. 3 II GG unter Einbeziehung Europäischen Gemeinschaftsrechts, Berlin 1998 (zit. *K. Schweizer*, 1998, S. ...)

Schweizer, Michael/ Hummer, Waldemar, Europarecht, 5. Aufl., 1996 (zit. *M. Schweizer/W. Hummer*, 1996, S. ...)

Sengenberger, Werner, Einführung: Die Segmentation des Arbeitsmarkts als politisches und wissenschaftliches Problem, in: ders. (Hrsg.), Der gespaltene Arbeitsmarkt – Probleme der Arbeitsmarktsegmentation, Frankfurt/New York 1978, S. 15ff. [zit. *W. Sengenberger*, 1978, S. 15 (...)]
- Die gegenwärtige Arbeitslosigkeit – auch ein Strukturproblem des Arbeitsmarktes, Frankfurt/New York 1978 (zit. *W. Sengenberger*, 1978a, S. ...)

Shaw, Josephine, The burden of proof and the legality of supplementary payments in equal pay cases, (1990) 15 European Law Review 260ff. [zit. *J. Shaw*, (1990) 15 EL Rev. 260 (...)]
- Works Councils in German Enterprises and Article 119 E.C., (1997) 22 European Law Review 256ff. [zit. *J. Shaw*, (1997) 22 EL Rev. 256 (...)]

Siemes, Christiane, Die Sozialversicherungsfreiheit geringfügig Beschäftigter als mittelbare Frauendiskriminierung, ZTR 1996, S. 349ff. [zit. *C. Siemes*, ZTR 1996, S. 349 (...)]

Sievers, Jochen, Die mittelbare Diskriminierung im Arbeitsrecht, Forum Arbeits- und Sozialrecht, Pfaffenweiler 1996 (zit. *J. Sievers*, 1996, S. ...)

Singer, Reinhardt, Tarifvertragliche Normenkontrolle am Maßstab der Grundrecht?, ZfA 1995, S. 611ff. [zit. *R. Singer*, ZfA 1995, S. 611 (...)]
- Gleichbehandlung von Männern und Frauen beim Zugang zur Beschäftigung durch Stellenausschreibung- Schadensersatzanspruch nicht eingestellter diskriminierter Bewerber, SAE 1997, S. 269ff. [zit. *R. Singer*, SAE 1997, S. 269 (...)]

Slupik, Vera, Die Entscheidung des Grundgesetzes für Parität im Geschlechterverhältnis – Zur Bedeutung von Art. 3 Abs. 2 GG in Recht und Wirklichkeit, Schriften zum Öffentlichen Recht, Bd. 543, Berlin 1988 (zit. *V. Slupik*, 1988, S. ...)

Smart, Carol, Feminism and the Power of Law, London 1989 (zit. *C. Smart*, 1989, S. ...)

Smith, Adam, An Inquiry into the Nature and Causes of Wealth of Nations, London 1776 (zit. *A. Smith*, 1776, S. ...)

Soergel, Hanns, Kommentar zum Bürgerlichen Gesetzbuch, Bd. 4/1, 12. Aufl., 1997 (zit. Soergel/*Bearb.*, § ..., Rdn. ...)

Sowka, Hans-Harald (Hrsg.), Kündigungsschutzgesetz – Kölner Praxiskommentar unter Berücksichtigung sozialrechtlicher Bezüge, Köln 1996 (zit. KPK/*Bearb.*, § ..., Rdn. ...)

Sowka, Hans-Harald, Mittelbare Frauendiskriminierung – ausgewählte Probleme, DB 1992, S. 2030ff. [zit. *H.-H. Sowka*, DB 1992, S. 2030 (...)]
- Teilzeitarbeit – ausgewählte Rechtsprobleme, DB 1994, S. 1873ff. [zit. *H.-H. Sowka*, DB 1994, S. 1873 (...)]
- Anmerkung zu den Urteilen des EuGH vom 14.12 1995, DB 1996, S. 45ff. [zit. *H.-H. Sowka*, DB 1996, S. 45 (...)]

Sowka, Hans-Harald/Köster, Hans-Wilhelm, Teilzeitarbeit und geringfügige Beschäftigung, München 1993 (zit. *H.-H. Sowka/H.-W. Köster*, 1993, S. ...)

Stein, Axel, Tarifvertragsrecht, Stuttgart u.a. 1997 (zit. *A. Stein*, 1997, S. ...)

Stein, Ekkehart, Staatsrecht, 16.Aufl., Tübingen 1998 (zit. *E. Stein*, 1998, S. ...)

Steiner, Josephine, From Direct Effects to *Francovich*, (1993) 18 ELRev. 3ff. [zit. *J. Steiner*, (1993) 18 EL Rev. 3 (...)]

Steinmeister, Ingrid, Der geplante § 611a BGB – Ein frauenrechtlicher Rückschritt?, ZRP 1993, S. 127ff. [zit. *I. Steinmeister*, ZRP 1993, S. 127 (...)]
- Der neue § 611a BGB – Zum Schadensersatz bei geschlechtsspezifischen Diskriminierungen, PersR 1995, S. 9ff. [zit. *I. Steinmeister*, PersR 1995, S. 9 (...)]

Steinmeyer, Hans-Dietrich, Betriebliche Altersversorgung und Arbeitsverhältnis. Das betriebliche Ruhegeld als Leistung im arbeitsrechtlichen Austauschverhältnis, München 1991 (zit. *H.-D. Steinmeyer*, 1991, S. ...)

Stern, Klaus, Staatsrecht der Bundesrepublik Deutschland, Bd. III/1, 1988, Bd. III/2, 1994 (zit. *K. Stern*, Bd. III/1/2, § ..., S. ...)

Stichweh, Rudolf, Systemtheorie und Rational Choice Theorie, Zeitschrift für Soziologie 1995, Jg. 24, Nr. 6, S. 395ff. [zit. *R. Stichweh*, Zeitschrift für Soziologie 1995, Jg. 24, Nr. 6, S. 395 (...)]

Streinz, Rudolf, Der Vollzug des Gemeinschaftsrechts durch deutsche Staatsorgane, in: Isensee/Kirchhof (Hrsg.), HStR, Bd. VII, Teil XII, § 182, Heidelberg 1992 (zit. *R. Streinz*, HStR, Bd. VII, § 182, Rdn. ...)
- Anmerkungen zu dem EuGH-Urteil in der Rechtssache Brasserie du Pêcheur und Factortame, EuZW 1996, S. 201ff. [zit. *R. Streinz*, EuZW 1996, S. 201 (...)]
- Europarecht, 4. Aufl., Heidelberg 1999 (zit. *R. Streinz*, 1999, S. ..., Rdn. ...)

Sunstein, Cass R., Feminism and political theory, Chicago 1990 (zit. *C. R. Sunstein*, 1990, S. ...)
- Three Civil Rights Fallacies, (1991) 79 Ca. L. Rev. 751ff. [zit. *C. R. Sunstein*, (1991) 79 Ca. L. Rev. 751 (...)]

Swanson Judith A., The Public and the Private in Aritotele's Political Philosophy, 1992 (zit. *J. Swanson*, 1992, S. ...)

Szyszczak, Erika, Equality and Sex Discrimination Law, 1988 (zit. *E. Szyszczak*, 1988, S. ...)
- Social Policy: A happy ending or a reworking of the fairy tale?" in: O'Keeffe/Twomey (Hrsg.), Legal Issues of the Maastricht Treaty, 1994, S. 313ff. [zit. *E. Szyszczak*, 1994, S. 313 (...)]

Teriet, Bernhard, Neue Strukturen der Arbeitszeitverteilung, Göttingen 1976 (zit. *B. Teriet*, 1976, S. ...)

Teubner, Ulrike, Geschlecht und Hierarchie, in: Wetterer (Hrsg.), Profession und Geschlecht: Über die Marginalität von Frauen in hochqualifizierten Berufen, Frankfurt/New York 1992, S. 41ff. [zit. *U. Teubner*, 1992, S. 41 (...)]

Thannheiser, Achim, Anmerkung zum Urteil des Bundesarbeitsgerichts vom 16. Januar 1996, AiB 1997, S. 125ff. [zit. *A. Thannheiser*, AiB 1997, S. 125 (...)]

Thornton, Margaret, Feminist Jurisprudence: Illusion or Reality, (1986) 3 Australian Journal of Law and Society 5ff. [zit. *M. Thornton*, (1986) 3 Australian Journal of Law and Society 5 (...)]

Thüsing, Gregor, Mittelbare Entgeltdiskriminierung durch tarifvertragliche Regelungen, Anmerkung zum BAG-Urteil v. 10.12.1997, SAE 1999, S. 20ff. [zit. *G. Thüsing*, SAE 1999, S. 20 (...)]

Tomuschat, Christian, Aller guten Dinge sind III? Zur Diskussion um die Solange-Rechtsprechung des BVerfG, EuR 1990, S. 340ff. [zit. *C. Tomuschat*, EuR 1990, S. 340 (...)]
- Die Europäische Union unter der Aufsicht des BVerfG, EuGRZ 1993, S. 489ff. [zit. *C. Tomuschat*, EuGRZ 1993, S. 489 (...)]

Townshend-Smith, Richard J., Sex Discrimination in Employment: Law Practice and Policy, London 1989 (zit. *R. J. Townshend-Smith*, 1989, S. ...)
- Justifying Indirect Discrimination in English and American Law: How Stringent Should the Test Be?, (1995) IJDL 103ff. [zit. *R. J. Townshend-Smith*, (1995) IJDL 103 (...)]
- Economic Defences to Equal Pay Claims, in: Hervey/O'Keeffe (Hrsg.) Sex Equality Law in the European Union, 1996, S. 35ff. [zit. *R. J. Townshend-Smith*, 1996, S. 35 (...)]
- Discrimination Law, London 1998 (zit. *R. J. Townshend-Smith*, 1998, S. ...)

Treber, Jürgen, Sozialer Dialog in der Europäischen Union un Gleichbehandlung bei Teilzeitarbeit – Die Richtlinie des Rates zu der von UNICE, CEEP und EGB geschlossenen Rahmenvereinbarung über Teilzeitarbeit, ZTR 1998, S. 250ff. [zit. *J. Treber*, ZTR 1998, S. 250 (...)]

Trocqueville, Alexis de, Über die Demokratie in Amerika, Werke und Briefe, hrsg. von Mayer, Bd. 1, Erster Teil, Stuttgart 1959 (zit. *Alexis de Trocqueville*, 1959, S. ...)

Viethen, Hans Peter/Scheddler, Albrecht, Zwei Jahre Teilzeit- und Befristungsgesetz, BArBl. 11/2000, S. 5ff. [zit. *H. P. Viethen/A. Scheddler*, BArBl. 11/2000, S. 5 (...)]

Vincent, Jean, Bildung und Arbeitsmarktsegmentation in Frankreich, in: Sengenberger (Hrsg.), Der gespaltene Arbeitsmarkt – Probleme der Arbeitsmarktsegmentation, Frankfurt/New York 1978, S. 225ff. [zit. *J. Vincent*, 1978, S. 225 (...)]

Vogler, C., Segregation, sexism and the labour supply, in: MacEwan Scott (Hrsg.), Gender Segregation and Social Change, Oxford 1994 (zit. *C. Vogler*, 1994, S. ...)

Waas, Bernd, Mittelbare Diskriminierung und § 23 Abs. 1 KSchG, EWS 1994, S. 47ff. [zit. *B. Waas*, EWS 1994, S. 47 (...)]
- Zur mittelbaren Diskriminierung von Frauen in der Rechtsprechung von EuGH und deutschen Gerichten, EuR 1994, S. 97ff. [zit. *B. Waas*, EuR 1994, S. 97 (...)]

Wachter, Gustav, Die Überstundenentlohnung bei Teilzeitarbeitnehmern in Österreich, ArbuR 1980, S. 328ff. [zit. *G. Wachter*, ArbuR 1980, S. 328 (...)]

Wackerbarth, Ulrich, Entgelt für Betriebstreue, Köln 1996 (zit. *U. Wackerbarth*, 1996, S. ...)

Wagner, Gert Teilzeitbeschäftigung zu Lasten der Vollerwerbstätigkeit?, DIW Wochenbericht 44/1998 (zit. *G. Wagner*, DIW Wochenbericht 44/1998, S. ...)

Waldron, Jeremy, Indirect Discrimination, in: Guest/Milne (Hrsg.), Equality and Discrimination: Essays in Freedom and Justice, ARSP Beiheft 21, Stuttgart 1985 (zit. *J. Waldron*, 1985, S. ...)

Walzer, Martin, Spheres of Justice, New York, 1982 (zit. *M. Walzer*, 1982, S. ...)

Wank, Rolf, Die Teilzeitbeschäftigung im Arbeitsrecht, RdA 1985, S. 1ff. [zit. R. *Wank*, RdA 1985, S. 1 (...)]

Wasserstrom, Richard A., Racism, sexism and preferential treatment: an approach to the topics, (1977) 24 UCLA L. Rev. 581ff. [zit. R. *A. Wasserstrom*, (1977) 24 UCLA L. Rev. 581 (...)]

Waylen, G., Gender, feminism and political economy, (1997) 2 New Political Economy 205ff. [zit. *G. Waylen*, (1997) 2 New Political Economy 205 (...)]

Weber, Ingrid Der Entwurf des Arbeitsvertragsgesetzes auf dem Prüfstand des Europäischen Gemeinschaftsrechts und der Gleichberechtigung nach Art. 3 GG, BB 1992, S. 1345ff. [zit. *I. Weber*, BB 1992, S. 1345 (...)]
- Zur Frage der Vereinbarkeit des § 23 Abs. 1 Sätze 2 und 3 KSchG mit Art. 3 Abs. 1 und 3 GG, ArbuR 1995, S. 113ff. [zit. *I. Weber*, ArbuR 1995, S. 113 (...)]

Weber, Ulrich/ Ehrich, Christian, Der Gleichbehandlungsgrundsatz bei freiwilligen Leistungen des Arbeitgeber, ZIP 1997, S. 1681ff. [zit. *U. Weber/C. Ehrich*, ZIP 1997, S. 1681 (...)]

Weiler, Anni, Frauenlöhne – Männerlöhne – Gewerkschaftliche Politik zur geschlechtsspezifischen Lohnstrukturierung, Frankfurt/New York 1992 (zit. *A. Weiler*, 1992, S. ...)

Weiß, Wolfgang, Zur Wirkung von Richtlinien vor Ablauf der Umsetzungsfrist, DVBl. 1998, S. 568ff. [zit. *W. Weiß*, DVBl. 1998, S. 568 (...)]

Wendt, Claus/ Maucher, Mathias, Mütter zwischen Kinderbetreuung und Erwerbstätigkeit – Institutionelle Hilfen und Hürden bei einem beruflichen Wiedereinstieg nach einer Kinderpause, Arbeitspapiere – Mannheimer Zentrum für Europäische Sozialforschung, Nr. 18, Mannheim 2000 (zit. *C. Wendt/M. Maucher*, 2000, S. ...)

Wetterer, Angelika, Theoretische Konzepte zur Analyse der Marginalität von Frauen in hochqualifizierten Berufen, in: Wetterer (Hrsg.), Profession und Geschlecht: Über die Marginalität von Frauen in hochqualifizierten Berufen, Frankfurt/New York 1992, S. 13ff. [zit. *A. Wetterer*, 1992, S. 13 (...)]

Whitford, Margaret (Hrsg.), Luce Irigaray: philosophy in the feminine, London/New York 1991 (zit. *M. Whitford*, 1991, S. ...)

Wiedemann, Anton, Die Bindung der Tarifnormen an Grundrechte, insbesondere an Art. 12 GG, Heidelberg 1994 (zit. *A. Wiedemann*, 1994, S. ...)

Wiedemann, Herbert, Probleme der Gleichberechtigung im europäischen und deutschen Arbeitsrecht, Festschrift für Karl Heinrich Friauf, Staat, Wirtschaft, Steuern, 1996, S. 135ff. [zit. *H. Wiedemann*, Festschrift Friauf, 1996, S. 135 (...)]

Wiedemann, Herbert/Peters, Harald, Neuere Rechtsprechung zur Bedeutung des Gleichheitssatzes für Tarifverträge, RdA 1997, S. 100ff. [zit. *H. Wiedemann/H. Peters*, RdA 1997, S. 100 (...)]

Willborn, Steven L., The disparate impact model of discrimination: Theory and limits, (1985) 34 Am. U.L. Rev. 799ff. [zit. *S. L. Willborn*, (1985) 34 Am. U.L. Rev. 799 (...)]

Williams, Joan C., Deconstructing Gender, in: Bartlett/Kennedy, Feminist Legal Theory, 1991, S. 95ff. [zit. *J. C. Williams*, 1991, S. 95 (...)]

Williams, Patricia, The Pain of Bondage, in: dies., The Alchemy of Race and Rights: diary of a law professor, Cambridge, Mass. 1991, S. 146ff. [zit. *P. Williams*, 1991, S. 146 (...)]

Williams, Wendy, The equality crisis: Some reflections on culture, courts and feminism, in: Bartlett/Kennedy, Feminist Legal Theory 1991, S. 15ff. [zit. *W. Williams*, 1991, S. 15 (...)]

Willms-Herget, Angelika, Frauenarbeit – Zur Integration von Frauen in den Arbeitsmarkt, Frankfurt/New York 1985 (zit. *A. Willms-Herget*, 1985, S. ...)

Wisskirchen, Gerlind, Mittelbare Diskriminierung von Frauen im Erwerbsleben – Die Rechtsprechung des Bundesarbeitsgerichts, des Europäischen Gerichtshofes und des U.S. Supreme Court, 1994 (zit. *G. Wisskirchen*, 1994, S. ...)

Wißmann, Hellmut, Lohnfortzahlung auch für geringfügig beschäftigte Arbeiter? DB 1989, S. 1922ff. [zit. *H. Wißmann*, DB 1989, S. 1922 (...)]
- Geschlechtsdiskriminierung, EG-Recht und Tarifverträge, ZTR 1994, S. 223ff. [zit. *H. Wißmann*, ZTR 1994, S. 223 (...)]
- Europäischer Gerichtshof und Arbeitsgerichtsbarkeit – Kooperation und Schwierigkeiten, RdA 1995, S. 193ff. [zit. *H. Wißmann*, RdA 1995, S. 193 (...)]
- Mittelbare Geschlechtsdiskriminierung: iudex calculat, Festschrift für Ottfried Wlotzke, München 1996, S. 807ff. [zit. *H. Wißmann*, Festschrift Wlotzke, München 1996, S. 807 (...)]
- Die tarifliche Bewertung unterschiedlicher Tätigkeiten und das gemeinschaftsrechtliche Verbot der mittelbaren Geschlechtsdiskriminierung, Festschrift für Günter Schaub 1998, S. 793ff. [zit. *H. Wißmann*, Festschrift Schaub 1998, S. 793 (...)]

Wollestonecraft, Mary, Vindication of the Rights of Women (1792) Dent, London 1929

Young, Iris Marion, Polity and Group Difference: A Critique of the Ideal of Universal Citizenship, in: Sunstein (Hrsg.), Feminism and political theory, Chicago 1990, S. 117ff. [zit. *I. M. Young*, 1990, S. 117 (...)]

Zimmer, Maximilian, Noch Handlungsbedarf bei Lohngleichheit, AuA 1994, S. 283ff. [zit. *M. Zimmer*, AuA 1994, S. 283 (...)]

Zippelius, Reinhold, Rechtsphilosophie. Ein Studienbuch, München 1982 (zit. *R. Zippelius*, 1982, S. ...)

Zöllner, Wolfgang, Gleichberechtigung und Gleichstellung der Geschlechter, Festschrift für Strasser, 1983, S. 223ff. [zit. *W. Zöllner*, Festschrift Strasser, 1983, S. 223 (...)]

Zöllner, Wolfgang/ Loritz, Karl-Georg, Arbeitsrecht – Ein Studienbuch, 5. Aufl., 1998 (zit. *W. Zöllner/K.-G. Loritz*, 1998, § ...)

Zuleeg, Manfred, Der Schutz sozialer Rechte in der Rechtsordnung der Europäischen Gemeinschaft, EuGRZ 1992, S. 329ff. [zit. *M. Zuleeg*, EuGRZ 1992, S. 329 (...)]